채권법총론

Claims General Provisions

이론 · 판례

송오식 著

채권법총론은 법률행위와 법률의 규정에 의해 발생한 채권을 전제로, 채권의 목적이 실현되기 위한 사유와 그 목적의 실현이 이루어지지 않은 경우에 대한 채권법의 법적 규율을 다룬다.

전남대학교출판문화원

■ 머리말

민법은 총칙규정을 법전의 앞에 위치시키는 판덱텐체계를 따르고 있기 때문에 민법의 총칙규정뿐만 아니라 물권법이든 채권법이든 존재하기 마련이다. 특히 채권법총칙은 그 규정이 제373조부터 제526조까지 비교적 많은 편이다. 민법의 기초자는 채권법 총칙편에 채권의 목적, 채권의 효력, 수인의 채권자 및 채무자, 채권의 양도, 채무의 인수, 채권의 소멸, 지시채권, 무기명채권 등 8개로 나누어 각각 규정하고 있다. 물권법정주의 원칙이 작용하는 물권법과 달리 계약자유의 원칙이 작용하는 채권법에서는 계약 당사자들이 훨씬 다양한 채권관계를 형성하기 때문에 기초자는 이러한 점을 상정하여 채권관계에서 공통적으로 적용될 수 있는 규범들을 채권법총칙에 정립하여 놓았다.

실제 채권법총칙은 계약법과 민법총칙과 밀접한 유기적인 관련성을 가지고 있다. 채권의 발생은 계약으로부터 시작되는 만큼 다양한 계약관계로부터 나오는 채권의 존재를 기반으로 채권의 이전과 채권의 소멸 등 공통적인 원리를 나열하고 있다.

이 책은 저자가 강단에서 가르치면서 정리한 강의안에서 출발한다. 그 동안 민법총칙, 물권법, 계약법, 불법행위법의 교과서를 단행본으로 출간하여 왔으니 재산편으로서는 방점을 찍는 책이다.

로스쿨 도입 이후 학문으로서의 법학의 쇠퇴는 교과서의 출판에서도 나타나고 있다. 과거 민법전 편별로 출간되는 교과서는 점점 자취를 감추고 단권으로 된 수험 위주의 교과서가 주류를 이루고 있다. 채권법총론 또는 채권총론이란 이름으로 출간되는 교과서가 거의 사라지고 한 두 권의 교과서로 명맥을 유지하는 요즈음, 이렇게 시류에 역행하는 것은 어쩌면 학문으로서의 법학을 지탱해 내고자 하는 법학자의 고집일지도 모른다.

이 책은 이러한 흐름 속에서도 이론서로서의 역할뿐만 아니라 법해석에서 중요한 판례들을 망라함으로써 이론과 실무의 접점을 찾아내고 재해석하는 길잡이 역할을 하고자 하는데 초점을 맞추었다. 민법의 개정작업이 한국에서 여전히 이루어지지 않은 상태에서 채권총칙 중 특히 채권자취소권과 채권자대위권, 대상청구권 등은 판례법에 의해서 규율된다고 하더라도 과언이 아닐 정도로 판례가 축적되고 중요한 위치를 차지하고 있다. 그 외에도 채무구조론과 관련하여 보호의무, 채무불이행의 일유형으로서 이행거절 등도 판례에 의하여 형성된 것이다.

이 책의 특징은 학술적 가치가 있는 교과서로서의 정체성은 지니되 지나치게 장황한 학설상의 대립이나 이론은 지양하였고 필요하고 최소한 한도에서 소개하였다. 그러나 판례는 최신 판례까지 조사하여 중요한 판례부터 시작하여 시험에 나왔거나 나올만한 판례들을 놓치지 않고 소개하였다.

독자들의 가독성을 높이기 위하여 최대한 보기 편하도록 편집을 하였으며, 판례번호와 참고문헌 등은 각주로 처리하였다. 민법뿐만 아니라 필요한 경우 채권법의 부속법률로서 특별법 등도 소개하였다.

이 책을 펴내는 데에는 많은 분들의 도움이 있었다. 선진 민법학자들의 선행 교과서들과 연구들은 우매한 저자에게 길잡이 역할을 해 주었다. 변호사 시험이 끝나자마자 임도경 법학전문석사와 조병규 법학전문석사는 원고의 전체분량의 교정작업과 판례색인을 도와주었다. 그리고 변함없이 꼼꼼하게 글을 읽고 편집에 수고를 아끼지 않은 전남대학교출판문화원 송미숙 과장님과 멋있게 책디자인을 해준 배광현님께 깊이 감사드린다.

2023년 2월

송 오 식 씀

■ 목 차

■ 주요 참고문헌

(괄호 안은 인용 약어임)

곽윤직, 채권총론(민법강의Ⅲ) 제6판, 박영사, 2002. (곽윤직 신정판)

곽윤직, 채권총론(민법강의Ⅲ) 신정판, 1997. (곽윤직)

김기선, 한국채권법총론 전정판, 법문사, 1980. (김기선)

김대정, 채권총론, 개정판, 피데스, 2007. (김대정)

김상용, 채권총론, 화산미디어, 2015. (김상용)

김주수, 채권총론 제3판, 삼영사, 1999. (김주수)

김준호, 채권법, 법문사, 2021. (김준호)

김증한·김학동, 채권총론 제6판, 1998. (김증한·김학동)

김형배, 채권총론, 제2판, 박영사, 1998. (김형배)

송덕수, 채권법총론, 박영사, 2018. (송덕수)

송오식, 민법총칙, 전남대출판문화원, 2022.

송오식, 물권법, 동방문화사, 2017.

송오식, 계약법, 동방문화사, 2017.

송오식, 소비자계약법, 전남대출판문화원, 2021.

윤철홍, 채권총론, 법원사, 2018. (윤철홍)

이은영, 채권총론, 박영사, 2009. (이은영)

지원림, 민법강의 제19판, 홍문사, 2022. (지원림)

현승종, 채권총론, 일신사, 1982. (현승종)

주석민법, 채권총칙(1)～채권총칙(3), 한국사법행정학회, 2020.

양창수 역, 독일민법전, 박영사, 2021.

Brox, Hans, Allgemeines Schuldrecht, 38 Aufl., 2014.

Berger, Bernhard, Allgemeines Schuldrecht, 2 Aufl., 2012.

Fikentscher/Wolfgang/Heinemann, Schuldrecht; Allgemeiner und Besonderer Teil, 2022.

일러두기

* 이 책은 가독성을 높이기 위하여 판례의 표시나 저자이 표시를 본문에 두지 않고 각주에 두었다.
* 민법 개정 법률을 포함하여 모든 법령은 최근의 것까지(2023. 1. 31. 공포기준) 반영하였다.
* 판례는 최근의 것(2022. 12. 29. 대법원 판결)까지 모두 모두 조사하여 정리·인용하였다.
* 학설과 판례를 구분하여 기술하였으며, 교과서를 중심으로 학설을 소개하였으며, 학설에 따른 구체적 적용에 있어서 차이를 기술하였다.
* 이 책에 인용된 법령 가운데 민법규정은 민법이라고 표시하지 않고 조문으로만 인용하였다. 그리고 나머지의 법령은 해당 법령의 명칭을 써서 인용하되, 몇 가지의 법령은 약칭을 사용하였다. 그러한 것 중 중요한 것들의 본래의 명칭은 다음과 같다.

금융소비자보호법	금융소비자보호에 관한 법률
대부업법	대부업의 등록 및 금융이용자보호에 관한 법률
민소법	민사소송법
민집법	민사집행법
보증인보호법	보증인보호등에 관한 특별법
부동산거래신고법	부동산거래신고등에 관한 법률
부동산실명법	부동산 실권리자명의등기에 관한 법률
약관규제법	약관의 규제에 관한 법률
채무자회생법	채무자회생 및 파산에 관한 법률

* 판결 인용은 다음과 같이 통일하였다.

(예) 대법원 2018. 2. 13. 선고 2017다25447 판결 → 대판 2018. 2. 13. 2017다25447.
대법원 2022. 7. 21. 선고 2018다248855 전원합의체 판결 → 대판(전) 2022. 7. 21. 2018다248855.
대법원 2016. 1. 25.자 2015스451 결정 → 대결 2016. 1. 25. 자2015스451.
헌법재판소 1997. 12. 24. 선고 96헌마172 전원재판부 → 헌재 1997. 12. 24. 96헌마172.

제 1 장
서 론

제1장 서 론

제1절 채권법의 의의

Ⅰ. 재산법으로서 채권법

채권법은 물권법과 함께 민법 중 재산법의 2대 분야를 구성하는 법이다. 재산법은 경제관계를 규율하는 법으로서 재산의 귀속과 그 이동에 관한 기본적인 틀과 규범을 정한 것이다. 채권법은 채권을 규율하는 법이기 때문에 채권의 개념이 먼저 정의되어야 한다. 채권자가 청구할 수 있는 행위, 즉 채권의 목적을 급부라고 한다. 급부행위의 결과로서 채권자에게 귀속하는 이익「급부결과」도 급부라고 부르기도 하는데, 이는 급부가 이중적 요소를 가지고 있으며 두 요소가 각각 다른 역할을 담당하고 있다고 한다.[1)]

Ⅱ. 채권, 채권관계

채권이란 채권자가 채무자에 대하여 채무자의 행위를 청구할 수 있는 권리로서 채권은 타인의 협력에 대한 기대이며, 채권관계는 개인 상호간의 협력관계인 것이다. 채권관계란 2인 또는 그 이상의 다수인이 채권자 또는 채무자로서 서로 일정한 행위를 요구할 수 있는 권리(채권)를 갖고, 그에 대응하는 의무(채무)를 부담하여 대립하는 법률관계이다. 개인과 개인 사이에 채권관계가 맺어짐으로써 당사자의 일방인 채권자는 타방 당사자인 채무자의 일정한 행위 즉 협력을 얻게 된다는 기대(신뢰)를 갖게 되는데 이에 대한 실현을 가능하게 하는 것이 채권법이다.

근대민법의 성립으로 사적자치의 원칙 내지 계약자유의 원칙이 작용하면서 개인은 계약을 통하여 법적으로 구속력 있는 다른 사람의 행위를 기대하게 되었고, 그를 위반하는 경우 강제력이 주어지고 손해배상을 청구할 수 있게 되었다.

Ⅲ. 채권관계와 물권관계

채권관계는 채권자와 채무자 사이의 관계로 채권과 채무로부터 발생하는 권리·권능

1) 이은영, 82면.

등을 모두 포함하는 개념으로 파악된다. 채권관계는 당사자의 법률행위에 의하여 발생하기도 하고 법률의 규정에 의하여 발생하기도 한다. 채권관계에 들어서는 당사자들은 서로 협력관계에 있게 되며, 채권관계에서는 당사자 사이의 신뢰가 중요하므로 신의성실의 원칙이 중요한 원리로 작동한다. 채권자에 대한 채무자의 협력에 대한 안전을 보장하고, 만일에 채무자가 신의에 어긋나는 행동으로 채권자의 기대가 배반당하는 경우에는, 국가권력으로 이를 실현케 하며, 실현이 불가능한 때에는 일정한 법적 이익을 얻게 하는 것이 채권법이다.

이에 반하여 물권관계는 물권의 주체와 물건의 관계이다. 물권의 주체가 다른 사람의 관여 없이 재화를 직접 지배·이용하는 관계이다. 따라서 채권관계는 기본적으로는 물권관계에 도달하기 위한 수단에 지나지 않는다. 예컨대 토지를 소유하여 직접 지배하고 이용하기 위하여 토지를 소유하는 자와 매매계약이라는 채권관계를 매개하여 소유권의 양도라는 물권관계로 편입되는 것이다. 농업기반의 지역경제에서는 물권법이 사회질서의 유지를 위하여 없어서는 아니 되는 법률관계였으나, 그 후 산업혁명과 함께 자본주의를 기반으로 하는 상품경제로 발전하면서 채권관계가 우위를 점하게 되었다. 역사적으로는 물권법이 채권법보다 먼저 발달하였으나 오늘날에는 채권법이 더 발전하고 있다.

제2절 채권법의 내용과 법원

Ⅰ. 채권법의 법원

채권에 관하여 규정하는 법률 중 가장 중요한 것은 민법 제3편이나, 그 밖의 법률에도 채권법의 법원이 되는 특별법이 대단히 많다. 주요한 것들을 들어본다면 다음과 같다.

1. 민법의 부속특별법 주택임대차보호법, 상가건물임대차보호법, 약관의 규제에 관한 법률, 이자제한법, 대부업의 등록 및 금융이용자보호에 관한 법률, 보증인보호에 관한 특별법, 금융소비자보호에 관한 법률, 전자상거래 등 소비자보호에 관하 법률, 방문판매 등에 관한 법률, 할부거래에 관한 법률, 어음법, 수표법, 국가배상법, 환경정책기본법, 원자력손해배상보장법, 자동차손해배상보장법, 제조물책임법, 실화책임에 관한 법률, 농지법, 신탁법 등을 들 수 있다.

2. 상법과 그의 부속법 상법, 은행법, 상호저축은행법, 종합금융회사에 관한 법

률, 신용협동조합법, 새마을금고법, 증권거래법, 여신전문금융업법, 외국환거래법, 담보부사채신탁법, 보험업법 등을 들 수 있다.

3. 노동관계법 근로기준법, 최저임금법, 남·여 고용평등과 일·가정 양립지원에 관한 법률, 산업재해보상보험법, 노동조합 및 노동관계조정법, 고령자고용촉진법, 고용보험법 등을 들 수 있다.

4. 경제법 및 각종 통제에 관한 법률 독점규제 및 공정거래에 관한 법률, 물가안정에 관한 법률, 부정경쟁방지 및 영업비밀보호에 관한 법률, 하도급거래공정화에 관한 법률, 소비자기본법, 농수산물유통 및 가격안정에 관한 법률, 농업·농촌기본법, 부동산거래신고 등에 관한 법률, 산림기본법, 양곡관리법, 농약관리법, 사료관리법, 비료관리법 등을 들 수 있다.

Ⅱ. 채권법의 내용

1. 민법전 제3편 제373조부터 제766조까지 채권법에 대하여 규정하고 있다. 총칙·계약·사무관리·부당이득·불법행위의 5장, 394개 조문으로 되어 있다. 그 가운데에서 제1장 총칙은, 채권 일반에 관한 통칙을 규정(제373조-제527조)하고 있으며, 강학상 '채권총론' 또는 '채권법총론'이라고 부른다. 이러한 체계도 일반에서 개별로 진행해가는 판덱텐 체계에 따른 것이다. 판덱텐 체계는 고도의 추상적인 언어와 체계로 되어 있는 것이 특징이다. 제2장 계약 이하의 4개의 장은 채권의 발생원인에 관한 규정이다.

2. 채권총론 중 제1장 총칙은, 채권의 목적·채권의 효력·수인의 채권자 및 채무자·채권의 양도·채무의 인수·채권의 소멸·시시채권·무기명채권의 8개절로 되어 있다. 그 내용을 개략적으로 설명하면 다음과 같다. 위의 규정 중 가장 중요한 의의를 가지는 것은, 채권자가 채무자에 대하여 급부를 청구하는 효력이다.

(1) 채권의 목적 채권의 목적은 급부(채무자의 행위)이다. 그리고 채권의 목적은 굉장히 다양하지만, 채권총칙에서는 전술한 4가지 채권발생원인에 공통되는 것들을 묶어 그에 관한 통칙을 규정한다.

① 특정물을 인도하는 것(특정물채권) 특정물의 증여나 매매, 특정물의 임대차 등
② 종류물을 인도하는 것(종류채권) 종류매매, 소비대차 등
③ 금전을 지급하는 것(금전채권) 매매, 불법행위에 따른 손해배상청구권 등
④ 이자를 지급하는 것(이자채권) 이자소비대차 등

⑤ 수 개의 행위 중에서 선택하는 것(선택채권) 등에 관해 그 변제의 내용과 방법에 관한 기준을 제시한다.

(2) 채권의 효력 채권자가 채무자에 대하여 급부를 청구하는 효력이다. 채권의 효력으로서는 채무자가 임의로 변제하지 않는 경우에 채권자가 취득하는 직접이행의 청구권(제389조)과, 손해배상청구권(제390조-제399조), 그리고 채무자의 일반재산(특정재산-담보물권)이 악화하는 경우에 채권자가 행사할 수 있는 채권자대위권(제404조·제405조)과 채권자취소권(제406조·제407조)이 그의 주요한 내용을 이룬다. 또한 채무자가 변제하려고 하는데 채권자가 받지 않거나 또는 받을 수 없는 경우(수령지체 또는 채권자지체)에 관하여서도 규정한다(제400조-제403조).

(3) 수인의 채권자 및 채무자 채권의 담보로서 중요한 작용을 하고 또한 담보물권과 밀접한 관계가 있는 연대채무와 보증채무를 규정하고 있다. 이 이외에도 불가분채권·불가분채무, 분할채권관계 등은 채권의 목적인 급부가 가분이냐 불가분이냐는 형식적인 표준에 의한 채권의 모습이며, 채권담보로서의 의의는 거의 없다.

(4) 채권양도와 채무인수 채권·채무가 하나의 재화로서 거래의 목적이 되는 것을 규정한 것이며, 물권의 거래와 마찬가지로 공시의 원칙과 공신의 원칙이 문제된다.

(5) 채권의 소멸 채무자의 급부를 청구하는 권리에 대응하여 채무자의 변제행위가 중요한 의의를 가진다. 채권이 그의 목적을 달성하여 소멸하기 때문이다. 채권의 소멸은 변제 이외에도 상계·경개·면제·혼동 등에 의하여도 소멸한다.

(6) 지시채권·무기명채권 민법은 지시채권과 무기명채권에 대해서도 규정하고 있으나, 이는 민법에서보다도 상법·어음법·수표법 등의 특별법에서 보다 중요성을 가진다. 따라서 민법에서의 의의는 적은 편이다.

(7) 약정채권과 법정채권 채권편 제2장 내지 제5장 각칙은 각종의 채권 발생원인을 규정하고 있다. 제2장 계약, 제3장 사무관리, 제4장 부당이득, 제5장 불법행위에 대하여 각각 규정하고 있다.

제3절 채권법의 특질

민법의 재산법은 물권법과 채권법으로 나눌 수 있는데, 물권법에 비해 채권법은 다음과 같은 특질을 가지고 있다.

Ⅰ. 채권법의 임의법규성

채권자는 두 당사자 사이의 관계이고 따라서 당사자의 의사에 맡기더라도 거래의 안전 내지 제3자의 이익을 해할 염려가 적기 때문에 임의법규로서의 성격을 가지고 있다. 사적자치의 원칙 또는 계약자유의 원칙이 적용되고 당사자는 사유롭게 당사자 간의 합의로 법률관계를 형성할 수 있다. 이에 비하여 물권법은 강행법규로서의 성격을 가지고 있고 물권법정주의가 적용되는 법이다. 물권의 종류나 내용을 당사자가 임의로 창설하지 못하고 법률에 기속된다.

채권법은 임의법규로서 당사자의 의사가 불명료하거나 흠결이 있는 때에는, 당사자의 의사를 해석하고 보충하는 작용을 한다. 다만 채권법에서도 법정채권발생원인은 당사자의 의사에 의하지 않고 법률상 당연히 그 효과가 부여되므로 강행규성이라 할 수 있고, 많은 분야에서 채권법의 임의법규가 강행법규화 되고 있다(예: 이자제한법, 주택임대차보호법, 약관규제에 관한 법률 등).

Ⅱ. 국제성·보편성

채권법은 재화와 용역의 거래법으로서 국제적, 보편적 성격을 가진다. 그중에서도 특히 매매는 가장 보편적인 거래의 유형으로서 국제적으로 통일매매법(CISG) 등이 제정되어 있기도 하다. 이 점에서 좀 더 지역적이고 국가적, 민족적 특성을 가지고 있는 물권법과 대비된다. 우리나라에서도 물권법에서는 전세권, 명인방법, 분묘기지권, 총유 등의 고유한 제도를 법률로 승격시켜 인정하고 있다. 오늘날 전자거래(인터넷 거래)의 등장은 특히 거래규범의 국제화를 가속화하고 있다.

여기서 유의할 점은 채권법이 비록 국제성 보편성을 지니고 있음에도 불구하고 채권법의 모든 분야가 동일하게 국제적 보편성을 갖는 것은 아니라는 점이다. 매매를 중심으로 한 상품과 용역의 거래관계 및 노동관계에서는 보편성이 상하게 나타나지만, 부동산의 이용·소비대차 등에서는 각국간의 차이가 존재하여 보편성이 약한 분야이다.

Ⅲ. 신의칙의 지배

채권법은 물권법에 비하여 신의성실의 원칙이 적용될 여지가 많은 법이다. 신의성실의 원칙은 채권법뿐만 아니라 민법 전체를 관통하는 원칙이기도 하지만, 채권자와 채무자가 상호협력하여 채권의 목적을 달성해가는 법률관계를 가지는 채권관계에서 더욱 중요한 원칙으로 작용한다. 소유권이 중심을 이루는 물권법에서는 권리남용금지의 원칙이 강하게 지배하고 있는데 반하여, 채권법에서는 상대적으로 신의성실의 원칙이 강하게 지배하게 된다.

비교법적으로 보아도 프랑스민법 제1134조는 「계약은 신의에 따라서 이행하여야 한다.」고 규정하고 있고, 독일민법 제242조는 「채무자는 거래상의 관행을 고려하여 신의성실에 따라 급부를 하여야 할 의무를 진다」고 하고, 제157조에서는 「계약은 거래의 관행을 고려하여 신의성실의 요구에 쫓아서 해석하여야 한다」고 규정하고 있는 것은 채권법에서 특히 신의칙이 중요하다는 것을 입법자가 강조한 것이라고 할 수 있다. 이처럼 채권법은 신의칙에 기초하고 있다.

특히 채권의 성립부터 시작하여 채권의 행사, 채무의 이행, 계약의 해석, 약관의 해석, 계약의 해제와 해지, 사무관리의 적법성, 손해배상액의 결정을 위한 상당인과관계의 판단, 부당이득에서의 부당성의 결정 등에서 신의칙이 더욱 더 강하게 적용한다.

제4절 채권의 발달과 사회적 작용

Ⅰ. 채권의 발달

1. 채권은 물권과 더불어 재산권을 이룬다. 자급자족의 경제체제에서는 재화를 직접 지배하는 물권만으로 충분하였으나, 사람의 생활이 복잡해지고 욕망이 늘어나면서 자기가 획득하거나 생산한 재화만으로서는 그 수요를 충족시킬 수 없게 되었다. 따라서 물물교환 내지 현물교환의 형태로 상품교환을 하게 되었는데, 이는 물권의 이동이 있을 뿐이고, 아직 본래의 의미의 채권은 발생하지 않았다.

2. 그 후 사람과 사람 사이에 신뢰관계가 형성되고, 재화와 재화의 교환에서 쌍방이 서로 장래의 재화를 급부할 것을 약정함으로써 쌍무적 채권계약이 성립하게 되었고, 화폐의 등장으로 '재화와 화폐의 교환'은 매매라는 채권관계를 발생시켰다. 특히 현재의 자본주의사회에서는 모든 재화가 상품이 되고 노동력까지도 상품화함으로써 채권 특히 계약은 사법관계에 있어서 중심적인 위치를 차지하게 되었다.

Ⅱ. 채권의 사회적 작용

1. 물권의 채권화 물권은 재화를 지배·이용하는 것을 그 본래의 목적으로 하는 것인데 반하여, 채권은 타인으로 하여금 재화를 급부시키는 것을 그 본래의 목적으로 하는 것이다. 따라서, 채권은 재화이동의 수단 내지 물권에 도달하는 수단, 즉 가치이동권으로서의 기능을 가진다. 그러나 개인의 소유 및 활동의 자유를 기반으로 하는 자본주의경제 하에서는 채권은 물권에 도달하는 수단에 그치지 않고 물권 특히 소유권의 지배적 작용을 실현하는 수단으로서의 중요한 역할을 담당하게 되었다.

즉 소유자가 그 소유물을 이용하려면 채권관계를 가져야 한다. 예컨대, 생산설비의 소유자가 스스로 이것을 이용하여 생산을 하기 위해서는 먼저 생산설비를 매매계약에 의하여 획득하여야 하고, 고용계약(근로계약)에 의하여 근로자에 대한 노동청구권을 취득하고, 그 생산물을 매매계약에 의하여 처분함으로써 그 대금채권을 취득한다. 또한 토지·건물의 소유자는 토지 건물에 대한 임대차계약, 지상권설정계약에 의하여 차임·지료청구권을 취득하거나, 또는 그 담보가치를 타인에게 주어 신용을 얻기 위해서는 담보설정계약이나 소비대차계약을 체결하여야만 한다.

그리하여 마침내 소유권은 채권과 결합함으로써 자본화되고 생산설비의 소유자가 이를 소유하지 않은 자에 대한 경제적 우위를 차지하게 하여 소유권으로 하여금 물건에 대한 단순한 지배의 작용을 넘어 사람을 지배하는 작용을 하게 하였다. 이러한 현상을 '**물권의 채권화**'라고 한다.

2. 채권의 우월 자본주의경제체제하의 생산관계에 있어서 기업이 그 이윤을 증대하기 위해서는 생산설비를 확장하고 노동력을 증대해야 하는데, 이를 위하여 자금의 조달이 필요하다. 기업가가 자기자본에 의하는 경우도 있지만, 그러지 못하는 경우에는 은행 그 밖의 금융업자로부터 그것을 차입하여 자본의 증대를 꾀하는 것이다. 여기서 은행은 단순히 산업자본을 대부하여 이자를 취하는 단계에 머무르지 않고, 점차 기업에 대한 대부채권을 통하여 산업자본에 개입함으로써 기업을 사실상 지배하기에 이르렀다. 즉, 금융자본의 독점적 지배현상을 낳게 되었다. 그리고, 대부자본인 금융자본은 동시에 채권을 보전하기 위한 담보제도를 발달케 하였다. 특히, 기업 전체를 하나의 채권담보의 목적으로 하는 담보제도(재단저당제도·기업담보제도)를 창출하게 되어 금융자본이 기업을 지배하게 된다. 그 결과, 채권이 물권의 우위에 서게 되는데, 이를 가리켜 '채권의 우월'이라고 일컫는다.

3. 채권의 동산화 채권은 특정의 채무자의 행위를 청구하는 권리이므로, 이 특정

의 채무자를 떠나서는 그 존재이유를 잃는 것으로 생각되었다. 그러나 근대법에서는 사람과 사람 사이에 신용이 존중되고 채무자의 급부의 실현이 확실성을 더해감에 따라서 채권은 그 자체로서 재산성을 가지는 것으로서 확립되고, 타인에게 양도할 수 있게 되었다. 그런데, 이 재산성을 가장 강하게 가지는 채권은 금전채권이지만, 특히 증권에 화체된 증권적 채권(어음·수표·주식·사채·선하증권·화물상환증·창고증권)은 양도성·유통성이 더욱 강하다. 증권적 채권은 증권의 증서·교부 또는 단순한 교부만으로 채권의 이동이 일어나게 되는데, 여기에 채권의 재산적 기능은 그 절정에 이르게 된다. 이것이 이른바 '채권의 동산화'이다. 오늘날 가장 중요한 재산권은 그 추이가 이제 물권으로부터 채권, 지식재산권으로 이동하고 있다고 말할 수 있다.

제 2 장
채권의 본질

제2장 채권의 본질

제1절 채권의 의의

1. 채권의 의의

(1) 채권은 특정인이 다른 특정인에 대하여 특정의 행위를 청구할 수 있는 권리이다. 다시 말하면 채무자의 행위를 목적으로 한다. 이에 대응하는 의무를 「채무」라고 한다. 채권·채무의 내용이 되는 채무자의 특정의 행위를 급부라고 한다. 채무자의 행위는 적극적인 행위인 작위(예컨대 매매계약, 증여계약, 교환계약에서 물건의 인도·고용계약에서 노무의 제공·위임계약에서 사무의 처리)일 수도 있고, 소극적인 행위인 부작위(건축을 하지 않을 것·소음을 내지 않을 것·경쟁 영업을 하지 않을 것)일 수도 있다.

(2) 사법이 발달한 로마법에서도 채권을 표현하는 적당한 용어를 가지지 못하였다. obligatio는 채무 또는 채무관계를 의미하고, 채권은 actio(소권)에 의하여 표현되는 경우가 많았다. 채권의 본질이 채무자의 행위라면 행위의 개념이 중요하다. 행위란 법률사실 중 '외부적 용태'에 해당하는데, 크게 적법행위와 위법행위가 있다. 적법행위와 위법행위는 경합하지 않는다. 왜냐하면 하나의 행위가 적법행위가 되거나 위법행위가 될 수는 없기 때문이다. 채무불이행과 불법행위는 양자 모두 위법행위로서 그 효과로서 손해배상청구권이 발생하는데 이때 청구권이 경합되는 수가 있다.

2. 재산권으로서의 채권

채권은 물권과 함께 근대민법이 다루는 재산권의 이대 지주 중의 하나이나. 채권은 채무자의 행위를 목적으로 하는 재산권이라는 데서, 바꾸어 말하면 타인의 행위를 매개로 한다는 점에서 이를 '대인권'이라고 일컫는다. 이 점에서 타인의 행위를 매개로 하지 않는 '대물권'인 물권과 구별된다.

3. 청구권으로서의 채권

(1) 채권은 특정의 채무자의 행위를 「청구할 수 있는 권리」이다. 이 점에서 채무자를 지배하거나 또는 물건의 인도를 목적으로 하는 경우에도 그 물건을 지배하는 것은 아니다. 이 점에서 물권이 목적물을 직접적·배타적으로 지배하는 것을 그 본질로 하는 지배권이라는 점과 구별된다. 물론 물권적 청구권(제213조·제214조)이나 친족권·상속권으

로부터 나오는 청구권도 있으나 청구권은 채권의 본체를 이루는 것으로서, 청구권을 채권과 동의어로 사용하는 경우도 있다.

(2) 여기서 청구할 수 있다는 것은 두 가지 의미가 있는데, 첫째는 타인의 의사에 어느 정도의 압박을 주어서 그 의사의 자유를 침해하여도 위법성이 조각된다는 것이고, 둘째 상대방이 이에 응하여 급부를 한 경우에 이를 수령하여 보유하여도 부당이득이 되지 않는다는 것이다.

4. 상대권으로서의 채권

채권자는 오직 채무자에 대해서만 급부를 청구할 수 있으므로 채권은 원칙적으로 제3자에게 효력이 미치지 않는 상대권이다. 이 점에서 모든 자에 대하여 권리를 주장할 수 있는 절대권인 물권과 다르다. 따라서 절대권인 물권에서는 공시를 필요로 한다.

제2절 채권과 물권

민법의 재산편은 물권법과 채권법으로 구성되어 있는데, 물권과 채권은 모두 재산권이지만 각각 다음과 같이 구별된다.

1. 대인권 대 대물권 채권은 대인권으로서 권리의 객체가 채무자의 행위를 내용으로 한다. 채권관계에서는 채권자와 채무자가 통상 대응한다. 이에 비하여 물권에서는 권리의 객체가 물건이다.

2. 상대권 대 절대권 권리에 대해 의무자의 범위를 표준으로 하여 사권을 절대권과 상대권으로 나눈다면, 채권은 원칙적으로 채무자인 특정인에 대해서만 효력이 발생하는 상대권이다. 대인권이라고도 한다. 물권은 특정의 상대방이라는 것이 없고, 모든 사람에 대하여 그 권리를 주장할 수 있으므로 절대권이다. 대세권이라고도 한다.

3. 지배권 대 청구권 채권은 채무자의 행위라는 타인의 행위를 매개로 하여 권리를 실현하는 청구권이지만, 물권은 권리자가 물건을 직접 지배하여 권리를 실현하는 지배권이다.

4. 비배타성 대 배타성 절대권인 물권은 배타성을 가지고 있으나, 상대권인 채권에는 배타성이 없다. 배타성이란 하나의 물건 위에 서로 양립할 수 없는 내용의 권리가

두 개 이상 동시에 성립할 수 없다는 것을 의미한다. 물권은 물건에 대한 직접적 지배를 그 내용으로 하는 권리이므로, 배타성을 인정하지 않는다면 그 실효성이 없기 때문이다. 이에 반하여 채권은 비배타성을 가지고 있다. 따라서 사실상 양립할 수 없는 같은 내용을 가진 채권이 동시에 둘 이상 병존하는 것도 상관없다. 부동산의 이중매매가 대표적인 예이다. 갑이 을에게 A 부동산을 매도하였으나, 다시 병에게 매도하였다면, 을과 병은 갑에 대하여 A부동산에 대하여 재산권이전청구권이라는 동일한 내용의 채권을 갖게 된다. 채권의 경우에도 법률의 규정에 의하여 일정한 요건을 갖춘 경우에는 배타성을 구비하게 된다. 예컨대, 등기를 갖춘 부동산임차권(제621조 제2항)과 대항요건을 갖춘 주택임차권(주임법 제3조 제1항, 주택의 인도와 주민등록을 마친 때)의 경우이다.

【채권과 소권】

양자는 모두 상대방에 대하여 일정한 행위를 청구하는 것을 내용으로 하는 점에서 동일하나, 다음과 같은 차이점이 있다.

가. 채권은 채권자가 채무자에 대하여 급부를 청구하는 사법상의 권리이다(사권). 소권은 자기의 권리를 확정 또는 보호하기 위하여 국가에 대하여 재판을 청구하는 공법상의 권리이다. 즉 채무자가 급부를 하지 않은 경우에, 채권자가 일정한 요건 하에 국가에 대하여 채무자는 이행을 하여야 한다는 이행판결을 청구하는 권리이다.

나. 채권은 오직 급부만을 청구하는 권리이나(급부청구권), 소권은 이행(급부)의 청구뿐만 아니라, 법률관계의 확정·변경까지도 청구할 수 있다(판결청구권).

채권자는 소권에 의하여 국가에 대하여 이행을 청구하고, 국가의 재판으로 채무자에게 이행을 명령하는 판결을 얻어, 채무자로 하여금 이행하도록 강제한다.

제3절 채권의 특질

1. 상대성

물권은 객체에 대한 배타적 지배를 내용으로 하므로 모든 사람에 대하여 주장할 수 있는 절대적·대세적 효력을 가지고 있는데 반하여, 채권은 특정의 채무자에 대해서만 주장할 수 있는 상대적·대인적 효력을 가지고 있다. 그러나 이러한 구분에 대하여 제3자에 의한 채권침해가 불법행위가 된다는 점을 들어, 물권이 절대권이고 채권이 상대권이라는 견해는 부당하다는 것이 다수설이다. 그러나 이에 대하여 물권과 채권의 절대성·상대성은 법률상 개념의 구별이며, 이들 권리에 대한 침해가 있는 경우에 이를 보호하느냐 또는 어느 정도로 보호하느냐는 입법정책의 문제인 것이고 개념필연적인 관련을 갖는 것은 아니라고 하는 소수설이 있다.[1)]

생각건대 채권의 침해란 원칙적으로 채무자에 의한 채권침해를 의미하고, 물권의 경우에는 누구든지 물권을 침해하면 그 자에 대하여 권리를 행사할 수 있도록 규정하고 있다(제204조·제205조·제206조·제213조·제214조·제290조·제301조·제319조·제370조).[2)] 제3자에 의한 채권침해가 불법행위가 된다고 하여 이를 가지고 채권이 절대권으로 전화(轉化)되었다고 보기는 어렵다. 불법행위는 원칙적으로 계약 당사자 이외의 자들 사이에서 인정되는 것이므로, 누구든지 물권을 침해하면 바로 불법행위가 인정되지만, 제3자에 의한 채권침해의 경우에는 제3자가 채권의 존재사실을 인식해야 하고, 위법성이라는 판단요소도 물권과는 다르게 작용하기 때문이다. 따라서 채권의 상대성, 물권의 절대성 구별은 여전히 구별실익이 있다고 할 수 있다.

2. 평등성

물권은 일물일권주의 원칙상 동일물 위에 두 개의 소유권, 또는 두 개의 지상권이 존재할 수 없다. 또한 제한물권인 경우에는 공시를 갖춘 순위에 따라 우열의 차이가 있다. 그러나 채권은 사람의 행위를 청구함을 그 내용으로 하는 것이므로 배타성이 없기 때문에, 채무자에 대한 동일내용의 채권이 동시에 여러 개 병존할 수 있고, 또 그 사이에 우열·강약의 차이가 없다. 예컨대 앞에서 언급하였던 부동산의 이중매매에서 甲은 乙 및 丙과 동일한 A 부동산에 대하여 매매계약을 체결할 수 있음과 같다. 이 경우 을과 병이 갑에 대하여 가지는 재산권이전청구권은 그 발생한 선후에 따른 우열이 없고, 다만 일방이 이행되면 다른 일방에 관하여는 채무불이행의 문제가 생길 뿐이다. 이것을 「채권자 평등의 원칙」이라고 한다.

3. 양도성

(1) 채권은 채권자가 특정채무자에 대하여 가지는 권리이다. 따라서 채권의 상대성을 특정인 사이의 특별구속관계로서 엄격하게 이해한다면, 제3자에 대한 채권의 양도는 생각할 수 없다. 그러나 근대법에서는 채권이 일종의 재산권으로서 독립된 영역을 이루고 있으므로, 이에 대하여서도 양도성·처분성을 인정하기에 이르렀다. 민법의 채권양도(제449조-제452조), 채무인수(제453조-제459조)에 관한 규정이 그것이다. 특히 금전 그

---

1) 곽윤직, 채권총론(신정판), 27면.

2) 질권에 대하여는 규정을 두고 있지 않지만 통설은 인정하고 있으며 입법적 불비이다.

밖의 대체물의 인도를 목적으로 하는 채권과 증권으로 화체된 채권은 고도의 재산성을 지니며, 또 유통성을 전제로 한 것으로서 양도성은 더욱 강하게 나타난다. 채권의 양도성을 인정하거나,[3] 채권의 양도성을 인정하나 물권에서와 달리 본질적인 것이 아니라는 견해가 다수이다.[4] 다만 채무자와 제3자를 보호하기 위하여 채권의 양도에 대항요건을 요구하고 있다(제450조). 이에 비하여 물권은 상한 양도성을 가지고 있고 양도하는데 누구의 동의나 승낙이라는 것을 인정할 수 없다.

(2) 근대법이 채권의 양도성을 폭넓게 부여하면서도 인적 신뢰관계에 변화를 가져오는 채권관계에 있어서는 이를 제한하고 있다. 사용대차(제610조 제2항)·임대차(제629조 제1항)·고용(제657조 제1항) 등이 그것이다. 이 점에서 양도성을 그 본질로 하는 물권과 구별된다.

4. 불가침성(배타성)

물권은 절대권이므로 모든 자에 대하여 그 효력이 있고, 그 효력은 절대적이다. 따라서 어떤 자가 물권을 침해한 경우에는 물권자는 그 침해자에 대하여 손해배상(제750조)·목적물의 반환(제204조·제213조·제279조·제303조·제320조·제329조 등), 방해제거·방해예방(제214조·제205조·제206조) 등을 청구할 수 있다. 그런데 채권은 특정채무자에 대하여 특정의 급부를 청구하는 것이기 때문에 제3자에 의한 채권침해란 원칙적으로 있을 수 없다. 그러나 채권을 재산권으로 다루는 경우에는, 그 침해가 가능하게 되고 일정한 요건을 갖춘 경우 불법행위의 성립도 인정된다. 현재 학설은 채권에 대한 제3자의 침해행위에 대하여 법적 보호를 부여해야 한다는 점에 관해서 의견이 일치하며, 이를 채권의 대외적 효력으로서 구성하고 있다.

제4절 채권과 구별하여야 할 개념

1. 채권과 청구권

(1) 청구권은 특정인이 다른 특정인에 대하여 일정한 행위(급부)를 요구하는 권리라고 정의하고 채권을 「특정인이 다른 특정인에 대하여 특정의 행위를 청구할 수 있는 권리」이고 정의한다면,[5] 양자의 개념정의는 일치하게 된다. 이처럼 청구권은 채권의

3) 김형배, 31면.

4) 곽윤직, 16면; 김상용, 16면; 김증한·김학동, 7면.

본질적 내용을 이룬다. 민법에는 다른 법률개념과 마찬가지로 채권과 청구권에 관한 개념규정이 없다. 그런데 급부청구권이 채권의 핵심을 이루고 있으므로, 여기서 채권과 청구권이 동일개념이냐에 대해 문제가 된다. 독일민법의 해석으로서는 채권과 청구권을 동일한 것으로 보는 것이 통설이다. 민법의 해석으로도 양자는 동일한 개념이 아니라는 것에 학설이 일치하고 있다.[6)]

그렇다면 양자는 어떻게 구분할 수 있는가. 첫째, 존재평면상의 차이다. 채권은 권리의 내용상의 분류로서 재산권에 속한다. 이에 대하여 청구권은 권리의 효력상의 분류에 의한 것이다. 청구권 등은 채권·물권과 같은 기초적 권리의 효력으로 발생하는 것으로서 기초적 권리와 다른 차원에서 존재한다.[7)]

둘째, 청구권은 채권 그 밖의 권리인 물권에 기한 청구권이나 가족권에 기한 유아인도청구권, 부양청구권, 부부의 동거청구권, 상속회복청구권에 의해서도 가능하기 때문에 단순히 채권은 청구권이라고는 할 수 없다는 것이다.

셋째, 채권의 효력의 다양성이다. 민법의 해석으로는 청구권은 **채권의 주된 내용** 또는 **효력**에 지나지 않을 뿐만 아니라, 채권이 발생하면 언제나 청구권도 발생하나, 그 외에도 채권은 급부를 수령하고 이를 보유할 수 있는 효력이라든지 또는 채권자대위권·채권자취소권·항변권·해제권·상계권 등과 같은 여러 권능을 수반한다.

넷째, 발생의 시기의 차이이다. 청구권은 대개는 채권의 발생과 동시에 존재한다. 그러나 이행기가 도래하지 않은 채권에 있어서는, 채권은 존재하지만 청구권은 아직 발생하지 않는다. 즉 채권의 이행기가 도래함으로써 비로소 급부청구권은 발생하게 된다.

(2) 청구권 용어의 다의적 사용 민법 내지 민법학에서는 청구권이라는 말은 다음과 같이 다의적으로 쓰이고 있다.

가. 청구권이 채권과 동일한 의미로 쓰이는 경우 불법행위에 기한 손해배상청구권(제750조), 부당이득반환청구권(제741조) 등의 경우

나. 채권에 기해서 청구할 수 있는 구체적 내용을 나타내는 경우 급부(이행)청구권,[8)] 채무불이행에 기한 손해배상청구권(제390조) 등의 경우

다. 채권이 추상적·포괄적 권리 내지 지위를 나타내어서, 청구권은 그 중의 구체적·개별적 내용을 나타내는 경우 특정물인도채권(제374조)에서 특정물인도채권은 특정물의

---

5) 곽윤직, 9면; 김상용, 14면; 김형배, 30면.

6) 곽윤직, 11면; 김기선, 35면; 김상용, 17면; 송덕수, 13면.

7) 송덕수, 12면.

8) 이행청구권이라는 용어는 민법에서 사용하고 있지 않고 강학상 사용하는 개념이다.

점유를 이전하는 것뿐만 아니라 점유와 함께 소유권을 이전하는 경우까지를 포함하는 것이므로 「특정물의 인도」라고 하는 구체적 행위만을 요구하는 측면을 「특정물인도청구권」이라고 한다면 「특정물인도채권(제374조)」은 특정물인도청구권을 그 내용으로 포함하고 있는 포괄적 권리라고 할 수 있다.

【참 고】

제190조 목적물반환청구권의 양도에서 왜 목적물반환청구권을 채권적 청구권이라고만 설명하고 있는가? 조문을 보면 「제3자가 점유하고 있는 동산에 관한 물권을 양도하는 경우에는 양도인이 그 **제3자에 대한 반환청구권**을 양수인에게 양도함으로써 동산을 인도한 것으로 본다」고 하고 있어 특정한 자에 대한 청구임을 밝히고 있고, 물권적 청구권 자체만 떼어서 양도할 수는 없다.

(3) 또한 급부청구권은 채권의 요소로서 이것과 불가분적으로 결합하고 있으므로 법률적 운명을 같이 한다. 즉 청구권의 양도는 채권 자체를 양도하는 것이고 청구권이 이행되면 채권도 동시에 소멸한다.

2. 채권과 강제적 실현가능성

(1) 채권은 청구권을 그 본질적 요소로 한다. 따라서 모든 채권은 채무자에 대하여 급부를 청구하는 힘, 즉 **청구력**(청구적 효력)을 가지며, 채무자가 채무를 이행하는 경우 채권자는 이를 수령하여 보유할 수 있는 **급부보유력**과 채무자의 임의이행이 행하여지지 않는 경우에, 금전채권에 있어서는 그대로, 그 이외의 채권의 경우에는 손해배상청구권으로 변경되어 채무자의 일반재산(책임재산)에 대한 강제집행에 의하여 채권의 만족을 얻는 효력인 채권의 **공취력**[9]**(집행력)**을 가진다.

이에 대해서 채권이 청구력에 의하여 실현되지 못한 경우에는 강제적 실현력으로서 **소권**과 **집행청구권**을 들기도 한다.[10] 결국, 채권은 청구력에 의하여 실현되지 못한 경우에는 국가에 소구(소권)하여 채무자에 대하여 급부를 명하는 판결(이행판결 또는 급부판결)을 얻어 급부의 이행을 강제하는데, 그럼에도 불구하고 채무자가 급부를 이행하지 않을 때에는 채권자는 집행청구권[11]에 의하여 급부의 내용을 강제적으로 실현시킨다.

---

9) 김형배 교수는 공취력을 소송법상 또는 집행법상의 권리(소권)로서가 아니라, 소송절차·집행절차를 통해서 실현될 수 있는 실체법적 권리(채권)로서 파악되는 개념이라고 한다. 김형배, 34면.

10) 곽윤직, 13-14면.

11) 집행권원이 존재하는 경우에 채권자가 국가기관에 대하여 강제집행을 구하는 권리로서 공법(집

(2) 모든 채권에 강제적 실현가능성이 있는가. 근대법은 채권자에게 소권과 강제집행권을 부여하여 채권의 실현을 보장하고 있다. 그러나 학자들은 법률에 의하여 또는 비법률적 사회규범에 의하여 소구할 수 없으나 채무자가 급부를 하면 채권자가 이를 수령하고 보유하는 것이 정당화되는 채권을 인정하고 있는데, 이럴 경우 채권에 수반하는 강제수단으로서의 강제적 실현력은 채권의 속성 내지 본질적 내용은 아니라고 한다. 이는 자연채무의 개념을 인정하는 전제 하에서 하는 말이다.

3. 채권과 채권관계

(1) 채권자와 채무자 사이에 전개되는 법률관계 모두를 총칭하여 「채권관계」라고 한다. 예컨대 건물에 대해 매매계약이 체결되면, 매도인은 매수인에게 매매의 목적이 된 권리를 이전하여 줄 채무를 부담하고, 이에 대해 매수인은 대금지급채무를 지며, 계약당사자의 쌍방의무는 동시에 이행하여야 한다(제568조 제1항·제2항). 또 매도한 목적물에 하자가 있는 때에는, 매도인은 매수인에게 하자담보책임을 지게 된다(제580조·제581조). 뿐만 아니라 일정한 경우에는 동시이행항변권(제536조) 및 해제권(제543조)이 발생하며 통지의무를 지는 경우도 있다. 이 모두가 매매에 있어서 계약당사자 간의 채권관계의 내용을 이루는 것이 된다. 여기서 채권관계는 특정인 사이에서만 성립하는 법률관계로서 특별구속관계이다. 이는 특히 임대차·고용 등과 같은 계속적 계약에서 뚜렷이 나타난다.

또한 채권관계는 단순히 하나의 채권·채무가 서로 대립하고 있다거나 채권·채무의 단순한 총화가 아니라 그 성립에서 소멸에 이르는 과정을 통하여 당사자 사이에 수많은 권리·의무를 파생시키는 원천을 이루는 하나의 유기적 관계이다.[12)]

(2) 이에 대해서 채권은 그러한 채권관계의 한 내용 또는 요소를 이룬다(예컨대 매도인의 대금채권이나 매수인의 권리이전채권·임대인의 차임지급채권이나 임차인의 목적물 사용수익채권).

(3) 채권관계는 계약이 성립함으로써 비로소 발생하는 것이 아니다. 아직 계약이 성립하기 전이라도 당사자가 계약의 체결을 위한 교섭이 시작됨으로써 그 당사자 사이에는 타인 사이에서는 볼 수 없는 긴밀한 관계가 생기게 되고, 그 관계로부터 여러 가지 법률상의 의무, 예컨대, 승낙 연착에 관한 청약자의 통지의무(제528조 제2항), 계약체결상의 과실로 인한 손해배상의무(제535조), 보험계약자의 고지의무(상법 제651조), 특히 매매계약이 소비자계약인 경우 매도인인 사업자의 정보제공의무와 신의칙상의 부수의무가 발생한다. 따라서 계약 성립 전에도 그 협상단계에서부터 유기체로서의 채권관계가 존

행법)상의 권리를 말한다.

12) 곽윤직, 17면.

재하는 것으로 볼 수 있다. 만약 채권관계를 인정하지 않는다면 불법행위 문제가 된다.

(4) 채권관계에서 당사자는 권리와 의무를 행사하고 이행하는데 있어서 신의에 따라 성실하게 행동하여야 할 의무가 있다. 특히 계속적 계약관계에서는 신의칙이 중요하게 작용한다.

제5절 채권관계에서 채무 (채무구조론)

1. 의의

채무는 채권에 대응하는 개념으로서 일정한 행위를 하여야 할 의무를 부담한다. 따라서 물권행위와 구별되는 개념으로서 사용되는 채권행위는 의무부담행위이다. 채무는 책임과 구별된다. 책임은 채무자의 일반재산이 강제집행의 대상이 되는 것을 말한다. 일반적으로 채무에 책임이 함께 수반되지만 특수한 경우에는 분리되는 경우가 있다. 강제집행을 하지 않기로 하는 특약이 있는 경우에는 책임이 없는 채무만 있게 되고, 물상보증인이나 담보부동산의 제3취득자의 경우에는 채무는 없고 책임만 있으며, 상속인의 한정승인의 경우에는 책임이 상속재산에 제한된다.

채권관계에서 채무가 어떠한 내용을 담고 있으며 그 내용들이 어떻게 분류되어야 하는가 하는 점이, 특히 채무불이행과 관련하여 중요하다. 전통적인 채무불이행 3분류형에 따르면 이행지체와 이행불능 이외에 제3의 유형으로서 불완전이행을 인정하고 있는데, 이 경우 채무불이행이라고 하기 위해서는 그 전제로서 채무자가 어떠한 채무를 지는지가 중요하고, 채무자가 져야 할 채무내용이 분명하게 되지 않는 한, 왜 그것이 불완전하게 밖에 이행되지 않았는지, 즉 채무불이행 여부를 결정할 수 없기 때문에 그 선결문제로서 채무구조론이 등장하게 된 것이다.

즉 채무가 확정되면 그 채무의 이행을 구할 수 있는 것인지, 그 의무위반이 있으면 손해배상청구(제390조) 내지 계약을 해제(제543조 이하)할 수 있는 것인지, 상대방의 채무가 이행되지 않은 경우에 항변권을 행사할 수 있는 것인지(제536조), 그 의무가 소멸한 경우에 반대급부를 청구할 수 있는지(제537조·제538조) 등을 판단하는 전제가 된다.

채무에는 주된 의무인 「급부의무」와, 그것을 제대로 이행하기 위해 요청되는 「부수적(주의)의무」가 있다. 급부의무와 부수의무를 구별하는 데에는 이론이 없다. 이러한 급부의무와 부수의무 이외에도 오늘날 채무의 내용에 별도로 보호의무가 인정되고 있다.

2. 급부의무와 부수의무

1) 급부의무　　급부의무란 계약유형을 특징지우는 채무자의 본질적인 의무를 잘 나타내는 의무를 말한다. 쌍방이 채무를 부담하는 쌍무계약인 경우에, 양 당사자가 상대방으로부터 얻어내고자 하는 본질적인 의무이다. 매매계약에서 재산권이전의무와 대금지급의무, 임대차에서 차임지급의무와 임차물 사용수익하게 할 의무, 고용계약에서 노무제공의무와 보수지급의무, 도급계약에서 일의 완성의무와 보수지급의무가 대표적이다.

급부의무는 쌍무계약에 있어서 서로 대가적 견련관계에 서게 되며(제536조·제537조), 또 그 불이행시에는 이행청구권, 손해배상청구권뿐만 아니라 해제권이 발생될 수 있는데 반하여, 부수의무인 경우에는 이행청구권 내지 손해배상청구권의 인정은 별론하고 해제권은 인정되지 않는다.[13)]

2) 부수의무

가. 개념　　급부의무를 그 내용에 따라 제대로 이행하기 위해서 요청되는 것을 부수적 주의의무 또는 부수의무라고 한다. 계약유형을 특징지우는 본질적인 급부의무가 아닌 의무, 즉 계약유형을 결정하는 것이 아닌 의무를 말한다. 즉 급부내용과는 직접 관련이 없지만 이행과정의 구체적 상황 하에서 급부결과를 실현하기 위하여 필요한 주의를 다해야 할 구체적인 행위의무를 말한다. 이것도 급부의무의 발생·이행·소멸의 전 과정을 통하여 계약목적을 유지하고 보호하는 것을 목적으로 하는 의무이다.

이것은 신의칙에서 나온다고 하는데, 주의의무, 성실의무, 충실의무, 부수적 의무 또는 기본채무 이외의 용태의무 등 다양한 용어로 부르고 있다.[14)]

이것은 채권·채무의 내용이 실현되도록 구체적인 경우에 요구되는 의무라고 할 수 있다. 예컨대 임대차관계에 있어서 임차인의 임차물보관의무(제374조), 계약의 효력에 영향을 미치거나 상대방의 권리확보에 위험을 가져올 수 있는 구체적 상황에 대한 고지의무,[15)] 수임인의 보고의무(제683조), 통지의무, 인용의무, 매매에 있어서 보관의무 및 포장의무, 복잡한 구조를 가지고 있는 기계의 매매에서 기계의 사용설명의무, 사업자의 정보제공의무 내지 의사의 설명의무,[16)] 금융상품사업자의 설명의무(금융소비자보호법

---

13) 급부의무를 주된 급부의무와 종된 급부의무로 구분하기도 하는데, 이 경우 종된 급부의무를 위반하는 경우에 손해배상의 구제수단뿐만 아니라 이행청구권을 인정한다. 김형배, 38면; 급부의무를 제1차적 급부의무와 제2차적 급부의무로 나누고, 소에 의하여 이행이 강제될 수 있는 의무를 본래의 급부의무라 하고 손해배상청구권만이 주어지는 의무를 기타의 행위의무로 구분하기도 한다. 송덕수, 55면.

14) 곽윤직, 17면.

15) 대판 2006. 10. 12. 2004다48515; 대판 2007. 6. 1. 2005다5812.

제19조) 등을 들 수 있다.

나. 종류 부수의무를 비독립적 부수의무와 독립적 부수의무로 구분할 수 있다. 후자로는 수임인의 보고의무(제683조), 사무관리자의 보고의무(제738조, 제683조)가 그 예이다. 비독립적 부수의무에 대하여는 채권자가 이행청구권을 가지지 않고, 독립적 부수의무는 주된 급부의무와 독립하여 이행을 청구할 수 있다는 점에서 양자의 구별실익이 있다.[17]

다. 효과 부수의무에 위반하는 경우에는 원칙적으로 그것이 독립적인 의미를 가지지 않으며 급부의무위반에 포섭될 것이다. 부수적 주의의무위반만으로 계약해제권이 발생하지 않고 주된 채무라고 인정되는 경우에 계약해제권이 인정된다.[18] 부수의무를 위반한 경우에도 채무불이행으로 평가되므로 손해배상채권을 발생시킨다.

3) 보호의무

가. 의의 채무자의 의무에 위에 든 급부의무와 부수적 주의의무 외에 계약상의 채무에 보호의무를 포함시킬 것인가의 문제가 있다. 먼저 통설과 판례는 보호의무를 인정하고 있는데,[19] 이때 보호의무란 급부이익 이외의 이익 중에서 계약 상대방의 생명 및 신체·재산을 침해하지 않도록 배려할 의무를 말한다. 계약상대방의 완전성이익을 침해하지 않도록 배려할 의무이다. 보호의무를 급부의무의 발생 전, 발생 중, 발생 후 계약적 또는 계약외적인 사회적 접촉에서 생기는 손해로부터 구할 의무로서 급부의무로부터 가장 먼 거리에 있는 행태의무라고 정의하기도 한다.[20]

이 의무는 급부나 계약의 목적을 위한 것이 아니라 완전성이익의 보호를 위한 것이라는 점과 계약이 무효가 될 경우에도 존속할 수 있다는 점, 그리고 채무자뿐만 아니라 채권자에게도 부과될 수 있다는 점이 특색이다. 현재 판례는 보호의무를 모든 계약관계에서 인정하는 것이 아니고 특별히 상대방의 생명이나 신체, 재산상의 이익을 인정해야 할 필요성이 있는 계약(예컨대, 고용계약, 숙박계약, 여행계약 등)에서 인정하고 있다.

---

16) 대판 2013. 6. 27. 2010다96010·96027.

17) 지원림, 채무구조론 -계약상의 채무를 중심으로-, 민사법학 21호, 2002, 575-576면; Emmerich, Inhalt des Schuldverhältnisses- Leistungsstörungen Grundlagen des Vertrags und Schuldrechts, 1974, SS. 306-312.

18) 대판 2005. 7. 14. 2004다67011판결은 상가분양계약에 있어서 지정업종에 대한 경업금지의무를 부수의무가 아니라 주된 채무로 보아 계약해제권을 인정하고 있다.

19) 보호의무를 별도로 인정하지 않고 부수의무에 포함시키는 견해로는, 곽윤직, 17면; 서광민, 채권법상의 보호의무, 서광법학연구 제3권, 2001, 111면.

20) 이영준, 신의성실의 원칙에 관한 소고, 근대민법학의 제문제(청헌 김증한박사화갑기념), 박영사, 1981. 5, 23면 이하.

보호의무를 계약상의 채무로 인정하려는 입장은 당초 독일민법의 해석론에 기인한다. 즉 민법과 달리 불법행위규정 내지 채무불이행규정에서 포괄적인 일반조항을 가지고 있지 않던 독일민법에서 피해자를 채권관계에 편입시켜 구제하기 위하여 해석상 도입한 것이다. 독일민법 제241조 제2항에서는 「채권관계는 그 내용에 좇아 각 당사자에 대하여 상대방의 권리, 법익 및 이익을 배려할 의무를 지울 수 있다」고 규정하여 명문화하였다.

만약 보호의무를 채무에 포함시키게 되면 보호의무를 다하지 않는 경우에도 채무불이행책임을 인정하게 된다. 보호의무를 인정하지 않게 되면 불법행위책임을 묻게 된다. 이 의무는 모든 계약유형에 공통적으로 동일한 강도로 또는 언제나 필수적으로 인정되는 것은 아니며, 급부의무와 관련해서 또는 채권자와 채무자의 접촉·결합관계와 관련해서 여러 가지 형태로 인정된다. 예컨대 물건의 일시적 현실매매(예컨대 노상에서 물건을 사는 것)에 있어서는 보호의무가 거의 문제될 것이 없다. 그러나 노무자가 사용자에게 그의 인신과 불가분의 노동력을 제공하는 고용관계에 있어서는 사용자의 보호의무는 노무자의 노무급부의무와 밀접하게 결합되어 있다. 따라서 사용자는 위험하고 유해한 시설이나 작업장에서 노무급부가 행하여지지 않도록 해야 할 보호의무를 부담한다고 보아야 한다.

현재 채권법상 보호의무를 중심으로 논의되는 분야로는 ① 계약체결을 위한 준비단계에서 상대방의 신체·재산에 대한 손해를 준 경우(계약체결상의 과실, 제535조), ② 채무자의 불완전이행 특히 보호의무의 위반으로 채권자의 신체·재산에 확대손해를 준 경우(적극적 채권침해)가 있다. 특히 고용계약에서 사용자가 안전배려의무를 위반한 경우가 대표적인 예이다.

판례도 고용계약 특히 노무도급계약상의 사용자,[21] 기획여행계약에서의 여행업자,[22] 숙박업자, 증권회사직원 등에게 보호의무 내지 안전배려의무를 인정하고 있으나, 계약상의 의무로서 인정하는지는 불분명하고, 숙박업자[23]나 여행업자[24], 카지노사업자[25]의 보호의무와 같이 채무불이행책임을 인정하는 판례도 있고 이 경우 불완전이행으로 인한 채무불이행책임으로 이론 구성한다. 그러나 일반적으로는 보호의무 위반으로 인하여 불법행위가 성립한다는 입장이다.

---

21) 대판 1999. 2. 23. 97다12082; 대판 2021. 8. 19. 2018다270876.

22) 대판 1998. 11. 24. 98다25061; 대판 2011. 5. 26. 2011다1330.

23) 대판 1994. 1. 28. 93다43590; 대판 2000. 11. 24. 2000다38718·38725.

24) 대판 1998. 11. 24. 98다25061; 대판 2014. 9. 25. 2014다213387.

25) 원칙적으로 카지노이용과 관련하여서는 '자기책임의 원칙'이 적용되지만 예외적인 경우에 보호의무가 인정된다고 한다(대판 2014. 8. 21. 2010다92483).

【보호의무 인정 판례】

여행업자는 통상 여행 일반은 물론 목적지의 자연적·사회적 조건에 관하여 전문적 지식을 가진 자로서 우월적 지위에서 행선지나 여행시설의 이용 등에 관한 계약 내용을 일방적으로 결정하는 반면 여행자는 그 안전성을 신뢰하고 여행업자가 제시하는 조건에 따라 여행계약을 체결하게 되는 점을 감안할 때, 여행업자는 기획여행계약의 상대방인 여행자에 대하여 기획여행계약상의 부수의무로서, 여행자의 생명·신체·재산 등의 안전을 확보하기 위하여, 여행목적지·여행일정·여행행정·여행서비스기관의 선택 등에 관하여 미리 충분히 조사·검토하여 전문업자로서의 합리적인 판단을 하고, 또한 그 계약 내용의 실시에 관하여 조우할지 모르는 위험을 미리 제거할 수단을 강구하거나 또는 여행자에게 그 뜻을 고지하여 여행자 스스로 그 위험을 수용할지 여부에 관하여 선택의 기회를 주는 등의 합리적 조치를 취할 신의칙상의 주의의무를 진다.[26)]

공중접객업인 숙박업을 경영하는 자가 투숙객과 체결하는 숙박계약은 숙박업자가 고객에게 숙박을 할 수 있는 객실을 제공하여 고객으로 하여금 이를 사용할 수 있도록 하고 고객으로부터 그 대가를 받는 일종의 일시 사용을 위한 임대차계약으로서 객실 및 관련 시설은 오로지 숙박업자의 지배 아래 놓여 있는 것이므로 숙박업자는 통상의 임대차와 같이 단순히 여관 등의 객실 및 관련 시설을 제공하여 고객으로 하여금 이를 사용·수익하게 할 의무를 부담하는 것에서 한 걸음 더 나아가 고객에게 위험이 없는 안전하고 편안한 객실 및 관련 시설을 제공함으로써 고객의 안전을 배려하여야 할 보호의무를 부담하며 이러한 의무는 숙박계약의 특수성을 고려하여 신의칙상 인정되는 부수적인 의무로서 숙박업자가 이를 위반하여 고객의 생명·신체를 침해하여 투숙객에게 손해를 입힌 경우 불완전이행으로 인한 채무불이행책임을 부담하고, 이 경우 피해자로서는 구체적 보호의무의 존재와 그 위반 사실을 주장·입증하여야 하며 숙박업자로서는 통상의 채무불이행에 있어서와 마찬가지로 그 채무불이행에 관하여 자기에게 과실이 없음을 주장·입증하지 못하는 한 그 책임을 면할 수는 없다.[27)]

사용자는 근로계약에 수반되는 신의칙상의 부수적 의무로서 근로자가 노무를 제공하는 과정에서 생명, 신체, 건강을 해치는 일이 없도록 인적·물적 환경을 정비하는 등 필요한 조치를 강구하여야 하는 보호의무를 부담하고, 이러한 보호의무를 위반하여 근로자가 손해를 입었다면 이를 배상할 책임을 진다.[28)]

나. 보호의무 위반의 효과 　만약 보호의무를 채무의 내용에 포함시키면 보호의무를 위반하여 상대방에게 손해를 발생시키면 채무불이행에 해당하게 되는데, 그 중 어느

26) 대판 1998. 11. 24. 98다25061; 대판 2017. 12. 13. 2016다6293.
27) 대판 2000. 11. 24. 2000다38718·38725.
28) 대판 2021. 8. 19. 2018다270876.

유형에 해당하는지가 문제된다. 종래에는 이를 불완전이행 또는 적극적 채권침해로 파악하였으나, 통상은 손해의 전보만이 문제된다. 따라서 보호의무위반의 경우에는 원칙적으로 계약해제권을 발생시키지 않고, 손해배상청구권만이 발생한다. 그러나 계속적 채권관계에서 보호의무위반으로 당사자들 사이의 신뢰관계의 기초가 파괴되었다면, 예외적으로 계약해제권을 인정하여야 할 것이다.[29]

다. 보호의무 인정의 실익

보호의무를 채무의 내용에 포섭한다면 일반적인 증명책임 분배원리에 따라 증명책임을 부담하여야 하고, 귀책사유 증명책임이 채권자(피해자)가 아니라 채무자(가해자)가 부담한다는 데 실익이 있을 것이다.

판례도 숙박업자가 이를 위반하여 고객의 생명·신체를 침해하여 투숙객에게 손해를 입힌 경우 불완전이행으로 인한 채무불이행책임을 부담하고, 이 경우 피해자로서는 구체적 보호의무의 존재와 그 위반 사실을 주장·입증하여야 하고, 숙박업자로서는 통상의 채무불이행에 있어서와 마찬가지로 그 채무불이행에 관하여 자기에게 과실이 없음을 주장·입증하여야 한다[30]고 하여 숙박업자인 채무자에게 증명책임을 부과하고 있다.

3. 채권관계와 호의관계

(1) 법률관계로서의 채권관계의 당사자는 채권·채무를 가지고 있으므로 채권자는 채무자에게 채무이행을 청구할 수 있는 권리를 가지고, 채무자는 채권자에게 이행해야 할 의무가 있다. 즉 채권관계는 법적 구속력을 가지고 있다. 그러나 호의관계에 있어서는 당사자 사이에 법적 의무가 발생되지 않는다. 예컨대 친구를 위해 잔디를 깎아주거나 또는 잠시 물건을 빌려주는 경우에 고용관계 또는 사용대차관계가 성립하는 것은 아니다. 따라서 이러한 호의관계에 있어서는 계약위반행위가 인정될 수 없으며, 채무불이행 등을 문제 삼을 수 없다. 호의관계에 있어서는 처음부터 계약상의 구속의사가 결여되어 있기 때문이다.

(2) 이론적으로 채권관계와 호의관계의 구별이 어려운 것은 아니나, 실제에 있어서 그러한 의사를 확인한다는 것은 용이한 문제가 아니다. 물론 법이론적으로 채권관계와 호의관계의 구별표지는 '의사표시'의 유무이다.[31] 즉 법률효과를 발생시키고자 하는 효과의사의 유무에 따라서 양자를 일응 구분할 수 있다. 그런데 실제의 경우에는 호의

29) 지원림, 채무불이행의 유형에 관한 연구, 민사법학 제15호, 1997, 307-308면.
30) 대판 1994. 1. 28. 93다43590; 대판 2000. 11. 24. 2000다38718·38725.
31) 김상용, 27면.

관계인지 아닌지가 불분명한 경우가 많이 있다.[32)]

구체적인 예로서 구분해 보기로 하자. 의사가 동료의사를 치료하는 경우에는, 동료이어서 치료를 무료로 하는 때에도 법률관계(무상위임계약)라고 하여야 한다. 재산투자에 관한 충고, 추천 또는 정보제공은 수익자에 대한 그것의 경제적인 중요성이 인식될 수 있는 경우, 특히 충고자나 정보제공자가 주어진 정보에 관하여 전문지식이 있거나 또는 그들 자신의 경제적 이익에 영향이 있는 경우에는, 묵시적으로 계약(정보제공계약)이 성립한다고 하여야 한다. 운송을 위하여 화물차운전자를 사용할 수 있게 한 경우에, 업무가 두 기업의 거래활동에 해당하는 때에는 법률관계이다. 이웃집 아이를 돌보아 주는 것은 원칙적으로 단순한 호의관계이다. 그러나 자신의 아이 생일이어서 초대된 아이를 돌보아 주는 것은 법률관계이다. 이웃 또는 친척의 집을 돌보아 주기로 한 것은 호의관계이다. 호의동승은, 운전자 스스로 동승을 원한 경우에도 원칙적으로 법률관계가 아니나, 동승자가 휘발유 비용의 부담에 협력한 때에는 달라질 수 있다.[33)]

양자의 구분은 대가의 지급 유무, 당사자의 의사, 거래관행 등을 종합적으로 고려하여 법률관계인지 호의관계인지를 판단하여야 할 것이다. 예컨대 甲이 이웃 사람인 乙을 시내까지 그의 자동차로 태워다 주겠다고 약속했다고 하여 을이 갑에 대해서 운송청구권을 가질 수 없다. 또한 갑이 그 약속을 지키지 않았다 하여 을이 갑에 대해 채무불이행책임을 물을 수도 없다. 그러나 을이 휘발유 비용을 함께 부담하기로 하였다고 한다면 갑과 을의 관계가 단순한 호의관계라고 할 수는 없을 것이다.

결국 채권관계이냐 호의관계이냐는 이해상황 또는 기타의 사정을 고려하여 순수한 호의만이 존재하는가 또는 표시된 내용에 대하여 법률행위적 구속의사가 인정될 수 있는가를 구체적으로 판단해야 할 것이다.[34)]

(3) 효과로서는 단순한 호의관계만이 성립된 경우에는 이행청구권이나 채무불이행으로 인한 손해배상청구권도 발생될 여지가 없다. 그러나 주된 급부의무는 존재하지 않는다 하더라도 보호의무의 위반 또는 주의의무 위반으로 인하여 불법행위로 인한 손해배상청구권은 발생될 수 있다.[35)]

---

32) 호의관계에 대해서는 송덕수, 호의관계의 법률문제, 민사법학 15호, 1997.4, 430면 이하.

33) 호의동승이 호의관계라는 것은 계약관계가 아니기 때문에 동승자에 대하여 대가의 지급을 청구할 수 없다는 의미이다. 운전자의 과실로 동승자가 사망하거나 부상을 입은 경우에는 불법행위에 의한 손해배상책임을 부담해야 하고 이 경우 손해배상액의 제한 문제가 대두된다.

34) 김형배, 47면.

35) Esser-Schmidt, SchR AT. S.135; Zweigert, JZ 1964, 349ff.

제 3 장

채권의 목적

제3장 채권의 목적

제1절 채권의 목적 일반

Ⅰ. 채권의 목적의 의의

1. 채권의 목적이라 함은 채권자가 채무자에 대하여 청구할 수 있는 일정한 행위, 즉 채무자의 행위를 말한다. 이 채무자의 행위를 급부라고 하므로, 결국 채권의 목적은 급부를 가리키는 것이다. 채권의 목적은 채권의 내용 또는 객체라고도 한다. 예컨대 매매라는 계약에 있어서 채권의 목적은 매도인이 목적물의 권리를 이전하는 행위이며, 물건 그 자체는 이전행위의 대상 내지 목적물에 지나지 않는다.

2. 따라서 채권의 '목적'은 채권의 '목적물'과는 구별하여야 한다. 민법은 급부라는 용어를 사용하지 않고, 경우에 따라 행위(제380조·제385조), 지급(제376조·제377조), 이행(제375조·제385조·제539조), 급여(제466조·제746조), 변제(제742조·제743조) 등의 용어를 사용하고 있다.

Ⅱ. 채권의 목적의 요건

채권은 직접 법률의 규정에 의하여 일정한 내용을 가지고 발생하는 경우(제734조·제741조·제750조)가 있는가 하면, 법률행위(계약)에 의하여 발생하는 경우도 있다. 전자인 법정채권인 경우에는 그것이 법률의 규정에 의하여 발생하고, 그 요건이 법률에 규정되어 있으므로 특별히 그 유효요건이 문제되지 않는다. 그러나 후자인 약정채권인 경우에는 사적자치의 원칙이 지배하는 까닭에 당사자가 급부의 종류와 내용을 자유롭게 정할 수 있다. 그러므로 채권이 발생하기 위해서는 채권의 내용을 이루는 급부가 어떠한 요건을 구비하여야 하는가 하는 문제가 제기되는데, 이것이 채권의 목적의 요건이고 법률행위의 목적에 관한 일반적인 요건을 갖추어야 한다.

법률행위의 목적에 관한 일반적인 요건으로서는, 그 목적이 확정할 수 있는 것이어야 하고, 적법하고, 가능하고, 사회적 타당성이 있어야 한다. 그리고 채권의 목적은 금전적 가치가 있는 것만이 될 수 있느냐가 문제되어 왔는데, 민법은 그 밖에 금전으로 가액을 산정할 수 없는 것이라도 채권의 목적이 될 수 있다는 규정을 두어(제373조), 입법적으로 해결하였다. 채권의 목적의 요건을 나누어 설명해보자.

1. 적법성

급부는 적법한 것이어야 한다. 즉 급부내용이 강행법규에 위반하지 않아야 한다. 급부내용이 위법 또는 부적법한 경우에는 그와 같은 급부를 목적으로 하는 계약은 무효이며 채권은 성립하지 않는다(제105조). 예컨대, 법률상 양도가 금지되어 있는 물건(마약 등)의 인도를 목적으로 하거나, 13세 미만자와의 고용계약(근로기준법 제64조)은 무효로서 물건의 인도청구권이나 사용자의 노무급부청구권은 성립할 수 없다.

그리고 급부 자체는 적법한 것이라 하더라도 그것이 위법한 목적으로 사용되는 경우, 예컨대 범죄의 수단으로 사용되는 경우에는 계약은 전체적으로 위법한 것으로서 무효가 될 수 있다.[1] 예컨대, 가옥의 임대차는 적법한 것이라 하더라도 도박장으로 사용하기 위한 임대차계약이라면 임대차계약은 무효로 될 수 있다는 의미이다.

2. 사회적 타당성

급부내용은 사회적 타당성을 지녀야 한다(제103조 참조). 예컨대, 도박의 변제방법으로 하는 토지의 양도계약,[2] 도박에 진 빚을 토대로 하여 그 노름빚을 변제하기로 한 약정[3]이나 인신매매계약 등 선량한 풍속에 반하는 내용을 목적으로 하는 무효의 법률행위이므로 채권은 성립할 수 없다. 부동산의 이중매매에서 제2의 매수인이 매도인의 배임행위에 적극 가담함으로써 이루어진 경우에는 반사회적 법률행위로써 무효라 할 것이다.[4]

반사회질서행위는 법률행위의 목적인 권리의무내용이 선량한 풍속 기타 사회질서에 위반되는 경우뿐만 아니라 그 내용자체는 반사회질서적인 것이 아니라고 하여도 법률적으로 이를 강제하거나 그 법률행위에 반사회질서적인 조건 또는 금전적 대가가 결부됨으로써 반사회 질서적 성질을 띄게 되는 경우[5] 및 표시되거나 상대방에게 알려진 법률행위의 동기가 반사회질서적인 경우를 포함한다.[6]

---

1) 김형배, 55면; 송덕수, 52면.
2) 대판 1959. 10. 15. 4291민상261.
3) 대판 1966. 2. 22. 65다2567.
4) 대판 1982. 2. 9. 81다1134; 대판 1983. 4. 26. 83다카57.
5) 대판 2000. 2. 11. 99다56833.
6) 대판 1992. 11. 27. 92다7719; 대판 2017. 4. 13. 2016다275433·275440.

3. 목적의 실현가능성

(1) 채권의 목적은 그 실현이 가능한 것이라야 한다. 급부의 가능·불능 여부는 물리적 관념이 아니고 사회의 거래관념에 의하여 판단하여야 한다. 가능여부는 채권의 성립시를 표준으로 판단한다. 즉 원시적 불능(예컨대, 매매의 목적물인 가옥이 계약체결 전에 이미 소실된 경우)의 급부를 목적으로 하는 채권은 무효이다. 따라서 채권이 성립할 때에는 가능하였으나 그 후에 이르러 불능으로 되더라도(후발적 불능), 그 채권은 그대로 유효하고, 다만 채무불이행(채무자에게 귀책사유가 있는 경우) 또는 위험부담(제537조·쌍무계약의 존속상의 견련성)의 문제로서 다루어질 따름이다. 문제는 채권의 목적인 급부가 계약성립 시에는 불능이더라도, 이행기에는 그것이 가능하게 된 때에 무효라고 할 것이냐이다. 만약 그러한 사실을 당사자가 계약의 내용으로 하고 있다면, 급부의 실현가능성은 채권의 이행기에 있으면 된다고 새기는 것이 타당할 것이다.[7]

판례도 하도급계약 그 건축공사에 대한 건설부장관의 사업계획승인, 원도급인인 소외 대한주택공사의 하도급에 대한 승인, 그 건축부지의 확보 등이 갖추어져 있지 않았다 하더라도, 그 계약의 목적이 된 원심판시 토지상에 아파트건축 등의 공사를 하는 것이 법률상 금지 내지 제한되어 있었다는 등 특단의 사정이 없는 이상 계약 후 이를 보완할 수 있는 것이므로 그와 같은 사유만으로는 이 사건 각 하도급계약 당시 그 계약목적이 실현불가능한 것이었다고 할 수 없다고 한다.[8]

4. 확정성

(1) 채권의 목적인 급부는 확정할 수 있는 것이어야 한다. 예컨대 적당한 시기가 되면, 상당한 금액을 지급하기로 하는 식의 약정은 채권의 목적이 불확정하므로 무효이다. 그러나 채권이 성립할 당시에 확정되어 있을 필요는 없으며, 이행할 때까지 확정될 수 있으면 된다. 따라서 급부가 이행기까지 확정될 수 없는 경우에는, 채권은 성립하지 않고, 그 채권을 발생시키는 법률행위도 무효이다.[9]

(2) 급부의 확정성이라 함은 급부내용이 세부에 이르기까지 당초부터 고정적으로 정하여질 필요는 없다. 예컨대 의료채무(진료계약)에 있어서는 어떠한 의료행위(수단)를 할 것인가는 채무자(병원 의사)의 재량에 맡겨져 있는 경우가 많다. 이른바 결과채무(도급, 일의 완성)에 있어서는 급부내용이 확정되어 있으나, 수단채무(위임, 사무처리)에서는 채무자

7) 곽윤직, 21면.

8) 대판 1989. 11. 28. 89다카11777.

9) 대판 1987. 4. 1. 87다카1273.

의 재량에 맡겨져 있는 경우가 많다. 양자는 증명에 있어서 차이가 있게 된다.

(3) 그렇다면 목적의 확정은 어떠한 방법으로 확정되는가. 다음과 같이 확정될 수 있다.

1) 채권이 법률의 규정에 의하여 발생하는 경우에는 동시에 급부를 확정하는 표준까지도 정하고 있다. 예컨대, 사무관리에 관한 제734조 이하, 부당이득에 관한 제741조 이하, 불법행위에 관한 제750조 이하의 규정이 그것이다.

2) 그러나, 법률행위에 의하여 발생하는 채권에 관하여는 급부의 확정에 관한 일반적 표준을 정하고 있지 않으므로, 다음과 같은 방법으로 확정한다.

가. 계약으로 채권의 목적을 확정할 객관적 표준(예컨대, 시장가격·공정가격)을 정한 경우에는 그것에 의하여 확정된다.

나. 계약으로 당사자의 일방 또는 제3자에게 급부를 지정할 것을 맡긴 경우에는, 민법에 특별히 규정하는 바가 없기 때문에 법률행위해석의 일반적 표준에 따를 수밖에 없다. 그러나 독일민법에서는 이에 관하여 상세한 규정을 두고 있는데(독민 제315조-제319조), 이는 민법의 해석론에 참고가 될 것이다. 이 입법례에 따르면 다음과 같이 된다.

① 계약으로 당사자의 일방 또는 제3자에게 급부의 지정을 맡긴 경우에는 지정권자의 공평한 재량에 맡기는 경우와 전혀 그 자의 「임의」에 맡기는 경우의 두 가지가 있는데, 어느 쪽인지 의심스러운 경우에는 공평한 재량에 맡긴 것으로 새겨야 한다(독민 제315조 제1항·제317조 제1항 참조). 공평한 재량으로 지정하여야 할 경우에 지정권자가 불공정한 지정을 한 때에는 그 지정은 구속력이 없다(독민 제315조 제3항·제319조 1항 참조). 지정이 불공평하거나, 지정권자가 지정하지 않거나, 지정을 지체하거나, 또는 지정할 수 없을 때에는 법원의 판결에 의하는 수밖에 없다(독민 제315조 제3항·제319조 제1항).

② 급부의 지정을 당사자의 일방 또는 제3자의 임의에 맡기는 경우에는 어느 일방의 이익을 부당하게 해침으로써 사회질서에 위반되지 않는가의 여부 또는 당사자가 진심으로 법률상 채무를 발생시킬 의사가 있었는지의 여부가 문제될 수 있다. 이러한 경우에는 지정권을 가진 제3자 또는 채권자가 지정을 하지 않거나 할 수 없는 때에는 그 계약을 무효라고 할 수밖에 없다(독민 제319조 제2항 참조).

③ 지정권자에 의한 급부의 지정은 상대방 또는 당사자의 일방에 대한 의사표시로써 하여야 한다(독민 제315조 2항·제318조 제1항 참조). 그리고 지정에 의하여 급부의 내용이 확정되는 것은 법률상태의 변화이므로, 지정권은 일종의 형성권이다. 또, 그 지정이 사기 또는 강박으로 인한 경우가 아닌 때에 일단 행하여진 지정은 취소할 수 없다.

다. 법률에서 급부의 확정표준에 관하여 보충적 규정을 두고 있는 경우가 있는데, 당사자의 의사가 명확하지 않은 때에는 이에 따르게 된다. 민법의 종류채권·금전채권·이자채권·선택채권·보증채권(제428조·제429조) 등에 관한 규정이 바로 그것이다.

5. 목적의 금전적(재산적) 가치

1) 채권의 목적은 금전으로 그 가액을 산정할 수 없는 것이라도 무방하다(제373조·상법 제668조의 특칙: 보험계약은 금전으로 산정할 수 있는 이익에 한한다). 즉 법이 보호할만한 가치를 지닌 생활상의 이익이 있기만 하면 채권의 목적이 된다.[10] 이 규정은 법률행위 해석의 하나의 소극적인 표준을 보여주는 것이다. 채권의 목적이 금전으로 산정할 수 있는 것이어야 하느냐에 관하여는 독일보통법시대 이래로 논의가 계속되었던 것인데, 민법 제373조는 이를 입법적으로 해결한 것이다.

2) 제373조의 해석과 관련하여 몇 가지 이론적 문제가 있다.

가. 채권의 목적이 금전으로 그 가액을 산정할 수 있느냐의 여부는 두 가지의 의미가 있을 수 있다. 그 하나는 객관적·일반적으로 금전적 가치가 없다는 의미인지, 아니면 채권자의 입장에서 주관적·구체적으로 금전적 가치가 없다는 의미인지 여부이다. 급부가 주관적으로는 금전적 가치가 없는 것은 거의 없기 때문에 그렇게 해석한다면 제373조는 무의미한 규정이 되어 버린다. 따라서 제373조는 어느 쪽의 의미에 있어서나 금전적 가치를 필요로 하지 않는다고 해석하는 것이 타당하고 거의 일치된 견해이다.[11]

나. 금전적 평가가 불가능한 경우나, 금전적 가치가 없는 경우에도 현실적 이행강제(제389조)를 인정하고 있으며, 금전으로 산정할 수 없는 급부에 있어서도 강제이행이 가능하므로 채권의 목적이 될 수 있다.

다. 금전으로 산정할 수 없는 급부에 있어서도 채권자는 채무불이행의 경우에, 그 불이행으로 인한 손해를 금전으로 산정하여 손해의 배상을 청구할 수 있다(제394조). 정신적 손해의 배상에 대해서 민법은 불법행위의 경우에만 규정을 두고 있으나(제751조·752조), 학설·판례는 채무불이행의 경우에도 특별손해로서 인정하고 있다.

그러나 금전적 가치를 가지지 않는 급부에 있어서 당사자 사이에 법률적 구속을 받을 의사가 없는 것이 명백하거나 그와 같은 급부를 법률상 보호할만한 가치가 없는 경

10) 이은영, 88면; 김주수, 45면; 김형배, 56면. 이에 대하여 보호가치 있는 이익을 요구하면 재산적 가치를 요구하는 것과 같은 결과를 가져오는 것이라며 보호가치 있는 이익은 채권의 목적의 요건이 아니라고 하는 견해도 있다. 송덕수, 53면.

11) 곽윤직, 22면.

우에는 도덕이나 종교규범에 맡기는 것이 타당할 것이다.[12] 결국 어떤 자가 하여야 할 일정한 행위가 채권의 목적이 되려면 적어도 채권관계라는 법률관계가 성립하여야 하며, 호의관계나 도의관계에 머무를 때에는 목적의 재산적 가치가 없다 하더라도 채권의 목적이 될 수 없다. 따라서 이러한 행위를 할 의무가 과연 법적 구속을 받는 것이냐는, 다시 구체적인 경우의 당사자의 의사, 기타의 사정에 따라서 결정하여야 할 의사의 해석의 문제로 돌아가게 된다. 예컨대, 불교도가 사원에 토지를 기탁하고, 그 사원으로 하여금 오래도록 조상의 영혼의 명복을 기도하도록 약속케 하였다면, 금전으로 평가할 수 없는 기도행위에 대하여 사원에 법적 구속을 줄 수 없는 것은 아니다.[13]

Ⅲ. 채권의 목적(급부)의 종류

1. 작위급부·부작위급부

(1) 이는 급부의 내용이 적극적 행위(예컨대 재산권의 이전·노무의 제공·일의 완성·사무의 처리 등), 즉 작위인지 아니면 소극적 행위(건축을 하지 않는 것·소음을 내지 않는 것·자기 토지의 통행을 방해하지 않는 것) 즉 부작위인지에 따른 구분이다. 급부는 주로 작위인 까닭에 채권법은 주로 작위채권을 대상으로 하고 있으나, 부작위도 채권의 목적이 될 수 있고, 로마법 이래로 각국의 입법이 이를 인정하고 있고, 민법도 이에 관하여 규정하고 있다(제389조 제3항).

부작위에도 단지 일정한 행위를 하여서는 아니 되는 '단순부작위'와 채권자가 일정한 행위를 하는 것을 방해하지 않는 인용(예컨대 자기의 토지의 통행을 방해하지 않는 것, 임대인이 임대물에 대한 보존행위를 임차인이 방해하지 않는 것, 제624조)이 있다.

(2) 작위급부와 부작위급부를 구별하는 실익은 채무불이행이 있는 경우에 강제이행의 방법(제389조)에 있어서 구별된다.

2. 주는 급부·하는 급부

(1) 이는 작위급부를 그 내용에 따라 다시 구별한 것으로서, 급부의 내용이 물건을 인도하거나 금전을 지급하는 경우를 주는 급부라고 하고 그 밖에 작위를 내용으로 하는 급부를 하는 급부(좁은 의미의 작위)라고 한다.

(2) 주는 급부에서는 물건이 인도된 결과가 중요하고, 채무자 자신의 인도행위 자체

12) 곽윤직, 22면.
13) 곽윤직, 23면.

는 중요한 것이 아니다. 이에 반하여, '하는 급부'에서는 채무자 자신의 행위가 중요한 의의를 가진다. 따라서 '하는 급부'를 목적으로 하는 채권관계에 있어서는 당사자 사이의 대인적 신뢰관계가 그 기초로 되어 있으며, 더욱이 그 급부가 계속적인 것(고용·위임·대차관계)인 때에는 그 관계는 인격적 급부관계라는 색채를 띠게 된다. 여기서는 신의칙이 강하게 작용하며, 채권의 양도성도 약하다. 또한 주는 급부와 하는 급부는 그 강제이행의 방법도 크게 다르다(제389조 참조).

매도인의 재산권이전의무와 매수인의 대금지급채무는 모두 주는 급부이다. 이에 대하여 위임계약에서 수임인의 사무처리(제680조)는 하는 급부이다. 주는 채무에서 특정물인도채무와 수임인의 하는 채무는 선량한 관리자의 주의의무로 하여야 한다(제374조·제681조).

하는 급부 중에서도 일정한 결과가 발생하면 채권의 목적이 달성이 되는 것을 결과채무(예컨대, 도급에서 일의 완성)라고 부르며, 결과보다는 채무자의 행위에 초점을 맞추는 것을 수단채무(예컨대 위임에서 사무처리)라고 부르기도 한다.

3. 특정물급부와 불특정물급부

이는 '주는 급부'에서 인도의 목적물이 특정되어 있느냐 아니냐에 의한 구별이다. 특정물급부는 점유의 이전을 중심으로 파악되는 것이기 때문에 반드시 재산권의 이전을 수반할 필요는 없다. 그리고 특정물의 인도에 있어서 매도인의 급부와 같이 보통 1회의 인도로 목적이 실현되는 경우와 임대인의 급부와 같이 특정물을 인도하여 사용·수익하게 하는 경우가 있다. 불특정물급부는 일정한 종류에 속하는 물건의 일정량을 인도하는 종류물급부와 금전급부로 나누어 질 수 있으나, 금전급부는 추상적인 일정량의 가치를 급부하는 것이므로 그 고유한 특성을 인정하는 것이 좋을 것이다. 불특정물급부에서는 이행을 위하여 목적물이 특정되어야 한다. 양자는 이행의 방법·시기·장소 및 위험부담의 문제(제375조·제467조 제1항, 제2항·제537조 제501조)에 있어서 구별된다

4. 가분급부·불가분급부

(1) 급부의 본질 또는 가치를 손상시키지 않고 분할하여 급부를 할 수 있는 급부를 가분급부라고 하고 그렇지 않은 급부를 불가분급부라고 한다. 이 구별은 '하는 급부'에 관하여서도 할 수 있지만, 주는 급부에 관하여 하는 경우가 많다. 금전급부나 일정수량의 물건의 인도를 급부내용으로 하는 경우, 예컨대 생수 50병으로 하는 경우는 가분급부에 속하고, 주택 1동이라든가 자동차 1대의 경우는 불가분급부이다. 불가분급부는

성질상 불가분인 것과 성질상 분할할 수 있지만, 당사자의 의사표시에 의하여 불가분으로 한 것(예컨대 쌀 한 섬의 인도)도 있다. 급부가 가분이냐의 여부는 급부의 성질·거래의 관념 및 당사자의 의사에 따라서 정하여야 한다(제409조).[14)]

따라서 잡돌 약 600트럭, 조약돌 약 1,000트럭, 모래 약 1,000톤을 납품하기로 약정한 경우 납품채무는 당사자의 의사표시에 의한 불가분채무이고, 계약위반으로 채권자가 갖는 손해배상청구권은 불가분채권의 성질을 갖는다.[15)]

그러나 수인의 골재운송업자들이 그 운임 합계액으로 소외회사로부터 약속어음 1매를 발행 받아 그 어음을 각자 받을 몫의 금액으로 나눈 수매의 어음으로 할인 받은 것이라면 위 소비대차관계는 그 성질상 불가분 채무 또는 연대채무라고 볼 수 없어 당사자 간에 특별한 의사표시가 없는 한 채무자 각 자가 각각 자기 몫으로 받은 어음액면금액 상당의 채무변제책임만 지는 분할채무라고 함이 상당하다.[16)]

가분급부는 법률의 규정(어음법 39조 2항), 또는 당사자의 합의가 있는 경우에는 분할해서 이행할 수 있다. 그러나 불가분급부는 언제나 일체로서 다루어지므로 일부이행·일부불능 등의 문제가 생기지 않는다.

(2) 가분급부와 불가분급부를 구별하는 실익은 채권자 또는 채무자가 다수 있는 경우 현저하다.

5. 대체적 급부·부대체적 급부

(1) 이는 채무자 이외의 자에 의하여서도 급부를 할 수 있는지의 여부에 따른 구별이다. 즉, 특정의 채무자만이 할 수 있는 급부를 '부대체적 급부'라 하고, 그렇지 않은 급부를 '대체적 급부'라고 한다.

(2) 구별실익은 대체적 급부를 목적으로 하는 채권에 있어서는 제3자의 변제(제469조 제1항)·대체집행(제389조 제2항 후단)·채무의 인수(제453조 이하) 등이 가능한데 반하여, 부대체적 급부를 목적으로 하는 채권에 있어서는 그것이 불가능하다.

6. 일시적 급부·계속적 급부·회귀적 급부

(1) 이는 급부를 실현하기 위하여 채무자의 계속적인 행위를 필요로 하느냐의 여부에 따른 구별이다. 자동차의 인도나 가옥의 인도는 일시적 급부이고 가옥의 임대나 전

14) 대판 2014. 8. 20. 2014다26521.
15) 대판 1962. 3. 15. 4294민상1230.
16) 대판 1985. 4. 23. 84다카2159.

기·가스·수도의 공급은 계속적 급부이다. 신문·우유의 배달처럼 일정한 기간의 간격을 두고 일정한 행위를 되풀이 하여야 하는 급부가 회귀적 급부이다. 회귀적 급부를 목적으로 하는 채무에 있어서는 기본채무가 있고, 그로부터 발생하는 지분채무의 내용으로서 각개의 지분급부가 반복하여 행하여지는 것이 특징이다. 각 개의 지분급부는 독립된 존재를 가지지만 전급부의 한 부분이다.

(2) 이 구별의 실익은 이행지체·이행불능·동시이행의 항변·계약의 해제와 해지 등에서 나타난다. 또, 계속적 급부와 회귀적 급부에서는, 당사자 사이에 계속적 관계가 생기는 결과 신의성실의 원칙이나 사정변경의 원칙이 적용될 여지가 많다.

제2절 목적에 의한 채권의 종류

제1관 서설

Ⅰ. 민법의 규정

민법은 「채권의 목적」으로서 특정물채권·종류채권·금전채권·이자채권·선택채권의 5종에 관하여 규정하고 있다(제374조-제386조). 이들 채권은 각종의 계약으로부터 생길 뿐만 아니라 부당이득·불법행위 그 밖의 법률의 규정으로부터도 생기는 공통된 것이므로, 통일적으로 규정하고 있다. 민법에 규정하는 바는 없으나 선택채권과 비슷한 것으로서 임의채권이라는 것이 있는데, 민법은 이에 대해 규정하고 있지는 않다.

Ⅱ. 강학상 분류

채권의 목적(급부)으로서 민법의 규정에 따른 분류 이외에 강학상 분류로서, 작위급부와 부작위 급부, 주는 급부와 하는 급부, 가분급부와 불가분급부가 있다. 앞에서 이미 설명하였다. 채권의 목적에 의한 분류에서 손해배상채권에 관하여서도 함께 설명하기도 한다.[17]

17) 김기선, 86면 이하.

제2관 특정물채권

Ⅰ. 의의

1. 특정물채권이라 함은, 소유권의 이전 여부와 관계없이, 특정물의 인도를 목적으로 하는 채권을 말한다(제374조). 여기서 특정물의 인도란 단순히 특정물의 점유를 이전하는 경우(예컨대 임차물·수치물의 반환)뿐만 아니라, 점유와 함께 소유권까지도 이전하는 경우(그 밖의 지상권·전세권 등의 제한물권)를 포함한다. 실제에 있어서는 증여·매매·교환·사용대차·임대차·임치 등에서 발생하는 수가 많다.

2. 특정물채권은 채권성립 당시부터 특정물의 인도를 목적으로 하는 경우뿐만 아니라, 종류채권(제375조)이나 선택채권(제380조)에서 목적물이 특정된 때에도 그때부터 이들 채권은 특정물채권이 된다.

3. 특정물채권과 종류채권의 구별은 당사자의 의사를 기준으로 급부되어야 할 물건이 특정되어 있는지를 기준으로 판단한다. 물건의 성질상 대체가 가능하더라도 당사자의 의사에 따라 특정물채권으로 할 수 있다. 특정물채권은 변제장소, 매도인 담보책임의 내용, 목적물이 멸실된 경우의 효과 등에서 종류채권과 다르다.

Ⅱ. 효력

1. 목적물 보전의무

(1) 의의 특정물채권에서는 채무자는 그 물건을 인도하기까지 선량한 관리자의 주의로 보존하여야 한다(제374조). 특정물채무가 어떤 원인에 의하여 발생하였는지를 불문하고 원칙적으로 선량한 관리자의 주의로 특정물을 보존하여할 의무를 부담한다. 제374조는 임의규정이므로 당사자의 특약에 의하여 특정물채무자의 주의의무 정도를 경감하거나 가중시키는 것이 가능하다. 주는 채무에서 주로 문제된다.

(2) 선량한 관리자의 주의의무(선관주의) 선관주의란 거래상 일반적으로 평균인에게 요구되는 정도의 주의를 말한다. 바꾸어 말하면 그 사람이 종사하는 직업·그가 속하는 사회적 지위 등에 따라서, 보통 일반적으로 요구되는 정도의 주의이다. 이러한 일반적·객관적 표준에 의한 주의의무를 게을리하는 것을 추상적 과실이라고 한다. 민법 제681조의 수임인에게도 동일한 선량한 관리자의 주의의무가 부과되고 있다. 주는 채무와

하는 채무 모두 민법상의 주의의무 원칙인 선관주의를 규정하고 있다.

민법이 이러한 일반적인 선관주의 대신에 주의의무를 경감하려고 하는 경우에는 행위자의 구체적·주관적 주의능력에 따른 주의만을 요구하며 자기재산과 동일한 주의(제695조), 자기의 재산에 관한 행위와 동일한 주의(친권자의 주의의무, 제922조), 고유재산에 대하는 것과 동일한 주의(상속인의 주의의무, 제1022조)라는 표현을 사용한다. 이 주의를 게을리 하는 것을 구체적 과실이라고 한다. 따라서 특정물의 인도를 목적으로 하는 무상수치인의 주의의무 규정인 제695조는 제374조의 예외규정이다.

(3) 선관주의의무의 존속기간 선관주의의무는 특정물채권의 성립과 동시에 생기고, 특정물을 현실적으로 인도할 때까지 존속한다.[18] 다만, 사용대차·임대차·임치 등의 경우에는 그 목적물의 인도를 받은 때부터 선관주의의무가 발생한다.[19] 그러나 이행기에 인도되지 않은 경우에는, 채무자의 이행지체로 채무자의 책임이 가중되어 자기에게 과실이 없는 경우에도 책임을 지게 되고(제392조), 또 채권자의 수령지체로 채무자의 주의의무가 경감되어 채무자는 고의 또는 중대한 과실에 대한 책임만을 지게 된다(제401조). 따라서 이행기가 지난 후 인도할 때가지 채무자가 선관의무를 부담하는 것은 이행지체·수령지체가 아닌 경우(예컨대, 불가항력으로 이행기에 이행하지 않은 경우, 채무자에게 유치권이나 동시이행의 항변권을 가진 때)[20]에 한하게 된다.

(4) 보존의무 물건의 보존이라 함은 자연 또는 제3자의 침해로부터 물건을 보호함으로써 멸실 또는 훼손을 방지하여 그 현상을 유지하는 것을 말한다. 보존의무는 특정물의 현상을 유지하기 위해 필요한 모든 행위를 하여야 할 의무를 말한다. 보존을 위하여 어떠한 행위를 하여야 하느냐는 물건의 성질이나 경제적 효용에 따라서 개별적으로 사회통념에 따라 결정할 수밖에 없으며, 그러한 행위로서는 사실행위(예컨대 가옥의 수리), 법률행위(예컨대 가옥수리를 위한 도급계약)는 물론 경우에 따라서는 환가처분(예컨대 부패하기 쉬운 물건을 매각하여 금전으로 환가하는 것)도 포함될 수 있다.

보존비용은 채무자가 부담하나, 채권자의 수령지체 등으로 보존비용이 증가한 때에는 증가분은 채권자의 부담으로 한다(제403조). 특정물의 매매에 있어서 그 목적물이 매수인에게 인도되지 아니하였으면 매수인이 대금지급을 지체하여도 매도인은 매수인에게 목적물의 인도가 이루어지기 이전의 기간 동안의 목적물의 관리보존비의 상환을 청구할 수 없다.[21] 인도되지 아니한 기간 동안 특정물의 과실을 매도인이 취득하기 때문

18) 대판 1991. 10. 25. 91다22605·22612.
19) 대판 1962. 3. 8. 4294행상17.
20) 대판 1991. 10. 25. 91다22605·22612.
21) 대판 1981. 5. 26. 80다211.

이다(제587조).

(5) 선관주의의무위반의 책임 채무자가 선관의무를 게을리 하여 목적물을 멸실 또는 훼손한 때에는 금전에 의한 손해배상의 책임을 진다(제390조). 따라서 채무자가 선관의무를 다하였음에도 불구하고 손해가 생긴 때에는 그 손실은 채권자에게 돌아간다. 또한 선관주의로 보존의무를 위반하여 급부가 불능으로 되는 때에는 계약을 해제할 수 있다(제546조).

(6) 증명책임 선관의무를 다하였다는 증명책임은 채무자가 부담하며, 이를 증명하지 못하면 채무자는 손해배상책임을 면하지 못한다. 즉 임대차 종료 후 임차인의 임차목적물인도의무와 임대인의 보증금반환채무가 동시이행의 관계에 있으므로, 임차인은 임차목적물을 인도할 때까지는 선량한 관리자의 주의로 이를 보관할 의무가 있고, 임대목적물이 멸실, 훼손된 경우 임차인이 그 책임을 면하려면 그 임차건물의 보존에 관하여 선량한 관리자의 주의의무를 다하였음을 입증하여야 한다.[22]

2. 목적물 인도의무

(1) 현상인도의 원칙 특정물채권에서는 채무자는 선량한 관리자의 주의를 기울여 보존하다가, 이행기의 현상대로 그 물건을 인도하여야 한다(제462조). 여기서 이행기란 이행하는 때, 즉 현실적으로 인도할 때를 말한다. 따라서 이행기까지에 목적물이 훼손되었으면 훼손된 대로 인도하면 되고, 멸실되었으면 인도의 의무를 면하게 된다. 다만, 목적물의 훼손이나 멸실이 채무자의 주의의무위반으로 인한 때에는 채무자가 손해배상의 책임을 져야 함은 물론이지만, 훼손된 경우에 그것을 수선하여 인도할 의무는 없다(이는 민법이 손해배상에 관하여 금전배상을 원칙으로 하고(제394조), 원상회복을 인정하지 않기 때문이다). 특정물이 채권성립 당시와 그 동일성을 인정할 수 없을 때에는 목적물 인도의무는 불능으로 소멸하므로 현상인도원칙을 적용할 수 없다.

제462조에 의하면 특정물이 존재하는 한, 훼손 여부 또는 이행기의 전후에 관계없이, 채무자는 언제나 현상인도의무를 부담한다. 이행기 후에 멸실·훼손된 경우에는 어떠한가? 이행기가 지난 후에도, 계약의 해제 또는 목적물의 멸실 등에 의하여 목적물인도의무가 소멸하지 않는 한, 인도의무 자체는 그대로 존속하고, 특정물채권에서 인도의 목적물은 특정되어 있어서 다른 물건(대체물)을 대신 인도할 수 없다. 따라서 이행기 후에도 채무자는 여전히 물건의 현상인도의무를 부담한다고 새겨야 한다. 그리고 이행기

22) 대판 1982. 8. 24. 82다카254; 대판 1991. 10. 25. 91다22605; 대판 2010. 4. 29. 2009다96984.

이후에 물건이 멸실 또는 훼손된 경우에, 그로 인하여 발생한 손해의 배상은 원칙적으로 별도의 법리, 즉 이행지체가 성립하였다면 제392조에 의해서, 채권자지체가 성립하였다면 제401조가 적용된다.

(2) 과실의 인도 이행기까지의 목적물에서 생긴 천연과실도 인도하여야 하는가에 관하여 문제가 있다. 특정물채무자가 과실수취권을 가지는 때에는, 이행기까지에 목적물로부터 분리한 과실은 인도할 필요가 없다. 다만 이행기 이후의 과실은 목적물과 함께 채권자에게 인도하여야 한다(다만 매매의 경우에는 인도전에 분리한 과실은 매도인에게 속한다는 예외가 있다. 제587조 참조).

3. 인도의 장소 특정물채권에 있어서, 그 목적물이 부동산인 경우에는 그 인도의 장소는 그 부동산의 소재지임은 성질상 당연하다. 그러나 목적물이 동산인 경우에는 인도의 장소는 당사자의 의사표시에 의하고, 다만 당사자 사이에 특별한 의사표시가 없으면 채권이 성립할 당시에 그 목적물이 있었던 장소에서 인도하면 된다(제467조 1항).

4. 그 밖의 효력 이 이외에도 특정물채권의 효력에 있어서는 위험부담(제537조), 하자담보책임(제580조), 채권자대위권(제404조·제405조), 채권자취소권(제406조·제407조) 등에서도 문제된다.

제3관 종류채권

Ⅰ. 의의

1. 종류채권의 개념 일정한 종류에 속하는 물건의 일정량의 인도를 목적으로 하는 채권을 말하며 「불특정물채권」이라고도 한다. 예컨대 생수 10병 또는 무연탄 10톤 등과 같이 인도하여야 할 물건의 종류와 수량은 정해져 있으나, 그 종류의 물건 중에서도 어느 물건을 인도할 것인지가 특정되어 있지 않은 채권을 말한다. 종류채권은 상품의 대량거래에서 발생하는 것으로서, 현재의 상거래에 있어서 중대한 의의를 가지는 것이다. 매매 이외에도 증여·교환·소비대차·소비임치·혼합임치·유증 등에 있어서도 발생한다.

2. 종류채권의 특질 종류채권은 당사자가 채권의 목적으로서 인도되는 물건 자체의 개성을 중요시하지 않고서 일정한 종류에 속하는 물건의 일정량이면 어느 부분이

라도 좋다고 하는 데에 그 특색이 있다.

(1) 채무자가 이행하려고 하는 단계에서 목적물이 정해진다는 점이다. 이것을 종류채권의 특정(또는 집중)이라 하고, 이 이후 채무자는 그 목적에 대해서만 인도의무를 부담한다.

(2) 종류채무는 특정이 행해진 경우 외에는 불능이 되는 경우가 희박하다는 것이다. 즉 채무자가 재고품을 전부 소실한 경우에도, 시장에 동종의 상품이 존재한 이상, 이것을 구해서 인도해야 하는 까닭에 불능문제는 발생하지 않는다. 불능이 되는 경우는 그 종류물 전체가 법률에 의해 거래가 금지되거나, 또는 제조자의 상품 전부가 압류되어 구할 수 없는 경우 등이다. 이에 대해서 특정물채무의 경우 및 종류채권이 특정된 후에는 그 물건만이 채무의 목적물이 되는 까닭에 이것이 멸실되면 불능으로 된다.

(3) 종류채무에 있어서 채무자는 하자가 없는 완전한 물건을 급부하지 않으면, 채무를 불이행한 것으로 되고, 채권자는 완전한 물건의 급부를 청구할 권리(완전물이행청구권)를 가지게 된다. 즉, 채무자가 급부한 물건에 하자가 있는 경우에도, 시장에 하자가 없는 완전한 물건이 존재한 이상, 채무자의 이행은 불완전이행으로 된다(제581조 참조).

3. 한정(제한)종류채권

(1) 의의 제한종류채권(또는 재고채권)이라 함은 일정범위 내의 종류물로 급부를 할 것을 약속하는 경우의 채권을 말한다. 예컨대 저장탱크 내의 1,000갤론의 기름 중 100갤론, 상품창고에 있는 상품 10개 등이다. 판례에 따르면 보유주식 일정량을 담보로 제공하기로 한 담보약정은 주식에는 동가성이 있기 때문에, 약정된 수의 기명주식을 표창하는 주권만 인도하면 되고 인도할 주권의 특정은 쌍방 어느 쪽에서도 할 수 있는 것으로서 일종의 제한종류채권이라고 한다.[23)]

(2) 법적 규율 제한종류채권도 종류채권의 일종이므로 종류채권의 규정의 적용을 받는다. 그러나 이러한 채권이 언제나 종류채권이라고 할 수는 없다. 즉, 일정범위의 부대체물 가운데에서 일정수량의 인도를 목적으로 하는 채권(예컨대, 100평방미터의 소유지 가운데의 30평방미터, 또는 이 마굿간에 있는 5마리의 말 가운데의 2마리 등과 같은 경우)에 대해서는 문제가 있다. 이 경우에는 당사자의 의사가 그 물건의 개성에 중점을 두고 있다면 선택채권으로 보아야 할 것이고, 그 일정범위에 중점을 두고 있다면 종류채권으로 보아야 할 것이다. 다만 제한종류에 속하는 물건 전부를 목적으로 하는 채권(예컨대, '이 창고 안에 있

23) 대판 1994. 8. 26. 93다20191.

는 경기미 전부'라고 하는 경우)은 특정물채권임을 주의해야 한다.

(3) 한정종류채무의 특징 한정종류채무는 종류채무와 달리, 시장에서 조달해서까지 급부하여야 할 의무는 없다. 따라서 급부하여야 할 범위 내의 물건이 채무자의 책임 없는 사유로 모두 멸실한 경우에는, 채무자는 급부의무를 면한다. 또한 그 범위내에서 급부하면 족하기 때문에, 범위내의 물건의 성질이 균일한 경우, 매수인은 품질이 조악하다든가, 하자가 있다는 것을 주장할 수 없다. 이 점에서 종류채권과 크게 다르다고 할 수 있다.

(4) 제한종류채권에 있어 급부목적물의 특정 원칙적으로 종류채권의 급부목적물의 특정에 관하여 민법 제375조 제2항이 적용되므로, 채무자가 이행에 필요한 행위를 완료하거나 채권자의 동의를 얻어 이행할 물건을 지정한 때에는 그 물건이 채권의 목적물이 되는 것이나, 당사자 사이에 지정권의 부여 및 지정의 방법에 관한 합의가 없고, 채무자가 이행에 필요한 행위를 하지 아니하거나 지정권자로 된 채무자가 이행할 물건을 지정하지 아니하는 경우에는 선택채권의 선택권 이전에 관한 민법 제381조를 준용하여 채권의 기한이 도래한 후 채권자가 상당한 기간을 정하여 지정권이 있는 채무자에게 그 지정을 최고하여도 채무자가 이행할 물건을 지정하지 아니하면 지정권이 채권자에게 이전한다.[24)]

Ⅱ. 급부하여야 할 목적물의 품질

1. 우선, **법률행위의 성질** 또는 **당사자의 특약**에 의해 정한다. 법률행위의 성질에 의한다는 것은 예를 들면, 소비대차의 소비차주는 그가 처음에 받은 물건과 동종, 동등, 동량의 물건을 반환하여야 한다(제598조). 또한 일류 레스토랑에 쌀 및 빵을 공급하기로 계약을 맺은 경우, 그에 상응한 품질일 것이 요구된다. 이때에는 당사자 사이의 특약에 따른 것이다.

2. 법률행위의 성질에서 분명하지 않고, 특약도 없는 경우에는 채무자는 중등의 품질의 물건을 급부하여야 하고, 그것으로 족하다(제375조 1항). 그런데 채무자가 중등품질 이상의 좋은 물건을 급부한 경우, 원칙적으로 불이행이 되지 않는다고 해석해야 할 것이다. 그러나 예외로 채권자가 중등품질의 급부에 관하여서만 이익을 가지는 경우, 예컨대 상등품이라 할지라도 중등품만큼 잘 팔리지 않는다든지 하는 경우에는 채무자는

24) 대판 2003. 3. 28. 2000다24856.

중등품으로 바꾸어 급부하여야 한다. 따라서 상등품의 급부가 채무불이행이 되느냐의 여부는 일률적으로 결정되는 것이 아니라 각 경우의 거래의 목적에 비추어 결정된다고 할 것이다.

Ⅲ. 종류채권의 특정(집중)

1. 의의 종류채권의 특정이란 정하여진 종류에 속하는 물건 가운데 소정의 수량의 물건을 구체적으로 선정하는 것을 말한다. 물건의 특정으로 인하여 종류채권이 특정물채권으로 변하게 되고 채무자의 급부의무가 다르게 되므로 종류채권의 특정은 당사자들에게는 중요하다.

2. 특정의 방법과 시기

특정의 방법에 관하여 민법은 채무자가 이행에 필요한 행위를 완료하거나, 채권자의 동의를 얻어 이행할 물건을 지정한 때라고 하여 두 개의 표준을 정하나(제375조 제2항), 이 밖에도 당사자 사이의 계약으로 특정의 방법을 정할 수도 있다. 제한종류채권에서는 채무자가 지정권을 행사하지 아니하거나 이행할 물건을 지정하지 아니한 때에는 선택권 이전에 관한 규정을 준용한다. 즉 「제한종류채권에 있어 급부목적물의 특정은, 원칙적으로 종류채권의 급부목적물의 특정에 관하여 민법 제375조 제2항이 적용되므로, 채무자가 이행에 필요한 행위를 완료하거나 채권자의 동의를 얻어 이행할 물건을 지정한 때에는 그 물건이 채권의 목적물이 되는 것이나, 당사자 사이에 지정권의 부여 및 지정의 방법에 관한 합의가 없고, 채무자가 이행에 필요한 행위를 하지 아니하거나 지정권자로 된 채무자가 이행할 물건을 지정하지 아니하는 경우에는 선택채권의 선택권 이전에 관한 민법 제381조를 준용하여 채권의 기한이 도래한 후 채권자가 상당한 기간을 정하여 지정권이 있는 채무자에게 그 지정을 최고하여도 채무자가 이행할 물건을 지정하지 아니하면 지정권이 채권자에게 이전한다.」[25)]

제375조 제2항을 나누어 설명하면 다음과 같다.

(1) 채무자가 이행에 필요한 행위를 완료할 때 이는 거래계의 관행을 고려하여 각 경우에 관하여 구체적으로 결정할 문제이지만 일반적으로 채무자가 채무의 본지, 신의칙에 따라 채무의 이행에 있어 필요한 행위를 다한 때를 말한다. 즉 이행에 필요한

25) 대판 2003. 3. 28. 2000다24856.

행위를 완료한 때란, 채무자가 이행장소에서 변제의 제공(제460조)을 하고, 동시에 목적물을 다른 것과 분리하든가, 표시를 하든지 하여 식별가능 한 상태로 두어서, 그 목적물이 이행의 대상으로서 객관적으로 인식할 수 있게 하는 것이 필요하다. 결국 이행에 필요한 행위를 완료한 때라 하는 것은, 채무의 이행의 장소와의 관계에서 다음과 같이 구별된다.

가. 지참채무　　지참채무라 함은 채권자의 주소에 지참하여 인도해야 할 채무이다. 채권자의 주소에서 제공하는 것에 의해 특정된다. 이것을 **현실의 제공**이라고 한다(제460조). 채권자의 주소 이외의 제3지를 이행장소로 정하고, 그곳에서 인도할 것을 약속한 경우도 또한 지참채무이다. 민법은 변제의 장소에 관하여 특별히 정한 바가 없으면 특정물채무 이외의 채무는 지참채무를 원칙으로 하고 있다(제467조). 종류채무도 역시 지참채무이다. 그러나 지참채무라고 하더라도 채권자가 미리 그 수령을 거절할 때에는 추심채무와 같이 구두의 제공으로써 특정이 생긴다. 그리고 특약 또는 관습이 없는 한 우편·철도 등의 운송기관에 위탁하여 발송하는 것만으로는 아직 특정은 생기지 않는다.

나. 추심채무　　채권자가 채무자의 주소에 와서 변제를 받아야 하는 채무를 말한다. 이 경우 채무자는 채권자가 오면 인도할 준비를 하고, 목적물을 분리해서 식별가능한 상태로 두어, 채권자에게 통지하고 수령을 최고하는 것이 특정이다. 이 통지를 구두의 제공이라고 한다(제460조 단서).

다. 송부채무　　채권자 또는 채무자의 주소 이외의 제3지에 목적물을 송부하여야 할 채무를 말한다. 따라서 채무자는 목적물을 제3지에 송부하여야 한다. 그러나 이러한 송부를 독립한 특정방법의 표준으로 볼 필요는 없다. 왜냐하면 그 제3지가 채무의 본래이 이행의 장소인 때에는 지참채무와 동일한 것이 되고, 채무자가 채권자의 요청에 따라 호의로 송부하는 경우에만, 그 목적물을 발송한 때에 특정이 생기게 된다(특정물채무로 전환). 이 경우에는 정해진 물건을 발송함으로써 채무자는 '이행에 필요한 행위를 완료'한 것으로 되어 특정이 이루어지고, 송부가 적시에 이루어졌나면 채무자는 이행지체책임으로부터 해방된다.

(2) 채권자이 동의를 얻어 이행할 물건을 지정한 때　　채무자가 채권자의 지정권을 얻어서 이것을 행사하여 목적물을 분리한 때이다.

(3) 당사자의 합의에 기해서 목적물을 분리한 때　　이것은 민법에 규정이 없지만 계약자유의 원칙상 당연하다.

3. 국제통일매매법 종류매매의 특정과 관련하여 국제통일매매법의 입법례는 참고할 만하다. 즉 채무자가 급부를 하기 위해 필요한 행위를 모두 완료하게 되면, 특정된다. 추심채무의 경우에 특정하기 위해, 채무자의 목적의 형태적 분리를 요구하는 것이 곤란한 경우가 있다. 예를 들면 저장탱크 내의 기름의 매매에서 매수인이 유조차에서 얻는 경우, 매도인에 대해서 최고 이외에 형태적 분리를 기대할 수가 없기 때문이다. 이 경우에 다음의 국제통일매매법 제98조 제3항의 규정은 입법론으로서 참고할 만하다. 즉「매수인이 수령할 준비가 되어있지 않을 때, 종류물의 일부를 분리할 수 없는 상태로 있는 경우, 매도인은 매수인이 수령할 수 있도록 필요한 행위를 모두 하면 족하다.」

4. 특정의 효과

(1) 특정물채권으로의 전환 종류채권은 특정에 의하여 그 동일성을 잃지 않으면서 특정물의 인도를 목적으로 하는 채권으로 전환되고(제375조 제2항의 그때부터 그 물건을 채권의 목적물로 한다고 하는 것은 종류채권의 목적물이 특정되면 특정물을 목적으로 하는 채권으로 된다는 뜻이다), 그때부터 특정물채권에 관한 규정의 적용을 받는다.

이제 채무자는 특정물인도의무자로서 선관주의의무를 지게 된다(제374조). 채무자의 책임 있는 사유로 멸실하게 된 경우 손해배상의무를 부담한다.

(2) 급부위험의 이전 특정된 종류물이 채무자의 책임 없는 사유로 멸실하게 된 경우에는 채무자는 같은 종류의 물건을 조달하여 급부를 하여야 할 채무를 면하게 되므로 급부위험이 채무자에게서 채권자에게로 이전된다. 다만, 매매계약과 같은 쌍무계약에 있어서는 특정된 이후에도 쌍방의 과실 없이 이행불능이 된 경우 위험은 여전히 채무자(매도인)가 부담한다(제537조). 즉 채무자는 상대방의 이행을 청구하지 못한다.

(3) 채무자의 급부변경권 채무자가 신의칙상, 종류물의 특정 후에도 목적물의 변경권을 가진다는데 이설이 없다. 따라서 채무자는 특정된 물건 이외의 물건이어도 채권자에게 조금도 불이익이 되지 않는다면, 특정된 물건을 채권자 이외의 자에게 처분하고, 동종의 다른 물건을 채권자에 대한 급부의 목적물로 할 수 있다.

(4) 종류물의 특정과 소유권 귀속 종류매매나 종류증여 등에 있어서 목적물이 특정이 되면, 그것으로 목적물의 소유권이 이전되는가? 이것은 물권변동에 관하여 형식주의를 취하는가 의사주의를 취하는가에 따라서 달라진다. 형식주의를 취하는 현재의 법제로서는 특정만으로 소유권이 채권자에게 이전되었다고는 인정하기 힘들다.

제4관 금전채권

Ⅰ. 금전채권의 의의

(1) 개념 금전채권이라 함은 일정액의 금전의 지급을 목적으로 하는 채권이다. 금전채권도 종류채권의 일종이지만 화폐라는 형태로 존재하는 가치의 일정량의 급부를 목적으로 하는 것이다. 따라서 통화로서의 통용력만 있다면, 어떠한 종류의 화폐나 지폐로서 지불되는가 하는 것은 별 문제가 되지 않는다. 이런 의미에서 금전채권을 금액채권이라고도 한다.

(2) 금전채권의 기능 오늘날의 화폐경제사회에서 금전채권이 가지는 역할의 중요성은 더 이상 말할 필요가 없다. 금전채권의 중대한 작용은 당연히 현대경제기구의 원활한 운행을 위한 금전채권의 확실화·유통화에 대한 법률제도의 발달을 가져왔다. 금전채권을 위한 강제집행·파산·인적 및 물적 담보·증권화 등의 제도가 그것이다. 특히 자본주의사회에서 금전소비대차로 인한 대여금으로 인한 금전채무에서 소비차주를 보호하기 위한 특별법이 제정되기도 한다. 이자제한법, 대부업 등이 그것이다.

(3) 금전채권의 특성 금전채권은 목적물의 개성이 고려됨이 없이 금전이 교환의 매개물로서 가지는 가치, 즉 교환가치 또는 구매력이 궁극의 목표로서 거래되는 데 그 특질이 있다. 즉 금전채권은 이러한 추상적·객관적인 경제가치의 급부를 목적으로 한다고 할 수 있다. 따라서 금전채권의 이행으로서 급부할 화폐는 강제통용력만 갖추면 되는 것이다. 금전 그 자체는 통상의 의미에서의 소유권의 대상은 되지 않고, 또한 금전채권은 종류채권과 다르며, 특정의 문제가 생기지 않을 뿐만 아니라, 이행불능의 문제가 생기지 않고 이행지체만이 있을 뿐이다.

Ⅱ. 금전채권의 종류

금전채권은 통상은 금액채권을 의미하지만 다음과 같은 특수한 경우도 있다.

1. 금종채권 당사자 사이의 특약으로 어느 특정 종류의 통화의 일정량의 지급을 목적으로 하는 채권을 말한다. 예컨대 1,000원 권으로 100만 원을 지급받을 채권이 그것이다. 이 경우, 채무자는 그 특종의 통화로 지급하지 않으면 안 된다. 그러나 금종채권의 목적인 특종의 통화가 변제기에 강제통용력을 잃게 되면 다른 강제통용력 있는

통화로 변제하여야 한다(제376조 본문). 이것이 상대적 금종채권이다. 이에 대해서 수집의 목적으로 평창 동계올림픽 기념 500원 권의 주화 10개의 인도를 내용으로 하는 경우는 절대적 금종채권이다. 이 경우는 목적물인 금전을 본래의 금전으로서가 아니라 단순한 종류물로서 보는 것이므로, 이것은 순전히 종류채권으로 보아야 한다.

2. 특정금전채권 이는 특정한 금전의 급부(인도)를 목적으로 하는 채권을 말한다. 예컨대 진열 및 장식의 목적으로 특정의 금화 등에 대해서, 매매·대차·운송의 거래를 하는 경우로서 특정물채권이 된다. 금전채권으로서의 특징은 전혀 없다.

3. 외국금전채권(외화채권) 이는 외국의 금전 내지 통화의 지급을 목적으로 하는 채권을 말한다. 예컨대 미화 3만 불, 일화 10만 엔 등의 지급을 목적으로 하는 채권이 그것이다. 민법 제377조는 국제거래를 고려하여 두게 된 규정으로서, 외국금액채권과 외국금종채권을 구별하여 각각 내국통화에 의한 금액채권과 금종채권에 관한 원칙에 따르도록 하고 있다.

(1) 채권의 목적이 다른 나라의 통화로 지급하여야 하는 경우에, 당사자 사이에 특약이 없는 한 채무자는 그의 선택에 따라 그 나라의 각종의 통화로 변제할 수 있다(제377조 제1항). 그러나 채무자는 외국의 통화로 변제하지 않고 이에 갈음하여 우리나라의 통화로 변제할 수도 있는데, 이 경우에 외국의 통화를 우리나라의 통화로 환산하는 방법은 지급할 때(이행기가 아님)에 있어서의 이행지의 환금시가(외환시세)에 의한다(제378조).

(2) 외국금종채권에 있어서는 지급하여야 할 특종의 통화가 변제기에 강제통용력을 잃은 때에는 그 나라의 다른 통화로 변제하여야 한다(제377조 제2항). 여기서 외국금종채권에 있어서도 우리나라의 통화로 변제할 수 있느냐의 여부(즉 제378조의 적용 여부)가 문제되나, 외국금종채권이 제377조 제2항에 의하여 외국금액채권으로 전환하는 경우(변제기에 강제통용력을 잃은 때)에는 역시 제378조에 의하여 한국의 통화로 변제할 수 있다고 해석하는 것이 타당할 것이다.

Ⅲ. 금전채무의 불이행에 대한 특칙

1. 민법의 규정 민법은 제397조에서 금전채무불이행에 관하여 특칙을 두고 있다. 특히 같은 조 제2항 단서에서 금전채무불이행에 대한 손해배상에 관하여는 채권자는 손해의 증명을 요하지 아니하고 채무자는 과실 없음을 항변하지 못한다고 규정한다. 금전은 가치의 존재형태에 지나지 않으며, 물건으로서의 개성이 없으므로 금전채권에

는 목적물의 특정이 있을 수 없고 이행불능의 문제도 발생할 수 없음은 알아보았다.

2. 요건에 관한 특칙 일반적으로 채권자는 손해의 발생 및 그 액을 증명하여야 하나, 금전채무의 불이행에 있어서는 채권자는 그 손해를 증명할 필요가 없게 하고 있으며 또한 채무자는 과실 없음을 항변하지 못한다(제397조 제2항 전단·후단). 채무자의 무과실책임을 인정한 규정이다. 금전채권에서는 손해의 증명이 곤란할 뿐만 아니라, 금전은 일정한 과실을 얻는 것이 보통이므로 당연히 일정한 손해가 생기는 것으로 한 것이다.

이와 관련하여 판례는, 금전채무 불이행에 관한 특칙을 규정한 민법 제397조는 그 이행지체가 있으면 지연이자 부분만큼의 손해가 있는 것으로 의제하려는 데에 그 취지가 있는 것이므로 지연이자를 청구하는 채권자는 그 만큼의 손해가 있었다는 것을 증명할 필요가 없는 것이나, 그렇다고 하더라도 채권자가 금전채무의 불이행을 원인으로 손해배상을 구할 때에 지연이자 상당의 손해가 발생하였다는 취지의 주장은 하여야 하는 것이지 주장조차 하지 아니하여 그 손해를 청구하고 있다고 볼 수 없는 경우까지 지연이자 부분만큼의 손해를 인용해 줄 수는 없는 것이라고 한다.[26)]

3. 효과에 관한 특칙 금전채무의 불이행에 있어서의 손해배상은 법정이율에 의한다(제397조 1항 본문). 따라서 채무자는 실제의 손해의 다소를 묻지 않고 법정이율에 의한 손해를 배상하면 된다.

금전채무불이행에 따른 손해배상액은 다음의 순서로 정해진다. ① 민법의 특별규정이 있는 경우 그에 따른다(제685조·제705조·제958조). 그리고 그 지연손해금에 대해 따로 약정(이는 손해배상액의 예정에 해당한다)이 있는 때에는 그에 따르고, 설사 그것이 법정이자율보다 낮다 하더라도 같다.[27)] ② 앞에 해당하지 않는 경우 다음의 순서로 정해진다. 첫째, 법령의 제한을 위반하지 않은 약정이율이 있으면 약정이율에 의한다(만약 약정이율이 이자제한법상의 최고이자율인 20%를 넘으면 초과부분은 무효가 되므로, 최고이자율에 따라 손해배상액이 정해진다)(제397조 제1항 단서). 민법 제397조 제1항 단서에서 약정이율이 있으면 이에 따르도록 한 것은 약정이율이 법정이율 연5푼보다 높은 경우에 법정이율에 의한 지연손해금만으로 충분하다고 하면 채무자가 이행지체로 오히려 이익을 얻게 되는 불합리가 발생하므로, 이를 고려해서 약정이율에 의한 지연손해금을 인정한 것이다.[28)] 그러므로 이는 약정이율이 법정이율 연 5푼 이상인 경우에만 적용된다. 둘째, 약정이율을 정하지 않은 경우에는 법정이율 연 5푼(제379조)에 따른다(제397조 제1항). 위 논리의 연장선상에서

26) 대판 2000. 2. 11. 99다49644.

27) 대판 2013. 4. 26. 201다50509.

28) 대판 2017. 9. 26. 2017다22407.

금전채무불이행의 손해배상액의 약정이율이 법정이율보다 낮은 경우에도 지연손해금은 법정이율에 의해 정해진다.[29)]

제5관 이자채권

Ⅰ. 이자

1. 의의

이자란 원본채권의 존재를 전제로 하여 원본인 금전 그 밖의 소비물의 사용의 대가로서 그 액과 존속기간에 비례해서 지불하는 금전 그 밖의 대체물을 말한다.

(1) 원본채권은 특정물의 반환을 목적으로 하는 것이 아니고, 동종물(소비물, 유동자산)의 반환을 목적으로 하는 것이어야 한다. 따라서 부대체물인 토지 건물 등의 사용대가인 지대·차임은 이러한 이유에서 이자가 아니다.

(2) 이자는 원본사용의 대가로서 법정과실이다(제101조 제2항). 금전채무불이행의 경우 지연이자는 법적 성질이 손해배상인 것이지 이자는 아니다.

(3) 이자는 일정이율에 의해서 지불되는 금전 그 밖의 다른 대체물이다. 따라서 금전의 대차에서 일정비율의 쌀을 지급하여도 이자이다(따라서 이 경우 이자제한법의 적용이 있다).

(4) 이자는 원본액과 사용기간에 비례하여 일정한 이율에 의하여 산정된다. 이율이란 원본액에 대한 일정한 이자의 비율로서 일정기간을 단위로 하여 정해진다. 그러므로 원본사용의 대가이기는 하지만 이율에 의하지 않은 것, 예컨대 사례금은 이자가 아니다.

2. 이율과 복리

(1) 약정이율과 법정이율(약정이자와 법정이자) 금전소비대차에서 이자의 지불을 당사자 간에 일정한 이율로 약정하거나, 대금채무의 지불을 유예하면서 그 동안의 이자를 일정한 이율로 붙이는 경우가 약정이율이다. 이것은 이자제한법의 제한을 받는다. 그리고 약정이율에 관하여 정하는 바가 없는 경우에는 법정이율에 의한다(제379조). 이자의 지불이 법률의 규정에 의하는 경우가 있는데, 이를 법정이율이라고 한다. 민사에 있어서는 연 5푼(제379조), 상사에 있어서는 연 6푼(상법제 54조), 그리고 공탁금에 관한 법

29) 대판 2009. 12. 24. 2009다85342.

정이율은 연 1만분의 35이다(공탁법 제6조 및 공탁금의 이자에 관한 규칙 2조).

(2) 복리

가. 개념 복리란 이자에 이자를 발생시키는 것으로서 중리라고도 한다. 변제기가 도래한 이자를 원본에 산입하지 않고 이를 독립한 원본으로 하여 이자를 발생케하는 경우(이른바 독립복리)는 여기서 말하는 복리가 아니다.

나. 복리의 허용 복리는 원래 원본채권의 액을 빨리 증가시켜 채무자에게 가혹한 부담을 주기 때문에 로마법 이래로 각국의 입법은 이를 금지 또는 제한하고 있다(독민 제248조·프랑스민법 제1154조·스위스채무법 제314조 제3항 등 참조). 그러나 민법은 복리를 금지 또는 제한하는 규정을 두고 있지 않으므로, 이자제한법 그 밖의 특별법(농지담보법 제6조의 복리 금지) 또는 사회질서에 위반하지 않는 한 복리의 계약을 할 수 있다고 보아야 한다.[30)]

다. 복리의 종류 여기에도 법정복리와 약정복리가 있는데, 전자는 법률의 규정에 의한 것으로서 상법 제76조의 경우가 그것이다. 이자의 지급이 지체되면 당연히 그 지연이자를 지급하여야 할 의무가 생기지만(제397조 제1항 참조), 이 경우의 이자는 손해배상에 해당되므로 지연이자를 복리로 볼 수 없다고 할 것이다. 약정복리는 당사자의 특약에 의한 복리로서, 이에는 이자의 변제기가 도래한 후에 그것을 원본에 산입하는 경우와 변제기가 도래하기 전에 복리의 예약을 하는 경우의 두 가지가 있다. 후자는 다시 이자지급을 지체하는 것을 조건으로 하여 이자를 원본에 산입하는 경우로서 이는 이율 자체가 이자제한법에 위반하지 않는 한 유효하다. 또 하나는 이자지급의 지체를 조건으로 함이 없이 이자가 발생할 때에 당연히 이자를 원본에 산입하는 경우로서 이것이 복리의 가장 전형적인 경우이다. 이 경우에는 실제로 채무자가 실제로 채무 전부를 변제하는 때에 원본에 산입하는 이자와 그에 대한 이자의 합산액이 본래의 원본액에 대한 관계에 있어서 이자제한법상의 제한을 초과하는가의 여부를 판단하여, 그 초과부분을 무효로 하여야 한다.

II. 이자채권

1. 의의 이자채권이라 함은 이자를 급부(지급)할 것을 목적으로 하는 채권을 말한다. 이는 원본채권을 전제로 하여 성립하므로, 원본채권에 대하여 종속성 내지 부종성을 가진다. 이자는 '금전 그 밖의 대체물'이므로 이자채권은 일종의 종류채권이며, 특히

30) 대판 1962. 3. 22. 4294민상715.

이자가 금전인 경우에는 금전채권의 일종이다. 이러한 이자채권은 소비대차·소비임치 등의 법률행위에 의하여 발생하는 경우가 보통이며, 매매대금의 지급을 유예하여 이자를 붙이는 경우도 있다. 법률의 규정에 의하여도 발생하기도 한다. 특히 상인이 그의 영업의 범위 안에서 타인을 위하여 금전을 체당(替當)하였을 때에는 당연히 법정이자 채권이 발생한다(상법 제55조 제2항).

2. 이자채권의 모습 이자채권은 일정기에 일정율의 이자를 발생하는 것을 목적으로 하는 기본적 이자채권과 이에 기인하여 구체적으로 일정기의 변제기에 이른 일정액의 이자의 지급을 목적으로 하는 지분적 이자채권으로 나눌 수 있다. 예컨대 갑·을 사이에 5,000만 원의 금전소비대차계약을 체결하면서 연 2할의 이율을 약정하였다면, 5,000만 원은 원본채권이고 이른 전제로 하여 연 1,000만 원의 이자를 발생하게 하는 기본적 이자채권이 성립하고 이의 효과로서 매기에 일정액의 이자를 지급하여야 할 지분적 이자채권이 발생하게 된다. 보통 이자채권이라고 할 때에는 기본적 이자채권을 가리킨다.

(1) 기본적 이자채권 기본적 이자채권은 원본채권에 종속하고, 부종성·수반성·독립성을 가지며 원본채권과 법률적 운명을 같이 한다. 즉, 기본적 이자채권은 원본채권이 존재하지 않으면 발생할 수 없고, 원본채권이 소멸하면 함께 소멸한다. 또한 원본채권을 처분하면 특별한 의사표시가 없는 한, 기본적 이자채권도 따라서 처분된다. 또한 따라서 원본채권의 전부명령(민소법 제563조)이 있으면 기본적 이자채권도 함께 압류채권자에게 이전된다.

(2) 지분적 이자채권 이는 변제기에 도달한 각기의 이자를 목적으로 하는 것이므로, 원본채권에 대하여 상당히 강한 독립성을 가진다. 따라서 원본채권이 변제·시효 등으로 인하여 소멸하여도 지분적 이자채권이 당연히 소멸하는 것은 아니다. 또한, 원본채권이 양도되어도 지분적 이자채권은 원칙적으로 수반하지 않는다.

그러나 지분적 이자채권은 기본적 이자채권의 효과로서 발생하는 것이므로, 역시 부종성이 있으며 원본채권 및 기본적 이자채권이 존재하지 않으면 발생할 수 없다. 따라서 민법은 채권자의 보호를 위하여 원본채권의 담보는 당연히 지분적 이자채권도 담보하는 것이 되고(제334조·제360조·제429조), 이자를 뺀 원본만을 제공하여도 그것은 채권의 내용에 좇은 변제의 제공이 되지 않는다. 변제의 충당에 있어서는 지분적 이자채권이 원본채권에 우선한다(제479조 참조).

Ⅲ. 이자의 제한

1. 이자의 제한에 관한 법률

1962년에 이자제한법을 제정하여 당사자 간의 약정이율이 일정한 한도를 넘지 않도록 하여 소비차주를 보호하였지만, 1997년 외화부족 사태에 직면하여 IMF(국제통화기금)의 요구로 인하여 1998년 1월 13일에 폐지되었다. 구 이자제한법의 폐지 이후 이자에 관한 일반적 규제를 담당하는 특별법은 존재하지 않게 되었고, 다만 금전의 대부를 업으로 하는 대부업자(은행 기타 대부업자)의 등록 및 감독에 관하여 필요한 사항 등을 규정한 「대부업의 등록 및 금융이용자보호에 관한 법률」이 일정한 한도에서 금융이용자인 채무자를 대부업자의 과도한 이자로부터 보호하고 있을 뿐이었다. 그러나 동법으로 이용자의 충분한 보호가 이루어지지 않자 최고이율을 제한하는 이자제한법의 제정이 대부업법의 시행 이후에도 여전히 요구되었다. 이러한 상황에서 대법원이 전원합의체 판결로, 사회통념상 허용되는 한도를 초과하는 이율의 이자를 약정하여 지급받는 경우에는 소비차주는 제103조 위반으로 무효이고, 이 경우 불법의 원인이 수익자에게만 있거나 또는 대주의 불법성이 차주의 불법성에 비하여 현저히 크다는 논리를 내세워 그 이자의 반환을 청구할 수 있음을 인정하였고,[31] 결국 사회적 요청에 의하여 이자제한법이 2007년 3월 29일에 제정·공포되어 현재 시행되고 있다.

2. 이자제한법의 내용

(1) 적용범위 이자제한법은 금전소비대차의 경우의 약정이자에 적용된다(같은 법 제2조 제1항). 대차관계에 기하지 않고서 생긴 금전채권(예 : 매매잔대금의 이자)에는 적용되지 않는다. 금전 이외의 대체물의 대차에는 적용(또는 유추적용)되지 않는다고 하여야 한다. 금전이 대차인 한 그것이 상인 사이의 것이라 하더라도 적용된다.[32] 뿐만 아니라 금전소비대차를 원인으로 하는 것이라면 이자가 금전이 아니라도 적용될 수 있다. 이자가 이자율이 아니라 확정된 금액으로 약정된 경우에도 적용된다. 대차원금이 10만 원 미만인 때에는 적용되지 않는다(같은 법 제2조 제5항). 다른 법률에 따라 인가·허가·등록을 마친 금융업 및 대부업과 대부업법 제9조의4에 따른 미등록 대부업자에 대해서는 적용하지 않는다(같은 법 제7조).

한편 이자제한법 시행일 이전에 성립한 대차관계에 관한 계약상의 이자율에 대하여

31) 대판(전) 2007. 2. 15. 2004다50426.
32) 대판 1959. 7. 30. 4291민상567.

도 동법 시행일 이후에는 동법에 따른 이자율의 제한을 받게 된다(동법 부칙 제2항). 또한 구 이자제한법 제8조 제1항 시행 전에 금전소비대차약정을 체결하였더라도 위 규정 시행 이후에 발생되는 이자에 관하여 같은 법 제2조 제1항에서 정한 제한이자율을 초과하는 이자를 받은 경우, 같은 법 제8조 제1항에 따라 처벌된다.[33]

(2) 제한이자율과 그 규제

가. 최고이자율 이자의 제한 방법에는 이자의 총액규제와 이율의 최고한도제한이 있다. 이자제한법은 또한 원본채권의 많고 적음에 상관없이 획일적인 이율의 최고한도를 제한하는 방식을 취하고 있다. 따라서 약간의 탄력성을 부여하기 위해서 '연 25%'가 초과되지 않는 범위 안에서 대통령령으로 정하여지는데, 대통령령은 연 이율을 20% 이하로 정하고 있다. 한편 이 최고이자율은 약정한 때의 이자율을 말한다(같은 법 제2조 제2항).

나. 간주이자와 그 제한 이자제한법은 금전대차에 관하여 채권자가 받는 것은 예금·할인금·수수료·공제금·체당금(替當金) 그 밖의 어떠한 명칭에도 불구하고 이를 모두 이자고 보고 있는데(동법 제4조 제1항), 이자는 원래 원금과 이율과 기간에 의하여 산정되어지는 개념이므로 원본사용의 대가라 하더라도 이율에 의하지 않은 예금·할인금 등은 본래의 이자가 아니라고 해야겠지만, 실질적으로 이자와 같은 이득을 얻는다면 이자제한법은 이를 제한을 하고자 한 것이다. 그리고 채무자가 금전대차와 관련하여 금전지급의무를 부담하기로 약정하는 경우 의무발생의 원인 및 근거법령, 의무의 내용, 거래상 일반원칙 등에 비추어 그 의무가 원래 채권자가 부담하여야 할 성질인 때에는 이를 이자로 본다(같은 법 제4조 제2항).

다. 제한이율이 변경된 경우의 문제 제한이율에 관한 법령이 개정되어 제한이율이 높아졌거나 낮아지는 경우, 개정 전에 체결된 금전 소비대차에도 신법을 적용해야 하는지가 문제된다. 이에 신법에서 경과규정을 두거나 당사자가 이자(이율)에 관하여 새로이 약정을 한 경우에는 문제되지 않으나, 그렇지 않은 경우에는 신법의 적용 여부를 해석으로 결정하여야 한다.

제한이율이 인하된 경우에는 개정 전에는 개정 전의 이율이, 그 이후에는 변경된 이율을 적용하여야 한다.[34] 이는 이자제한법의 성격상 편면적 강행규정적 성격을 가지는 것으로 보아 소비차주에게 불리한 것은 효력이 없지만, 소비차주에게 유리한 경우에는 효력을 부여하여도 무방하기 때문이다. 다음으로 제한이율이 인상되는 경우라면

33) 대판 2017. 9. 12. 2016도12834.

34) 대판 1973. 2. 13. 72다1955; 대판 1984. 4. 10. 82다512·82다카5184.

문제되는 것은, 약정 당시의 약정이율이 제한이율은 넘고 있어서 무효로 된 초과부분이 이율이 인상됨으로 말미암아 채권자가 그 부분을 유효라고 주장하면서 청구할 수 있느냐이다. 제한최고이자율이 변경되었다 하여 무효였던 종전의 최고이자율을 초과하는 부분이 소급적으로 유효하게 되지 않는다고 보아야 한다.[35] 그러나 인상 이후에는 변경된 이율이 적용되어야 한다.[36]

(3) 제한초과이자계약의 효력

가. 초과부분 이자 무효　이자제한법은 강행법이기 때문에 당사자 사이에서 계약으로 제한이율을 초과하는 부분의 약정을 한 경우에는 초과부분의 이자약정은 무효이다(같은 법 제2조 제3항). 따라서 초과부분의 이자지급의무는 없으며, 채권자 또한 제한초과이자를 청구할 수 없다. 그리고 제한초과이자를 원금에 포함시키는 계약을 하거나 순소비대차계약 또는 경개계약을 하여도 그 초과부분에 관하여는 효력이 생기지 않는다.[37] 근저당설정의 경우에도 같다. 또한 제한조과의 이자채권을 자농채권으로 하여 상계의의사표시를 하여도 상계의 효력은 생기지 않는다.[38] 당사자가 합의로 상계를 한 경우에도 마찬가지 법리가 작용한다.

나. 지급된 제한초과이자의 반환청구　채무자가 임의로 지급한 초과이자는 반환청구 할 수 있을 것인가? 채무자가 제한초과이자를 임의로 지급한 경우에는 이자 상당금액은 원본에 충당되고, 원본이 소멸한 때에는 그 반환을 청구할 수 있다(같은 법 제2조 제4항). 이는 그 초과된 부분이 무효(같은 법 제2조 제3항)가 됨으로써 법률상 원인 없이 지급된 것이 되고 부당이득에 해당한다. 과거 구 이자제한법 하에서는 논란이 있었으나 입법에 의하여 해결되었다. 더 나아가 판례는 고의 또는 과실로 이자제한법을 위반하여 최고이자율을 초과하는 이자를 받아 채무자에게 손해를 입힌 경우 불법행위책임을 인정하기도 한다.[39]

다. 선이자의 공제　선이자의 공제라 함은 금전소비대차계약을 체결할 때 채권자가 이자를 미리 공제하고 그 잔액만을 채무자에게 교부하되, 채무자는 변제기에 명목상의 원본액 전부를 반환하기로 하는 계약을 말한다. 일단 이 계약은 계약자유의 원칙상 유효하다고 하여야 할 것이다.

35) 대판 1983. 8. 23. 82다카1115; 대판 1984. 3. 13. 83누720; 1991. 7. 26. 90다15488.
36) 송덕수, 92면.
37) 대판 1957. 3. 23. 56다659; 대판 1998. 10. 13. 98다17046; 대판 2015. 1. 15. 2014다223506.
38) 대판 1963. 11. 21. 63다429.
39) 대판 2021. 2. 25. 2020다230239.

다만 이자제한법은 일정한 제한을 가하고 있다. 즉 대주가 선이자를 사전 공제한 경우에는, 그 공제액이 차주가 실제 수령한 금액을 원본으로 하여 동법 제2조 제1항에서 정한 최고 이자율에 의해서 금액을 초과한 때에는 그 초과부분은 원본에 충당한 것으로 본다(동법 제3조).

라. 복리의 제한　이자에 대하여 다시 이자를 지급하기로 한 복리약정은 제2조 제1항에서 정한 최고이자율을 초과하는 부분에 해당하는 금액에 대하여 무효로 한다(같은 법 제5조).

마. 손해배상액의 예정　법원은 채무의 불이행에 관하여 예정한 배상액이 부당하다고 인정한 때에는 이를 상당액까지 감액할 수 있다(제6조).

3. 대부업법과 이자의 규제

「대부업의 등록 및 금융이용자 보호에 관한 법률」은 대부업의 등록 및 감독에 관한 규제를 위한 법이고, 여기서 대부업이란 함은 금전의 대부 또는 그 중개를 업으로 하는 것을 말한다. 대부업법 제8조 제1항에서 대부업자가 개인이나 중소기업기본법 제2조 제2항에 따른 소기업에 해당하는 법인에 대부를 하는 경우 그 이자율은 연 100분의 27.9 이하의 범위에서 대통령령이 정하는 율을 초과할 수 없다. 현재의 최고이율은 100분의 20이며, 월 이자율 및 일 이자율은 연 100분의 20을 단리로 환산한다(대부업법 시행령 제5조 제3항).

제6관 선택채권

Ⅰ. 의의

1. 개념　선택채권이라 함은 채권의 목적이 수개의 급부 중에서 선택권자의 선택에 의하여 정해지는 채권을 말한다. 서로 다른 급부이면 충분하고 어떤 급부들을 가지고 선택채권을 목적으로 하든지 관계없다. 특정물급부와 특정물급부, 주는 급부와 하는 급부, 작위급부와 부작위급부 등이 선택채권의 목적이 될 수 있다. 선택채권의 목적은 선택적으로 정해져 있는데 지나지 않으므로, 선택에 의하여 하나의 급부로 특정될 때까지는 이행할 수 없으며 또한 강제집행을 할 수도 없다.

선택채권은 선택되어야 할 수 개의 급부를 목적으로 하기 때문에 이의 성질에 관해서는 복수채권이라는 복수채권설과 단일채권설이 대립하고 있으나, 뒤의 것이 타당하며 통설이다.

2. 종류채권과의 구별

선택채권과 유사한 채권으로는 조건부채권, 임의채권, 종류채권이 있다. 선택채권은 수 개의 채권간의 선택으로서 수 개의 채권이 발생하고 그 가운데 하나의 채권이 선택되면 다른 채권은 당연히 소멸하는 채권이다. 조건부채권이란 선택을 조건으로 수 개의 급부 가운데 선택된 급부에 관하여 단순채권이 발생하고 수 개의 급부 가운데 조건의 성취로 하나의 급부에 특정된다. 조건부채권의 규정은 채무자회생법 제138조 제1항에서 찾을 수 있다. 임의채권에 대해서는 뒤에 기술한다.

가. 목적물의 개성　　선택채권의 목적인 수개의 급부는 선택의 가치가 있을 정도로 각각 다른 개성을 가지고 있어야 하며, 또한 가치는 독립된 것이어야 한다. 이 점에서 종류채권과 구별된다. 특히 한정종류채권과의 관계에서 문제가 된다. 실제로 한정종류채권이 성립하는지 또는 선택채권이 성립하였는지가 다투어질 수 있다. 예컨대, '자기 소유의 토지 10정보 중 3정보', '이 마굿간에 있는 3마리의 말 중 1마리' 와 같은 경우이다. 일정범위의 목적물에 의해 급부가 행해진다는 점에서 양자는 동일하지만, 그 각각의 개성이 중요시되느냐 않느냐에 따라 양자는 차이가 있다. 한정종류채권에서는 그 개성이 중요시되지 않지만, 선택채권은 그 개성이 중요시 된다.

따라서 1필의 토지의 일부를 임대하는 계약이거나, 밭 10정보 중 1정보를 증여하는 계약의 경우 토지부분의 개성을 중시한 계약이라면 선택채권으로 보아야 할 것이다. 선택채권의 경우는 선택권자의 선택권행사가 행해지지 않는 한, 선택채권의 목적물은 특정되지 않고, 따라서, 채권자는 강제집행을 할 수가 없다. 그러나 한정종류채권에 있어서는 일종범위의 목적물에 대해 특정되어 있지 않아도, 채권자는 이에 대해 강제집행을 할 수가 있다.

나. 목적물의 특정　　양자는 목적물의 특정에서 차이가 난다. 종류채권의 목적물은 종류와 수량에 의하여 추상적으로 정해져 있을 뿐이고, 선택채권에 있어서는 선택적으로 정하여져 있을 뿐이므로 양자는 실제에 있어서는 모두 특정이 있어야 한다. 종류채권에 있어서는 일정한 종류에 속하는 물건 가운데에서 일정량을 결정하면 어느 것이라도 좋다는 것이므로 특정의 의미가 그렇게 중요하지는 않다. 그러나 선택채권에서는 선택되어야 할 급부의 수는 확정되어 있고, 이 수개의 급부는 각각의 개성에 착안되어 있으므로 그 어느 것을 선택하는가는 중요한 의미를 가지며 이 절차를 거치지 아니하

고서는 이 채권의 목적물은 결정될 수 없는 것이다.

민법이 종류채권에 관하여는 특정의 방법을 규정하고 있음에 지나지 않는데 대하여(제375조), 선택채권에 관하여는 선택권자와 선택의 방법에 관하여 상세한 규정을 두고 있는 것도 이 때문이다. 종류채권에서는 채무자가 이행에 필요한 행위를 완료한 때, 또는 채권자의 동의를 얻어(채권자로부터 지정권이 주어져) 급부할 물건을 지정한 때에 특정된다(제375조 제2항). 이에 대하여 선택채권에 있어서는 선택권자의 의사표시에 의하여 특정되는 것이 보통이지만, 그밖에 수개의 급부 가운데 일부가 불능인 때도 특정된다. 이 급부불능에 의한 특정은 종류채권에서는 인정되지 않는다.

다. 특정의 효력 종류채권의 목적물이 특정되면 그 후부터는 그 특정된 물건을 목적으로 하는 특정물채권으로 변하나, 선택채권에 있어서는 급부가 특정되면 그 특정된 급부만이 채권의 목적이 되나, 그것은 특정물채권일 수도 있고 또는 종류채권일 수도 있다. 예컨대, 소 1마리나, 50만 원의 지급을 내용으로 하는 선택채권은 대표적인 경우이다. 즉 소 1마리가 선택되면 처음의 선택채권은 종류채권이 되고 다시 특정이란 문제가 남는다.

종류채권에서의 급부의 특정에는 소급효가 없지만, 선택채권에서의 선택에는 소급효가 인정된다(제386조 본문). 이는 종류채권에서는 목적물의 개성이 중요시되지 않으므로 그 효력을 특정되기 이전으로 소급시킬 필요가 없기 때문이다. 따라서 특정에 의하여 발생하는 여러 가지 효과는, 종류채권에 있어서는 장래에 향하여서만 생기지만, 선택채권의 경우에 있어서는 채권이 발생한 때에 소급한다. 다만, 선택채권에서의 급부불능에 의한 특정은 선택에 의한 특정과는 달라서 소급효를 가지지 않는다.

II. 선택채권의 발생원인

선택채권은 채권자와 채무자 사이의 거래상의 편의나 위험의 분산을 위하여, 또는 제3자의 공평·합리적인 판단을 기대하기 위한 목적으로 발생케 한다. 그리하여, 선택채권은 당사자 사이의 법률행위에 의하여 발생하는 수가 있고, 법률의 규정에 의하여 발생하는 경우도 있다. 법률행위에 의한 경우로는 증여·매매·임대차 등의 계약에 의하는 경우가 보통이나, 유증[40]과 같은 단독행위에 의하여 발생하는 수도 있다. 법률의 규정으로는 무권대리인의 책임(제135조 제1항)·점유자의 유익비상환청구권(제203조 제2항)·유치권자의 유익비상환청구권(제325조 제2항)·임차인의 유익비상환청구권(제626조 제2항)·

40) 대판 1955. 4. 14. 4288민상32.

사전구상권을 행사하는 수탁보증인에 대한 주채무자의 면책청구권(제443조) 등이 있다.

Ⅲ. 선택채권의 특정

1. 특질 선택채권의 특정은 선택권자의 의사표시(선택권의 행사)에 의한 경우와 다른 급부의 불능으로 인한 경우가 있다. 전자에 의한 특정이 보다 일반적이다. 그 밖에도 계약자유의 원칙상 당사자의 계약에 의하여서도 특정을 생기게 할 수 있다. 그리고 특정함으로써 채권성립시에 소급하여 효력이 생긴다는 점에서 특징이 있다.

2. 선택권의 행사에 의한 특정

(1) 선택권 이는 선택채권의 수개의 급부 가운데에서 구체적으로 이행할 급부를 확정할 수 있는 법률상의 지위를 말한다. 선택권은 선택권자의 일방적 의사표시에 의하여 내용에 변경을 발생케 하므로, 일종의 형성권이다.

(2) 선택권자 누가 선택권을 가지느냐는 선택채권의 발생원인에서 정하여진다. 선택채권이 당사자의 약정에 의하여 발생하는 때에는 약정으로, 법률의 규정에 의하여 발생하는 때에는 법률의 규정(제135조 제1항, 제203조 제2항)으로 정하여진다. 선택권자가 될 수 있는 자는 채권자·채무자는 물론이며 제3자도 선택권을 가질 수 있는데, 만일에 선택권자를 정하는 규정이나 당사자의 약정이 없으면 선택권은 채무자에게 있다(제380조). 따라서 증여의 경우에는 증여자, 매매의 경우에는 매도인이 선택권자이다. 물론 이 규정은 임의규정이다.

(3) 선택권의 이전 선택권자가 선택권을 행사하지 않으면 선택권을 가지지 않는 당사자에게 이행에 관하여 불이익을 주게 되므로, 민법은 그것을 구제하기 위하여 일정한 요건 하에 선택권이 당연히 이전하는 것으로 규정하고 있다.

가. 당사자의 일방이 선택권을 가지는 경우 선택권행사의 기간이 있는 경우에는, 선택권자가 그 기간 안에 선택권을 행사하지 않은 경우 상대방은 상당한 기간을 정하여 그 선택할 것을 최고할 수 있고 선택권자가 그 기간 안에 선택하지 않으면 선택권은 상대방에게 이전된다(제381조 제1항). 선택권행사의 기간이 없는 경우에는, 채권의 변제기가 도래한 후 상대방이 상당한 기간을 정하여 선택을 최고하고 선택권자가 그 기간 안에 선택하지 않으면, 역시 선택권은 상대방에게 이전된다(제381조 제2항).

나. 제3자가 선택권을 가지는 경우 이에는 선택권을 가진 제3자가 선택권을 행사

할 수 없느냐, 또는 행사할 수 있는데도 불구하고 행사하지 않느냐에 따라 다르다. 즉, 선택권을 가진 제3자가 선택할 수 없는 경우에는 변제기를 기다릴 필요 없이, 또 최고를 할 필요도 없이 선택권은 법률상 당연히 채무자에게 이전된다(제384조 제2항). 여기서, 선택할 수 없는 경우라 함은, 예컨대 제3자의 사망·의사능력의 상실·질병·부재 그 밖의 사정으로 인하여 선택을 할 수 없는 경우를 말한다.

제3자가 선택권을 행사할 수 있는 데도 불구하고 선택하지 아니하는 경우에는, 채권자나 채무자는 상당한 기간을 정하여 그 선택을 최고할 수 있고 제3자가 그 기간 안에 선택하지 아니하면 선택권은 채무자에게 이전된다(제384조 제2항).

(4) 선택권 행사의 방법 선택권의 행사는 상대방에 대한 의사표시로 한다(제382조 제1항). 제3자가 선택권을 행사하는 경우에는 채권자 또는 채무자에 대한 의사표시로 한다(제383조 제1항). 선택의 의사표시는 상대방의 동의가 없으면 철회하지 못한다(제382조 제2항, 제383조 제2항). 이는 상대방의 신뢰를 존중하고자 한 취지이다. 그러나 선택의 의사표시도 이른바 의사표시이므로, 의사표시에 관한 일반원칙이 적용되어 사기·강박에 의한 선택의 의사표시는 일반원칙에 따라 취소할 수 있다(제110조).

(5) 선택의 효과

가. 하나의 급부로 특정 선택에 의하여 채권의 목적은 하나의 급부로 특정되고, 선택채권은 그 특정된 급부를 목적으로 하는 단순채권으로 변한다. 즉 선택된 급부가 특정물이면 특정물채권으로, 종류물이면 종류채권으로, 금전이면 금전채권으로 된다.

나. 선택의 소급효 선택의 효력은 그 채권이 발생한 때에 소급한다(제386조 본문). 이러한 소급효에 대해 '제3자의 권리를 해하지 못한다'는 예외를 두었다(같은 조 단서). 그런데 이 규정은 무의미하다. 왜냐하면, 선택의 효력이 '소급한다' 함은 채권적 효력이 소급할 뿐이고, 그 결과 제3자의 권리를 해한다는 것은 논리적으로 있을 수 없기 때문이다. 예컨대 A 자동차 또는 B 오토바이를 급부한다는 선택채권에 있어서, A 자동차를 선택하였으나, 그 선택이 있기 전에 이미 채무자가 A 자동차를 제3자에게 매각하였다면, A 자동차에 관하여 양자(선택채권자와 제3자)는 모두 채권을 갖게 되어, 채권자평등의 원칙에 의하여 제3자의 권리를 해하는 일은 없게 되고, 만약 A 자동차를 제3자에게 인도(등록)까지 하였다면, 물권변동에 관하여 형식주의를 취하는 우리 물권법 하에서 제3자는 소유권을 취득한 물권자로서 물권과 채권이 충돌하게 되어 더 이상 제3자의 권리를 해할 수는 없게 되는 것이다.

3. 급부불능에 의한 특정

(1) 선택채권의 목적의 어느 하나가 급부불능으로 된 경우에도 목적물이 특정되는데, 이때에는 원시적 불능이냐 후발적 불능이냐에 따라 다르다.

가. 원시적 불능의 경우　수 개의 급부 가운데에서 채권이 성립할 때부터 불능한 것이 있는 때(즉, 원시적 불능의 경우)에는 채권은 잔존하는 급부에 존재한다. 그러므로 잔존하는 급부가 하나뿐이면 처음부터 단순채권으로 성립하고, 잔존하는 급부가 둘 이상이면 그 위에 선택채권이 성립하게 된다.

나. 후발적 불능의 경우　민법은 불능이 선택권 없는 당사자의 과실에 기인한 것이냐 아니냐에 따라 구별하고 있다. 먼저 선택권 없는 당사자의 과실로 인하여 급부가 불능으로 된 때에는 선택채권의 존속에 영향을 주지 않는다(제385조 제2항). 즉, 잔존급부가 하나뿐인 경우에도 특정은 생기지 않는다. 따라서 선택권을 가진 자는 불능으로 된 급부를 선택할 수도 있다. 선택권 있는 당사자의 과실로 인하여 급부가 불능으로 된 때에는 채권은 잔존하는 급부에 존재한다(제385조 제1항 후단). 만일, 잔존하는 급부가 하나뿐이면 채권은 그 급부에 특정하는 것이 된다. 당사자의 쌍방의 과실에 의하지 않고서 급부가 불능으로 된 때에도 앞의 경우와 같다(제385조 제1항 후단).

(2) 제385조의 급부불능에 의한 특정의 효력은 장래에 향해서만 발생하며, 소급효를 가지지 않는다. 이 점이 선택권행사에 의한 특정과 다르다.

제7관 임의채권

Ⅰ. 의의

1. 개념　임의채권이란 채권의 목적은 하나의 급부에 특정되어 있으나, 채권자 또는 채무자가 다른 급부로서 본래의 급부에 갈음할 수 있는 권리(대용권)를 가지고 있는 채권을 말한다. 예긴대, 자동차 1대의 급부청구권을 가지지만, 이에 갈음하여 3,000만원의 현금을 청구할 수도 있음과 같다. 본래의 급부에 갈음하여 행하여지는 급부를 「대용급부」 또는 「보충급부」라고 한다. 당사자 사이에 채권의 특정이 되어 있는 채권이다.

2. 임의채권의 발생　임의채권에 관하여는 민법이 규정하는 바가 없으나, 법률행위에 의하여 발생하는 것이 보통이나 법률의 규정에 의하여 발생하는 수도 있다. 법률

의 규정에 의한 임의채권의 예로는, 전세권의 경매청구권(제318조), 외화채권에서 우리나라 통화변제(제378조), 주채무자의 면책청구와 담보청구(제443조 후단), 소비대주의 담보책임(제602조 제2항), 명예훼손에서 손해배상 또는 적당한 처분(제764조) 등을 들 수 있다. 판례도 외화채권을 임의채권으로 이해하고 있다.[41)]

3. 선택채권과의 차이

(1) 단일한 본래의 급부 선택채권에 있어서 수개의 급부는 그 특정 전에는 동등한 지위에서 병존한다. 그러나 임의채권에서는 1개의 본래의 급부가 존재하고 대용급부는 어디까지나 보충적 의의를 가지는데 불과하다. 그리고 소송의 목적물은 본래의 급부이다.

(2) 유효한 본래의 급부 선택채권에 있어서는 수개의 급부 사이에 주종의 관계가 없으나, 임의채권에 있어서는 본래의 급부는 처음부터 끝까지 대용급부와 함께 존재하므로, 앞의 것이 성립하지 아니하는 한, 뒤의 것도 성립할 수 없고, 또한 본래의 급부가 소멸하면 대용급부도 소멸한다.

(3) 선택권과 대용권 선택채권에 있어서는 선택권자가 선택권을 행사하면 특정이 생기고, 그 특정의 효력은 채권이 발생한 때에 소급한다. 그러나 임의채권에 서는 대용급부를 하겠다는 의사표시를 하여도 그 이행이 있기까지는 본래의 급부는 소멸하지 아니한다.

(4) 대용급부와 본래의 급부의 가치 선택채권에서는 수개의 급부 사이에 서로 동등한 가치를 전제로 하지 아니한다. 그러나 임의채권에서의 대용급부는 본래의 급부와 동등한 가치가 있음을 전제로 한다. 따라서 본래의 급부가 일부불능 그 밖의 사유로 감소되면 대용급부도 또한 이에 비례하여 감소된다.

Ⅱ. 임의채권의 법적 성질

1. 대물변제예약설 이 설은 임의채권을 대물변제의 예약에 지나지 않는다고 한다. 예컨대, 자동차 1대를 급부할 본래의 채무에 갈음하여 3,000만 원의 현금을 급부할 수 있는 내용의 계약에서 생긴 임의채무는 결국 자동차 1대에 갈음하여 3,000만 원의 현금이라는 대물로 변제할 수 있게 하는 예약이라고 보아야 한다는 것이다. 이 설에 의하면 임의채권이라는 개념을 부정하게 된다.

---

41) 대판(전) 1991. 3. 12. 90다2147; 대판 2019. 6. 13. 2018다258562.

2. 특수채권설 이 설은 임의채권을 1개의 본래의 급부를 목적으로 하는 채권이나, 다만 대용권을 포함하는 특수한 채권이라고 한다.

양 설의 차이는 대물변제의 예약은 본래의 채권과는 별개로 존재하는 특약으로서, 그 급부에 있어서 채권자의 승낙을 요하나, 임의채권의 대용급부에 있어서는 채권자의 승낙을 요하지 않는다. 후자의 견해가 타당하다.

Ⅲ. 대용권의 행사와 그 효과

1. 본래의 급부와 대용급부의 부종성 임의채권에서는 선택채권과는 달리 하나의 급부만이 채권의 목적이므로, 대용급부는 본래의 급부와 부종성을 가진다. 따라서 본래의 급부가 원시적 불능이면 채권은 성립하지 않는다. 본래의 급부가 채무자에게 책임 없는 사유에 의하여 불능으로 되면 비록 뒤의 것이 가능하더라도 채권은 소멸한다. 또한 임의채권에서 대용급부는 본래의 급부와 동등한 가치가 있는 것을 전제로 하므로 본래의 급부가 일부불능이나 약정 기타의 사유로 감축되면 대용급부도 같은 비율로 감축된다고 보아야 한다.

2. 대용권행사의 효과 누가 대용권을 가지느냐에 따라서 그 행사의 효과가 달라진다. 누가 대용권을 가지느냐는 당사자 사이의 계약 또는 법률의 규정에 의하여 정하여질 것이다. 그러나 당사자의 의사가 명백하지 않은 경우에는 대용권은 채무자에게 있는 것으로 새겨야 한다. 그 이유는, 대용급부는 본래의 급부와 대체로 동등한 가치를 가지는 것이므로, 어느 것이 급부되더라도 채권자의 이해에는 거의 영향이 없기 때문이다.[42]

(1) 채무자가 대용권을 가지는 경우 채권자는 본래의 급부만을 청구할 수 있다 대용권의 행사는, 대용급부를 할 의사를 표시하는 것만으로는 부족하고 현실로 대용급부를 제공하여야 한다. 따라서 대용급부를 할 의사를 표시한 후에 그것이 이행불능이 되더라도 채무자는 본래의 급부의무를 면하지 못한다. 본래의 급부가 채권자의 책임 있는 사유에 의하여 불능으로 된 경우에는, 채무자는 대용급부로서 본래의 급부에 갈음한다는 의사표시를 함으로써 본래의 급부의무를 면한다.

(2) 채권자가 대용권을 가지는 경우 채무자는 본래의 급부만을 제공하여야 한다. 따라서, 대용급부의 수령을 강요하지 못한다. 대용권의 행사는 채무자에 대한 의사표

---

42) 주해(8), 222면(이공현); 송덕수, 103면.

시로써 하며, 이로써 본래의 급부는 대용급부로 변경된다. 본래의 급부가 불능이 되면 채무자는 채무를 면한다. 따라서 채권자는 대용급부를 청구하지 못한다. 한편, 대용급부를 청구한 후에 채무자의 책임 없는 사유에 의하여 그것이 불능으로 되면, 채무자는 채무를 면하게 된다. 따라서 비록 본래의 급부가 가능하더라도 그것을 급부할 필요가 없다.

제 4 장

채권의 효력

제4장 채권의 효력

제1절 총설

제1관 채권효력의 개관

Ⅰ. 채권은 채무자로 하여금 일정한 행위, 즉 급부를 청구하는 것을 내용으로 하는 권리이다. 그러나 채권의 궁극적 목적은 채무자의 행위 자체에 있는 것이 아니라, 그 행위를 통하여 일정한 재산적 가치를 획득하는 데 있는 것이기 때문에 채권에는 급부를 청구하는 힘인 청구력과, 채무자의 급부를 수령하고 이를 적법하게 보유하는 힘인 급부보유력을 가지고, 그 외에 집행력을 갖기도 한다. 이것이 모든 채권의 기본적 효력 내지 최소한도의 법적 효력이다.

만약 채무자가 임의로 채무의 내용에 좇아 채무를 이행한다면 채무의 이행으로 채권은 만족을 얻어 소멸하는 「채권의 변제」가 있게 된다. 이에 대해 우리 민법은 제6절에서 채권의 소멸편에서 규정하고 있다.

만약 채무자가 임의로 이행하지 아니하면 임의이행을 한 것과 동일한 이익을 채권자에게 줄 수 있는 법적 보장이 필요하다. 따라서 국가권력을 빌려 채무자로 하여금 강제로 이행케 하거나(판결 및 강제집행력 제389조), 그 밖에도 채권자는 자기의 채권을 보전하기 위하여 채무자의 권리를 행사할 수 있고(채권자대위권, 제404조), 또 채무자가 채권자를 해함을 알고 재산권을 목적으로 한 법률행위를 한 때에는 채권자는 그 취소 및 원상회복을 법원에 청구할 수 있다(채권자취소권, 제406조).

Ⅱ. 또 채권이 제3자에 의하여 침해되는 경우에는 불법행위의 성립과 방해배제의 청구의 문제가 있게 된다. 채권을 상대권·대인권으로만 보게 되면 불법행위의 성립을 부정하게 되나, 채권도 하나의 재산권으로서 다루어 불법행위의 성립을 인정하고, 이 경우에 손해배상과 그 침해의 배제까지도 인정하고자 하는 것이다. 이것이 채권의 대외적 효력으로서 「제3자에 의한 채권침해」라고 하는 것이다.

Ⅲ. 채권 가운데는 채무자가 급부를 하려고 하더라도 채권자가 그 급부의 실현에 협력하지 않으면 급부를 실현할 수 없는 것이 적지 않다. 이와 같이 채권자의 협력을

필요로 하는 채권에 관하여는 채권자에게도 채무의 이행에 협력할 의무가 있는 것으로 보아야 한다. 이러한 경우, 채권자가 그 협력의무를 게을리 한 것을 「채권자지체」 또는 수령지체라고 하여 제400-제403조에서 규정하고 있다. 채권자지체로 말미암아 채무가 이행되지 않은 경우에는 채무자는 불이행의 책임을 지지 않으며, 채무불이행에 의한 채권의 효력도 발생하지 않는다. 그러므로, 채권자지체도 소극적이기는 하지만 채권의 효력이라고 할 수 있다.

Ⅳ. 그런데, 채권 중에는 예외적으로 소권 또는 강제집행권이 없는 불완전채권이 있는데, 민법은 이에 관한 일반적인 규정을 두고 있지 않으나 이의 발생을 인정하는 경우가 적지 않다.

Ⅴ. 결국 채권의 효력으로서 제387조 내지 제407조에서 규정하는 것은 크게 세 덩어리로 나눌 수 있다. 즉 채무불이행과 채권자지체, 그에 대한 구제로서의 강제이행과 손해배상·책임재산의 보전이다.

제2관 불완전채무

Ⅰ. 서설

1. 채권은 소권과 강제집행권을 수반하는 것이 원칙이나, 예외적으로 소권 또는 강제집행권이 없는 채권이 있다. 이러한 채권을 불완전채권이라고 하는데, 이에 대응하는 채무를 불완전채무라고 한다.

소구력과 강제집행력이 없는 것이 「자연채무」이고, 집행력이 없는 채무가 「책임없는 채무」이다. 불완전채무에 이 양자가 포함된다고 보는 것이 보통이다.

2. 불완전채무는 강제력이 결여되어 있다는 점에서 채무로서 불완전하기는 하지만, 채무 그 자체는 엄연히 성립하고 있는 것이다. 따라서 채무자가 임의로 이행을 하면 그것은 유효한 변제가 된다. 그밖에 상계의 자동채권으로 하거나, 경개 또는 준소비대차의 기초로 삼을 수 있고, 또한 보증이나 담보도 유효하게 성립한다.

Ⅱ. 자연채무

1. 의의 자연채무라 함은 채무자가 임의로 이행하지 않는 경우에도 채권자가

그 이행을 소구하지 못하는 채무, 즉 소구력이 없는 채무를 말한다. 자연채무에서는 채무자가 임의로 이행하면 그것은 유효한 변제가 되고, 채권자가 급부를 수령하더라도 부당이득이 되지 않으므로 단순한 도덕상의 의무가 아니라 법률상의 채무이다. 이것은 소구할 수는 있으나 집행할 수 없는 채무인 「책임없는 채무」와는 구별된다.

2. 자연채무의 유래 로마법에서는 소권법체계를 취하였기 때문에 소권 없는 채무가 자연채무로 되어, 이의 이행은 소송상 청구할 수는 없지만, 임의로 채무자가 채무를 이행하면, 채무자는 적법하게 수령하고, 이러한 이행은 비채변제도 아니기 때문에 반환을 청구할 수도 없었다. 또한 이것을 상계나 경개의 대상으로 하거나 담보로 제공하는 것도 허용되었다.

그러나 근대법에서는 「권리 있는 곳에 소권이 있다」는 실체법체계를 취하는 까닭에 모든 채권에는 당연히 소권이 따르고 자연채무라는 관념은 생각할 수 없다. 그렇지만 아직도 소권에 의하여 보호되지 않은 예외적인 채권의 존재의 필요성을 들어 학자들은 자연채무의 개념을 긍정하고자 하는 것이다.

3. 자연채무에 대한 입법례 프랑스민법은 자연채무의 관념을 인정하고, 임의로 변제된 자연채무에 대하여 반환청구 없음을 규정하였다(동법 제1235조 제2항). 그러나 독일, 일본, 민법에는 이러한 규정을 두고 있지 않다.

그렇다면 이 자연채무의 개념을 법상의 채무로 인정할 것인가 부정할 것인가가 문제된다. 우리나라에서 자연채무의 관념을 부인하는 학자는 아직 없다. 자연채무의 개념을 사용하기도 하고,[1] 「자연채무와 같이 예외적인 경우를 제외하고, 입법자는 채권의 강제적 실현이 불가능한 영역을 남겨두고 있지 않다」고 하여 자연채무의 개념을 인정하고 있다.[2]

4. 자연채무를 인정하는 이유 자연채무도 법상의 일정한 효과를 갖게 할 유용성과 필요성에서 인정하고자 한다. 즉 자연채무가 경개나 준소비대차의 기초가 될 수 있다든가 또는 담보가 유효하게 성립할 수 있다는 등의 어떤 법률적 의의를 갖기 때문이라는 것이다.

자연채무에서 「채무」의 개념을 법률상의 채무 내지는 법률적으로 의의 있는 채무에 한하지 않고, 그밖에 「도덕상의 의무」나 「사회질서위반의 채무」이더라도 자연채무로서 인정하고자 하는 견해가 있다.[3] 그러나 이의 부당성은 첫째, 「채무」라는 개념 자체

1) 대판 1971. 12. 28. 71다2154.
2) 대판 2021. 7. 22. 2020다248124.
3) 이은영, 48면.

가 법상의 용어임을 오해하고 있는 것이며, 둘째 민법 제103조에 의하여 무효인 반사회질서의 법률행위에 의하여 임의로 행한 급부를 수령한 자는 이를 반환할 필요가 없다고 하는 경우에(제746조), 자연채무를 인정한다면 법률적으로 무효인 채무를 인정하게 됨으로써 법률적으로 유효한 채무와 구별이 막연해지고 자연채무의 개념이 부당하게 확대되는 것이다. 이는 민법이 불법원인급여의 경우에 그 반환을 인정하지 않는 것은 사회적 타당성 없는 행위의 결과를 복구하려고 꾀하는 자에게 협력을 거절하려는 법률정책적 입법으로 보아야 할 것이다.[4]

결국 자연채무의 개념은 법률적으로 의의가 있는 개념이라고 해야 할 것이다.

5. 자연채무에 해당하는 사례

(1) 계약으로 소구가능성이 배제된 채권 학설은 일치하여 이러한 계약으로 자연채무를 발생시킬 수 있다는 데에 일치하고 있다. 예컨대 금전소비대차에서 채무자의 곤궁상태를 동정해서 채권자가 '언제든지 반환하여도 좋다'고 한 것과 같다. 다만 이 경우에 소구가능성의 배제는 공권인 소권의 포기를 뜻하는 것이므로, 이것이 허용될 수 없다는 이론도 있을 수 있다. 그러나 소권은 실체권을 보호하기 위하여 인정되는 것이므로 채권 자체를 포기할 수 있는 이상, 그 강제수단을 포기하는 것도 가능하다고 해석하여야 할 것이다.

(2) 약혼당사자가 부담하는 혼인체결의무(제803조)

(3) 채권은 존재하지만 채권자의 패소판결이 확정된 경우의 채권 채권이 존재하고 그에 대한 확실한 증거가 있더라도 그 채권을 대상으로 하는 소송에서 채권자의 패소판결이 확정되면, 재심의 소가 허용되지 않는 한 기판력으로 말미암아 재소(再訴)를 제기하지 못한다. 이때 기판력으로 채권은 소멸하는가 그렇지 않으면 자연채무로서 존속하는가? 이에 대해서 거의 일치된 견해는 상계는 허용되지 않는다고 하더라도 임의변제·경개·담보의 설정 등은 이를 인정하여도 무방할 것이므로, 자연채무로 인정한다. 이에 대해 확정판결의 효력으로 말미암아 채무가 도의상의 의무로 변질되었기 때문에 자연채무로 볼 수 없다는 견해가 있다.[5]

그러나 이 경우에 판결의 효력으로 말미암아 재소를 제기하지는 못한다 하더라도 즉, 소구는 못한다 하더라도 자연채무로서는 남는다고 해야 할 것이다.

---

4) 곽윤직, 63면.

5) 김증한·김학동, 64면.

(4) 채권자가 승소의 종국판결 후에 소를 취하한 경우(민소법 제267조 제2항) 이 경우에도 재소를 제기할 수는 없으나, 승소판결이 확정하고 있으므로 소의 취하로 채권 자체가 소멸하는 것은 아니고 자연채무로 된다고 해야 할 것이다.

(5) 파산절차에서 면책 또는 면제된 채무 파산절차에서 채무가 면책되는 경우가 있고(채무자의 회생 및 파산에 관한 법률 제566조, 제625조 제2항, 제251조) 이러한 경우에 면책 또는 면제가 있어도 채무 자체는 그대로 존재하므로, 이들 채무는 일종의 자연채무로 볼 수 있을 것이다.

(6) 부제소합의가 있는 경우 특정한 권리나 법률관계에 기하여 분쟁이 있어도 제소하지 아니하기로 합의한 경우 이에 위반하여 제기한 소는 권리보호의 이익이 없고, 소송을 제기한 후 협상을 하여 더 이상 소송을 제기하지 아니하기로 합의하고서도 그에 위반하여 제기한 소는 부적법한 소가 된다.[6)]

6. 자연채무와 관련하여 문제되는 것들

(1) 소멸시효가 완성된 채무 이는 소멸시효완성의 효과에 대하여 어느 설을 취하느냐에 따라 달라진다. 다수설인 절대적 소멸설에 의한다면 시효의 완성으로 인하여 채무는 당연히 소멸하므로, 시효완성 후의 채무는 자연채무라고 할 수 없다. 소수설인 상대적 소멸설에 의한다면 시효의 원용이 있기 전에는 유효한 채무이고, 그 원용이 있은 후에는 채무는 확정적으로 소멸하므로 자연채무가 존재할 여지가 없다. 상대적 소멸설을 취하면서도 소멸시효가 완성된 채무를 자연채무로 보는 견해가 있다.[7)] 그 이유로서, 시효소멸을 원용한 채무는 그의 임의의 변제가 비채변제로서 반환을 청구하지 못한다는 것을 들고 있다. 그러나 시효의 원용으로 인하여 이미 채무는 소멸하고 있기 때문에 자연채무는 존재할 수 없다.

따라서 절대적 소멸설을 취하는 상대적 소멸설을 취하든 이런 경우는 자연채무로 볼 수 없다고 해야 할 것이다.

(2) 도의상의 채무·사회질서 위반의 채무 민법 제746조는 「불법의 원인으로 인하여 재산을 급여하거나 노무를 제공한 때에는 그 이익의 반환을 청구하지 못한다」고 규정하고 있다. 여기에서 불법의 의미는 제103조의 선량한 풍속 기타 사회질서 위반이라고 해석하는 것이 통설이다. 따라서 사회질서 위반의 법률행위로 재산을 급여한 자는

6) 대판 1993. 5. 14. 92다21760.

7) 김증한·김학동, 63면.

반환을 청구하지 못하는 결과 이 경우 채무가 자연채무인지가 문제된다. 이것을 입법정책상의 고려하에 둔 규정으로 보아 자연채무를 부정하는 견해[8]와 자연채무로 보는 견해[9]도 있다. 제746조는 반사회적 행위자에 대해 법이 조력을 하지 않는다는 의미의 규정으로 보아 자연채무를 부정해야 할 것이다.

(3) 제한초과의 이자채무 이자제한법의 제한을 넘는 이자채무를 채무자가 임의로 지급한 경우에 채무자는 그 반환을 청구할 수 있느냐에 관해서는 구이자제한법 당시 긍정설과 부정설의 대립이 있었는데, 긍정설에 의하면 제한초과의 이자채무를 자연채무로 보지 않게 되고, 부정설에 의하면, 그것을 자연채무로 보게 된다. 현재는 입법적으로 해결하고 있다(동법 제2조 제4항). 현재의 이자제한법에 의하면 제한초과의 이자는 반환청구가 가능하므로 자연채무가 아니라 채무가 된다.

(4) 사무관리의 보수청구권 민법은 사무관리자에게 비용상환청구권은 인정하고 있지만(제739조), 보수청구권은 인정하고 있지 않은데, 이 경우 본인이 도의상 관리자에게 보수를 지급하였다면, 그것을 자연채무라고 볼 것인가의 문제가 있다. 이 경우에는 도의상의 의무에 불과한 것으로 보아 자연채무의 관념을 부정하여야 할 것이다.

7. 자연채무의 효력

자연채무를 이처럼 법률상의 개념으로 이해한다면 적어도 다음과 같은 효력을 인정하여야 할 것이다.

(1) 자연채무는 단지 소권이 없을 뿐이지 법률상의 채무임에는 틀림없으므로, 채무자의 임의의 변제는 증여가 아니고 변제이다. 따라서 그 수령은 부당이득이 되지 않는다.

(2) 자연채무는 경개 또는 준소비대차의 기초가 될 수 있다. 그러나, 당사자가 변제할 뜻으로 다시 계약을 한 경우에는, 그 계약은 보통의 계약으로서의 법률효과를 발생시키므로 그 채무도 역시 보통의 채무가 될 것이다.

(3) 자연채무를 상계의 자동채권으로 할 수 있다.

(4) 자연채무에 관하여 보증이나 담보물권을 성립 내지 존속시키는 것도 가능하다.

(5) 자연채무는 그에 대응하는 채권이 제3자에게 양도되어도 부종성으로 인하여 자연채무성을 잃지 아니한다.

---

8) 곽윤직, 63면.

9) 현승종, 채권총론, 일신사, 1982, 89면.

Ⅲ. 채무와 책임

1. 의의 채무와 책임을 구별해서 채권의 개념을 구성하는 실제상의 의의는 「책임 없는 채무」, 「채무 없는 책임」이라는 법적 개념이 존재함을 인정하는 것이다.

책임 없는 채무는 자연채무가 소구가능성이 없는 채무인데 대하여, 집행가능성이 없는 것, 즉 채권에 집행력이 없는 것을 의미한다.

2. 채무와 책임의 관계

(1) 로마법에서는 일반적으로 채무와 책임이 결합하고 있는 것으로 파악하였다. 즉, 책임이라 함은 채무의 일반적 효력으로서 이해되었다. 이에 반하여 게르만법에서는 채무는 「급부를 하여야 한다」는 법적 당위에 그쳤기 때문에 채권실현을 실질적으로 보장하기 위해서는 채무와는 별도로 책임이란 관념이 설정되어야 하였다.

(2) 오늘날에는 채무와 책임이 일반적으로 결합하여 있으므로 양자를 특히 구별할 필요가 있느냐에 관하여 독일에서는 크게 학설이 대립하고 있으나, 우리나라에서는 양자를 구별하는데 학설이 일치하고 있다.

3. 채무와 책임의 분리

(1) 책임 없는 채무 당사자가 강제집행을 하지 않는다는 특약을 한 채권을 들 수 있는데, 그러한 특약을 한 채권관계는 책임 없는 채무의 발생에 관한 특약을 한 것으로 보아야 할 것이고, 그러한 특약이 있는 채권이 제3자에게 양도된 경우에는, 그 제3자에 대하여도 특약의 효력은 있다고 하는 것이 통설이다. 이 경우에 채권자가 이 특약에 위반하여 강제집행을 하는 경우에는, 채무자는 집행에 관한 이의신청(민사집행법 제16조)을 할 수 있다.

(2) 책임이 한정되는 채무 한정승인(제1028조 이하)을 한 상속인의 채무에서는 책임이 상속재산의 한도로 한정된다. 따라서 상속채무는 감축되지 않고 그대로 존속하는 것이 된다. 그러므로, 한정승인이 있더라도 상속채무에 관하여 보증 또는 중첩적 채무인수를 한 자의 채무에는 영향을 미치지 않는다. 특정물만으로 책임을 지는 경우에는 전당포영업자의 질권에 있어서의 전당물주의 책임(전당포영업법 제1조)을 들 수 있다. 즉 전당포영업자는 물품 등에 민법에 규정된 질권을 취득하여 유질기간까지 당해 전당물로서 채권을 담보하고 채권의 변제를 받지 못하는 경우에는 당해 전당물로서 그 변제

에 충당하기 때문에 피담보채권은 자연채무로 되는 것이다.

그 외에도 합자회사의 유한책임사원(상법 제279조) 및 주식회사의 주주의 책임(상법 제331조), 유한회사의 사원의 책임(상법 제553조), 선박소유자의 일정한 채무에 대한 책임(상법 제747조), 자동차손해배상보장법상의 운행자책임(같은 법 제5조), 산업재해배상보장법상의 사업주책임(같은 법 제7조 이하), 근로기준법상의 사용자책임(같은 법 제71조) 등이 있다.

(3) 채무없는 책임 책임의 대상 내지 내용을 이루는 재산은 반드시 채무자 자신의 것이어야 하는 것은 아니다. 즉, 채무자 이외의 자의 재산이라도 무방하다. 이와 같이 채무자 이외의 자가 타인의 채무에 관하여 책임을 지는 경우를 이른바 「채무 없는 책임」이라고 한다. 물상보증인이라든가, 저당부동산의 제3취득자의 책임 등이 그 예이다. 이 경우에는 단지 채무의 주체와 물적 책임의 주체가 분리되어 동일인에게 귀속되지 않았을 뿐, 달리 채무를 부담한 자가 존재하므로 전혀 채무 없는 책임은 아니다.

Ⅳ. 채권의 대외적 효력(제3자에 의한 채권침해)

1. 제3자에 의한 채권침해의 문제점

(1) 물권이 물건에 대한 배타적, 직접적인 지배권인데 대하여, 채권은 채권자가 채무자에 대한 이행청구권(행위청구권)으로서, 기본적으로는 채권자의 채무자에 대한 상대권이라고 할 수 있다. 따라서 채권침해의 원래의 모습은 채무자에 의한 채권침해(채무불이행)이다. 채권이 가지는 특성상 제3자가 외부에서 채권의 존재를 인식하는 것이 곤란하기 때문에, 과연 제3자에 의한 채권침해가 성립하느냐가 문제이다. 채권의 상대권의 성질을 엄격히 따른다면, 채권관계에서 제3자에 의한 채권침해라는 것은 이론상 성립할 수 없다. 그리고 불법행위의 요건에서 구민법은 '권리침해'를 요건으로 하고, 여기에서 권리는 생명·자유·소유권과 같은 이른바 절대권으로 해석되었기 때문에 채권의 침해는 불법행위가 되지 않는다고 하였다. 그 후 「권리의 불가침성」의 이론, 즉 채권도 권리의 통유성인 불가침성이 인정될 수 있고, 제3자가 이러한 채권의 불가침성을 침해한 경우에는, 불법행위가 성립한다고 주장되었는데, 이것은 바로 채권의 상대성의 부인 내지 절대권·상대권의 구별의 부인을 의미한다. 이것이 통설·판례가 된 것이다.

즉 판례는, 「채권도 법률이 보호하는 권리인 이상 일반인은 이를 존중하여야 하며 정당한 이유 없이 이를 침해지 못할 법률상의 의무가 있다. 그러므로 정당한 이유 없이 타인의 채권을 침해한 자는 채권자에 대한 불법행위가 성립되고 채권자는 그 제3자에 대하여 이로 인하여 받은 손해의 배상을 청구할 수 있다」고 한다.[10] 이후 제3자에 의한 채권침해가 불법행위가 될 수 있음은 시인하지만 제3자의 채권침해가 반드시 언제나 불법행위가 되는 것은 아니고 채권침해의 모습에 따라 그 성립여부를 구체적으로 결정할 문제라고 보았다. 그렇지만 불법행위의 성립의 근거를 적극적으로 제시하고 있지 않으며, 또한 채권침해의 태양에 따라 그 성립여부를 구체적으로 검토해야 한다[11]고 한 이래, 일관된 태도를 보이고 있다.

즉, 「일반적으로 제3자에 의한 채권의 침해가 불법행위를 구성할 수는 있으나, 제3자의 채권침해가 반드시 언제나 불법행위로 되는 것은 아니고 채권침해의 태양에 따라 그 성립 여부를 구체적으로 검토하여 정하여야 하는바, 제3자가 채무자의 책임재산을 감소시키는 행위를 함으로써 채권자로 하여금 채권의 실행과 만족을 불가능 내지 곤란하게 한 경우 채권의 침해에 해당한다고 할 수는 있겠지만, 그 제3자의 행위가 채권자에 대하여 불법행위를 구성하려면 단순히 채무자 재산의 감소행위에 관여하였다는 것 만으로는 부족하고 제3자가 채무자에 대한 채권자의 존재 및 그 채권의 침해사실을 알면서 채무자와 적극 공모하였다거나 채권행사를 방해할 의도로 사회상규에 반하는 부정한 수단을 사용하였다는 등 채권침해의 고의·과실 및 위법성이 인정되는 경우라야만 할 것이며, 여기에서 채권침해의 위법성은 침해되는 채권의 내용, 침해행위의 태양, 침해자의 고의 내지 해의의 유무 등을 참작하여 구체적, 개별적으로 판단하되, 거래의 자유 보장의 필요성, 경제·사회정책적 요인을 포함한 공공의 이익, 당사자 사이의 이익균형 등을 종합적으로 고려하여 신중히 판단하여야 할 것이다.」[12]고 한다.

그런데 이에 대해서 채권의 상대성을 해치지 않기 위해서 통설처럼 권리의 통유성에서 채권침해를 불법행위로 인정하는 것이 아니라, 어디나 「채권의 성질상」 예외적으로 침해될 수 있으며, 또한 그 경우에도 불법행위의 요건인 위법성을 갖춘 경우에, 즉 채권침해가 위법한 경우에 비로소 불법행위는 성립한다는 견해가 있다.[13]

이러한 견해는 타당한가? 결론부터 말하자면 타당하지 않다.

첫째, 제3자에 의한 채권의 불가침성 문제는 입법정책의 문제라고 하였으나, 우리나라 불법행위규정은 독일과 달리 불법행위의 요건으로서 「권리침해」(특히 그 권리는 절대권)

10) 대판 1953. 2. 21. 4285민상129. 그 후 현행 민법 시행 후의 판례는 "제3자에 의한 채권침해가 불법행위를 구성한 수 있다 함은 시인되지만 제3자의 채권침해가 반드시 언제나 불법행위가 되는 것은 아니고 채권침해의 모습에 따라 그 성립여부를 구체적으로 검토하여 정하여야 할 문제"라고 하여 불법행위의 성립을 제한적으로 인정한다(1975. 5. 13. 73다 1244).

11) 대판 1975. 5. 13. 73다1244.

12) 대판 2001. 5. 8. 99다38699; 대판 2003. 3. 14. 2000다32437; 대판 2007. 5. 11. 2004다11162; 대판 2007. 9. 6. 2005다25021.

13) 곽윤직, 69면.

를 요건으로 하고 있지 않고, 위법성이 요건으로 되어 있기 때문에, 권리침해가 있으면 일단 위법성조각사유가 없는 한 위법성은 징표된다. 상대권인 채권인 경우에도 현재의 제750조에 의해서 제3자에게 고의·과실, 위법성, 손해의 발생, 책임능력 등 불법행위의 성립요건을 갖춘 경우에는 불법행위로서 성립을 인정할 수 있는 것이다. 즉 해석론으로서 충분히 가능하다는 것이다.

둘째, 채권침해가 위법성이 인정되는 한도 내에서 불법행위의 성립을 인정하려고 하는데, 위법성이란 무엇인가, 법률질서 전체에 비추어 위반되는 것으로 평가되는 것을 말하므로, 제3자의 채권침해(이미 위법성을 띤다)를 위법성에 의하여 판단한다는 것은 동어반복에 지나지 않는다.[14)]

(2) 제3자가 채권자의 권리행사를 방해하는 경우에 생각할 수 있는 문제는 두 가지로 생각할 수 있는데, 하나는 그것이 불법행위가 성립하느냐의 문제이고, 다른 하나는 채권의 효력으로서 그러한 방해의 배제(이미 침해가 된 경우)를 청구할 수 있느냐이다. 이하에서 기술하기로 한다.

2. 제3자의 채권침해로 인한 불법행위의 성립

불법행위가 되려면 제3자의 채권침해의 경우에도 물론 불법행위의 일반성립요건을 갖추어야 한다.

(1) 피해자에게 고의 또는 과실이 있어야 한다. 따라서 채권의 침해가 불법행위로 되려면 침해자가 침해되는 채권의 존재를 알았거나 또는 알 수 있었을 경우이어야 한다. 그런데, 채권의 목적은 채무자의 행위인 급부이며, 이러한 것은 공시방법을 갖추고 있지 아니하므로 채권의 침해가 있어도 침해자가 채권의 존재를 알지 못한 때에는 보통은 과실이 있다고 할 수 없다. 따라서, 채권침해에 의한 불법행위의 성립은 사실상 고의에 의한 채권침해의 경우에 한정되는 것이 된다.

(2) 침해행위가 위법성을 가져야 한다. 법의 위반, 선량한 풍속 그 밖의 사회질서 위반행위가 이에 해당한다. 그러나 채권은 물권은 배타성이 없으므로, 그 행위가 위법성을 띠지 않는 한, 제3자가 기존의 채권의 내용과 동일 내용의 채권을 취득하는 것은 무방하다. 따라서 채권의 목적물을 채무자로부터 이중으로 취득한다든가, 타인이 고용한 노무자를 이중으로 고용하여 노무를 제공케 하거나, 타인이 연주시킬 계약을 한 음악가를 자기도 연주시킬 계약을 하는 것 따위는 유효하다. 그러나 계약자유의 원칙 내

14) 김형배, 352면.

지 자유경쟁이라는 것도 일정한 법질서가 허용하는 범위 내에서 공정하고 건전한 경쟁을 전제로 하는 것이므로, 제3자가 채권자를 해친다는 사정을 알면서도 법규를 위반하거나 선량한 풍속 기타 사회질서에 위반하는 행위를 함으로써 채권자의 이익을 침해하였다면 불법행위가 성립한다.[15] 즉 제3자의 채권취득행위가, 예컨대 부정한 경업을 하는 것으로 인정되는 경우와 같이 강행법규 또는 사회실서에 위반되거나, 유괴·구금 등 부정한 수단으로 그 만족을 얻는 때에는 위법성을 띠게 되어 불법행위가 성립한다.

채권침해의 위법성은 채권침해의 위법성은 침해되는 채권의 내용, 침해행위의 태양, 침해자의 고의 내지 해의의 유무 등을 참작하여 구체적, 개별적으로 판단하되, 거래자유 보장의 필요성, 경제·사회정책적 요인을 포함한 공공의 이익, 당사자 사이의 이익균형 등을 종합적으로 고려하여야 한다.[16]

(3) 손해가 발생하여야 한다. 불법행위법의 성립요건으로서 제750조는 손해의 발생을 요하다. 수해가 발생하지 않으면 손해배상청구권이 발생하지 않는다. 손해의 발생은 다른 요건과 마찬가지로 손해배상청구권자인 채권자가 증명하여야 한다.

【제3자에 의한 채권침해의 태양】

가. 채권의 귀속 자체를 침해한 경우　예컨대, 타인의 지시채권증서·무기명채권증서를 훼손하거나 또는 타인의 무기명채권을 횡령하여 선의의 제3자에게 취득시키거나(지명채권증서에서 채권증서는 증거방법에 지나지 않으므로, 제3자가 채권증서를 훼손하거나 채무자에게 주더라도 채권은 소멸하지 않아 채권 귀속 자체를 침해한 경우로 볼 수 없다), 채권의 준점유자(제470조) 또는 영수증 소지자(제471조)로서 유효한 변제를 받은 경우, 혹은 표현대리인으로서 채권을 처분한 경우 등은 채권자로 하여금 그 채권 자체를 상실케 한 것으로서 불법행위가 성립한다.

나. 채권의 목적인 급부를 침해하여 채권을 소멸시킨 경우　특정물인도채권에서 제3자가 그의 목적물을 멸실케 하거나, 또는 채무자의 행위를 목적으로 하는 채권에 관하여 제3자가 위법한 수단으로 유괴 또는 구금하여 그 결과 채무자에게 책임 없는 사유로 인하여 이행불능으로 채권을 소멸케 한 경우 등의 경우에 불법행위가 성립한다.

다. 급부의 침해는 있지만 채권이 소멸하지 않은 경우　제3자가 채무자 또는 이행보조자와 공모하여 채권의 목적물을 훼손하거나 그 밖에 채무자로 하여금 채무의 전부 또는 일부의 이행을 불능케 한 경우에는, 채권자는 채무자에 대하여 손해배상청구권을 가지므로 불법행위의 성립을 인정할 것인가가 문제이나, 채권 본래의 내용을 실현할 수 없게 되는 것은 곧 채권의 침해인 것이므로 이 경우에도 불법행위의 성립을 인정하는 것이 타

15) 대판 2001. 5. 8. 99다38699.
16) 대판 2003. 3. 14. 2000다32437.

당하다.

라. 채무자의 일반재산을 감소시킨 경우　제3자가 채무자와 적극 공모하거나 채권행사를 방해할 의도로 사회상규에 반하는 부정한 수단을 사용하는 등으로 채무자의 책임재산을 감소시키는 행위를 함으로써 채권자로 하여금 채권의 실행과 만족을 불가능 내지 곤란하게 한 경우 채권자에 대한 불법행위를 구성할 수 있다.[17]

마. 채권자의 집행을 불능케 한 경우　제3자가 채무자와 공모하여 허위의 채권증서를 작성하여 압류하여, 채권자의 집행을 불능케 한 경우에도 불법행위가 성립할 수 있다.

바. 채권자의 정당한 법률상의 이익이 침해된 경우　제3자가 위법한 행위를 함으로써 다른 사람 사이의 계약체결을 방해하거나 유효하게 존속하던 계약의 갱신을 하지 못하게 하여 그 다른 사람의 정당한 법률상 이익이 침해되기에 이른 경우에도 이에 해당한다. 채권자의 정당한 법익이 침해된 경우에도 제3자에 의한 채권침해가 된다. 방송법에 의한 중계유선방송사업 허가를 받지 아니한 甲이 적법한 중계유선방송사업자인 乙과 아파트 입주자대표회의 사이의 계약갱신을 방해하고, 적법한 방송사업자인 것처럼 가장하여 위 아파트 입주자와 계약을 체결함으로써 乙의 재계약 체결이 무산된 사안에서, 乙의 법률상 이익이 침해된 이상 甲은 불법행위로 인한 손해배상책임이 있고, 甲의 위 재계약 방해행위와 乙의 수신료 수입상실로 인한 손해 사이에 상당인과관계가 있다고 한다.[18]

3. 제3자의 채권침해가 불법행위로 되는 경우의 효과

제3자의 채권침해행위가 위와 같은 요건, 즉 채권자 및 채권의 인식과 위법성, 손해의 발생, 위법행위와 손해의 발생 사이에 상당인과관계가 인정되는 경우 채권자에게 손해배상청구권이 발생한다.

4. 채권침해에 의한 방해배제청구권

(1) 문제점　제3자의 채권침해에 관하여 물권침해에 대해서는 당연히 인정되는 물권적 청구권(제213조·제214조·제290조·제301조·제319조·제370조)과 같은 침해배제의 청구권을 인정할 것이냐의 문제가 있다. 상대권인 채권에 관하여는 제3자에 의한 채권침해를 인정하지 않는다면 당연히 채권에 기한 방해배제청구권도 인정하지 않게 된다.

제3자에 의한 채권침해의 경우에 제3자가 불법행위로 인한 손해배상의무를 지는 경우에는 과실책임의 원리에 의한 사후적 금전배상이 그 구제의 내용이 된다. 그러나 현재 진행되고 있거나 또는 실현될 우려가 있는 제3자의 채권침해를 배제 또는 예방할 수

17) 대판 2019. 5. 10. 2017다239311.
18) 대판 2007. 5. 11. 2004다11162.

있는 사전적 권리가 채권에서 인정되어야 할 것인가 하는 것은 불법행위로 인한 손해배상청구권의 경우와는 다른 문제점을 가지고 있다. 왜냐하면 방해배제청구권을 물권적 청구권의 한 내용으로 볼 때에 유책성은 침해행위에서 그 전제가 되지 않기 때문이다.

채권에서 방해배제청구권을 인정한다고 할 때에 이론상 그리고 실제상 곤란한 문제는 채권에는 일반적으로 배타성과 공시성이 없다는 점이다. 이런 점 때문에 학설은 대립되어 있다.

(2) 학설

가. 긍정설 　권리의 불가침성 및 채권의 불가침성을 인정하게 되면 채권침해에 의한 불법행위의 성립은 물론 침해배제청구권의 발생도 채권의 불가침성을 근거로 하여 긍정되는 것이 논리적·필연적 귀결이라고 한다. 즉 채권의 일반적 성질에서 침해배제청구권이 생긴다고 한다. 따라서 사후적인 손해의 전보로서 불법행위로 인한 손해배상청구권뿐만 아니라 채권의 침해상태가 존재하거나 또는 침해의 염려가 있는 경우에 그 사전적 배제 또는 예방을 할 수 있는 일반적 정지(유지)청구권을 함께 인정하는 것이 불법행위제도의 목적에 더욱 적합하다고 한다. 그러나 이 학설은 그 요건으로서 물권적 청구권과는 달리 위법성뿐만 아니라 고의·과실의 존재를 요구하고, 실제로 위법성과 유책성을 인정하려면 채권이 어떤 형식의 공시방법을 갖추고 있다는 것이 중요한 작용을 하는 것이지만, 그러나 공시방법을 갖춘 채권에 대해서만 침해배제청구권이 인정되는 것은 아니고, 침해배제청구권의 효과로서 방해의 배제 및 예방을 청구할 수 있음은 물론 물건을 채무자에게 반환할 것을 청구할 수도 있다고 한다.[19]

나. 부정설 　채권은 상대적 권리에 지나지 않으며 배타성이 없기 때문에 채권의 불가침성은 논리적·필연적 귀결이 아니라고 하면서 채권의 일반적 성질로서의 방해배제청구권은 이를 부정하는 것이 타당하다고 한다.[20] 그러나 이 견해에 찬성하면서도 채권의 방해배제청구권을 전적으로 부인하지는 않으며, 채권의 보호를 위하여 필요한 경우에 방해배제를 인정하는 것은 정책적으로 결정될 문제라고 한다. 이 견해에 의하면 공시방법으로서 점유를 취득한 임차권에 대하여도 방해배제청구권을 인정할 필요가 없다고 하며(점유보호청구에 의한 보호를 받을 수 있으므로) 또 설사 방해배제청구가 인정되는 경우라 하더라도 그 효력으로서 목적물의 반환을 청구할 수 없다고 한다.

(3) 판례 　구법시대의 판례는 채권자에 대한 불법행위의 성립과 함께 손해의 배상

19) 현승종, 103면.
20) 곽윤직, 74면.

청구 및 정당한 이유 없는 제3자의 행위로 인하여 채무의 이행이 방해될 우려가 있는 때에는 그 제3자에 대하여 방해행위의 배제를 청구할 수 있다고 하여 방해배제청구권을 인정하고 있었다. 현행 민법하에서 채권자에게 방해배제청구권을 부정하고 있다. 즉 정유업체 甲이 한국도로공사와의 계약에 따라 고속도로상의 특정 주유소에 자사의 상표를 표시하고 자사의 석유제품을 공급할 권리를 취득하였다 하더라도 이는 채권적 권리에 불과하여 대세적인 효력이 없으므로 한국도로공사와 위 주유소에 관한 운영계약을 체결한 제3자가 위 주유소에 정유업체 乙의 상호와 상표를 표시하고 그 석유제품을 공급받음으로써 甲의 권리를 사실상 침해하였다는 사정만으로 甲이 제3자인 주유소 운영권자에게 乙과 관련된 시설의 철거나 상호·상표 등의 말소 및 乙 석유제품의 판매 금지 등을 구할 수는 없다고 한다.[21] 다만 등기된 임차권에 대해서만 대항력을 인정하고 있다.[22]

(4) 사견 공시방법을 갖춘 채권(등기를 갖추 부동산임차권, 대항력을 갖춘 주택임차권)에 관하여 '채권의 물권화'에 따라 그 방해의 배제를 인정하는 데에는 학설이 일치하고 있다. 공시방법을 갖추지 않았지만 점유를 취득한 임차권에 대해서도 인정할 수 있을 것인가? 채권자는 점유보호청구권에 의한 보호를 받을 수 있으므로 방해배제청구권을 인정할 필요가 없다고 한다.[23] 만약 인정하고자 한다면 그 이론의 입론을 어떻게 하느냐가 문제이다. 물건의 처분권자에 의하여 부여된 지배권능을 기초로 하는 것이라고 보아야 하고, 이러한 지배권능의 객관적 징표로서 제3자가 인식할 수 있는 것은 「점유」라고 보아야 한다고 한다.[24] 민법 제621조 제2항에서 「부동산임차권을 등기한 때에는 그때부터 제3자에 대하여 효력이 생긴다」는 취지는 제3자의 침해를 배제하는 효력도 취득한다고 새기는 것이 타당하다고 한다. 왜 이렇게 무리하게 보이는 해석이 나오는 것일까? 현행 불법행위법은 불법행위의 효과로서 손해배상청구권만 인정하고 있기 때문이다. 따라서 물권이 아닌 채권에 대해서는 손해배상청구권을 인정하는 데에는 무리가 없지만 더 나아가 방해배제 내지 방해예방을 인정하는 것은 해석의 한계를 벗어난다는 관념이 근저에 있기 때문이다.

그러나 권리의 불가침성 및 채권의 불가침성을 인정하게 되면 채권침해에 의한 불법행위의 성립은 물론 침해배제청구권의 발생도 채권의 불가침성을 근거로 하여 긍정되

21) 대판 2001. 5. 8. 99다38699.

22) 대판 1977. 12. 13. 77다115. 이 사안에서는 임차권이 등기를 갖추지 않았기 때문에 임차권장게 대항력을 인정하지 않았다.

23) 곽윤직, 74면.

24) 김형배, 373면.

는 것이 논리적·필연적 귀결이다. 즉 채권도 권리인 이상 권리의 불가침성으로부터 침해배제청구권이 생긴다. 따라서 사후적인 손해의 전보로서 불법행위로 인한 손해배상청구권뿐만 아니라 채권의 침해상태가 존재하거나 또는 침해의 염려가 있는 경우에 그 사전적 배제 또는 예방을 할 수 있는 일반적 정지(유지)청구권을 함께 인정하는 것이 불법행위제도의 목적에 더욱 적합하다.

채권에 기해서 제3자에게 목적물의 반환을 청구할 수 있는가에 대해서는 긍정설[25]과 부정설[26]이 대립하고 있다. 부정설에서는 특정물채권에서 그 목적물을 제3자가 불법점유하고 있는 경우에 채권자가 직접 제3자에 대하여 그 물건의 인도를 청구하는 것은, 방해배제의 범위를 넘어서는 것이라고 한다. 판례도 부정설에 입각하고 있다. 즉 토지의 일시경작권을 매수한 자가 가지고 있는 권리는 채권적인 권리에 불과하여 대세적인 효력이 없으므로 일시경작권을 매수하였다는 사유만으로 곧 제3자에게 직접 토지의 인도를 청구할 수 없다고 한다.[27]

임차권자가 점유권에 기해 임차물의 반환을 청구하는 것은 가능하다 할 것이다(제204조). 다만 채권자에게 방해배제 내지 방해예방청구권까지는 인정한다 할지라도 「자기에게」 반환할 것을 청구할 수는 없다고 할 것이다. 그런, 채권자가 「의무자에게」 반환할 것을 청구할 수는 있다고 하여야 할 것이다.

제2절 채무불이행

제1관 서설

Ⅰ. 채무불이행과 급부장애

민법 제390조는 채무불이행과 손해배상이라는 제목 하에 「채무자가 채무의 내용에 좇은 이행을 하지 아니한 때에는 채권자는 손해배상을 청구할 수 있다. 그러나 채무자의 고의나 과실 없이 이행할 수 없게 된 때에는 그러하지 아니하다.」고 규정하고 있다. 민법은 프랑스민법과 일본 민법의 영향을 받아 '채무의 내용에 좇은 이행'을 하지 않은 경우에 채무불이행이라는 일반적이고 추상적인 내용을 규정하고 있다. 여기서 '채무의

25) 현승종, 103면.
26) 곽윤직, 74면.
27) 대판 1981. 6. 23. 80다1362.

내용에 좇은 이행'을 하지 않는 것의 해석이 필요하다. 민법은 이행이라는 용어를 사용하고 있지만 급부라는 개념을 알지 못한다. 이행이란 채무를 통해 있어야 할 상태로서 채권자측면에서 바라보는 것이고, 급부란 채무자가 행할 행위로서 채무자측면에서의 용어이다.

채무의 내용에 좇아 채무를 통해 있어야 할 상태가 이루어지지 않은 것을 채무불이행이라고 할 수 있다. 종래의 다수설에 의하면 채무불이행이란 넓은 의미에서는 채무자가 채무의 내용에 좇은 이행을 하지 않은 것을 의미하고, 좁은 의미에서는 채무자가 그의 귀책사유로 위법하게 채무의 내용에 좇은 이행을 하지 않은 것을 의미한다.[28) 「채무의 내용에 좇은 이행이냐」의 여부는 법률의 규정, 계약의 취지, 거래의 관행, 신의성실의 원칙 등에 비추어 판단하여야 한다. 양자를 구별할 실익은 협의의 채무불이행은 현실적 이행을 강제할 수 있을 뿐만 아니라, 손해배상을 인정한다. 더 나아가 계약을 해제할 수도 있다. 그러나 광의의 채무불이행, 즉 채무자의 고의나 과실이 없을 때에는 현실적 이행을 강제할 수 있을 뿐이다.

민법에서 규정하고 있는 구체적인 채무불이행의 유형으로는, 이행지체(제392조·제395조·제544조 이하)와 이행불능(제546조 이하)이 있으며, 학설과 판례[29)]에서는 채무불이행의 일유형으로 불완전이행을 인정하고 있다. 그런데 위와 같은 귀책사유와 무관하게 채무자가 행할 행위인 급부가 마땅히 행해져야 할 상태대로 이행되지 않은 경우가 있다. 이 경우 채무불이행과 구별하여 '급부장애'라는 개념을 사용하고자 한다.

즉 급부장애란 채무의 내용실현이 불가능하게 되거나, 지체되거나 또는 불완전하게 되어 마땅히 행해져야 할 상태대로 이행되지 않은 상태를 의미한다.[30)] 특히 이러한 급부장애 가운데에서 그 책임을 채무자에게 물을 수 있는 일정한 요건, 즉 급부장애에 대한 채무자의 귀책사유가 있는 경우를 채무불이행이라고 한다. 또는 채무불이행을 귀책사유를 요하는 협의의 채무불이행과 귀책사유를 요하지 않는 광의의 채무불이행(제397조 제2항)으로 나누기도 한다.

급부장애의 유형에는 채무불이행뿐만 아니라 원시적 불능, 채무자의 책임 없는 사유로 인한 급부불능, 채권자지체, 행위기초의 상실 등이 포함된다. 이러한 급부장애에 대하여 민법에 그 요건과 효과가 구체적으로 규정되어 있는 경우도 있지만(제400조·제535조·제537조), 그 요건과 효과에 대하여 판례에 의하여 정립된 경우도 있고, 여전히 탐구되는

28) 곽윤직, 74면.

29) 대판 2000. 11. 24. 2000다38718·38725.

30) 특히 채무불이행을 일정한 법적 평가기준(요건)을 갖춘 - 따라서 법적 효과가 채무자에게 귀속되는 - 급부장애를 채무불이행이라고 한다. 김형배, 163면.

경우도 있다. 급부장애가 발생하면 그 유형에 따라 법적 효과가 다르게 발생한다. 예컨대 이행지체의 경우에는 강제이행(제389조)과 손해배상청구권(제390조), 계약해제권(제544조) 등이 발생하지만, 이행불능의 경우에는 손해배상청구권(제390조)과 계약해제권(제546조)이 발생하게 된다.

원시적 불능의 경우에는 신뢰손해에 대한 배상청구권이 발생하고(제535조), 채무자의 책임 없는 사유로 급부불능에 빠진 경우에는 위험부담(제537조), 급부가 채무자의 유책사유 없이 불완전하다면, 유상계약인 경우 담보책임(제580조·제667조)으로서 완전물급부청구(제581조), 대금감액청구(제572조·제574조), 보수청구권(제667조 제1항), 손해배상청구권(제580조) 또는 추완청구권의 문제가 발생한다. 행위기초의 상실의 경우에는 계약해제 또는 변경된 사정에 따른 계약내용의 수정이 행해지게 된다.

Ⅱ. 채무불이행의 유형

1. 종래의 폐쇄적 채무불이행 3유형론의 문제

채권관계에 있는 채무자는 채권관계로부터 발생한 채무를 이행하여야 하고, 이를 위해 급부를 한다. 채무자가 완전한 이행을 위하여 급부를 하더라도 이행에까지 이르지 못하면 채무자는 급부를 통해 채무를 이행하지 못한 것이고, 채권자의 소멸은 소멸하지 않기에 채권자는 채무불이행의 상태에 있게 된다. 민법은 일반조항으로서 채무불이행 규정을 두고 있고, 그 유형으로서 이행지체와 이행불능을 규율하고 있다. 종래 민법 채무불이행규정의 해석에 있어서도 채무불이행의 유형으로서 독일민법의 영향을 받아 이행지체, 이행불능, 불완전이행 내지 적극적 채권침해 이렇게 세 가지를 인정하여 왔고,[31] 판례 또한 불완전이행 개념을 사용하면서 이에 동조하고 있다.[32]

민법은 제390조 본문에서 「채무자가 채무의 내용에 좇은 이행을 하지 아니한 때에는 채권자는 손해배상을 청구할 수 있다」고 하여 포괄적 규정을 두면서, 「그러나 채무자의 고의나 과실 없이 이행할 수 없게 된 때에는 그러하지 아니하다(동조 단서)」라고 하여 이행불능에 대해 규정하고 있다. 이 이외에 이행지체에 관한 몇 개의 규정을 두고 있다(제387조·제392조·제395조 참조).

이러한 입법태도는 채무불이행에 대하여 일반조항을 두고 있는 일본(구민법 제415조)과는 거의 같으나 개별적 규정을 두고 있는 독일과는 다르다. 즉 2022년 개정전 독일민법

31) 곽윤직, 77면.
32) 대판 2000. 11. 24. 2000다38718·38725.

第284조는 이행지체에 대하여, 第280조는 이행불능에 대하여 규정하고 있었고, 처음에는 채무불이행의 형태로서 이 두 가지만 인정하였다가, 뒤에 적극적 채권침해 내지 불완전이행이 주장되면서, 독일민법에는 규정이 되어 있지 않은, 채무불이행의 한 형태로서 불완전이행을 학설과 판례에 의하여 받아들이게 되었던 것이다. 따라서 우리의 통설도 이러한 독일·일본의 3분설의 입장에 따라 채무불이행의 형태를 이행지체·이행불능·불완전이행으로 인정하여 왔다.

이에 대해서 근래에 민법 제390조가 포괄적 책임요건임을 들어 불완전이행을 또 하나의 채무불이행의 형태로 인정할 것이 아니라, 제390조에 의해서 규율할 수 있다는 주장이 등장하였다[33]. 이러한 주장의 등장배경에는 채무불행의 유형이 이행지체·이행불능·불완전이행 내지 적극적 채권침해만으로 한정되지 않는다는 인식에서 비롯되었다. 이행기 전의 이행거절이라든가 매매계약과 같은 유상계약의 경우에는 유상계약의 특성에 비추어, 하자 없는 상태의 권리와 물건을 이전해 줄 의무도 매도인에게 부과되는 채무의 내용에 해당하며, 또한 개별상황이나 해당 계약의 유형 등에 따라 채무자가 채무를 이행하는데 채권자의 수령 기타 협력을 필요로 하는 경우에는 채권자가 수령할 의무(채권자지체)도 채무불이행을 성립시키는 내용에 포함될 수 있기 때문이다.

위와 같은 주장은 채무불이행책임에 관하여 민법이 개개의 구성요건을 열거하는 입법태도를 취하지 않고, 포괄조항주의를 취함으로써 이 조문에 채무불이행의 태양을 다 포용한다는 것이다. 그러면서 포괄적 요건을 채택한 것은 사회의 모든 책임문제 양상을 그의 계속적인 변화에도 불구하고 포용할 수 있는 우수한 입법형식이라고 한다. 그러면서 채무불이행책임의 성립요건은 민법 제390조를 기초로 하나의 통일된 체계로 설명되어야 한다고 한다.[34]

즉 종래의 다수설처럼 이행지체·이행불능·불완전이행 등의 개별적 유형마다 각각의 요건·효과를 설명함은 채무불이행책임의 통일적 체계를 흐트러뜨린다고 한다. 다시 말하면 독일식의 열거주의 입법 아래에서의 견해를 무비판적으로 받아들인 해석론은 우리 민법에서는 맞지 않는다는 것이다. 이러한 논의의 촉발은 종전의 폐쇄적 3유형론에 포섭할 수 없는, 판례가 인정하고 있는 이행기 전 이행거절을 채무불이행의 한 유형으로 인정하고자 한 데서 비롯한다.[35]

실제 채무불이행의 유형을 위와 같은 정형적인 세 가지로 다 담아낼 수 없다는 비판

33) 이은영, 176면.

34) 한국사법행정학회, 주석 채권각칙(상), 235면 이하(고상룡 교수 집필).

35) 양창수, 독자적인 채무불이행유형으로서의 이행거절, 후암 곽윤직박사 고희기념논문집:민법학논총 제2권, 1995. 182면; 양창수, 민법연구 제4권, 1997, 121면.

과 함께 비교법적으로 독일과 일본에서는 불완전이행 개념이 점차 사라지고, 일본 민법개정 과정에서도 불완전이행 개념의 도입을 포기하였다. 독일에서도 2022년 민법개정을 통하여 '의무위반'이라는 손해발생의 요건으로서 포괄적 개념을 도입하여 채무불이행의 유형을 열어놓게 되었다.

우리나라에서도 계속하여 이러한 채무불이행의 폐쇄적 3유형에 의문을 제기하며, 민법 제390조는 채무불이행에 대한 포괄적 일반규정으로서 그 유형을 이행지체, 이행불능 그리고 해석론상 제3의 유형인 불완전이행으로 제한할 이유는 없다고 전제하고, 신의칙상 부수의무 불이행 및 이행기 도래 이전의 이행거절[36]을 채무불이행의 독자적 유형으로 포섭한다. 요컨대 '채무의 본지에 좇은 이행이 아니'라는 사실만을 채무불이행의 필요충분조건으로 보고, 그 전형적인 유형들은 '열거적'이라기 보다는 '예시적'이라고 보고자 하는 것이다.

그렇다면 채무불이행이란 채무를 아예 이행할 수 없게 되거나 정해진 시간에 이행을 하지 아니한 경우 또는 그 외 채무발생 원인에서 정한 내용과 방법에 따라 제대로 이루어지지 않은 모든 경우를 포함하고, 이때 채무의 내용과 이행방법 등은 채권발생이 계약에 따른 경우에는 계약의 유형, 합의내용, 계약체결의 목적과 경위 등을 고려한 개별계약의 해석에 의하여 정해지게 된다고 할 수 있다.[37]

이하에서는 채무불이행의 유형에 대한 전통적인 폐쇄적 3유형론부터 시작하여 이러한 접근에 대한 반발로 등장한 개방적인 유형론, 단일통합유형론, 구제수단 내지 법률효과 중심 유형론, 담보책임과 채무불이행의 일원화 등을 살펴보기로 한다.

2. 채무불이행의 유형적 접근

(1) 채무불이행 요건 중심의 폐쇄적 3유형론 채무불이행을 요건 중심의 유형론으로 접근하는 것으로는 종전의 폐쇄적인 3유형론과 개방적인 유형론이 있다. 전자는 종래의 통설로서 채무불이행을 이행불능, 이행지체 및 불완전이행 내지 적극적 채권침해의 세 유형으로 나누었다. 이행불능에 관하여는 민법 제546조가, 이행지체에 관하여는 제387조 및 제388조, 제392조, 제544조가 명문으로 정하고 있다. 제390조는 채무불이행에 대한 일반조항임에도 제390조 단서를 이행불능을 규정한 것으로 보았고, 제3의 채무불이행유형으로 불완전이행 내지 적극적 채권침해를 인정하였다. 그 실정법적 근거

36) 판례는 오래 전부터 이행기 전의 이행거절(이하에서는 '이행거절'로 한다)에 대한 특수성을 인정하였고, 1990년 초반부터 학설도 이러한 이행거절을 독립한 채무불이행의 유형으로 인정하여야 한다는 문제가 제기되었고 현재까지 그 찬반에 대하여 대립하고 있다.

37) 주석민법 채권총칙(1), 658면(김상중).

를 제390조에서 찾았다.

(2) 개방적인 유형론 위와 같은 폐쇄적인 3유형론에 민법의 채무불이행규정은 원칙적으로 독일과 다르게 '일반조항주의' 내지 포괄규정주의라는 점을 환기시키며, 종전의 폐쇄적인 3유형론으로 포섭할 수 없는, 판례에 의해 인정되는 새로운 채무불이행의 유형을 받아들여야 한다는 견해가 주장되었다. 그러한 예로서 이행기 전의 이행거절을 새로운 유형의 채무불이행으로 구성하였으며,[38] 특히 이행거절이 이행지체나 이행불능 등 다른 채무불이행유형과 요건과 효과에서 구별되는 점을 밝히면서, 이행기 후의 이행거절과(제544조 단서)와 이행기 전의 이행기절을 합쳐 이행거절을 독자적 유형으로의 정립을 주장한다.[39] 이 이외에도 불완전급부와 부수의무위반을 각각 독자적 채무불이행의 유형으로 하여 개방적인 유형론을 제시한다.[40]

(3) 단일통합유형론 채무불이행을 불이행 내지 계약위반이라는 추상적이고 포괄적인 개념으로 통합하고, 독자적인 채무불이행유형들을 계속적으로 추가하는 형태를 벗어나 채무불이행을 하나의 유형으로 통합하자는 견해이다.[41] 손해배상을 계약의 구속적 관점에서 파악하고 다양한 유형의 채무불이행을 인정하고자 하는 견해이다.

(4) 구제수단 내지 법률효과 중심 유형론 채무불이행의 유형을 구분하고 그 각각에 요건과 효과를 부여하기보다는 각 구제수단별로 독자적 요건을 세우는 체계구성을 하자는 견해이다. 즉 구제수단으로부터의 접근방법을 취하는 견해이다.[42] 채무불이행의 체계적 이해를 도모하는데 있어서 불이행의 모습에 따른 유형적 접근보다는 오히려 구제수단 내지 법률효과에 따른 유형화와 구체화가 더욱 필요하다고 한다. 판례가 부분적으로는 유형적, 부분적으로는 채무구조론적, 그리고 구제수단적인 접근을 혼용하는 것이 현행법의 이해 및 운용과 관련하여 수긍할만하다는 지적도 이와 궤를 같이한다.[43]

(5) 담보책임과 채무불이행의 일원화 민법상 채무불이행법의 체계와 관련하여 채

---

38) 양창수, 독자적인 채무불이행유형으로서 이행거절, 후암곽윤직박사고희기념논문집: 민법학논총/제2, 1995, 162면 이하; 양창수, 민법연구 제4권, 박영사, 1997. 121면 이하.

39) 양창수, 위의 논문, 182면.

40) 민법주해Ⅸ, 박영사, 1995, 300면(양창수); 이행거절을 독자적 채무불이행 유형으로 보지 않고 이행지체의 하부유형으로 보아 계약해제와 전보배상청구의 요건을 완화하면 족하다는 견해로는, 김형배, 계약법[채권각론 I], 2002, 263면; 송덕수, 109면.

41) 조원현, 채무불이행의 유형에 관한 연구, 영남대학교 대학원 박사학위논문, 2013, 152-153면.

42) 김상중, 채무불이행법의 새로운 이해를 위한 시도-채무구조론과 요건적 유형론의 극복을 통하여-, 비교사법 통권 제45호(제16권 제2호), 2009, 30-33면.

43) 이동진, 채무불이행법의 과거, 현재, 미래, 우리 법 70년 변화와 전망, 법문사, 2018, 455-456면.

무불이행 일반규범과 담보책임의 이원체계의 유지의 타당성에 의문을 제기하면서 채무물이행규범의 일원화를 주장하는 견해이다.[44] 국제적인 추세에 따라 하자담보책임을 채무불이행체계 속으로 포섭하고자 한다. 독일 개정민법과 국제물품계약에 관한 국제연합 협약(CISG)[45]도 의무위반 내지 계약위반이라는 개념을 도입하고 하자담보책임을 급부장애 체계로 일원화하였다. 독일 개정민법은 담보책임을 별도로 규정하고 있지만, 담보책임의 내용을 일반채무불이행책임과 일치시킴으로써 실질적으로는 양 책임을 통합하고 있다.

독일 개정민법은 불능과 지체라는 두 유형의 급부장애체계를 버리고 가능한 모든 종류의 급부장애를 포괄하는 개념인 의무위반을 핵심으로 하여 급부장애법의 단일체계를 구성하였다. 의무위반의 요소로서는 의무에 대한 객관적인 위반만 있으면 된다. 채무자의 의무위반에 대한 비난가능성은 문제되지 않는다. 의무위반의 이유나 결과도 중요하지 않다. 의무위반이 원시적 불능에 있는지 후발적 불능에 있는지는 별로 중요하지 않다. 불능과 지체는 이제 급부장애의 독자적 형태가 아닌 것이다. 종전의 적극적 채권침해도 의무위반의 한 형태로 포섭되었다. 계약불이행으로 인한 모든 손해배상 청구의 전제조건은 채무자 측에서의 의무위반이다.

CISG에서는 원칙적으로 침해의 유형이 무엇이냐에 따라 구분을 두지 않는다. 그 구별은 의무나 의무위반의 단계에서가 아니라 구제수단의 단계에서 그 구제수단의 효과에 맞추어 예외적으로 이루어진다. 의무위반이 본질적인 경우와 아닌 경우를 구분하고 계약해제권과 대체물청구권을 부여한다. 또한 계약위반은 과실을 요건으로 하지 않는다. 이는 손해배상의 경우에도 마찬가지이다. 다만 손해배상의 경우 불가항력의 경우에는 면책을 인정한다.

(6) 사견 이러한 체계구성의 차이가 개별사례의 해결에 어떤 차이를 가져오는 것은 아니나,[46] 채무불이행에 대하여 어느 접근방법이 더 명료하고 논리적인 틀을 제공하는지가 중요하다. 지금까지 시도되고 있는 폐쇄적 3분체계 유형론에 입각한 이해는 우리 채무불이행법에 내재화되어 있다고 할 수 없으며, 더욱이 불이행에 대해 어떤 구제수단을 부여할 것인가라는 실제적 문제해결에 대해서도 별다른 판단지침을 제공해 주지 못하고 있다.[47] 현행 민법은 제390조에서 모든 채무불이행의 유형을 포섭할

44) 김대정, 채무불이행법과 하자담보책임법과의 통합 모색-요건론을 중심으로-, 민사법학 제26호, 한국민사법학회, 2004, 10-11면.

45) CISG는 독일뿐만 아니라 네덜란드, 러시아, 우크라이나, 폴란드, 스칸디나비아법의 개정에 영향을 미친 가장 대표적인 국제적 계약규범이다.

46) 김상중, 앞의 논문, 3면.

수 있는 일반조항을 두고 있으나, 이러한 일반조항만으로는 복잡다기한 계약위반의 모든 유형을 규율하지 못하므로 다시 요건론으로서 유형화가 필요하고 그에 대한 효과론을 제시할 필요가 있다.

단일통합유형론이나 담보책임과 채무불이행책임 일원론의 주장은 입법론으로서는 의미가 있으나 현재 유책사유를 요건으로 하고 있는 채무불이행과 무과실책임을 요건으로 하고 있는 담보책임의 양자를 하나의 틀로 규율하는 데에는 한계가 있다. 양자의 상위개념으로서 급부장애 내지 의무위반이라는 개념의 도출은 가능하지만, 다시 이를 유형화하여 그에 합당한 구제수단을 인정하는 방향으로 전개되어야 할 것이다.

구제수단 내지 법률효과 중심으로 접근하는 견해는 문제해결의 구체적 타당성을 염두에 두고 주장되는 것인 바, 법적 사고방식은 일정한 요건, 즉 계약위반, 급부의 불완전, 부수의무위반 등을 중심으로 먼저 살피고 그에 해당되는 법률효과인 구제수단으로 진행되는 것이 일반적이다. 이러한 점에서 채무불이행 요건 중심의 유형적 접근이 구제수단의 접근방식보다 불이행상황의 해결을 위한 효율적 책임체계라고 할 수 있다.

그렇다면 이러한 통일적 체계에 따른 이론구성이 가능한가? 즉 포괄적 책임요건을 구성할 수 있는가? 이에 대해서 그 표지로 ① 불이행, ② 채무자의 귀책사유, ③ 손해발생 및 인관관계의 세 가지로 파악하면서, 불이행에 관하여 유형화의 필요성을 역설하고 그 유형으로서 이행지체, 이행불능, 불완전이행을 드는 견해도 있다.[48] 이렇게 된다면 통설과 결과에 있어서는 별 차이가 없게 된다. 따라서 아직 그러한 요건을 개발하기 전까지는 이하에서 통설에 따라 서술해 나가고자 한다. 다만, 채무불이행의 모습을 이행지체·이행불능·불완전이행으로 분류하면 모든 채무불이행을 포괄하지 못하며, 세 가지 유형(기본채무) 중에 어느 것에도 해당하지 않는 특수한 채무불이행이 존재하게 된다는 것이다.

오늘날 논해지고 있는 것으로는 「기본채무 이외의 용태의무」인 즉 「부수적 주의의무위반」, 「보호의무위반」, 「계약체결상의 과실」 등이 여기에 해당한다고 할 수 있다. 이 이외에도 이른바 이행거절로서 이행기 전의 이행거절의 문제가 있다. 각각 관계되는 곳에서설명하고 있고, 이행거절은 별도로 채무불이행의 한 유형으로 다루고자 한다.

3. 민법은 채권편의 「채권의 효력」에서 채권자지체의 규정을 두고 있다(제400조-제403조). 그런데 이것을 채무불이행이라고 할 수 있느냐가 문제이다. 이에 대해서는 뒤에 기술하기로 한다.

---

47) 김상중, 앞의 논문, 29면.
48) 이은영, 204-207면.

Ⅲ. 채무불이행의 일반적 요건과 효과

1. 채무불이행의 일반적 요건

채무불이행의 법적 성질은 위법행위이다. 따라서 이 점에서는 불법행위와 같다. 단지 차이라면 채무불이행은 채권자와 채무자 사이의 위법행위인 데 반하여 불법행위는 제3자에 의하여 행해지는 위법행위라는 것이다. 통설은 채무불이행에 공통되는 요건으로 두 가지를 드는데, 채무불이행으로 인하여 이행강제권과 손해배상청구권이 발생하려면, 채권의 내용에 좇은 이행이 없다는 사실 이외에 주관적·객관적 요건이 필요하다고 한다.

(1) 주관적 요건 이는 채무불이행에 관하여 고의나 과실 등의 「채무자에게 책임있는 사유」, 이른바 유책사유가 있어야 한다는 것이다. 그런데, 민법은 이행불능에 관하여서만 유책사유가 필요함을 규정하고 있으나(제390조 단서), 이행지체와 불완전이행에 관하여서도 유책사유를 필요로 한다는 데에 학설·판례가 일치하고 있다. 여기서의 유책사유에 대해서는 보통의 과실보다 넓은 것으로 이해한다.

(2) 객관적 요건 채무불이행의 객관적 요건으로서 위법성이 필요한가? 민법은 고의·과실만 규정하고 위법성에 대해서는 규정하고 있지 않다. 종전에는 당연히 위법성을 요구하였다. 그러나 오늘날에는 위법성을 채무불이행의 별개의 요건으로 할 필요가 없다고 주장하는 소수설이 있다[49]. 먼저 종래 통설은 위법성의 개념에 대해 법률질서 전체에 비추어 본 반가치판단 행위를 의미한다고 하고, 전통적인 결과불법론에 따라 결과침해의 결과가 발생하면 위법성조각사유가 없는 한, 그 행위는 위법하다는 것이다. 따라서 계약위반 내지 계약상의 의무위반이라는 객관적 위반사실이 있는 한 위법성조각사유(예컨대, 유치권·동시이행항변권·변제유예·긴급피난)가 없으면, 그것은 위법성을 띠게 된다는 것이다. 즉 통설은 위법성을 단지 계약위반이라는 객관적인 사실만을 가지고 판단하는 것이다.

이것은 전통적인 견해가 고의·과실은 책임요소로서 주관적인 요소로 보고, 위법성은 객관적인 요소로 보는 데서 기인한다. 그리고 이것이 전통적인 인과적 행위론자의 주장이다. 그러나 목적적 행위론자들은 행위의 위법성의 판단을 행위에 둔다. 이들은 행위를 목적적 조종의 산물로 보기 때문에, 가치판단의 대상을 단순한 행위와 인과적으로 연결된 결과나 사실만으로 판단하게 되면 위법행위의 폭이 넓어지게 된다는 것이

49) 김형배, 191면; 이은영, 247면.

다. 따라서 그 과정(의사의 내용)까지도 살펴서 위법성을 판단하여야 한다는 것이다. 따라서 법질서에 의하여 설정된 특정한 행위규범이나 법익침해를 피하기 위하여 사회생활상(거래상) 요구되는 주의의무를 위반한 경우에 위법성을 인정할 수 있다고 한다. 다시 말하면 거래상 요구되는 주의의무, 즉 객관적 주의의무(=과실)가 있으면 위법하다는 것이다. 따라서 이 경우에 과실의 개념과 위법성의 개념은 일치되는 것이다. 이러한 이론은 실제 허용된 위험의 법리나 부작위에 의한 침해행위에서 주로 논의되었다.

왜 민법에서 이러한 이론이 받아들여졌을까? 먼저 과실의 개념에 대해 변천이 있었기 때문이다. 이것은 애초에 과실 개념의 출발이 그 사람에 대한 개인적 비난가능성이었으나, 오늘날의 과실의 개념에 대해서는 통설·판례가 공히 민법상의 과실을 추상적 과실이라고 인정한다. 제374조의 선량한 관리자의 주의라 함은 거래상 일반적으로 평균인에게 요구되는 정도의 주의를 말하고, 이것은 바꾸어 말하면 거래상 요구되는 주의의무이고, 주관적 주의의무(구체적 과실)가 아닌 객관적 주의의무인 것이다. 즉 과실의 개념과 위법성의 개념이 최소한 일치는 하지 않는다 하더라도 교착하고 있다는 것이다. 따라서 그것을 동일개념으로 보게 되면, 과실, 즉 거래에서 요구되는 주의의무가 있으면 바로 위법성을 띠게 되기 때문에 별도의 위법성을 요건으로 할 필요가 없다는 것이다. 그리고 민법상 과실의 개념이 형법상 과실의 개념보다 더 완화된 개념을 인정할 수 있다. 왜냐하면 그 효과가 다르기 때문이다. 민사에서는 과실책임으로서 금전에 의한 손해배상이 원칙이지만, 형사에서는 인신의 구속 내지 벌금형이 뒤따르기 때문이다.

그렇다면 전적으로 그 구별을 부인해야 할 것인가? 최소한 과실과 위법성 양자가 갖는 한계기능은 인정해야 할 것이다.

2. 채무불이행의 효과

채무불이행의 효과로서 가장 중요한 것은 이행강제권과 손해배상청구권의 발생이나, 그 밖에 계약의 해제권·해지권(제543조 이하)이 발생하기도 한다. 만약 담보책임을 넓은 의미에서의 채무불이행 또는 급부장애로 본다면 완전물급부청구권이나 하자보수청구권 등을 인정할 수 있을 것이다. 이에 반하여 불법행위의 효과로서는 손해배상청구권만이 발생한다.

다수설은 유형별로 이행지체에 대하여는 지연배상과 예외적으로 전보배상을, 이행불능에 대하여는 전보배상을, 불완전이행, 그 중에서도 부가적 손해나 확대된 손해에 대해서는 확대손해배상을 인정하여 왔다. 민법에는 규정이 없지만 채무불이행의 효과로서 추완청구권을 인정하기도 한다.

제2관 이행지체

Ⅰ. 이행지체의 의의

1. 이행지체라 함은 이행기에 이행이 가능함에도 불구하고 채무자가 자기의 책임 있는 사유로 인하여 채무의 내용에 좇은 이행을 하지 않는 것을 말한다. 채무는 그 이행기에 이행되어야 하므로, 이행지체는 채무자에 의한 채권의 침해이다.

2. 이행지체는 이행기에 이행이 가능하다는 점에서 그것이 불능한 이행불능과 다르고, 또 이행기를 도과하였다는 점에서 이행기에 이행은 하였지만 이행이 채무의 내용에 좇은 것이 아닌 하자있는 급부와 다르다. 이행지체 중의 이행불능은 통상 이행불능으로 다룬다.

3. 이행지체에 대해 제387조, 제388조에서 발생하는 경우를 규정하고 있고, 제390조, 제392조, 제395조, 제544조에서는 이행지체의 효과를 규정하고 있다.

Ⅱ. 이행지체의 요건

1. 이행기가 도래하였을 것

(1) 확정기한이 있는 채무

1) 원칙　채무자는 그 기한이 도래한 때로부터 당연히 지체의 책임을 진다(제387조 1항 전단). 확정기한을 일, 주, 월, 년으로 정한 때에는 확정기한이 도래한 날의 다음 날부터 이행지체책임이 발생한다.[50] 이 경우에는 채권자가 이행을 최고할 필요는 없다. 예컨대, 1997년 9월 26일에 지급한다고 약속한 채무는 그 날이 지남으로써 다음 날부터 당연히 지체가 되고, 9월 중에 지급한다고 약속한 채무는 9월 말일을 그대로 넘기면 당연히 지체가 된다. 채권이 가압류된 상태더라도 그 채권의 이행기가 도래한 때에는 제3채무자는 그 지체책임을 면할 수 없다.[51]

2) 예외

가. 지시채권·무기명채권　지시채권·무기명채권과 같은 경우에는 그 이행에 관하

50) 대판 1988. 11. 8. 88다3253.

51) 대판(전) 1994. 12. 13. 93다951. 채권가압류는 제3채무자의 이행지체를 면제시키거나 정당화하는 사유가 되지 않으며, 제3채무자의 이중지급의 위험은 변제공탁에 의하여 해소할 수 있다.

여 기한이 정하여져 있더라도 그 기한의 도래로써 당연히 지체의 책임을 지는 것이 아니라, 그 기한이 도래한 후에 소지인이 증서를 제시하여 이행을 청구한 때로부터 지체의 책임을 진다(제517조·제524조·상법 제65조).

나. 추심채무나 채무의 이행체 채권자의 협력이 필요한 경우　추심채무와 같이 채무의 이행에 채권자의 협력을 필요로 하는 경우에는 채권자가 필요한 협력 또는 그 제공을 하고 이행을 최고하지 않으면 확정기한이 도래한 것만으로 지체로 되지 않는다.

다. 동시이행관계에 있는 채무　쌍무계약과 같은 동시이행관계에 있는 채무에 서 일방의 채무의 이행기가 도래하더라도 상대방 채무의 이행제공이 있을 때까지는 그 채무를 이행하지 않아도 이행지체의 책임을 지지 않고(당연효·이행지체 저지효), 이와 같은 효과는 이행지체의 책임이 없다고 주장하는 자가 반드시 동시이행의 항변권을 행사하여야만 발생하는 것은 아니다.[52] 동시이행관계에 있는 쌍무계약상 자기채무의 이행을 제공하는 경우 그 채무를 이행함에 있어 상대방의 행위를 필요로 할 때에는 언제든지 현실로 이행을 할 수 있는 준비를 완료하고 그 뜻을 상대방에게 통지하여 그 수령을 최고하여야만 상대방으로 하여금 이행지체에 빠지게 할 수 있다.[53] 원인채무 이행의무와 어음 반환의무가 동시이행의 관계에 있다 하더라도 이중지급의 위험을 면하게 하기 위하여 채무자는 원인채무의 이행기를 도과하면 원칙적으로 이행지체의 책임을 진다.[54]

쌍무계약의 당사자 일방인 채무자의 이행지체책임이 유지되기 위해서는, 그 이행의 제공이 계속되어야 하고 과거에 일회의 이행의 제공이 있었다는 사실만으로 상대방이 가지는 동시이행의 항변권이 소멸하는 것은 아니므로, 일시적으로 당사자 일방의 의무의 이행 제공이 있었으나 곧 그 이행의 제공이 중지되어 더 이상 그 제공이 계속되지 아니하는 기간 동안에는 상대방의 의무가 이행지체 상태에 빠졌다고 할 수는 없다. 따라서 그 이행의 제공이 중지된 이후에 상대방의 의무가 이행지체 되었음을 전제로 하는 손해배상청구도 할 수 없다.[55]

(2) 불확정기한부 채무

가. 이행지체의 발생시점　채무자가 기한의 도래를 안 때(정확하게는 그 다음 날)로부터 지체의 책임을 진다(제387조 제1항 2문). 특별한 사정이 없으면 안 날이 종료될 때까지 이행을 하면 되므로 안 날의 다음 날부터 지체책임을 진다.[56] 예컨대 해외에 여행 중인

52) 대판 1998. 3. 13. 97다54604·54611; 대판 2019. 10. 31. 2010다247651.

53) 대판 2001. 7. 10. 2001다3764.

54) 대판 1999. 7. 9. 98다47542·47559.

55) 대판 1995. 3. 14. 94다26646; 대판 1999. 7. 9. 98다13754.

남편이 귀국하면 그때에 변제하겠다는 채무와 같다. 이것은 채무자가 도래의 사실을 알지 못하는 사이에 책임을 묻는 것은 타당하지 못하기 때문이다. 그리고 제387조 제2항과의 관계에서 볼 때, 채권자의 최고가 있으면, 채무자가 기한이 도래하였음을 알지 못하더라도 그 최고를 받은 다음 날부터 이행지체책임이 인정된다.[57] 소멸시효는 객관적으로 불확정한 기한이 도래한 때부터 진행하는데 이 점에서 양자는 구별된다. 채무자나 채권자의 인식은 소멸시효 진행을 방해하는 법률상 장애가 아니기 때문이다.

나. 불확정기한부 채무의 이행기 당사자가 불확정한 사실이 발생한 때를 이행기한으로 정한 경우에 있어서 그 사실이 발생한 때는 물론 그 사실의 발생이 불가능하게 된 때에도 이행기한은 도래한 것으로 보아야 하고,[58] 채무자가 그 사실(발생 혹은 불발생)을 안 때부터 이행지체책임을 진다.

다. 구체적인 예 '소유권이전등기를 필한 후 매매대금을 지급한다'고 약정한 경우, 매매대금지급기일은 소유권이전등기 신청을 접수한 날이 아니라 소유권이전등기가 경료된 때, 즉 등기에 필요한 서류가 등기소에 접수되고 등기관에 의해 해당 등기가 마쳐진 때에 도래하는 것으로 보아야 하고, 이는 불확정기한이므로 매매대금 지급의무의 이행을 지체하였다고 하기 위해서는 소유권이전등기가 경료된 것만으로는 부족하고 채무자인 사업시행자가 그 사실을 알아야 하며, 이에 관한 증명책임은 채권자인 토지소유자에게 있다.[59]

도로가 포장될 때에 매수인 명의로 소유권이전등기를 경료하기로 한 토지 매매계약에 있어 매매계약 당시 도로포장계획이 서 있거나 도로포장의 전망이 있어서 상당한 시일 내에 도로포장이 될 것이 예견되었던 경우라면 그러한 상당한 시일이 경과한 뒤 매도인으로서는 매수인에게 소유권이전등기를 경료해 갈 것을 요구할 수 있다고 보아야 한다.[60]

건축 중인 상가건물의 특정점포를 임차하면서 계약서에 그 점포의 인도시기(입점시기)를 기재하지 아니하고 건물의 준공예정일에 관한 설명만 듣고서 임대차계약을 체결한 경우, 그 점포의 인도시기에 관하여 불확정기한을 이행기로 정하는 합의를 한 것으로 보아야 하고, 그 불확정기한의 내용은 그 건설공사의 진척상황 및 사회경제적 상황에 비추어 예상할 수 있는 합리적인 공사지연기간이 경과한 때라고 하는, 매우 폭 넓고

56) 대판 2008. 7. 10. 2008다10051.
57) 대판 1972. 8. 22. 72다1066.
58) 대판 1989. 6. 27. 88다카10579; 대판 2002. 3. 29. 2001다41766; 대판 2018. 4. 24. 2017다205127.
59) 대판 2011. 2. 24. 2010다83755.
60) 대판 1992. 12. 22. 92다38218.

탄력적인 것으로 보아야 한다.[61)]

상가건물의 점포를 분양하면서 분양대금을 완납하고 건물 준공 후 공부정리가 완료되는 즉시 소유권을 이전하기로 약정한 경우, 그 점포에 관한 소유권이전등기에 관하여 확정기한이 아니라 불확정기한을 이행기로 정하는 합의가 이루어진 것으로 보아야 할 것이며, 건설공사의 진척상황 및 사회경제적 상황에 비추어 분양대금이 완납되고 분양자가 건물을 준공한 날로부터 사용승인검사 및 소유권보존등기를 하는 데 소요될 것으로 예상할 수 있는 합리적이고 상당한 기간이 경과한 때 그 이행기가 도래한다고 보아야 한다.[62)]

신축중인 건물의 분양계약에 따른 중도금지급기일을 '1층 골조공사 완료시'로 정한 경우, 그 중도금지급의무는 불확정기한으로 이행기를 정한 것으로 보아야 하고, 중도금 지급의무의 이행지체의 책임을 지우기 위해서는 1층 골조공사가 완료된 것만으로는 부족하고 채무자가 그 완료 사실을 알아야 한다.[63)]

(3) 기한의 정함이 없는 채무

1) 이행지체의 발생시점

가. 원칙　　채무의 이행에 관하여 기한을 정하지 않은 때에는 채무자는 이행의 청구를 받은 때로부터 지체의 책임을 진다(제387조 제2항). 여기서의 최고는 이행을 원하는 의사의 통지로서 당해 채무에 관하여 하여야 하지만, 그것은 채무의 동일성을 인식할 수 있으면 되고, 반드시 금액 또는 수량이 정확하게 표시되어야 하는 것은 아니다. 판례는 최고에 의한 지체는 그 최고가 도달한 다음 날로부터 생긴다.[64)]

예컨대 토지임대차계약에서 임대기한을 '본건 토지를 임차인에게 매도할 때까지'로 정하였다면 별다른 사정이 없는 한 그 임대차계약은 기한의 약정이 없는 것이라고 해석된다.[65)]

나. 예외　　반환시기의 약정이 없는 소비대차에서의 반환채무에 관하여는, 소비대주는 상당한 기간을 정하여 반환을 최고하여야 하고(제603조 제2항), 만약 이 상당한 기간을 정하지 않고 최고하였다면, 최고한 때로부터 상당한 기간이 경과한 후에 지체로 된다.[66)] 불법행위로 인한 손해배상채무는 불법행위 시부터, 즉 손해배상채무의 성립과

61) 대판 2000. 11. 28. 2000다7936.
62) 대판 2008. 12. 24. 2006다25745.
63) 대판 2005. 10. 7. 2005다38546.
64) 대판 1972. 8. 22. 72다1066.
65) 대판 1974. 5. 14. 73다631.

동시에 지체가 된다.[67] 그러나 불법행위 당시와 변론종결 당시 사이에 장기간의 세월이 경과되어 통화가치 등에 상당한 변동이 생긴 경우에는 지연손해금은 그 위자료산정의 기준시인 사실심 변론종결 당일로부터 발생한다.[68]

2) 구체적인 예

가. 쌍무계약에서 당사자 쌍방의 이행기일 도과　　쌍무계약에 있어서 당사자 쌍방이 소정 이행기일을 각자 초과하였을 경우에 있어서는 그후 그 계약은 이행기일의 약정이 없는 것이 되고 당사자 중 일방이 자기의 채무이행을 제공하고 상대방에 대하여 그 채무의 이행을 최고함으로써 비로소 상대방은 이행지체에 빠지게 된다.[69]

나. 금전채무의 지연금채무　　금전채무의 지연손해금채무는 금전채무의 이행지체로 인한 손해배상채무로서 이행기의 정함이 없는 채무에 해당하므로, 채무자는 확정된 지연손해금채무에 대하여 채권자로부터 이행청구를 받은 때로부터 지체책임을 부담하게 된다.[70]

다. 부당이득반환채무　　부당이득반환채무는 이행의 기한이 없는 채무로서 이행청구를 받은 때로부터 지체책임이 있다.[71]

라. 이행기의 정함이 없는 채권과 채권양도의 통지　　이행기의 정함이 없는 채권의 양수인이 채무자를 상대로 이행청구소송을 제기하고 소송 계속 중 채무자에 대한 채권양도통지가 이루어진 경우에는 특별한 사정이 없는 한 채무자는 채권양도통지가 도달된 다음 날부터 이행지체의 책임을 진다.[72]

마. 신원보증채무　　신원보증인의 채무는 피보증인의 불법행위로 인한 손해배상채무 그 자체가 아니고 신원보증계약에 기하여 발생한 채무로서 이행기의 정함이 없는 채무이므로 채권자로부터 이행청구를 받지 않으면 지체의 책임이 생기지 않는다.[73]

바. 압류·추심명령에 따라 압류된 채권　　제3채무자가 압류채권자에게 압류된 채권액 상당에 관하여 지체책임을 지는 것은 집행법원으로부터 추심명령을 송달받은 때부

---

66) 대판 1966. 5. 31. 66나663.
67) 대판 1966. 10. 21. 64다1102.
68) 대판 2011. 1. 27. 2010다6680.
69) 대판 1959. 11. 12. 4292민상413.
70) 대판 2004. 7. 9. 2004다11582.
71) 대판 2008. 2. 1. 2007다8914.
72) 대판 2014. 4. 10. 2012다29557.
73) 대판 2009. 11. 26. 2009다59671.

터가 아니라 추심명령이 발령된 후 압류채권자로부터 추심금청구를 받은 다음날부터 라고 하여야 한다.[74]

사. 기한을 정하지 않은 채무에 정지조건이 있는 경우　　기한을 정하지 않은 채무에 정지조건이 있는 경우, 정지조건이 객관적으로 성취되고 그 후에 채권자가 이행을 청구하면 바로 지체책임이 발생한다. 조건과 기한은 하나의 법률행위에 독립적으로 작용하는 부관이므로, '조건의 성취'는 '기한이 없는 채무에서 이행기의 도래'와는 별개의 문제이기 때문이다.[75]

(4) 기한의 이익을 상실한 채무

1) 기한이익 상실의 의의　　기한이익의 상실이란 채무자의 재산상태 악화 등으로 채권자가 채무자를 신뢰할 수 없는 상황이 되었을 때에 채무자에게 부여된 기한의 이익이 상실되는 것을 말한다. 기한의 이익은 채무자의 이익을 위한 것으로 추정되지만(제153조), 민법 기타 법률에서 기한이익 상실사유를 규정하고 있고, 당사자의 약정에 의하여도 기한이익 상실사유를 정할 수 있다.[76]

2) 법정 기한이익 상실사유

가. 채무자가 담보를 손상, 감소 또는 멸실하게 한 때(제388조 1호)　　채무자 이외의 제3자의 행위에 의해서는 채무자의 기한이익이 상실되지 않는다. 여기서 담보는 물적 담보뿐만 아니라 인적 담보도 포함된다. 손상·감소·멸실행위일 수도 있고 사실행위일 수도 있다. 채무자에게 고의·과실이 있어야 하는가에 대하여 긍정설[77]과 부정설(통설)이 대립하고 있으나 당사자의 이익형량을 고려하고, 과실책임의 원칙을 취하고 있는 민법의 태도에 비추어 채무자의 유책사유가 필요하다고 본다.

나. 채무자가 담보제공의 의무를 이행하지 아니한 때(제388조 2호)　　담보제공의무를 부담하고 있는 채무자가 그 의무를 이행하지 아니한 경우에 기한이익 상실사유에 해당한다. 채무를 부담하였다는 사실만으로 담보제공의무가 인정되지 않으며, 약정이나 법률의 규정에 따라 담보제공의무가 발생하여야 한다.

다. 채무자의 파산　　채무자가 파산선고를 받으면 기한부채권이라 할지라도 기한이익을 상실한다(채무자회생법 제425조).

---

74) 대판 2012. 10. 25. 2010다47117.

75) 대판 2018. 7. 20. 2015다207044.

76) 대판 2001. 10. 12. 99다56192.

77) 주해(9), 137면(양창수), 송덕수, 124면.

3) 기한이익상실의 효과

가. 법률상 기한이익 상실사유가 발생한 경우 위와 같은 사유가 있으면, 채무자는 기한의 이익을 주장하지 못한다. 따라서 채권자는 그 선택에 따라 곧 이행을 청구할 수도 있고, 기한의 도래를 기다려 이행의 청구를 할 수도 있다. 채권자가 즉시 이행을 청구하는 등 그 권리를 행사한 때에는 채무자가 기한이익으로 대항하지 못하므로 이행하여야 하고, 이행하지 아니한 때에는 이행지체의 책임을 지나. 채권자가 즉시 이행을 청구하지 아니한 때에는 본래의 기한이 도래한 때에 이행지체의 책임을 진다. 기한이익의 상실의 경우에도 채권자의 이행청구(최고)가 있은 때로부터 채무자는 지체의 책임을 지게 된다.

또한 위의 사유가 발생함과 동시에 채무자가 이행을 하여도 채권자는 그것을 거절하고 이행기의 도래를 기다릴 수도 있다. 이자부채권에 있어서는 기한까지의 이자를 청구할 수도 있으나, 기한이익의 상실을 이유로 곧 이행을 청구하는 때에는 그 이후부터 이행기까지의 이자는 이를 청구할 수 없다고 하여야 한다.

나. 기한이익 상실특약에서 정한 사유가 발생한 경우 먼저 기한이익 상실의 특약은 그 내용에 의하여 일정한 사유가 발생하면 채권자의 청구 등을 요함이 없이 당연히 기한의 이익이 상실되어 이행기가 도래하는 것으로 하는 정지조건부 기한이익 상실의 특약과 일정한 사유가 발생한 후 채권자의 통지나 청구 등 채권자의 의사행위를 기다려 비로소 이행기가 도래하는 것으로 하는 형성권적 기한이익 상실의 특약의 두 가지로 나눌 수 있고, 기한이익 상실의 특약이 위의 양자 중 어느 것에 해당하느냐는 당사자의 의사해석의 문제이지만 일반적으로 기한이익 상실의 특약이 채권자를 위하여 둔 것인 점에 비추어 명백히 정지조건부 기한이익 상실의 특약이라고 볼 만한 특별한 사정이 없는 이상 형성권적 기한이익 상실의 특약으로 추정하는 것이 타당하다. 형성권적 기한이익 상실의 특약이 있는 경우에는 그 특약은 채권자의 이익을 위한 것으로서 민법상 기한이익 상실사유가 발생한 경우와 동일하게 기한이익의 상실 사유가 발생하게 되면 채권자가 나머지 전액을 일시에 청구할 것인가 또는 종래대로 할부변제를 청구할 것인가를 자유로이 선택할 수 있다. 그러나 정지조건부 기한이익 상실특약인 경우에는 특약사유가 발생함으로써 이행기가 도래하고, 다른 특별한 사정이 없는 한 그때부터 채무자는 이행지체 책임을 진다.[78]

78) 대판 1989. 9. 29. 88다카14663.

2. 채무의 이행이 가능할 것

이행기에 이행이 불능으로 되면 이행불능으로 되고, 이행기에 이행이 가능하였으나 이행기를 도과한 후에 이행이 불능으로 된 경우, 즉 이행지체 후에 이행불능으로 된 때에는 그때부터 이행불능으로 된다.

3. 채무자에게 유책사유가 있을 것

(1) 유책사유의 요건성 민법 제390조는 이행불능에 관하여 채무자의 고의나 과실을 그 성립요건으로 하고 있을 뿐, 그 밖의 다른 채무불이행에 관하여는 규정하고 있지 않다. 이행지체에 관하여는 금전채무의 이행지체에 관하여, 「과실 없음을 항변하지 못한다(제397조 제2항)」라는 규정을 두고 있을 뿐이다. 따라서 이행지체의 경우에도 이행불능처럼 귀책사유가 필요한지가 문제된다. 제397조 2항만을 떼어놓고 보자면, 불가항력에 기인하지 않는 한 금전채무 이외의 이행지체에 대해서는, 채무자의 귀책사유가 없어도 책임을 진다고 볼 수도 있는 것이다. 그러나 학설은 일치하여 이행지체에 관하여 채무자의 귀책사유를 요한다고 한다.

판례는 채무불이행으로 인한 손해배상청구에 있어서 확정된 채무의 내용에 좇은 이행을 하지 아니하였다면 그 자체가 바로 위법한 것으로 평가되는 것이고, 다만 채무불이행에 채무자의 고의나 과실이 없는 때에는 채무자는 손해배상책임을 부담하지 않는다고 하여, 고의·과실을 필요로 한다.[79)]

(2) 유책사유의 내용 채무자에게 책임 있는 사유, 즉 유책사유라 함은 채무자 자신의 고의·과실 뿐만 채무자의 법정대리인·이행보조자의 고의·과실도 포함하는 넓은 개념이다(제391조). 따라서 그 유책사유는 채무자의 고의·과실보다 넓은 개념이다.

1) 채무자의 고의·과실 여기서 고의라 함은 이행지체가 됨을 알면서 감히 이를 하는 것을 말하고, 과실이라 함은 채무자의 직업, 그가 속하는 사회적·경제적 지위 등에 비추어 신의칙상 요구되는 정도의 주의를 베풀지 않았기 때문에 이행지체가 발생하는 것을 인식하지 못하였음을 말한다. 이러한 고의나 과실에 기인한 이행지체가 있는 경우에 채무자가 그 책임을 지게 되는 것은 과실책임의 원칙상 당연하다. 본조의 과실은 추상적 경과실로서 제374조 내지 제681조의 선량한 관리자의 주의의무와 같은 내용이다.

한편 채무자가 자신에게 채무가 없다고 믿었고 그렇게 믿은 데 정당한 사유가 있는 경우에는 채무불이행에 고의나 과실이 없는 때에 해당한다.[80)] 그러나 채무자가 채무

---

79) 대판 2013. 12. 26. 2011다85352.

의 발생원인 내지 존재에 관한 법률적인 판단을 통하여 자신의 채무가 없다고 믿고 채무의 이행을 거부한 채 소송을 통하여 이를 다투었다고 하더라도, 채무자의 그러한 법률적 판단이 잘못된 것이라면 특별한 사정이 없는 한 채무불이행에 관하여 채무자에게 고의나 과실이 없다고는 할 수 없다.[81]

2) 법정대리인·이행보조자의 고의·과실(제391조·제756조)

제391조는 「채무자의 법정대리인이 채무자를 위하여 이행하거나 채무자가 타인을 사용하여 이행하는 경우에는 법정대리인 또는 피용자의 고의나 과실은 채무자의 고의나 과실로 본다」고 규정하고 있다. 이는 구민법상의 학설·판례에 의하여 인정되고 있었던 이론을 명문화한 것이다.

가. 본조의 취지 자기의 이익을 위하여 타인의 노농력을 이용하는 자는 이와 결합한 불이익에 대한 책임도 부담하는 것이 타당하다는 이유에서 종래의 개인주의적 책임주의 입자에서 벗어나 법정대리인이나 이행보조자의 고의·과실도 채무불이행의 요건인 유책사유 가운데 포함시켜 입법한 것이다. 개인주의적 책임관에 의하면, 채무자는 타인의 고의·과실 있는 행위에 관하여 책임을 질 까닭이 없으므로 이행보조자 등의 고의·과실에 관하여도 아무런 책임을 지지 않는다. 그러나 자본주의경제의 발전에 따라 거래가 빈번하게 되고, 또한 기업조직의 대규모화와 함께 거래에 따른 채권관계도 복잡하게 되어 채무자가 채무의 이행에 관하여 이행보조자를 사용하는 것이 일반화되게 되었다. 그런데, 만일 이러한 이행보조자의 행위로 채무불이행이 생긴 경우에 개인주의적 책임관을 고수하여 채무자에게 면책을 허용한다면 채권자 보호측면에서 미흡하게 된다. 본조는 이러한 점을 고려한 것이다.

만약 이러한 경우에 채무불이행으로서 채무자에게 책임을 물을 수 없다면 상대방은 제756조에 의하여 사용자책임을 물을 수밖에 없다. 따라서 불법행위법상 그 선임, 감독상의 과실책임은 지게 되나, 이행자의 고의·과실 자체에 관하여는 책임을 지지 않게 된다.

그러나 일정한 급부의무를 부담하여 또한 자신이 반드시 할 필요가 없는 채무관계를 불법행위책임과 동일한 이론으로 규율한다는 것은 부당하다. 만일 보조자의 고의·과실에 의한 채무불이행에 관하여 채무자가 책임을 지지 않고 그 손실을 보조자에게 돌린다면, 보조자의 활동을 통하여 이익은 채무자가 얻고 손실은 보조자가 받게 되어 채권자에게 불리하게 된다. 특히 근대적 거래인 운송업, 창고업 같은 다수의 사용인을 사용

80) 대판 2013. 12. 26. 2011다85352.

81) 대판 2013. 12. 26. 2011다85352.

하여 경영되는 기업에 있어서는 개인주의적 책임론을 적용하는 것은 불합리하다.

또한 법정대리인이 무능력자를 위하여 그가 부담하는 채무를 이행하는 경우에 법정대리인은 본인의 의사에 기인하는 것은 아니므로 그가 채무자의 이행보조자라고 하지는 못할 것이다. 그러나 법정대리인의 행위에 의하여 생기는 이익은 본인이 향수하는 것이므로, 여기에서 생기는 불이익도 역시 본인이 이를 감수해야 한다는 것은 일반의 이행보조자의 경우와 마찬가지이다.

나. 제391조의 인정실익　제391조의 인정실익을 들자면, 첫째, 이행보조자의 과실을 채무자의 과실로 보지 않는다면 채무자는 보조자의 선임 또는 감독에 관하여 과실있는 경우에 한해서만 책임을 지게 될 것이다. 이러한 경우, 채무자의 과실에 대한 채권자의 증명이란 결코 용이한 것이 아니기 때문에 결국 채권자를 충분히 보호할 수 없는 결과가 된다. 둘째, 만약 채무자의 책임을 보조자에 대한 선임 또는 감독에 있어서의 과실에 한정시킨다면(제756조와 같이 생각하는 경우), 이행이 곤란한 채무자는 자신의 면책을 위하여 자신이 행하지 않고 보조자로 하여금 대행케 하려 할 가능성이 있기 때문이다.

다. 이행보조자자의 책임의 근거　근대법의 자기책임이론의 측면에서 보면 타인의 고의·과실에 책임을 인정하는 본조는 예외적이라 할 수 있는데, 본조에 의한 채무자의 책임부담의 이론적 근거는 무엇인가? 이에 대해서는 타인을 사용하여 이익을 얻는 채무자는 동시에 위험, 즉 이행보조자가 채권자의 보호되는 이익을 침해한다는 위험도 부담하여야 한다는 보상책임설이 다수설이고,[82] 채무자가 그의 의사에 의하여 이행보조자를 개입함으로써 그의 행위영역을 확대한 데에 있으므로 이로 인한 위험은 처음부터 예정된 것이라고 하여 보조자의 개입을 결정한 채무자의 의사가 책임귀속에 있어서 중요한 의의를 가진다고 하는 소수설이 있다.[83] 본조는 자기책임이론에 대한 예외로서 이익이 있는 곳에 책임이 있다는 보상책임론에 근거한 일종의 법정책임이라고 보아야 한다.

라. 과실판단기준　법정대리인 또는 이행보조자의 과실 판단의 기준으로는 누구의 주의의무를 기준으로 하여야 하는가. 제391조가 채무자에게 책임을 지우려는 취지라면 이행보조자가 아니고 채무자를 기준으로 판단하여야 하고, 법정대리인과 이행보조자를 구분하여 달리 판단할 것도 아니다.[84]

마. 법정대리인　원래 법정대리인이라고 하면 친권자·후견인·선임관재인 등을 말하는 것이지만, 제391조의 법정대리인은 본래의 의미보다 넓게 해석하고 있다. 따라서

82) 곽윤직, 85면.

83) 김형배, 176면.

84) 주해(9), 427면(양창수); 김상용, 100면; 김형배, 158면.

법원에 의하여 선임된 부재자재산관리인(제22조, 제23조), 일상가사대리권을 갖는 부부(제827조)·유언집행자(제1093조·제1103조)·파산관재인(채무자회생법 제355조 이하) 등도 포함된다. 그러나 법인의 기관은 여기의 법정대리인에 포함되지 않는다고 보아야 할 것이다. 법인의 권리능력·행위능력(제34조)·불법행위능력(제35조)에 따라 법인의 고의·과실이 있는 경우에는 그것은 곧 법인의 고의·과실이 된다.

법정대리인의 고의·과실을 본인에게 책임을 귀속시키는 것은 대리행위에서 발생하는 이익을 본인이 향수하는 것과 같이 그로부터 생기는 불이익도 본인에게 돌아가게 하는 것이 신의칙에 부합하고 또는 채권자를 보호할 수 있기 때문이다. 법정대리인은 채무자에 의하여 선임되거나 간섭받지 않으므로 이행보조자의 법리와 같은 책임근거 논의나 간섭가능성의 논의가 적용되지 않는다.

바. 이행보조자　　채무자가 채무이행을 위하여 사용하는 자를 널리 이행보조자라고 한다. 여기서, 이행보조자라 함은 사실상 채무자를 보조하고, 당사자 사이에 고용과 같은 반드시 계약관계가 존재할 필요는 없고, 또한 경제적·사회적 관계에서 종속하고 있는 지위에 있을 필요도 없다. 또한, 이행보조자는 채무자와 함께 채무의 이행에 협력하는 자이든, 채무자의 수족으로서 사용하는 자이든 이를 묻지 않는다. 그러나 이행보조자이기 위하여서는 그 자의 행위에 관하여 채무자가 간섭을 할 수 있는 가능성, 즉 그 보조자에 관하여 선임·지휘·감독 등을 할 수 있음을 요한다.

판례는 민법 제391조에서의 이행보조자로서의 피용자라 함은 일반적으로 채무자의 의사 관여 아래 그 채무의 이행행위에 속하는 활동을 하는 사람이면 족하고, 반드시 채무자의 지시 또는 감독을 받는 관계에 있어야 하는 것은 아니므로 채무자에 대하여 종속적인가 독립적인 지위에 있는가는 문제되지 않는다고 한다.[85] 또한 제3자가 단순히 호의(호의)로 행위를 한 경우에도 그것이 채무자의 용인 아래 이루어지는 것이면 제3자는 이행보조자에 해당한다. 이행보조자의 활동이 일시적인지 계속적인지도 문제되지 않는다.[86]

또한 채무자의 의사 관여 아래 그 채무의 이행행위에 속하는 활동을 하는 사람을 의미하므로, 채무자의 채권자에 대한 채무 이행행위에 속한다고 볼 수 없는 활동을 하는 사람을 민법 제391조의 이행보조자에 해당한다고 볼 수는 없다. 따라서「예술의전당이 갑 주식회사와 예술의전당이 관리·운영하는 오페라극장에 관한 대관계약을 체결한 후 대관 기간 개시 전에 오페라극장에서 국립오페라단의 공연 도중 화재가 발생하

85) 대판 1999. 4. 13. 98다51077·51084; 대판 2002. 7. 12. 2001다44338.
86) 대판 2018. 2. 13. 2017다275447.

여 무대와 조명 등이 소실되어 위 대관계약 이행이 불가능하게 된 사안에서, 국립오페라단은 위 대관계약과는 별도의 독립한 대관계약에 따라 점유·사용의 이익을 향유한 것이어서 국립오페라단이 화재 당시 오페라극장을 점유·사용한 행위는 예술의전당의 갑 회사에 대한 채무 이행 활동과는 아무런 관계가 없으므로, 갑 회사에 대한 관계에서 국립오페라단을 위 대관계약에 관한 예술의전당의 이행보조자라고 볼 수는 없다는 이유로, 손해배상책임을 부정하고 있다.[87]

일시적인 이행보조자에 관한 판례로는, 「전자상거래 사이트를 통해서 영농조합법인이 운영하는 리조트의 숙박권을 구매하였고, 숙박권에는 무료 승마체험이 포함되어 있었는데, 리조트에 숙박하면서 승마체험을 요청하자 법인의 이사가 제3자에게 부탁하여 승마체험을 할 수 있게 하였고, 이에 3자의 지도하에 승마체험을 하던 중 말에서 떨어져 상해를 입은 사안에서, 숙박권 구매 계약에는 법인이 숙박을 위한 리조트 객실을 제공하는 것 외에도 리조트에 머무는 동안 숙박이용자 1인에 대한 무료 승마체험 서비스를 제공하는 것 역시 계약의 내용으로 되어 있고, 법인이 제공하기로 한 승마체험은 말에 올라타 걷거나 달리는 동작을 체험할 수 있도록 하는 것을 말하는데, 제3자가 법인의 부탁으로 숙박권 구매 계약에 포함된 승마체험 서비스를 제공하기 위해서 채무의 이행행위에 속하는 승마 지도활동을 하였으므로, 채무자의 지시·감독을 받았는지 여부나 호의로 활동하였는지 여부와 관계없이 민법 제391조에서 정한 이행보조자에 해당하며, 법인의 이행보조자인 제3자가 미리 안전장비 착용 여부 등을 확인하고 안전에 관한 주의를 촉구하며 채권자의 능력과 신체 상태를 적절하게 확인하여 승마를 지도할 책임이 있는데도 이를 게을리 한 잘못이 있으므로, 채무자인 법인이 민법 제391조에 따라 위 사고에 대하여 과실이 있다고 한다」[88]고 한다.

이행보조자가 채무의 이행을 위하여 제3자를 복이행보조자로 사용하는 경우에도 제391조를 적용할 수 있는가. 채무자가 복이행보조자(이행보조자의 이행보조자 또는 간접이행보조자)를 사용하도록 승낙하였거나 적어도 묵시적으로 동의한 경우에는 적용된다 할 것이다.[89]

이행보조자를 채무자의 간섭가능성을 가지고 좁은 의미의 이행보조자와 이행대행자로 구분하기도 한다. 즉 채무자의 수족처럼 사용하는 좁은 의미의 이행보조자(예컨대, 의사가 환자를 치료할 때에 보조하는 간호사, 수급인이 건축공사에 사용하는 인부 등)와 단순히 채무자의 행위에 협력하는 데 그치지 아니하고 오히려 독립하여 채무의 전부 또는 일부를 채무자에 갈음하여 이행하는 자인 이행대행자가 있다는 것이다.[90] 양자의 구별실익은 이

87) 대판 2013. 8. 23. 2011다2142.
88) 대판 2018. 2. 13. 2017다275447.
89) 대판 2011. 5. 26. 2011다1330.

행대행자의 경우에는 제391조가 적용되지 않는다는 점에 있다.

사. 이행대행자 이행대행자란 채무자의 이행을 위하여 단순히 보조하는 것이 아니라 독립하여 채무의 전부 또는 일부를 채무자에 갈음하여 이행하는 자이다. 좁은 의미의 이행보조자의 경우에 채무자가 책임을 지는 것에 대해서는 다툼이 없지만, 이행대행자의 고의·과실에 대하여 제391조가 적용될 수 있는가의 문제가 있다. 수치인에 갈음하여 임치물을 보관하는 제3수치인, 임차물을 수선하거나 거기에 일정한 시설을 할 의무가 있는 임대인로부터 도급을 받아 목적물을 수선하거나,[91] 시설을 설치하는 수급인[92] 등이 대표적인 이행대행자이다. 이론적으로는 적용되지 않는 것이 맞지만 판례는 넓게 이를 인정하고 있다.

즉 임대인이 임차인과의 임대차계약상의 약정에 따라 제3자에게 도급을 주어 임대차목적물에 시설물을 설치하던 중 발생한 화재가 제반 사정에 비추어 그 설치공사를 맡은 수급인의 과실에 기한 것이라고 인정되는 사안에서 임대인에게 채무불이행상의 손해배상책임을 인정한다.[93]

이행대행자의 행위에 대하여 채무자가 책임을 지는가에 대하여 통설은 ① 이행대행자의 사용이 법률의 규정이나 특약, 또는 채무의 성질상(위임 그 밖의 일신전속적 급부) 대행자의 사용이 허용되지 않는(제120조·제657조 제2항·제682조·제701조·제1103조 제2항 등) 경우, ② 법률의 규정이나 채권자의 승낙에 의하여 대행자의 사용이 허용되는 경우(제122조), ③ 법률의 규정이나 특약으로 금지되어 있지도 않고 허용되어 있지도 않아서 채무의 성질상 허용되는 경우로 나누어, ①의 경우에는 대행자를 사용하는 것 자체가 의무위반(채무불이행)이 되므로 대행자의 고의·과실을 불문하고 채무자가 책임을 지고, ②의 경우에는 원칙적으로 대행자의 선임·감독에 과실이 있는 때에만 책임을 지며(제121조·제682조 제2항·제701조·제1103조 제2항 등), ③의 경우에는 제391조가 적용되어 대행자의 고의·과실을 채무자의 고의·과실로 다루게 된다고 한다.

이상의 여러 표준은 사용차주 또는 임차인과 같이 목적물을 이용하는 권능이 있는 자가 목적물을 이용함에 있어서 보조자 또는 대행자를 사용하는 경우에도 적용된다.

이행대행자의 특수한 것으로 이용보조자가 있다. 이용보조자는 채권자와 무관하게 채무자와의 관계에 따라 채무자가 목적물을 이용할 때 그 이용을 보조하는 자이며, 임차인의 가족·동거인이 그 예이다. 이용보조자의 행위는 채무자(예컨대 임차인)의 목적물

90) 곽윤직, 84-85면; 송덕수, 129-130면.

91) 대판 2002. 7. 12. 2001다44338.

92) 대판 1999. 4. 13. 98다51077·51084.

93) 대판 1999. 4. 13. 98다51077·51084.

이용권에 협력하는 행위이면서 동시에 목적물 보관의무(채무)를 보조하는 행위이다. 후자의 면에서 본다면 이용보조자의 행위도 '이행보조자'의 행위라고 할 수 있다. 그러나 이용보조자는 권리행사도 보조한다는 점에서 이행보조자와 다르다. 이용보조자에게도 제391조가 적용되어야 한다.

판례도 임차인이 임차건물을 보관하던 중 그의 피용자의 과실로 목적물이 멸실된 때에는 임차인이 그 손해배상책임을 부담한다고 한다.[94]

아. 전차인의 과실로 목적물이 멸실·훼손된 경우 임차인의 책임[95] 전차인의 과실에 대한 임차인이 책임과 관련하여 전차인이 임차인의 이행보조자인가의 문제가 있다. 전차인은 목적물보존의무 및 반환의무에 관하여 임차인의 이행보조자 또는 이용보조자에 해당한다는 견해[96]와 전차인은 임대인에 대하여 독립된 채무를 부담하는 자임을 전제로 임차인의 이행보조자라고 볼 수 없고 이행대행자라는 견해[97]로 나뉜다. 민법은 전대차에 대하여 임대인의 동의 없이 전대하지 못하도록 규정하고 있고(제 629조 제1항), 위반한 경우에는 임대차계약을 해지할 수 있다(제629조 제2항). 위와 같은 점을 고려하여 학설은 임대인의 동의 여부를 임차인의 책임과 결부시키고 있다. 즉 ① 전대에 임대인의 동의가 있는 경우에는 책임이 경감되어 채무자의 선임·감독에 과실이 있는 경우에만 책임을 지고, 동의가 없는 무단전대의 경우에는 의무위반으로 위한 채무불이행책임을 진다는 견해,[98] ② 전대에 승낙이 있는 경우에는 책임이 경감되고 승낙이 없는 경우에는 제391조가 적용된다는 견해, ③ 임대인의 동의를 얻어 전대한 경우에도 임차인은 책임을 지게 되나 신의칙에 의하여 경감될 수 있고, 무단전대의 경우에는 임대인에게 대항할 수 있는 무단전대인 때에는 무단전대 자체가 바로 임차인의 의무위반으로서 임차인은 채무불이행책임을 진다는 견해,[99] ④ 임대인의 승낙이 없는 경우에는 전대 자체가 채무불이행으로 되고, 동의가 있는 경우에는 제391조가 적용된다는 견해,[100] 임대인의 동의 여부와 관계없이 전차인은 일종의 이행대행자로 보아 이행대행자에 관한 이론을 적용하면 된다는 견해[101]가 있다.

생각건대 전차인은 임대인의 동의 여부와 상관없이 임차인과의 관계에서는 유효한

94) 대판 1966. 9. 20. 66다758·759.
95) 이에 대해서는, 신국미, 전차인의 과실과 임차인의 책임, 민사법학 31권, 2006, 467면 이하.
96) 지원림, 1088면.
97) 송덕수, 132면.
98) 김형배, 163면.
99) 김상용, 107면.
100) 주해(9) 421면(양창수).
101) 송덕수, 132면.

전대차관계가 성립한다.[102] 여전히 임차인에 대하여 권리·의무관계에 있게 된다. 그러므로 이 경우 전차인을 단순한 협의의 이행보조자로 보기 어렵다. 오히려 이행대행자로 보아야 한다. 임차인이 임대인의 동의를 얻어 임차물을 전대한 때 전차인은 직접 임대인에 대하여 의무를 부담한다(제630조 제1항)고 하더라도 이는 임대인을 보호하기 위한 규정일 뿐 임차인을 면책시키는 규정은 아니라는 점에서 전차인은 이 경우 독립적 채무자이면서 동시에 임차인의 이행대행자로서의 지위를 가진다고 보아야 한다. 따라서 임대인의 동의 여부와 상관없이 전차인을 이행대행자로 봐 이행대행자에 관한 이론을 적용하여야 한다. 따라서 임차인이 임대인의 동의를 얻지 않고 전대한 경우에는 전대자체가 의무위반이므로 임차인은 전차인의 과실을 불문하고 책임을 져야하고, 임대인의 동의를 얻어 전대한 경우에는 전차인의 선임·감독에 과실이 있는 경우에만 책임을 지게 된다.[103]

자. 효과 채무자의 법정대리인·이행보조자의 고의·과실이 있는 경우에는 채무자에게 고의·과실이 있는 것으로 보아(제391조), 채권자는 채무자에 대하여 손해배상책임을 물을 수 있다. 이행보조자 등은 채권자에 대하여 채무불이행책임을 지지 않는다. 그러나 불법행위책임을 질 수는 있다(제750조). 그 경우에 채무자의 책임과 이행보조자의 책임은 부진정연대채무관계에 있다.[104]

만약 이행보조자의 행위가 사용자책임(제756조)의 요건이 갖추어진 경우에는 채권자는 채무자에게 채무불이행책임(제391조)과 함께 사용자책임을 물을 수도 있는데, 이 경우에는 청구권의 경합 문제가 발생한다. 이행보조자는 내부관계에 기하여 또는 일반적인 구상법리에 따라 채무자에게 손해배상책임을 져야 할 경우도 있다.

【이행보조자의 행위에 대한 책임(제391조)과 사용자책임(제756조)】

양 책임의 공통점은 모두 타인에 의하여 발생한 손해에 대하여 책임을 진다는 점에서 공통이다. 그러나 몇 가지 점에서 양자는 구별된다. ① 전자는 채권관계에 있는 당사자 간의 책임문제이나, 후자는 채권관계를 전제로 하지 않는 책임이다(불법행위책임). ② 제391조에 의하여는 새로운 채권이 발생하지 않으나(독립한 채권발생원인이 아님), 제756조에 의하여는 독립한 손해배상채권이 발생한다. ③ 제391조에서는 면책을 허용하지 않으나, 제756조에서는 사용자가 피용자의 선임·감독상의 주의의무를 다하였다는 것을 증명하면 면책될 수 있다. ④ 제391조에서 최종적인 채무불이행책임자는 채무자이고 이행보조자는 채무불

102) 대판 1959. 9. 24. 4291민상788.
103) 송덕수, 132면.
104) 대판 1994. 11. 11. 94다22446.

이행책임을 지지 않으나, 제756조에서는 피용자도 불법행위책임(제750조)을 진다. ⑤ 제391조에 의한 채무자책임에는 소멸시효의 일반원칙(제162조)이 적용되나, 사용자책임에는 제766조의 소멸시효가 적용된다.

(3) 책임능력 통설은 채무자에게 고의·과실이 있다고 하기 위하여서는, 채무자가 행위의 결과를 변식할 수 있는 정신능력, 즉 책임능력을 가져야 한다고 한다. 그러나 소수설은 학설이 과실을 추상적 과실로 해석하는 한, 추상적 과실은 평균인에게 요구되는 주의를 게을리 하는 것을 의미하므로 행위자의 구체적 판단능력 내지 주의능력은 기준이 되지 않는다고 한다. 그러므로 과실을 추상적 과실로서 구성하는 것은 책임귀속의 근거를 행위자의 의사에서 구하는 것이 아니라 일정한 수준의 객관적 행위에서 찾는 것이 되기 때문에 책임능력(채무자의 일정한 의사의 필요)을 요하는 것과는 모순된다고 한다.[105] 생각건대, 오늘날 과실은 추상적 과실을 의미하는 것으로 해석하고, 개인적·구체적 과실을 의미하는 것이 아니라고 한다면, 그 전제에서 과실과 책임능력을 분리하여 별도의 요건으로 한다는 것은 논리적으로 맞지 않다. 후자의 견해에 찬성한다.

(4) 면책특약의 효력 계약자유의 원칙상 면책특약은 유효하다. 그러나 고의에 대해서까지 책임을 지지 않는다는 특약은 만약 그것이 사회질서에 반한다면 무효라고 해야 할 것이다(독민 276조 제2항 참조).

(5) 증명책임 채무자에게 증명책임이 있다.[106] 여기서 채무자는 자기의 책임을 면하려면 이행지체가 그의 귀책사유에 기인하지 않는다는 것(즉, 불가항력에 기인한다는 것)을 증명하여야 한다.

4. 이행하지 않는 것이 위법일 것

통설은 객관적 요건으로서 위법성을 요한다고 한다. 즉 정당한 사유가 없는 한 위법성을 띠게 되어 이행지체의 책임을 지게 된다. 이처럼 위법성은 소극적 요건이다.[107] 따라서 채무불이행으로 인한 손해배상청구에 있어서 확정된 채무의 내용에 좇은 이행을 하지 않았다면 그 자체가 바로 위법한 것으로 평가된다.[108] 한편 이행지체의 위법성을 조각시키는 사유로는 유치권(제320조)·동시이행항변권(제536조)·기한 유예의 항변이 있다.

---

105) 김형배, 172면.

106) 대판 1984. 11. 27. 80다177.

107) 대판 2002. 12. 27. 2000다47361; 대판 2013. 12. 26. 2011다85352; 대판 2015. 1. 29. 2013다100750.

108) 대판 2013. 12. 26. 2011다85352; 대판 2015. 1. 29. 2013다100750.

Ⅲ. 이행지체의 효과

1. 이행의 강제 이행지체 후에도 이행에 의하여 채권의 목적을 달성할 수 있는 한, 채권자는 이행의 청구를 할 수 있음은 물론이다. 청구가 있음에도 불구하고 채무자가 이행하지 않는 때에는, 채권자는 채권의 강제적 실현수단으로서 소권 및 강제집행권을 이용하여 현실적 이행을 강제할 수 있다(제389조). 한편 채권을 위하여 특별담보가 설정되어 있는 때에는, 이행지체의 효과로서 그 담보권을 행사할 수 있다. 또, 위약금의 특약이 있는 때에는 그 효력이 생긴다(제398조).

2. 지연배상 이행지체의 경우에는 이행이 가능하므로, 채권자는 이행지체 후에도 본래의 급부의 이행을 청구할 수 있다. 다라서 채권자는 이행의 청구와 아울러 지체로 말미암아 생긴 손해의 배상, 즉 지연배상을 청구할 수 있다(제390조). 그리하여, 이 경우에는 본래의 급부에 손해의 배상이 보태어짐으로써 채권의 내용이 확대된다. 따라서, 채무자는 본래의 급부와 지연배상을 아울러 제공하여야만 비로소 채무의 내용에 좇은 이행의 제공이 된다(제460조 참조).

3. 전보배상

(1) 채무자가 이행을 지체한 경우에는 채권자가 상당한 기간을 정하여 이행을 최고하여도 그 기간 안에 이행하지 아니하거나 또는 지체 후의 이행이 채권자에게 이익이 없는 때에는, 채권자는 수령을 거절하고 이행에 갈음하여 손해의 배상, 즉 전보배상을 청구할 수 있다(제395조). 여기서 채권자는 계약을 해제할 수도 있지만 해제하지 않고 본래의 급부의 수령을 거절하고 이행에 갈음한 전보배상을 청구할 수 있다는 의미이다.

(2) 이행지체로 인한 전보배상청구에 있어서의 손해액 산정시기를 언제로 할 것인가에 대해서 판례는 상당한 기간을 정하여 그 본래의 채무이행을 최고하여도 그 기간 안에 이행하지 아니한 때에는 위의 상당한 기간이 경과한 당시의 시가에 의하여 산정하여야 한다고 한다.[109]

4. 채무자의 책임가중 채무자는 그의 귀책사유로 인한 손해에 대하여서만 책임을 지는 것이 원칙이지만, 이행지체 중에 생긴 손해에 대하여는 그에게 귀책사유가 없는 경우에도 책임을 진다(제392조 본문). 요컨대, 채무자는 지체 후에는 불가항력을 가지고도 항변하지 못한다. 다만, 이행기에 이행하여도 손해를 면할 수 없는 경우에는, 채

109) 대판 1967. 6. 13. 66다1842; 대판 1997. 12. 26. 97다24542.

무자는 책임을 면한다(동조 단서). 여기서의 「이행기에 이행하여도 손해를 면할 수 없는 경우」라 함은, 예컨대 채무자가 급부의 목적인 물건을 이행기에 이행하였더라면 틀림없이 채권자가 그의 창고에 입고 시켰을 것인데, 그 무렵에 창고가 화재로 인하여 소실된 경우와 같다. 이 경우의 이행기에 이행하여도 손해를 면할 수 없었을 것이라는 증명책임은 채무자에게 있다.[110)]

5. 계약해제권

(1) 채권이 계약에 의하여 발생한 경우에는, 채무자가 이행지체에 빠지게 되면 채권자는 계약을 해제할 수 있다. 즉, 채권자는 상당한 기간을 정하여 이행을 최고하고, 채무자가 그 기간 안에 이행하지 아니한 때에는 계약을 해제할 수 있다(제544조 본문). 그러나 채무자가 미리 불이행의 의사를 표시하였거나, 정기행위인 경우에는 최고를 하지 않고 곧 계약을 해제할 수 있다(동조 단서·제545조).

(2) 그리고, 계약의 해제는 손해배상의 청구에 영향을 미치지 않는다(제551조). 따라서, 계약을 해제하는 경우에도 손해가 있으면 그 손해의 배상을 청구할 수 있다.

Ⅳ. 이행지체의 종료

1. 채권의 소멸 채권이 소멸하면 그 원인을 묻지 않고 이행지체도 종료한다.

2. 채권자에 의한 지체의 면제 채권자가 지체의 책임을 면제하면 지체책임은 소멸한다. 채권자가 이행을 유예한 경우에는, 그 유예기간 중에는 지체의 책임은 생기지 않는다. 다만 이미 생긴 지체책임까지 소멸하느냐가 문제인데 그것은 이행을 유예한다는 채권자의 의사표시의 해석의 문제이다.

3. 이행의 제공 채무자가 지연배상과 함께 채무가 내용에 좇은 이행의 제공을 한 때에는, 지체는 종료한다. 그러나 그 제공은 채권자가 해제권을 행사하기 이전에 있어야 하고(제544조), 또한 지체 후의 급부로 채권의 목적을 달성할 수 있는 것이어야 한다.

4. 이행 지체후의 이행불능 지체 후의 이행불능을 이행불능으로 다루면, 이행불능으로 이행지체는 종료한다. 이행기 이후에 생긴 급부불능은, 비록 그것이 채무자에

110) 대판 1962. 5. 24. 62다175.

게 책임 없는 사유에 기인한 것이더라도 채무자의 책임으로 돌아간다. 왜냐하면 채무자가 이행기에 이행하였더라면 급부불능은 생기지 않았을 것이기 때문이다. 따라서 채무자가 이행기에 이행하였더라도 손해를 면할 수 없었을 경우에는, 그 손해는 채무자의 책임에 돌리지 못한다(제392조 단서).

V. 금전채권의 이행지체에 관한 특칙

금전채권의 불이행은 언제나 이행지체로 되고 이행불능이 되지 않으며, 금전채권의 이행지체에 관하여는 민법에 특칙을 두고 있다(제397조). 따라서 그 요건과 효과에 있어서 이행지체 일반의 경우와 다르다.

제3관 이행불능

I. 의의와 요건

채무불이행으로서 이행불능이란 채무자가 그의 귀책사유로 인하여 채무의 이행을 할 수 없게 된 것을 말한다. 이행불능으로 본래의 급부의무는 소멸하고, 채무자의 유책사유를 근거로 제2차적 급부의무인 전보배상의무가 발생한다. 이러한 이행불능의 요건으로는 다음과 같은 것이 있다.

1. 이행이 후발적 불능으로 되었을 것

(1) 여기서의 불능은 채권성립 시에는 가능하였으나, 그 후에 불능으로 된 것을 말한다(후발적 불능). 채권성립 전에 이미 불능으로 된 경우(원시적 불능)는 아니나. 원시적 불능의 경우에는 계약체결상 과실책임만이 문제될 뿐이다(제535조). 후자의 경우는 채권이 성립한 것이 아니기 때문에, 이행불능이 아니다.

(2) 불능판단의 표준 불능이라는 것은 물리적 불능(매매의 목적물의 소실)뿐만 아니라, 사회생활상의 경험법칙 또는 거래상 관념에 비추어 채무자의 이행실현을 기대할 수 없는 경우를 말하고, 이행불능이라고 보기 위해서는 이행의 실현을 기대할 수 없는 객관적 사정이 충분히 인정되어야 한다.[111] 의해서 판단한다. 따라서 물리적으로는 가능하

111) 대판 1995. 2. 28. 94다42020; 대판 2016. 5. 12. 2016다200729.

여도, 거래통념상 불능이면 불능으로 본다.

(3) 일부불능의 경우 잔존급부만으로 계약관계의 유지와 존속을 인정할 수 있을 때에 일부불능으로 보아야 하고, 불가능한 부분을 제외한 나머지 부분만의 이행으로는 계약의 목적을 달성할 수 없다면 전부불능으로 보아야 한다.[112] 이행불능일 때에는 잔존급부에 대한 이행의무는 존속하고 불능부분은 채무불이행 혹은 위험부담의 법리(제537조)에 따라 처리되지만, 전부불능인 때에는 잔존급부에 대한 이행의무도 인정되지 아니하고 전부에 대한 손해배상 혹은 위험부담이 문제될 뿐이다.

2. 불능이 채무자의 유책사유에 기인할 것

(1) 이것은 민법이 규정하고 있으며(제390조 단서), 그 내용은 이행지체에 있어서와 같다. 따라서 채무자 본인의 고의·과실 뿐만 아니라 법정대리인이나 이행보조자의 고의·과실도 채무자의 귀책사유에 포함된다. 따라서 이행불능이 되었더라도 채무자에게 유책사유가 없으면 책임을 지지 않는다. 쌍무계약의 경우 반대급부의무는 위험부담의 법리(제537조)에 따라 처리된다. 고의·과실에 대한 증명책임은 채무자가 진다.

부동산에 관한 소유권이전등기의무를 부담하는 채무자가 이행의 제공으로 채권자가 수령지체에 빠진 후 부동산을 제3자에 양도함으로써 위 등기의무의 이행이 불능하게 된 경우에도, 채무자는 제401조와 제390조에 기하여 채무자가 이행불능에 따른 손해배상채무를 부담한다.[113] 다만 부동산 매수인이 매매목적물에 설정된 근저당권의 피담보채무에 관하여 그 이행을 인수한 경우, 채권자에 대한 관계에서는 매도인이 여전히 채무를 부담한다고 하더라도, 매도인과 매수인 사이에서는 매수인에게 위 피담보채무를 변제할 책임이 있으므로, 매수인이 그 변제를 게을리하여 근저당권이 실행됨으로써 매도인이 매매목적물에 관한 소유권을 상실하였다면, 특별한 사정이 없는 한, 이는 매수인에게 책임 있는 사유로 인하여 소유권이전등기의무가 이행불능으로 된 경우에 해당하고, 거기에 매도인의 과실이 있다고 할 수는 없다.[114]

3. 불능이 위법한 것일 것

(1) 불능이 위법하여야 한다. 즉 위법성 조각사유가 없어야 한다. 강박에 의하여 부동산에 관한 증여의 의사표시를 한 자가 그 취소권을 행사하지 않은 채 그 부동산을

112) 대판 1995. 7. 25. 95다5929.

113) 대판 2014. 4. 30. 2010다11323; 대판 2016. 3. 24. 2015다249383.

114) 대판 2008. 8. 21. 2007다8464·8471; 대판 2009. 5. 14. 2009다5193.

제3자에게 이중양도하고 취소권의 제척기간마저 도과하여 버린 후 그 이중양도계약에 기하여 제3자에게 부동산에 관한 소유권이전등기를 경료하여 줌으로써 증여계약상의 소유권이전등기의무를 이행불능으로 된 경우, 위와 같은 이중양도행위가 사회상규에 위배되지 않는 정당행위 등에 해당하여 위법성이 조각된다고 볼 수 없다.

(2) 불능판단의 시기

1) 이행이 가능이냐 불능이냐의 판단은 이행기를 표준으로 하여야 한다. 그러나 이행기 전이라도 이행기에 급부가 불능으로 될 것이 확실한 때에는, 이행기의 도래를 기다릴 필요 없이 곧 이행불능이 생긴다(예컨대, 수급인의 도산으로 말미암아 도급공사가 기한까지 완료될 가능성이 없는 경우).

2) 한편, 이행기에 이행불능이 생기더라도 그 불능이 일시적인 것이며(예컨대, 일시적인 질병의 경우), 그 후에 이행하더라도 채권의 목적을 달성할 수 있을 때에는 그 동안에 이행지체가 생길 뿐이다.

Ⅱ. 이행불능 여부가 문제되는 경우

1. 소유권이전의무의 이행불능

(1) 목적인 권리의 타인귀속 민법이 타인의 권리의 매매를 인정하고 있는 것(제569조)처럼 매매나 증여의 대상인 권리가 타인에게 귀속되어 있다는 이유만으로 채무자의 계약에 따른 이행이 불능이라고 할 수 없다.[115]

(2) 부동산의 이중매매 문제는 부동산의 이중매매의 경우이다. 매도인이 이중매매계약을 체결하는 것만으로는 계약자유의 원칙상 이행불능이라고 할 수 없으나,[116] 이중매매계약을 체결한 매도인이 매매의 목적물을 제3자에게 소유권이전등기를 마쳐준 경우에는, 등기를 회복하여 제1 매수인에게 이전등기를 해 줄 수 있는 특별한 사정이 없는 한 매도인의 채무는 원칙적으로 이행불능으로 된다.[117]

그러나 부동산소유권이전등기 의무자가 그 목적물을 제3자에게 양도하고 아직 그 소유권이전등기를 경유하지 않는 경우에는 특단의 사유가 없는 한 위 소유권이전등기의무는 이행불능의 상태에 있다고 볼 수 없음은 물론 위 소유권이전등기의무를 상속한

115) 대판 2016. 5. 12. 2016다200729.
116) 대판 1996. 7. 26. 96다14616.
117) 대판 2010. 4. 29. 2009다99129; 대판 2015. 2. 12. 2014다28800.

제3자가 그 명의로 소유권이전등기를 경료하였다고 할지라도 상속한 소유권이전등기의무가 이행불능이 되었다고 할 수 없다.[118]

타인이 소유하는 물건의 매매나 장래에 생길 물건 또는 권리의 매매 등의 경우에는 현재 곧 이행하는 것은 불가능하지만(원시적·주관적 불능), 이행기까지에는 채무자가 이들 물건이나 권리를 취득할 수 있는 가능성이 있으면 이를 불능으로 볼 것은 아니다.

(3) 제3자 명의의 가처분 등기 등이 마쳐진 경우 제3자의 처분금지가처분등기가 마쳐졌더라도 가처분등기는 단지 그에 저촉되는 범위 내에서 가처분채권자에게 대항할 수 없는 효과가 있는 것이어서 이행불능이 되지 않는다.[119] 제3자의 가등기가 마쳐진 경우 또는 제3자의 근저당권등기나 가압류등기가 마쳐진 경우 그 사실만으로는 이행불능이 되지 않는다.

(4) 담보목적으로 제3자에게 소유권이전등기가 마쳐진 경우 채무자가 채무를 변제할 자력이 없는 경우에는 특단의 사정이 없는 한 소유권이전등기의무는 이행불능이 된다.[120]

2. 물권적청구권의 이행불능으로 인한 전보배상청구권 인정 여부 종전 대판 2008. 8. 21. 2007다17161에서는 물권적 청구권인 말소등기청구권의 이행불능으로 인하여 전보배상청구권을 인정하였으나. 전원합의체 판결[121]에 의하여 종전 견해를 변경하였다. 즉 소유권에 근거하여 방해배제청구권으로서 말소등기청구권을 가지는 경우 소유권을 상실함에 따라 등기말소 등을 청구할 수 없게 되었다면, 위와 같은 청구권의 실현이 객관적으로 불능이 되었다고 파악하여 등기말소 등 의무자에 대하여 그 권리의 이행불능을 이유로 민법 제390조상의 손해배상청구권을 가진다고 말할 수 없다. 위 법 규정에서 정하는 채무불이행을 이유로 하는 손해배상청구권은 계약 또는 법률에 기하여 이미 성립하여 있는 채권관계에서 본래의 채권이 동일성을 유지하면서 그 내용이 확장되거나 변경된 것으로서 발생한다. 소유권 등의 물권적 청구권은 그 권리자인 소유자가 소유권을 상실하면 이제 그 발생의 기반이 아예 없게 되어 더 이상 그 존재 자체가 인정되지 아니하는 것이다. 이러한 법리는 선행소송에서 소유권보존등기의 말소등기청구가 확정되었다고 하더라도 그 청구권의 법적 성질이 채권적 청구권으로 바

118) 대판 1984. 4. 10. 83다카1222.
119) 대판 1999. 7. 9. 98다13754.
120) 대판 1993. 9. 14. 93다12268.
121) 대판(전) 2012. 5. 17. 2010다28604.

뀌지 아니하므로 마찬가지이다.

3. 임대인의 목적물 소유권 상실 임대인이 목적물의 소유권을 상실하였다 하더라도 임대차계약상의 임대인의 의무는 목적물을 사용수익케 할 의무로서, 목적물에 대한 소유권 있음을 성립요건으로 하고 있지 아니하므로 임대인이 소유권을 상실하였다는 이유만으로 임대차가 종료하거나 그 의무가 불능하게 되지 않고, 임차인이 진실한 소유자로부터 목적물의 반환청구나 차임 내지 그 해당액의 지급요구를 받는 등의 이유로 임대인이 임차인으로 하여금 사용수익시킬 수가 없게 되면 이행불능이 된다.[122)]

Ⅲ. 이행불능의 효과

이행불능의 경우에는 본래의 급부를 청구할 수 없으므로, 이행의 강제는 문제되지 않는다. 따라서 다음의 효과만이 발생한다.

1. 전보배상청구권 이행의 전부가 불능으로 된 경우에는 본래의 급부를 목적으로 하는 채무는 소멸하고, 이에 갈음하여 전보배상청구권이 성립한다. 이 전보배상청구권은 채권의 내용이 변경된 것으로서, 본래의 채권과 동일성을 유지한다. 본래 급부청구권의 담보는 전보배상청구권도 담보하고 소멸시효기간도 동일하며 본래 급부청구권과 대가관계 있는 채권자의 반대급부청구권과 동시이행의 관계가 유지된다. 전보배상청구권의 소멸시효는 본래 급부청구권을 행사할 수 있는 때가 아니라 전보배상청구권을 행사할 수 있는 때(제166조 제1항), 즉 이행불능 당시부터 진행한다.

이행의 일부가 불능인 경우에는, 그것 때문에 채권이 목적을 달성할 수 없는 경우에만, 나머지의 이행을 거절하고 전부에 대해서 전보배상청구를 할 수 있고, 나머지의 이행만으로도 채권의 목적을 달성할 수 있는 때에는 불능부분의 전보배상을 청구할 수 있을 뿐이다.

손해배상액의 산정은 이행불능 당시를 기준으로 손해액을 산정한다. 소유권이전능기의무의 이행불능으로 인한 손해액은 이행불능이 될 당시 목적물의 시가 상당액이고, 그 이후 목적물의 가격이 등귀하였더라도 그로 인한 손해는 특별한 사정으로 인한 손해이다.[123)]

2. 계약해제권 채무자의 귀책사유로 인하여 이행이 불능으로 된 때에는, 채권자

122) 대판 1978. 9. 12. 78다1103; 대판 1994. 5. 10. 93다37977.

123) 대판 1996. 6. 14. 94다61359·61366.

는 계약을 해제할 수 있다(제546조). 그리고 계약의 해제는 손해배상의 청구를 방해하지 않는다(551조). 매도인이 소유권이전등기의무 이행불능을 원인으로 매수인이 계약을 해제함에 있어서 상대방의 잔대금지급의무가 매도인의 소유권이전등기의무와 동시이행관계에 있다고 하더라도 매수인의 잔대금지급의무의 이행제공이 있어야 하는 것은 아니다.[124]

Ⅳ. 이행불능의 효과로서 대상청구권

1. 의의

이행불능을 발생케 한 것과 동일한 원인에 의하여 채무자가 이행의 목적물에 갈음하는 이익을 취득하는 경우가 있다. 예컨대, 채권의 목적물을 제3자가 멸실·훼손하는 경우, 채무자는 손해배상청구권을 취득하거나, 보험금청구권을 취득하게 된다. 이러한 경우에 채권자가 채무자에 대하여 그러한 이익에 갈음하는 이익을 청구하는 권리를 가리켜 대상청구권이라 한다. 민법은 이에 관한 규정을 두고 있지 않으나, 이를 인정하는 것이 공평의 관념에 합치하고, 또한 이를 인정하는데 학설[125]과 판례[126] 모두 인정하고 있다. 대법원 1992. 5. 12. 선고 92다4581판결에서 토지매매에서 매매목적물의 수용으로 이행불능이 발생한 경우 채권자에게 수용보상금청구권의 양도를 청구할 수 있다고 한 이래, 대상청구권을 인정하고 있다.

이 대상청구권을 인정하는 실익은 이행불능이 채무자의 유책사유에 의하지 않는 경우에 있다. 그러나 이행불능이 채무자의 유책사유에 인한 경우에도, 채권자는 손해배상청구권뿐만 아니라, 이와 함께 대상청구권도 취득한다. 다만 이 경우에 채권자가 대상청구권을 행사하여 이익을 얻은 때에는 그만큼 손해배상청구권에서 공제된다(독민 281조 2항 참조).

2. 인정근거와 적용범위

대상청구권에 관한 명문규정이 없는 민법 하에서 대상청구권을 인정한다면 어떤 근거로 인정할 것인가.[127] 이에 대하여 조리에 의한다는 조리설[128]과 민법의 다른 개별

---

124) 대판 2003. 1. 24. 2000다22850; 대판 2019. 7. 24. 2018다288877.

125) 1990년대 이전의 학설상황으로는 송덕수, 이행불능에 있어서 이른바 대상청구권, 경찰대 논문집 제4집, 1985, 198면.

126) 대판 1992. 5. 12. 92다4581; 대판 1995. 12. 22. 95다38080; 대판 2002. 2. 8. 99다23901.

127) 독일민법 제285조와 제326조 제3항, 프랑스민법 제1303조, 일본민법 제422조의2에서 대상청구

적인 규정들의 배후에 존재하는 보다 일반적인 법원칙 내지 법의 이치를 법률에 규정되지 아니한 사항에 적용하는 법유추 또는 전체유추에 의하는 일반원칙설,[129] 민법 제390조가 근거규정이고 제2조가 이를 수정하는 신의칙설[130] 그 대가나 대상이 남아 있는 경우에는 이를 이행불능으로 보기보다는 그 대상에 대한 이행이 가능한 것으로 취급하는 것이 타당하며, 민법 제390조의 반대해석에서 그 근거를 찾는 견해[131]등이 있다. 특히 일반원칙설에서는 민법의 여러 곳에서는(보통 제342조, 제370조, 제399조, 제480조, 제538조 제2항, 제1983조) 어떤 사람에게 귀속된 재산가치가 그 기초에 존재하는 경제적 관계에 비추어 다른 권리자에게 속해야 할 경우에는 그 재산가치는 후자에게 이전해야 한다는 내용의 대상법리 내지 대위법리가 표현되어 있는데, 이는 일반적 법리로 볼 수 있어 채무의 이행불능으로 채무자가 이익을 받은 경우에도 유추할 수 있고, 다른 한편으로 계약상 채무의 경우에 애초 당사자들의 기대 및 의무부담 의사에 비추어 볼 때 이는 이행불능의 경우에도 관철되어야 하므로 이행불능의 결과 채무자가 받은 이익은 채권자에게 이전되어야 한다는 것(채권관계의 연장효)이다. 특히 당사자들의 추정적 의사에 따른 계약의 보충적 해석상 인정된다고도 한다.[132]

생각건대 대상청구권을 입법하기 전까지 그 인정근거를 민법에서 도출해 내는 것은 어려운 일이다. 또한 후발적 이행불능의 효과로서 채무자의 유책사유를 불문하고 대상청구권을 인정하기 때문에 유책사유를 요건으로 하고 있는 제390조에서 그 근거를 찾는 것도 타당하지 않다. 채권관계에 들어온 채권자와 채무자의 이익형량 면에서 이행불능으로 인한 대가나 대상을 채무자가 누린다는 것이 형평과 공평의 원칙에서 타당하지 않기 때문에 채권자에게 대상청구권을 인정하는 것이라고 보아야 하지 않을까 한다.

3. 대상 청구권의 요건

대상청구권이 인정되기 위해서는 급부가 후발적으로 불능하게 되어야 하고, 급부를 불능하게 하는 사정의 결과로 채무자가 채권의 목적물에 관하여 '내신하는 이익'을 취

권을 규정하고 있다. 민법개정안 제399조의2에서도 채무자의 유책사유를 불문하고 대상청구권을 인정하고자 한다.

128) 이상경, 대상청구권, 민사판례제문제: 송천 이시윤박사 회갑기념논문집(상), 1995, 254면.

129) 주해(9), 290면(양창수).

130) 안법영, 채권적 대상청구권, 채권법에 있어서 자유와 책임:김형배교수 회갑기념논문집, 박영사, 1994, 251면.

131) 오수원, 대상청구권의 인정근거와 적용범위, 법학논총 제18권 3호, 2011, 303면.

132) 임건면, 대상청구권에 관한 소고, 경남법학 제14권, 1998, 137면; 주석민법 채권총칙(1), 694면(김상중).

득하여야 하고, '급부를 불능하게 하는 사정'과 채무자가 취득한 '대신하는 이익' 사이에 상당인과관계가 존재하여야 한다.[133] 구체적으로 살펴보기로 한다.

(1) 물건 또는 권리이전을 목적으로 하는 청구권의 존재 청구권이 존재하기만 하면 되고, 청구권 발생의 기초는 문제되지 않는다. 계약관계에 기초한 청구권인지 법률규정에 의한 청구권인지는 불문한다. 다만, 청구권은 물건의 인도 또는 권리이전을 내용으로 하는 청구권이어야 한다. 경매의 목적물인 토지가 경락허가결정 이후에 하천구역에 편입됨으로써 소유자의 경락자에 대한 소유권이전등기의무가 이행불능으로 된 때에도 경락자는 손실보상금에 대한 대상청구권을 행사할 수 있다.[134]

(2) 후발적 불능 대상청구권은 후발적 불능의 경우에 인정된다. 급부가 원시적으로 불능인 때에는 무효가 되므로(제535조), 채권관계의 존속을 목적으로 하는 대상청구권이 인정될 수 없다. 불능에 유책사유가 있는지는 문제되지 않는다. 물론 대상청구권을 인정하는 실익은 유책사유가 없는 경우이겠지만, 이행불능이 채무자의 유책사유에 인한 경우에도 채권자는 손해배상청구권뿐만 아니라, 이와 함께 대상청구권도 취득한다. 쌍무계약상 급부의무가 채무자의 유책사유 없이 불능이 된 경우에는 채권자는 위험부담의 법리(제537조)를 주장할 수도 있고, 대상청구권을 행사할 수도 있다.

(3) 채무자가 급부에 갈음한 이익이나 이익에 대한 청구권을 취득할 것 대상이 될 수 있는 것으로는, 손해배상금, 수용보상금, 매매대금 등에 대한 청구권뿐만 아니라 화재보험금청구권도 가능하다. 급부에 갈음하는 이익은 불능으로 취득된 것이어야 한다. 즉 급부를 불능하게 하는 사정'과 채무자가 취득한 '대신하는 이익' 사이에 상당인과관계가 존재하여야 한다.[135] 그러나 불능이 대상취득의 유일한 원인이어야 할 필요는 없다.[136]

(4) 불능인 급부와 대상 사이의 동일성 대상은 불능인 급부의 가치변형물의 성질을 가지고 있어야 한다. 예컨대, 수용보상금, 화재보험금 등은 목적물의 소유권이전을 내용으로 하는 급부가 후발적 불능인 경우에 대상청구권이 될 수 있다. 사해행위취소소송에서 원물반환으로 근저당권설정등기의 말소를 구하여 승소판결이 확정되었는데, 그 후 해당 부동산이 관련 경매사건에서 담보권 실행을 위한 경매절차를 통하여 제3자

133) 대판 2003. 11. 14. 2003다35482.

134) 대판 2002. 2. 8. 99다23901.

135) 대판 2003. 11. 14. 2003다35482.

136) 예컨대, 매매목적물이 소실됨에 따라 매도인이 취득한 화재보험금은 오직 소실이라는 원인에 의해서만 취득된 것이 아니다. 그러나 목적물의 가치의 변형이라고 볼 수 있으므로 대상청구권이 될 수 있다.

에게 매각된 사안에서, 위와 같이 부동산이 담보권 실행을 위한 경매절차에 의하여 매각됨으로써 확정판결에 기한 근저당권설정등기 말소등기절차의무가 이행불능된 경우, 근저당권자가 지급받을 배당금은 근저당권설정등기와 동일성이 있으므로 대상청구권의 대상이 될 수 있고, 따라서 대상청구권 행사로서 말소될 근저당권설정등기에 기한 근저당권자로서 지급받은 배당금의 반환을 청구할 수 있다.[137)]

(5) 쌍무계약상 채권자 반대급부의무의 실현가능성 쌍무계약에서 채권자의 반대급부의무도 불능인 때에는 채권자의 의사만으로는 채권관계를 유지할 수 없으므로 대상청구권은 인정되지 않는다. 판례도 쌍무계약에서 당사자 일방의 반대급부도 그 전부가 이행불능이 되거나 그 일부가 이행불능이 되고 나머지 잔부의 이행만으로는 상대방의 계약목적을 달성할 수 없는 등 상대방에게 아무런 이익이 되지 않는다고 인정되는 때에는, 상대방이 당사자 일방의 대상청구를 거부하는 것이 신의칙에 반한다고 볼 만한 특별한 사정이 없는 한, 당사자 일방은 상대방에 대하여 대상청구권을 행사할 수 없다고 한다.[138)] 다만, 채권자의 반대급부의무가 금전채무인 경우에는 이행불능의 문제는 생기지 않는다.

(6) 점유취득시효완성자의 대상청구권 특유요건 점유로 인한 부동산 소유권 취득기간 만료를 원인으로 한 등기청구권이 이행불능으로 되었다고 하여 대상청구권을 행사하기 위해서는, 그 이행불능 전에 등기명의자에 대하여 점유로 인한 부동산 소유권 취득기간이 만료되었음을 이유로 그 권리를 주장하였거나 그 취득기간 만료를 원인으로 한 등기청구권을 행사하였어야 하고, 그 이행불능 전에 그와 같은 권리의 주장이나 행사에 이르지 않았다면 대상청구권을 행사할 수 없다.[139)]

4. 대상청구권의 효과

(1) 대상청구권은 채권적 청구권이다. 따라서 대상청구권의 요건이 갖추어졌다고 하여 대신하는 이익(예컨대 수용보상금이나 수용보상금청구권)이 채권자에게 직접 이전되지는 않는다.[140)] 채무자의 이행행위에 의하여 '대상'이 채권자에게 귀속된다. 따라서 대상이 이익이 어떤 사유로 채권자에게 직접 귀속되었다면 그와 같은 이익의 보유가 채무자에 대한 관계에서 바로 부당이득이 되는 것은 아니다.[141)]

---

137) 대판 2012. 6. 28. 2010다71431.

138) 대판 1996. 6. 25. 95다6601. 사안의 경우는 토지교환계약이었음.

139) 대판 1996. 12. 10. 94다43825.

140) 대판 1995. 8. 11. 94다21559; 대판 1996. 10. 29. 95다56910.

(2) 상환범위 채무자는 그가 취득한 모두를 채권자에게 인도하여야 하며, 그 결과 대상이 채권의 목적물의 통상의 가치를 넘는 경우에는 초과가치도 인도하여야 한다. 판례도 「소유권이전등기의무의 이행불능 당시 채권자가 그 목적물의 소유권을 취득하기 위하여 지출한 매수대금 상당액 등의 한도 내로 그 범위가 제한된다고 할 수 없다」[142]고 하거나, 「매매의 목적물이 화재로 소실됨으로써 매도인이 지급받게 되는 화재보험금, 화재공제금에 대하여 매수인의 대상청구권이 인정되는 이상, 매수인은 특별한 사정이 없는 한 목적물에 대하여 지급되는 화재보험금, 화재공제금 전부에 대하여 대상청구권을 행사할 수 있고, 인도의무의 이행불능 당시 매수인이 지급하였거나 지급하기로 약정한 매매대금 상당액의 한도 내로 범위가 제한된다고 할 수 없다」[143]고 하여 같은 입장이다.

학설에서는 이행불능으로 인한 손해를 한도로 하는지에 대하여 손해를 한도로 하지 않는다고 보는 무제한설과 채권자가 입은 손해를 한도로 제한해야 한다는 제한설로 나뉜다. 제한설로 새기면 채무자에게 유책사유가 있는 경우에는 대상청구권이 무의하게 될 뿐만 아니라, 대상청구권 인정의 실익이 이행불능의 경우에 대상청구액이 전보배상액보다 클 때에는 채권자에게 대상청구권을 인정하여 채무자로 하여금 부당한 이익을 취하지 못하도록 함이 공평관념에 부합되기 때문이다. 무제한설에 찬성한다.

(3) 채권자의 반대급부의무의 이행 대상청구권은 후발적 불능의 문제에서 발생하고 채무자에게 유책사유가 인정되지 않더라도 채권자는 요건을 충족하면 대상청구권을 행사할 수 있게 된다. 그런데 제537조(위험부담)의 규정에 의한다면 채권자는 채권자는 대상청구권을 가지게 되면서 자신의 채무는 이행하지 않게 되어 부당하게 된다. 따라서 제537조의 규정에도 불구하고 대상청구권을 행사하는 채권자는 여전히 반대급부의무를 부담한다고 새겨야 하고, 공평 타당한 결과에 이르게 된다. 판례도 「쌍무계약의 당사자 일방이 상대방의 급부가 이행불능이 된 사정의 결과로 상대방이 취득한 대상에 대하여 급부청구권을 행사할 수 있다고 하더라도, 그 당사자 일방이 대상청구권을 행사하려면 상대방에 대하여 반대급부를 이행할 의무가 있는바, 이 경우 당사자 일방의 반대급부도 그 전부가 이행불능이 되거나 그 일부가 이행불능이 되고 나머지 잔부의 이행만으로는 상대방의 계약목적을 달성할 수 없는 등 상대방에게 아무런 이익이 되지 않는다고 인정되는 때에는, 상대방이 당사자 일방의 대상청구를 거부하는 것이 신의칙에 반한다고 볼 만한 특별한 사정이 없는 한, 당사자 일방은 상대방에 대하여 대상청구

141) 대판 2002. 2. 8. 99다23901.
142) 대판 2008. 6. 12. 2005두5956.
143) 대판 2016. 10. 27. 2013다7769.

권을 행사할 수 없다.」[144]고 한다.

이는 쌍무계약에서 급부의무와 반대급부 사이의 견련성의 당연한 귀결이다. 즉 제537조에서 상대방의 이행을 청구하지 못한다는 것은 채권이 이행불능으로 되어 소멸한 점에 한하여 적용되는 것으로 보아야 한다.[145] 쌍무계약에서 채무자가 목적물에 갈음하는 이익을 이전하여야 하는 의무와 채권자의 반대급부의무는 동시이행관계에 있다고 보아야 한다.

(4) 소멸시효 대상청구권은 특별한 사정이 없는 한 매매 목적물의 수용 또는 국유화로 인하여 매도인의 소유권이전등기의무가 이행불능 되었을 때 매수인이 그 권리를 행사할 수 있다고 보아야 할 것이고 따라서 그때부터 소멸시효가 진행하는 것이 원칙이라 할 것이나 보상법규 흠결이 있는 때에는 보상법규가 마련된 때부터 진행한다.[146]

5. 대상청구권과 손해배상청구권과의 경합

채무자의 책임 있는 사유로 인한 이행불능의 경우에는 채권자의 대상청구권과 손해배상청구권이 경합하고, 채권자는 두 권리를 선택적으로 행사할 수 있다. 그러나 채무자는 대상급부의 이행을 표명한다 하더라도 손해배상책임을 면할 수 없다. 손해배상청구권을 행사한 경우 채권자가 대상을 취득하였을 때에는 그 범위에서 손해배상액은 감축된다.

V. 이른바 청구권의 경합의 문제

하나의 사실관계에서 두 개의 청구권이 발생하는 경우, 즉 채무불이행으로 인한 손해배상청구권과 불법행위로 인한 손해배상청구권이 발생하는 경우가 있다. 이때 이른바 청구권의 경합의 문제가 발생한다. 예컨대, 건물의 임차인이 과실로 임차건물을 소실한 경우 임차물의 보관의무라는 채무불이행 이외에 임대인의 소유권의 침해라는 불법행위의 성립을 인정할 여지가 있다. 즉 채권자인 임대인은 임차인에 대하 채무불이행에 따른 손해배상청구권을 가지게 되지만, 불법행위에 의한 손해배상청구권도 가지게 되는 것이다.

이 경우 특수한 관계에 있는 자들 사이의 문제로 계약책임만 물을 것이냐, 그렇지 않으면 불법행위책임도 인정하여 두 개의 청구권의 경합을 인정하여 청구권자는 그 어

144) 대판 1996. 6. 25. 95다6601.

145) 송덕수, 147면.

146) 대판 2002. 2. 8. 99다23901.

느 쪽이든 선택적으로 행사할 수 있다고 하여야 할 것이냐의 문제가 있다. 이것이 이른바 청구권경합의 문제로서 오늘날 두 개의 견해가 대립되고 있다. 청구권경합설, 법조경합설, 청구권경합설로 견해가 나뉘고 있다. 논의의 가장 핵심이 되는 부분은 ① 청구권의 개수의 문제와 ② 적용법규의 결정문제라고 할 수 있다.

(1) 청구권경합설 채권자의 선택에 쫓아 불법행위책임을 묻거나, 또는 계약책임을 물을 수 있다는 견해로서 현재의 통설이며 판례[147]의 태도이다. 즉 채무불이행책임과 불법행위책임은 각각 요건과 효과를 달리하는 별개의 법률관계에서 발생하는 것이므로 하나의 행위가 계약상 채무불이행의 요건을 충족함과 동시에 불법행위의 요건도 충족하는 경우에는 두 개의 손해배상청구권이 경합하여 발생하고, 권리자는 위 두 개의 손해배상청구권 중 어느 것이든 선택하여 행사할 수 있다는 것이다.[148] 그리고 양청구권은 소송물이 다르다고 한다. 즉 동일한 사실관계에서 발생한 손해의 배상을 목적으로 하는 경우에도 채무불이행을 원인으로 하는 배상청구와 불법행위를 원인으로 한 배상청구는 청구원인을 달리하는 별개의 소송물이므로, 법원은 원고가 행사하는 청구권에 관하여 다른 청구권과는 별개로 그 성립요건과 법률효과의 인정 여부를 판단하여야 한다. 계약 위반으로 인한 채무불이행이 성립한다고 하여 그것만으로 바로 불법행위가 성립하는 것은 아니다.

이 견해의 결정적인 논거는 판례가 설시한 것 이외에도 양자 사이의 자유로운 선택을 인정하는 것이 피해자인 채권자에게 유리하다는 것 등이다. 예컨대, 불법행위에 의한 손해배상을 청구하려면 불법행위법상의 단기소멸시효기간이 경과하였으나, 채무불이행에 의하여 다시 청구할 수 있는 경우와 같이 피해자의 보호라는 점에서 실익이 있다고 한다.

(2) 법조경합설 법조경합설은 손해배상청구권의 근거조항인 제750조와 제390조를 일반법과 특별법의 관계로 보고 이 경우 특별법에 의하여 일반법이 배제되기 때문에 채권자는 390조의 채무불이행에 의한 손해배상청구권만 행사할 수 있다는 것이다. 이 이론의 논거는 양자를 손해배상청구권이라는 같은 본질의 것이라고 보는 까닭에 양자의 기계적인 경합을 인정할 것이 아니라, 그 성질에 따라서 각기 그 기능을 분담케 하여야 한다는 것이다. 또한 실제에 있어서도 계약책임이 채권자에게 유리한 것이 보통이므로, 계약책임만을 인정하더라도 채권자에게 불리하지 않다고 한다.

(3) 청구권규범경합설(속성규범통합설) 이는 손해배상이라는 동일한 성질을 갖는 청

147) 대판 1967. 12. 15. 67다2251; 대판 2011. 8. 25. 2011다29703.
148) 대판 2021. 6. 24. 2016다210474.

구권이 경합하는 경우에는, 단순히 어느 청구권규범이 권리자에 유리한가 불리한가를 가려서 판단할 것이 아니라 문제된 사실관계를 규범적 측면에서 어떤 성질의 구성요건적 요소로 파악하여야 하고, 그 사실에 대하여는 어떤 효과가 귀속되는 것이 타당한가에 따라서 판단되어야 한다는 견해이다.[149] 신실체법설이라고도 한다. 어떤 사실관계가 복수의 법규에 포섭되는 경우에 실체법질서가 특정된 하나의 급부만을 시인하는 경우에는 법적으로 보호되는 이익으로서의 실체적 청구권은 하나밖에 성립하지 않으며, 실체법질서가 일회의 급부만을 시인하는 경우에 그 기초가 되는 법규가 복수로 존재하더라도, 그 경합하는 법규의 총체에 의하여 속성(법적 성질)이 결정되는 하나의 실체법상의 청구권만이 성립한다고 한다. 이것은 민사소송법의 신소송물이론에 자극을 받아 독일의 Nikisch가 제기한 학설이다. 즉 동일한 급부가 여러 개의 청구권에 의하여 기초지워질 경우에 여러 개의 청구권이 성립하는 것이 아니라 오로지 하나의, 그러나 복수의 법적 기초를 가진 청구권이 성립한다는 것이다.

생각건대, 먼저 법조경합설은 계약책임을 묻는 것이 채권자에게 유리하다고 하지만 언제나 반드시 그런 것은 아니며, 피해자가 불법행위책임을 묻는 경우에 이를 부인할 것은 아니라고 본다. 피해자인 채권자의 보호면에서 피해자로 하여금 선택케 하는 것이 더 두텁게 보호하는 결과가 될 것이고, 우리 민법에서 손해배상책임을 규정할 때, 불법행위책임과 계약책임을 일반규정과 특별규정으로 규정하였다기보다는 오히려 병렬적 구조를 가지고 규정하고 있고, 또한 두 책임은 발생요건과 효과가 서로 다르다는 점에서 받아들이기 어렵다.

청구권규범경합설은 우리의 소송구조나 소송제도가 신소송물이론을 받아들이기에 적합하다면 모르나, 현행법은 변호사강제주의를 채택하고 있지 않기 때문에 법률에 밝지 못한 당사자가 소송물을 잘못 구성함으로써 패소하는 경우가 있을 수 있으며, 이와 같은 경우에 한 번 더 소송의 기회를 줄 수 있는 구소송물이론이 피해자구제의 한 방법이 되기도 한다. 또한 계약규범과 불법행위규범을 조정·통합하여 통합된 청구권을 성립게 한다는 것은 곧 법률이 인정하고 있지 않은 새로운 법규를 만들어 내는 것과 같다. 우리나라의 소송제도 하에서는 신소송물이론을 바탕으로 한 단일청구권의 구성을 지지하는 청구권규범통합이론이 적용될 가능성은 크지 않다.

이러한 이유에서 아직도 우리의 입장에서는 청구권경합설을 따를 수밖에 없지 않을까 생각한다.

149) 김형배, 청구권규범경합론-방법론적 재구성을 위하여, 고대법학논집 제20집, 1982; 동, 민법학연구, 박영사, 1986, 452면; 이은영, 채권총론(제4판), 박영사, 2009, 381면.

VI. 배상자의 대위

1. 의의 급부가 불능하게 된 물건 또는 권리에 대하여 채무자가 그 가액 전부를 채권자에게 배상한 때에는 채무자는 그 물건 또는 권리에 대하여 당연히 채권자를 대위한다(제399조). 예컨대, 수치인이 임치물을 도난당하여 그 반환이 불가능하게 된 때에 수치인이 그 가액 전부를 임치인에게 배상하면 그 물건에 대한 소유권은 당연히 수치인에게 취득된다.

민법은 여러 규정에서 어떤 사람에게 귀속된 재산가치가 그 기초에 존재하는 경제적 관계에 비추어 다른 권리자아게 속해야 할 경우에는 그 재산가치는 후자에게 이전되어야 한다는 내용의 대위법리를 표현하고 있다. 제342조(물상대위), 제480조(변제자의 임의대위), 제1084조(유증의 물상대위성) 등이 그것이다. 채권자가 손해배상을 받았음에도 채권의 목적인 물건 또는 권리를 보유하게 된다면 이중으로 이득을 취하게 되어 부당하다. 즉 이는 실손해를 전보하는 손해배상제도의 목적에 반하게 된다. 배상대위제도는 단지 이중의 이득을 방지하기 위한 제도는 아니고, 배상을 한 자(채무자)가 다른 자(제3자)에 대하여 취득한 구상권을 확보하기 위한 제도로서의 색채도 가지고 있다.

2. 요건

(1) 채권의 목적인 물건 또는 권리의 가액 채권자가 채권의 목적인 물건 또는 권리의 가액 전부에 대하여 손해배상을 받아야 한다. 배상자대위가 발생하는 경우는 채권의 목적이 일반적으로 물건의 인도 또는 권리의 이전을 내용으로 하는 것이 일반적이다. 배상자대위는 손해가액 전부를 배상한 채무자가 채권자의 채권의 목적에 관한 지위를 이전받는 것이므로 이에 한정할 것은 아니다. 예를 들어 채권추심 위임을 받은 수인인이 추심을 게을리 함으로써 채권자에게 채무불이행으로 인한 손해를 입힌 경우 수임인이 전보배상으로 그 채권의 가액 전부를 배상하였다면 위임인의 수임인에 대한 채권은 채권 이전을 목적으로 하는 것이 아니지만 배상자대위를 긍정할 수 있다. 따라서 위임인의 제3자에 대한 채권은 당연히 수임인에게 이전한다.[150]

(2) 물건 또는 권리의 가액 전부를 배상할 것 손해배상자의 대위는 채권의 목적인 물건 또는 권리의 가액 전부를 배상하여야 한다. 이 점에서 변제자대위가 일부 변제 시에도 그 가액에 비례하여 채권자와 함께 그 권리를 행사할 수 있는 것(제483조 제1항)과 다르다. 가액 전부의 배상은 금전의 실제 지급으로만 해야 하는 것은 아니다. 채권의

150) 김형배, 320면; 양창수/김재형, 민법 I 계약법(제2판), 박영사, 2015. 501면.

목적인 물건 또는 권리가 가분적이라는 등의 특별한 사정이 없는 한 채무자가 채권의 목적인 물건 또는 권리의 가액 일부를 손해배상한 것만으로는 채권자를 대위할 수 없다. 통설 및 판례[151]의 입장이다.

한편 손해배상자 대위는 손해배상이 전보의 성격을 갖는 경우에 한해 허용되므로 지연배상에서는 손해배상자 대위가 생기지 않는다.[152]

3. 효과

채권의 목적인 물건(소유권) 또는 권리가 법률상 당연히 채권자로부터 배상자에게 이전한다. 따라서 물권변동에 필요한 요건(등기 또는 인도 등)을 필요로 하지 않는다. 이 경우는 법률의 규정에 의한 물권변동으로서 등기를 요하지 않는다고 해석된다(제187조). 또한 배상자대위의 목적인 권리도 배상자에게 당연히 이전되므로 채권양도의 대항요건(제450조·제508조)을 갖출 필요가 없다.[153]

제4관 불완전이행 내지 적극적 채권침해

Ⅰ. 불완전이행의 의의 및 근거

1. 불완전이행의 의의

불완전이행이란, 채무자가 채무의 이행을 하였지만, 그것이 불완전하기 때문에 채무의 내용에 좇은 것으로 되지 아니한 것을 말한다. 그리고 일반적으로 불완전이행은 민법에 규정되어 있지 않지만 종래 이행지체·이행불능과 함께 제3의 채무불이행의 유형으로서 인정되고, 제390조 전단의 「채무자가 채무의 내용에 좇은 이행을 하지 아니한 때」에는 이행지체뿐만 아니라 불완전이행도 포함하는 것으로 해석한다.

불완전이행은 채무자가 채무의 이행으로서 일정한 급부를 하였으나 그것이 채무의 내용에 좇은 완전한 급부가 아니라 하자 있는 불완전한 급부이거나 혹은 채무이행과 관련된 수의의무를 위반하여 채권자에게 손해를 끼친 경우로서 이는 채무자가 적극적으로 일정한 급부를 하였다는 점(적극적 채무위반)에서 소극적인 채무위반인 이행지체나 이행불능과 구별된다.

151) 대판 2007. 10. 12. 2006다42566.
152) 이은영, 374면.
153) 대판 1977. 7. 12. 76다408.

그런데 이 불완전이행은 다시 두 가지로 나누어지는 바, 하나는 일응 이행이 행하여지기는 하였으나 그것이 불완전하여 본래의 이행이 되지 못하는 경우이고(예컨대 석탄 100톤을 급부할 채무에 있어서 100톤이라고 인도하였는데 실제로는 90톤밖에 되지 않은 경우), 다른 하나는 불완전이행의 결과 채권자의 다른 재산에 손해를 준 경우이다(예컨대 병든 닭을 인도하여 채권자의 다른 닭에까지 병을 옮긴 경우). 전자는 실제 이행지체의 문제로 해결할 수 있으므로 문제되지 않는다. 후자는 소극적으로 채무를 이행하지 않았기 때문에 손해가 생긴 것이 아니라 불완전이행으로 말미암아 오히려 적극적으로 채권을 침해하였다는 의미에서 이를 특히 「적극적 채권침해」라고 부르기도 한다. 적극적채권침해와 불완전이행을 동의어로 이해하기도 한다.[154)]

적극적채권침해라는 개념은 독일민법 직후 1902년 Hermann Staub의 적극적 계약침해론에서 유래된 것이다. 즉, 그는 이행지체 또는 이행불능과 같이 이행을 하지 않음으로써 생기는 소극적 손해에 관하여 뿐만 아니라 불완전이행행위로 말미암아 생기는 적극적 손해에 대하여도 불이행책임을 인정하여야 할 경우가 있다고 하면서 이를 「적극적 계약침해」라고 하였던 것이다. 이 이론은 학설·판례의 지지를 얻었으나, 다만 그와 같은 침해는 계약상의 채권에 한정되지 않고 계약상의 채권 이외(예컨대 사무관리·부당이득·불법행위 등의 법정채권발생원인에 의한 채권)에서도 가능하기 때문에 '계약'침해라는 용어는 적절치 않다는 비판이 있어서 적극적 '채권' 침해라는 용어를 쓰게 되었다. 그 후 다시 Zittelmann에 의해서 「불완전이행」이라는 용어가 사용되기에 이르렀다. 그리하여 독일에서는 적극적 계약침해·적극적 채권침해·불완전이행이라는 용어가 같은 의미로 쓰이고 있으나,[155)] 채권법 개정으로 점차 퇴색하고 있다.

불완전이행의 개념을 원칙적으로 부정하고 적극적 채권침해는 인정하되 이것을 보호의무 위반으로 보기도 한다. 실제 불완전이행 내지 적극적채권침해에서는 하자의 보수 내지 추완청구와 부가적 손해에 대한 구제가 특히 문제되므로, 일부지체나 일부불능에 해당하는 소극적 채무위반의 경우를 제외하고 부가적 손해를 발생케 하는 하자 있는 이행과 하자보수 내지 추완청구를 그 구제방법으로 하는 하자 있는 이행이 이에 해당할 것이다. 불완전이행 내지 적극적채권침해에 대해서는 다양한 접근방법이 있지만, 이러한 견해들이 실제에 있어서 확대손해의 배상에 대해서는 실제상의 차이는 보이지 않고 있다.

154) 곽윤직, 95면; 지원림교수는 적절하지 못한 이행이 채권자에게 이행이익을 초과하는 또는 그와 별도의 부가적 손해를 야기한 경우에 이를 별도의 독자적 유형으로 파악하고 이 유형을 '이행가해'라고 부른다. 지원림, 1093면.

155) 곽윤직, 96면; 현승종, 128면.

2. 불완전이행의 근거

민법에는 불완전이행에 관한 명문규정은 없으나, 채무불이행의 일반조항인 제390조 본문에 근거하여 불완전이행을 채무불이행의 한 유형으로 인정하고 있다고 보아야 한다. 따라서 적극적 의무에 대한 소극적 위반이 이행지체와 이행불능이며, 소극적 의무에 대한 적극적 위반은 불완전이행 내지 적극적 채권침해가 된다고 하고, 채무자가 어떤 이행행위를 하였으나, 그 이행행위의 하자로 인하여 급부목적물·급부결과 또는 그 밖의 채권자의 법익에 손해를 발생케 한 때에는, 부수적 용태의무를 위반한 불완전이행으로서 제390조에 의하여 이를 배상하여야 한다고 한다.[156]

제390조를 포괄적인 일반규정으로 이해하면 이행지체·이행불능·불완전이행 이외의 경우, 예컨대 이행거절의 채무불이행에도 적용된다고 하게 된다. 즉 제390조는 불완전이행의 「형식적 근거」이고 「실질적 근거」는 채권관계의 내용을 구성하는 용태의무위반이라는 견해가 존재한다.[157] 채권관계의 구성요소인 급부의무·부수적 주의의무·보호의무의 위반에 있다고 보는 것이다. 그리고 각 경우의 의무위반에 따라 불완전이행의 모습을 유형별로 고찰하는 것이 적절하다고 한다.

민법도 기본적으로는 개정전 독일민법과 같이 채무불이행의 유형으로서 이행지체와 이행불능의 양자를 예정하고, 이행이 불완전한 경우는 이를 하자담보책임(제559조·제567조·제580조·제581조·제602조·제667조이하·제697조 참조)으로서 해결하려고 하였다. 다만, 채무불이행은 원칙적으로 유책사유를 필요로 하지만 담보책임은 채무자의 유책사유를 필요로 하지 않기 때문에 제390조의 채무불이행의 유형으로 포섭하는 것에는 한계가 있다.

그런데 왜 이러한 불완전이행 내지 적극적채권침해가 채무불이행의 유형으로서 승인되기에 이르렀을까? 그것은 불법행위책임에서 계약책임에로의 발전 현상(계약책임의 확대) 때문이다. 확대손해의 배상문제는 종래, 불법행위법에 의하여 처리되었다. 즉 독일 불법행위법은 우리와는 달리 불법행위를 이유로 손해배상을 청구할 수 있는 경우가 한정되어 있기 때문에(독민 제823조·제826조), 되도록 계약책임으로 이론구성하려는 것이다. 이와 같은 계약책임의 확대현상은 시간적 확대(계약체결상의 과실, 계약종료후의 과실), 질적 확대(안전배려의무위반·보호의무위반), 인적 확대(제3자를 위한 보호효를 수반하는 계약·제조물책임 내지 의료과오의 계약책임적 구성)에서 볼 수 있는 것이다.

---

156) 곽윤직, 97면.
157) 김형배, 240면.

【참고】 부작위채무와 불완전이행

부작위채무에 관하여서도 불완전이행이 성립하느냐가 문제되나, 이것을 긍정할 수 없다. 부작위채무에서는 채무가 채무의 내용인 금지되어 있는 행위를 하지 않으면 채무는 완전히 이행되는 것이며, 반대로 금지되어 있는 행위를 한 때에는 부작위채무에 대한 위반이 된다. 그러므로 불완전이행이란 있을 수 없다. 예컨대, 특정업소에 1년간 출연하지 않기로 한 채무자가 1개월만 출연하였다면 그것은 계속적 부작위채무의 일부에 대한 완전한 불이행이며, 이것을 불완전이행이라고 할 수 없다.

Ⅱ. 불완전이행의 요건

1. 당사자 사이에 채권관계가 존재할 것 채무불이행으로 인정되기 위해서는 당사자 사이에 채권관계가 존재하여야 한다. 여기서의 채권관계는 그 구성요소인 급부의무, 부수적 주의의무, 보호의무의 존재가 있어야 한다는 의미이다.[158)]

2. 이행행위가 있었을 것 불완전이행은 채무자가 이행을 하였으나 그 이행이 채무내용에 따르지 않은 경우이므로, 불완전이행이 인정되기 위해서는 외관상 채무자의 이행행위가 존재하여야 한다. 이행행위가 전혀 없다면 이행지체나 이행불능으로 된다.

3. 이행이 불완전하거나 부수의무 내지 보호의무를 위반하였을 것 「이행이 불완전하다」는 것은 채무의 내용에 좇은 것이 되지 못한다는 것을 의미한다. 급부행위의 내용뿐만 아니라 그 방법·시기·장소 등의 어느 점에서든지 채무의 내용에 반하는 것은 모두 포함된다. 이 이외에도 부수의무 내지 채권자의 신체 기타 재산상의 손해를 발생케 하지 않아야 할 보호의무를 위반하여야 한다. 문제가 되는 경우를 보면 다음과 같다.

(1) 주된 급부채무의 불완전이행

1) 채무의 일부 불이행(일부지체 또는 일부불능) 채무의 일부만을 이행하여 나머지에 대하여 일부지체 또는 일부불능이 있는 때에는 불완전이행이라고 할 수 있지만, 이행지체나 일부불능의 유형에 속하는 것으로 다루어 그 법리를 적용할 수 있으므로 이들은 특별히 불완전이행이라고 할 필요는 없을 것이다.

전부의 이행으로서 이행하고 수령하였으나 사실은 일부만의 이행이었을 경우에도

158) 보호의무 위반의 경우에 채무불이행책임이 아니라 불법행위책임을 지우는 것이 타당하다는 견해로는 김증한·김학동, 110면.

불완전이행으로서 다룰 수 있으나, 역시 일부이행으로 다루면 될 것이다. 예컨대, 커피 10톤을 급부하여야 할 채무에서 채무자가 10톤이라고 하여 인도하였지만 실제로는 8.5 톤밖에 되지 않은 경우이다. 이것도 일부이행으로 다루면 될 것이다. 다만, 전수량을 일시에 제공하지 않는다면 채권의 목적을 달성할 수 없는 특수한 경우에는 불완전이행으로 다루어야 할 것이다.[159)]

2) 전부이행이 있었으나 그 이행이 불완전한 경우 일부지체나 일부불능을 불완전이행의 문제로서 다루어야 할 필요가 없다면 불완전이행이 인정되는 것은 원칙적으로 전부의 이행이 있는 경우에만 문제로 된다. 각 경우를 나누어서 보기로 한다.

가. 주는 채무로서 특정물채무의 경우 이 경우에 채무자는 이행기의 현상대로 인도하면 되므로(제462조), 비록 그 특정물에 당사자가 예상하지 않은 하자가 있었다고 하더라도 그 현상대로 인도하면 채무의 내용에 좇은 이행이 된다(특정물도그마). 따라서 불완전이행의 문제는 생기지 않고 다만 계약적합성을 근거로 물건의 하자담보책임(제580조에 의한 계약의 해제·손해배상청구, 무과실책임)의 문제가 될 뿐이다. 문제는 하자담보책임은 유상계약에서만 문제되므로 무상계약인 경우에는 여전히 불완전이행으로 보아야 한다.

오히려 문제가 되는 것은 특정물의 인도를 하였으나 확대손해가 발생한 때이다. 즉, 말 1필을 팔았으나 그 말이 병에 걸려 있어서 매수인의 다른 말까지 병에 걸린 경우에는 그 확대손해에 대한 손해배상책임도 부담해야 할 것이다. 이러한 확대손해의 배상은 오직 불완전이행에 기해서만 청구할 수 있다.

나. 주는 채무로서 불특정물채무의 경우 불특정물의 인도를 목적으로 하는 채무에서는 채무자는 예정된 성질을 가지는 물건을 급부할 채무를 부담하는 것이므로 현실적으로 급부된 물건이 그러한 성질을 갖추지 못하고 있으면 그것은 채무의 내용에 좇은 이행이라고 할 수 없게 되어 불완전이행이 된다. 그러나 이 경우에는 목적물에 하자가 있다고 할 수 있으므로 하자담보책임도 문제가 된다. 민법은 제581조에 종류채권의 하자담보책임을 규정함으로써 입법적으로 해결하고 있으므로, 불특정물 인도채무에서 목적물에 하자가 있더라도 민법의 해석론으로서는 하자담보책임만이 문제되고 불완전이행은 문제가 되지 않는다. 다만 목적물의 하자로 채권자에게 확대손해를 준 경우에는 확대손해에 대해서 배상해야 한다.

이에 대해서 제581조의 하자담보책임은 무과실책임이며 그 손해배상범위도 신뢰이익의 배상에 한정되는 것이므로 채무자에게 귀책사유가 있는 경우에는 불완전이행책

159) 김증한·김학동, 111면.

임도 성립한다고 한다.[160] 이 경우의 효과상의 차이는 계약관계의 해제, 손해배상청구, 하자 없는 물건의 청구에서는 별 차이가 없으나 불완전이행으로 책임을 묻게 되면 이행이익의 배상책임을 물을 수 있다는 것이다.

다. 하는 채무의 경우　하는 채무의 경우 두 경우로 나눌 수 있다. 결과채무와 수단채무로 나누어 살펴본다. 먼저 결과채무로서 채무의 내용이 일정한 결과를 실현하여야 하는 경우, 일정한 결과의 실현을 하지 못하는 경우이다. 예컨대 물건의 운송에 있어서의 운송인의 운송의무, 수치인의 목적물보관의무, 수급인의 일의 완성의무 등에 있어서 채무자의 결과의 실현이 불완전한 경우에는 언제나 불완전이행이 성립된다. 위의 예에서 운송방법이 나빴기 때문에 화물을 손상시키는 때, 수치인이 목적물을 훼손한 때, 수급인이 한 일에 하자가 있는 때가 이에 해당한다.

수단채무에서는 채무의 내용이 어떤 결과를 실현하는 것이 아니라, 그 결과를 향해서 최선의 조치를 취하여야 하는 경우로서 일정한 결과의 실현과 관계없이 대개 최선의 주의의무를 하지 않은 경우에 채무불이행으로서 불완전이행이 문제된다. 의사의 진료계약상의 채무, 변호사의 수임에 있어서 의무 등을 들 수 있고, 여기에서의 채무불이행은 대개 불완전이행으로 된다.

이 경우에 만약 이것을 불법행위책임으로 묻자면 환자가 의사의 과실에 대해 증명해야 하고 불완전이행으로 구성하면 의사측에서는 채무를 이행한 사실만 증명하면 되고, 환자 쪽에서 병원이나 의사의 진료채무이행의 불완전 또는 확대된 손해를 주장·증명하여야 한다. 그러나 이 경우에 환자가 의사가 적절한 조치를 하였는지를 증명한다는 것은 과실의 증명만큼이나 어렵기 때문에 하는 채무에서 결과채무인지 아니면 수단채무인지는 증명책임에서 중요한 문제가 된다.

(2) 부진정이행　약속한 것과는 다른 종류의 물건을 급부하는 경우이다. 예컨대 쌀의 급부를 내용으로 하는 채무에 있어서 콩을 급부하는 것과 같다. 이러한 경우에는 전혀 급부가 없었다고 할 수 없으나, 채무의 내용에 좇지 않은 급부로서 불완전이행으로 다루어야 할 것이다.

(3) 이행기와의 관계

1) 이행기는 이행지체와 밀접한 관련을 맺고 있다. 그런데 채무자는 원칙적으로 기한의 이익을 포기할 수 있으므로(제153조), 이행기 전의 이행은 원칙적으로 불완전이행이 되지 않는다. 그러나 기한의 이익의 포기가 상대방의 이익을 해하는 경우(제153조 제2

160) 김형배, 249면.

항 단서 참조)에는, 이행기 전의 이행은 불완전이행이 된다고 하여야 할 것이다.

2) 이행기가 도래하기 전에 불완전한 급부를 한 경우에 불완전이행이 성립함은 물론이나, 채무자가 이행기가 도래할 때까지 그 하자를 추완하는 경우에는 지체의 책임을 지지 않는다. 그러나 추완을 위하여 이행기를 도과하면 지체의 책임을 지게 된다.

3) 이행기에 불완전한 급부를 한 경우에는 그 이행 자체에 관하여는 지체는 일어나지 않으나, 추완을 위하여 이행기를 도과하면 이행지체와 불완전이행의 경합이 있게 된다.

4) 이행기를 지난 후에 불완전한 급부를 한 경우에는 이행지체와 불완전이행이 경합한다.

4. 채무자에게 유책사유가 있을 것

불완전이행도 채무불이행의 유형이므로 원칙적으로 유책사유를 요한다. 그러나 하자담보책임을 하자 있는 급부에 의한 채무불이행의 유형에 포섭하는 경우 무과실책임이다.

5. 위법한 것일 것 불완전이행을 채무불이행으로 보는 경우 위법성을 필요로 한다.

Ⅲ. 불완전이행의 효과

1. 완전이행이 가능한 경우

(1) 완전이행청구권 불완전이행은 내용에 좇은 이행이 아니므로 비록 채권자가 일단 그것을 수령하였더라도 그로 인하여 채권이 소멸하지 않고, 채권자는 완전이행청구권을 가진다. 따라서, 불완전이행이 있으면 채권자는 그 수령을 거절할 수 있으나 수령한 후에도 손해배상과 함께 완전한 이행을 청구를 할 수 있다. 담보책임 규정인 제581조 제2항은 종류매매에서 매수인에게 하자 없는 물건 청구권을 인정하고 있다.

(2) 추완청구권 그러나 완전한 급부를 하지 않더라도 그 불완전급부를 완전하게 하는 추완방법이 있으면 이때에는 추완청구권만을 가진다고 봄이 신의칙상 옳을 것이다.[161] 민법은 채무불이행의 효과로서 추완청구권을 인정하고 있지 않다. 수급인의 담보책임에서 일종의 추완청구권으로서 하자보수청구권을 인정하고 있다(제667조 제1항).

불완전 이행이 양적인 경우에는 일부지체의 법리로 해결하면 될 것이다.

(3) 손해배상청구권 또한 이행지연으로 인한 손해배상도 청구할 수 있다(예컨대 의사의 치료가 불완전한 경우에 완전한 재치료를 청구하는 외에 손해배상도 청구할 수 있음과 같다). 또한 불완전이행으로 인하여 부가적 손해를 주거나 확대손해가 발생한 경우 확대손해의 배상을 청구할 수 있음은 물론이다.

숙박계약에서 보호의무위반을 이류로 불완전이행에 따른 책임을 인정한 판례는, 여관 2층에 투숙한 투숙객이 다음날 아침 이 여관 2층 복도에서 발생한 원인 불명의 화재로 인해 질식 사망케 되었고, 이에 상속인이 숙박업자를 상대로 하여, 주된 청구로서 불법행위를 원인으로 하는 손해배상을 청구하고, 예비적으로 숙박업자는 투숙자가 퇴실하기 전까지 그 안전을 보호하여야 할 의무가 있다고 하여 채무불이행으로 인한 손해배상을 청구하였다. 대법원은 주된 청구부분은 「실화책임에 관한 법률」이 요구하는 중과실을 을에게 인정할 수 없다는 이유로 배척하였으나, 그러나 임대차계약에 따른 불완전이행으로 인한 채무불이행책임을 인정하였다.[162]

문제는 완전이행청구권·추완청구권·손해배상청구권의 존속기간이다. 이러한 것이 시효로 소멸할 때까지 존속한다고 보아야 할 것인가? 만약 이를 긍정한다면, 채무자로서는 이미 이행을 완료하였다고 믿고 있는데, 오랜 시일이 경과한 후에 채권자로부터 하자 없는 급부의 청구를 받게 된다면, 이는 채무자에게 가혹할 뿐만 아니라 신의칙에도 반하는 결과가 된다(예컨대 구입한 물건에 흠이 있는 경우 상당한 기간 동안 사용한 후에 새 것과 교체해 달라고 청구하는 경우). 따라서 이러한 부당한 결과를 피하기 위하여, 매도인의 하자담보책임에 관한 규정을 유추적용하여 6월의 제척기간으로 소멸한다고 하는 주장[163]과 신의칙에 따라 상당한 기간이 지나면 소멸한다고 하는 주장이 있다.[164] 유상계약으로 인한 매도인의 불안정한 지위를 신속하게 확정하려는 6월의 제척기간을 불완전이행으로 인한 청구권의 소멸시효기간으로 하는 것은 부적절하다고 본다. 후설이 타당하다.

2. 완전이행이 불가능하거나, 이행이 채권자에게 이익이 없는 경우

(1) 손해배상청구권 채무자가 다시 하자 없는 급부를 하여도 목적을 달성할 수 없을 경우, 또는 완전이행의 청구가 불가능하는 경우 등에는 본래의 완전한 이행을 청구하는 것이 무의미하다. 따라서 본래의 급부 대신 손해배상을 청구하는 수밖에 없다.

161) 곽윤직, 100면.
162) 대판 1994. 1. 28. 93다43590.
163) 김기선, 145면.
164) 곽윤직, 101면.

문제는 하자가 일부분인 경우, 급부의 전부에 갈음한 손해의 배상을 청구할 수 있는지 그렇지 않으면 하자에 해당되는 손해의 배상만을 청구할 수 있는가가 문제되는데, 하자로 말미암아 채권의 목적을 달성할 수 없는 경우라면 전부에 갈음한 손해배상을 청구할 수 있다고 해석하여야 할 것이다.

(2) 계약의 해제 불완전이행이 있을 경우에 계약의 해제를 할 수 있는지의 여부에 대하여 두 견해가 대립하고 있다. 하나는 완전이행이 가능하면 이행지체의 법리를 유추적용하여 상당기간을 정하여 완전이행을 최고하고 그래도 이행하지 않은 때에는 계약을 해제할 수 있고, 완전이행이 불가능한 때에는 이행불능의 법리에 따라 해제할 수 있다는 견해[165]와 다른 하나는 불완전이행에서 해제권은 원칙적으로 발생하지 않고, 완전이행이 가능한 때에는 담보책임에 관한 제580조를 유추적용하여 완전이행청구(하자보수청구 등)만 할 수 있고, 다만 불완전이행으로 인하여 계약의 목적을 달성할 수 없는 때에 한하여 계약해제를 할 수 있다는 견해[166]가 있다.

판례는 전자의 견해를 따르고 있다. 즉, 수임인이 위임계약상의 채무를 제대로 이행하지 아니하였다 하여 위임인이 언제나 최고 없이 바로 그 채무불이행을 이유로 하여 위임계약을 해제할 수 있는 것은 아니고, 아직도 수임인이 위임계약상의 채무를 이행하는 것이 가능하다면 위임인은 수임인에 대하여 상당한 기간을 정하여 그 이행을 최고하고, 수임인이 그 기간 내에 이를 이행하지 아니할 때에 한하여 계약을 해제할 수 있다고 한다.[167]

생각건대, 민법은 이행가능 여부를 기준으로 상당한 기간을 정하여 최고하도록 함으로써 채권자와 채무자의 이해관계를 조정하고 있다. 따라서 불완전이행의 경우에도 그 이행이 가능하다면 최고 후에 상당한 기간이 경과함으로써 해제할 수 있다고 해야 할 것이다.

제5관 이행거절

Ⅰ. 의의

채무불이행의 한 유형으로서 이행거절이란 채무자가 채무의 이행이 가능함에도 이

165) 곽윤직, 101면.
166) 송덕수, 154면; 김대정, 560면; 김증한·김학동, 172면.
167) 대판 1996. 11. 26. 96다27148.

를 행할 의사가 없음을 채권자에 대하여 진지하고 종국적으로 표시하여 객관적으로 보아 채권자로 하여금 채무자의 임의의 이행을 더 이상 기대할 수 없게 하는 행태를 말한다.[168] 종래 학설은 이행거절을 채무불이행의 유형으로 특별히 언급하고 있지 않으나, 다른 유형의 채무불이행과 그 요건면에서 구별되는 특징을 가지고 있으며, 그 법적 효과 역시 독특한 점을 지니고 있다. 채무불이행의 한 유형으로서 이행거절은 쌍무계약의 동시이행관계에서 일방이 갖는 이행거절권능의 행사와 구별된다. 이행거절권능은 제536조 제1항에서 쌍무계약상 이행상의 견련성으로부터 나오는 것으로, 일방이 자기 채무의 이행제공 없이 상대방의 일방적인 이행을 청구할 때 상대방에게 당연히 발생하는 권능이다.

Ⅱ. 법적 근거

이행기 후의 이행거절에 대해서는 민법 제544조 단서에서 규정하고 있다. 이는 이행지체의 경우에 이행기 도과 후 최고기간 경과 전에 채무자가 미리 이행거절의 의사표시를 하는 것으로 해석되는 것이 타당할 것이다. 그런데 이행기 도래 후의 이행거절을 이행지체의 하위유형으로 보고, 이행기 도래 후의 이행거절에 관한 민법 제544조 단서를 이행기 도래 전의 이행거절의 경우에 확대 또는 유추 적용하여 충분히 해결될 수 있다는 견해가 있다.[169] 이 견해는 민법 제395조를 근거로 하여 이행기 도래 전의 이행거절을 이유로 하는 전보배상청구권을 인정할 수 있다고 하고, 이행기 도래 후의 이행거절과 비교하여, 이행기 도래 전의 이행거절은 채무자가 이행기가 도래하기 전에 이행거절 의사를 진지하고 종국적으로 표시하였다는 점에 그 특수성이 있다고 한다.

민법 제390조는 채무의 내용에 좇지 않는 이행을 채무불이행으로 하는 일반조항을 두고 있으므로, 이행거절의 경우에도 제390조의 채무불이행의 한 유형으로 포섭이 가능하고 그에 대한 효과도 제390조 이하의 규정을 준용하면 될 것이다.

Ⅲ. 법적 성질

이행거절이 과연 채무불이행의 성격을 갖는지에 대하여 학설에서는 견해가 대립되고 있다. 즉 이행거절은 실현가능한 이행을 지체하는 사안을 전제로 하여 발생한 현상

168) 양창수, 독자적인 채무불이행의 유형으로서의 이행거절, 민법연구 제4권, 1997, 121면.

169) 김기선, 한국채권법각론, 제3전정판, 1973, 87-88면; 동, 한국채권법총론 전정판, 1975, 129면; 지원림, 민법원론, 389-390면.

에 지나지 않으며, 이행지체와 무관하게 독자적 의미를 가지는 것이 아니라는 견해,[170] 채권자의 의사 또는 이익이라는 관점에서 접근한다면 여전히 이행이 가능한데도 채무자가 이행하려 하지 않는다는 점 및 장차 이행기가 도래하면 채권자는 급부의 실현을 강제할 수 있다는 점에 비추어, 이행거절과 이행지체 사이에 본질적 차이가 있다고 보기 어려우므로, 이를 이행지체의 하부유형(이른바 선취된 이행지체)으로 파악하더라도 별 문제가 없다는 견해,[171] 이행거절은 채무의 이행이 불능이 아니어서 강제이행청구가 가능하다는 점에서 이행불능과 구별되고 이행기가 도래하기 전에는 이행지체를 인정할 수 없다는 점에서 이행기 전의 이행거절을 포함하는 이행거절을 독자적 유형으로 인정하자는 견해[172] 등이 있다.

판례 또한 「부동산 매도인이 중도금의 수령을 거절하였을 뿐만 아니라 계약을 이행하지 아니할 의사를 명백히 표시한 경우 매수인은 신의성실의 원칙상 소유권이전등기의무 이행기일까지 기다릴 필요 없이 이를 이유로 매매계약을 해제할 수 있다.」[173]고 하거나, 「채무자가 채무를 이행하지 아니할 의사를 명백히 표시한 경우에 채권자는 신의성실의 원칙상 이행기 전이라도 이행의 최고 없이 채무자의 이행거절을 이유로 계약을 해제하거나 채무자를 상대로 손해배상을 청구할 수 있고, 채무자가 채무를 이행하지 아니할 의사를 명백히 표시하였는지 여부는 채무 이행에 관한 당사자의 행동과 계약 전후의 구체적인 사정 등을 종합적으로 살펴서 판단하여야 한다.」[174]고 하여 이행기 전의 이행거절을 인정하고 있다.

생각건대, 이른바 이행기 전의 이행거절은 입법자가 예상하지 못한 급부장애의 경우로, 현재 채무불이행의 유형을 분류하는 데에는 요건 면에서 이행과 불이행, 이행기의 도과 및 이행의 가능 여부 등이 중요하고, 효과 면에서 해제권의 성립요건으로서 최고를 요하는지가 핵심요소이다. 이런 점을 고려한다면 이행기 전의 이행거절을 단순히 이행지체와 본질적 차이가 없다고 하거나, 이행지체의 하부유형에 불과하다는 주장은 수긍하기 어렵다. 오히려 이행거절은 독특한 요건과 효과를 가지고 있으므로 독자적인 채무불이행의 한 유형으로 보아야 할 것이다.

170) 김형배, 채권각론[계약법] 신정판, 박영사, 2001, 263면.

171) 지원림, 389-390면.

172) 양창수, 앞의 논문, 121면.

173) 대판 1993. 6. 25. 93다11821.

174) 대판 2007. 9. 20. 2005다63337; 대판 2015. 2. 12. 2014다227225; 대판 2016. 10. 13. 2014다1508; 대판 2021. 7. 15. 2018다214210.

Ⅳ. 요건

1. 당사자 사이에 채권관계의 존재 이행거절은 채무자에 의한 채권침해이므로, 채권자와 채무자 사이에 채권관계가 존재하여야 한다. 이행기를 도과한 경우에는 제544조 단서가 적용되므로 여기서는 이행기 전의 경우의 채권관계이다.

2. 이행거절의사의 명백성과 종국성 이행거절로 인한 계약해제의 경우에는 채권자의 최고도 필요하지 않고 동시이행관계에 있는 자기 채무의 이행제공도 필요하지 않아, 이행지체를 이유로 한 계약해제와 비교할 때 계약해제의 요건이 완화되어 있으므로, 이행거절의사가 명백하고 종국적인 것으로 볼 수 있어야 한다.[175] 명시적으로 이행거절의사를 표명하는 경우 외에 계약 당시 또는 그 후의 여러 사정을 종합하여 묵시적 이행거절의사를 인정하기 위해서는 그 거절의사가 정황상 분명하게 인정되어야 한다.[176] 이행거절의 경우, 채무자가 채무를 이행하지 아니할 의사를 명백히 표시하여야 하는데,[177] 명백히 표시하였는지 여부는 채무 이행에 관한 당사자의 행동과 계약 전후의 구체적인 사정 등을 종합적으로 살펴서 판단하여야 한다.[178] 판례는 채무자가 근거 없이 계약의 불성립이나 무효 등을 주장하거나,[179] 부동산 매도인이 중도금 수령을 회피한 후 오히려 중도금을 지급하지 않았다는 이유로 계약해제의 통지를 한 경우,[180] 이행거절을 한 것으로 본다. 그러나 매수인이 매도인과 사이의 매매계약에 의한 잔대금지급기일에 잔대금을 지급하지 못하여 그 지급의 연기를 수차 요청하였다는 것만으로는 그 채무를 이행하지 아니할 의사를 명백히 한 것으로는 볼 수 없다고 한다.[181]

3. 이행거절이 위법할 것 이행거절로 인한 책임이 발생하기 위해서는 이행거절의 의사표시가 위법하여야 한다.[182] 즉 채무자의 이행거절에 정당한 사유가 없어야 한다. 채무불이행의 한 유형이므로 이행거절에는 유책사유가 필요하다 할 것이다.

175) 대판 2021. 7. 15. 2018다214210.
176) 대판 2021. 7. 15. 2018다214210.
177) 대판 1993. 6. 25. 93다11821.
178) 대판 2007. 9. 20. 2005다63337.
179) 대판 1976. 11. 9. 76다2218.
180) 대판 1990. 3. 9. 89다카29.
181) 대판 1990. 11. 13. 90다카23882.
182) 대판 2015. 2. 12. 2014다227225.

V. 효과

1. 전보배상청구권 이행지체의 경우, 채무자가 이행거절의 의사를 표시한 경우에는 이행을 최고할 필요 없이 바로 전보배상을 청구할 수 있는데(제395조·제544조 단서), 이행기 전의 이행거절의 경우에도 전보배상청구를 인정할 수 있다. 손해액 산정의 기준시점에 관하여 판례는, 이행지체에 의한 전보배상에 있어서의 손해액 산정은 본래의 의무이행을 최고하였던 상당한 기간이 경과한 당시의 시가를 표준으로 하고, 이행불능으로 인한 전보배상액은 이행불능 당시의 시가 상당액을 표준으로 해야 할 것인바, 채무자의 이행거절로 인한 채무불이행에서의 손해액 산정은 채무자가 이행거절의 의사를 명백히 표시하여 최고 없이 계약의 해제나 손해배상을 청구할 수 있는 경우에는 이행거절 당시의 급부목적물의 시가를 표준으로 한다.[183] 따라서 이행거절의 의사표시를 한 때부터 그 손해배상채무에 대한 지체책임을 진다.[184]

2. 계약해제권 이행거절의 의사가 있으면 최고 없이 바로 계약을 해제할 수 있다. 즉 채무자가 이행기가 도래하기 이전에 이행거절의 의사를 밝히는 경우에는 이행기의 도래 여부와 관계없이 계약을 해제할 수 있으며,[185] 당사자 쌍방의 채무가 그 이행기를 모두 도과한 후 일방의 이행거절이 있으면 자기 채무의 이행제공이나 최고 없이 계약을 해제할 수 있다.[186] 그러나 쌍무계약에 있어서 계약당사자의 일방은 상대방이 채무를 이행하지 아니할 의사를 명백히 표시한 경우에는 최고나 자기 채무의 이행제공 없이 그 계약을 적법하게 해제할 수 있으나, 그 이행거절의 의사표시가 적법하게 철회된 경우 상대방으로서는 자기 채무의 이행을 제공하고 상당한 기간을 정하여 이행을 최고한 후가 아니면 채무불이행을 이유로 계약을 해제할 수 없다.[187]

3. 강제이행청구권 이행거절은 채무자 스스로에 의하여 초래된 이행장애라는 점과 이행이 가능하다는 점에서 원칙적으로 강제이행의 방법에 의하여 제거될 수 있다.

183) 대판 2007. 9. 20. 2005다63337; 대판 2008. 5. 15. 2007다37721.
184) 대판 2012. 9. 27. 2011다79807.
185) 대판 2005. 8. 19. 2004다53173.
186) 대판 1995. 4. 28. 94다16083; 대판 2005. 8. 19. 2004다53173.
187) 대판 2003. 2. 26. 2000다40995.

제3절 채권자지체

Ⅰ. 채권자지체의 의의 및 성질

1. 의의

(1) 채권자지체란 채무의 이행에 있어서 채권자의 협력, 특히 그의 수령을 요하는 경우에 채무자의 채무의 내용에 좇은 이행의 제공이 있음에도 불구하고 채권자가 그것을 수령하지 않거나 그 밖의 필요한 협력을 하지 않는 것을 말한다. 수령지체라고도 한다. 채권자의 불협조로 인하여 이행이 완료되지 못하고, 채무자가 여전히 채무의 구속에서 해방되지 못한다고 하면 불공평하게 된다. 채권자지체는 채권자 측의 사정에 의한 급부장애로서 민법은 채권자에게 일정한 불이익을 부과하고 있다. 즉 이러한 경우를 대비하여 채무자를 보호하기 위하여 제461조에 「변제제공의 효과」와 400조에 「채권자지체」를 두어 규율한 것이다.

예컨대 매도인 갑이 목적물인 사과 100상자를 이행기에 이행장소에서 제공하였으나, 매수인 을의 점포소실로 인하여 수령이 거절되었을 때, 갑의 채무는 여전히 존속하므로 위의 사과를 보관해 두어야 하는데, 보관비용의 지출과 부패하기 쉬운 사과를 보관하는 자체가 용이하지 않다. 이러한 경우, 그 비용과 불이익을 모두 갑이 부담하여야 한다면 그것은 불공평하다는 것이다.

이러한 채권자지체에는 특정물·불특정물의 인도채무, 고용이나 근로계약에 의한 노무공급채무, 위임계약에 의한 의사의 진료채무(왕진을 요청하여 환자 집에 도착하였으나, 환자가 진찰을 거부하는 경우)와 금전채무 등에서도 채권자의 협력이 필요한 경우에, 채무자를 보호하기 위한 규정이다. 민법 제400조는 「채권자가 이행을 받을 수 없거나 받지 아니한 때에는 이행의 제공 있는 때로부터 지체책임이 있다」고 규정하고, 그 책임의 내용으로서 ① 채무자의 급부의무에 있어서 주의의무의 경감(제401조), ② 이자있는 채권에 있어서 이자채권의 정지(제402조), ③ 목적물의 보관 또는 변제의 비용이 증가된 경우에 채권자의 증가비용의 부담(제403조), ④ 쌍무계약에 있어서 채권자의 위험부담(제538조 1항 2문)의 네 가지를 규정한다.

여기서 채권자지체의 성립 여부와 관련하여 해석상 문제가 되는 것은 제400조의 '채권자가 이행을 받은 수 없거나 받지 아니한 때'의 의미이다. 즉 채권자지체가 성립하려면 채권자의 협력이 없다는 객관적인 사실만으로 충분하느냐, 그렇지 않으면 채권자의 귀책사유를 필요로 하느냐의 점이다. 이것은 바로 법적 성질의 문제로 귀착된다.

2. 법적 성질

채권자지체의 본질을 어떻게 파악하느냐는 채권자지체의 요건과 효과에 채무불이행 일반의 요건 및 효과규정을 적용할 수 있는지에 관하여 실익이 있다. 채권자에게 협력의무, 수령의무가 있느냐의 유무에 의하여 협력의무를 요한다는 채무불이행책임설과 요하지 않는다는 법정책임설, 절충설이 있다.

(1) 채무불이행설 채무불이행설은 통설로서 채권·채무관계를 양 당사자가 공동목적의 달성을 위해 협력하여야 하는 공동체관계로 파악하여, 채권자에게도 신의칙이 요구하는 정도의 법률상의 협력의무를 인정하여야 한다는 전제하에 채권자지체를 채무불이행책임으로 파악하고, 따라서 채무불이행의 일반원칙에 따라 그 효과로서 손해배상청구 및 계약해제를 할 수 있고, 이 경우에 채권자의 귀책사유를 요한다고 한다. 구법시대의 판례는 채무불이행설에 따른 것으로 보인다. 즉 「채권자는 채무자의 채무이행의 제공을 수령하여야 할 의무가 있고, 만약 채권자가 위 채무에 위배하여 그 수령을 지체한 경우에는 그 이후에 있어서의 불가항력에 의한 이행불능에 대해서도 채권자에게 책임이 있다고 해석함이 신의성실의 원칙상 타당하다」고 한다.[188]

(2) 법정책임설 법정책임설은 원칙적으로 채권자의 협력은 일종의 책무에 지나지 않아 채권자는 수령의무가 없으며, 민법의 채권자지체책임은 신의칙에 기한 법정책임이라고 한다.[189] 따라서 이 경우에는 채권자의 협력은 객관적으로 협력이 없으면 되고, 그 책임도 민법에 규정되어 있는 효과만 발생하며 그 이상의 손해배상책임이나 계약해제권은 발생하지 않는다는 견해이다.

(3) 절충설 기본적으로 채권자에게 수령의무를 인정하지 않고 채권자의 지체가 있으면 제401조 내지 제403조의 규정이 적용되지만, 매매·도급·임치와 같은 계약유형에서는 부수적 의무의 일종인 매수인·도급인·임치인의 이른바 수취의무를 인정하며, 여기서 수취란 목적물의 수취를 의미하는 것으로, 일체의 협력행위를 의미하는 수령과 구별된다는 견해가 있다.[190]

판례는 법정책임설에 따라 채권자지체가 성립하는 경우 그 효과로서 원칙적으로 채권자에게 민법규정에 따른 일정한 책임이 인정되는 것 외에 채권자가 채무자에 대하여 일반적인 채무불이행책임과 마찬가지로 손해배상이나 계약해제를 주장할 수는 없다고

188) 대판 1958. 5. 8. 4290민상372.
189) 이은영, 402면; 김준호, 54면.
190) 김형배, 304면.

한다.[191)]

생각건대 민법은 근대민법이 취하고 있는 권리본위의 민법이고, 또한 채권의 행사는 권리이지 의무가 아니라는 지적은 일응 타당하다. 그러나 로마법에서도 채권자지체를 인정하고 있는 것은 채권관계란 단순히 급부만을 목적으로 하는 것이 아니라 채권자·채무자가 공동목적의 달성에 협력할 유기적 관계를 구성한다고 보아야 하고, 또한 기본적인 채권·채무 이외에도 신의칙상의 의무를 진다고 보아야 할 것이다. 따라서 채권자는 채권과 함께 수령의무도 진다고 할 것이며 채권자지체책임은 수령의무위반의 채무불이행책임이라고 보는 것이 타당하다.

Ⅱ. 채권자지체의 요건

채권자지체 요건은 채권자지체의 본질을 어떻게 보느냐에 따라 달라진다. 법정책임으로 본다면 주관적·객관적 요건은 필요치 않으나 채무불이행으로 파악하는 견해에 따른다면 요건으로 된다.

1. 채무의 이행에 채권자의 협력을 요할 것 채권자의 협력이 없더라도 이행이 가능한 채무의 경우에는 채권자지체가 인정될 여지가 없다. 예컨대, 부작위채무 혹은 채무자가 일정한 의사표시를 하여야 하는 채무의 경우에는 채권자지체가 문제되지 않는다.

2. 채무의 내용에 좇은 이행의 제공이 있을 것 여기서의 '이행의 제공'은 채무의 내용에 좇은 것이어야 한다. 이행이 제공을 일반적으로 변제의 제공(제460조)과 같은 의미로 이해한다. 판례는 부동산매매계약에서 이행기가 도래한 후 쌍방 모두가 이행을 제공하고 있지 않던 중, 부동산이 수용되어 이행불능이 발생한 사안에서, 수령거절이 있는 경우 채권자지체의 성립요건과 관련하여, 「민법 제400조 소정의 채권자지체가 성립하기 위해서는 민법 제460조 소정의 채무자의 변제 제공이 있어야 하고, 변제 제공은 원칙적으로 현실 제공으로 하여야 하며 다만 채권자가 미리 변제받기를 거절하거나 채무의 이행에 채권자의 행위를 요하는 경우에는 구두의 제공으로 하더라도 무방하고, 채권자가 변제를 받지 아니할 의사가 확고한 경우(이른바, 채권자의 영구적 불수령)에는 구두의 제공을 한다는 것조차 무의미하므로 그러한 경우에는 구두의 제공조차 필요 없다고 할 것이지만, 그러한 구두의 제공조차 필요 없는 경우라고 하더라도, 이는 그로써 채무자가 채무불이행책임을 면한다는 것에 불과하고, 민법 제538조 제1

---

191) 대판 2021. 10. 28. 2019다293036.

항 2문 소정의 '채권자의 수령지체 중에 당사자 쌍방의 책임 없는 사유로 이행할 수 없게 된 때'에 해당하기 위해서는 현실 제공이나 구두 제공이 필요하다(다만, 그 제공의 정도는 그 시기와 구체적인 상황에 따라 신의성실의 원칙에 어긋나지 않게 합리적으로 정하여야 한다)고 한다.[192] 사안에서는 부동산 매수인으로서 등기이전청구권을 가진 채권자의 수령거절의 의사가 확고하여 채권자의 영구적 불수령에 해당한다고 하더라도, 채무자는 채권자를 수령지체에 빠지게 하기 위하여 소유권이전등기에 필요한 서류 등을 준비해 두고, 채권자에게 그 서류 등을 수령해 갈 것을 최고하는 구두 제공을 하였어야 한다는 것이다.

정당한 급부권능을 가진 자의 이행제공만이 유효한 이행제공이 되므로 급부권능이 없는 자의 이행제공에 의해서는 채권자지체가 발생하지 않는다. 여기서 중요한 것은 이행의 제공이 있느냐이다. 이행이 주체·객체·장소·시간 등에 있어서 내용에 적합하여야 할 것이다. 어떠한 이행의 제공이 채무의 내용에 좇은 것이냐는 변제의 제공에서 논한다.

3. 채권자의 수령거절 또는 수령불능 채권자의 수령거절 또는 수령불능이 있어야 이행지체가 성립한다. 수령의 거절 또는 불능의 이유는 묻지 않으며, 이행불능이 되어 수령불능이 된 경우는 여기의 수령불능이 아니다. 그러나 실제의 경우에 이행불능인가 수령불능인가의 구별이 곤란한 경우가 있다. 예컨대, 취업할 공장이 소실하여 근로자를 고용하지 못하는 경우, 또는 왕진을 의뢰한 환자가 의사의 도착 시에 이미 사망한 때에는 이행불능이 되느냐 또는 수령불능이 되느냐의 구별이 쉽지 않다. 이에 대해서 학설은 급부를 불능케 한 장애가 채권자 또는 채무자 가운데의 어느 쪽의 영역에서 발생했느냐를 표준으로 하여 채무자 쪽에 있으면, 이행불능, 채권자 쪽에 있으면 수령불능이 된다고 한다. 학설도 이 영역설에 따라서 해석하는데 일치하고 있다. 이 이론에 의하면, 고용계약의 경우 질병·교통기관의 파업 등에 의한 불이행에 대하여는 근로자가 책임을 지게 되고(채무자에게 책임 있는 이행불능), 한편 원료·석탄·전기 등의 공급불능, 공장의 소실, 기계의 파괴 등에 의한 취업불가능성에 대하여는 사용자가 책임을 진다(수령불능). 수령불능의 판단시기는 이행기를 표준으로 하여야 한다.

4. 채권자의 수령불능 또는 수령거절에서 채권자의 귀책사유 채권자의 본질을 어떻게 보느냐에 따라 달라진다. 채무불이행으로 보는 견해에서는 귀책사유를 필요로 하지만, 법정책임설에서는 요건이 아니다.

---

192) 대판 2004. 3. 12. 2001다79013.

Ⅲ. 채권자지체의 효과

채권자지체의 법적 성질을 채무불이행으로 보는 경우 다음과 같은 효과가 있다.

1. 급부의무의 존속 이행지체와 마찬가지로 채권자지체는 채무자를 급부의무로부터 해방시켜 주지 못한다. 다만 채무자는 급부할 물건을 공탁하여 급부의무를 면할 수 있다(제487조).

2. 손해배상청구권 법정책임설에서는 인정하지 않는다.

3. 계약해제권의 발생 채무자는 수령이 가능한 때에는 상당한 기간을 정하여 수령을 최고하고, 그 기간 안에 수령하지 않으면 계약을 해제할 수 있다(제544조). 정기행위인 경우에는 최고 없이 해제할 수 있고(제545조), 수령불능인 경우에도 최고없이 곧 계약을 해제할 수 있다(제546조).

위 양자는 채무불이행설에 따라 인정되는 것이다.

4. 채무자의 책임경감

(1) 채무자의 책임경감 채권자지체 중에는 채무자의 주의의무가 경감되어 채무자는 고의 또는 중대한 과실에 대해서만 책임을 진다(제401조). 이 규정은 이행지체 중에 채무자가 자기에게 과실이 없는 손해도 배상해야 하는 것과 균형을 이룬다(제392조). 즉 수령지체로 미반환된 임치물이 훼손된 경우에 있어서 수치인의 배상책임요건은 수치인이 적법하게 임치계약을 해지하고 임치인(채권자)에게 임치물의 회수를 최고하였음에도 불구하고 임치인의 수령지체로 반환하지 못하고 있는 사이에 임치물이 멸실 또는 훼손된 경우에는 수치인에게 고의 또는 중대한 과실이 없는 한 채무불이행으로 인한 손해배상책임이 없다.[193]

이러한 책임경감은 특정물채무 및 종류채의 특정 이후에 선관의무를 약화시켜 주는 역할을 하며, 이는 위험의 이전(제538조)을 초래한다.[194] 예컨대 채권자에게 물건을 배달하러 갔으나 부재중이라 인도하지 못하고 귀가하던 중 자동차사고로 물건이 파손된 경우에, 채무자가 그 자동차사고에 경과실만 있는 때에는 채무불이행책임을 지지 않는다. 그 파손은 불가항력에 의한 위험부담 문제로 처리되어 채권자는 급부청구권을 상실한다(제538조).

---

193) 대판 1983. 11. 8. 83다카1476.
194) 이은영, 410면.

(2) 이자의 정지 채무가 이자를 발생시키는 채무라고 하더라도 채권자지체가 발생하면 채권의 채무자는 이자를 지급할 필요가 없다(제402조).

(3) 증가비용의 청구 채권자지체로 인하여 채무자가 급부할 목적물의 보관비용이나 변제비용(예: 지참채무에서 목적물을 채권자의 주소지로 다시 운송하기 위하여 필요한 비용)이 증가된 경우에, 그 증가액을 채권자가 부담한다(제403조).

(4) 쌍무계약에 있어서의 위험부담의 이전 쌍무계약에서 채권자지체 중에 당사자 쌍방에게 책임 없는 사유로 채무자의 급부가 불능으로 된 경우에, 채무자의 급부는 소멸하지만 채권자의 반대급부는 소멸하지 않는다(제538조 제1항 후문). 즉 채권자자체의 성립과 동시에 대가위험은 채권자에게 이전한다. '당사자 쌍방의 책임 없는 사유'에 채무자의 경과실이 포함되는지가 문제되는데, 통설은 채권자지체의 효과로서 채무자의 주의의무가 경감되므로 채무자의 경과실은 채무자의 책임 없는 사유라고 해석한다.

(5) 공탁권 및 매각권의 발생 채무자는 채권자지체 이후에는 채권자를 위하여 변제의 목적물을 공탁하여 그 채무를 면할 수 있다(제487조 1문). 변제의 목적물이 공탁에 적당하지 아니하거나 멸실 또는 훼손될 염려가 있거나 공탁에 과다한 비용을 요하는 경우에, 채무자는 법원의 허가를 얻어 그 물건을 경매하거나 시가로 매도하여 대금을 공탁할 수 있다. 쌍무계약에서 양 채무가 동시이행관계에 있는 경우에는 채권자는 그 대가채무의 이행을 하지 아니하면 공탁물을 수령하지 못한다(제491조). 상사매매에 관하여는 특별규정이 있다(상법 제67조).

Ⅳ. 채권자지체의 종료

1. 채권의 소멸 채권이 변제 등에 의하여 소멸하면 채권자지체는 종료된다.

2. 채권자지체의 면제 채무자가 채권자지체를 면제할 수 있고 이때에도 채권자지체는 종료된다.

3. 채무불이행의 발생 채권자지체 중에 채무자의 귀책사유(고의 또는 중대한 과실)로 이행불능이 발생한 때 채권자지체는 종료되고 이행불능의 효과가 발생한다.

4. 이행의 불능 채권자지체 중에 채무자의 귀책사유 없이 이행이 불능으로 된 경우에도 채권자지체는 종료되고, 채무는 소멸한다. 이때 그 채무가 쌍무계약을 원인으로 한 채무인 때에는 반대급부의무가 존속할 것인지의 위험부담 문제가 있는데 위험

의 이전으로 반대급부의무는 존속한다(제538조).

5. 채권자의 수령통지 채권자가 수령에 필요한 준비를 하고, 또한 지체 중의 모든 효과를 승인하여 수령의 의사표시를 한 때에는 채권자지체는 종료한다. 수령통지를 받은 채무자는 현실의 변제제공을 하여야 한다.

제4절 채무불이행에 대한 구제

제1관 서설

Ⅰ. 구제방법의 발전

1. 자력구제의 원칙에서 국가구제의 원칙

(1) 권리자가 권리의 행사에 의하여 권리내용을 실현할 수 없을 때, 이에 대한 대책이 권리의 보호이다. 일반적으로 권리구제에는 공적 구제와 사적 구제의 두 방법이 있고 고대사회에는 권리자가 자기의 힘으로 권리를 보호·구제하는 사력구제가 원칙이었지만, 근대국가는 권리보호를 국가에 의한 구제를 원칙으로 한다. 그러나 오늘날에도 '권리 위에 잠자는 자는 보호를 받지 못한다'라는 법언처럼 권리는 자기주장, 자기행사(실현), 자기보호(구제)의 원칙이 의의를 갖는다. 대부분의 생활관계에서 법적 분쟁이 국가기관에 의해서 구제받는 경우는 마지막 수단이기 때문이다.

(2) 고대에는 채무불이행이 있을 때에는 채권자는 채무자에게 인격책임[195)]을 묻는 것이 허용되었다. 로마법에서는 채무자는 채권자에게 인도되어 채권자의 자유로운 처분(살해·노예)에 맡겨졌으며, 채무자의 재산은 채권자의 소유로 되었다. 게르만법에서도 채권자는 채무자를 살해하거나 그의 신체를 절단할 수 있었으며, 또는 그를 노예로 하거나 그의 재산을 파괴할 수도 있었다. 이러한 가혹한 효과는 후에 완화되어 채권자는 채무자를 인질로 하여 채무자의 친족 그 밖의 자의 변제를 기다리거나, 또는 채무자에

---

195) 사람이 지는 책임을 인적 책임, 물건이 지는 책임을 물적 책임이라 하고, 인적 책임에서도 사람의 인격 또는 신체가 책임을 지는 것을 인격책임 또는 신체책임과, 사람이 가지는 전재산이 책임을 지는 재산책임이 있다. 재산책임은 전재산중의 특정의 물건만이 우선적·배타적 책임을 지는 물적 책임과는 다르다.

게 채무부역을 부담케 하여 그 노동으로 변제에 충당하게 하였다. 이후에는 재산책임제도가 도입되었다. 그리고 재산책임도 초기에는 형사책임의 성격이 강하였으나, 점차 형사책임과 민사책임으로 구분되고, 또 민사책임은 불법행위책임과 채무불이행책임으로 분화·발달하게 되었다.

이러한 권리침해의 진행과정에 따라 정리해 보면 아래와 같다.

2. 권리의 침해에 대한 자기방어

(1) 권리침해에 대한 예방청구 및 중지청구 일반적으로 민사에 있어서는 사후구제가 원칙이고 사전예방이 극히 예외적으로 인정된다고 하는 것이 통설이다. 그러나 가능하다면 '예방은 치료보다 낫다'는 말처럼 사후적 구제보다는 사전적 예방이 훨씬 이상적이다. 따라서 권리의 침해가 예상되는 경우에는 권리침해예방청구를 하여야 하고, 1회의 권리침해와 더 이상의 침해가 예상되는 경우에는 권리침해중지(방해배제)청구가 행해져야 한다.

그러나 민법은 이에 대해서 점유권과 소유권 내지 물권에 기해서만 권리침해예방청구권을 인정하고 있다(민법 제206조, 제214조 후문). 이 이외에도 지적재산권에 대한 특별법에서 일부 방해예방 및 중지청구권을 인정하고 있다(특허법 제126조 제1항, 실용신안법 제29조, 디자인보호법 제113조, 저작권법 제123조, 부정경쟁방지법 제4조 1항).

(2) 자력방위권

가. 정당방위 타인의 불법행위에 대하여 자기 또는 제3자의 이익을 방위하기 위하여 부득이 타인에게 손해를 가한 자는 배상할 책임이 없다(제761조 제1항). 정당방위에 의한 가해행위는 위법성이 조각되어 불법행위가 성립하지 않으며 가해자는 손해배상책임을 면하게 된다.

나. 긴급피난 긴급한 위난을 피하기 위하여 부득이 타인에게 손해를 가한 경우에도 위법성이 조각되어 면책된다(제761조 2항).

다. 자력구제 자력구제란 사권을 실현시키기 위하여 국가기관의 협력을 기다릴 여유가 없는 경우에 권리자가 자력으로 실현하는 행위이다. 예컨대 가옥의 소유자가 임대차계약종료 후 퇴거하지 않는 임차인을 실력으로 축출하는 것과 같은 경우이다. 원칙적으로 이와 같은 자력구제를 민법은 인정하고 있지 않다. 자력구제는 위법행위이며 손해배상의무를 진다. 다만 사정이 급박하여 뒤에 사법절차에 의하여 보호를 요구한다 하더라도 권리를 보호할 수 없거나, 보호하기 어려운 경우에는 예외적으로 자력구제가 허용되고 그 행위는 위법성이 조각된다. 정당방위나 긴급피난은 현재의 침해에 대한 방위수단인 데 반하여 자력구제는 과거의 침해에 대한 회복이라는 점에서 다르다.

명문의 규정이 없는 민법상 일반적으로 자력구제를 인정할 수 있는가가 문제된다. 입법례에 따라서는 이에 관하여 상세한 규정을 두고 있는 경우도 있고(독민 제229조 이하, 스위스채무법 제52조 제2항), 프랑스와 같이 민법에는 명문의 규정이 없지만 판례·학설에 의하여 이를 인정하는 경우도 있다. 즉 독일민법 제229조는 「자력구제의 목적으로 물건을 수거, 파괴, 또는 훼손한 사람, 도주의 우려가 있는 의무자를 자력구제의 목적으로 체포한 사람 또는 인용할 의무에 있는 행위에 대한 의무자의 저항을 배제한 사람은, 국가기관에 의한 구제를 적시에 얻을 수 없고 또 즉각적으로 개입하지 아니하면 청구권의 실현이 좌절되거나 현저히 곤란하게 될 우려가 있는 경우에는, 위법한 행위가 아니다.」고 한다.

민법 제209조는 점유의 침탈에 대해서 점유자의 자력구제를 인정하고 있는데, 이 규정을 들어 일반적으로 자력구제를 인정하는 것이 좋다고 하는 견해가 있다.[196] 자력구제의 요건으로서는 자력구제에 사용되는 수단이 선량한 풍속 기타 사회질서에 반하지 않는 것이어야 하고, 또한 그 정도가 상당한 것이어서 권리남용에 이르지 않는 것이어야 한다고 한다.[197]

(3) 침해배제청구권 침해가 이루어진 경우에 가해자에게 침해의 배제를 주장할 수 있는 권리이다. 이것은 사후적인 구제수단이지만 그 기능에 있어서는 예방적인 기능을 하는 점에서 특색이 있다. 이는 결국 원상회복청구라고 할 수 있다.

(4) 손해배상청구권 침해가 이루어진 경우에 마지막으로 취할 수 있는 방법이다. 손해배상의 방법에는 원상회복주의와 금전배상주의가 대립하고 있는데, 독일 민법이 원상회복주의를 원칙으로 하고 예외적으로 금전배상주의를 취하고 있는 반면, 민법은 금전배상주의를 취하고 있다(민법 제393조, 제763조). 예외적으로 명예훼손의 경우에 원상회복주의를 규정하고 있다(제764조). 그러나 채권자 측면에서 본다면 원상회복청구권이 원칙적인 모습이라고 해야 할 것이다.

3. 공력구제(국가구제)

자력구제가 불가능한 경우에 자력구제의 보완으로 공력구제가 필요하다.

196) 곽윤직, 130면.

197) 곽윤직, 124면; 김용한, 78면; 장경학, 167면.

(1) 재판 권리침해가 행해진 경우 자력구제로서 자기의 권리를 보호받지 못하는 경우 권리자는 국가기관인 법원에 대하여 소를 제기하게 되고, 법원은 우선 구체적 사건의 내용을 확정하고, 이어서 그 사건에 관한 법규의 내용을 명확히 한 후에 추상적인 법규를 대전제로 하고, 구체적 사실을 소전제로 하여 판결을 내린다. 판결이 있었음에도 불구하고 의무자가 이에 따르지 않는 경우에는, 그 판결에 기하여 국가의 강제력으로 권리의 내용을 실현할 수 있는데, 이를 강제집행이라고 한다. 장래의 강제집행을 보전하거나 혹은 권리관계의 현재의 위험을 방지하여 그 현상을 유지하기 위한 제도로서 가압류·가처분제도가 있다.

(2) 조정 대체적 분쟁해결수단으로서 조정이란 분쟁해결을 위하여 판사 및 특별한 지식·경험이 있는 자로써 구성되는 국가기관인 조정위원회가 분쟁당사자의 상호 양보를 유도하여 분쟁을 해결하는 제도이다. 따라서 조정은 분쟁을 간이·신속하게 해결하여, 복잡한 재판절차에 의한 시간과 비용을 절약하고, 당사자의 상호 양보를 통한 해결을 피하는 결과, 재판에 있어서와 같이 후일에까지 당사자 간의 대립을 남기지 않게 된다. 이러한 장점이 있는 반면에 재판에 있어서와 같이 확실성이 없는 단점도 있다. 또한 조정은 어디까지나 상호 양보에 의한 해결을 목표로 하기 때문에 당사자 사이에 끝내 합의를 보지 못하게 되면, 국가기관의 노력에도 불구하고 분쟁은 해결되지 않고 재판절차를 진행해야 하는 단점이 있다.

조정에 관한 현행 법률로서는, 우선 「민사에 관한 분쟁」의 조정에 관하여 포괄적으로 규정하고 있는 「민사조정법」이 있다. 이 법은 가사조정에 대해서는 적용되지 않는다. 동법에 의하면, 민사분쟁의 당사자는 법원에 조정을 신청할 수 있고(동법 제2조), 또한 제1심 수소법원도 필요하다고 인정하는 경우에는 당사자 쌍방의 동의가 있는 때에는 소송계속 중의 사건을 결정으로 조정에 회부할 수 있는 것으로 하고 있다(동법 제6조, 그 밖의 동법 제7조·29조 등 참조). 그 밖의 법률로서는 가사소송법·노동쟁의조정법 등이 있으며, 이들은 각각 일정한 가사사건·노동쟁의사건의 조정에 관하여 규정하고 있다.

(3) 중재 중재는 조정과 비슷한 제도로써 당사자 쌍방이 그간의 분쟁에 관한 판단을 제3자인 중재인에게 의뢰하고 중재인의 판단에 복종하겠다는 중재계약을 체결한 후, 이 계약에 의하여 중재인이 중재절차에 의하여 분쟁을 해결하는 제도이다. 중재계약이 있는 때에 한하여 중재절차에 의하여 분쟁을 해결할 수 있으며 동시에 중재계약에 의하여 당사자는 그간의 분쟁을 중재절차에 의하여 종료시킬 의무를 진다. 설득에 의한 복종이 아니라 중재·판정에 강제적으로 복종시킬 수 있다는 점이 조정과 다른 점이다.

다만 재판에 의하는 것보다 법규의 구속에서 오는 불합리를 제거하고, 간이·신속하면서도 적은 경비로 실정에 맞는 해결을 할 수 있다는 점에서는 조정과 동일한 장점이 있다. 중재에 관한 법률로서는 중재법, 노동쟁의조정법 등이 있다. 앞에서 여러가지 권리의 보호에 대해서 알아보았지만, 결국 권리는 주장하는 자의 것이라고 할 수 있다. 이것은 당사자주의, 변론주의를 취하고 있는 민사재판절차에서 극명하게 드러난다.

Ⅱ. 근대법상의 구제방법

근대법은 인격존중의 사상에 의거하여 원칙적으로 인격책임을 인정하지 않고 재산책임을 확립하였으며, 채무불이행에 대한 구제방법으로서는 강제이행과 손해배상의 두 제도를 인정하고 있다. 강제이행은 채권 본래의 내용을 실현하는 것이므로, 채권의 목적에 가장 적합할 뿐만 아니라 채권을 인정한 법의 목적에도 부합되는 것이다. 그러나 강제집행은 채무의 성질상 허용되지 않는 경우가 있으며, 또 그 방법을 이용하는 것은 채권자의 권리이지 의무는 아니다. 그러므로 채권자는 강제이행의 방법에 의하지 않고 채무불이행으로 인한 손해배상을 청구할 수도 있다. 그런데 손해배상은 금전배상을 원칙으로 하므로 결국은 금전채권으로서 강제이행을 구하는 것이 된다. 따라서 채무불이행에 대한 구제방법은 채권 본래의 내용을 그대로 강제실현하느냐, 또는 손해배상으로 전화시켜서 그것의 강제실현을 꾀하느냐의 차이가 있으나, 결국에는 강제이행으로 귀착하게 된다.

채무의 기본적 구조를 개념상 채무와 책임으로 구분한다면 모든 채무는 책임과 결부되어 있는 것이 원칙이다. 그리고 책임은 채무의 이행을 법률적으로 확보하는 것이다. 따라서 채무불이행에 대한 구제는 책임의 종류 및 책임을 실현하는 방법의 문제로 귀착하게 된다.

제2관 강제이행(현실적 이행의 강제)

Ⅰ. 판결절차와 집행절차 채무자가 채무를 임의로 이행하지 않는 경우에, 채권자는 국가의 재판기관인 법원에 의해 강제적으로 채권의 내용을 실현할 수가 있다. 이것을 현실적 이행의 강제 또는 강제이행이라고 한다.

채권은 통상의 경우, 청구권능과 강제집행권능을 수반한다. 즉 채무자가 이행을 하지 않는 경우에는 채권자는 소를 제기하고, 이행을 명하는 판결(이행판결) 또는 집행권원[198]을 얻고(판결절차), 이 판결에 기해서 강제집행을 신청할 수 있게 된다(집행절차).

이와 같이 채무자에 의하여 임의로 이행되지 않는 채권(그 밖의 다른 청구권)은 일반적으로 판결절차와 집행절차를 거쳐서 실현된다. 판결절차에서 채권자는 채무자의 지불 내지 인도 등의 이행을 구하는 소(이행의 소)를 제기하면서, 자기에게 청구권(계약상의 청구권·불법행위에 의한 손해배상청구권)이 있다는 것을 증명하지 않으면 안 된다(즉 청구권규정의 요건에 해당하는 사실을 증명한다). 그래서 청구권의 존재가 인정되는 경우에는, 이행을 명하는 판결(인용판결)이 행해지고, 인정되지 않는 경우에는 청구기각의 판결이 행해진다. 판결이 확정되면, 청구권의 존부도 확정된다. 말하자면, 청구권 그 밖의 다른 권리관계가 존재하는가 어떠한가를 인식하여 판단하는 절차가 판결절차이다(그 외에도 확인의소·형성의 소가 있다).

강제집행을 신청하려면 집행권원이 있어야 한다. 집행권원은 강제집행의 기초로 되는 것이다. 집행문이 부기되어 있는 집행권원의 정본을 「집행력 있는 정본(민사집행법 제28조)」이라고 한다. 집행절차는 집행권원에서 명기된 청구권을 실현하는 절차로서 집행법원과 집달관이 이것을 담당한다.

Ⅱ. 민법 제389조와 민사집행법

민법 제389조는 채권의 강제적 실현방법의 기본을 정하고 있다. 그러나 강제집행은 절차법인 민사집행법에서 규정되는 것인데, 민법 제389조는 본래 절차규정이기 때문에 민법에서는 폐기되어야 하는 것일까. 확실히 집행의 절차에 대해서는 민사집행법의 규정에 의한다. 그러나 금전채권(손해배상채권) 이외의 각종의 채권(인도청구권 및 노무를 목적으로 하는 채권)에 대해서 현실적 이행의 강제가 가능한지 어떤지, 또는 그러한 관계에서 기본적으로 어떠한 방법으로 어느 정도의 채권이 관철되는가는 채권의 실체적 효력의 문제로 볼 수 있다. 이 같은 의미에서 민법 제389조는 실체법규로서의 존재의의를 가진다.

Ⅲ. 강제집행의 한계와 종류

1. 강제집행의 한계

채권은 될 수 있는 한 그 본래의 내용을 실현하는 것이 채권자가 바라는 바이다. 채

198) 일정한 급부의무의 존재를 증명하는 것으로서 법률에 의하여 집행력이 주어진 공증의 문서(확정판결·가집행선고 있는 종국판결·가집행선고 있는 지급명령·화해조서·청구의 포기·인락조서(민소 206조)), 조정절차에서 성립한 조정조서·공증인이 작성한 공정증서 등을 가리키는데, 「집행명의」라고도 한다. 민사집행법 제24조, 제56조 등에서 규정하고 있다.

무불이행을 이유로 해제하거나 손해배상을 청구하는 것으로는 본래의 목적을 달성할 수 없다. 강제이행의 방법으로서 민법이 정하는 ① 직접강제, ② 대체집행 ③ 일정한 금액을 정해서 이행을 강제하는 간접강제(민집법 제261조)가 있다. 그러나 채권자는 임의의 수단을 택할 수 있는 것은 아니다. 채권의 실현은 특히 '하는 채무'에서, 채무자의 인격에 부당하게 강제를 가할 우려가 있기 때문이다. 채무자의 인격존중과 채권자의 채권보호의 조화점에 강제이행의 한계가 있는 것이다.

프랑스민법에서는 「주는 채무」에서는 직접강제를 인정하였으나, 「하는 채무」에서는 작위·부작위를 포함하여 불이행의 경우에 손해배상채무로 변한다는 원칙을 정하고(동법 제1142조), 단 예외적으로 부작위의무위반의 결과를 제거하여야 할 의무(동법 1143조) 및 대체적 작위의무에 대하여 대체집행을 인정하였다(제1144조). 이것은 채무자의 의사를 존중한 자유주의사상에 기한 것이다. 한편 판례에 의해서 간접강제의 수단으로서 벌금강제가 인정되었다.

독일법을 보면 민법에 강제이행에 관한 규정이 없다. 특징적인 것은 간접강제가 강력한 것이다. 부대체적 급부로서 「채무자에 의해서만 실현할 수 있는 것」인 경우, 채무자에게 벌금 또는 강제구금(6월 이내)에 의해 이행을 강제한다(동 민소법 제888조). 단 고용계약상의 노동자의 채무 및 예술가의 창작상의 채무에 대해서는 간접강제가 행하여지지 않는다. 민법 제389조의 강제집행방법에는 직접강제(제1항)·대체집행(제2항)·부작위의무의 간접강제(제3항)가 있다.

2. 직접강제

(1) 의의 및 특색 직접강제는 채무자의 의사 여하에 불구하고 국가기관(법원)에 의하여 직접 채권의 내용을 실현하는 방법이다(제389조 1항). 예컨대, 물건의 인도를 목적으로 하는 채권에 있어서 채무자로부터 목적물의 점유를 빼앗아서 채권자에게 이전하거나, 또는 금전의 지급을 목적으로 하는 채권에 있어서 채무자의 재산을 소정의 절차에 따라 금전으로 환가하여 이것을 채권자에게 교부하는 것과 같다. 이 방법은 채권의 보호로서 가장 효과적일 뿐만 아니라 채무자의 적극적 협력을 필요로 하지 않는 까닭에 채무자의 신체나 의사에 대하여 직접 압박을 주는 일이 없으므로 인격존중의 사상에도 적합하다.

현재 제389조 제1항의 이른바 「강제이행」을 직접강제의 뜻으로 새기고 있고, 채무의 성질상 직접강제를 하지 못하는 경우를 제외하고는(동 단서) 채무자가 임의로 채무를 이행하지 않으면 채권자는 그 직접강제를 법원에 청구할 수 있다. 그리고 「채무의 성질이 직접강제를 하지 못하는 경우」는 이른바 「하는 채무」를 가리킨다. 따라서 직접강제는 「주는 채무」에 대해서만 허용된다.

(2) 절차와 방법: 직접강제의 절차와 방법에 관하여는 민사집행법에서 규정하고 있다.

가. 금전채권에 관해서는 제61조 이하에서 규정하고 있다. 따라서 채무자의 재산을 환가(즉 압류하여 경매)하여 그 금전을 채권자에게 교부한다. 그리고 채무자의 재산 중의 금전채권에 관하여는 이를 채권자에게 전부하거나 또는 추심하는 권능을 부여하여 채권을 만족케 한다.

나. 금전 이외의 채권에 관해서는 제78조 이하에서 규정하고 있다. 동산의 인도에 관하여는 집달관이 채무자로부터 그 동산을 수취하여 채권자에게 인도하는 것이며, 부동산에 관하여는 채무자로부터 점유를 빼앗아서 채권자에게 이전하는 것이다.

(3) 다른 강제수단과의 관계 직접강제를 허용하는 채무에 관하여는 대체집행 또는 간접강제는 허용되지 않는다(통설). 직접강제의 방법이 강제집행의 방법 중에서 가상 효과적이므로 이를 허용하는 경우에 다른 강제집행을 인정하는 것이 소송경제상 부당하기 때문이다.

3. 대체집행

(1) 의의 대체집행은 채무자로부터 비용을 추심하여 그 비용으로 채권자 또는 제3자로 하여금 채무자에 갈음하여 채권의 내용을 실현케 하는 방법이다(제389조 제2항 2문). 예컨대, 건물을 철거하여야 할 채무에 있어서 채무자가 임의로 이행하지 않는 경우에 채무자로부터 비용을 추심하여 그 비용으로 인부를 고용해서 건물을 철거하는 것과 같다. 사죄광고의 판결을 과거에는 민법 제764조에 의해서 허용하였으나 양심의 자유에 반한다고 하는 위헌결정[199]으로 허용되지 않게 되었다.

(2) 적용할 수 있는 경우 직접강제가 가능한 「주는 채무」에 관하여는 대체집행이 허용되지 않는다. 대체집행이 허용되는 것은 「하는 채무」이다. 그러나 모든 행위채무에 대체집행이 인정되는 것은 아니며, 그 가운데에서 「채무자의 일신에 전속하지 아니한 작위를 목적으로 하는 것(제389조 제2항 2문)」, 즉 제3자가 갈음해서 하여도 원래의 경제적·법률적 목적을 달성할 수 있는 「대체적 작위채무」에 한한다. 따라서 채무자 자신의 행위에 의하지 않고는 채권의 내용을 실현할 수 없는 경우(예컨대 명사의 강연, 음악가의 연주)와 같은 이른바 「부대체적 작위채무」에 있어서는 적당하지 않다.

---

199) 헌법재판소 1991. 4. 1. 89헌마160 전원재판부.

(3) 절차와 방법 민사집행법 제260조에 규정하고 있다.

(4) 다른 강제수단과의 관계 대체집행은 직접강제를 할 수 없는 경우에 관해서만 허용되므로, 직접강제의 방법에 의할 수 없음은 당연하고 대체집행이 가능한 경우는 간접강제는 허용되지 않는다(통설).

4. 간접강제

(1) 의의 및 특색 간접강제는 채무자에게 손해배상을 명하거나 벌금을 과하거나, 또는 채무자를 구금하는 등의 수단을 써서 그에게 심리적 압박을 주어 채무자로 하여금 채무를 이행케 하는 방법이다(민집법 제261조). 예컨대, 물건의 제작을 목적으로 하는 채무에 있어서 일정한 기간 안에 이행하지 않으면 지연기간에 따라 손해배상을 명하는 것과 같다. 이 방법은 채무자의 자유의사를 구속하고 채무자 자신으로 하여금 이행을 하지 않을 수 없게 하는 점에서 오히려 직접강제보다 효과적이다. 그러나 인격존중의 사상에는 반한다.

(2) 적용할 수 있는 경우

1) 간접강제에 관하여는 민법에는 규정하는 바가 없고, 민사집행법 제261조에 규정되어 있다. 이는 다른 강제수단이 없는 경우에 인정되는 최후의 수단이다. 따라서 간접강제가 허용되는 것은 이른바 「하는 채무」가운데에서 대체집행이 허용되지 않는 것, 즉 「부대체적 작위채무」에 한한다(제389조 제2항 2문 참조). 예컨대 감정·계산보고·증권에의 서명채무·재산목록작성의 채무 등이다. 그러나 부대체적 작위채무라도 다음의 경우에는 간접강제도 허용되지 않는다.

가. 채무자 본인의 의사만으로 실현될 수 없는 것으로 특수한 설비·기능 또는 제3자의 협력을 필요로 하는 급부 등이다.

나. 채무자의 의사를 강제하는 경우에는 채권의 내용에 적합한 급부가 기대될 수 없는 경우로서 예술가의 작품제작채무 등이 있다.

다. 강제하는 것이 채무자의 인격존중에 반하는 채무로서 예컨대, 부부간의 동거의무를 들 수 있다.

(3) 절차와 방법 간접강제의 절차와 방법에 관하여는 민사집행법에 규정하고 있다(동법 제261조). 이 규정에 의하면 법원은 상당한 기간을 정하고 채무자가 그 기간 안에 이행을 하지 않으면, 그 지연기간에 따라서 또는 즉시로 손해배상을 명할 수 있다. 간

접강제는 직접강제와 대체집행을 할 수 없는 경우에 최후의 강제이행의 수단이므로 간접강제에 의할 수 없는 채무는 결국 손해배상이나 이혼과 같은 다른 구제방법에 의할 수밖에 없다.

5. 법률행위를 목적으로 하는 채무의 강제이행

(1) 민법 제389조 제2항 1문의 규정취지 법률행위를 목적으로 하는 채무에 관하여는 재판으로써 채무자의 의사에 갈음할 수 있다(제389조 2항 전단). 이것을 「판결대용」이라고 한다. 법률행위를 하여야 하는 채무는 채무자가 현실로 그러한 행위를 하는 것이 필요한 것이 아니고, 이러한 행위를 한 것과 동일한 법률효과를 발생하면 그 목적을 달성할 수 있기 때문이다. 따라서 이러한 행위를 할 것을 명하는 재판이 있으면, 이에 의하여 법률행위가 있었던 것과 동일한 효과를 발생시키고 그 행위의 강제집행에 갈음하는 것이다.

(2) 제389조 제2항 1문의 확대적용 이러한 판결대용은 법률행위에 관하여서 뿐만 아니라, 준법률행위(의사의 통지·관념의 통지)에 관하여서도 적용된다. 민사집행법 제263조의 「인락」은 그 뜻이다. 그리고 채무자의 채권자에 대한 의사표시뿐만 아니라, 제3자 또는 관청에 대한 의사표시도 포함된다. 민사집행법 제263조 제1항의 「의사의 진술」은 그 뜻이다. 관청에 대한 출원절차(농지매매에 있어서 허가신청)·합명회사가 해산한 경우의 사원이 하여야 할 등기신청·전화가입명의의 변경신청 등에 관하여도 적용이 있다. 판결대용과 같은 강제이행이 인정되는 채무는 다른 강제방법을 쓸 수 있더라도(간접강제) 그것은 인정되지 않아야 할 것이다. 판결대용의 강제이행이 더 간편한 방법이기 때문이다.

6. 부작위채무의 강제이행

(1) 민법 제389조 제3항의 내용 부작위를 목적으로 하는 채무에 관하여는 제389조 제3항에서 규정하고 있다. 즉 「그 채무가 부작위를 목적으로 한 경우에 채무자가 이에 위반한 때에는 채무자의 비용으로써 그 위반한 것을 제각(除却)하고 장래에 적당한 처분을 법원에 청구할 수 있다.」라고 하여 대체집행에 의하도록 규정하고 있다. 결국 대체집행의 대상이 되는 것은 부작위채무 그 자체는 아니고, 부작위채무로부터 파생하는 별개의 채무로서 그 변형물에 대한 작위채무의 집행이다.

(2) 대체집행이 허용되는 부작위채무 이 방법은 일정한 행위를 하지 않을 순수한

부작위채무(예컨대, 일정한 장소에 건물을 축조하지 않을 채무)이든, 일정한 행위를 인용할 채무이든(일정한 장소를 통행하는 것을 방해하지 않을 채무)이든 이를 묻지 않고 모두 적용된다. 다만 어느 경우이든 불이행의 결과 유형적인 위법한 상태가 생겼어야 한다. 앞의 경우에는 건물의 축조, 뒤의 경우에는 통행을 방해하는 담을 쌓아놓은 것을 예로 들 수 있다. 채무자의 비용으로 채권자 또는 제3자가 그 결과를 제거한다.

이를 위한 집행권원으로서는 유형적 위법상태가 생긴 후라면, 배제를 구하는 소를 제기하여 판결을 얻는다(배제를 구할 수 있는 청구권은 부작위의무를 정하는 계약상의 청구권 또는 물권적 청구권에서 발생한다). 결국 대체적 제거의무에 대한 강제이행으로서 대체집행의 일종이다.

다만, 부작위채무의 불이행이 있더라도 그 불이행의 결과로서 아무런 유형적 상태를 남기지 않고, 무형의 위반상태가 계속되는 경우(예컨대 경업금지의무가 있는 경우 경업을 계속하거나, 밤 10시 이후에 피아노를 치지 않기로 하였는데 치는 경우)에는 적용이 없고, 간접강제에 의할 수밖에 없다. 이러한 부작위채무는 일종의 부대체적 급부이기 때문이다.

또한 장래에 적당한 처분을 구할 수 있다는 것은 장래에 대한 손해의 담보를 제공케 하는 것이 보통일 것이다.

7. 강제이행의 청구와 손해배상의 청구

제389조 제4항에서 강제이행이 있더라도 채무불이행으로 인한 손해(이행의 지연으로 인한 손해)가 있으면 그 배상을 청구할 수 있다고 규정하고 있다.

위와 같은 강제이행의 순서에 대하여 입법례가 나뉘어져 있는데, 민법의 해석으로서는 직접강제·대체집행·강제집행의 순서라는 데에 학설이 일치하고 있다.

제3관 손해배상

Ⅰ. 손해배상법 서설

1. 손해배상책임의 발생원인

민법은 손해배상책임의 발생원인으로서 두 가지(채무불이행·불법행위)를 들고 있고, 피해자가 타인에게 손해의 배상을 청구하기 위해서는 이러한 특별한 법적 원인, 즉 타인의 책임 있는 손해 야기행위를 필요로 한다.

2. 손해배상책임에 관한 규정방식

손해배상책임을 채무불이행으로 인한 것과 불법행위로 인한 것을 통일적으로 규정하는 입법례도 있으나 민법은 별도(제390조 이하·제750조 이하)로 규정하고 있다.

그렇지만 양자는 공통점이 많으므로 민법의 규정형식상 앞서 나오는 채무불이행부분에서 손해배상책임을 상세히 규정하고 뒤에 나오는 불법행위의 부분에서 상당부분을 준용하는 방식을 취하고 있다. 그 주요한 준용규정은 손해배상의 방법(제394조), 손해배상의 범위(제393조), 과실상계(제396조), 손해배상자의 대위(제399조)에 관한 규정이다(제763조 준용규정). 그러나 이것이 구체적인 손해의 내용이 같다는 의미는 아니다.

3. 손해배상의 기본체게

(1) 유책사유 요건주의(제390조, 예외 제397조) 민법의 대원칙인 과실책임의 원칙은 채무불이행에 의한 손해배상의 경우에도 적용된다. 채무불이행에 의한 손해배상청구권의 일반규정인 제390조 단서는 채무자의 고의와 과실을 요건으로서 분명히 밝히고 있다. 다만 금전채무불이행에 대해서는 과실을 요하지 않는 특칙을 두고 있다(제397조). 이는 채무불이행뿐만 아니라 불법행위에서도 마찬가지로 고의·과실을 요건으로 하고 있다(제750조).

(2) 손해배상의 범위 채무는 불이행과 인과관계에 있는 채권자의 손해 가운데 일정한 기준에 따라 한정된 범위의 손해에 대해서만 배상한다(제393조). 완전배상주의가 아니라 일종의 제한배상주의라고 할 수 있다.

(3) 금전배상의 원칙(제394조) 손해배상의 방법에 관하여 금전배상의 원칙을 취하고 있다. 독일 손해배상법은 완전성 이익을 배상으로 하는 원상회복주의 원칙(독민 제249조) 하에서 예외적으로 가치 이익의 배상을 목적으로 하는 금전배상주의를 인정하고 있다.

Ⅱ. 손해

1. 손해의 의의

(1) 손해의 의의 채무불이행을 원인으로 하여 손해배상청구권이 발생하기 위해서는 채무불이행으로 인한 손해가 현실적으로 발생하여야 한다.[200] 일반적으로 손해라 함은 '법익에 대한 모든 비자발적 불이익'을 말하고, 채무불이행으로 인한 손해라

200) 대판 1988. 4. 24. 97다28568.

함은 채무이행이 있었다면 채권자에게 있었을 상태의 이익과 채무이행이 없는 상태의 이익의 차액을 말한다(차액설)는 것이 통설과 판례[201])의 입장이다. 이러한 통설적 입장과 달리, 피해자의 재산을 구성하는 개개의 권리 또는 법익이 입은 불이익(또는 손실)을 손해라고 하는 견해(구체적 손해설)[202])도 있다.

재산적 손해가 주된 것이기는 하지만, 이에 한정되는 것이 아니다. 손해의 발생 및 그 액수는 채권자가 증명하여야 하고 변론주의 원칙상 법원은 당사자가 주장하지 않은 손해를 기초로 손해액을 산정할 수 없다.

(2) 불법행위로 인한 손해와 채무불이행으로 인한 손해 양자는 위법행위와 상당인과관계에 있는 손해에 대하여 손해배상청구권을 인정한다는 공통점이 있다. 그러나 위법행위의 내용이 다르기 때문에 그에 따라 발생하는 손해의 내용이 달라질 수 있다. 예컨대, 위조등기를 기초로 부동산을 매수한 사람이 등기를 말소당한 경우, 위조라는 불법행위로 인한 손해는 매수인이 토지를 매수하기 위하여 출연한 금액, 즉 매매대금이라고 보아야 하나,[203]) 매도인에 대하여 이행불능을 원인으로 손해배상을 청구하는 경우의 매수인의 손해는 당해 부동산의 시가 상당액이라고 보아야 한다.

(3) 규범적 손해의 문제 손해의 개념에 규범적 손해도 포함되는가? 가해적 사태가 있기 전의 상태와 있고 난 후의 상태 사이에 불이익면에서 아무런 차이가 없지만 사태의 진전을 평가적으로 고찰한다면 재산적 손해가 있는 것으로 다루어져야 하는 경우에, 규범적 손해를 인정할 수 있을 것이다. 예컨대 피해자의 손해가 다른 사유, 가령 보험에 의하여 전보되는 경우가 그러한 경우이다. 보험은 피해자의 손실을 전보함에 그 목적이 있는 것이고, 가해자를 면책시키는 제도가 아니기 때문이다. 만일 이러한 경우에 피해자의 손해를 부정한다면, 피해자의 손해배상청구권이 발생하지 않게 되고, 그 결과 보험자대위(상법 제682조 참조)가 사용되지 않게 되어 부당하게 된다. 결국 피해자에게 발생한 손해가 가해자에 의해서가 아니라 다른 사유에 기하여 전보되고, 그에 의하여 가해자가 면책 되어서는 안 되는 경우에, 규범적 손해가 인정될 수 있다.

판례도 「불법행위로 인한 일실이익손해를 피해자의 노동능력상실률을 인정 평가하는 방법에 의하여 산정할 경우 피해자가 후유증에도 불구하고 종전과 같은 직장에서 종전과 다름없이 수입을 얻고 있다고 하더라도 달리 특별한 사정이 없는 한 피해자가 신체적인 기능의 장애로 인하여 아무런 재산상 손해도 입지 않았다고 단정할 수는 없

201) 대판(전) 1992. 6. 23. 91다33070.
202) 김기선, 86면.
203) 대판(전) 1992. 6. 23. 91다33070.

고, 또한 피해자가 사실심의 변론종결시까지 종전 직장으로부터 종전과 같은 보수를 지급받았다고 하더라도 그것이 사고와 상당인과관계에 있는 이익이라고는 볼 수 없어 가해자가 배상하여야 할 손해액에서 그 보수액을 공제할 것은 아니다.」[204]고 하여 규범적 손해를 인정한다.

2. 손해의 종류

(1) 재산적 손해와 비재산적 손해 침해된 법익의 내용을 기준으로 하여 재산적 법익에 대한 손해와 비재산적 법익에 대한 손해로 구분하는 견해[205]와 침해행위의 결과로서 발생하는 손해가 재산적인 것인지의 여부에 따라 재산적 손해와 비재산적 손해를 구분한다.[206] 비재산적 손해 내지 정신적 손해란 생명·신체·자유·명예 등과 같은 법익에 대한 손해를 말한다. 판례는 후자의 견해이다.[207] 재산적 손해는 금전으로 손해의 가액을 산정할 수 있는 반면에 비재산적 손해란 침해행위의 결과로 발생한 손해의 내용이 비재산적인 손해로서 금전으로 산정할 수 없다. 비재산적 손해에 대한 배상금을 위자료라고 한다. 손해의 가액을 산정할 수 없는 비재산적 손해의 경우에는 제반사정을 종합하여 '적절한 금액'으로 산정하는 수밖에 없다.

양자의 구별실익은 생명·신체와 같은 비재산적 법익의 침해에 의하여 생기는 치료비·일실이익 등이 앞의 견해에 의하면 비재산적 손해에 속하고, 뒤의 견해에 의하면 재산적 손해에 속한다는 데에 있다. 그렇다면 채권자이익이라는 측면에서 뒤의 견해가 타당하다 할 것이다.

채무불이행에서 비재산적 손해(정신적 손해)는 특별한 사정으로 인한 손해(특별손해)로 되는 경우가 많다(제393조 제2항).[208]

(2) 적극적 손해와 소극적 손해 기존이익의 멸실 또는 감소로 인하여 생긴 손해가 적극적 손해이고 장래이익에 대한 손해(일실이익·일실손해)가 소극적 손해이다(예컨대 전매하여 얻었을 이익을 얻지 못한 경우, 노동력상실로 인한 수입 상실 손해). 판례도 인정하고 있다. 즉 불법행위로 인한 재산상 손해는 위법한 가해행위로 인하여 발생한 재산상 불이익, 즉 그 위법행위가 없었더라면 존재하였을 재산상태와 그 위법행위가 가해진 현재의 재산상태의 차이를 말하는 것이고, 그것은 기존의 이익이 상실되는 적극적 손해의 형태와 장

---

204) 대판 1993. 7. 27. 92다15031.

205) 곽윤직, 107면.

206) 김상용, 147면; 김형배, 242면; 송덕수, 160면.

207) 대판(전) 1992. 6. 23. 91다33070.

208) 대판 1971. 2. 9. 70다2826; 곽윤직, 채권총론(신정판), 197면.

차 얻을 수 있을 이익을 얻지 못하는 소극적 손해의 형태로 구분된다고 한다.[209]

적극적 손해는 통상손해(제393조 1항)에 해당되는 경우가 많아 쉽게 배상이 인정되는 반면 소극적 손해는 특별손해에 해당되는 경우가 많아 예견가능성이 입증될 때에 한해 배상이 인정된다.

(3) 이행이익의 손해와 신뢰이익의 손해 채무가 제대로 이행되었을 경우에 채권자가 얻게 될 이익을 기준으로 하여 유효한 채무의 불이행으로 인한 손해가 이행이익의 손해이고, 계약의 유효에 대한 신뢰의 침해로 인한 손해가 신뢰이익의 손해이다. 이행이익과 신뢰이익은 법률행위 영역에서 문제된다. 신뢰이익의 손해는 계약이 무효라는 것을 알았더라면 입지 않았을 손해를 그 내용으로 한다. 이 구별은 계약체결상의 과실책임(제535조)과 관련되는데, 법률행위가 무효로서 채무가 성립되지 않은 때에 신뢰이익은 문제되므로 채무불이행으로 인한 손해배상에서는 원칙적으로 이행이익의 손해만이 문제되고, 법률의 규정이 있는 경우에 신뢰이익의 배상이 인정된다.

이행이익의 산정은 법률행위가 이행되었으면 있었을 재산상태에서 피해자의 현재의 재산상태를 빼는 방법으로 계산한다. 이에 대하여 신뢰이익(예컨대 계약서 작성비 기타의 계약체결비용)은 피해자가 문제되는 법률행위에 관하여 아무 것도 하지 않았으면 있었을 재산상태에서 현재의 재산상태를 빼는 방법으로 계산한다. 통상 신뢰이익이 이행이익보다는 적지만, 예외적으로 신뢰이익이 이행이익보다 커지는 경우도 있다. 어떤 계약이 유효하다고 믿음으로써 더 유리한 계약의 체결을 거절한 경우가 그 예이다. 그러한 경우에는 이행이익의 한도에서 신뢰이익을 배상하여야 한다. 그렇지 않으면 채무불이행을 한 자는 그가 이행한 경우보다 더 큰 손실을 입게 되어 부당하기 때문이다. 민법은 원시적 불능에서 계약체결상의 과실책임으로 신뢰이익의 배상을 인정하면서 이와 같은 취지를 명문으로 규정하고 있다(제535조 제1항 단서). 판례도 같은 취지이다.[210]

다만 계약교섭단계에서는 아직 계약이 성립된 것이 아니므로 당사자 중 일방이 계약의 이행행위를 준비하거나 이를 착수하는 것은 이례적인 일로서, 설령 이행에 착수하였다고 하더라도 이는 자기의 위험 판단과 책임에 따른 것이라고 평가할 수 있다. 그러나 만일 이행의 착수가 상대방의 적극적인 요구에 따른 것이고 바로 위와 같은 이행에 들인 비용의 지급에 관하여 이미 계약 교섭이 진행되고 있었다는 등의 특별한 사정이 있다면, 당사자 중 일방이 계약의 성립을 기대하고 이행을 위하여 지출하였거나 지출할 것이 확실한 비용은 계약체결을 신뢰하여 발생한 손해로서 계약 교섭의 부당파기로

209) 대판(전) 1992. 6. 23. 91다33070.

210) 대판 1999. 7. 27. 99다13621; 대판 2002. 6. 11. 2002다2539; 대판 2003. 10. 23. 2001다75295.

인한 손해배상의 범위에 해당할 수 있다.[211] 계약체결상의 과실에 의한 손해배상으로 판례는 불법행위책임으로 구성한다.

(4) 통상손해와 특별손해 손해배상의 범위에 관한 민법규정(제393조)을 기준으로 하여 채무불이행으로 인해 일반적으로 발생하는 손해로서 배상책임이 인정되는 것이 통상손해(동조 1항)이고 일반적으로는 발생하지 않는 손해이나 특별한 사정에 기해 발생한 손해로서 예견가능성이 있을 때에 한해 배상책임이 인정되는 것이 특별손해이다(동조 2항).

(5) 직접손해와 간접손해 침해의 객체를 기준으로 하여 침해된 법익 자체에 대한 손해가 직접손해이고, 법익침해의 결과 피해자의 다른 법익에 발생한 결과적 손해가 간접손해이다. 예컨대 신체상해의 경우 신체상해의 치료비는 직접 손해에 속하고 신체상해로 인해 노동종사를 못하게 되어 받은 수입손실은 간접손해에 속한다. 간접손해는 후속손해이기도 하다. 직접손해는 통상손해에 해당되는 경우가 보통이나 간접손해는 특별손해에 해당되는 경우가 보통이다.

(6) 일차손해와 후속손해 채무불이행이라는 요건이 현실적으로 갖추어짐으로써 발생한 손해(구성요건적 손해)를 1차 손해라고 하고 1차 손해를 기점으로 하여 연속적으로 발생된 손해를 후속손해라고 한다. 소위 위험관련성의 입장에서 손해배상의 범위 및 인과관계를 결정함에 있어서 손해의 유형화로 제시한 구분이다.

(7) 손해 3분지설 실무에서는 손해를 3분지설에 따라 손해배상액을 결정한다. 즉 적극적 손해, 소극적 손해, 정신적 손해(주로 불법행위에서 문제될 것이다)로 구분하는데, 이들은 각 소송물을 달리하고 채권자는 그 금액을 특정하여 별개로 청구하여야 하고, 법원으로서도 그 내역을 밝혀 각 청구의 당부에 관하여 판단하여 한다.[212]

3. 채무불이행에서 비재산적 손해

(1) 비재산적 손해 인정 여부 불법행위의 경우에는 비재산적 손해의 배상을 인정하는 명문의 규정이 있지만(제751조·제752조), 채무불이행의 경우에는 별도로 비재산적 손해의 배상을 인정하는 규정은 없다. 그러나 채무불이행에 비록 비재산적 손해를 인정하는 규정은 없지만 손해의 공평하고 타당한 배분이라는 손해배상법의 목적에 비추어 채무불이행으로 인한 비재산적 손해배상을 인정하고 있다.

211) 대판 2022. 7. 14. 2021다216733.

212) 대판 1976. 10. 12. 76다1313; 대판 1989. 10. 24. 88다카29269.

(2) 비재산적 손해가 통상손해인지 여부 비재산적 법익을 침해하는 채무불이행의 경우 비재산적 손해는 통상손해로서 재산적 손해배상과는 별도로 배상을 청구할 수 있다. 그러나 재산적 법익을 침해하는 채무불이행의 경우에는 특별손해에 해당하여 제393조 제2항의 요건 하에 손해배상범위 안에 포함된다. 계약당사자의 채무불이행으로 인한 정신적 고통은 재산적 손해배상이 행해짐으로써 어느 정도 회복된다고 보아야 하므로, 재산적 손해의 배상만으로 회복할 수 없는 정신적 고통을 입었다는 특별한 사정이 있고, 상대방이 이와 같은 사정을 알았거나 알 수 있었을 경우에 한 하위자료를 인정할 수 있다.[213)]

(3) 직접적 피해자의 직계혈족이나 배우자의 위자료청구권 채무불이행으로 인하여 채무자의 생명·신체 등 비재산적 법익이 침해된 경우 피해자의 직계혈족이나 배우자가 불법행위(제752조)에서와 같이 자신의 고유한 위자료청구권을 행사할 수 있을 것인가. 채무불이행에는 이러한 규정이 없으므로 이를 유추할 수 있는가가 문제된다. 판례는 숙박업자가 숙박계약상의 고객 보호의무을 다하지 못하여 투숙객이 사망한 경우, 숙박계약의 당사자가 아닌 그 투숙객의 근친자가 그 사고로 인하여 정신적 고통을 받았다 하더라도 숙박업자의 그 망인에 대한 숙박계약상의 채무불이행을 이유로 위자료를 청구할 수는 없다고 하여 부정하고 있다.[214)]

생각건대 오늘날 채권관계에서 특별히 채무자에게 계약관계에서 타인의 생명·신체의 완전성이익에 대하여 보호의무를 부과하고 있고, 이는 불법행위에서 요구되는 일번적 주의의무로서의 과실보다 가치평가면에서 높다고 할 수 있다. 그렇다면 계약상 보호의무를 위반하여 생명·신체의 중대한 법익을 침해당한 피해자의 직계혈족이나 배우자에게 위자료청구권을 인정해야 할 것이고 그 경우 근거로서는 752조가 유추적용 되어야 할 것이다.

(4) 위자료의 산정 불법행위로 인하여 입은 정신적 고통에 대한 위자료 액수에 관하여는 사실심 법원이 제반 사정을 참작하여 그 직권에 속하는 재량에 의하여 이를 확정할 수 있다.[215)]

위자료의 기능에는 제재적 기능과 보완적 기능이 있다. 전자는 특히 불법행위에서

---

213) 대판 1971. 2. 9. 70다2826; 대판 1994. 12. 13. 93다59779; 대판 1996. 11. 26. 96다31574; 대판 2004. 4. 28. 2004다4386; 대판 2004. 11. 12. 2002다53865; 대판 2007. 12. 13. 2007다18959; 대판 2012. 10. 11. 2012다55082.

214) 대판 1974. 11. 12. 74다997; 대판 2000. 11. 24. 2000다38718·38725.

215) 대판 1988. 2. 23. 87다카57; 대판 2006. 1. 26. 2005다47014·47021·47038.

불법행위의 위자료 산정에서 위법성의 정도나 피해자의 상황 등을 고려하여 인정되는 기능이고, 후자는 채무불이행에서 증명의 곤란 등을 고려하여 인정하자는 기능이다. 판례는 위자료의 보완적 기능과 관련하여, 「재산적 손해의 발생이 인정되는데도 입증곤란 등의 이유로 그 손해액의 확정이 불가능하여 그 배상을 받을 수 없는 경우에 이러한 사정을 위자료의 증액사유로 참작할 수는 있다고 할 것이나, 이러한 위자료의 보완적 기능은 재산적 손해의 발생이 인정되는데도 손해액의 확정이 불가능하여 그 손해 전보를 받을 수 없게 됨으로써 피해회복이 충분히 이루어지지 않는 경우에 이를 참작하여 위자료액을 증액함으로써 손해 전보의 불균형을 어느 정도 보완하고자 하는 것이므로, 그 재산적 손해액의 주장·입증 및 분류·확정이 가능한 계약상 채무불이행으로 인한 손해를 심리·확정함에 있어서까지 함부로 그 보완적 기능을 확장하여 편의한 방법으로 위자료의 명목 아래 다수의 계약 당사자들에 대하여 획일적으로 일정 금액의 지급을 명함으로써 사실상 재산적 손해의 전보를 꾀하는 것과 같은 일은 허용될 수 없다.」고 한다.[216)]

4. 손해배상의 청구

(1) 청구권자 원칙적으로 계약당사자만이 손해배상청구권을 가지며, 채무불이행으로 인하여 간접적으로 손해를 입은 제3자는 손해배상청구권이 없다. 이는 급부의무 이외에 부수적 주의의무 위반의 경우에도 마찬가지이다. 다만 제3자를 위한 계약(제539조)의 경우에는 수익자(계약당사자는 요약자 및 낙약자이고, 수익자는 제3자이다)도 채무자인 낙약자에 대해 손해배상을 청구할 수 있다

(2) 손해배상의 방법과 성질

가. 금전배상주의 민법은 손해배상의 방법으로 금전배상주의를 취하고 있다(제394조·제763조). 다만, 예외적으로 당사자의 다른 의사표시가 있거나 또는 이와 다른 법률규정(제764조)이 있는 경우에는 이에 의한다. 손해배상의 방법으로 원상회복을 인정할 것인가? 입법론으로 논의되고 있으나 아직 판례는 예외를 인정하고 있지 않다. 여기서의 금전은 우리나라 통화를 의미한다.[217)] 다만 당사자가 외국통화로 지급하기로 특별히 약정한 경우에는 그에 따른다.[218)]

채무불이행으로 인한 손해배상청구권의 법적 성질은 본래의 채권관계와 동일성을

216) 대판 2004. 11. 12. 2002다53865.
217) 대판 1997. 5. 9. 96다48688.
218) 대판 2005. 7. 28. 2003다12083.

갖는다. 따라서 본래의 채권에 존재하는 담보의 효력은 손해배상청구권에도 미친다(제334조, 제360조, 제429조 제1항). 물론 본래의 채권이 시효로 소멸한 때에는 손해배상청구권도 소멸하며, 채무불이행으로 인한 손해배상청구권의 소멸시효의 기산점은 본래의 채권을 행사할 수 있는 때로부터이다. 그러나 판례는 채무불이행 시로부터 진행한다고 한다.[219)]

나. 손해배상금의 지급방법　손해를 금전으로 배상할 때에 그 지급방법으로는 일시금배상과 정기금배상이 있다. 전자는 장래의 손해도 함께 평가하여 그 전부를 배상하는 것이고, 후자는 각 기말을 기준으로 손해가 구체적으로 현실화된 것을 전제로 정기적으로 배상하는 방식이다. 원칙적으로 일시금배상으로 지급되며 불법행위에서 정기금배상에 대한 규정(제751조 제2항)이 있다.

판례는 불법행위로 상해를 입은 사안에서, 장래 정기적으로 발생되는 손해에 관하여 손해배상을 청구하는 경우에 정기금 지급을 구할 것인가, 일시금 지급을 구할 것인가는 당사자가 임의로 선택할 수 있는 것이며, 정기금 지급을 명할 것인가의 여부는 법원의 자유재량에 속한다고 한다.[220)]

(3) 손해배상청구권

가. 요건　채무불이행을 이유로 손해배상을 청구하기 위해서는 우선 손해가 발생하여야 한다. 손해가 발생하였는지 여부는 사회통념에 비추어 객관적이고 합리적으로 판단하여야 한다. 채무불이행으로 인하여 채권자가 제3자에 대하여 어떤 채무를 부담하게 된 경우에, 그것이 실제로 변제할 성질의 것인 때에는 손해가 생겼다고 보아야 하고,[221)] 그 현실적 손해발생이란 비단 손해배상청구권자가 자기수중으로부터 치료비 등을 직접 지급함으로써 손해가 현실적으로 발생한 때뿐만 아니라 치료비 지급채무를 부담하는 경우에도 현실적으로 손해발생이 있는 것이라고 보아야 한다.[222)] 또한 재물의 손괴의 경우 수리가 끝난 후에만 손해배상청구가 가능한 것이 아니고 수리하기 전이라도 재물이 손괴된 때에도 손해가 발생하였다고 보아야 한다.[223)]

규범적 손해로 평가되는 경우에도 손해는 발생한 것으로 보아야 한다. 즉 이미 체결한 보험계약을 통해 보험금을 청구하여 손해를 보전할 수 있는 경우에도 손해는 발생

---

219) 대판 2018. 11. 9. 2018다240462.
220) 대판 1991. 1. 25. 90다카27587.
221) 대판 1992. 11. 27. 92다29948; 대판 1998. 4. 24. 97다28668.
222) 대판 1965. 3. 23. 64다1899; 대판 1988. 12. 27. 87다카2323.
223) 대판 1989. 6. 27. 87다카1966.

한 것으로 보아야 한다. 만약 이 경우 손해를 부정하면 손해배상청구권이 발생하지 않게 되어 보험금을 지급한 보험자가 보험자대위(상법 제682조)를 행사하지 못하게 되는 부당한 결과를 초래하기도 한다.

다만 법률이 금지하는 행위를 전제로 한 수익은 손해에 포함되지 않는다. 예컨대 사고를 입은 매춘부의 매춘을 전제로 한 일실이익의 배상청구는 허용되지 않는다.[224]

나. 성질 채무불이행으로 인한 손해배상청구권은 본래의 채권의 확장(지연배상의 경우) 또는 내용의 변경(전보배상의 경우)이므로, 본래의 채권과 동일성을 가진다.[225] 따라서 다음과 같은 성질이 있다. ① 본래의 채권에 대한 담보는 손해배상청구권에도 미친다(제334조·제360조·제429조). ② 본래의 채권이 시효로 소멸한 때에는 손해배상청구권도 소멸한다.[226] ③ 채권이 채무불이행으로 인하여 손해배상청구권으로 바뀐 때에는 그 동일성이 유지되므로 그 손해배상청구권의 시효기간은 본래의 채권의 시효기간에 따른다. 그 기산점에 대해서는 학설은 그 동일성이 유지되므로 본래의 채권을 행사할 수 있는 때로부터 진행한다는 견해와, 위 손해배상청구권은 채무불이행이 있어야 비로소 성립한다는 점에서 채무불이행 시부터 손해배상청구권의 소멸시효가 진행한다는 견해로 나뉜다. 판례는 후자의 견해에 따라 소멸시효는 계약체결일이 아닌 소유권이전채무가 이행불능 된 때부터 진행한다고 한다.[227] ④ 본래의 채권이 양도되면, 이미 발생한 지연배상청구권도 원칙적으로 같이 이전된다. ⑤ 채무불이행으로 인한 채무는 기한의 정함이 없는 채무로서, 채무자는 이행청구를 받은 때부터 지체책임을 진다(제387조 제2항).

Ⅲ. 손해배상의 범위

1. 의의 채무불이행을 원인으로 하여 채권자에게 발생한 손해 중 채무자에게 배상책임을 인정하는 범위가 손해배상의 범위이다. 발생된 손해와 채무불이행 사이에 사실적 인과관계가 존재하는 손해 중에서 규범적으로 책임의 범위를 제한할 필요성이 있다. 왜냐하면 채무불이행으로 발생하는 손해는 무한히 확대될 수 있으므로 공평의 원칙에 비추어 배상의 범위를 적당한 범위로 제한할 필요성이 있는 것이다. 민법 제393조는 채무불이행으로 인한 손해배상은 '통상의 손해'를 그 한도로 한다고 규정하여 배상되어야 할 손해의 범위를 제한하

224) 대판 1966. 10. 18. 66다1535·1636; 대판 1967. 1. 27. 75다599에서는 단순히 전기공사에 관련한 노무를 제공하는 자가 그 노무제공으로 인하여 얻은 수익을 범법행위 내지 부정행위로 인한 수익이라 볼 수 없다고 한다.

225) 대판 2018. 2. 28. 2016다45779.

226) 대판 2018. 2. 28. 2016다45779.

227) 대판 1990. 11. 9. 90다카22513; 대판 2005. 1. 14. 2002다57119.

고 있다(제한배상주의).

이러한 제한배상주의 원칙에 관한 제393조는 불법행위에도 준용된다(제763조). 따라서 제한배상주의는 손해배상의 일반적 원칙이라고 할 수 있다. 배상되어야 할 손해의 범위를 어떠한 기준으로 정할 것인지에 관해서는 여러 가지 이론이 존재한다. 학설에 의하여 발전된 배상범위의 이론은 제393조가 규정하고 있는 '통상의 손해'를 정하는 기준이 된다.

2. 손해배상범위에 관한 이론

(1) 상당인과관계설 조건설의 난점을 시정하여 채무불이행과 상당인과관계에 있는 손해만을 배상하게 하려는 입장으로서 이 이론은 모든 조건들이 원인이 아니고, 결과와 적정한(상당한) 관련을 가지는 조건들만이 원인으로 인정된다. 상당인과관계설은 그 배경에 독일민법 제249조의 완전배상원칙을 그 이론적 전제로 하는 것으로써, '상당성'이라는 법적 평가를 통해 인과관계에 의한 고려의 연결을 제한하고 이로써 배상범위 내지 책임을 제한하기 위한 이론이다. 통설과 판례[228]의 입장은 채무불이행 당시 보통인이 알 수 있었던 사정과 채무자가 특히 알고 있는 사정을 기초로 상당성을 판단하는 절충적 상당인과관계론을 따르고 있다. 이러한 절충설을 취하면서 상당성을 판단함에 있어서 특별한 고려가 필요하다고 하는 견해도 있다.[229]

(2) 규범목적설 배상범위의 결정기준으로서 규범의 보호목적을 제시한다. 즉, 가해자가 위반한 행위규범의 취지와 목적에 비추어 그 규범이 손해의 발생을 방지하려는 한도에서 배상범위를 결정하여야 한다는 책임귀속이론이다. 다시 말하면 '발생된 법익침해가 규범이 보호목적 내에 포함되느냐'에 따른 규범적 가치판단을 기초로 한다.

(3) 보호범위설 독일의 규범목적설이 일본에서 변용되어 국내에 도입된 보호범위설은 상당인과관계로 처리되던 문제가 사실적 인과관계, 보호범위, 손해의 금전적 평가라는 3가지 분석도구개념으로 구분되어야 할 것이며, 제393조는 그 중 보호범위를 정하는 규정이라고 한다. 즉 배상되어야 할 손해범위의 문제와 손해의 금전적 평가의 문제가 명확히 구별되고, 전자는 다시 가해자의 행위와 배상이 요구되고 있는 손해 사이에 사실적 인과관계가 존재하는가(사실적 인과관계의 문제)와 그 손해를 피고에게 배상시키는 것이 타당한가(보호범위의 문제)라는 두 가지로 구분되어야 한다고 한다.

---

228) 대판 1966. 5. 3. 6다503(불법행위); 대판 1977. 8. 23. 77다686; 대판 2010. 6. 10. 2010다15363; 대판 2019. 2. 28. 2018다283629.

229) 김상용, 169면; 이은영, 289면; 주해(9), 538면(지원림).

(4) 위험성관련설 손해를 1차손해와 후속손해로 나누고 1차손해란 채무불이행행위와의 사이에 인과관계가 있는 손해이며, 후속손해란 직접 채무불이행행위에 의해 야기된 것이 아니라 1차손해를 기점으로 후속적으로 조건 지워진 손해를 의미한다고 한다.[230] 따라서 후속손해는 채무자의 유책 있는 행위에 의하여 직접 발생된 손해가 아니다. 이 견해는 1차손해의 귀책근거는 제390조이고, 후속손해의 근거는 제393조라고 한다. 따라서 채무자의 귀책사유 있는 채무불이행에 의하여 발생된 제390조의 1차손해는 그 '전부'가 배상되어야 하지만, 제393조의 규정에 의한 손해는 제1항 및 제2항에 규정된 기준에 해당하는 것만이 배상의 대상이라고 한다. 위험성관련설에 대해서는 완전배상의 원칙을 실현하기 위한 견해라는 비판이 있고,[231] 1차손해와 후속손해의 불명확 등의 사유로 비판하는 견해도 있다.[232]

생각건대, 상당인과관계설이나 규범목적설은 모두 완전배상원칙이 아닌 제한배상원칙을 실현하기 위한 도구이며, 제393조의 해석에서 '통상의 손해'의 의미를 규명하는 유용한 도구이론이라고 할 수 있다. 규범목적설은 그 의도하는 바는 일견 타당하지만, 규범목적의 탐구는 용이한 일이 아니다. 상당인과관계설이 현재로서는 타당하다고 본다.

3. 민법 제393조의 해석

(1) 통상의 손해

1) 개념 채무불이행으로 인한 손해배상은 통상의 손해를 그 한도로 한다. 여기서 통상의 손해라 함은 사회일반의 관념에 비추어 특별한 사정이 없는 한, 그러한 종류의 채무불이행이 있으면 일반적으로 발생할 것으로 생각되는 손해를 말한다. 즉, 채무불이행과 상당인과관계에 서는 손해이다. 통상의 손해는 채무자의 예견가능성을 불문하고 언제나 배상범위에 포함된다. 따라서 채권자는 채무불이행이 있었다는 것과 통상 생길 손해액을 입증하기만 하면 된다. 그리고 소송비용·강제집행비용에 관하여는 민사소송법 및 그 부속법에 자세한 규정을 두고 있다.

예컨대 매도인의 불이행으로 매수인이 타인으로부터 동종의 물건을 매수한 때에는 그 대금의 차액과 비용, 임차물의 반환의무를 이행하지 않은 때에는 자임에 상당한 금액, 이자부채무의 불이행이 있는 때에는 약정이자에 상당한 금액이 각각 통상의 손해에 해당한다. 따라서 금전을 이용하지 못함으로써 사회통념상 통상 생기는 것으로 인

230) 김형배, 256면.

231) 곽윤직, 신정판, 208-209면.

232) 지원림, 1118면; 송덕수, 171면.

정되는 통상손해는 이용하지 못한 기간 동안의 이자 상당액이다.[233] 또한 부동산의 매매에 있어서 매도인의 소유권이전의무가 이행불능으로 된 경우에는 이행불능 당시의 부동산의 가격이 통상의 손해이고, 불능 이후에 시가의 등귀는 특별사정으로 인한 손해이다.[234]

2) 구체적인 예

가. 목적물의 멸실·훼손　임차인이 임차물을 멸실한 때에는 임차물의 시가, 수리가 불가능한 경우에는 훼손 당시의 교환가치가 통상손해이며, 수리가 가능한 경우에는 수리비가 통상손해이나 훼손된 건물을 원상으로 회복시키는 데 소요되는 수리비가 건물의 교환가치를 초과하는 경우에는 그 손해액은 형평의 원칙상 교환가치 범위 내로 제한되어야 한다.[235] 한편 수리로 인하여 훼손 전보다 건물의 교환가치가 증가하는 경우에는 그 수리비에서 교환가치 증가분을 공제한 금액이 그 손해이다.[236] 다만, 교환가치보다 높은 수리비를 지출하고도 차량을 수리하는 것이 사회통념에 비추어 시인될 수 있는 특별한 사정이 있는 경우라면 그 수리비 전액을 손해배상액으로 인정할 수 있다.[237] 수리를 한 후에도 일부 수리가 불가능한 부분이 남아 있는 경우에는 수리비 외에 수리불능으로 인한 교환가치의 감소액도 통상의 손해에 해당한다.[238]

나. 영업용 물건의 멸실·훼손　영업용 물건이 멸실된 경우, 이를 대체할 다른 물건을 마련하기 위하여 필요한 합리적인 기간 동안 그 물건을 이용하여 영업을 계속하였더라면 얻을 수 있었던 이익, 즉 휴업손해는 그에 대한 증명이 가능한 한 통상의 손해로서 그 교환가치와는 별도로 배상하여야 하고, 이는 영업용 물건이 일부 손괴된 경우, 수리를 위하여 필요한 합리적인 기간 동안의 휴업손해와 마찬가지라고 보아야 한다.[239]

다. 신축건물의 하자가 중요하지 아니하면서 동시에 보수에 과다한 비용이 드는 경우

도급계약에서 수급인의 담보책임으로서 민법은 하자보수의무(제667조 제1항)를 부과

---

233) 대판 1991. 1. 11. 90다카16006.

234) 대판 1996. 6. 14. 94다61359.

235) 대판 1994. 10. 14. 94다3964; 대판 2004. 2. 27. 2002다39456; 대판 2022. 1. 14. 2021다264819.

236) 대판 1999. 1. 26. 선고 97다39520; 대판 2022. 1. 14. 2021다264819.

237) 대판 1998. 5. 29. 98다7735. 영업용 택시는 그 특성상 시중에서 매매가 이루어지지 않고 있고 액화석유가스를 연료로 사용하므로 휘발유를 사용하는 일반의 중고차량으로 대차할 수 없으며 규정상 대차 가능 차량은 원칙적으로 차령 6월 이내의 자동차이어야 하므로, 영업용 택시의 수리비가 교환가격을 초과한다 하더라도 신차를 구입하지 않는 이상 그 수리비를 지불하고 택시를 수리하여 운행할 수밖에 없는 특별한 사정이 인정되므로, 그 수리비 전액을 배상해야 한다.

238) 대판 2017. 5. 17. 2016다248806.

239) 대판 2000. 11. 24. 2000다38718·38725; 대판(전) 2004. 3. 18. 2001다82507.

하고 있고, 그 하자가 중요하지 아니하면서 그 보수에 과다한 비용이 드는 경우에는 하자보수의무를 부과하고 있지 않다(동조 제1항 단서). 이 경우에는 하자보수 이외에 손해배상으로 해결하라는 취지이다. 이 경우 하자로 인하여 입은 통상의 손해는 하자 없이 시공하였을 경우의 목적물의 교환가치와 하자있는 현재의 상태대로의 교환가치의 차액이다.[240)]

라. 담보권 침해의 경우 담보권자가 배상받을 수 있는 통상손해는 담보목적물 가액 범위 내에서 피담보채권액 상당이고, 담보목적물의 가액은 담보권이 유효하였더라면 그 실행이 예상되는 시기 또는 손해배상청구소송의 사실심의 변론종결 시로 한다.[241)]

마. 이행인수계약의 불이행의 경우 부동산의 매수인이 매매목적물에 관한 근저당권의 피담보채무를 인수하고 그 채무액을 매매대금에서 공제하기로 약정한 경우, 이행인수계약의 불이행으로 인한 손해배상의 범위는 원칙적으로 채무자가 채무의 내용에 따른 이행을 하지 않음으로써 생긴 통상의 손해를 한도로 한다. 매수인이 인수하기로 한 근저당권의 피담보채무를 변제하지 않아 원리금이 늘어났다면 그 원리금이 매수인의 이행인수계약 불이행으로 인한 통상의 손해액이 된다.[242)]

【변호사비용】

변호사비용에 대하여는 우리나라가 변호사강제주의를 채용하고 있지 않기 때문에 이를 손해배상으로서 청구하는 것은 허용되지 않는다고 하는 것이 종래의 통설이었다. 그러나 1990년의 개정민사소송법 99조의 2를 신설하면서 대법원규칙으로 정하는 범위 안에서 변호사 비용이 소송비용으로 인정되게 되었다. 그렇지만 변호사 비용 전액이 소송비용으로 인정되는 것은 아니다. 물론 부당한 소 또는 부당한 응소·항쟁 그 자체가 불법행위로 인정되는 경우와 불법행위자가 부당히 다투는 경우에는 청구소송을 세기하는 자가 지급하는 변호사비용은 통상손해가 될 것이다.

채무자의 고의 또는 과실에 의하여 자신의 권리를 침해받은 채권자가 자신의 권리 보호를 위하여 부득이하게 외국에서 소송을 제기하고 그와 관련하여 변호사 비용을 지출할 수밖에 없었다고 하더라도 채권자가 지출한 변호사 보수 전액이 곧바로 상당인과관계가 있는 손해에 해당한다고 볼 수는 없고 상당한 범위 내의 변호사 보수액만을 상당인과관계가 있는 손해로 보아야 한다.[243)]

---

240) 대판 1997. 2. 25. 96다45436.

241) 대판 1999. 4. 9. 98다27623·27630.

242) 대판 2021. 11. 25. 2020다294516.

243) 대판 2012. 1. 27. 2010다81315.

(2) 특별한 사정으로 인한 손해

1) 의의　「특별한 사정으로 인하여 생긴 손해」는 「통상의 손해」에서 제외되므로, 배상할 필요가 없다. 그러나 특별한 사정으로 인한 손해라도 채무자가 그 특별한 사정을 알았거나 알 수 있었을 때에는 채무자는 그 손해를 배상할 책임이 있다(제393조 제2항). 특별한 사정으로 인한 손해는 당사자 사이의 개별적·구체적 사정으로 인한 손해이므로, 이 특별한 사정에 관하여는 채무자의 예견가능성이 필요하다.

2) 특별손해 요건으로서 예견가능성　예견가능성의 대상은 특별손해 그 자체나 그 손해액이 아니라 특별한 손해를 야기하는 사정이다. 따라서 특별한 사정의 존재를 알았거나 알 수 있었으면 그러한 특별사정으로 인한 손해를 배상하여야 할 의무가 있는 것이고, 그러한 특별한 사정에 의하여 발생한 손해의 액수까지 알았거나 알 수 있었어야 하는 것은 아니다.[244]

예견가능성의 유무에 관한 판단은 해당채무불이행에 있어서 당사자의 직업(상인인가의 여부 등), 목적물의 종류(유가증권·상품·건물·산림·토지·선박 등), 계약의 목적(전매, 원자재·영업시설로서의 사용, 자가의 소비, 생활상의 사용 등), 계약당사자들이 속하는 거래사회에 있어서의 관행 등을 고려하여 결정하여야 할 것이다.

예견가능성의 존부를 판단하는 시기는 계약체결 당시가 아니라 채무불이행의 시를 표준으로 한다. 따라서 이행지체에 있어서는 이행기를, 이행불능에 있어서는 이행불능 당시를 표준으로 한다.[245] 따라서 부동산에 관한 소유권이전등기 의무가 이행불능으로 된 경우, 그 손해배상액은 원칙적으로 이행불능 당시의 목적물의 시가에 의하여야 하고, 그 후 목적물의 시가가 등귀하였다고 하더라도 그로 인한 손해는 특별한 사정에 인한 것이어서 채무자가 이행불능 당시 그와 같은 특별한 사정을 알았거나 알 수 있었을 경우에 한하여 그 등귀한 가격에 의한 손해배상을 청구할 수 있다.[246] 이에 대해서 계약규범목적설의 견해에서는 계약체결시라고 한다.[247] 그 이유로서는 채무자가 예견할 수 있는 사정에 기한 채권자의 이익만이 당해 계약에서 문제될 수 있고, 그 계약에 의하여 보호되는 채권자의 이익이라고 평가되기 때문이라고 한다. 다만 이행불능시 이후에 목적물의 가격등귀를 특별사정으로 보고 그로 인한 손해를 가산할 때에는 계약체결시설이 합리적이라고 할 수 없고 이행불능 시로 판단하여야 한다고 한다.[248]

---

244) 대판 2002. 10. 25. 2002다23598.
245) 대판 1985. 9. 10. 84다카1532.
246) 대판 1995. 10. 13. 95다22337.
247) 김형배, 289면.
248) 대판 1948. 1. 6. 4280민상148; 대판 1995. 10. 13. 95다22337; 김형배, 289면.

채무자의 예견 또는 예견가능성에 대한 증명책임은 채권자에게 있다. 특별한 사정으로 인한 손해의 배상범위에 관하여는 명시하는 바가 없으나, 특별손해가 배상범위에 포함된다고 하더라도 발생한 특별손해 전부가 배상범위에 포함되는 것은 아니다. 「어떠한 특별한 사정 하에서 생길 수 있는 보통 발생할 수 있는 손해」가 이에 해당한다고 할 것이다.[249)]

3) 구체적인 예

가. 토지매도인의 채무불이행으로 인한 매수인의 신축건물 철거 손해　　토지매도인이 매매 당시 매수인이 이를 매수하여 건물을 신축할 것이라는 사정을 이미 알고 있었고, 매도인의 채무불이행으로 인하여 매수인이 신축한 건물이 철거되게 되었다면 이는 특별손해이다.[250)]

나. 위약금의 지급이나 전매이익의 상실로 인한 손해　　채권자가 제3자에게 통상 배상하게 될 손해배상액, 즉 합리적 범위 안에서의 약정 위약금이나 대체물을 구하는데 필요한 합리적 범위 내 부대비용은 특별손해에 해당한다.[251)] 캐나다 회사가 캐나다에서 면제품을 판매 목적으로 수입하는 경우, 면제품 판매로 인하여 얻을 수 있었을 이익(전매이익) 상실은 특별손해이다.[252)]

다. 토지매도인의 채무불이행으로 인한 매수인의 건물설계비 또는 공사계약금 상실 손해　토지 매수인이 매매계약 체결 후 건물 신축을 위해 설계비와 공사계약금을 지출하였다가 매도인의 채무불이행을 이유로 계약을 해제한 경우, 건물설계비 또는 공사계약금 상실 손해는 특별손해에 해당하고, 매도인이 토지취득 목적을 알았더라도 설계계약 또는 공사도급계약을 체결하였다는 사정을 알았거나 알 수 있었을 때에 한하여 배상책임을 부담한다.[253)]

라. 금전의 특수한 용도 사용이익　　돈을 특수한 용도에 사용하여 이자상당액을 넘는 특별한 이득을 보았을 것인데 이를 얻지 못하게 되었다는 사정은 이른바 특별사정으로서 그로 인한 손해를 배상받자면 가해자가 그 특별사정을 알거나 알 수 있었어야 할 경우에 한하고 증명책임은 채권자에게 있다.[254)]

---

249) 대판 1997. 11. 11. 97다26982·26999.
250) 대판 1992. 8. 14. 92다2028.
251) 대판 1997. 11. 11. 97다26982·26999.
252) 대판 1967. 5. 30. 67다466; 대판 1992. 4. 28. 91다29972.
253) 대판 1996. 2. 13. 95다47619.
254) 대판 1991. 1. 11. 90다카16006.

마. 압류로 인한 영업손실 등의 손해　압류집행시의 목적물의 시가를 넘는 일실이익의 손해는 특별손해에 해당하고,[255] 택시의 압류로 인하여 운행을 못함으로써 입은 영업손실 상당의 손해 또한 특별손해에 해당한다.[256]

바. 공시지가 상승에 따른 양도소득세 부담의 증가에 따른 손해　매수인의 잔금지급 지체로 개별공시지가가 상승하고 매도인의 양도소득세 부담이 증가한 경우의 손해는 통상손해가 아니라 특별손해에 해당한다.[257]

사. 일방의 부당계약파기로 인한 상대방의 제3자에 대한 손해　매수인이 매매목적물의 가격이 하락하자 매도인에게 부당하게 일방적으로 계약을 파기함으로써 매도인 또한 제3자와의 계약을 존속할 수 없어서 제3자에 대하여 가격하락분에 상당하는 액수의 손해배상금을 지급한 경우, 매도인의 손해는 특별손해이다.[258]

아. 채무불이행으로 인한 정신적 고통　일반적으로 채무불이행으로 인하여 임차인이 임차의 목적을 달할 수 없게 되어 손해가 발생한 경우, 이로 인하여 임차인이 받은 정신적 고통은 그 재산적 손해에 대한 배상이 이루어짐으로써 회복된다고 보아야 할 것이므로, 임차인이 재산적 손해의 배상만으로는 회복될 수 없는 정신적 고통을 입었다는 특별한 사정이 있고, 임대인이 이와 같은 사정을 알았거나 알 수 있었을 경우에 한하여 정신적 고통에 대한 위자료를 인정할 수 있다.[259]

【특별손해와 예견가능성】

【대판 1997. 11. 11. 97다26982】

제조회사가 무역회사와 물품공급계약을 체결하면서 무역회사가 수출을 위해 그 물품공급계약을 체결한다는 사실 및 공급물량 중의 일부에 대해서는 이미 외국의 수입업자와 교섭을 마친 사실을 알고 있었다면, 제조회사로서는 무역회사에게 물품을 공급하지 아니하면 무역회사 역시 수입업자에게 물품을 제때 공급하지 못하게 되어 그로부터 손해배상청구를 당할 수 있다는 사실을 예견할 수 있다고 할 것이므로, 이러한 경우 무역회사가 수입업자에게 통상 배상하게 될 손해배상액 상당의 금원, 예컨대 합리적인 범위 안에서의 약정 위약금이나, 또는 수입업자가 시장에서 다른 회사로부터 같은 종류와 수량의 물품을 적정한 가액으로 구입하였다면 '그 구입가격과 무역회사와의 매매대금과의 차액과

255) 대판 2003. 7. 25. 2002다39616.
256) 대판 2002. 5. 24. 2000다42540.
257) 대판 2006. 4. 13. 2005다75897.
258) 대판 1980. 5. 13. 80다130.
259) 대판 1994. 12. 13. 93다59779.

그 구입에 소요된 합리적인 범위 안에서의 부대비용을 합산한 금액'에 관하여는 제조회사가 무역회사에게 배상할 책임이 있으나, 제조회사가 제조회사와 무역회사 사이의 계약 이후의 계약 내용을 알고서 그 계약 내용과 관련시켜 무역회사와 매매계약을 체결한 것이 아니라면, 수입업자가 자기가 수입할 물품에 관하여 다시 제3자와 매매계약을 체결하였다가 그 계약을 이행하지 못하게 됨으로써 그 제3자에게 손해배상책임을 지게 되고 그 손해배상 채무를 무역회사가 다시 수입업자에게 상환하게 되어 같은 금액의 손해를 입게 될 것이라는 점에 대하여는 제조회사가 이를 알 수 있었다고 보기 어려우므로, 이는 제조회사가 알 수 없었던 특별손해로서 제조회사로서는 손해배상책임이 없다.

(3) 손해배상액의 산정

1) 의의　　손해배상액을 결정하기 위해서는 1단계로 배상하여야 할 '손해의 범위'를 확정하여야 하고, 2단계로 그 범위 안에서 손해배상의 액을 산정하여야 한다. 그런데 그 손해는 금전으로 배상하는 것이 원칙이므로(제394조), 배상하여야 할 손해에 대해 이를 금전으로 평가하는 일이 남게 되는데, 이것이 손해배상액의 산정이다. 즉 1단계에서는 상당인과관계에 의하여 손해의 범위를 정하고, 다시 구체적으로 손해배상액을 어떻게 산정할 것인가는, 구체적으로 배상액의 가격·시기·장소 등을 고려하여 손해배상액을 산정하게 되는데 이는 계산상의 기술문제이다.

2) 손해배상액의 산정방법

가. 가격·시기　　재산적 손해의 배상액은 재산적 가치의 금전적 평가액이고, 그것은 통상가격을 기준으로 한다. 그러나 재산가격에는 통상가격(일반경제거래상 인정되는 교환가치)·특별가격(특수한 경제적·지역적·계층적 사정 하에서 이루어지는 거래상 인정되는 교환가치)·감정가격(특별가격 중 특히 감정에 따라서 평가하는 가격, 예컨대 선조전래의 가보에 대한 가치) 등이 있기 때문에 실제 배상액을 산정함에 있어서는 어느 것에 의할 것인가의 문제가 있다. 상당인과관계의 이론에 의하면, 재산적 손해에 관하여는 통상가격을 표준으로 하고 특별가격이나 감정가격은 그것이 생기게 된 특별한 사정에 관하여 채무자가 알았거나 알 수 있었을 경우에만 배상의 책임을 지게 된다.

이에 비하여 비재산적 손해는 이를 직접 금전으로 평가한다는 것은 불가능하므로, 이것은 정신적 고통을 치유할만한 방법이나 금전에 의한 간섭적인 수단에 의하는 수밖에 없다. 따라서 여기에서는 우선 손해배상청구권자가 정당하다고 생각하는 금액을 청구하게 하고, 그 범위 안에서 피해자의 사회적 지위·정신적 고통이 정도로 고려하는 한편, 당사자 쌍방의 자산·채무불이행의 동기 등을 고려하여 법원이 자유재량으로 그 액을 판정할 수밖에 없다.

배상액 산정의 기준시기에 대하여는, 채무불이행과 상당인과관계에 있는 손해를 어느 시점을 기준으로 해서 정하여 배상할 것이냐의 문제는 대단히 중요한 문제이다. 예컨대 물건의 인도채무가 이행불능으로 된 경우, 그 물건의 가격이 이행에 갈음하는 손해배상액이 된다. 이 문제는 특히 채권자가 전매(轉賣) 그 밖의 처분을 목적으로 물건을 샀는데, 채무불이행이 있은 후 경제사정의 변동이 있은 경우에 채권자는 어느 때의 가격을 표준으로 하여 손해액을 산출할 것인가, 더 나아가 목적물이 시장가격이 폭등하였다가 다시 하락한 경우에 배상액산정에 있어서 어느 시점을 기준으로 할 것이냐의 문제이다. 그 뿐만 아니라 제소시 또는 판결시에 그 가격이 오른 경우에 어느 때를 기준으로 위 물건의 가격을 정할 것인지가 동일하게 문제된다. 이행지체를 이유로 본래의 이행에 갈음하는 손해배상(전보배상, 제395조)을 청구하는 때에도 동일하게 이러한 문제가 생긴다.

학설은 책임원인발생시설, 청구시설, 선택시설, 판결시설(사실심 구두변론종결시설)[260] 등이 있다. 책임원인발생시설은 손해배상액의 산정시기를 책임원인이 발생한 때(즉, 손해배상청구권이 발생한 때)를 표준으로 하고, 그 후의 물가변동으로 인한 손해는 특별한 사정으로 인한 손해로서 부가적으로 가산되어야 한다는 견해이다.[261] 청구시설 은 손해배상액은 채권자가 손해배상을 청구한 당시의 가격을 표준으로 하여 산정하여야 한다는 견해이다. 선택시설은 손해가 발생한 때로부터 판결 시까지의 사이에 채권자가 임의로 선택한 시기를 표준으로 하여 배상액을 산정하여야 한다는 견해이다. 판결시설(사실심 구두변론종결시설)은 손해배상액의 산정시기를 사실심의 구두변론종결시를 표준으로 하여 그때까지에 발생한 모든 손해를 배상시켜야 한다는 견해로서 다수설이다.

책임원인발생시설과 판결시설의 근본적 차이는 손해배상책임이 생긴 후 변론종결시까지의 사이에 있게 되는 가격변동을 변론종결시설에 있어서는 통상손해로 보게 되고, 책임원인발생시설에서는 특별손해로 보게 된다. 이 점에서 변론종결시설이 채권자를 두텁게 보호하게 된다. 양설이 입장을 달리하는 이유는 첫째 손해배상제도의 기본적 성격의 파악에서 책임원인발생시설은 실손해의 전보와 아울러 손해분담의 공평이라는 것으로 파악하는데 반하여, 구두변론종결시설은 피해자인 채권자에게 될 수 있는 한 손해를 남기지 않으려는 것으로 파악한다.

판례는 다음과 같이 산정한다. ① 이행불능의 경우에는, 이행불능 당시(책임원인발생시)의 목적물의 시가 상당액이고, 그 이후 목적물의 가격이 등귀하였다고 하더라도 그로 인한

260) 김상용, 171면; 김증한·김학동, 149면; 김형배, 271면.

261) 곽윤직, 117면.

손해는 특별손해라고 한다.[262] 그리고 매도인 및 매수인 명의의 매매부동산에 대한 소유권이전등기의 말소의무가 원소유자의 말소등기절차이행 청구소송에서 확정되었다면 매도인의 이행불능으로 인한 손해배상액의 산정은 그 패소 확정시를 기준으로 하여야 하고, 동 등기의 말소시를 기준으로 할 것이 아니다.[263] ② 이행지체를 이유로 전보배상을 청구하는 경우에는(제395조), 사실심 변론종결 당시(판결 시)의 시가를 표준으로 한다고도 하지만,[264] 일반적으로는 본래의 의무이행을 최고한 후 상당한 기간이 경과한 당시의 시가를 기준으로 한다.[265] ③ 이행거절의 경우에는, 채무자가 이행거절의 의사를 명백히 표시하여 최고 없이 계약의 해제나 손해배상을 청구할 수 있는 경우에는 이행거절 당시의 급부목적물의 시가를 기준으로 한다.[266]

나. 기준장소　　① 채무불이행으로 인하여 통상가격을 배상할 때에는 특약 또는 법률에 특별한 규정(상법 137조)이 없으면 채무의 이행지에 있어서의 가격을 표준으로 산정한다. ② 특별가격에 관하여는 구체적인 경우에 따라서 결정할 수밖에 없다.

3) 현재가액의 산정(중간이자의 공제)

① 소극적 손해의 산정에서 장래의 일정한 시기에 일정한 가액을 취득할 권리가 침해된 경우에는 장래의 가액으로부터 중간이자를 공제한 현재의 손해액을 배상하여야 한다. 예컨대, 1년 후에 인도하여야 할 물건을 멸실한 경우에 현재 일시에 배상하여야 할 손해액, 즉 장래채무의 불이행으로 인한 현재의 손해액은 장래의 급부액으로부터 중간이자를 공제하여야 한다. 의료과오로 환자가 사망한 경우에도 장래의 수입에 대해 일시금으로 배상을 하는 것이 보통이다. 이때에도 중간이자를 공제하여야 한다.

중간이자의 공제방식에는 단리계산방법인 호프만식과 복리계산방법인 라이프니쯔식 둘이 있다. 공제되는 금액에서는 후자가 더 많게 된다. 민법은 어느 방법을 취할지 정하고 있지 않은데, 판례는 기본적으로 호프만식의 방식을 취하면서,[267] 법원이 자유로운 판단에 따라 두 방법 중 어느 하나를 취할 수도 있다고 한다.[268]

② 중간이자공제방식　　호프만식 산정법은 현재의 배상액을 X, 연수를 n, 연이율을 r, 장래의 손해액을 A라고 한다면 다음과 같다. X= A / 1+ nr 이다. 이것은 현재의 손해액과 이로부터 일정기간 동안 생긴 이사를 단리계산함으로써 언어질 액을 환산한

262) 대판 1996. 6. 14. 94다61359·61366; 대판 2005. 9. 15. 2005다29474.
263) 대판 1981. 6. 9. 80다417; 대판 1993. 4. 9. 92다25946.
264) 대판 1969. 5. 13. 68다1726.
265) 대판 1967. 6. 13. 66다1842; 대판 2007. 9. 20. 2005다63337.
266) 대판 2007. 9. 20. 2005다63337; 대판 2020. 10. 15. 2018다235576.
267) 대판 1965. 9. 25. 65다1534.
268) 대판 1983. 6. 28. 83다191.

것이 장래 취득하는 총액이 된다. 중간이자의 과다함을 억제함으로써 피해자보호에 충실하다는 장점이 있다.

라이프니쯔식 산정법은 X = A / (1+r)n 이다. 이 방식은 현재의 손해액은 이로부터 일정기간에 생길 이자를 복리계산함으로써 얻어지는 액을 합산한 것이 장래 취득한 총액이 된다. 이 방법은 계산은 복잡하지만, 복리계산을 한다다는 점이 합리적이다.

그런데 근래에 와서는 라이프니쯔식 산정법이 경제생활의 현실에 보다 부합하다는 이유로 일부 하급심에서 이를 채용하고 있고,[269)] 대법원도 종래와 같이 호프만식 산정법을 고집하지 않고, 당사자의 주장에도 불구하고 법원이 자유로운 판단에 따라 양자 어느 것에 의하여도 상관없다는 태도를 취하고 있다.[270)] 그리고 국가배상법도 제3조의 2, 제3항 규정에 의거하여 국가배상법 시행령 제6조 제3항은 중간이자 공제방식은 법정이율에 의한 단할인법인 호프만방식에 의한다고 한다.

4) 손해액에 관한 증명　　손해의 발생과 손해액은 배상권리자가 증명하여야 한다. 채무불이행으로 인한 손해배상청구소송에 있어, 재산적 손해의 발생사실이 인정되고 그의 최대한도인 수액은 드러났으나 거기에는 당해 채무불이행으로 인한 손해액 아닌 부분이 구분되지 않은 채 포함되었음이 밝혀지는 등으로 구체적인 손해의 액수를 증명하는 것이 사안의 성질상 곤란한 경우, 법원은 증거조사의 결과와 변론의 전취지에 의하여 밝혀진 당사자들 사이의 관계, 채무불이행과 그로 인한 재산적 손해가 발생하게 된 경위, 손해의 성격, 손해가 발생한 이후의 제반 정황 등의 관련된 모든 간접사실들을 종합하여 상당인과관계 있는 손해의 범위인 수액을 판단할 수 있다(민소법 제202조의2).[271)]

Ⅳ. 손해배상의 범위에 관한 특수문제

1. 손익상계

(1) 의의　　손익상계 혹은 이득공제란 채무불이행으로 인하여 채권자에게 손해를 생기게 하는 동시에 이익을 가져오게 된 때에는 손해액을 산정할 때 채권자 혹은 피해자가 얻은 이익을 공제하는 것을 말한다. 다시 말하면, 그 이익을 공제한 잔액을 배상

269) 서울지판 2003. 10. 21. 2003가합10785;

270) 대판 1983. 6. 28. 83다191.

271) 대판 2004. 6. 24. 2002다6951; 대판 2009. 8. 20. 2008다51120·51137·51151; 대판 2021. 7. 21. 2020다282513.

할 손해로 하여야 한다. 예컨대, 매도인이 채무를 이행하지 않았기 때문에 매수인이 목적물이 운반비를 지출하지 않게 되었다면, 매수인은 매도인의 채무불이행으로 인한 손해액에서 지출을 면한 운반비를 공제하여야 하는 것과 같다. 손익상계는 본래의 의미에 있어서의 상계와 같이 서로 대립하는 두 개의 채권을 대등액에서 소멸시키는 것이 아니라, 손해에서 이익을 공제한 잔액에 관하여 한 개의 손해배상채권이 성립하는데 지나지 않는다. 따라서 표현을 「이득공제」라고 하는 것이 옳다.

이에 관하여는 민법에 규정하고 있지는 않으나 손해배상은 실제로 생긴 손해의 전보를 목적으로 하는 것이므로 채무불이행으로 인하여 채권자에게 손해의 발생과 동시에 이익도 생긴 경우에는 배상액을 정할 때 손해의 액에서 채무불이행과 상당인과관계에 있는 한, 이익의 액을 공제하여야 한다. 판례도 채무불이행이나 불법행위 등이 채권자 또는 피해자에게 손해를 생기게 하는 동시에 이익을 가져다 준 경우에는 공평의 관념상 그 이익은 당사자의 주장을 기다리지 아니하고 손해를 산정함에 있어서 공제되어야 한다고 한다.[272)]

(2) 공제될 이익

가. 채무불이행과 상당인과관계 있는 이익　　손익상계가 허용되기 위해서는 손해배상책임의 원인이 되는 행위로 인하여 피해자가 새로운 이득을 얻었고, 그 이득과 손해배상책임의 원인인 행위 사이에 상당인과관계가 있어야 한다.[273)] 따라서 채무불이행과 무관한 이익 또는 별개의 계약에 의하여 채권자나 피해자가 얻은 이익은 손익상계의 대상이 되지 않는다. 마찬가지로 피해자가 사회보장제도에 의하여 얻은 수입도 공제의 대상이 되지 않는다. 다만 물건이 훼손된 경우에 수리비 상당액이 손해배상액으로 되는 때에는 수리 후의 물건의 가치 증가분은 손익상계의 대상이 된다. 불법행위로 물건이 훼손되어 수리가 불가능한 경우 피해자가 잔존물을 처분하여 그 가격에 상당하는 금액을 회수한 것은 손익상계의 대상이 되는 이익이 되지 않는다.[274)]

그 외에도 상해보험에 따라 취득한 보험금,[275)] 상해를 입은 후에도 종전과 같이 직장에서 지급받은 보수(규범적 손해의 경우),[276)] 증권회사 직원의 임의매매로 발생한 이득[277)] 등은 손익상계의 대상이 되지 않는다.

---

272) 대판 2002. 5. 10. 2000다37296·37302.

273) 대판 1992. 12. 22. 92다31361; 대판 2007. 11. 30. 2006다19603; 대판 2009. 12. 10. 2009다54706·54713; 이에 대해서 어떠한 이익이 공제되어야 하는가는 그와 같은 기준은 명확한 것은 아니고 결국 구체적 사정에 따라 개별적으로 판단하는 수밖에 없다고 하는 견해도 있다. 김형배, 308면.

274) 대판 1991. 8. 27. 91다17894.

275) 대판 1998. 11. 24. 98다25061.

276) 대판 1992. 11. 22. 92다31361.

나. 손해의 범위에 상응하는 이익 공제되어야 할 이득은 배상의무자가 배상하여야 할 손해의 범위에 대응하는 것이어야 한다.[278] 사고로 인하여 선박에 관한 선박공제계약에 따른 공제금을 수령하였고 폐선비용의 지급을 면하였다 하더라도 위 공제금은 선박의 선체와 주기의 침몰에 대한 손해를 보전해 주는 데 불과하고 지급을 면한 폐선비용 역시 선박의 선체에 대하여 발생할 비용을 면한 것이므로 그로써 사고로 인하여 침몰한 각종 기구들에 대한 손해가 직접 전보된다고 할 수는 없는 것이므로 공제될 수 없다고 한다.[279]

다. 손익상계의 구체적인 예 ① 도급계약의 수급인이 일의 완성을 위하여 준비하여 둔 재료를 사용하지 않고 처분하여 얻을 수 있는 대가,[280] ② 창고의 소유자가 창고를 점포로 개조하여 사용하는 것을 방해한 경우, 점포로서 사용할 경우의 차임상당액이 손해이나, 방해기간 동안에도 여전히 그 건물을 창고로 사용한 경우 창고로 사용한 이익,[281] ③ 사용자가 근로자와의 복직합의를 위반하여 근로자가 사용자에 대하여 임금상당액의 손해배상을 청구하는 경우, 근로자의 취업이 거부된 기간 동안 얻은 수입, ④ 신체침해를 입은 자의 입원비가 손해로 인정된 경우의 입원 중의 식비,[282] ⑤ 일반노동능력을 전부 상실한 피해자의 생계비,[283] ⑥ 근로기준법이나 산업재해보상보험법에 의한 휴업급여·장해급여[284] 또는 치료비,[285] ⑦ 연금을 받던 자가 타인의 불법행위로 사망한 경우에 유족이 받은 유족연금,[286] ⑧ 공무원이 다른 공무원의 불법행위로 사망한 경우에 공무원연금법 소정의 유족보상금과 국가배상에 의한 손해배상금[287]은 손해배상액에서 공제된다.

라. 증명책임 손익상계의 대상이 되는 이익이 발생하였는지 여부는 손익상계를 주장하는 배상의무자, 즉 채무자 혹은 가해자가 증명하여야 한다.

277) 대판 2003. 1. 24. 2001다2129.
278) 대판 2007. 11. 26. 2005다3229; 대판 2011. 4. 28. 2009다98652.
279) 대판 2007. 11. 26. 2005다3229; 대판 2011. 4. 28. 2009다98652.
280) 대판 2002. 5. 10. 2000다37296·37302.
281) 대판 1990. 12. 11. 88다카14311.
282) 대판 1967. 7. 18. 67다1092.
283) 대판 1984. 3. 27. 83다카853.
284) 대판 1995. 4. 25. 93다61703. 같은 성질의 손해에 대해서만 공제를 인정함.
285) 대판 1981. 6. 23. 80다2316.
286) 대판 1994. 5. 10. 93다57346; 대판 2002. 5. 28. 2002다5019.
287) 대판(전) 1998. 11. 19. 97다37863.

2. 과실상계

(1) 의의 및 제도적 근거

가. 의의 채무불이행에 있어서 채권자에게도 과실이 있을 때에는 법원은 손해배상의 책임 및 그 금액을 정할 때에 그 채권자 또는 피해자의 과실을 참작하여야 하는데(제396조), 이것을 과실상계라고 한다. 과실상계에서의 상계는 민법상의 상계(제492조)와는 그 의미가 다르다. 즉, 과실상계는 민법상의 상계처럼 의사표시에 의하여 이루어지는 것이 아니고, 또한 배상의무자의 과실과 배상권리자의 과실에 의한 쌍방의 권리가 대등액에서 소멸하는 것도 아니다. 따라서 엄밀한 의미에서는 「배상권리자의 과실의 참작」이라고 부르는 것이 타당하다. 과실상계에 관한 민법 제396조는 불법행위에 의한 손해배상에도 준용이 되고(제763조), 실무에서는 불법행위의 경우에 더 많이 적용되고 있다.

나. 제도적 근거 과실상계 제도는 채권자가 신의칙상 요구되는 주의를 다하지 아니한 경우 공평의 원칙에 따라 손해배상액을 산정함에 있어서 채권자의 그와 같은 부주의를 참작하게 하려는 것이다.[288] 채무불이행에 있어서 배상의무자는 원칙적으로 자기의 귀책사유로 생긴 결과 이상의 손해에 대하여 책임을 져야 할 필요가 없으며, 또한 배상권리자도 자기의 행위로 인하여 생긴 결과를 타인에게 전가할 수는 없는 것이다. 따라서 손해의 발생에 관하여 배상권리자의 행위가 가담되는 때에는 공평의 원칙과 신의칙에 따라 배상액의 산정에 있어서 그것을 참작하려는 것이다.

(2) 성립요건

1) 채권자의 고의·과실

가. 채무불이행에 관하여 채권자에게 과실이 있을 것을 요한다. 민법 제396조는 '채무불이행에 관하여'라고 규정하고 있으나, 채무불이행 혹은 불법행위의 성립과정에 있는 경우뿐만 아니라 이것을 널리 손해의 발생 또는 확대까지도 포함되는 것으로 해석하여야 한다.[289]

나. 민법 396조의 「과실」의 의의 과실이란 법률상의 의무에 따른 관념인데, 과실상계에 있어서의 배상권리자는 배상의무자와 달리 법률상의 의무가 있는 것은 아니므로 여기서의 과실이 무엇을 의미하느냐가 문제된다. 여기서의 과실을 단순한 부주의로 보기도 하고, 신의칙상의 의무위반으로 보기도 한다. 즉 과실상계에서의 요건으

288) 대판 2000. 6. 13. 98다35389.

289) 대판 1993. 5. 27. 92다20163; 대판 1995. 9. 15. 94다61120.

로서 요구되는 채권자의 과실은 채무불이행에 관하여 일반 사회관념상 당해 사정 하에서 요구되는 주의를 게을리 하는 것을 의미한다고 할 수 있다. 판례도 불법행위에 있어서의 과실과 과실상계에 있어서의 과실을 구별하여 후자를 사회통념상 신의성실의 원칙상 공동생활상 요구되는 약한 부주의를 가르킨다고 한다.[290] 과실상계의 과실 내용 및 비율을 그대로 공동불법행위자로서의 과실 내용 및 비율로 삼을 수 없다.[291]

다. 채권자의 과실과 책임능력 채권자의 과실을 참작함에 있어 그 자의 책임능력을 요하는가의 문제가 있다. 종래의 통설은 채무자 등의 과실에 있어서와 같이 배상권리자에게도 과실이 있다고 하기 위해서는 그 자에게 책임능력이 있을 것을 요한다고 하였으나, 현재는 책임능력보다는 낮은 판단능력, 즉 손해의 발생을 피하는데 필요한 주의를 할 수 있는 사리변식능력이 있는 것으로 족하다고 한다. 판례도 같은 입장에서 8세,[292] 14세[293]의 미성년자에 대하여 과실능력을 인정한다.[294]

라. 채권자 이외의 자의 과실 채부물이행의 과실상계에 있어서는 채권자뿐만 아니라 수령보조자의 과실도 포함한다는 데에 이설이 없으나, 불법행위의 경우에는 문제가 있다. 예컨대, 유아·정신병자 등이 교통사고로 피해를 입었을 경우에 감독의무자인 친권자·후견인의 과실을 참작할 것이냐 하는 문제이다. 가해자가 책임무능력자인 경우에 감독의무자가 과실이 있는 경우에만 책임을 지도록 하는 민법 제755조의 취지에 비추어 볼 때, 이와 반대로 피해자가 책임무능력자이고 보호감독의무자에게 과실이 있다면 역시 이를 참작하여야 할 것이다.

또 피해자의 피용자의 과실이 경합한 경우에 역시 과실상계를 인정할 수 있을 것인가? 채무불이행의 경우에 이행보조자의 과실(제391조)도 포함시키는 것과 같은 취지에서 역시 인정하여야 할 것이다. 판례도 피해자의 과실에는, 피해자 본인의 과실만이 아니라, 사회공평의 이념상 피해자와 신분상 내지는 생활상 일체로 볼 수 있는 관계에 있는 자의 과실도 이른바 피해자측의 과실로 포함된다고 한다(피해자측 과실이론).[295] 또한 피해자가 사망하고 그 부모·자손·배우자 등으로부터 배상청구가 있는 경우에 직접의 피해자인 사망자의 과실을 참작할 것이냐 하는 문제인데 사고발생에 관하여 사망자에게도 과실이 있을 때에는 배상청구권자에게는 과실이 없더라도 역시 참작하여야 한다.

290) 대판 1995. 9. 15. 94다61120; 대판 2000. 6. 13. 98다35389; 대판(전) 2016. 10. 19. 2016다208389.
291) 대판 2005. 7. 8. 2005다8125.
292) 대판 1968. 8. 30. 68다1224.
293) 대판 1971. 3. 23. 70다2986.
294) 그러나 6세의 어린이에게는 부정한다. 대판 1967. 2. 7. 66다2411; 대판 1974. 12. 24. 74다1882.
295) 대판 1994. 6. 28. 94다2787; 대판 1998. 8. 21. 98다23232.

그러나 피해자의 부주의를 이용하여 고의로 불법행위를 저지른 자는 바로 그 피해자의 부주의를 이유로 자신의 책임을 감하여 달라고 주장하는 것이 허용되지 아니한다. 그와 같은 고의적 불법행위가 영득행위에 해당하는 경우 과실상계와 같은 책임의 제한을 인정하게 되면 가해자로 하여금 불법행위로 인한 이익을 최종적으로 보유하게 하여 공평의 이념이나 신의칙에 반하는 결과를 가져오기 때문이다. 따라서 고의에 의한 불법행위의 경우에도 위와 같은 결과가 초래되지 않는 경우에는 과실상계나 공평의 원칙에 기한 책임의 제한은 얼마든지 가능하다.[296]

위의 경우, 피용자의 고의에 의한 불법행위로 인하여 사용자책임을 부담하는 경우에도 피해자에게 손해의 발생과 확대에 기여한 과실이 있다면 사용자책임의 범위를 정함에 있어서 과실상계가 인정되고,[297] 법인의 대표기관의 고의적인 불법행위로 인한 손해배상책임에서도 동일한 법리가 적용된다.[298] 공동불법행위자 중 일부가 고의로 불법행위를 한 경우 고의적 불법행위자의 과실상계 주장이 허용되지 않는다고 하더라도 그러한 사유가 없는 다른 공동불법행위자의 과실상계 주장은 허용된다.[299]

마. 채권자나 피해자측의 사정에 의하여 손해가 발생하거나 확대된 경우 채권자나 피해자에게 과실이 없지만, 채권자나 피해자에게 귀속되어야 할 위험요소로 인하여 손해가 발생하거나 확대된 때에는 과실상계 사유가 된다. 피해자 측 요인이 체질적인 소인 또는 질병이 위험도와 같이 패해자측의 귀책사유와 무관한 것이라고 할지라도, 그 질환의 태양·정도 등에 비추어 가해자에게 손해의 전부를 배상하게 하는 것이 공평의 이념에 반하는 경우에는 과실상계 사유가 된다. 다만 책임제한에 관한 사실인정이나 비율을 정하는 것이 형평의 원칙에 비추어 현저하게 불합리하여서는 아니 된다.[300]

2) 채권자의 행위가 관여되었을 것 채무불이행 또는 손해발생에 관하여 채권자의 관여행위가 손해발생에 관한 공동원인의 하나가 되어야 한다는 뜻이다.

(3) 효과

가. 직권사항으로써 필요적 참작 법원은 채권자(피해자)와 채무자(가해자)의 과실을 비교·형량하여 채무자의 책임을 면하게 하거나 감경할 수 있다. 배상권리자에게 과실

296) 대판 2000. 1. 21. 99다50538; 대판 2007. 10. 25. 2006다16758·16765; 대판 2014. 7. 24. 2010다58315; 대판 2016. 4. 12. 2013다31137.
297) 대판 2002. 12. 26. 2000다56952.
298) 대판 1987. 12. 8. 86다카1170.
299) 대판 2007. 6. 14. 2005다32999.
300) 대판 2008. 3. 27. 2008다1576; 대판 2016. 6. 23. 2015다55397.

이 인정되는 경우에는 법원은 의무자의배상책임을 부정하거나 또는 그 배상액을 경감시켜야 한다(제396조). 법원은 손해배상책임 및 그 금액을 정함에 있어 이를 반드시 참작하여야 하며, 만약 배상권자에게 과실이 있음에도 불구하고 법원이 이를 참작하지 않으면 위법한 판결로서 상고의 이유가 된다. 그러나 과실상계 사유에 관한 사실인정이나 그 비율을 정하는 것은 그것이 형평의 원칙에 비추어 현저히 불합리한 것이 아닌 한 사실심의 전권사항이라고 할 수 있다.[301] 또 과실상계는 단순히 채무자에게 항변권을 주는 것이 아니므로, 법원은 직권으로 채권자의 과실의 유무를 조사하여야 한다.

그러나 예외적으로 고의에 의한 채무불이행으로서 채무자가 계약 체결 당시 채권자가 계약 내용의 중요 부분에 관하여 착오에 빠진 사실을 알면서도 이를 이용하거나 이에 적극 편승하여 계약을 체결하고 그 결과 채무자가 부당한 이익을 취득하게 되는 경우 등과 같이 채무자로 하여금 채무불이행으로 인한 이익을 최종적으로 보유하게 하는 것이 공평의 이념이나 신의칙에 반하는 결과를 초래하는 경우에는 채권자의 과실에 터잡은 채무자의 과실상계 주장은 허용되지 않는다.[302] 따라서 가해행위가 사기·횡령·배임 등의 영득행위인 경우 등 과실상계를 인정하게 되면 가해자로 하여금 불법행위로 인한 이익을 최종적으로 보유하게 하여 공평의 이념이나 신의칙에 반하는 결과를 가져오는 경우에만 예외적으로 과실상계가 허용되지 않는다고 한다.[303]

나. 참작정도의 기준　　채권자의 과실을 참작하는 경우에 그 참작의 기준이 무엇이냐 하는 문제가 있다. 과실상계는 본래 공평의 관념에 터전을 둔 것이니 만큼 그 적용에 있어서는 구체적인 경우에 각종 사정을 고려하여 채권자, 즉 배상권리자의 고의·과실의 정도, 채무불이행의 사실 및 손해의 확대 등에 관하여 어느 정도의 원인을 이루고 있는지의 여부 등을 고려하여 판단하여야 할 것이다.

다. 일부청구에서 과실상계의 방법　　채권자가 손해배상액 가운데 일부만을 청구한 경우에 어떠한 방법으로 과실상계를 할 것인가. 학설은 ① 손해액과 청구액의 비율에 따라서 감액부분을 안분하여 청구액에서 안분된 감액부분을 공제한 나머지 금액만을 인용하는 견해(안분설), ② 손해의 전액에서 과실상계의 비율에 의한 감액을 하여 그 잔액이 청구액을 초과하지 않은 경우에는 그 잔액을 인용할 것이고, 잔액이 청구액을 초과할 경우에는 청구의 전액을 청구하는 견해(외측설), ③ 손해의 전액에서 과실감액한 액을 우선 청구액에서 공제하고 잔액만을 인용하는 견해(내측설)로 나뉘어져 있다. 판례

301) 대판 2000. 6. 13. 98다35389.

302) 대판 2008. 5. 15. 2007다88644.

303) 대판(전) 2013. 9. 26. 2012다1146; 대판(전) 2013. 9. 26. 2012다13637.

는 외측설을 취하여 손해의 전액에서 과실비율에 의한 감액을 하고 그 잔액이 청구액을 초과하지 않은 경우에는 그 잔액을 인용할 것이고, 잔액이 청구액을 초과할 경우에는 청구의 전액을 청구하는 것으로 해석하고 있다.[304] 채무자보다는 채권자 보호라는 측면에서 외측설이 타당하다.

라. 과실상계사유와 손익상계사유가 병존하는 경우 산정된 손해액에 과실상계를 먼저 한 후에 이득공제를 하여야 한다.[305] 그리고 이는 과실상계뿐만 아니라 손해부담의 공평을 기하기 위한 책임제한의 경우에도 마찬가지이다.[306]

마. 공동불법행위에서 과실상계 방법 공동불법행위에서 피해자에게 과실이 있는 경우, 각 공동불법행위자에 대한 관계에서 피해자의 과실을 고려하여 개별적으로 과실상계를 하여야 하는지 아니면 공동의 가해자에 대한 관계에서 피해자의 과실을 고려하여 과실상계를 하여야 하는지가 문제된다. 양자의 구별실익은 어느 불법행위자에 대한 관계에서만 과실상계 사유가 있는 피해자가 다른 불법행위자에 대하여 손해배상을 청구하는 때에도 과실상계가 인정되는가에 있다. 판례는 공동불법행위로 인한 손해배상에서 과실상계를 하는 경우 피해자의 공동불법행위자 각인에 대한 과실비율이 다르더라도 그들 전원에 대한 과실로 전체적으로 평가하여야 한다고 한다.[307]

공동불법행위자별로 별개의 소를 제기하여 소송을 진행하는 경우에는 각 소송에서 제출된 증거가 서로 다르고 이에 따라 교통사고의 경위와 피해자의 손해액산정의 기초가 되는 사실이 달리 인정됨으로 인하여 과실상계비율과 손해액도 서로 달리 인정될 수 있고, 피해자가 공동불법행위자들 중 일부를 상대로 한 전소에서 승소한 금액을 전부 지급받았다고 하더라도 그 금액이 나머지 공동불법행위자에 대한 후소에서 산정된 손해액에 미치지 못한다면 후소의 피고는 그 차액을 피해자에게 지급할 의무가 있다.[308]

(4) 과실상계의 적용범위

가. 채무불이행 혹은 불법행위로 인한 손해배상책임 제396조는 채무불이행에 관한 손해배상책임에서 과실상계를 규정하고 불법행위책임에서 준용하고 있다(제763조). 채무불이행이나 불법행위가 고의에 의한 경우에도 원칙적으로 과실상계는 인정된다. 고의적 위법행위의 경우에는 신의칙에 의하여 과실상계가 제한될 수 있다.

304) 대판 1976. 6. 22. 75다819; 대판 2008. 12. 24. 2008다51649.

305) 대판 1981. 6. 9. 80다3277; 대판 2010. 2. 25. 2009다87621.

306) 대판 2008. 5. 15. 2007다37721.

307) 대판 1988. 11. 10. 98다20059; 대판 2007. 6. 28. 2007다7768.

308) 대판 2001. 2. 9. 2000다60227.

무과실책임인 경우에도 과실상계를 인정할 수 있을 것인가. 판례는 매도인의 하자담보책임과 같은 무과실책임의 경우에는 제396조의 과실상계 규정이 준용될 수는 없다 하더라도, 담보책임이 민법의 지도이념인 공평의 원칙에 입각한 것인 이상 하자 발생 및 그 확대에 가공한 매수인의 잘못을 참작하여 손해배상의 범위를 정함이 상당하다고 하여,[309] 결과적으로는 채권자의 과실을 고려하고 있다.

생각건대, 무과실책임 내지 위험책임의 본질이 불법행위책임 내지 채무불이행책임으로부터 기원한 경우, 혹은 불법행위책임의 실질을 가지는 경우에는 과실상계가 가능하다고 할 것이다.

나. 본래의 급부를 청구하는 경우　과실상계는 원칙적으로 채무불이행 내지 불법행위로 인한 손해배상책임에 인정되는 것이므로, 채무의 내용에 따른 본래의 급부를 청구하는 경우에는 적용되지 않는다.[310] 따라서 채권자의 청구가 연대보증인들에 대하여 그 보증채무의 이행을 구하고 있는 것이 명백한 경우에는 과실상계의 법리가 적용될 여지가 없다.[311] 마찬가지로 예탁금계약에 기한 정기예탁금 반환청구사건에 있어서 예금주의 인장관리의 소홀과 입·출금 내역 조회의 불성실을 이유로 과실상계할 수 없다.[312] 표현대리가 성립하는 경우에 그 본인은 표현대리행위의 성립에 전적인 책임을 져야 하고, 상대방에게 과실이 있다고 하더라도 과실상계의 법리가 유추적용될 수 없다.[313]

손해담보계약상 담보의무자의 책임은 손해배상책임이 아니라 이행의 책임이고, 따라서 담보계약상 담보권리자의 담보의무자에 대한 청구권의 성질은 손해배상청구권이 아니라 이행청구권이므로, 민법 제396조의 과실상계 규정이 준용될 수 없음은 물론 과실상계의 법리를 유추적용하여 그 담보책임을 감경할 수도 없는 것이 원칙이지만, 다만 담보권리자의 고의 또는 과실로 손해가 야기되는 등의 구체적인 사정에 비추어 담보권리자의 권리 행사가 신의칙 또는 형평의 원칙에 반하는 경우에는 그 권리 행사의 전부 또는 일부가 제한될 수는 있다.[314]

다. 계약해제로 인한 원상회복청구　과실상계는 본래 채무불이행 또는 불법행위로 인한 손해배상책임에 대하여 인정되는 것이어서, 매매계약이 해제되어 소급적으로 효력을 잃은 결과 매매당사자에게 당해 계약에 기한 급부가 없었던 것과 동일한 재산상

309) 대판 1995. 6. 30. 94다23920.
310) 대판 1996. 5. 10. 96다8468; 대판 2001. 2. 9. 99다48801; 대판 2015. 5. 14. 2013다69989·69996.
311) 대판 1987. 3. 24. 84다카1324; 대판 1996. 2. 23. 95다49141.
312) 대판 2001. 2. 9. 99다48801.
313) 대판 1996. 7. 12. 95다49554.
314) 대판 2002. 5. 24. 2000다72572.

태를 회복시키기 위한 원상회복의무의 이행으로서 이미 지급한 매매대금 기타의 급부의 반환을 구하는 경우에는 적용되지 아니한다.[315)]

라. 수령지체 과실상계의 법리가 근로계약관계의 존속을 전제로 사용자의 수령지체로 인하여 근로하지 못한 기간 동안에 대한 임금의 지급을 구하는 사건에 적용될 여지가 없다.[316)]

마. 손해배상액 예정의 경우 손해배상액을 예정한 경우에 과실상계는 적용되지 않는다.[317)] 따라서 손해배상액 예정액이 과다한 경우 제398조 제2항에 따라 감액하는 것과는 별도로 과실상계를 적용하여 감경할 필요가 없다.[318)]

3. 금전채무불이행에 대한 특칙

(1) 특칙규정의 의의 금전은 가치의 척도로서 고도의 유통성을 가지고 있다. 그런데 금전채무의 불이행은 금전 그 자체의 성질상 항상 이행지체가 되고, 또 그 불이행으로 인한 손해배상도 이행지체로 말미암은 손해배상이다. 채권의 목적에서 이미 기술하였듯이, 민법은 제397조에서 금전채권에 관한 특칙을 두고 있다. 즉 금전채무불이행의 손해배상액은 법정이율에 의한다. 법정이율보다 높은 약정이율이 있으면 법령이 제한에 위반하지 않는 한, 그 약정이율에 의한다(제397조 제1항). 이를 보통 지연이자라 한다. 지연이자는 이자가 아니라 손해배상의 성질을 가지므로 지연이자의 지급을 지연하면 지연이자에 대하여 다시 지연이자가 발생하고, 지연이자에 관하여는 채권자는 손해의 증명을 요하지 않으며, 채무자는 무과실책임을 진다(제397조 제2항).

(2) 손해의 증명 불요 및 무과실 항변 불인정 채무자의 채무불이행이 있으면 원칙적으로 채권자는 손해배상의 청구에 있어서는, 손해의 발생 및 그 액을 증명하여야 한다. 그러나 금전채권의 경우에 금전채권자는 금전채무의 이행지체가 있는 경우에 별도로 손해를 증명할 필요 없이 손해배상을 청구할 수 있다(제397조 제2항 전단). 그러나 손해의 증명이 필요 없다는 것이지 손해의 주장이 없음에도 법원이 손해의 배상을 명할 수 있다는 의미는 아니다.[319)]

채무자는 과실 없음을 항변하지 못하므로 금전채무의 이행지체가 발생하면 채무자

315) 대판 2014. 3. 13. 2013다34143; 대판 2017. 12. 22. 2015다1161.
316) 대판 1993. 7. 27. 92다42743.
317) 대판 1972. 3. 31. 72다108.
318) 대판 2002. 1. 25. 99다57126.
319) 대판 2000. 2. 11. 99다49644.

는 비록 과실이 없더라도 손해배상책임을 부담하여야 한다(제397조 제2항 후단). 즉 무과실 책임을 진다. 불가항력의 경우에도 책임을 지는가. 민법에는 불가항력의 개념을 사용하지 아니하나, 그 이행지체가 불가항력에 의한 것임을 증명하면 책임을 벗어난다고 새겨야 할 것이다.[320]

(3) 손해배상액　금전채무를 불이행한 경우의 손해배상액은 법령에 위반하지 않는 약정이율이 있지 않은 경우 법정이율에 의하는 것이 원칙이다(제397조 제1항). 따라서 법령에 위반하지 않은 약정이율이 있는 경우에는 그 약정이율에 의하고(제397조 제1항 단서), 약정이율이 없다면 법정이율에 의하게 된다(제397조 제1항 본문).

가. 지연손해금의 법적 성질　금전채무의 이행지체로 인하여 발생하는 지연손해금은 그 성질이 손해배상금이지 이자가 아니며, 민법 제163조 제1호가 규정한 '1년 이내의 기간으로 정한 채권'도 아니므로, 3년간의 단기소멸시효의 대상이 되지 아니한다.

나. 지연손해금 이율에 관하여 별도 약정이 있는 경우　이행지체에 대비한 지연손해금 비율을 따로 약정한 경우에 이는 일종의 손해배상액의 예정으로서 민법 제398조 제2항에 의한 감액의 대상이 된다.[321] 이러한 약정이 있는 경우에는 실제의 손해가 어떠한지를 불문하고 지연손해금 이율에 따라 산정된 손해금의 지급을 청구할 수 있고, 지연손해금의 이율이 법정이율에 미달하더라도 마찬가지이다.[322] 초과손해는 그것이 특별손해로서 채무자의 예견가능성이 있더라도 별도로 청구할 수 없다.

다. 금전채무에 약정 이자율이 정해진 경우　당사자 사이에 금전채무의 이자에 관한 약정이 정해진 경우에는, 특별한 사정이 없는 한 지연손해금도 그 약정이율에 의하기로 하였다고 보는 것이 당사자의 의사에 부합한다. 다만 그 약정이율이 법정이율보다 낮은 경우에는 약정이율에 의하지 아니하고 법정이율에 의한 지연손해금을 청구할 수 있다고 봄이 타당하다.[323]

라. 지연손해금 이율 및 약정 이율이 없는 경우　법정이율에 따라 지연손해금을 산정한다(제397조 제1항 본문).

마. 법정이율이나 약정이율에 의하여 산정된 손해액보다 실제 손해액이 더 큰 경우　초과손해는 특별손해로서 채무자의 예견가능성이 있는 때에는 배상범위에 포함된다.[324]

---

320) 곽윤직, 35면.
321) 대판 2000. 7. 28. 99다38637.
322) 대판 2013. 4. 26. 2011다50509.
323) 대판 2013. 4. 26. 2011다50509.
324) 대판 1991. 10. 11. 91다25369.

4. 손해배상액의 예정

(1) 배상액예정의 의의 및 성질

1) 의의　　손해배상액의 예정이란 채무불이행의 경우에 채무자가 지급하여야 할 손해배상액을 미리 정하여 두는 것을 내용으로 하는 당사자 사이의 계약을 말한다(제398조 제1항). 이와 같은 손해배상액을 예정하는 목적은, 채권자가 채무불이행으로 인한 손해배상을 청구하려면 손해의 발생과 금액을 증명하여야 하나, 그 증명은 실제에 있어서는 곤란하며 또한 이로 말미암아 당사자 사이에 다툼이 생길 염려가 있게 되므로, 손해의 발생사실과 손해액에 대한 입증의 곤란을 덜고 분쟁의 발생을 미리 방지하여 법률관계를 쉽게 해결할 뿐 아니라 채무자에게 심리적 경고를 함으로써 채무의 이행을 확보하려는 것이고, 한편 제2항에 규정된 손해배상예정액의 감액제도는 국가가 계약당사자들 사이의 실실적 불평등을 제거하고 공정을 보장하기 위하여 계약의 내용에 간섭한다는 데에 그 취지가 있다.[325] 이는 반드시 채권자에게만 유리한 것은 아니고, 채무자에게도 후일 분쟁을 방지할 수 있다는 이점이 있다.

구별개념으로 「배상액 합의」가 있다. 배상액의 합의란 채무불이행이나 불법행위 이후에 당사자가 서로 합의하여 배상해야 할 손해액을 정하는 것으로, 일종의 화해계약인데 반해 손해배상액의 예정은 채무불이행 이전에 미리 손해배상액을 정해 둔다는 점에서 차이가 있다.

이 예정은 법률의 규정(근로기준법 27조 참조)[326]이나 선량한 풍속 그 밖의 사회질서에 위반하지 않는 한, 자유로이 할 수 있고 보통 금전으로 예정하나 금전이 아닌 것으로 한 때에도 금전으로 한 때와 동일하게 취급한다(제398조 제5항). 약관규제법 제8조는 고객에 대하여 부당하게 과중한 지연손해금 등의 손해배상의무를 부담시키는 약관조항은 이를 무효로 한다.

판례는 부동산매매에서, 중도금의 지급을 지체하여 매도인으로부터 이를 추궁 받고 잔금지급기일의 엄수를 다짐받은 매수인이 매도인에게 위 중도금을 지급하면서, 잔금기일을 위반할 경우에는 중도금까지 포기하기로 한다고 약정한 경우, 이는 매수인이 위약하는 경우에는 계약 당시의 약정한 위약금과 더불어 중도금도 손해배상액으로 예정한 것이라고 추정한다.[327]

325) 대판 1993. 4. 23. 92다41719.
326) 사용자는 근로계약 불이행에 대한 위약금 또는 손해배상액을 예정하는 계약을 체결하지 못한다.
327) 대판 1990. 11. 27. 90다카 27068; 대판 1995. 12. 12. 95다40076.

2) 법적 성질

가. 손해배상액의 예정은 채무불이행을 정지조건으로 하는 조건부계약이며, 원채권관계에 종된 계약이다. 따라서 원채권관계와 법률적 운명을 같이 한다. 그러므로 원채권이 무효 또는 취소되면 이것도 따라서 무효 또는 취소가 된다. 또한, 채무불이행으로 인하여 발생한 예정액배상청구권은 당사자 사이에 반대의 의사표시가 없는 한, 원 채권이 양도되면 이것도 이전된다. 배상액의 예정계약은 채무불이행이 발생하기 전에 체결되어야 한다. 불법행위에 의한 손해배상의 경우에는 손해배상액의 예정은 인정될 수 없다.[328)]

나. 손해배상액예정의 방법은 금전으로 하는 것이 통례이나, 물건의 인도·노무의 제공 또는 원상회복으로 하는 수도 있다. 금전으로 예정한 것이 아닌 것은 다만 제398조 제5항에서 전4항의 규정을 준용한다고 하였으나, 이는 민법에서 말하는 원래의 손해배상액예정과는 다른 것이다.

3) 구체적인 예

가. 도급계약에서 계약보증금 약정　　도급계약서상 계약이행보증금과 지체상금이 함께 규정되어 있는 것만으로 계약이행보증금을 위약벌로 볼 수 없다. 도급계약서 및 그 계약내용에 편입된 약관에 수급인의 귀책사유로 인하여 계약이 해제된 경우에는 계약보증금이 도급인에게 귀속한다는 조항이 있을 때 이 계약보증금이 손해배상액의 예정인지 위약벌인지는 도급계약서 및 위 약관 등을 종합하여 구체적 사건에서 개별적으로 결정할 의사해석의 문제이고, 위약금은 민법 제398조 제4항에 의하여 손해배상액의 예정으로 추정되므로 위약금이 위약벌로 해석되기 위해서는 특별한 사정이 주장·입증되어야 한다.[329)] 초과배상약정이 있는 경우에도 마찬가지이다. 즉 하도급계약에서 하수급인의 귀책사유로 계약이 해제 또는 해지될 경우 그로 인하여 하도급인이 입은 손해 중 계약보증금 범위 내의 손해는 계약보증금의 몰취로써 그 배상에 갈음하고 이를 초과하는 손해가 있으면 하수급인이 손해배상책임을 진다는 약정이 있는 경우, 계약보증금은 손해배상액의 예정으로서의 성질을 가진다.[330)]

나. 도급계약에서 하자보수보증금약정　　공사도급계약서 또는 그 계약내용에 편입된 약관에 수급인이 하자담보책임 기간 중 도급인으로부터 하자보수요구를 받고 이에 불응한 경우 하자보수보증금은 도급인에게 귀속한다는 조항이 있을 때 이 하자보수보증

328) 대판 1965. 3. 23. 65다34; 대판 1999. 1. 15. 98다48033.

329) 대판 2000. 12. 8. 2000다35771; 대판 2001. 1. 19. 2000다42632.

330) 대판 2001. 1. 19. 2000다42632.

금은 특별한 사정이 없는 한 손해배상액의 예정으로 볼 것이고, 다만 하자보수보증금의 특성상 실손해가 하자보수보증금을 초과하는 경우에는 그 초과액의 손해배상을 구할 수 있다는 명시 규정이 없다고 하더라도 도급인은 수급인의 하자보수의무 불이행을 이유로 하자보수보증금의 몰취 외에 그 실손해액을 입증하여 수급인으로부터 그 초과액 상당의 손해배상을 받을 수도 있는 특수한 손해배상액의 예정으로 보아야 한다.

다. 도급계약에서 완성된 공사 하자부분 재시공 위반시 지급유보된 부분 포기약정 수급인이 약정기한까지 완성된 공사의 하자부분을 재시공하여 건축주의 완료확인서를 받지 못할 때에는 공사대금 중 지급유보된 부분의 청구를 포기하기로 하는 내용은 수급인이 추가약정상의 재시공의무를 다시 불이행할 경우 이에 대한 그의 귀책사유나 도급인의 손해발생 또는 그 액수를 묻지 아니하고 위 금액을 도급인에게 배상하는 결과가 되는 것이므로, 이러한 약정은 제398조의 채무불이행에 관한 손해배상액을 예정한 경우에 해당한다.

라. 건물신축도급계약에서 지체상금 약정 지체상금에 관한 약정은 수급인이 이와 같은 일의 완성을 지체한데 대한 손해배상액의 예정이다.[331]

마. 연체료 약정 매매계약 당시 매수인들이 대금을 납부 지정일까지 납부하지 아니할 경우 그 체납액에 대하여 연체료를 가산하여 지급하기로 한 연체료 약정은 일종의 지연배상에 대한 예정이다.

바. 잔금 지급기일 위반시 계약금 및 중도금을 포기하기로 한 약정 매수인이 당초 약정된 잔금 지급기일까지 잔금을 지급하지 못하여 그 지급독촉을 받아 오다가, 매도인과의 사이에 그 잔금의 지급기일을 연기받는 한편 그 기일의 준수를 다짐하면서 만일 그 연기된 날까지 잔금을 지급하지 아니하면 매매계약을 해제하여 무효로 함과 아울러 매도인에게 이미 지급한 계약금 및 중도금에 대한 반환청구권을 포기 내지 상실키로 하는 약정을 한 경우, 그 포기 약정을 손해배상액의 예정으로 그 예정액이 부당히 과다한 경우 이를 감액할 수 있다(제398조 제2항).[332]

사. 대출금회수를 위한 법적 절차 비용의 채무자 변상 약정 대출금회수를 위하여 은행이 지출하는 법적 절차비용을 은행이 정하는 바에 따라 채무자가 변상하기로 하는 취지의 약정을 한 경우, 이러한 약정은 사법상의 손해배상의 예약이다.[333]

---

331) 대판 1989. 7. 25. 88다카6273·88다카6280; 대판 2018. 10. 25. 2015다221958.

332) 대판 1995. 12. 12. 95다40076.

333) 대판 1986. 8. 19. 86다카70.

아. 토지분양계약 해제시 계약보증금 몰취 약정 토지분양계약이 해제되었을 때 수분양자가 지급한 계약보증금이 분양자에게 귀속될 뿐만 아니라, 수분양자는 계약 해제로 인하여 분양자가 입은 손해에 대해서도 배상의무를 지기로 약정한 경우, 위 계약보증금 몰취 약정의 법적 성질은, 수분양자가 계약 위반시 분양자에게 손해배상책임을 지는 것과는 별도로 이를 분양자에게 귀속시킴으로써 수분양자에게 제재를 가함과 동시에 수분양자의 계약이행을 간접적으로 강제하는 작용을 하는 이른바 위약벌의 성질을 가진 것이라고 봄이 상당하다.

(2) 손해배상액 예정의 요건과 효과

1) 요건

가. 기본채권의 존재 기본채권관계는 그 주된 내용이 금전급부일 것을 요하지 않으며, 기타 급부이더라도 상관없다.

나. 채무불이행 발생 전의 약정 배상액의 예정은 채무불이행이 발생하기 전에 할 것을 요한다.

다. 예정계약에서 약정한 채무불이행의 발생 손해배상을 예정하는 약정은 기본채권관계의 채권자와 채무자 사이의 계약에 의하여 이루어지고, 손해배상액의 예정은 배상액만을 예정하는 것이 아니라, 손해의 발생에 관한 예정을 포함한다.[334] 따라서 예정계약에서 정한 채무불이행이 발생하여야 예정배상액을 청구할 수 있다. 예정약정에서 정하지 아니한 손해에는 예정약정의 효력이 미치지 아니하므로 별도로 손해배상을 청구할 수 있다.

채무불이행은 위법한 것이어야 한다. 채무자가 동시이행항변권을 가지고 있다면, 채무자가 이행하지 않고 있는 것은 위법하지 않으므로 위약금약정 효력이 발생하지 않는다.[335] 채권자는 채무불이행 사실만 증명하면 되고 손해의 발생 및 손해액에 관하여까지 증명할 필요는 없다.[336] 따라서 손해배상액 예정이 있는 경우 상대방이 일방적으로 매매계약을 철회한 사실만을 증명하면 그 예정배상액을 청구할 수 있다.[337]

라. 채무자의 귀책사유 요부 채무자는 채권자와 채무불이행에 있어 채무자의 귀책사유를 묻지 아니한다는 약정을 하지 아니한 이상 자신의 귀책사유가 없음을 주장·입

334) 대판 1975. 3. 25. 74다296.

335) 대판 2009. 1. 30. 2007다10337.

336) 대판 1988. 5. 10. 87다카3101; 대판 1991. 1. 11. 90다8053; 대판 2007. 12. 27. 2006다9408.

337) 대판 2009. 2. 26. 2007다19051.

증함으로써 예정배상액의 지급책임을 면할 수 있다. 그리고 채무자의 귀책사유를 묻지 아니한다는 약정의 존재 여부는 근본적으로 당사자 사이의 의사해석의 문제로서, 당사자 사이의 약정 내용과 그 약정이 이루어지게 된 동기 및 경위, 당사자가 그 약정에 의하여 달성하려고 하는 목적과 진정한 의사, 거래의 관행 등을 종합적으로 고찰하여 합리적으로 해석하여야 하지만, 당사자의 통상의 의사는 채무자의 귀책사유로 인한 채무불이행에 대해서만 손해배상액을 예정한 것으로 봄이 상당하므로, 채무자의 귀책사유를 묻지 않기로 하는 약정의 존재는 엄격하게 제한하여 인정하여야 한다.[338]

2) 배상액예정의 효과

가. 예정배상액의 청구　　예정계약에서 정한 채무불이행이 발생한 경우 예정배상액의 청구가 가능하다. 채권자는 채무불이행의 사실만을 증명하면 손해의 발생 및 그 액을 증명하지 아니하고 손해배상액을 청구할 수 있다. 따라서 채무자는 채부불이행이 그에게 책임 없는 사유로 발생하였다거나, 손해가 전혀 발생하지 않았다거나, 또는 실제의 손해액이 예정액보다 적다는 것 등을 증명하더라도 책임을 면하거나 감액을 청구하지는 못한다. 또한 채권자도 예정액을 초과하는 실제의 손해가 특별손해이고 채무자의 예견가능성이 있더라도 초과부분을 따로 청구할 수 없다.[339] 그러나 당사자가 불가항력·무손해의 항변권·특별손해의 배상 등에 관하여 특약을 한 경우는 유효하다고 보아야 한다.

손해배상액의 예정이 있다고 하더라도 다른 원인에 의한 손해배상청구가 제한되거나 배제되는 것은 아니므로 별도의 손해배상청구가 가능하다. 다만, 손해배상액 예정의 효력이 계약과 관련된 불법행위에도 미치지 않는다. 계약 당시 당사자 사이에 손해배상액을 예정하는 내용의 약정이 있는 경우에는 그것은 계약상의 채무불이행으로 인한 손해액에 관한 것이고 이를 그 계약과 관련된 불법행위상의 손해까지 예정한 것이라고는 볼 수 없기 때문이다.[340] 그러나 채무불이행과 관련된 불법행위를 원인으로 하여 손해배상을 청구하는 경우,[341] 예정계약에서 약정하지 아니한 채무불이행을 원인으로 손해배상을 청구하는 경우에는 예정배상액과 무관하게 손해배상을 청구할 수 있다.

계약 당시 일방의 책임으로 계약이 해지되면 계약이행보증금이 상대방에게 귀속된다고 정한 경우 계약이행보증금은 위약금으로서 민법 제398조 제4항에 따라 손해배상액의 예정으로 추정된다. 즉 손해배상액을 예정한 경우 다른 특약이 없는 한 채무불이

338) 대판 2007. 12. 27. 2006다9408.

339) 대판 2010. 7. 15. 2010다10382.

340) 대판 1999. 1. 15. 98다48033; 대판 2018. 12. 27. 2016다274270.

341) 대판 1965. 3. 23. 65다34.

행으로 발생할 수 있는 모든 손해가 예정액에 포함된다. 그 계약과 관련하여 손해배상액을 예정한 채무불이행과 별도의 행위를 원인으로 손해가 발생하여 불법행위 또는 부당이득이 성립한 경우 그 손해는 예정액에서 제외되지만, 계약 당시 채무불이행으로 인한 손해로 예정한 것이라면 특별한 사정이 없는 한 손해를 발생시킨 원인행위의 법적 성격과 상관없이 그 손해는 예정액에 포함되므로 예정액과 별도로 배상 또는 반환을 청구할 수 없다.[342]

나. 법원에 의한 예정배상액의 감액 구민법(제420조 제1항 단서)은 계약자유의 원칙에 따라 법원은 당사자가 정한 배상액을 증감할 수 없다고 규정하였다. 이에 대해 민법은 손해배상의 예정액이 부당히 과다한 경우에는 법원은 적당히 감액할 수 있다(제398조 제2항)고 하고 있다. 법원에 의하여 예정배상액의 감액을 인정하고 있는 취지는 국가가 계약 당사자들 사이의 실질적 불평등을 제거하고 공정을 보장하기 위하여 계약의 내용에 간섭한다는 데에 있다.[343] 만약 계약자유라는 이름 아래 배상액예정계약을 그대로 인정한다면, 이 제도가 악용되어 채무자를 부당히 압박할 염려가 있으므로, 법원에게 적당히 감액할 수 있도록 인정한 것이라고 보아야 한다. 다만 과소하다고 하여 법원이 증액할 수는 없다.

여기서 부당히 과다한 경우라 함은 채권자와 채무자의 각 지위, 계약의 목적 및 내용, 손해배상액을 예정한 동기, 채무액에 대한 예정액의 비율, 예상 손해액의 크기, 그 당시의 거래관행과 경제상태 등 모든 사정을 참작하여 일반 사회관념에 비추어 그 예정액의 지급이 경제적 약자의 지위에 있는 채무자에게 부당한 압박을 가하여 공정성을 잃는 결과를 초래한다고 인정되는 경우를 말한다.[344]

부당히 과다한지 및 그에 대한 적당한 감액의 범위는 사실심의 변론종결 당시를 기준으로 판단한다.[345] 지체상금의 과다여부는 배상비율 자체를 가지고 판단할 것이 아니라 배상총액을 기준으로 판단하여야 한다. 손해배상의 예정액이 부당히 과다한지 여부를 판단함에 있어 실제 손해액을 심리·확정할 필요는 없지만, 기록상 실제의 손해액 또는 예상 손해액을 알 수 있는 경우에는 이를 예정액과 대비하여 볼 필요는 있다.[346]

법원의 직권감액이 행해지면, 예정배상금액 중 감액부분에 해당하는 부분은 처음부터 무효이다.[347] 위약벌 약정은 손해배상과 관계없이 의무 위반에 대한 제재벌로서 위

342) 대판 2018. 12. 27. 2016다274270·274278.

343) 대판 1993. 4. 23. 92다41719.

344) 대판 1996. 2. 23. 95다42393; 대판 2010. 7. 15. 2010다10382.

345) 대판 2000. 7. 28. 99다38637.

346) 대판 2010. 7. 15. 2010다10382.

반자가 그 상대방에게 지급하기로 자율적으로 약정한 것이어서 부당히 과다하다 하더라도 직권감액이 허용되지 않고 제103조, 제104조에 따라 부당한 위약벌 약정의 효력이 통제된다.[348)]

손해배상예정계약이 무효인 경우에는 직권감액은 허용되지 않는다. 손해배상액의 예정약관이 약관규제법 제8조(손해배상액 예정 무효규정)에 따라 무효인 경우에는 직권감액은 허용되지 않고, 손해배상예정약관 전부가 무효로 된다.[349)]

다. 과실상계와의 관계 손해배상액의 예정이 있는 경우에도 채무자의 불이행으로 인한 손해의 발생에 대하여 채권자에게 과실이 있을 때에는 법원은 손해배상의 책임 및 그 금액을 산정함에 있어서 적당히 감액할 수 있다. 그러나 판례는 '손해배상액이 예정되어 있는 경우에는 과실상계를 적용할 것이 아니다'고 하여 부정하고 있다.[350)] 또한 할부거래에 관한 법률 제6조 제3항, 방문판매에 관한 법률 제11조 제5항에서는 매도인의 매수인에 대한 위약금 및 손해배상을 청구할 수 없도록 제한을 가하고 있다.

라. 이행의 청구·해제와 배상예정액과의 관계 손해배상액의 예정은 이행의 청구나 계약해제에 영향을 미치지 아니한다(제398조 제3항). 실제 배상액의 예정에는 위약벌 등 여러 성질의 것이 있으므로 이에 따라서 고찰해야 한다. 이행지체에 있어서 지연배상액이 예정되어 있는 경우에는, 채권자는 본래의 급부를 청구할 수도 있고, 동시에 예정배상액을 청구할 수 있다. 그러나 지체 후 이행불능 또는 그로 인한 해제에 의한 손해배상액에 대해서는 지연배상의 예정액은 표준이 될 수 없고 따로 산정한다.

본래의 급부에 갈음한 배상액, 즉 전보배상액이 예정되어 있는 경우에는 이행지체가 있는 때에는 예정배상액과 함께 본래의 급부청구권을 행사할 수 없음은 당연하며, 지연배상에 대하여는 이 예정배상액은 표준이 되지 않는다. 이행불능이 된 경우에는 본래의 급부는 청구할 수 없고 곧 예정배상액을 청구할 수 있다.

해제를 한 경우에는 해제에 의한 손해배상의 성질을 이행이익의 배상으로 보는 입장에서는, 예정배상액에서 반대급부액을 공제한 것을 청구할 수 있다고 하고, 신뢰이익의 배상이라고 하는 입장에서는 예정배상액은 표준으로 되지 않는다.

쌍무계약의 불이행시 이 계약관계를 청산하기 위하여 배상액예정을 한 때에는 만약 채무불이행이 있으면 채권자는 계약을 해제하지 않고 곧 예정배상액을 청구할 수 있다. 그리고 예정액의 청구로 당사자 사이의 본래의 채무는 소멸한다.

347) 대판 1991. 7. 9. 91다11490.

348) 대판 2015. 12. 10. 2014다14511; 대판(전) 2022. 7. 21. 2018다248855.

349) 대판 2009. 8. 20. 2009다20475.

350) 대판 1972. 3. 31. 72다108; 대판 2002. 1. 25. 99다57126.

5. 위약금 약정

(1) 의의 위약금이라 함은 채무불이행의 경우에 채무자가 채권자에게 지급할 것을 약속한 금전을 말한다. 위약금은 대개의 경우 금전으로 하지만, 금전 이외의 다른 물건으로도 할 수 있다. 그러나 금전 이외의 것을 급부할 것을 약속한 때에는 본래의 위약금은 아니지만 역시 위약금에 관한 규정이 준용된다(제398조 제5항).

계약당사자 일방의 위약을 대비한 위약금 약정도 유효하고, 그 일방의 위약에 대해서 위약금지급의무 등이 발생한다. 그러나 그 상대방의 귀책사유로 계약이 해제되는 경우에도 일방의 귀책사유로 인한 해제의 경우와 마찬가지로 공평의 원칙상 위약금 지급의무가 인정되는 것은 아니다.[351]

(2) 위약금의 종류 위약금을 약정하는 목적에는 ① 위약벌, ② 실제의 손해배상, ③ 신용의 보증, ④ 손해배상의 예정으로서 하는 등 여러 가지가 있으나 민법은 당사자의 다툼을 피하기 위하여 약정한 위약금은 배상액예정을 위하여 한 것으로 추정한다(제398조 제4항). 따라서 당사자는 이와 다른 목적으로 약정한 경우에는 반증을 들어 이 추정을 깨뜨릴 수 있다.

(3) 배상액 예정규정 적용 위약금이 배상액의 예정을 위하여 약정된 경우에는 배상액의 예정에 관한 규정이 적용된다. 그리고 그 이외의 것을 목적으로 약정된 경우에는 당사자의 의사표시의 해석에 의하여 처리하는 수밖에 없을 것이다.

(4) 위약금 약정의 판단방법 당사자 사이에 채무불이행이 있으면 위약금을 지급하기로 약정한 경우 그 위약금 약정이 손해배상액의 예정인지 위약벌인지는, 계약서 등 처분문서의 내용과 계약의 체결 경위, 당사자가 위약금을 약정한 주된 목적 등을 종합하여 구체적인 사건에서 개별적으로 판단해야 할 의사해석의 문제이다. 위약금은 민법 제398조 제4항에 따라 손해배상액의 예정으로 추정되지만, 당사자 사이의 위약금 약정이 채무불이행으로 인한 손해의 배상이나 전보를 위한 것이라고 보기 어려운 특별한 사정, 특히 하나의 계약에 채무불이행으로 인한 손해의 배상에 관하여 손해배상예정에 관한 조항이 따로 있다거나 실손해의 배상을 전제로 하는 조항이 있고 그와 별도로 위약금 조항을 두고 있어서 그 위약금 조항을 손해배상액의 예정으로 해석하게 되면 이중배상이 이루어지는 등의 사정이 있을 때에는 그 위약금은 위약벌로 보아야 한다.[352]

---

351) 대판 2008. 2. 14. 2006다37892.

352) 대판(전) 2022. 7. 21. 2018다248855·248862.

(5) 위약벌

가. 개념 위약벌이란 계약을 위반하였을 때에 손해배상가는 별도로 제재로서 지급하기로 약속한 금전을 말한다.

나. 위약금이 위약벌로 해석되기 위한 사정 당사자 사이의 위약금 약정이 채무불이행으로 인한 손해의 배상이나 전보를 위한 것이라고 보기 어려운 특별한 사정, 특히 하나의 계약에 채무불이행으로 인한 손해의 배상에 관하여 손해배상예정에 관한 조항이 따로 있다거나 실손해의 배상을 전제로 하는 조항이 있고 그와 별도로 위약금 조항을 두고 있어서 그 위약금 조항을 손해배상액의 예정으로 해석하게 되면 이중배상이 이루어지는 등의 사정이 있을 때에는 그 위약금은 위약벌로 보아야 한다.[353] 그러나 도급계약에서 지체상금약정과 계약이행보증금 약정이 함께 되어 있다는 사정만으로는 계약이행보증금약정을 위약벌 약정으로 해석할 수 없다.[354]

다. 위약벌의 제398조 제2항 유추적용 여부 위약금 약정이 있는 경우 손해배상의 예정으로 추정되어 제398조 제2항에 따라 감액될 수 있다. 그런데 위약벌로 인정되는 경우 계약자유의 원칙에 따라 비록 그 금액이 과다한 경우에도 감액할 수 없는 것일까. 판례는 종래 위약벌인 경우에는, 「위약벌의 약정은 채무의 이행을 확보하기 위하여 정하는 것으로서 손해배상액의 예정과 그 내용이 다르므로 손해배상액의 예정에 관한 민법 제398조 제2항을 유추적용하여 그 액을 감액할 수 없다.」고 하여 제398조 제2항이 유추적용되지 않고, 다만, 다만 의무의 강제로 얻는 채권자의 이익에 비하여 약정된 벌이 과도하게 무거울 때에는 일부 또는 전부가 공서양속에 반하여 무효로 된다는 입장을 견지하여 왔고,[355] 대법원 2022.7.21. 선고 2018다248855·248862 전원합의체 판결에서 반대의 소수견해가 있었지만 종전의 입장을 확인하고 있다.[356]

또한 이자제한법 최고이자율의 제한규정도 적용되지 않는다.[357]

(6) 계약금의 위약금 여부 부동산매매계약의 경우에 계약 당시 매수인이 매노인에게 금전 그 밖의 유가물을 교부하는 것이 관행으로 되어 있는데 이것을 「계약금」 또는 「약조금」이라고 한다. 민법은 이에 관하여 당사자 사이에 다른 약정이 없는 한, 해제권을 유보하기 위하여 수수된 것, 즉 「해약금」으로 추정하고 있다(제565조). 따라서 채

353) 대판(전) 2022. 7. 21. 2018다248855·248862.

354) 대판 2000. 12. 8. 2000다35771.

355) 대판 2015. 12. 10. 2014다14511; 대판 2016. 1. 28. 2015다239324.

356) 대판(전) 2022. 7. 21. 2018다248855·248862.

357) 대판 2017. 11. 29. 2016다259769.

무불이행의 경우에 계약금을 교부한 자는 그것을 몰수당하고, 계약금을 교부받은 자는 그 배액을 상환하고 매매계약을 해제할 수 있다. 판례는 계약금은 해약금의 성질을 가지고 있고, 다만 당사자의 일방이 위약한 경우 그 계약금을 위약금으로 하기로 하는 특약이 있는 경우에만 손해배상액의 예정으로서의 성질을 갖는다고 한다.[358)]

다만「대금불입 불이행시 계약은 자동 무효가 되고 이미 불입된 금액은 일체 반환하지 않는다.」고 되어 있는 매매계약에 기하여 계약금이 지급되었으나, 매수인이 중도금을 지급기일에 지급하지 아니한 채 이미 지급한 계약금 중 과다한 손해배상의 예정으로 감액되어야 할 부분을 제외한 나머지 금액을 포기하고 해약금으로서의 성질에 기하여 계약을 해제한다는 의사표시를 하면서 감액되어야 할 금액에 해당하는 금원의 반환을 구한 경우, 그 계약금은 해약금으로서의 성질과 손해배상 예정으로서의 성질을 겸하고 있다고 한다.[359)]

V. 손해배상자의 대위

1. 손해배상자의 대위의 의의

손해배상자의 대위란 채무자가 손해배상으로서 그 채권의 목적인 물건 또는 권리의 가액 전부를 변상한 때에는 그 물건 또는 권리에 관하여 당연히 채권자를 대위하게 되는 것을 말한다(제399조). 예컨대 수치인이 임치물을 도난당한 경우에 그 가액을 변상하면, 수치인은 그 물건의 소유권을 취득하는 것과 같다. 손해의 전부를 배상받은 채권자가 여전히 물건 또는 권리를 보유하는 것은 부당하기 때문에 인정되는 제도이다. 손해배상자의 대위는 채무불이행 이외에 불법행위로 인한 손해배상에도 인정된다(제763조).

2. 요건

(1) 손해배상자의 대위가 인정되기 위해서는 채권자가 채권의 목적인 물건 또는 권리의 가액의 전부를 변상 받았어야 한다. 법문에는「물건 또는 권리의 가액 전부」라고 되어 있으나, 이는 결국 물건이나 권리의 급부에 갈음할 손해액 전부, 즉 전보배상의 전부의 뜻이다.

(2) 채권자가 전액배상을 받았어야 한다. 따라서 일부의 배상이 있는 때에는 손해배상자대위는 성립하지 않는다. 즉, 일부대위는 성립할 여지가 없다.[360)]

358) 대판 1987. 2. 24. 86누438; 대판 1992. 11. 27. 92다23209; 대판 1995. 2. 10. 94다51109.
359) 대판 1996. 10. 25. 95다33726.

(3) 주채무자 이외의 자, 가령 보증인 또는 제3자가 손해를 배상하였을 경우에 손해배상자대위가 성립될 수 있다.

3. 효과

(1) 손해배상자대위는 법률의 규정에 의한 권리의 이전이므로, 채권의 목적인 물건 또는 권리는 법률상 당연히 채권자로부터 배상자에게 이전된다. 따라서 그 물건이나 권리의 이전에 필요한 양도행위 그 밖의 요건(등기·인도 또는 채권양도의 통지·승낙)은 이를 갖출 필요가 없다.[361] 제399조의 「채권자는 그 물건 또는 권리에 관하여 당연히 채권자를 대위한다」라 함은 바로 이러한 뜻이다.

(2) 여기서 「물건 또는 권리」라 함은 채권의 목적물 그 자체뿐만 아니라 거래상 이에 갈음하는 것을 포함한다. 예컨대 수치물을 제3자가 훼손한 경우에 수치인이 그 물건의 가액을 배상하였을 때에는 수치인은 임치인이 그 제3자에 대하여 가지는 손해배상청구권을 법률상 당연히 취득하게 되는 것과 같다. 그러나 보험금청구에 관하여는, 예컨대 건물임차인이 그 건물을 소실하여 배상하여도, 가옥소유자의 보험청구권에는 대위하지 않고, 오히려 보험회사가 가옥소유자의 손해배상청구권에 대위하게 된다(상법 제682조).

(3) 대위의 효과는 배상의무자가 배상한 때로부터 장래에 향하여서만 발생한다.

제5장 책임재산의 보전

제1항 개관

1. 채권자로서는 채무자가 채무의 내용에 좇아 채무를 이행함으로서 채권의 만족을 얻으면 좋겠지만 만약의 경우를 대비하여 채권의 확보를 위하여 몇 가지 대비책을 세워 두어야 한다. 첫째로, 담보물권제도를 이용하여 다른 채권자에 우선하여 지급받는 방법, 둘째로, 결국은 채권이란 채무자의 재산을 통해서 환가하여 변제에 충당되기 때문에 채권자로서는 채무자의 일반재산의 감소를 막는 방법, 셋째로, 인적 담보로서 채무자 이외의 자의 재산까지 책임을 물을 수 있는 방법 등을 생각할 수 있겠다.

360) 대판 2007. 10. 12. 2006다42566.
361) 대판 1977. 7. 12. 76다408.

2. 채권은 채무의 이행 내지 급부청구권으로서 채무자의 재산을 직접 재배하는 권리가 아니므로 채무자는 그의 재산에 대하여 자유롭게 권리를 행사할 수 있으며, 채권자의 간섭을 허용하지 않는 것이 원칙이다. 그러나 민법은 채무자가 소극적으로 그의 재산이 감소되는 것을 방지하는 조치를 취하지 않는 경우에 채권자가 채무자에 갈음하여 그 조치를 취할 수 있도록 하고(제404조), 또 채무자가 적극적으로 자기의 재산을 감소시키는 행위를 하는 경우에 채권자가 그 행위의 효력을 부인하고 처분된 재산을 회수할 수 있도록 하여 채무자의 일반재산을 보전하도록 하였다(제406조). 전자가 채권자대위권의 제도이고, 후자가 채권자취소권의 제도이다. 즉 양자는 채무자의 책임재산을 보전하기 위한 제도라는데 의의가 있다.

3. 채무자의 책임재산은 채권자의 특정한 채권만을 담보하는 것이 아니고 모든 채권자를 위한 공동담보로 된다.

원칙적으로 책임재산이란 강제집행의 대상이 될 수 있는 재산을 의미하고, 강제집행의 대상은 집행개시 당시에 채무자에게 속하는 재산을 말한다. 금전적 가치가 있는 것이면 원칙적으로 모두 집행의 대상이 된다. 민사집행법 제64조는 책임재산을 명문화하고 있다.

제2항 채권자대위권

Ⅰ. 채권자대위권의 의의 및 성질

1. 의의

(1) 채권자대위권[362]이란 채권자가 자기의 채권을 보전하기 위하여 자기의 이름으로 채무자의 권리를 행사할 수 있는 권리를 말한다(제404조 제1항 본문). 즉 채권자가 자기의 채권을 보전하기 위하여 그의 채무자가 제3채무자에 대하여 가지고 있는 채권을 채무자에 갈음하여 행사하는 것을 말한다. 예컨대 갑이 을에 대하여 500만 원의 물품대금으로서 금전채권을 가지고 있고, 을이 병에 대하여 금전소비대차에 의한 300만 원의 대여금채권을 가지고 있는데, 을이 병에 대한 자신의 대여금채권에 대한 이행을 청구하고 있지 않는 경우에 갑이 자신의 채무자인 을이 제3자(제3채무자)인 병에 대하여

362) 채권자대위권이라는 용어 보다는 「채권자대신권」이라고 번역하여 사용하는 것이 그 의미에 있어 적합한 옳은 번역이라고 하는 견해도 있다. 김대정, 채권총론, 도서출판 피데스 2006, 182면, 각주 1) 참조.

가지고 있는 300만 원의 대여금채권을 행사하는 것이다.

이 제도의 궁극적 목적은 채권자에게 이러한 권리를 인정함으로써 변제를 받기 위한 종국의 실질적 기초인 채무자의 재산의 감소를 방지하는 것에 있다.

(2) 채권자대위 제도는 독일 민법이나 스위스 민법에서는 인정하고 있지 않으며, 오직 프랑스법계에서만 인정되고 있다. 민법은 프랑스민법(제1166조)의 간접소권(action inderecte, action oblique)이라는 제도를 본받은 것이다.

이 제도는 강제집행제도의 일환으로서 발생하고 강제집행제도의 발전과정에서 그 불비를 보충해왔다. 따라서 강제집행제도가 불비한 프랑스법계에서 인정되고, 강제집행에 관한 규정이 완비되어 있는 독일법계에서는 이것과 별도로 채권자대위권을 인정할 필요가 없었다. 우리나라에서도 강제집행방법이 비교적 완비되어 있으므로, 이 제도를 인정할 실익이 그다지 없다는 지적도 있다. 즉 한국에서는 부동산에 관한 청구권의 압류 및 제3채무자에 대한 채권자의 추심의 소에 관하여 민사집행법에 특별규정을 두고 있을 뿐만 아니라, 채무자의 금전채권을 압류한 채권자는 추심명령 또는 전부명령을 얻어 다른 채권자에 우선하여 압류된 금전채권으로부터 만족을 얻을 수 있기 때문이다. 그러나 현실적으로 이 제도가 빈번하게 이용되고 있는데, 그러한 효용으로서는 두 가지를 들 수 있다.

첫째, 강제집행을 하려면 집행권원을 필요로 할 뿐만 아니라 그 절차가 번잡하기 때문에 신속을 요하는 경우에는 비교적 그 요건과 절차가 간편한 채권자대위권을 행사하여 채무자의 재산을 보전하고, 그 후에 강제집행을 하는 것이 필요하다. 강제집행은 청구권이 아니면 이를 할 수 없으나 대위권에 의하여 행사할 수 있는 권리는 청구권에 한하지 않고, 예컨대 취소권·해제권·환매권 등의 권리도 그 목적으로 할 수 있다. 채무자의 권리에 대한 보존행위(예컨대 시효의 중단·대항요건의 구비를 위한 등기)에 관해서는 강제집행은 적용될 수 없으므로 채권자대위권에 의하지 않고서는 그 목적을 달성할 수 없다. 이처럼 채권자대위권은 채무자의 일반재산을 보전함으로써 강제집행을 하기 위한 준비행위를 하는 효력이 있다.

둘째, 이 제도는 그 본래의 기능인 책임재산의 보전과는 전혀 관련이 없는 비금전채권의 보전 내지 특정채권의 보전이라는 목적을 위하여 적극 이용되어 오고 있다. 이 경우에는 채무자의 무자력을 요하지도 않는다. 이 기능은 구민법시대부터 판례를 통하여 인정된 것으로서, 예컨대 부동산의 취득자가 자기에의 양도인에 대위해서 그 전의 양도에 대하여 등기의 이전을 청구한다거나 임차인이 임대인에 대위해서 임차물에 대한 불법점유자에 대하여 그 인도를 청구하는 경우에도 활용하는 경우이다.

2. 채권자대위권의 성질

(1) 소송법상의 권리가 아니라 실체법상의 권리이다. 법정재산관리권이라 한다. 또한 통설·판례는 채권자대위권은 「총채권자의 공동담보로서의 채무자의 책임재산의 보전을 위한 제도」로 이해하는데 반해 포괄적 담보권이라는 설도 있다. 즉 채권자(총채권자가 아님)가 자기의 채권의 보전을 위하여 채무자의 책임재산 전체에 대하여 가지는 포괄적 담보권이라는 것이다.363) 이 경우에는 채무자의 무자력을 요건으로 하지 않는다. 책임재산의 보전이라는 제도적 취지를 고려한다면 포괄적 담보권설이 타당하다고 본다.

(2) 채권자대위권은 채권자가 채무자에게 속하는 권리를 행사하는 권리이다.

(3) 채권자 대위권은 채무자의 이름으로 하지 않고, 채권자 자신의 이름으로 행사하는 권리이므로 대리인 자신이 아닌 본인의 이름으로 행사하는 대리권은 아니다. 그러나 권리행사의 효과는 대리의 경우와 같이 채무자에게 귀속한다.

Ⅱ. 채권자대위권의 요건

1. 채권자가 자기의 채권을 보전할 필요가 있을 것

채권자대위권이 성립하려면 채권자가 자기의 채권을 보전할 필요가 있어야 한다(제404조 제1항 본문). 따라서 채권자의 채권이 존재하여야 하고, 그 채권의 보전의 필요성이 있어야 한다. 채권자대위권의 요건으로서 채권자측의 요건으로서는 ① 채권자가 자기의 채권을 보전할 필요성이 있어야 하고, ② 채권에 관한 이행기가 도래하여야 하고, 채무자측의 요건으로서는 ③ 채무자의 제3자에 대한 권리가 일신에 전속된 것이 아니어야 하고, ④ 채무자가 스스로 그의 권리를 행사하지 않고 있어야 한다.

(1) 피보전채권(채권자의 채권)의 존재

가. 일반적 요건　채권자대위권을 행사하기 위해서는 보전의 대상이 되는 구체적 청구권이 존재해야 하고, 피보전채권의 기한이 도래하여야 하며, 채무자의 권리를 대위행사하는 것이 채권을 보전하는데 필요하여야 한다.

나. 피보전채권　원칙적으로 보전되는 채권의 종류에는 아무런 제한이 없으며, 다만 대위에 의하여 보전하는 데 적합한 것이어야 할 뿐이다. 따라서 금전채권뿐만 아니라, 부작위채권·노무공급채권도 그것이 불이행으로 손해배상채권으로 변하여 일반재

---

363) 김형배, 349면.

산에 의하여 공동으로 담보되는 채권이면 모두 보전될 수 있다.

민법은 채권이라고 규정하고 있지만, 채권에 한정하지 않고 넓게 청구권까지 확대하여 인정하고 있다. 다만 학설은 넓게 청구권으로 새기는 것이 다수설[364]이나, 청구권의 성질에 비추어 개별적으로 판단하여야 한다는 소수설[365]도 있다. 견해가 나뉘는 것은 가족법상의 청구권인 인지청구권, 친생자관계존부청구권, 부부재산분할청구권, 상속회복청구권 등과 관련하여 이러한 청구권까지 넓게 적용할 것인지 아니면 개별적으로 판단하여야 하는지의 여부에 있다.

생각건대 제404조의 채권은 책임재산의 보전이라는 측면에서 본다면 금전채권으로 전화(轉化)되는 청구권까지 확대하여 해석하는 것이 바람직하지만 제도의 취지를 벗어나는 모든 청구권까지 확대해석하는 것은 곤란하고 청구권의 성질에 비추어 개별적으로 판단하여야 할 것이다. 이 경우 판단의 기준은 책임재산의 보전의 취지를 살려서 재산적 가치가 있는 청구권의 경우에는 원칙적으로 인정하여야 할 것이다. 그 밖에도 채권자가 보전하려는 권리와 대위하여 행사하려는 채무자의 권리가 밀접하게 관련되어 있고 채권자가 채무자의 권리를 대위하여 행사하지 않으면 자기 채권의 완전한 만족을 얻을 수 없게 될 위험이 있어 채무자의 권리를 대위하여 행사하는 것이 자기 채권의 현실적 이행을 유효·적절하게 확보하기 위하여 필요한 경우에는 채권자대위권의 행사가 채무자의 자유로운 재산관리행위에 대한 부당한 간섭이 된다는 등의 특별한 사정이 없는 한 채권자는 채무자의 권리를 대위하여 행사할 수 있어야 할 것이다.[366]

구체적 청구권이라면 그 내용이 물건의 인도를 목적으로 하거나 일정한 행위를 목적으로 하는지를 묻지 않는다. 그러나 청구권이라도 그 내용이 구체화되지 아니한 경우에는 채권자대위권의 피보전채권이 될 수 없다.

① 피보전채권이 될 수 있는 권리 금전채권 이외에 판례에 의하여 인정되는 권리로는, 물권적청구권,[367] 토지거래허가신청 절차협력의무의 이행청구권, 수임인이 위임인에 대하여 가지는 자기에 갈음하여 변제하게 할 수 있는 권리 등이 있다. 판례는 피보전채권이 특정채권이라 하여 반드시 순차매도 또는 임대차에 있어 소유권이전등기청구권이나 인도청구권 등의 보전을 위한 경우에만 한하여 채권자대위권이 인정되는 것은 아니라고 하면서 물권적 청구권에 대하여도 권리성을 인정하고 있다.[368]

364) 곽윤직, 132면; 김기선, 179면; 김준호, 212면.
365) 김상용, 222면; 이은영, 428면; 송덕수, 216면; 윤철홍, 245면.
366) 대판 2001. 5. 8. 99다38699; 대판 2014. 12. 11. 2013다71784.
367) 대판 2007. 5. 10. 2006다82700·82717.
368) 대판 2001. 5. 8. 99다38699; 대판 2007. 5. 10. 2006다82700·81717.

② 피보전채권이 될 수 없는 권리 이혼으로 인한 재산분할청구권도 협의 또는 심판에 의하여 구체적 내용이 형성되기까지는 채무자의 책임재산에 해당하지 안아 피보전권리가 될 수 없다.[369] 회사의 주주나 대표자는 주주권 혹은 대표권을 피보전채권으로 하여 회사의 권리를 대위행사할 수 없다.[370]

보전되는 채권의 발생원인은 문제되지 않는다.[371] 그 발생원인이 대위할 권리보다 먼저 존재하여야 하는 것도 아니며, 그것이 제3채무자에게 대항할 수 있는 것일 필요도 없다.[372] 다만 채무자에게 대항할 수 없는 채권자는 채권자대위권을 행사할 수 없으므로, 피보전채권에 관하여 패소확정판결이 있는 경우에는 제3채무자는 피보전채권의 존부를 다툴 수 없다.[373] 그러나 피보전채권에 관한 승소확정판결이 있더라도 그 청구권의 취득이, 채권자로 하여금 채무자를 대신하여 소송행위를 하게 하는 것을 주목적으로 이루어진 경우와 같이, 강행법규에 위반되어 무효라고 볼 수 있는 경우 등에는 위 확정판결에도 불구하고 채권자대위소송의 제3채무자에 대한 관계에서는 피보전권리가 존재하지 아니한다고 보아야 한다.[374]

피보전채권은 채권자대위소송에서 당사자적격을 구성하는 사실로서 소송요건에 해당하므로 법원은 직권으로 그 존부를 조사하여 흠결이 있는 경우에는 부적법 각하하여야 한다.[375] 채권자가 채권자대위권을 행사하는 방법으로 제3채무자를 상대로 소송을 제기하였다가 피보전채권이 인정되지 않는다는 이유로 소각하 판결을 받아 확정된 경우, 판결의 기판력이 채권자가 채무자를 상대로 피보전채권의 이행을 구하는 소송에 미치는 것은 아니다.[376]

(2) 채권자의 채권이 이행기에 있을 것

피보전채권의 기한이 도래하여야 한다. 기한이 도래하지 아니한 채권은 아직 위험상태에 놓여 있지 않을 뿐만 아니라, 만약 이러한 경우에도 채권자로 하여금 대위권을 행사할 수 있게 하면 채무자의 권리를 부당하게 간섭하는 결과가 된다. 그러므로 민법(제404조 제2항)은 원칙적으로 채권이 이행기에 있어야 함을 요구하면서, 한편으로는 채권보전의 긴급성이라는 관점에서 다음과 같은 두 가지의 예외를 인정하고 있다.

369) 대판 1999. 4. 9. 98다58016; 대판 2013. 10. 11. 2013다7936; 대결 2016. 1. 25. 자 2015스451.
370) 대판 1978. 4. 25. 78다90.
371) 대판 1988. 2. 23. 87다카961.
372) 대판 1988. 2. 23. 87다카961; 대판 2003. 4. 11. 2003다1250.
373) 대판 2000. 6. 9. 98다18155.
374) 대판 2019. 1. 31. 2017다228618.
375) 대판 1988. 6. 14. 87다카2753; 대판 1990. 12. 11. 선고 88다카4727.
376) 대판 2014. 1. 23. 2011다108095.

가. 재판상의 대위 이행기의 도래를 기다려 대위권을 행사하게 된다면 채권보전의 목적을 달성할 수가 없다든가 또는 곤란하게 될 염려가 있을 때(예컨대 제3채무자가 해외로 이주하는 절차를 밟고 있는 때)에는 이행기 전이라도 대위를 허용할 필요가 있을 것이지만, 그렇다고 그와 같은 긴급한 사정의 유무를 채권자의 판단에 맡겨둔다면 남용의 우려가 있다. 그러므로 이 경우에는 채권자는 법원의 허가를 얻어 대위권을 행사할 수 있게 하였다(제404조 제2항 본문). 이것이 「재판상의 대위」이며, 이 절차에 관하여는 비송사건절차법에서 규정하고 있다(동법 제45조-제52조).

나. 보존행위 이는 채무자의 권리의 변경 또는 소멸을 방지하여 그 재산의 현상을 유지하는 행위이다. 예컨대, 소멸시효의 중단을 위한 행위를 하거나, 미등기부동산에 관한 보존등기, 제3채무자가 파산한 경우의 채무자의 채권의 신고 등이 이에 해당한다. 이 보존행위는 채무자에게 불이익을 주지 않을 뿐만 아니라 긴급을 요하는 일이 아니므로 채권자는 법원의 허가를 얻을 필요 없이 단독으로 행사할 수 있다(제404조 제2항 단서).

(3) 피보전채권의 보전의 필요성

제404조 제1항 본문은, 「자기의 채권을 보전하기 위하여」 채무자의 권리를 대위행사할 수 있다고 하여 피보전채권의 보전의 필요성을 요건으로 분명하게 규정하고 있다. 일응 '보전의 필요성'은 채권자가 보전하려는 권리의 내용, 채권자가 보전하려는 권리가 금전채권인 경우 채무자의 자력 유무, 채권자가 보전하려는 채권과 대위하여 행사하려는 권리의 관련성 등을 고려하여 채권자가 채무자의 권리를 대위하여 행사하지 않으면 자기 채권의 완전한 만족을 얻을 수 없게 될 위험이 있어 채무자의 권리를 대위하여 행사하는 것이 자기 채권의 현실적 이행을 유효·적절하게 확보하기 위하여 필요한 경우에 인정된다. 다만, 채권자대위권의 행사가 채무자의 자유로운 재산관리행위에 대한 부당한 간섭이 되는 등 특별한 사정이 있는 경우에는 보전의 필요성을 인정할 수 없다.[377)]

채권보전의 필요성이 무엇을 의미하느냐에 대해서 일찍부터 판례를 통하여 확립하였으며, 그러한 판례이론을 따르는 것이 다수설이다. 판례이론은 원칙적으로 채무자의 책임재산이 피보전채권을 만족하게 하는 데 부족하게 되는 상태, 즉 채무자의 무자력을 뜻하는 것으로 새기고 있다. 즉 피보전채권이 금전채권인 경우에는 채무자의 무자력을 요건으로 하지만, 피보전채권이 특정채권인 경우에는 일정한 요건이 구비되어 있는 한 채무자의 무자력은 그 요건이 아니라고 한다.

보전필요성이 존재하는지 여부는 채권자대위소송의 사실심변론 종결 당시를 기준으

377) 대판 2001. 5. 8. 99다38699; 대판(전) 2020. 5. 21. 2018다879; 대판(전) 2022. 8. 25. 2019다229202.

로 하여 판단한다.[378] 채권자에게 다른 구제수단이 있다는 사정만으로 채권자대위요건인 보전의 필요성이 부정되지 않는다. 즉 유일한 권리구제수단임을 요하지 않는다.[379] 부동산을 공동매수한 채권자가 채무자에 대한 소유권이전등기청구권을 피보전채권으로 하여 제3채무자를 상대로 채무자의 제3채무자에 대한 소유권이전등기청구권을 대위행사하는 소송을 제기한 경우, 위 채권자는 공동매수인 중 1인에 불과하므로 그의 매수지분 범위 내에서만 채무자의 제3채무자에 대한 소유권이전등기청구권을 대위행사할 수 있고, 그 지분을 초과하는 부분에 관하여는 채무자를 대위할 보전의 필요성이 인정되지 않는다.[380]

(4) 금전채권 및 특정채권 보전필요성

가. 피보전채권이 금전채권인 경우　보전하려는 채권, 즉 피보전채권이 금전채권인 경우에 원칙적으로 채무자가 무자력인 경우에 보전필요성이 인정된다. 금전채권이 아니더라도 손해배상채권으로 귀결될 수밖에 없는 것인 경우에도, 채무자가 무자력하여 그 일반재산이 감소되는 것을 방지할 필요가 있는 경우에 보전의 필요성을 인정한다.[381] 따라서 단순히 채무자가 채무이행의 의사가 없는 것만으로는 대위권을 행사할 수 없다. 타인의 권리에 속하는 토지가 전전매매되고 소유권이전등기의무이행이 불능된 경우에 최후의 매수인은 전전채무자들을 대위하여 최초의 매도인에게 손해배상청구권을 행사할 수 있다.[382]

금전채권인 경우에 무자력한 채무자가 그의 유일한 재산인 부동산을 매매를 가장하여 제3자에게 이전등기한 경우에 위 금전채권을 보전하기 위하여 채무자를 대위하여 이전등기의 말소등기청구권을 행사할 수 있다고 한다.[383]

그러나 피보험자가 임의 비급여 진료행위에 따라 요양기관에 진료비를 지급한 다음 실손의료보험계약상의 보험자에게 청구하여 진료비와 관련한 보험금을 지급받았는데, 진료행위가 위법한 임의 비급여 진료행위로서 무효인 동시에 보험자와 피보험자가 체결한 실손의료보험계약상 진료행위가 보험금 지급사유에 해당하지 아니하여 보험자가 피보험자에 대하여 보험금 상당의 부당이득반환채권을 갖게 된 경우, 채권자인 보험자가 금전채권인 부당이득반환채권을 보전하기 위하여 채무자인 피보험자를 대위하여

378) 대판 1976. 7. 23. 75다1086.
379) 대판 2007. 5. 10. 2006다82700·82717; 대판(전) 2020. 5. 21. 2018다879.
380) 대판 2010. 11. 11. 2010다43597.
381) 대판 1963. 4. 25. 63다122; 대판 1969. 7. 29. 69다835.
382) 대판 1968. 1. 23. 67다2440.
383) 대판 1989. 2. 28. 87다카1489.

제3채무자인 요양기관을 상대로 진료비 상당의 부당이득반환채권을 행사하는 형태의 채권자대위소송에서 채무자가 자력이 있는 때에는 보전의 필요성이 인정된다고 볼 수 없다고 한다.[384]

금전채권에 대한 예외 즉 즉 채무자의 무자력을 요구하지 않은 판례가 있다. 유실물을 실제로 습득한 자는 법률상의 습득자를 대위하여 보상금의 반액을 청구할 수 있고,[385] 채권자에 의한 상속등기의 대위도 인정하고,[386] 의료법상의 의료인은 그의 치료비청구권을 보전하기 위하여 채무자인 환자가 국가에 대하여 갖는 국가배상청구권을 대위행사할 수 있다고 한다.[387]

채무자의 무자력에 의한 채권보전의 필요성은, 채권자대위권을 행사하려는 채권자가 이를 증명하여야 한다.[388]

나. 피보전채권이 특정채권인 경우 판례는 채권자의 대위권의 행사에 채무자의 무자력을 요건으로 하면서도 폭넓게 예외를 인정하여왔다. 즉 채권자가 그의 채무자의 제3자(제3채무자)에 대한 특정의 채권을 행사함으로써, 자신의 채무자에 대한 부동산의 소유권이전등기청구권 등 특정채권을 보전할 수 있는 경우에는 채무자의 무자력을 요건으로 하지 않는다.[389] 따라서 이 경우의 보전의 필요성은 피보전채권의 현실적 이행을 확보하기 위하여 채무자의 권리를 행사할 필요가 있는 때라는 것이 된다. 또한 대위하여 행사되는 권리가 특정채권의 실현에 유효하고도 적절하게 확보하기 위한 수단이 되었을 때에 보전필요성을 인정한다.[390] 다만, 채권자대위권의 행사가 채무자의 자유로운 재산관리행위에 대한 부당한 간섭이 된다는 등의 특별한 사정이 있는 경우에는 보전의 필요성을 인정할 수 없다고 한다.[391] 특정물에 관한 채권자는 채권을 보전하기 위하여 채무자의 제3채무자에 대한 그 특정물에 관한 권리만을 대위행사할 수 있다.[392]

판례가 특정채권을 위한 채권자대위권을 인정하는 경우를 살펴보면 첫째, 등기청구권의 보전을 위한 등기청구권의 대위행사를 인정하고 있고, 둘째, 임차권을 보전하기 위한 방해배제청구권의 대위행사를 인정하고 있고, 셋째, 그 밖의 경우에도 대위행사

384) 대판(전) 2022. 8. 25. 2019다229202.
385) 대판 1968. 3. 8. 67다1568.
386) 대결 1964. 4. 3. 63마54.
387) 대판 1981. 6. 23. 80다1351.
388) 대판 1966. 6. 21. 66다587.
389) 대판 1992. 10. 27. 91다483; 대판(전) 2020. 5. 21. 2018다879; 대판(전) 2022. 8. 25. 2019다229202.
390) 대판 2001. 5. 8. 99다38699; 대판 2013. 5. 23. 선고 2010다50014.
391) 대판 2001. 5. 8. 99다38699; 대판 2007. 5. 10. 2006다82700·82717; 2014. 12. 11. 2013다71784; 대판 2020. 5. 21. 2018다879.
392) 대판 1993. 4. 23. 93다289.

를 인정한다. 구체적으로 살펴보기로 한다.

① 등기청구권을 보전하기 위하여 등기청구권을 대위행사하는 경우 채권자가 자신의 등기청구권을 보전하기 위하여 채무자의 등기청구권·환매권 등을 대위행사 할 수 있다. 즉 부동산이 갑에서 을로, 을에서 병으로 전전양도(매매·교환 등)된 경우에, 최후의 양수인 병은 중간취득자 을을 대위하여 최초의 양도인 갑에 대하여 중간취득자인을 앞으로 이전등기를 청구할 수 있다는 것이고,[393] 환매로 인하여 취득하게 되는 토지를 매수한 자는 매도인의 환매권을 대위행사할 수 있다.[394]

판례는 채권자가 매수한 부동산을 매도인이 배임행위로서 선량한 풍속 기타 사회질서에 위반하여 제3자에게 매도하여 매도인과 제3자 사이의 법률행위가 제103조 위반으로 무효가 되어서 일응 피대위채권이 인정될 수 없는 경우에도 매수인은 매도인을 대위하여 수증자 또는 양수인 명의의 등기의 말소를 청구할 수 있다고 한다.[395]

같은 취지에서 채무담보의 목적으로 소유권이전등기가 경료된 경우 채무자는 변제기 후라도 원리금 등 채무를 변제하고 소유권이전등기의 말소를 구할 수 있다 할 것이므로 채권자의 제3자에 대한 소유권이전등기가 원인무효인 이상 채무자는 채권자를 대위하여 원인무효를 이유로 채권자의 제3자에 대한 소유권이전등기의 말소등기절차 이행을 구할 수 있다.[396]

취득시효 완성으로 인한 등기를 하기 전에 먼저 소유권이전등기를 경료하여 그 부동산소유권을 취득한 제3자에 대하여는 시효취득을 주장할 수 없지만, 만일 위 제3자 명의의 등기가 원인무효의 등기라면 취득시효완성으로 인한 소유권이전등기청구권을 가진 자는 취득시효완성 당시의 소유자에 대하여 가지는 소유권이전등기청구권으로써 위 소유자를 대위하여 위 제3자 앞으로 경료된 원인무효인 등기의 말소를 구할 수 있다.[397]

매도인이 그 소유부동산을 매도 후 등기 이전을 하기 전에 제3자에 대한 채무담보의 목적으로 제3자 앞으로 이전등기를 경료한 경우 매수인은 매도인에 대한 등기청구권자로서 매도인의 채무를 변제할 정당한 이해관계 있는 제3자이므로 특별한 사정이 없는 한 제3자에게 매도인의 채무를 변제한 후 매도인을 대위하여 제3자 명의의 된 소유권이전등기의 말소청구를 할 수 있다.[398]

---

393) 대판 1966. 1. 15. 65다1313; 대판 1969. 10. 28. 69다1351.

394) 대판 1992. 10. 27. 91다483.

395) 대판 1980. 5. 27. 80다565; 대판 1983. 4. 26. 83다카57.

396) 대판 1965. 11. 23. 65다1169; 대판 1989. 3. 14. 88다카10890; 대판 1992. 10. 27. 92다32494·32500; 대판 1993. 5. 11. 92다52870.

397) 대판 1990. 11. 27. 90다6651; 대판 2017. 12. 5. 2017다237339.

398) 대판 1971. 10. 22. 71다1888·1889.

그러나 부동산의 소유자에 대하여 소유권이전등기를 청구할 지위에 있기는 하지만 아직 그 소유권이전등기를 경료하지 않은 상태에서, 제3자가 부동산의 소유자를 상대로 그 부동산에 관한 소유권이전등기절차 이행의 확정판결을 받아 소유권이전등기를 경료한 경우, 그 확정판결이 당연 무효이거나 재심의 소에 의하여 취소되지 않는 한, 종전의 소유권이전등기청구권을 가지는 자가 부동산의 소유자에 대한 소유권이전등기청구권을 보전하기 위하여 부동산의 소유자를 대위하여 제3자 명의의 소유권이전등기가 원인무효임을 내세워 그 등기의 말소를 구할 수 없는데, 이는 확정판결의 기판력에 저촉되므로 허용될 수 없기 때문이다.[399)]

② 임차인의 방해배제청구권의 대위행사 부동산의 임차인이 임대인에 대하여 부동산임차권을 가지고 있는 경우, 그의 권리를 대위하기 위하여 자신의 채무자인 임대인을 대위하여 부동산의 불법점유자에게 방해배제를 청구하는 것이다.[400)] 따라서 지하도 상가 내 각 점포의 사용청구권을 가지는 자는 상가의 소유자인 자치단체인 시가 불법점유자들에 대하여 가지는 점포의 인도청구권을 대위행사할 수 있다.[401)]

그러나 임대인의 동의 없는 임차권의 양도는 당사자 사이에서는 유효하다 하더라도 다른 특약이 없는 한 임대인에게는 대항할 수 없는 것이고(제629조 제1항), 임대인에게 대항할 수 없는 임차권의 양수인으로서는 임대인의 권한을 대위행사하여 점포를 점유하고 있는 자에 대하여 점포의 인도를 청구할 수 없다.[402)]

③ 기타의 경우 판례는 등기청구권이나 임차권에 한정하지 않고 특정채권의 대위행사를 인정하고 있다.[403)] 미등기건물의 매수인은 그 건물의 불법점거자에 대하여 매도인을 대위하여 명도청구를 할 수 있고,[404)] 따라서 미등기 건물을 그 원시취득자로부터 매수하였으나 아직 소유권이전등기를 갖추지 못한 매수인이 매도인을 대위하여 건물명도청구를 한 것이 아니고 직접 자신에게 건물의 명도를 청구하였다면 인정되지 않는다.[405)]

채권자대위의 대상이 된 채무자의 권리가 제3자로부터 방해를 받아 그에 관해서 제3자와 채무자 간에 분쟁이 생긴 경우에는 채권자의 채무자에 대한 채권도 그 내용에 실

399) 대판 1975. 8. 19. 74다2229, 대판 1980. 12. 9. 80다1836·1837; 대판 1987. 3. 24. 86다카1958; 대판 1988. 2. 23. 87다카777; 대판 1999. 2. 24. 97다46955, 대판 2014. 3. 27. 2013다91146

400) 대판 1962. 1. 25. 4294민상607; 대판 1964. 12. 29. 64다804.

401) 대판 1995. 5. 12. 93다59502.

402) 대판 1985. 2. 8. 84다카188.

403) 대판 2001. 5. 8. 99다38699.

404) 대판 1973. 7. 24. 73다114; 대판 1980. 7. 8. 79다1928.

405) 대판 2007. 6. 15. 2007다11347.

질적인 영향을 받아 불안정한 상태에 놓이게 되므로 채권자는 그의 불안정상태를 제거하고 그를 보전하기 위하여 채무자를 대위해서 제3자에 대하여 채무자의 권리의 확인과 그 방해의 제거를 구할 수 있고 필요하다면 그 권리관계의 확인을 위하여 제3자를 상대로 소를 제기할 수 있다.[406]

또한 토지거래규제구역 내에 있으며 토지대장상 소유자미복구로 되어 있는 토지를 매수한 자는 토지거래허가신청절차의 협력의무이행청구권을 보전하기 위하여 매도인을 대위하여 위 토지가 매도인 소유임의 확인을 구할 수 있다.[407] 또한 재산을 타인에게 명의신탁한 경우 대외적인 관계에 있어서는 명의수탁자만이 소유권자로서 그 재산에 대한 제3자의 침해에 대하여 배제를 구할 수 있으므로 명의신탁자는 수탁자를 대위하여 방해배제청구를 할 수 있다.[408]

또한 토지소유자는 자신의 토지 위에 있는 타인의 건물에 대하여 토지의 소유권에 기하여 건물에서의 퇴거청구를 구하는 것과 별개로 타인의 건물에 대한 철거청구권을 보전하기 위하여 건물의 임대임인 건물의 소유자를 대위하여 그 건물의 임차인들에 대하여 임대차계약을 해지하고 건물의 인도를 구할 수 있다.[409]

학설은 피보전채권의 필요성에 대하여 채무자가 무자력인 경우, 즉 모든 채권자의 공동담보인 채무자의 일반재산에 부족이 있는 경우라 한다(통설). 따라서 대개 판례의 이론을 따른다. 채권이 금전채권인 경우에는 무자력을 요하고, 금전채권 이외의 채권인 경우에는 무자력을 요건으로 하지 않는다고 한다. 이 학설의 논거는 채무자의 재산에 대해서는 채무자만이 배타적으로 관리·처분권을 가지는데 특별한 이유 없이 채권자가 채무자의 재산에 간섭한다는 것은 부당하며, 그러한 간섭을 정당화하려면 공동담보 보전의 필요성이 있어야 한다는 것이다.

이에 대하여 소수설은 채무자의 무자력 여부와 관계없이 특정채권의 만족을 위하여 채무자의 권리를 행사할 필요가 있는 경우라도 좋다고 한다. 논거로는 민법 제404조에 명시되어 있지 않은 「채무자의 무자력」을 굳이 요건으로 인정할 필요가 없으며, 채무자대위권을 포괄적 담보권이라고 주장하는 학자들에 의하여도 주장되고 있다.[410]

결국 양설의 차이는 채권자대위제도를 어떻게 보느냐에 따라 달라진다. 즉 「대위채권자의 채권의 보전」을 위한 제도로 이해하느냐, 그렇지 않으면 「총채권자의 책임재산의 보전」을 위한 제도로 이해하느냐에 따른 차이이고, 채무자의 이익(채무자에 대한 간섭)

406) 대판 1976. 4. 27. 73다1306.

407) 대판 1993. 3. 9. 92다56575.

408) 대판(전) 1979. 9. 25. 77다1079.

409) 대판 2007. 5. 10. 2006다82700·82717.

410) 김형배, 350면; 이은영, 435면.

을 더 고려하느냐, 채권자의 이익을 더 고려하느냐의 문제로 귀착된다 할 것이다. 오늘날 판례가 특정채권에 대해서는 무자력을 요건으로 하고 있지 않으며 또 보전하려는 채권이 금전채권인 경우에도 일부는(의료인의 채무자에 대위한 국가배상청구권) 무자력을 요건으로 하고 있지 않다. 전자의 문제에 대해서는 사회적 수요의 요청에 따라 정당시 되며 후자의 경우에는 대위채권과 피대위채권 사이에 특별히 밀접히 관련이 있거나, 또는 피대위채권이 대위채권을 실질적으로 담보하고 있는 것과 같은 관계가 인정되는 관계라고 한다.[411]

그렇다면 오늘날 채권보전의 필요성에서 무자력은 절대적 요건이라고는 볼 수 없다. 오히려 강제집행과는 별도로 채권자대위권을 인정할 사회적 수요나 필요성이 구체적·개별적으로 인정될 때, 채권자와 채무자의 이익을 고려하여 판단될 문제로서 그냥 법문대로 채권보전의 필요성만 있으면 채권자대위권을 인정하고 채권보전의 필요성의 의미를 구체화할 필요가 있다.

2. 채무자가 스스로 그의 권리를 행사하지 않을 것

채무자의 권리불행사라는 요건에 대하여 민법에 규정하고 있지는 않으나 당연한 요건이다.[412] 채무자가 스스로 그의 권리를 행사하고 있는데도 불구하고 채권자의 대위를 허용한다면 채무자에 대한 부당한 간섭이 되는 까닭이다. '채무자가 스스로 그 권리를 행사하지 않을 것'이라 함은 채무자의 제3채무자에 대한 권리가 존재하고 채무자가 그 권리를 행사할 수 있는 상태에 있으나 스스로 그 권리를 행사하고 있지 않은 것을 의미하고, 권리를 행사할 수 없게 하는 법률적 장애가 없어야 한다.[413]

채무자가 스스로 권리를 행사하고 있는 이상 그 권리행사가 책임재산의 보전에 부적당하거나 결과가 좋든 나쁘든 채권자는 대위하지 못한다. 예컨대 채무자가 대물변제를 하였거나, 또는 재판상 권리를 행사하였으나 패소의 확정판결을 받은 때에는 채권자는 채무자를 대위하여 채무자의 권리를 행사할 당사자적격이 없다.[414] 채무자가 채권의 소멸시효의 이익을 포기하였다면 그의 채권자는 채권자대위에 의한 시효이익을 원용할 수 없다.[415]

비법인사단인 채무자 명의로 제3채무자를 상대로 한 소가 제기되었으나 사원총회의

411) 곽윤직, 138면.

412) 대판 1969. 2. 25. 68다2352·2353.

413) 대판 1992. 2. 25. 91다9312.

414) 대판 1969. 2. 25. 68다2352·2353; 대판 1993. 3. 26. 92다32876.

415) 대판 1979. 6. 26. 79다407.

결의 없이 총유재산에 관한 소가 제기되었다는 이유로 각하판결을 받고 그 판결이 확정된 경우에는 채무자가 스스로 제3채무자에 대한 권리를 행사한 것으로 볼 수 없다.[416)]

Ⅲ. 채권자대위권의 객체(피대위권리)

1. 채권의 공동담보에 적합한 채무자의 권리(재산권)

(1) 피대위권리는 원칙적으로 채무자의 책임재산을 구성하는 재산권이다. 채권의 공동담보에 적합한 채무자의 재산권은 모두 대위의 객체가 될 수 있다. 그 외에 청구권에 한하지 않고 재산적 가치를 지니며 채권의 보전에 도움이 되는 한 청구권(물권적청구권[417)] 포함), 형성권, 환매권 등은 물론 등기청구권, 채권자대위권[418)]과 채권자취소권[419)]도 대위의 목적이 될 수 있다.

토지거래허가구역 내의 토지매매에서의 신청절차협력의무의 이행청구권도 객체가 될 수 있다.[420)] 임대인의 임대차계약해지권,[421)] 조합원 탈퇴권,[422)] 여객자동차운송사업 면허권명의변경청구권,[423)] 의료인의 치료비채권을 보전하기 위한 환자의 국가배상청구권[424)] 등은 대위의 객체가 된다. 또한 채권자가 채무자인 임차인의 임차보증금반환청구권을 대위행사 할 수 있다.

그 밖에 특정채권을 보전하기 위하여 채권자대위권이 전용되는 사례에서는, 채무자의 권리를 대위행사 함으로써 채권자의 채권이 보전되는 관계가 존재하여야 하고, 따라서 채권자는 채무자의 제3채무자에 대한 그 특정물에 관한 권리만을 대위행사할 수 있다.[425)]

(2) 다만 권리의 내용이 재산적 가치를 가지고 있다고 하더라도 그 권리의 행사 여

416) 대판 2018. 10. 25. 2018다210539.

417) 대판 2007. 5. 10. 2006다82700·82717.

418) 대판 1992. 7. 14. 92다527.

419) 대판 2001. 12. 27. 2000다73049.

420) 대판 1995. 9. 5. 95다22917; 대판 1996. 10. 25. 96다23825.

421) 대판 2007. 5. 10. 2006다82700·82717. 임대인의 임대차계약 해지권은 오로지 임대인의 의사에 행사의 자유가 맡겨져 있는 행사상의 일신전속권에 해당하는 것으로 볼 수 없다고 한다. 다만 특별법에 따른 공공임대주택의 경우에는 임대인의 임대차계약 해지권은 행사상의 일신전속권으로 본다(대판 2022. 9. 7. 2022다230165).

422) 대결 2007. 11. 30. 자 2005마1130.

423) 대판 2007. 12. 28. 2005다38843.

424) 대판 1981. 6. 23. 80다1351.

425) 대판 1993. 4. 23. 93다289.

부가 오로지 채무자의 자유의사에 맡겨져 있는 경우(행사상 일신전속권, 예컨대 친족간의 부양청구권, 위자료청구권)에는 제3자가 대위하여 행사할 수 없다. 비록 그 행사에 의하여 채무자의 재산이 유지되고 채권의 보전에 기여하더라도, 대위의 목적으로 되지 못한다(제404조 제1항 단서). 예컨대, 피후견인 또는 후견감독인이 후견인의 행위를 취소할 수 있는 권리,[426] 유류분반환청구권[427] 등은 행사상 일신전속권으로서 채권자대위의 객체가 되지 않는다.

유류분반환청구권은 그 행사 여부가 유류분권리자의 인격적 이익을 위하여 그의 자유로운 의사결정에 전적으로 맡겨진 권리로서 행사상의 일신전속성을 가진다고 보아야 하므로, 유류분권리자에게 그 권리행사의 확정적 의사가 있다고 인정되는 경우가 아니라면 채권자대위권의 목적이 될 수 없다고 한다.[428]

그리고 압류금지 채권(예: 임금청구권)도 채권의 공동담보로 되지 못하므로 원칙적으로 대위행사 할 수 없다.

또한 계약의 청약이나 승낙과 같이 비록 행사상의 일신전속권은 아니지만 이를 행사하면 그로써 새로운 권리의무관계가 발생하는 등으로 권리자 본인이 그로 인한 법률관계 형성의 결정 권한을 가지도록 할 필요가 있는 경우에는, 채무자에게 이미 그 권리행사의 확정적 의사가 있다고 인정되는 등 특별한 사정이 없는 한, 그 권리는 채권자대위권의 목적이 될 수 없다고 봄이 상당하다. 그리고 이는 일반채권자의 책임재산의 보전을 위한 경우뿐만 아니라 특정채권의 보전이나 실현을 위하여 채권자대위권을 행사하고자 하는 경우에도 마찬가지이다.[429]

또한 공유물분할청구권은 행사상 일신전속권이 아니므로 채권자대위권 행사시 피대위권리가 될 수 있다.[430]

2. 소송상의 행위

소송상의 행위를 대위행사 할 수 있느냐가 문제인데, 채권을 보전하기 위하여 대위행사가 필요한 경우는 실체법상 권리뿐만 아니라 소송법상 권리에 대하여서도 대위가 허용되므로 채권자의 대위행사가 소송행위를 통하여 행하여질 수 있음은 당연하지만, 이미 채무자와 제3자 사이에 소송이 개시된 후에 소송수행상의 개개의 소송행위를 대위하는

426) 대판 1996. 5. 31. 94다35985.
427) 대판 2010. 5. 27. 2009다93992.
428) 대판 2010. 5. 27. 2009다93992.
429) 대판 2012. 3. 29. 2011다100527.
430) 대판(전) 2020. 5. 21. 2018다879.

것은 허용되지 않는다는 것이 통설·판례[431]의 입장이다. 그러나 실체법상 권리를 주장하는 방법으로 소송상의 행위를 하는 경우에는 소송상 권리도 대위의 객체가 된다.[432]

Ⅳ. 채권자대위권의 행사

1. 행사의 방법 및 범위

(1) 행사방법 채권자대위권은 채권자가 그의 이름으로 채무자의 권리를 행사하는 것이다. 채권자취소권과는 달리 반드시 소제기의 방법에 의할 필요는 없고 소송 외에서도 행사할 수 있다. 다만, 채권자의 채권의 이행기가 아직 도래하지 않은 경우에는 법원의 대위허가가 있어야 한다(제404조 1항). 채무자가 그 행사를 반대하는 경우에도 채권자대위권의 행사가 가능하다.[433] 또한 비법인사단의 채권자가 비법인사단의 총유에 관한 권리를 대위행사하는 경우에도 사원총회의 결의 등 비법인사단의 내부적인 의사결정절차를 거칠 필요가 없다.[434]

채권자가 채무자를 대위하여 소를 제기하는 경우에는 채권자(원고)와 제3채무자(피고)가 소송당사자가 된다. 채권자는 채무자의 이름이 아니라 자기의 이름으로 채권자대위권을 행사하지만, 이때 채권자는 타인의 권리를 행사하는 것이므로 채무자의 권리를 대위행사 할 때 선량한 관리자의 주의의무를 부담한다.

(2) 행사범위 채권자는 책임재산의 유지 및 보전에 필요한 범위 내에서 채권자대위권을 행사할 수 있다. 수 개의 권리 중 1개의 행사만으로 보전의 목적을 달성할 수 있다면 나머지 권리는 대위행사 할 수 없다. 다만, 1개의 금전채권의 경우에는 피보전채권액을 초과하여 전체에 대해 대위행사할 수 있다는 것이 통설이다. 특정채권을 보전하기 위하여 채권자대위권을 행사하는 경우에는 그 채권을 보전하는 데에 필요한 범위에서 채권자대위권을 행사할 수 있다. 따라서 채무자 소유의 부동산을 시효취득한 채권자의 공동상속인이 채무자에 대한 소유권이전등기청구권을 피보전채권으로 하여 제3채무자를 상대로 채무자의 제3채무자에 대한 소유권이전등기의 말소등기청구권을 대위행사하는 경우, 공동상속인은 자신의 지분 범위 내에서만 채무자의 제3채무자에 대한 소유권이전등기의 말소등기청구권을 대위행사할 수 있고, 지분을 초과하는 부분

431) 대판 2012. 12. 27. 2012다75239. 재심제기는 채권자대위의 목적이 될 수 없다.

432) 소를 제기하거나, 본안의 제소명령을 신청하거나 제소기간의 도과에 의한 가압류 등의 취소를 신청하는 권리 등은 대위의 객체가 된다.

433) 대판 1963. 11. 21. 63다634.

434) 대판 2014. 9. 25. 2014다211336.

에 관하여는 채무자를 대위할 보전의 필요성이 없다.[435)]

처분행위로서의 대위권행사는 할 수 없기 때문에 관리행위인가 처분행위인가의 구분이 중요한데, 채무자의 재산 전체와의 관계, 즉 채권자의 채권보전의 관점에서 개별적으로 판단해야 할 것이다. 예컨대, 단순한 채무의 면제, 권리의 포기는 처분행위로서 채권자가 대위행사 할 수 없으나, 상계, 경개, 취소권·해제권의 행사 등은 채권자의 권리보전을 위하여 대위행사 할 수 있다.

2. 채권자대위권 행사의 효력

(1) 통지와 채무자의 처분제한 채권자대위권은 채무자의 권리를 행사하는 것이므로 채무자에게 통지하여 채무자의 이익을 보호할 필요가 있기 때문에, 채권자는 대위권행사의 사실을 채권자에게 통지하여야 한다(제405조 1항). 통지의 방법에는 제한이 없다. 서면이나 구두로도 가능하며, 특정한 형식을 요하지도 않는다. 다만, 보존행위의 경우에는 채무자에게 불리하지 않으므로 통지하지 않아도 되고, 법원허가를 얻어 대위권을 행사하는 경우에도 법원이 통지하므로 채권자가 따로 통지할 필요가 없다.

채권자에 의한 통지가 없었으나 채무자가 채권자의 대위권행사의 사실을 알게 된 때에는 채권자에 의해 통지가 있었던 것과 동일하게 취급되므로, 채무자는 그 권리의 처분을 가지고 채권자에게 대항할 수 없다.[436)]

(2) 통지 후 채권자대위권 행사에 따른 채무자의 처분의 제한 민법 제405조 제2항은 '채무자가 채권자대위권행사의 통지를 받은 후에는 그 권리를 처분하여도 이로써 채권자에게 대항하지 못한다'고 규정하고 있는데,[437)] 이는 채무자에게 대위의 목적인 권리의 양도나 포기 등 처분행위를 허용할 경우 채권자에 의한 대위권행사를 방해하는 것이 되므로 이를 금지하는데 있다.[438)]

채무자의 처분인지가 문제되는 사례를 보면, 채무자가 채권자대위권행사의 통지를 받은 후에 채무를 불이행함으로써 통지 전에 체결된 약정에 따라 매매계약이 자동적으로 해제되거나, 채권자대위권행사의 통지를 받은 후에 채무자의 채무불이행을 이유로 제3채무자가 매매계약을 해제한 경우, 채무자가 자신의 채무불이행을 이유로 매매계약이 해제되도록 한 것을 제405조 제2항의 '처분'이라고 할 수 없기 때문에, 제3채무자는 계약해제로써 대위권을 행사하는 채권자에게 대항할 수 있으나, 채무자와 제3채무자 사

435) 대판 2014. 10. 27. 2013다25217.

436) 대판 1988. 1. 19. 85다카1792; 대판 1996. 4. 12. 95다54167; 대판 2003. 1. 10. 2000다27343.

437) 대판 2003. 1. 10. 2000다27343.

438) 대판(전) 2012. 5. 17. 2011다87235.

이의 계약을 합의해제 한 것으로 볼 수 있거나, 채무자와 제3채무자가 단지 대위채권자에게 대항할 수 있도록 채무자의 채무불이행을 이유로 하는 계약해제인 것처럼 외관을 갖춘 것이라는 등의 특별한 사정이 있는 경우에는 채무자가 피대위채권을 '처분'한 것으로 보아 제3채무자는 계약해제로써 대위권을 행사하는 채권자에게 대항할 수 없다.[439)]

처분행위가 아닌 관리·보존행위나 채무자가 변제를 수령하는 행위는 채무자의 처분행위가 아니다.[440)] 채무자의 지급명령에 따른 강제집행으로 채권자대위소송의 목적물인 부동산이 매각된 경우 채무자가 지급명령에 이의를 제기하지 않은 것은 대위채권자가 행사하고 있는 권리의 처분이라고 할 수 없다.[441)] 채무자가 피대위권리의 발생원인인 계약상 채무를 이행하지 아니하여 제3채무자로 하여금 계약이 해제되도록 한 것은 채무자의 처분에 해당하지 아니한다.[442)] 채권자대위소송이 제기되고 대위채권자가 채무자에게 대위권 행사사실을 통지하거나 채무자가 이를 알게 된 후 이루어진 피대위채권에 대한 전부명령은 무효이다.[443)]

채권자대위권의 행사에 있어서 채무자가 채권자대위권을 행사한 점을 알게 된 이후에는 채무자가 그 권리를 처분하여도 이로써 채권자에게 대항할 수 없으므로, 채권자가 채무자를 대위하여 제3채무자의 부동산에 대한 처분금지가처분을 신청하여 처분금지가처분 결정을 받은 경우, 이는 그 부동산에 관한 소유권이전등기청구권을 보전하기 위한 것이므로 피보전권리인 소유권이전등기청구권을 행사한 것과 같이 볼 수 있어, 채무자가 그러한 채권자대위권의 행사 사실을 알게 된 이후에 그 부동산에 대한 매매계약을 합의해제함으로써 채권자대위권의 객체인 그 부동산의 소유권이전등기청구권을 소멸시켰다 하더라도 이로써 채권자에게 대항할 수 없다.[444)]

대위소송 제기 후 채무자가 소제기를 하는 경우 중복제소가 되어 소제기가 허용되지 않는다.[445)] 채무자의 처분으로 인한 항변사유는 채무자뿐만 아니라 제3채무자도 채권자에게 대항할 수 없다.

(3) 제3자(제3채무자)의 항변권

채권자는 채무자를 대위하여 채무자의 권리를 행사하는 것이므로, 상대방인 제3채

---

439) 대판(전) 2012. 5. 17. 2011다87235.
440) 대판 1991. 4. 12. 90다9407.
441) 대판 2007. 9. 6. 2007다34135.
442) 대판 1996. 4. 12. 95다54167.
443) 대판 2016. 8. 29. 2015다236547.
444) 대판 1996. 4. 12. 95다54167.
445) 대판 1989. 4. 11. 87다카3155.

무자는 채무자 자신이 그 권리를 행사하는 경우보다도 불이익한 지위에 놓여서는 안 된다. 따라서 제3채무자는 채무자에 대하여 가지는 항변사유(예: 무효와 취소·권리소멸·상계·동시이행의 항변 등)로서 채권자에게 대항할 수 있다. 그러나 대위권 행사의 통지(재판 외의 통지)나 대위신청을 허가한 법원의 고지(재판상의 대위)가 있은 후에 채무자의 처분행위로 인하여 제3자가 채무자에 대하여 취득한 항변을 가지고는 채권자에게 대항하지 못한다. 물론 그러한 통지나 고지가 있더라도 채무자의 처분행위에 의하지 않고서 제3자가 취득하게 된 항변은, 당연히 이를 가지고 채권자에게 대항할 수 있다. 예컨대 통지나 고지 후에 취득한 반대채권으로 상계를 하고, 이로써 대위권을 행사하는 채권자에게 대항할 수 있다.

그러나 채무자가 채권자에 대하여 가지는 항변을 제3채무자가 원용할 수는 없다.[446] 예컨대 채권자의 채무자에 대한 채권의 소멸시효가 완성된 경우에 이를 원용할 수 있는 자는 시효이익을 직접 받는 채무자이고 제3채무자는 이를 주장할 수 없다.[447]

나아가 채권자대위권은 채무자의 제3채무자에 대한 권리를 행사하는 것이므로, 제3채무자는 채무자에 대해 가지는 모든 항변사유로 채권자에게 대항할 수 있으나, 채권자는 채무자 자신이 주장할 수 있는 사유의 범위 내에서 주장할 수 있을 뿐 자기와 제3채무자 사이의 독자적인 사정에 기한 사유를 주장할 수는 없다.[448]

V. 채권자대위권 행사의 효과

1. 채무자에의 효과의 귀속

대위권행사의 모든 효과는 채무자에게 귀속한다. 예컨대 변제의 수령을 요하는 채무에서 제3채무자가 채권자에게 변제하더라도 그것은 채무자에게 변제한 것과 같은 효과가 발생한다. 마찬가지로 채권자대위권 행사의 효과는 채무자에게 귀속되는 것이므로 채권자대위소송의 제기로 인한 소멸시효 중단의 효과 역시 채무자에게 생긴다.[449] 그리고 채무자에게 대위권행사가 통지된 후에는 채권자의 채무자에 대한 권리도 시효가 중단된다. 나만 관리·보존행위나 변제 수령행위 이외에 처분행위는 일정한 조건하에서 제한된다(제405조 제2항).

446) 대판 1998. 12. 8. 97다31472; 대판 2004. 2. 12. 2001다10151.

447) 대판 1992. 11. 10. 92다35899; 대판 2004. 2. 12. 2001다10151; 대판 2009. 9. 10. 2009다34160.

448) 대판 2009. 5. 28. 2009다4787.

449) 대판 2011. 10. 13. 2010다80930.

2. 채권자의 지위

(1) 법정위임관계 채권자가 채권자대위권을 행사하는 경우 채권자와 채무자의 관계는 일종의 법정 위임관계이다. 따라서 위임규정에 의하여 채권자는 채무자를 위하여 선관주의의무를 지며(제681조), 그에 대한 것으로 채무자에게 대위권행사의 사실을 통지하여야 한다(제405조 1항). 만약 이를 위반하여 채무자에게 손해를 입힌 때에는 배상책임을 져야 한다. 채권자는 채무자에게 대위행사에 관하여 '비용상환청구권'을 가지며(제688조),[450] 보관중인 목적물에 유치권을 행사할 수 있다.

(2) 대위채권자의 변제수령권 대위채권자에게 변제수령권이 인정되는데, 이와 같이 채권자대위권을 행사하는 채권자에게 변제수령의 권한을 인정하더라도 그것이 채권자 평등의 원칙에 어긋난다거나 제3채무자를 이중변제의 위험에 빠트리게 하는 것이라고 할 수 없다.[451] 그러나 그 수령한 것으로부터 대위채권자가 채무자의 다른 채권자보다 우선변제를 받을 수는 없다. 다만, 대위수령하여 채무자의 책임재산으로 반환되어야 할 것과 대위채권자의 채권의 목적이 동종의 것이라면 상계를 통하여 우선변제를 받을 수 있다.

채권자대위권을 행사함에 있어서 채권자는 제3채무자에 대하여 자기에게 직접 급부를 요구할 수 있고, 채권자가 제3채무자에게 그 명의의 소유권보존등기나 소유권이전등기의 말소절차를 직접 자기에게 이행할 것을 청구할 수도 있다.[452] 그러나 이로 인한 법적 효과는 채무자에게 발생한다.

채권자대위소송에서 제3채무자로 하여금 직접 대위채권자에게 금전의 지급을 명하는 판결이 확정되더라도, 대위의 목적인 권리, 즉 채무자의 제3채무자에 대한 피대위채권이 판결의 집행채권으로서 존재하고 대위채권자는 채무자를 대위하여 피대위채권에 대한 변제를 수령하게 될 뿐 자신의 채권에 대한 변제로서 수령하게 되는 것이 아니므로, 피대위채권이 변제 등으로 소멸하기 전이라면 채무자의 다른 채권자는 이를 압류·가압류할 수 있다.[453]

채권자대위소송이 제기되고 대위채권자가 채무자에게 대위권 행사사실을 통지하거나 채무자가 이를 알게 된 이후에는 민사집행법 제229조 제5항이 유추적용되어 피대위채권에 대한 전부명령은, 우선권 있는 채권에 기초한 것이라는 등의 특별한 사정이 없는 한, 무효이다.[454]

---

450) 대결 1996. 8. 21. 96그8.
451) 대판 2005. 4. 15. 2004다70024.
452) 대판 1996. 2. 9. 95다27998.
453) 대판 2016. 8. 29. 2015다236547.

3. 대위소송에 의한 판결의 효력

판례와 통설은 채권자대위소송에서의 채권자는 법률상 제3자에게 관리처분권을 부여한 결과 제3자가 소송수행권을 가지는 경우로서 법정소송담당에 해당하고,[455] 그 중에서도 병행형에 해당한다고 본다. 채권자대위소송은 대위채권자가 자신이 제3자에 대하여 가지는 실체법상의 권리를 권리관계의 주체로서 행사하는 것이 아니라, 채무자가 제3채무자에 대하여 가지는 실체법상 권리에 관하여 소송담당자로서 소송상의 관리처분권만을 부여받아 소송수행권을 행사하는 것임을 근거로 한다.

채권자가 채권자대위권을 재판상 행사한 경우에 그 판결의 효력(기판력)이 대위채권자와 제3채무자 이외에 채무자에게도 미치는가? 판례는 채무자가 채권자와 제3채무자 사이에 대위소송이 있음을 알게 된 경우에는 채무자에게도 그 판결의 효력이 미친다고 하여, 일정한 요건 하에서 채무자에게 대위소송의 판결의 효력을 인정하고 있다.[456] 따라서 채권자대위소송 계속 중에 채무자가 같은 피고를 상대로 청구취지 및 청구원인을 같이 하는 내용의 소송을 제기한 경우에는 중복소송에 해당한다.[457]

학설에서는 판결의 효력이 언제나 채무자에게 미치는 것으로 해석하는 무제한설이 다수설이다.[458] 그 논거로서는 첫째, 판결의 효력을 채무자의 주관적 사정에 의존하는 것은 그 성질상 타당하지 않고, 둘째, 민사소송법 제218조 제3항을 적용하는 데 있어 채무자가 알았을 것을 요건으로 삼을 수 없으며, 셋째 채권자의 잘못으로 채무자가 손해를 입은 경우에는 채무자가 채권자에게 위임에 준해 채무불이행책임을 물을 수 있어 특별한 문제는 없고, 넷째 재판 외의 대위권행사의 경우에 채무자의 동의를 요구하지 않는 것과 균형이 맞지 않는다고 한다.

이에 대하여 채무자에게 무제한적으로 기판력을 인정하는 것은 채권자대위소송에 참가할 기회도 갖지 못한 채무자의 절차적 기본권을 침해한 것이라 하여 제한하는 견해가 있다(민사소송법 학자 다수의 견해). 이 경우에도 판례와 같이 채무자가 알게 된 경우에 기판력이 미친다는 견해[459]와 채무자가 대위소송 사실을 알게 된 것만으로는 부족하고, 채무자가 채권자의 소송수행을 현실적으로 협조하거나 견제할 수 있어야만 기판력이 미친다는 견해[460]로 나뉘고 있다. 이 견해는 변론주의 및 처분권주의를 취하는 현행

454) 대판 2016. 8. 29. 2015다236547.

455) 대판 2014. 1. 23. 2011다108095. 그 소송물은 피대위권리라고 보고 있다.

456) 대판(전) 1975. 5. 13. 74다1664; 대판 1988. 2. 23. 87다카1108; 대판 2014. 1. 23. 2011다108095.

457) 대판 1974. 1. 29. 73다351.

458) 곽윤직 144면; 김상용 233면; 김증한·김학동 192면; 윤철홍, 262면; 김준호, 150-151면.

459) 이은영, 447면; 김홍엽 민사소송법(제9판), 박영사, 2020, 912면; 정동윤 외 2인, 민사소송법(제6판), 법문사, 2017, 807면.

민사소송제도 하에서 소송에 참가하지도 않은 채무자에게 판결의 효력을 미치게 하기 위해서는 대위권행사의 통지, 소송고지, 대위허가재판의 고지 기타 어떠한 사유에서든지 소제기의 사실을 채무자가 알았을 경우에 판결의 효력이 채무자에게 미친다는 것이다.

생각건대, 「다른 사람을 위하여 원고나 피고가 된 사람에 대한 확정판결은 그 다른 사람에 대하여도 효력이 미친다」는 민사소송법 제218조 제3항의 규정을 채권자가 채무자의 책임재산을 보전하기 위하여 제3채무자에게 소송을 한 경우에 적용하는 것은 부적절하며, 변론주의 및 처분권주의를 취하는 현행 민사소송제도 하에서 소송에 참가하지도 않은 채무자에게 판결의 효력을 미치게 하기 위해서는 최소한 채무자가 대위소송의 사실을 안 경우로 제한해야 할 것이다.

제3항 채권자취소권

Ⅰ. 의의

1. 개념과 제도적 취지

(1) 채권자취소권이란 채무자가 채권자를 해함을 알면서 자신의 일반재산(책임재산)을 감소시키는 법률행위를 한 경우, 채권자가 그 법률행위를 취소하고 책임재산을 회복하는 것을 법원에 재판상 청구할 수 있는 권리이다(제406조 1항).[461] 사해행위취소권 또는 폐파소권(廢罷訴權)이라고도 한다. 다시 말하면, 채권자취소권은 채무자가 모든 채권의 공동담보가 되어야 하는 그의 일반재산을 채권자를 해함을 알면서 처분하는 행위를 하여 책임재산을 감소시킨 경우, 그와 같은 채무자의 처분행위의 효력을 부인하고 책임재산의 원상회복을 통하여 채권의 완전한 만족이 가능하도록 하는 권리이다.

예컨대 채무자가 자기 재산을 채권자의 이익을 해함을 알면서 타인에게 증여하거나,

---

460) 이시윤, 신민사소송법(제14판), 박영사, 2020, 667면; 김홍엽, 민사소송법(제9판), 박영사, 2020, 910-912면; 한충수 민사소송법(제2판), 박영사, 2018, 620면; 정동윤 외 2인, 민사소송법 (제6판), 법문사, 2017, 807면.

461) 채권자취소권에 대해서는, 김재형, 채권자취소권의 본질과 효과에 관한 연구, 민법론 Ⅱ, 박영사, 2004, 1면 이하; 전원열, 채권자취소권의 효력론 비판 및 개선방안, 저스티스 통권 제163호, 2017. 12, 205면 이하; 서종표, 취소권의 효과에 관한 연구, 민사법연구 제24집, 2016. 12, 3면 이하; 윤진수·권영준, 채권자취소권에 관한 민법개정안 연구, 민사법학 제66호, 2014. 3, 503면 이하; 김상헌, 채권자취소권의 단기 제척기간 기산일에 관한 비판적 고찰-대법원 2022. 5. 26.선고 2021다288020판결을 중심으로-, 법학연구 22(3), 한국법학회, 73면 이하; 성덕근, 채권자취소권에 관한 연구: 프랑스법과의 비교를 중심으로, 성균관대학교 학위논문, 2022; 윤진수, 미국법상 사해행위의 취소와 부인에서 수익자의 선의 항변, 저스티스 통권 제189호, 2022. 4, 104면 이하.

제3자가 채무자에게 채무를 부담하고 있는데 채무자가 방만하게 이를 면제해 준 경우에, 채권자는 채무자의 증여나 채무문제를 취소하고 채무자의 재산으로부터 일탈한 재산을 회복해 옴으로써 채무자의 재산의 감소를 방지할 수 있게 된다.

(2) 채권자취소권제도는 채권자대위권과 함께 책임재산을 보전하는 기능을 한다. 양자는 채무자의 무자력을 공통의 요건으로 한다. 그런데 채권자대위권은 본래 채무자가 행사할 권리를 채권자가 대신 행사하는 것에 지나지 않는 데 반해, 채권자취소권은 채무자와 제3자 사이에 이루어진 재산적 법률행위를 채권자가 부인한다는 점에서 제3자에게 미치는 영향의 정도는 채권자보다 훨씬 강력하다.

우리 민법의 채권자취소권은 프랑스민법(동법 제424조 내지 제426조)을 본받아서 구민법에 규정되어 있었고 현행 민법에서도 그대로 규정하였다.

2. 구별개념으로서 부인권 제도

채권자취소권과 같은 기능을 가지는 것으로 「채무자회생 및 파산에 관한 법률」 제391조 이하에서 규정하고 있는 부인권제도가 있다.[462] 채권자취소권은 채권자에게 채무자의 재산처분행위에 관하여 간섭을 인정하는 이례적인 제도로서 집단적 채무처리 절차인 회생·파산절차가 개시되지 않은 경우에 그러한 파산선고와 파산절차를 통하지 않고서도 개개의 채권자에게 인정된 권리이다.[463] 반면 채무자회생법상의 부인권은 회생·파산절차에서 채무자의 재산의 관리처분권을 갖는 관리인(또는 파산관재인)이 이해관계인의 공평한 처우를 주안점으로 하여 인정되는 권능이다. 채권자취소권의 요건 및 적용대상이 회생·파산절차에서의 부인권의 대상에 비하여 좁으며, 그 행사는 소제기의 방식으로만 가능하다. 이에 반하여 '부인권'은 그 행사요건이 완화되어 있으며 적용범위 역시 채권자취소권에 비하여 넓으면서, 관리인이 회생·파산절차에서 부담하는 신관의무로 말미암아 보다 적극적인 행사가 기대되고, 행사방법에서도 소제기의 방식뿐만 아니라 항변의 방식으로도 가능하다는 점에서 차이가 있다. 하지만 채권자를 해하는 채무자 행위의 효력을 부인·취소하여 책임재산의 회복을 도모한다는 점에서 양자는 공통점을 가진다.

채권자취소권은 채무자의 사해의사와 수익자 또는 전득자의 악의를 필요로 하지만, 채무자회생법은 부인의 대상이 되는 행위의 태양, 시기, 내용 등에 따라 그 요건을 세

462) 이에 대해서는 양형우, 채권자취소권과 부인권의 관계, 비교사법 제21권 제2호(통권 제65호), 한국비교사법학회, 2014.5, 555면 이하.

463) 홍성준, 회생절차상 부인권과 회생절차의 종결, 민사판례연구(XXIX), 민사판례연구회, 2007, 464면.

부화하여 채권자취소권보다 요건을 완화하고 있다. 즉 고의부인(제100조 1항 1호, 제391조 1호)은 채무자의 사해의사와 수익자의 악의를 요건으로 한다는 점에서 채권자취소권과 동일하다. 하지만 위기부인(제100조 1항 2호, 3호, 제391조 2호, 3호)은 채무자가 지급정지 등이 있은 후 또는 예외적으로 그 전 60일 이내에 한 행위의 효력을 부인하는 것으로 채무자의 사해의사는 필요 없지만 수익자의 악의를 요건으로 한다. 그리고 무상부인(제100조 1항 4호, 제391조 4호)은 채무자가 지급의 정지 등이 있은 후 또는 그 전 6월 이내에 한 무상행위 및 이와 동일시할 수 있는 유상행위의 효력을 부인하는 것으로 채무자의 사해의사와 수익자의 악의를 필요로 하지 않는다는 점이 채권자취소권과 구별된다.

채권자취소소송 진행 중에 채무자에 대한 회생개시결정이 있어 소송절차가 중단되었으나 소송 수계 전 회생절차가 폐지되거나 관리인이 소송을 수계한 다음 청구취지를 변경하여 부인소송을 진행하다가 회생절차가 폐지된 경우, 기존의 원고인 채권자가 소송을 수계하여야 하고, 이 경우 채권자는 청구취지를 채권자취소청구로 변경하여야 한다.[464]

3. 성질

(1) 실체법상의 권리 소송법상의 권리가 아니라 실체법상의 권리이다. 다시 말하면, 채권의 존재를 전제로 하고 채권에 부수하는 특별한 권리로서 채권의 대외적 효력으로서 특별히 부여한 실체법상의 권리이지 소송법상의 권리는 아니라는 의미이다. 채권자대위권과 달리 채권자취소권은 반드시 재판상 행사하여야 하지만(제406조 1항 본문), 법원에 청구할 수 있다는 규정은 단지 권리행사의 방법에 지나지 않는다. 채권자취소권은 채권의 효력이 채무자 이외의 제3자에게까지 확대된 것이라고 할 수 있다. 채권자가 가지고 있는 채권을 확보하기 위하여 채무자의 처분행위의 상대방인 수익자의 재산취득의 효력을 부인하는 권리이다. 그리고 채권자취소권은 채권의 효력으로서 채권자에게 인정되는 권리이므로, 채권이 양도되면 그에 따라 채권자취소권도 이전된다.

(2) 성질에 대한 학설

1) 학설 구민법[465]에서는 채권자취소권의 성질[466]에 대하여 취소권설[467] 또는

464) 대판 2022. 10. 27. 2022다241998.

465) 구민법 제424조는 "채권자는 채무자가 그 채권자를 해함을 알고 행한 법률행위의 취소를 재판소에 청구할 수 있다"고 규정하였다.

466) 채권자취소권에 대한 성질론은 가령 어떤 재산이 채무자로부터 수익자에게, 다시 수익자로부터 전득자에게 이전된 경우에 채권자가 누구를 피고로 하여 소를 제기하여야 하느냐, 취소권 행사의 효과가 채무자·수익자·전득자 사이의 법률관계에 어떠한 영향을 미치느냐 그리고 수익자·전득자의 선의 또는 악의에 따라 취소권 행사의 요건이나 효과가 어떻게 달라지느냐 하는

청구권설, 취려권설(取戾權說)[468] 또는 청구권설,[469] 절충설 또는 병합설 등이 있었으나, 통설은 현행 민법이 "... 그 취소 및 원상회복을 법원에 청구할 수 있다"라고 규정되어 있으므로(제406조), 취소에 관해서는 형성의 소이고 원상회복의 경우에는 이행의 소가 되며, 당사자는 채권자와 재산반환청구의 상대방(수익자 또는 전득자)이며, 채무자는 피고가 되지 못하고 소송의 결과도 소송의 당사자에게만 효력이 미친다고 본다(병합설 내지 결합설의 수정설).[470]

이러한 통설에 대해서 책임설은 채권자취소권은 수익자 또는 전득자만이 피고가 되지만 책임재산의 지위를 회복하는 효과를 발생시키는 형성의 소로 본다.[471] 일탈재산은 취소판결이 확정되더라도 여전히 수익자 또는 전득자의 소유로 남아 있으며 채권자가 채무자에 대하여 가지는 채권의 보전을 위한 책임재산으로서의 법률상태를 회복한다고 한다.

이에 대하여 취소효과설도 있다. 즉 채권자취소권에 의한 법률행위의 취소는 민법상 취소의 법리에 의하고, 원상회복의 효과도 취소된 법률행위가 없었던 상태로의 복귀라는 실체법적 해석을 한 후 민사소송법상의 기판력의 원칙을 적용해야 할 것이라고 한다.[472]

2) 판례 　채권자취소권이란 사해행위를 취소하고 사해행위의 결과 채무자의 책임재산으로부터 일탈한 재산의 반환을 청구하는 권리로서 채권자의 강제집행이 가능하도록 하는 것을 본질로 하는 권리[473]라고 하여 기본적으로 병합설을 취하고 있다. 다만 채권자취소권에 대한 언급을 대법원 1961. 11. 9. 선고 60다263이 「사해행위의 취소는 상대적으로 밖에는 효력을 발생하는 것이 아니므로」라고 한 이래, 대법원 [illegible]

문제와 관련하여 전개되었다.

467) 채권자취소권의 본체를 채무자와 수익자 사이의 사해행위의 취소로 보기 때문에 채무자와 수익자 양자를 피고로 하게 된다.

468) 반환권설이라고 할 수 있다.

469) 이 설에 의하면 재산을 그로부터 반환받으려는 상대방이 소의 피고로 되나 따라서 재산이 수익자의 수중에 있으면 수익자, 전득자에게 이전된 경우에는 전득자가 소의 피고로 된다.

470) 곽윤직, 채권총론(민법강의Ⅲ), 박영사, 1997, 269면; 김대정, 253면; 김상용, 239면; 김증한·김학동, 194면; 주석 채권총칙(2) 45면(이상경); 주해(9), 808면(김능환); 송덕수, 237면은 원칙적으로 결합설을 취하면서도 부분적으로 청구권설을 취하는 판례의 입장에 따라 결합설의 수정설을 취하고 있다. 참고로 채권자취소권을 인용하는 판결의 주문은 "피고와 소외 갑 사이의 …계약을 취소한다. 피고는 원고에게 …를 이행하라"는 형식을 취하는데(수익자로부터 반환받으려 하는 경우), 여기서 원고는 채권자, 피고는 수익자이고, 소외 甲은 채무자이다.

471) 김형배, 389면.

472) 이은영, 481면.

473) 대판 1990. 10. 30. 89다카35421; 대판 1991. 8. 13. 91다13717; 대판 2001. 5. 29. 99다9011; 대판 2004. 8. 30. 2004다21923, 대판 2007. 4. 12. 2005다1407; 대판 2012. 8. 17. 2010다87672; 대판 2008. 4. 24. 2007다84352.

2. 23. 선고 87다카1989 판결은 「사해행위취소판결의 기판력은 그 취소권을 행사한 채권자와 그 상대방인 수익자 또는 전득자와의 상대적인 관계에서만 미칠 뿐 그 소송에 참가하지 아니한 채무자 또는 채무자와 수익자 사이의 법률관계에는 미치지 아니한다.」라고 함으로써 상대적 무효설을 견지하고 있다(병합설의 수정설).[474] 따라서 원상회복을 가액배상으로 하는 경우에 그 이행의 상대방은 채권자이어야 한다고 한다.[475]

생각건대, 현재 논의되고 있는 학설과 판례는 논리적 정합성면에서 그 논거가 빈약한 측면이 있다. 제406조의 법문에 따라 채권자취소권의 법적 성질을 병합설로 보는 것이 일응 타당하지만, 채무자 앞으로의 등기명의 복귀제도를 취하는 이러한 책임재산 회복방법은 판례 통설이 말하는, 당사자는 채권자와 재산반환청구의 상대방(수익자 또는 전득자)이며, 채무자는 피고가 되지 못하고 소송의 결과도 소송의 당사자에게만 효력이 미친다고 하는 '상대적 효력설'과 논리상 정면으로 배치된다. 위와 같은 '상대적 효력설'의 입장을 견지하려면, 그 취소판결 이후의 처리에서 채무자를 개입시키지 말아야 한다. 즉 상대적 효력설은 사해행위취소의 효과로서 수익자 앞으로 소유명의를 그대로 둔 채로 취소채권자가 환가 등 강제집행을 하는 제도 하에서만 모순 없이 통용될 수 있기 때문이다. 결국 이는 입법에 의하여 해결하여야 하는 문제이다.[476]

(3) 기능 및 근거

채권자취소권은 책임재산을 보전하여 강제집행을 가능하게 하는 기능을 한다. 책임재산을 보전하는 절차법상의 방법으로 보전처분과 압류도 있으나, 이들은 책임재산의 현상유지에 기여할 뿐이어서 이미 일탈된 재산을 회복함에는 적절하지 못하다.

(4) 채권자대위권과의 관계

채무자의 책임보전 수단이라는 점에서 채권자대위권과 목적이 같으나, 채권자대위권은 채무자가 자신의 권리행사를 않고 방치할 경우 채권자가 채무자의 권리를 대신 행사하여 책임재산을 확보하는 권리인 반면, 채권자취소권은 권리남용적으로 처분행위를 하는 채무자의 책임재산 감소행위를 저지하는 권리인 점에서 권리의 내용에 차이가 있다.

채권자대위권은 금전채권은 물론 특정물채권의 강제집행 확보 수단으로서도 허용됨에 반하여 채권자취소권은 금전채권의 강제집행 확보 수단에 그친다는 점에서 피보전

474) 일부 판결에서 청구권설에 따라 사해행위의 취소만을 인정하기도 한다.
475) 대판 2012. 8. 17. 2010다87672; 대판 2008. 4. 24. 2007다84352.
476) 전원열, 앞의 논문, 241면 이하 참조.

채권에 차이가 있고, 채권자대위권은 소송상 및 소송 외에서 행사할 수 있음에 반하여 채권자취소권은 반드시 소송상으로만 행사할 수 있다는 점에서 행사방법에서도 차이가 있다.

Ⅱ. 채권자취소권의 요건

채권자취소권이 성립하려면, 객관적 요건으로서 채권자의 채권의 존재, 채무자의 사해행위와 주관적 요건으로서 채무자 및 수익자(사해행위의 상대방) 또는 전득자가 사해사실을 알고 있었을 것이라는 것을 필요로 한다(제406조 제1항).

1. 피보전채권(채권자의 채권)의 존재

(1) 채권자의 피보전채권(=기본채권) 채권자가 보전하여야 할 채권을 가지고 있어야 한다.

가. 금전채권 원칙 금전채권임을 요한다. 채무자의 채권은 반드시 금전채권임을 요하지 않고 금전이외의 급부를 목적으로 하는 채권(불특정물 채권)이라도 특정물이 아닌 이상 채무자가 사해의 의사로서 무자력을 가져올 행위를 한 때에는 그 채권자는 이를 행사할 수 있다.[477]

나. 피보전채권이 될 수 있는지 문제되는 채권

① 특정물채권 금전채권이 아닌 특정물채권이 피보전채권이 될 수 있는지에 대해 학설은 부정설[478]과 특정물의 실현 그 자체를 위해서는 취소권을 행사할 수 없지만, 공동담보의 보전을 목적으로 하여서는 행사할 수 있다는 설,[479] 특정물채권자는 특정물에 대한 자기채권을 보전하기 위해서는 취소권을 행사할 수 없으나, 채무자의 유책사유로 인한 이행불능에 따른 손해배상청구권을 확보하기 위하여서는 행사할 수 있다는 설[480]로 나뉘어 있다.

판례는 특정물채권을 보전하기 위하여 채권자취소권을 행사하는 것은 허용되지 않는다고 한다.[481] 즉 특정물채권은 채권자대위권과는 달리 채권자취소권 발생을 위한

477) 대판 1965. 6. 29. 65다477.
478) 곽윤직, 145면; 김상용, 241면.
479) 김형배, 400면.
480) 이은영, 400면.
481) 대판 1988. 2. 23. 87다카1586; 대판 1999. 4. 27. 98다56690.

기본채권이 될 수 없다.[482] 그러나 채무불이행으로 인하여 특정물채권이 손해배상채권으로 변경된 이후에는 그 후에 발생한 채무자의 사해행위를 취소할 수 있는 피보전채권이 될 수 있다고 한다.

채권자취소권을 특정물에 대한 소유권이전등기청구권을 보전하기 위하여 행사하는 것은 허용되지 않으므로, 부동산 이중양도에서 부동산의 제1양수인은 자신의 소유권이전등기청구권 보전을 위하여 양도인과 제3자 사이에서 이루어진 이중양도행위에 대하여 채권자취소권을 행사할 수 없고, 부동산을 양도받아 소유권이전등기청구권을 가지고 있는 자(제1양수인)는 양도인이 제3자(제2양수인)에게 이를 이중으로 양도하여 소유권이전등기를 경료하여 줌으로써 취득하는 '부동산 가액 상당의 손해배상채권' 또한 이중양도행위에 대한 사해행위취소권을 행사할 수 있는 피보전채권에 해당한다고 할 수 없다.[483]

【특정물채권을 보전하기 위한 채권자채소권 행사의 가부】

【대판 1999. 4. 27. 98다56690】

[1] 부동산을 양도받아 소유권이전등기청구권을 가지고 있는 자가 양도인이 제3자에게 이를 이중으로 양도하여 소유권이전등기를 경료하여 줌으로써 취득하는 부동산 가액 상당의 손해배상채권은 이중양도행위에 대한 사해행위취소권을 행사할 수 있는 피보전채권에 해당한다고 할 수 없다.

[2] 채권자취소권을 특정물에 대한 소유권이전등기청구권을 보전하기 위하여 행사하는 것은 허용되지 않으므로, 부동산의 제1양수인은 자신의 소유권이전등기청구권 보전을 위하여 양도인과 제3자 사이에서 이루어진 이중양도행위에 대하여 채권자취소권을 행사할 수 없다.

② 저당권 등 물적 담보에 의하여 담보되는 채권　　질권·저당권과 같은 물적 담보에 의하여 담보되는 채권은 우선변제를 받지 못하는 범위에서만 취소권을 행사할 수 있다. 담보되는 채권은 우선 저당물 등 담보물에 의하여 우선 변제받을 수 있으므로 담보물로부터 변제받아야 하고, 저당물 등에 의하여 전액 변제받지 못하는 채권이 있는 경우에 한하여 저당채권자는 채권의 공동담보를 보전하기 위한 피보전채권이 될 수 있다고 해야 할 것이다.

판례도 주채무자 또는 제3자 소유의 부동산에 대하여 채권자 앞으로 근저당권이 설정되어 있고, 그 부동산의 가액 및 채권최고액이 당해 채무액을 초과하여 채무 전액에

482) 대판 1999. 4. 27. 98다56690.
483) 대판 1999. 4. 27. 98다56690.

대하여 채권자에게 우선변제권이 확보되어 있다면, 연대보증인이 비록 유일한 재산을 처분하는 법률행위를 하더라도 채권자에 대하여 사해행위가 성립되지 않는다고 하나, 피담보채권이 우선변제권 범위 밖에 있는 때에는 담보물로부터 우선변제를 받을 액수를 공제한 나머지 채권액에 대해서는 채권자취소권을 인정하고 있다.[484] 우선변제권 범위 밖인지에 대해서는 취소채권자가 주장·입증하여야 한다.[485] 그리고 이때 우선변제 받을 금액은 처분행위 당시의 담보목적물의 시가를 기준으로 산정한다.[486]

③ 보증 등 인적 담보에 의하여 담보되는 채권　　인적 담보가 설정된 채권에서 채권자의 우선변제권이 인정되지 않으므로 채권자는 그 채권을 보전하기 위하여 취소권을 행사할 수 있다. 반면 물적 담보가 붙어 있는 채권의 경우에는 앞에서 기술한 바와 같이 우선변제권이 인정되는 범위에서 채권자취소권을 행사할 수 있다.[487]

④ 이혼에 따른 재산분할청구권　　협의나 심판에 의하여 구체적인 청구권으로 된 재산분할청구권은 채권자취소권의 피보전채권이 있다. 뿐만 아니라 협의나 심판에 의하여 구체적인 청구권으로 되지 아니한 재산분할청구권도 이를 실질적으로 보호할 필요가 있는 경우 채권자취소권을 행사할 수 있다. 즉 부부의 일방이 다른 일방의 재산분할청구권 행사를 해함을 알면서도 재산권을 목적으로 하는 법률행위를 한 때에는 다른 일방은 제 406조 제1항을 준용하여 그 취소 및 원상회복을 가정법원에 청구할 수 있다(제839조의3 제1항). 이 소 또한 취소원인을 안 날로부터 1년, 법률행위 있은 날로부터 5년 내에 제기해야 한다(동조 제2항·제843조).

⑤ 패소확정판결을 받은 채권　　채권자취소권을 행사하려면 채권자가 채무자에 대하여 채권을 행사할 수 있음이 전제되어야 한다. 이미 패소확정판결을 받았다면 그 채권은 채권자취소권의 피보전채권이 될 수 없다.[488]

⑥ 채무자가 파산절차에서 면책결정을 받은 경우의 파산채권　　파산절차에서 면책을 받은 채무자는 파산절차에 의한 배당을 제외하고는 파산채권자에 대한 채무의 전부에 관하여 그 책임이 면제된다(채무자회생법 제566조 본문). 다만 일정한 채무의 경우에만 책임이 면제되지 아니한다(채무자회생법 제566조 본문). 따라서 채무자가 파산절차에서 면책결정을 받은 때에는 파산채권을 피보전채권으로 하여 채권자취소권을 행사하는 것은 그 채

484) 대판 2000. 12. 8. 2000다21017.
485) 대판 2002. 11. 8. 2002다41589.
486) 대판 2014. 9. 4. 2013다60661.
487) 대판 2002. 11. 8. 2002다41589.
488) 대판 1993. 2. 12. 92다25151.

권이 채무자 회생 및 파산에 관한 법률 제566조 단서의 예외사유에 해당하지 않는 한 허용되지 않는다.

⑦ 이행기가 도래하지 아니하거나 정지조건이 성취되지 아니한 채권　　이행기가 도래하지 않았더라도 채권자대위권과 달리 채권자취소권에서는 피보전채권이 될 수 있다. 마찬가지로 정지조건부채권이라 할지라도 장래에 정지조건이 성취되기 어려울 것으로 보이는 등 특별한 사정이 없는 한, 피보전채권이 될 수 있다.[489)]

⑧ 가압류에 의하여 보전되는 채권　　채권의 보전을 위하여 채무자의 부동산에 대하여 가압류등기 후에 근저당권설정등기가 경료된 경우, 가압류채권자가 채무자의 근저당권설정행위에 대하여 채권자취소권을 행사할 수 있는지가 문제되는데, 경매절차의 배당관계에서 근저당권자는 선순위 가압류채권자에 대하여는 우선변제권을 주장할 수 없으므로 그 가압류채권자는 근저당권자와 일반 채권자의 자격에서 평등배당을 받을 수 있고, 따라서 가압류채권자는 채무자의 근저당권설정행위로 인하여 아무런 불이익을 입지 않으므로 채권자취소권을 행사할 수 없다.[490)]

가압류 채무자가 제3자의 채무담보를 위하여 자신의 부동산에 후순위 저당권을 설정하여 물상보증인이 된 경우, 채무자의 물상보증으로 책임재산이 새로이 감소하고 가압류채권자도 자기 채권의 충분한 만족을 얻지 못하게 되는 불이익을 받게 되므로 저당권설정행위에 대하여 채권자취소권을 행사할 수 있다.[491)]

⑨ 확정판결의 집행이 권리남용에 해당하는 경우의 판결금 채권　　확정판결의 내용이 실체적 권리관계에 배치되어 판결에 의한 집행이 권리남용에 해당하여 청구이의의 소에 의하여 그 집행의 배제를 구할 수 있는 정도의 경우라면 그러한 판결금 채권에 기초한 다른 권리의 행사, 예를 들어 판결금 채권을 피보전채권으로 하여 채권자취소권을 행사하는 것 등도 허용될 수 없다.[492)]

(2) 기본채권의 발생시기

가. 원칙　　채권자의 채권의 발생시기는 사해행위 이전임을 원칙으로 한다.[493)]

---

489) 대판 2011. 12. 8. 2011다55542.

490) 대판 2008. 2. 28. 2007다77446. 다만 이 경우에도 채권자의 실제 채권액이 가압류 채권금액보다 많은 경우 그 초과하는 부분에 관하여는 가압류의 효력이 미치지 아니하여 그 범위 내에서는 채무자의 처분행위가 채권자들의 공동담보를 감소시키는 사해행위가 되므로 그 부분 채권을 피보전채권으로 삼아 채권자취소권을 행사할 수 있다.

491) 대판 2010. 1. 28. 2009다90047.

492) 대판 2014. 2. 21. 2013다75717.

사해행위 이후에 발생한 채권은 사해행위에 의하여 침해될 수 없기 때문이다. 따라서 채권자의 채권이 사해행위 이전에 성립되어 있는 이상 그 채권이 양도된 경우에도 그 양수인이 채권자취소권을 행사할 수 있고, 이 경우 채권양도의 대항요건을 사해행위 이후에 갖추었더라도 채권양수인이 채권자취소권을 행사하는 데 아무런 장애사유가 될 수 없다.[494] 채권이 사해행위 이전에 성립되어 있는 이상 액수나 범위가 구체적으로 확정되지 않은 경우라고 하더라도 채권자취소권을 행사할 수 있다.[495]

다만 법률행위의 이행으로서 가등기를 경료하는 경우에 그 채무의 원인되는 법률행위가 취소권을 행사하려는 채권자의 채권보다 앞서 발생한 경우에는 특별한 사정이 없는 한 그 가등기는 채권자취소권의 대상이 될 수 없다.[496]

나. 예외 　다만 예외적으로 기본채권의 기초적 법률관계가 성립되어 있고 가까운 장래에 그에 기하여 채권이 성립되리라는 고도의 개연성이 있을 경우에는 기본채권의 발생시기가 사해행위 이후이어도 무방하다.[497] 위의 법률관계에는 약정에 의한 것뿐만 아니라 준법률관계나 사실관계 등을 널리 포함하는 것으로 보아야 할 것이며, 따라서 당사자 사이에 채권 발생을 목적으로 하는 계약의 교섭이 상당히 진행되어 그 계약체결의 개연성이 고도로 높아진 단계도 여기에 포함되는 것으로 보아야 한다.[498]

여기서 고도의 개연성이란 단순히 향후 채권이 성립할 가능성이 있는 정도에 그쳐서는 안 되고 채무자의 사해의사를 추단할 수 있는 객관적 사정이 존재하여 누구라도 그 채권의 성립을 예견할 수 있을 정도에 이르렀다고 볼 만한 상태를 말한다.[499]

계속적인 물품공급계약에서 대상이 되는 물품의 구체적인 수량, 거래단가, 거래시기 등에 관하여까지 구체적으로 미리 정하고 있다거나, 일정한 한도에서 공급자가 외상으로 물품을 공급할 의무를 규정하고 있지 않은 이상, 계속적 물품공급계약 그 자체에 기하여 거래당사자의 채권이 바로 성립하지는 아니하며, 주문자가 상대방에게 구체적으로 물품의 공급을 의뢰하고 그에 따라 상대방이 물품을 공급하는 별개의 법률관계가

---

493) 대판 1962. 11. 15. 62다634; 대판 1995. 2. 10. 94다2534; 대판 2009. 9. 24. 2009다37107.

494) 대판 2006. 6. 29. 2004다5822.

495) 대판 2018. 6. 28. 2016다1045.

496) 대판 2002. 4. 12. 2000다43352.

497) 대판 1995. 11. 28. 95다27905; 대판 1999. 4. 27. 98다56690; 대판 2000. 2. 25. 99다53704; 대판 2002. 11. 8. 2002다42957; 대판 2012. 1. 12. 2010다64792; 대판 2022. 7. 14. 2019다281156.

498) 대판 2002. 11. 8. 2002다42957. 따라서 채무자가 채권자와 신용카드 가입계약을 체결하고 신용카드를 발급받았으나 자신의 유일한 부동산을 매도한 후에 비로소 신용카드를 사용하기 시작하여 신용카드대금을 연체하게 된 경우, 신용카드가입계약만을 가리켜 채권성립의 기초가 되는 법률관계에 해당한다고 볼 수 없다(대판 2004. 11. 12. 2004다40955).

499) 대판 2002. 11. 8. 2002다42957.

성립하여야만 채권이 성립한다. 따라서 특별한 사정이 없는 한 사해행위 당시 계속적인 물품거래관계가 존재하였다는 사정만으로 채권성립의 기초가 되는 법률관계가 발생하여 있었다고 할 수 없다.[500)]

그 기본채권이 금전채권인 한 조건부, 기한부이거나 담보부 채권이어도 좋다. 다만 담보부 채권인 경우에는 담보부족 부분에 한하여 사해행위가 성립할 수 있다. 여기서 말하는 담보는 고유의 의미의 담보 즉 물적 담보를 말한다.

【고도의 개연성 인정 판례】

① 채무자가 보증인의 보증하에 은행으로부터 대출을 받음에 있어 채무자의 보증인에 대한 구상채무에 대하여 연대보증한 자가 연대보증 후 소유 부동산을 제3자에게 증여한 사안에서, 증여계약 당시 채무자가 당해 대출금을 당초 변제기까지 변제하지 못하고 변제기를 연장하였을 뿐만 아니라 그 외에도 원금을 변제하지 못하고 있는 대출금이 많이 있었고, 거래처의 부도로 인하여 막대한 손해를 보고 있었던 점 등 증여계약 당시의 채무자의 재정 상태에 비추어 볼 때 채권자취소권의 피보전채권인 구상채권의 성립의 개연성이 있다(대판 1997. 10. 28. 97다34334).

② 신용보증기금이 甲회사와 체결한 신용보증약정에 따라 甲회사의 물품대금채무를 대위변제한 후 연대보증인에 대한 구상금채권을 피보전권리로 하여 연대보증인인 甲회사의 대표이사가 그 신용보증약정 체결 전 자기 소유의 부동산에 관하여 甲회사의 채권자인 은행과 체결한 근저당권설정계약에 대해 사해행위취소를 구한 사안에서, 위 신용보증약정이 근저당권설정계약 전 체결한 구 신용보증약정과 기초적 법률관계가 동일하다고 보아, 근저당권설정계약 체결 당시 이미 위 구상금채권의 성립의 기초가 되는 구 신용보증약정과 위 대표이사에 대한 연대보증계약이 성립하여 있었고, 근저당권설정계약 체결 직전 무렵부터 甲회사의 자금사정이 악화되어 가까운 장래에 구상금채권이 발생할 고도의 개연성이 있었으므로, 위 구상금채권은 채권자취소권의 피보전채권이 된다(대판 2010. 4. 29. 2009다80705).

③ 채권자의 보증채무 이행으로 인한 구상금채권이 채무자의 사해행위 당시 아직 발생하지는 않았으나 그 기초가 되는 신용보증약정은 이미 체결되어 있었고 사해행위 시점이 주채무자의 부도일 불과 한 달 전으로서 이미 주채무자의 재정상태가 악화되어 있었던 경우, 위 구상금채권은 채권자취소권의 피보전채권이 된다(대판 2000. 2. 25. 99다53704).

500) 대판 2017. 11. 29. 2017다241819.

2. 사해행위의 존재

(1) 사해행위

가. 의의 채권자취소권이 성립하려면 채무자의 사해행위가 있어야 한다. 사해행위란 책임재산을 감소시켜 채권자가 채권의 충분한 만족을 받을 수 없게 될 결과를 발생시키는 채무자의 재산적 법률행위를 말한다. 채무자가 행한 사해해위로서 취소할 수 있으며 채무자가 아닌 제3자의 행위만으로는 채권자취소권은 발생할 수 없다. 따라서 채무자로부터 토지를 매수한 자나 전득한 자가 행한 양도행위 또는 제3자가 채무자를 위해 한 저당권설정행위는 취소의 대상이 아니다. 채무자의 대리인이 한 법률행위 또한 취소의 대상이 아니다. 사해행위가 되기 위해서는 ① 채무자의 법률행위여야 하고, ② 재산권을 목적으로 한 법률행위여야 하며, ③ 채권자를 해하는 행위여야 한다(제406조 제1항 본문).

나. 채무자이 법률행위

채무자가 행한 법률행위만 사해행위로서 취소할 수 있다. 책임재산의 감소의 효과가 있는 법률행위라면 계약뿐만 아니라 단독행위(권리포기·채무면제 등)라도 무방하다. 법률행위임을 원칙으로 하나 준법률행위(채권양도통지행위, 시효중단사유로서의 채무승인행위)도 포함된다. 또한 채권행위인지 물권행위 내지 준물권행위인지 불문하지만,[501] 채무자의 단순한 부작위(시효중단조치를 취하지 않은 것·청약에 대하여 승낙을 하지 않는 것)나 물건파괴와 같은 사실행위는 취소의 대상이 될 수 없다. 다만 법률행위를 하지는 않았지만 법률상 이를 한 것과 동일한 효과가 주어지는 경우 즉 법정추인(제15조·제145조)·추인거절(제131조)·재판으로 의사표시에 갈음하는 경우(제389조 제2항) 등에도 취소권을 행사할 수 있다는 견해가 있다.[502] 그러나 이들은 이른바 의제된 의사표시에 불과하고, 법률효과를 결정하기 위하여 빌려 사용한 개념에 지나지 않으므로 의사표시로서 다룰 수 없고, 그러한 경우에는 그 실질을 따져서 부작위가 있는 때에는 취소의 대상이 아니라고 하고, 적극적 행위가 있는 때에는 그의 성질 여부에 따라 취소의 대상인지를 결정하여야 한다는 견해도 존재한다.[503] 그리고 의사표시에 갈음하는 재판은 기판력과의 관계상 취소의 대상이 아니라고 하여야 한다.

또한 법률행위여야 하므로 이미 이루어진 법률행위에 기한 이행행위는 사해행위가 아니다.[504]

501) 대판 1975. 4. 8. 74다1700.

502) 곽윤직, 142면; 김상용, 243면; 주해(9), 816면(김능환).

503) 송덕수, 245면; 주석 채권총칙(2), 59면(이상경)

취소를 위해서는 유효임을 원칙으로 하나, 무효행위도 포함되는가에 관하여는 학설은 대체로 긍정한다. 이 문제는 주로 허위표시(제108조)가 사해행위취소의 대상이 되느냐라는 문제로서 다루어지고 있다. 많은 경우 채무자가 가장매매와 같은 통정허위표시를 통하여 그의 재산을 감추기 때문에 생기는 문제이다. 논리적으로 통정허위표시는 무효이므로 취소할 수 없다. 그러나 무효인 법률행위로 이루어진 법률관계라 할지라도 소유권이전등기의 공시방법을 갖추고 있으면서 외관상으로는 유효한 법률행위의 모습을 갖추고 있는 경우에는 제3자 보호법리(제108조 제2항)에 의하여 채무자의 재산이 책임재산에서 일탈될 가능성이 있다.

이를 긍정하는 논거로서는, 허위표시제도나 채권자취소권 모두 책임재산을 보전하는 기능을 하며, 그와 같이 두 제도가 동일한 기능을 하는 경우에는 한정적 해석을 할 필요가 없다고 하거나,[505] 무효인 행위도 일반적으로 취소할 수 있다는 이른바 이중효이론에 의하여 비록 무효인 법률행위일지라도 취소할 수 있다고 한다.[506] 이에 대하여 무효인 법률행위를 취소할 수 있는 것은 아니고, 채무자가 행한 법률행위가 사해행위의 요건을 갖추고 있을 때에 사해행위로서의 요건을 증명하여 취소의 대상으로 삼을 수 있을 뿐이라는 견해도 있다.[507]

판례는 일찍이 허위표시로 무효인 처분행위에 채권자취소권을 인정한다.[508] 즉 「채무자의 법률행위가 통정허위표시인 경우에도 채권자취소권의 대상이 될 수 있고, 한편 채권자취소권의 대상으로 된 채무자의 법률행위라도 통정허위표시의 요건을 갖춘 경우에는 무효라고 할 것이다.」고 한다.[509] 판례의 취지는 허위표시의 무효는 선의의 제3자에게 대항하지 못하므로(제108조 제2항), 채무자와 수익자 사이의 법률행위가 허위표시이더라도 전득자가 선의(채무자와 수익자 사이의 법률행위가 허위표시임을 알지 못한 것)일 때에는 그 법률행위는 그대로 확정될 가능성이 있기 때문에, 채무자와 수익자 사이의 법률행위가 객관적으로 사해의 요건을 구비하고 있을 때에는 채권자는 전득자에 대한 관계에서 그 행위의 취소를 소구할 수 있다는 것이다. 이 경우에 취소의 가부는 전득자가 사해의 사실을 알고 있었느냐의 여부이고 결국 피고인 전득자가 채권자를 해함을 알지 못하였다는 입증의 성부에 따라 결정이 될 것이다.[510] 이때 통정허위표시에 관한 증명

504) 대판 2017. 9. 21. 2015다53841.
505) 곽윤직, 148면.
506) 이은영, 466면.
507) 김형배, 442면.
508) 대판 1961. 11. 9. 4293민상263; 대판 1975. 2. 10. 74다334.
509) 대판 1998. 2. 27. 97다50985.
510) 김형배, 443면.

책임은 취소채권자에게 있다.[511)]

마찬가지로 채무자가 채무초과 상태에서 매수한 등기명의를 아들에게 명의신탁(중간생략형 명의신탁)하고 이에 따라 소유권이전등기를 마친 경우에 무효인 명의신탁약정(부동산실명법 제4조 제1항)은 사해행위에 해당한다.[512)]

다. 재산권을 목적으로 한 법률행위 채무자의 처분행위는 재산권을 목적으로 하여야 한다(제406조 제1항 본문).[513)] 채권자취소권이 책임재산의 보전을 위한 제도이기 때문이다. 예컨대 매매·대물변제·저당권설정과 같은 경우가 대표적이다. 따라서 혼인, 입양, 인지 등과 같은 신분법상의 행위는 제외된다. 공법상 허가권의 양도행위가 사해행위로서 취소의 대상이 되는가 여부는 당해 공법상 허가권이 독립한 재산적 가치를 가지고 있어 강제집행을 할 수 있는지 여부에 따라 판단하여야 한다. 따라서 어업허가권이 양도된 경우 어업허가권은 강제집행의 대상이 되지 않으므로 취소의 대상이 될 수 없다.[514)]

그러나 공유수면관리법과 같은 법 시행령의 각 규정에 의하면, 공유수면 점용허가권은 공법상의 권리이기는 하지만 허가를 받은 자가 관할 관청의 허가 없이 그 점용허가권을 자유롭게 양도할 수 있으므로 독립한 재산적 가치를 가지고 있고, 법률상 압류가 금지된 권리도 아니어서 민사집행법 제251조 소정의 그 밖의 재산권에 대한 집행방법에 의하여 강제집행을 할 수 있고, 사해행위로서 이를 양도한 경우에는 채권자취소권의 대상이 된다고 한다.[515)]

그리고 책임재산 확보에 도움이 안 되는 처분행위, 예컨대 압류금지 재산의 처분행위도 제외된다. 재산권을 목적으로 한 행위라도 증여에 대한 승낙행위와 같은 경우에는 인권보호를 위해 채무자의 자유의사를 존중해야 하므로 제외된다.

① 소멸시효 완성 후 소멸시효 이익 포기행위 채무자가 소멸시효 완성 후에 한 소멸시효이익의 포기행위는 소멸하였던 채무가 소멸하지 않았던 것으로 되어 결과적으로 채무자가 부담하지 않아도 되는 채무를 새롭게 부담하게 되는 것이므로 채권자취소권의 대상인 사해행위가 될 수 있다.[516)]

② 이혼에 따른 재산분할 협의 이혼에 따른 재산분할은 혼인 중 쌍방의 협력으

511) 대판 2012. 7. 26. 2012다30861.
512) 대판 2004. 3. 25. 2002다69358.
513) 회사설립행위는 재산권을 목적으로 하는 법률행위로서 상법은 명문으로 취소의 대상으로 규정하고 있다(상법 제185조·제269조·제552조).
514) 대판 2010. 4. 29. 2009다105734.
515) 대판 2005. 11. 10. 2004다7873.
516) 대결 2013. 5. 31. 자 2012마712.

로 형성된 공동재산의 청산이라는 성격에 상대방에 대한 부양적 성격이 가미된 제도임에 비추어, 이미 채무초과 상태에 있는 채무자가 이혼을 하면서 배우자에게 재산분할로 일정한 재산을 양도함으로써 결과적으로 일반 채권자에 대한 공동담보를 감소시키는 결과로 되어도, 그 재산분할이 민법 제839조의2 제2항의 규정 취지에 따른 상당한 정도를 벗어나는 과대한 것이라고 인정할 만한 특별한 사정이 없는 한, 사해행위로서 취소되어야 할 것은 아니다. 다만 상당한 정도를 벗어나는 초과부분에 대하여는 적법한 재산분할이라고 할 수 없기 때문에 이는 사해행위에 해당하여 취소의 대상으로 될 수 있을 것이고, 위와 같이 상당한 정도를 벗어나는 과대한 재산분할이라고 볼 만한 특별한 사정이 있다는 점에 관한 입증책임은 채권자에게 있다.[517)]

③ 이혼에 따른 재산분할청구권의 포기행위　이혼으로 인한 재산분할청구권은 이혼을 한 당사자의 일방이 다른 일방에 대하여 재산분할을 청구할 수 있는 권리로서 이혼이 성립한 때에 그 법적 효과로서 비로소 발생하는 것일 뿐만 아니라, 협의 또는 심판에 의하여 구체적 내용이 형성되기까지는 그 범위 및 내용이 불명확·불확정하기 때문에 구체적으로 권리가 발생하였다고 할 수 없으므로 협의 또는 심판에 의하여 구체화되지 않은 재산분할청구권은 채무자의 책임재산에 해당하지 아니하고, 이를 포기하는 행위 또한 채권자취소권의 대상이 될 수 없다.

④ 상속재산 분할협의　상속재산의 분할협의는 상속이 개시되어 공동상속인 사이에 잠정적 공유가 된 상속재산에 대하여 그 전부 또는 일부를 각 상속인의 단독소유로 하거나 새로운 공유관계로 이행시킴으로써 상속재산의 귀속을 확정시키는 것으로 그 성질상 재산권을 목적으로 하는 법률행위이므로 사해행위취소권 행사의 대상이 될 수 있다.[518)] 또한 채무초과상태에 있는 채무자가 유일한 상속재산인 부동산에 관한 상속분을 포기하고 현금을 지급받기로 상속재산 분할협의를 한 경우에도 특별한 사정이 없는 한 사해행위가 된다.[519)]

다만 채무초과 상태에 있는 채무자가 상속재산의 분할협의를 하면서 상속재산에 관한 권리를 포기함으로써 결과적으로 일반 채권자에 대한 공동담보가 감소되었다 하더라도, 그 재산분할결과가 채무자의 구체적 상속분에 상당하는 정도에 미달하는 과소한 것이라고 인정되지 않는 한 사해행위로서 취소되어야 할 것은 아니고, 구체적 상속분에 상당하는 정도에 미달하는 과소한 경우에도 사해행위로서 취소되는 범위는 그 미달하는 부분에 한정하여야 한다.[520)]

---

517) 대판 2001. 2. 9. 2000다63516.

518) 대판 2001. 2. 9. 2000다51797.

519) 대판 2008. 3. 13. 2007다73765.

⑤ 상속포기 채무초과상태의 채무자가 상속을 포기하는 행위가 사해행위가 되는가. 판례는 상속의 포기행위를 재산권에 관한 법률행위에 해당하지 아니한다고 하여 사해행위취소의 대상으로 보지 아니한다. 즉 「상속의 포기는 비록 포기자의 재산에 영향을 미치는 바가 없지 아니하나 상속인으로서의 지위 자체를 소멸하게 하는 행위로서 순전한 재산법적 행위와 같이 볼 것이 아니고, 오히려 상속의 포기는 1차적으로 피상속인 또는 후순위상속인을 포함하여 다른 상속인 등과의 인격적 관계를 전체적으로 판단하여 행하여지는 '인적 결단'으로서의 성질을 가진다. 그러한 행위에 대하여 비록 상속인인 채무자가 무자력상태에 있다고 하여서 그로 하여금 상속포기를 하지 못하게 하는 결과가 될 수 있는 채권자의 사해행위취소를 쉽사리 인정할 것이 아니다. 그리고 상속은 피상속인이 사망 당시에 가지던 모든 재산적 권리 및 의무·부담을 포함하는 총체재산이 한꺼번에 포괄적으로 승계되는 것으로서 다수의 관련자가 이해관계를 가지는데, 위와 같이 상속인으로서의 자격 자체를 좌우하는 상속포기의 의사표시에 사해행위에 해당하는 법률행위에 대하여 채권자 자신과 수익자 또는 전득자 사이에서만 상대적으로 그 효력이 없는 것으로 하는 채권자취소권의 적용이 있다고 하면, 상속을 둘러싼 법률관계는 그 법적 처리의 출발점이 되는 상속인 확정의 단계에서부터 복잡하게 얽히게 되는 것을 면할 수 없다. 또한 상속인의 채권자의 입장에서는 상속의 포기가 그의 기대를 저버리는 측면이 있다고 하더라도 채무자인 상속인의 재산을 현재의 상태보다 악화시키지 아니한다.」[521]고 한다.

⑥ 유증포기 채무자의 유증포기는 직접적으로 채무자의 일반재산을 감소시켜 채무자의 재산을 유증 이전의 상태보다 악화시키는 행위로 볼 수 없으므로 사해행위 취소의 대상이 되지 않는다.[522]

라. 채권자를 해하는 법률행위(무자력) 채무자가 행한 재산상의 법률행위가 '채권자를 해'하여야 한다. 즉 무자력(채무초과 즉 공동담보의 부족 즉 책임재산의 부족)을 요한다.[523] 채무자의 일반재산은 적극재산과 소극재산으로 구성되어 있으므로, 재산감소행위는 적극재산을 감소케 하는 처분행위뿐만 아니라, 소극재산을 증가케 하는 채무부담행위도 포함한다.[524] 이러한 채무초과 내지 책임재산의 부족 결과를 발생시키는 법률행위를 사해행위라고 한다.

520) 대판 2001. 2. 9. 2000다51797.

521) 대판 2011. 6. 9. 2011다29307.

522) 대판 2019. 1. 17. 2018다260855.

523) 대판 1962. 11. 15. 62다634; 대판 1982. 5. 25. 80다1403.

524) 대판 2017. 5. 11. 2017다203329.

판례는 사해행위에 해당하는지 여부는, 「채무자가 책임재산을 감소시키는 행위를 함으로써 일반채권자들을 위한 공동담보의 부족상태를 유발 또는 심화시킨 경우에 그 행위가 채권자취소의 대상인 사해행위에 해당하는지 여부는, 행위목적물이 채무자의 전체 책임재산 가운데에서 차지하는 비중, 무자력의 정도, 법률행위의 경제적 목적이 갖는 정당성 및 그 실현수단인 당해 행위의 상당성, 행위의 의무성 또는 상황의 불가피성, 채무자와 수익자 간 통모의 유무와 같은 공동담보의 부족 위험에 대한 당사자의 인식의 정도 등 그 행위에 나타난 여러 사정을 종합적으로 고려하여, 그 행위를 궁극적으로 일반채권자를 해하는 행위로 볼 수 있는지 여부에 따라 최종 판단하여야 한다.」고 한다.[525]

1) 사해성의 판단　사해성 판단의 기준시기는 사해행위 당시를 기준으로 한다. 따라서 채무자의 적극재산에 포함되는 부동산이 사해행위 이후에 경매절차에서 매각된 때에도 그 부동산의 평가는 경락가액이 아니라 사해행위 당시의 시가를 기준으로 하여야 한다.[526] 또한 사해행위소송 도중에 무자력 상태가 지속될 것을 요한다. 더 정확하게는 사실심의 변론종결시까지 무자력이어야 한다. 무자력 소멸사실은 채무자에게 증명책임이 있다.

채무자가 수 개의 재산감소 행위를 한 때에는, 원칙적으로 각 행위별로 사해성을 판단하여야 하나,[527] 일련의 행위를 하나의 행위로 볼 만한 특별한 사정이 있는 때에는 이를 일괄하여 전체적으로 사해성이 있는지 여부를 판단하여야 한다.[528]

가등기에 기하여 본등기가 경료된 경우에는 가등기의 원인인 법률행위와 본등기의 원인인 법률행위가 명백히 다른 것이 아닌 한 가등기의 원인된 법률행위 당시를 기준으로 사해행위 구비요건 구비를 판단하여야 한다.[529]

집합채권의 양도담보의 예약이 체결된 다음 예약완결권의 행사에 기하여 채권이 양도된 경우에 사해행위의 판단은 양도담보의 예약당시를 기준으로 판단하여야 한다.[530]

재산처분행위가 정지조건부인 경우에는 재산처분행위 당시를 기준으로 판단하여야 하고,[531] 사해행위 후 채무자가 자력을 회복하여 채권자취소소송의 사실심 변론종결

525) 대판 2010. 9. 30. 2007다2718; 대판 2011. 10. 13. 2011다28045; 대판 2014. 3. 27. 2011다107818; 대판 2018. 7. 12. 2015다26483.

526) 대판 2009. 10. 29. 2009다47852.

527) 곽윤직, 150면.

528) 대판 2014. 3. 27. 2012다34740.

529) 대판 2014. 3. 27. 2013다1518.

530) 대판 2016. 7. 14. 2014다233268.

531) 대판 2013. 6. 28. 2013다8564.

당시에는 채권자를 해하지 않게 된 경우에는 채권자취소권이 소멸하고 이와 같은 사정의 변경이 있었다는 점은 채권자취소소송의 상대방이 증명하여야 한다.[532]

사해행위 취소 및 원상회복판결이 확정되었다고 하더라도, 그에 기하여 재산이나 가액의 회복을 마치기 전에 피보전채권이 소멸하여 채권자가 더 이상 채무자의 책임재산에 대하여 강제집행을 할 수 없게 된 경우에는 판결의 집행력을 배제하는 적법한 청구이의 이유가 된다.[533]

2) 자력산정　사해행위취소의 요건으로서의 무자력이란 채무자의 변제자력이 없음을 뜻하는 것이고, 특히 임의변제를 기대할 수 없는 경우에는 강제집행을 통한 변제가 고려되어야 하므로, 소극재산이든 적극재산이든 위와 같은 목적에 부합할 수 있는 재산인지 여부는 변제자력 유무판단의 중요한 고려요소가 되어야 한다.[534]

판례는 「채무자의 재산처분행위가 사해행위가 되기 위해서는 그 행위로 말미암아 채무자의 총재산의 감소가 초래되어 채권의 공동담보에 부족이 생기게 되는 것, 즉 채무자의 소극재산이 적극재산보다 많아져야 하는 것인바, 채무자가 재산처분행위를 할 당시 그의 적극재산 중 부동산과 채권이 있어 그 재산의 합계가 채무액을 초과한다고 하더라도 그 적극재산을 산정함에 있어서는 다른 특별한 사정이 없는 한 실질적으로 재산적 가치가 없어 채권의 공동담보로서의 역할을 할 수 없는 재산은 이를 제외하여야 할 것이고, 그 재산이 채권인 경우에는 그것이 용이하게 변제를 받을 수 있는 확실성이 있는 것인지 여부를 합리적으로 판정하여 그것이 긍정되는 경우에 한하여 적극재산에 포함시켜야 한다.」[535]고 한다. 따라서 압류금지재산은 공동담보가 될 수 없으므로 이를 적극재산에서 포함시켜서는 안 된다.[536]

사해행위 여부를 무자력 여부로 판단할 때 적극재산인 경우 채무자의 신용 등도 포함하여 평가·산정하여야 하며, 조건부·기한부채권도 평가하여 가산하여야 하다

채권자가 채무자의 재산 위에 물상담보권을 가지고 있는 경우에는, 그 행사로 우선변제가 확보되는 한도에서 그 채무를 소극재산에서 공제하고, 동시에 그 한도에서 당해 담보재산도 이를 적극재산에서 공제해서, 채무자의 자력의 유무를 산정하여야 한다.[537] 그리고 채무자 소유의 재산이 다른 채권자의 채권에 물상담보로 제공되어 있는

532) 대판 2007. 11. 29. 2007다54849.
533) 대판 2017. 10. 26. 2015다224469.
534) 대판 2006. 2. 10. 2004다2564.
535) 대판 2001. 10. 12. 2001다32533; 대판 2005. 1. 28. 2004다58963.
536) 대판 2005. 1. 28. 2004다58963.
537) 곽윤직, 150면.

경우, 사해행위에 해당하는지 판단할 때 채무자의 적극재산을 평가하는 방법과 관련하여, 채무자 소유의 부동산에 제3자의 담보권이 설정되어 있는 경우에도, 그 담보권으로 담보된 채권액을 제외한 나머지 부분만이 일반채권자들의 공동담보로 되는 책임재산이 되므로,[538] 그 부분만을 적극재산으로 보아야 한다. 이는 제3자에게 담보로 제공된 재산의 가액에서 제3자가 가지는 피담보채권액을 공제한 잔액만을 채무자의 적극재산으로 평가하여야 함을 의미한다. 따라서 그로 인하여 채무자의 책임재산이 부족하게 되거나 그 상태가 심화되었다면 사해행위가 성립한다.[539] 근저당권이 설정되어 있는 경우에는 최고액의 한도에서 피담보채권액을 공제한 나머지 부분이 책임재산으로 된다.[540]

공동저당권이 설정되어 있는 수개의 부동산 중 일부가 양도된 경우에 양도된 부동산에 대한 피담보채권액이 부동산가액을 초과하는지를 판단할 때 그 피담보채권액의 산정방법은, 특별한 사정이 없는 한 공동저당물의 차순위자를 고려한 민법 제368조의 규정 취지에 비추어 공동저당권의 목적으로 된 각 부동산의 가액에 비례하여 공동저당권의 피담보채권액을 안분한 금액이라고 보아야 한다.[541] 그리고 공동채무자들이 하나의 부동산을 공유하면서 전체 부동산에 저당권을 설정한 경우에도 특별한 사정이 없는 한 이 법리가 적용된다.[542]

그러나 수 개의 부동산 중 일부는 채무자의 소유이고 다른 일부는 물상보증인의 소유인 경우에는, 물상보증인이 민법 제481조, 제482조의 규정에 따른 변제자대위에 의하여 채무자 소유의 부동산에 대하여 저당권을 행사할 수 있는 지위에 있는 점 등을 고려할 때, 그 물상보증인이 채무자에 대하여 구상권을 행사할 수 없는 특별한 사정이 없는 한 채무자 소유의 부동산에 관한 피담보채권액은 공동저당권의 피담보채권액 전액으로 봄이 상당하다. 이러한 법리는 하나의 공유부동산 중 일부 지분이 채무자의 소유이고, 다른 일부 지분이 물상보증인의 소유인 공유관계인 경우에도 마찬가지로 적용된다.[543]

적극재산을 산정할 때는 다른 특별한 사정이 없는 한 실질적으로 재산적 가치가 없는 재산은 제외하여야 한다,[544] 채무자의 임대차보증금반환채권은 특별한 사정이 없는 한 보증금의 상당의 가치대로 적극재산에 포함되고,[545] 연대보증인의 법률행위가

538) 대판 1997. 9. 9. 97다10864; 대판 2003. 11. 13. 2003다39989; 대판 2007. 7. 26. 2007다23081.
539) 대판 2012. 1. 12. 2010다64792; 대판 2015. 6. 11. 2014다237192; 대판 2016. 8. 18. 2013다90402.
540) 대판 2021. 11. 11. 2021다258777.
541) 대판 2003. 11. 13. 2003다39989.
542) 대판 2017. 5. 30. 2017다205073.
543) 대판 2013. 7. 18. 2012다5643.
544) 대판 2001. 10. 12. 2001다32533.
545) 대판 2013. 4. 26. 2012다118334.

사해행위인지를 판단할 때 주채무자의 일반적 자력은 적극재산으로 고려할 요소가 아니다.[546] 채무자가 처분행위 당시 가집행선고 있는 판결에 따른 채무를 부담한다고 하더라도 그 채무가 나중에 상급심의 판결에 의하여 감액된 경우에는 그 감액된 판결에 따른 채무만이 소극재산이라고 보아야 한다.[547]

(3) 사해행위에 해당하는지 여부가 문제되는 경우

1) 변제　　특정한 채권자에 대한 변제가 사해행위로 되는가에 대하여 통설과 판례는 변제에 의하여 적극재산이 감소되지만 동시에 소극재산도 감소되므로 전체로서의 채무자의 자력에 증감이 없고, 채무자는 다른 채권자가 있더라도 채무의 본지에 따라 채무를 이행할 의무, 즉 변제를 거절하지 못하기 때문에 채무자가 채무초과의 상태에서 특정채권자에게 채무의 본지에 따른 변제를 함으로써 다른 채권자의 공동담보가 감소하는 결과가 되는 경우에도 그 변제는 원칙적으로 사해행위로 되지 않지만, 다만 일부채권자와 통모하여 다른 채권자를 해할 의사로 변제한 경우에는 사해행위가 성립한다고 한다.[548] 이는 기존 금전채무의 변제에 갈음하여 다른 금전채권을 양도하는 경우에도 마찬가지로 사해행위가 되지 아니한다.

채무자가 특히 일부의 채권자와 통모하여 다른 채권자를 해할 의사를 가지고 변제 내지 채권양도를 하였는지 여부는 사해행위임을 주장하는 사람이 입증하여야 할 것인데, 이는 수익자의 채무자에 대한 채권이 실제로 존재하는지 여부, 수익자가 채무자로부터 변제 내지 채권양도를 받은 액수 및 양도받은 채권 중 실제로 추심한 액수, 채무자와 수익자와의 관계, 채무자의 변제능력 및 이에 대한 수익자의 인식, 변제 내지 채권양도 전후의 수익자의 행위, 그 당시의 채무자 및 수익자의 사정 및 변제 내지 채권양도의 경위 등 제반 사정을 종합적으로 참작하여 판단하여야 한다.[549]

2) 대물변제　　대물변제가 변제와 동일한 효과를 가지는 것으로 기존채무를 소멸시키기 위하여 상당한 가격으로 행하여진 이상 변제에서와 같은 이유로 사해행위로 되지 않고, 다만 특정채권자와 통모하거나 채권자의 채권액을 초과하는 내용의 대물변제는 사해행위로 된다고 하는 것이 통설이다.

한편 판례는 대물이 상당한 가격으로 평가되었다면 사해행위가 성립하지 않는다고 하고,[550] 우선변제권 있는 채권자에 대한 대물변제의 제공행위 또한 특별한 사정이 없

546) 대판 2003. 7. 8. 2003다13246.
547) 대판 2006. 2. 10. 2004다2564.
548) 대판 1967. 4. 25. 67다75; 대판 2004. 5. 28. 2003다60822.
549) 대판 2004. 5. 28. 2003다60822.

는 한 다른 채권자들의 이익을 해한다고 할 수 없어 사해행위가 되지 않지만,[551] 그것이 사해행위인지 여부를 판단하는 유일한 요소가 아니고, 이미 채무초과상태에 빠진 채무자가 특정부동산을 일부채권자에게 대물변제로 넘겨주는 것은 원칙적으로 사해행위로 된다고 한다.[552]

【유일한 재산인 부동산을 특정채권자에게 대물변제한 경우 사해행위의 성부】

【대판 1996. 10. 29. 96다23207】

[1] 채무자의 재산이 채무의 전부를 변제하기에 부족한 경우에 채무자가 그의 유일한 재산인 부동산을 어느 특정 채권자에게 대물변제로 제공하여 소유권이전등기를 경료하였다면 그 채권자는 다른 채권자에 우선하여 채권의 만족을 얻는 반면 그 범위 내에서 공동담보가 감소됨에 따라 다른 채권자는 종전보다 더 불리한 지위에 놓이게 되므로 이는 곧 다른 채권자의 이익을 해하는 것이라고 보아야 하고, 따라서 이미 채무초과의 상태에 빠져 있는 채무자가 그의 유일한 재산인 부동산을 채권자들 가운데 어느 한 사람에게 대물변제로 제공하는 행위는 다른 특별한 사정이 없는 한 다른 채권자들에 대한 관계에서 사해행위가 된다.

[2] 어느 부동산의 매매계약이 사해행위에 해당하는 경우에는 원칙적으로 그 매매계약을 취소하고 그 소유권이전등기의 말소 등 부동산 자체의 회복을 명하여야 하지만, 그 사해행위가 저당권이 설정되어 있는 부동산에 관하여 당해 저당권자 이외의 자와의 사이에 이루어지고 그 후 변제 등에 의하여 저당권설정등기가 말소된 때에는, 매매계약 전부를 취소하여 그 부동산 자체의 회복을 명하는 것은 당초 담보로 되어 있지 아니하던 부분까지 회복시키는 것이 되어 공평에 반하는 결과가 되므로, 그 부동산의 가액에서 저당권의 피담보채권액을 공제한 잔액의 한도에서 그 매매계약의 일부 취소와 그 가액의 배상을 구할 수 있을 뿐 부동산 자체의 회복을 구할 수는 없다.

3) 부동산 기타 재산의 처분　　부동산 기타 재산을 무상으로 양도하거나 부당하게 염가로 매각하는 행위는 사해행위에 해당한다. 그러나 부동산을 상당한 가격에 매각한 경우에 통설은 채무자와 수익자 간에 통모가 있는 경우를 제외하고 재산의 소유형태가 부동산에서 금전으로 바뀌는 것에 불과하고 총재산의 가액에 변동이 없으므로 사해행위로 되지 않는다고 한다.

또한 채무자가 유일한 재산인 부동산을 매각하여 소비하기 쉬운 금전으로 바꾸는

550) 대판 1967. 4. 25. 67다75.

551) 대판 2008. 2. 14. 2006다33357.

552) 대판 2000. 9. 29. 2000다3262.

행위는 그 매각이 일부채권자에 대한 정당한 변제에 충당하기 위하여 상당한 가격으로 이루어졌다든가 하는 특별한 사정이 없는 한 원칙적으로 사해행위에 해당하지만,[553] 부동산의 매각의 목적이 채무의 변제 또는 변제자력을 얻기 위한 것이고, 대금이 부당한 염가가 아니며, 실제 이를 채권자에 대한 변제에 사용하거나 변제자력을 유지하고 있는 경우에는, 채무자가 일부 채권자와 통모하여 다른 채권자를 해할 의사를 가지고 변제를 하는 등의 특별한 사정이 없는 한, 사해행위에 해당한다고 볼 수 없다.[554]

채권자가 채무자를 상대로 손해배상채권을 보전하기 위하여 채무자 소유의 부동산에 대하여 가압류결정을 받기 하루 전에 채무자가 합의이혼을 하고 처에 대한 위자료 및 자녀의 양육비조로 그의 유일한 재산인 위 부동산을 처에게 무상으로 양도한 경우[555]와 채무자가 채무초과상태에서 근저당권이 설정된 자신의 부동산을 제3자에게 양도하고 그 양도대금은 근저당권의 피담보채무를 인수함으로써 그 지급에 갈음하기로 약정한 경우[556]에 사해행위를 인정하고 있다.

채무자가 유일한 부동산에 관하여 제3자와 신탁계약을 체결하고 제3자 명의로 소유권이전등기를 하는 행위는 사해행위에 해당한다.[557] 공동연대보증인이 다른 공동연대보증인에게 재산을 증여하는 행위도 사해행위에 해당한다.[558]

명의수탁자인 채무자의 명의신탁재산 처분행위가 사해행위가 되는가. 판례는 부동산에 관하여 부동산실명법 제4조 제2항 본문이 적용되어 명의수탁자인 채무자 명의의 소유권이전등기가 무효인 경우에는 그 부동산은 채무자의 소유가 아니기 때문에 이를 채무자의 일반 채권자들의 공동담보에 공하여지는 책임재산이라고 볼 수 없고, 채무자가 위 부동산에 관하여 제3자와 근저당권설정계약을 체결하고 나아가 그에게 근저당권설정등기를 마쳐주었다 하더라도 그로써 채무자의 책임재산에 감소를 초래한 것이라고 할 수 없으므로 사해행위가 아니라고 하지만,[559] 부동산 실권리자명의 등기에 관한 법률 제4조 제2항 단서에 의해 신탁부동산의 소유권을 취득한 이른바 계약명의신탁 약정의 명의수탁자가, 채무초과 상태에서 명의신탁자나 그가 지정하는 사람에게 신탁부동산을 양도하는 행위는 사해행위가 된다.[560]

553) 이 경우 채무자의 사해의사는 추정이 되고, 이를 매수한 수익자에게 악의가 없었음에 대한 입증책임은 수익자 자신에게 있다고 한다(대판 1966. 10. 4. 66다1535).

554) 대판 2015. 10. 29. 2013다83992; 대판 2021. 10. 28. 2018다223023.

555) 대판 1990. 11. 23. 90다카24762.

556) 대판 1996. 5. 14. 95다50875.

557) 대판 1999. 9. 7. 98다41490.

558) 대판 2009. 3. 26. 2007다63102.

559) 대판 2000. 3. 10. 99다55069; 대판 2008. 9. 25. 2008다41635; 대판 2012. 8. 23. 2012다45184.

560) 대판 2008. 9. 25. 2007다74874.

'부동산 실권리자명의 등기에 관한 법률'의 시행 후에 부동산 소유자가 등기명의를 수탁자에게 이전하는 이른바 양자 간 명의신탁에서, 신탁부동산에 관하여 채무자인 명의신탁자가 실질적 당사자가 되어 법률행위를 하는 경우, 예컨대 명의신탁부동산에 근저당권을 설정해 주었다면 이러한 신탁자의 법률행위는 사해행위에 해당할 수 있다.[561)]

4) 특정채권자에 대한 물적 담보의 제공 특정채권자에 대하여 물적 담보를 제공하는 경우에 사해행위가 인정되는지에 관하여 다수설은 이를 부정한다. 한편 판례는 이미 채무초과의 상태에 빠져 있는 채무자가 그의 유일한 재산인 부동산을 채권자 중 어느 한 사람에게 우선변제를 받을 수 있도록 채권담보로 제공하는 행위는 특별한 사정이 없는 한 다른 채권자들에 대한 관계에서 사해행위로 된다고 한다.[562)] 뿐만 아니라 어느 특정 채권자에 대한 담보제공행위가 사해행위가 되기 위해서는 채무자가 이미 채무초과 상태에 있을 것과 그 채권자에게만 다른 채권자에 비하여 우선변제를 받을 수 있도록 하여 다른 일반 채권자의 공동담보를 감소시키는 결과를 초래할 것을 그 요건으로 하며, 특정 채권자에게 부동산을 담보로 제공한 경우 그 담보물이 채무자 소유의 유일한 부동산인 경우에 한하여만 사해행위가 성립한다고 볼 수는 없다고 한다.[563)]

그리고 수익자가 채무초과 상태에 있는 채무자의 부동산에 관하여 설정된 선순위 근저당권의 피담보채무를 변제하여 근저당권설정등기를 말소하는 대신 동일한 금액을 피담보채무로 하는 새로운 근저당권설정등기를 설정한 경우, 사해행위에 해당하지 않지만,[564)] 선순위 담보가등기를 말소시킨 후 그 부동산에 관하여 매매예약을 하고, 그에 기하여 소유권이전등기청구권 보전의 가등기를 경료한 경우에는 그 부동산의 가액, 즉 시가에서 피담보채무액을 공제한 잔액의 범위 내에서 사해행위가 성립한다.[565)]

주의할 점은, 사해행위가 되려면 물적 담보로 제공되는 재산이 채무자의 소유여야 한다는 점이다. 부동산실명법상 무효인 명의신탁에 기하여 부동산에 관하여 채무자인 수탁자 명의로 등기가 된 뒤에, 그 위에 근저당권을 설정해 준 행위는 사해행위가 아니다.[566)] 수탁자인 채무자가 그러한 부동산에 관하여 제3자와 매매계약을 체결하고 그

561) 대판 2012. 10. 25. 2011다107382.

562) 대판 2002. 4. 12. 2000다43352.

563) 대판 2014. 12. 11. 2011다49783; 대판 2008. 2. 14. 2005다47106·47113·47120; 대판 2014. 12. 11. 2011다49783에서 채무자의 부동산 중 이미 근저당권이 설정되어 실질적인 재산가치를 인정하기 어려운 부동산과 함께 다른 부동산에 매매예약을 하고 소유권이전청구권 보전의 가등기를 마쳐준 경우에는 특정 채권자에게 부동산을 담보로 제공한 행위가 사해행위가 되기 위하여 그 담보물이 채무자 소유의 유일한 부동산인 경우가 아니라도 상관없다고 한다.

564) 대판 2012. 1. 12. 2010다64792.

565) 대판 2003. 7. 11. 2003다19435.

566) 대판 2000. 3. 10. 99다55069; 대판 2012. 8. 23. 2012다45184.

제3자에게 소유권이전등기를 마쳐준 때에도 그 부동산은 채무자의 소유가 아니기 때문에 마찬가지이다.[567)]

채무자가 채무초과 상태에서 채무자 소유의 유일한 주택에 대하여 주택임대차보호법 제8조의 소액보증금 최우선변제권 보호대상인 임차권을 설정해 준 행위가 사해행위취소의 대상이 되는가. 판례는 주택임대차보호법 제8조의 소액보증금 최우선변제권은 임차목적 주택에 대하여 저당권에 의하여 담보된 채권, 조세 등에 우선하여 변제받을 수 있는 일종의 법정담보물권을 부여한 것이므로, 채무자가 채무초과상태에서 채무자 소유의 유일한 주택에 대하여 위 법조 소정의 임차권을 설정해 준 행위는 채무초과 상태에서의 담보제공행위로서 채무자의 총재산의 감소를 초래하는 행위가 되는 것이고, 따라서 그 임차권설정행위는 사해행위취소의 대상이 된다고 한다.[568)]

【채무초과상태에서의 특정채권자에 대한 담보제공과 사해행위】

【대판 2002. 3. 29. 2000다25842】

[1] 채무초과 상태에서 사업을 계속하기 위한 방법으로 채권자 중 1인으로부터 신규자금을 대출받고 그 대출금채무 및 기존 채무를 담보하기 위하여 근저당권을 설정하여 준 경우, 근저당권의 피담보채무에 기존 채무를 포함시켰다 하더라도 기존 채무를 위한 담보설정과 신규자금의 융통을 위한 담보설정이 불가피하게 동일한 목적 하에 일련의 행위로 이루어졌고, 기존 채무가 새로 설정한 근저당권의 근저당 최고액보다 훨씬 많은 점에 비추어 기존 채무를 위한 담보설정행위 역시 사해행위에 해당하지 않는다.

[2] 채무초과 상태에 있는 채무자가 그 소유의 부동산을 채권자 중의 어느 한 사람에게 채권담보로 제공하는 행위는 특별한 사정이 없는 한 다른 채권자들에 대한 관계에서 사해행위에 해당한다고 할 것이나, 계속적인 거래관계에 있는 구입처로부터 외상매입대금채무에 대한 담보를 제공하지 않으면 사업에 필요한 물품의 공급을 중단하겠다는 통보를 받고 물품을 공급받아 사업을 계속 추진하는 것이 채무 변제력을 갖게 되는 최선의 방법이라고 생각하고 물품을 공급받기 위하여 부득이 부동산을 특정 채권자에게 담보로 제공하고 그로부터 물품을 공급받았다면 이 경우에도 특별한 사정이 없는 한 채무자의 담보권설정행위는 사해행위에 해당하지 않으며, 다만 사업의 계속 추진과는 아무런 관계가 없는 기존 채무를 아울러 피담보채무 범위에 포함시켰다면, 그 부분에 한하여 사해행위에 해당할 여지는 있다.

5) 저당부동산의 양도 채무초과상태의 채무자가 저당권 등 담보권이 설정되어

567) 대판 2007. 12. 27. 2005다54104; 대판 2008. 9. 25. 2008다41635.

568) 대판 2005. 5. 13. 2003다50771.

있는 부동산을 양도하는 행위가 일반채권자에 대하여 사해행위가 되는가. 저당권이 설정되어 있는 부동산이 사해행위로 양도된 경우에 그 사해행위는 부동산의 가액, 즉 시가(공시지가와 일치하는 것은 아니다)에서 저당권의 피담보채권액을 공제한 잔액의 범위 내에서 성립하고, 피담보채권액이 부동산의 가액을 초과하는 때에는 당해 부동산의 양도는 사해행위에 해당한다고 할 수 없는바, 여기서 피담보채권액이라 함은 근저당권의 경우 채권최고액이 아니라 실제로 이미 발생하여 있는 채권금액을 말한다.[569] 여기서 저당부동산의 가액은 사해행위 당시를 기준으로 평가한다.[570]

6) 인적 담보의 부담　　채무자가 보증채무나 연대채무를 부담하는 행위는 소극재산을 증가시키는 것으로서 사해행위가 된다. 연대보증인의 법률행위가 사해행위인지 여부를 판단할 때 주채무자의 일반적인 자력은 고려되지 않는다.[571] 학설은 연대채무와 달리 보증인의 경우에는 검색의 항변권(제437조)이 인정되므로, 주채무자에게 충분한 자력이 있음을 증명한 때에는 사해행위가 아니라는 견해[572]와 자력이 계속 변하므로 주채무자의 자력은 고려사항이 아니라는 견해[573]로 나뉜다. 사해성 판단의 기준시기를 법률행위 당시를 기준으로 한다고 할 때 전자의 견해가 타당하다. 주채무에 관하여 주채무자 또는 제3자 소유의 재산에 저당권 등 물적 담보가 있는 경우 그 전액에 관하여 우선변제권이 확보된 때에는 그 범위에서는 사해행위라고 할 수 없고, 그 담보물로부터 우선변제받을 액을 공제한 나머지 채권액에 대하여만 채권자취소권이 인정된다.[574]

7) 기타 사해성이 문제되는 경우

① 약속어음을 발행하는 행위　　기존 채무의 지급을 위하여 약속어음이 발행된 경우에는 특별한 사정이 없는 한 그 약속어음의 발행으로 인하여 채무자의 채무가 새로이 증가되는 것이 아니므로 그 약속어음의 발행이 사해행위에 해당한다고 할 수 없지만, 채무자가 약속어음을 발행함으로써 새로운 채무를 부담하게 되는 경우에 있어서는 그 채무부담으로 인하여 채무자가 채무초과상태에 빠지거나 이미 빠져 있던 채무초과상태가 더욱 악화·심화된다면 그 약속어음의 발행은 다른 채권자를 해하는 것으로서 사해행위에 해당한다.[575]

569) 대판 2001. 10. 9. 2000다42618.
570) 대판 2008. 5. 15. 2005다60338.
571) 대판 2003. 7. 8. 2003다13246.
572) 곽윤직, 151면; 김상용, 247면; 이은영, 471면.
573) 송덕수, 256면.
574) 대판 2002. 4. 12. 2000다63912.
575) 대판 2002. 10. 25. 2000다64441.

② 채권양도 통지행위 채권양도의 경우 권리이전의 효과는 원칙적으로 당사자 사이의 양도계약 체결과 동시에 발생하며 채무자에 대한 통지 등은 채무자를 보호하기 위한 대항요건일 뿐이므로, 채권양도행위가 사해행위에 해당하지 않는 경우에 양도통지가 따로 채권자취소권 행사의 대상이 될 수는 없다.[576]

③ 영업양도 영업재산으로서 여러 개의 부동산, 유체동산, 그 밖의 재산권에 대하여 일괄하여 강제집행을 할 수 있으므로(민사집행법 제98조 제1항, 제2항, 제197조 제1항, 제251조 제1항 참조), 영업재산에 대하여 일괄하여 강제집행이 될 경우에는 영업권도 일체로서 환가될 수 있다.[577] 따라서 채무자가 영업재산과 영업권이 유기적으로 결합된 일체로서의 영업을 양도함으로써 채무초과상태에 이르거나 이미 채무초과상태에 있는 것을 심화시킨 경우, 영업양도는 채권자취소권 행사의 대상이 된다.[578]

④ 기존채무의 변제를 위한 집행증서 작성행위 채무자의 특정재산을 양도한 것과 다를바 없는 특별한 사정이 없는 한 강제집행을 승낙하는 취지의 공정증서를 작성하는 행위는 사해행위가 된다고 볼 수 없다.[579]

⑤ 제척기간 연장을 위한 새로운 매매계약 체결행위 채무자가 유일한 재산인 그 소유의 부동산에 관한 매매예약에 따른 예약완결권이 제척기간 경과가 임박하여 소멸할 예정인 상태에서 제척기간을 연장하기 위하여 새로 매매예약을 하는 행위는 채무자가 부담하지 않아도 될 채무를 새롭게 부담하게 되는 결과가 되므로 채권자취소권의 대상인 사해행위가 될 수 있다.[580]

3. 사해의 인식(주관적 요건)

(1) 채무자의 악의

채권자취소권이 인정되려면 채무자가 사해행위에 의하여 채권자를 해함을 알고 있어야 한다(제406조 제1항 본문). 즉 주관적 요건으로서 무자력에 관한 채무자의 인식 즉 사해의사(악의 또는 해의)를 요한다. 사해의사란 채무자가 법률행위를 함에 있어 그 채권자를 해함을 안다는 것이다. 여기서 '안다'고 함은 적극적인 의도나 의욕을 의미하는 것이 아니라 단순한 인식(악의)으로 충분하다. 결국 사해의사란 공동담보 부족에 의하여 채권

576) 대판 2012. 8. 30. 2011다32785·32792.

577) 대판 2023. 2. 2. 2022다284353. 점포의 임차인 명의변경 및 영업양수도 약정이 사해행위에 해당한다고 한다.

578) 대판 2015. 12. 10. 2013다84162.

579) 대판 2015. 10. 29. 2012다14975.

580) 대판 2018. 11. 29. 2017다247190.

자가 채권변제를 받기 어렵게 될 위험이 생긴다는 사실을 인식하는 것이며, 이러한 인식은 일반 채권자에 대한 관계에서 있으면 족하고, 특정의 채권자를 해한다는 인식이 있어야 하는 것은 아니다.[581)]

따라서 채무자가 연대보증인인 경우에 그에게 부동산의 매도행위 당시 사해의 의사가 있었는지 여부는 연대보증인이 자신의 자산상태가 채권자에 대한 연대보증채무를 담보하는 데 부족하게 되리라는 것을 인식하였는가 하는 점에 의하여 판단하여야 하고, 연대보증인이 주채무자의 자산상태가 채무를 담보하는 데 부족하게 되리라는 것까지 인식하였어야만 사해의사를 인정할 수 있는 것은 아니다.[582)]

채무자나 수익자가 선의이지만 과실이 있는 경우에 채권자취소권의 행사가 가능한가. 수익자의 선의에 과실이 있는지 여부는 문제되지 않는다고 보아야 한다.[583)]

그 인식의 기준시기는 사해행위가 행하여진 때이다.[584)] 따라서 사해의 의사를 판단함에 있어서는 사해행위 당시까지의 사정을 기초로 하게 되나, 그 후의 사정도 간접사실로서 판단에 고려될 수 있다.[585)]

채무자의 사해의사는 채권자취소권 발생의 법률요건이므로 그 증명책임은 취소채권자에게 있다.[586)] 채무자가 유일한 부동산을 매각한 경우에는 채무자의 사해의사는 추정된다.[587)]

(2) 수익자 또는 전득자의 사해의 인식

사해행위를 취소하기 위해서는 사해행위로 인해 이익을 받는 자 즉 수익자나 그로부터의 전득자에게도 수익 또는 전득 시에 사해의사가 있음을 요한다(제406조 제1항 단서). 즉 수익자만이 있을 때에는 그에게 사해의사가 있어야 하고, 전득자도 있을 때에는 그들 중 적어도 하나가 악의이어야 한다. 여기의 사해의사도 사해의 사실에 대한 인식으로 충분하다.

전득자의 악의는 전득행위 당시 그 행위가 채권자를 해한다는 사실, 즉 사해행위의 객관적 요건을 구비하였다는 것에 대한 인식을 의미하므로, 전득자의 악의를 판단함에 있어서는 단지 전득자가 전득행위 당시 채무자와 수익자 사이의 법률행위의 사해성을

---

581) 대판 2009. 3. 26. 2007다63102.
582) 대판 2010. 6. 10. 2010다12067.
583) 대판 2007. 11. 29. 2007다52430.
584) 대판 1960. 8. 18. 4293민상86.
585) 대판 2000. 12. 8. 99다31940; 대판 2003. 12. 12. 2001다57884.
586) 대판 1966. 10. 4. 66다1535; 대판 1997. 5. 23. 95다51908; 대판
587) 대판 2010. 6. 10. 2010다12067; 대판 2013. 2. 15. 2012다201786.

인식하였는지 여부만이 문제가 될 뿐이지, 수익자와 전득자 사이의 전득행위가 다시 채권자를 해하는 행위로서 사해행위의 요건을 갖추어야 하는 것은 아니다.[588)]

채무자의 악의의 증명책임은 채권자에게 있으나 수익자 또는 전득자의 악의는 증명책임이 채권자에게 있는 것이 아니라 수익자 또는 전득자 자신에게 선의라는 사실에 대하여 증명책임이 있다.[589)] 수익자의 선의 여부는 채무자와 수익자의 관계, 채무자와 수익자 사이의 처분행위의 내용과 그에 이르게 된 경위 또는 동기, 그 처분행위의 거래조건이 정상적이고 이를 의심할 만한 특별한 사정이 없으며 정상적인 거래관계임을 뒷받침할만한 객관적인 자료가 있는지 여부, 그 처분행위 이후의 정황 등 여러 사정을 종합적으로 고려하여 논리칙·경험칙에 비추어 합리적으로 판단하여야 한다.[590)]

대리인이 한 법률행위가 사해행위인지를 판단함에 있어 수익자 또는 전득자의 사해행위에 대한 악의의 유무의 판단 기준은 대리인을 표준으로 결정하여야 한다.[591)]

Ⅲ. 채권자취소권의 행사

1. 취소권자

채권자취소권은 채권자가 자기의 이름으로 행사한다. 채권자는 자신의 고유한 권리로서 채권자취소권을 행사한다. 채권자의 채권자는 채권자대위에 의하여 채권자취소권을 행사할 수 있다. 수인의 채권자가 동일한 사해행위에 대한 채권자취소송을 제기하는 경우 각 채권자는 고유한 권리로서 사해행위 취소소송을 제기할 수 있으므로 중복제소에 해당하지 아니하나, 어느 채권자가 원상회복을 마친 경우에는 다른 채권자와 사해행위취소 및 원상회복청구는 그와 중첩되는 범위에서 권리보호의 이익이 없게 된다.[592)]

취소채권자는 재산의 반환을 청구하게 되는데, 직접 자기에게 인도하라고 할 수도 있다.[593)] 즉 취소에 의하여 채무자는 아무런 권리도 취득하지 않으며 채권자만이 직접 인도를 청구할 수 있다.[594)] 또한 원상회복으로서 가액배상을 명하는 경우에는, 취소채권자는 직접 자기에게 가액배상금을 지급할 것을 청구할 수 있다.[595)] 즉 사해행위의

588) 대판 2006. 7. 4. 2004다61280.
589) 대판 1997. 5. 23. 95다51908; 대판 1998. 2. 13. 97다6711.
590) 대판 2008. 7. 10. 2007다74621.
591) 대판 2006. 9. 8. 2006다22661.
592) 대판 2005. 11. 25. 2005다51457; 대판 2022. 8. 11. 2018다202774.
593) 대판 1999. 8. 24. 99다23468·23475.
594) 곽윤직, 154면; 송덕수, 265면.
595) 대판 2008. 4. 24. 2007다84352.

취소에 따른 원상회복은 원물반환과 가액배상을 불문하고 취소채권자가 직접 자신에게 이행할 것을 청구할 수 있다.

2. 취소소송의 상대방(채권자취소소송의 피고)

사해행위로 이익을 받은 수익자 또는 전득자만이 피고가 될 수 있고,[596] 채무자는 피고가 될 수 없다.[597] 수익자 또는 전득자를 상대로 원상회복을 하여 책임재산을 보전하면 충분하고, 채무자와의 처분행위를 전면적으로 무효케 할 필요는 없기 때문이다. 채권자취소권의 상대방인 수익자나 전득자는 피보전채권의 시효소멸에 의하여 직접 이익을 받는 자에 해당하므로 소멸시효를 원용할 수 있다.[598]

채권자가 전득자를 상대로 하여 사해행위의 취소와 함께 책임재산의 회복을 구하는 사해행위취소의 소를 제기한 경우에 그 취소의 효과는 채권자와 전득자 사이의 상대적인 관계에서만 생기는 것이고 채무자 또는 채무자와 수익자 사이의 법률관계에는 미치지 않는 것이므로, 이 경우 취소의 대상이 되는 사해행위는 채무자와 수익자 사이에서 행하여진 법률행위에 국한되고, 수익자와 전득자 사이의 법률행위는 취소의 대상이 되지 않는다.[599]

수익자 또는 전득자에 대하여 회생절차가 개시된 경우 채무자의 채권자가 사해행위의 취소와 함께 회생채무자로부터 사해행위의 목적인 재산 그 자체의 반환을 청구하는 것은 환취권의 행사에 해당하여 회생절차개시의 영향을 받지 아니한다. 따라서 채무자의 채권자는 사해행위의 수익자 또는 전득자에 대하여 회생절차가 개시되더라도 관리인을 상대로 사해행위의 취소 및 그에 따른 원물반환을 구하는 사해행위취소의 소를 제기할 수 있다. 사해행위 목적인 재산 자체의 반환을 청구하는 것은 환취권의 행사에 해당하기 때문이다.[600]

3. 행사의 방법

채권자취소권은 반드시 소제기의 방법(재판상의 행사)에 의하여야 한다(제406조 제1항 본문). 취소의 효과는 모든 채권자들에게 미치므로 취소권행사의 사실을 다른 채권자들에게 알리고 법원의 판단을 거치게 할 필요가 있기 때문이다. 소송상의 공격·방어방법으로는 행사할 수 없다.[601] 따라서 취소를 재판상 청구하지 않고 단지 항변만으로는 행

---

596) 대판 1965. 9. 7. 65다1481.
597) 대판 2004. 8. 30. 2004다21923.
598) 대판 2007. 11. 29. 2007다54849.
599) 대판 2004. 8. 30. 2004다21923; 대판 2019. 12. 12. 2019다266256.
600) 대판 2014. 9. 4. 2014다36771.

사할 수 없다.[602)]

형성권으로서 취소 및 청구권으로서 원상회복[603)]을 구하게 된다. 채권자 자신의 이름으로 행사하고, 채무자의 법률행위를 취소하고[604)], 수익자 또는 전득자에게 원상회복을 청구하는 내용이어야 한다.

내법원은 사해행위 취소의 소와 원상회복청구의 소의 관계 및 채권자가 원상회복청구의 소에서 패소할 것이 예상된다는 이유로 사해행위 취소의 소에 대하여 소의 이익을 부정할 수 있는지 여부에 관하여, 「사해행위 취소의 소와 원상회복청구의 소는 서로 소송물과 쟁점을 달리하는 별개의 소로서 양자가 반드시 동시에 제기되어야 하는 것은 아니고 별개로 제기될 수 있으며, 전자의 소에서는 승소하더라도 후자의 소에서는 당사자가 제출한 공격·방어 방법 여하에 따라 패소할 수도 있고, 취소채권자가 사해행위 취소의 소를 제기하여 승소한 경우 그 취소의 효력은 민법 제407조에 의하여 모든 채권자의 이익을 위하여 미치고 이로써 그 소의 목적은 달성된다. 이에 비추어 보면, 채권자가 원상회복청구의 소에서 패소할 것이 예상된다는 이유로 그와 별개인 사해행위 취소의 소에 대하여 소송요건을 갖추지 못한 것으로 보아 소의 이익을 부정할 수는 없다.」고 한다.

따라서 사해행위의 취소만을 먼저 청구한 다음 원상회복을 나중에 청구할 수도 있다. 이 경우 제척기간(제406조 제2항) 준수 여부는 사해행위 취소청구를 기준으로 판단하여야 한다. 즉 채권자가 민법 제406조 제1항에 따라 사해행위의 취소와 원상회복을 청구하는 경우 사해행위 취소 청구가 민법 제406조 제2항에 정하여진 기간 안에 제기되었다면 원상회복의 청구는 그 기간이 지난 뒤에도 할 수 있다.[605)]

4. 취소의 범위

(1) 취소의 범위는 취소채권자의 채권액 범위 내에서 공동담보 부족부분에 한한다 따라서 다른 채권자가 있더라도 자신의 채권액을 넘어서 취소하지는 못한다.[606)] 즉 채권자는 자신의 채권원금에 사해행위 이후 사실심 변론종결 시까지의 이자나 지연손해금을 더한 금액의 범위 내에서 채권자취소권을 행사할 수 있지만, 그 채권액을 초과하여 취소권을 행사할 수는 없다.[607)] 따라서 사해행위가 가분이면 채권보전에 필요한 범

601) 대판 1978. 6. 13. 78다404; 대판 1998. 3. 13. 95다48599·48605.

602) 대판 1978. 6. 13. 78다404.

603) 부동산처분의 원상회복의 방법은 말소등기가 원칙이다. 그러나 진정명의회복을 원인으로 한 이전등기도 허용된다(대판 2000. 2. 25. 99다53704).

604) 수익자와 전득자 간의 법률행위는 취소대상이 아니다.

605) 대판 2001. 9. 4. 2001다14108.

606) 대판 2002. 10. 25. 2000다64441; 대판 2008. 11. 13. 2006다1442.

위에서 일부 취소를 하여야 한다.[608] 그러나 목적물이 불가분물이거나 분할취소가 부적당한 특별한 사유가 있는 경우 또는 다른 채권자가 배당요구를 할 것이 명백한 경우에는 채권자의 채권액을 초과한 행사도 허용된다.[609]

판례는 「자동차운송사업면허권과 부대시설 전부 및 차량의 양도가 사해행위가 되는 경우에 양도된 차량을 분할할 수 있다고 하더라도 양도된 차량전체가 다른 부대시설과 함께 하나의 노선면허권의 대상이 되어서 경제적으로 보아 분할하여 취소하는 것이 경제적실정에 적합하지 아니하다고 하여 위 면허권과 부대시설 전부 및 차량의 양도계약 전체를 취소한 것은 정당하다.」고 한다.[610]

채무자의 재산처분행위로 인한 공동담보 감소액과 채권자의 사해행위 당시 채권액 중에서 적은 금액의 범위에서 취소가 가능하다. 채무자가 동시에 수인의 수익자들에게 금원을 증여한 결과 채무초과 상태가 되거나 그 상태가 악화되자 채권자가 각 수익자를 공동피고로 하여 사해행위취소 및 원상회복을 구한 경우, 수익자들이 부담하는 원상회복 의무의 대상이 되는 책임재산 가액의 합산액이 채권자의 피보전채권액을 초과할 때 법원이 각 수익자에게 반환을 명하여야 하는 금액의 범위에 관하여 법원은 다른 소송의 결과를 참작할 필요 없이 수익자가 반환하여야 할 가액 범위 내에서 채권자의 피보전채권 전액의 반환을 명하여야 한다.[611]

(2) 채권자취소권이 행사되면 원칙적으로 처분 목적물의 원상회복으로서 원물반환을 원칙으로 한다. 일부취소의 경우에도 그것이 가분인 한 원물을 반환하는 것이 원칙이다. 부동산에 관한 법률행위가 사해행위에 해당하는 경우에는 그 사해행위를 취소하고 소유권이전등기의 말소 등 부동산 자체의 회복을 명하는 것이 원칙이다.[612]

예외적으로 원물반환이 불가능하거나 현저히 곤란할 때에 한하여 원상회복의무의 이행으로서 목적물의 가액 상당을 배상하여야 한다.[613] 여기서 원물반환이 불가능하거나 현저히 곤란한 경우란 원물반환이 단순히 절대적·물리적으로 불가능한 경우만을

---

607) 대판 2002. 10. 25. 2000다64441.

608) 대판 2010. 8. 19. 2010다36209.

609) 대판 1975. 2. 25. 74다2114; 대판 1975. 6. 24. 75다625; 대판 1997. 9. 9. 97다10864.

610) 대판 1975. 2. 25. 74다2114.

611) 대판 2008. 11. 13. 2006다1442; 대판 2014. 10. 27. 2014다41575.

612) 채무자의 수익자에 대한 채권양도가 사해행위로 취소되는 경우, 수익자가 제3채무자에게서 아직 채권을 추심하지 아니한 때에는, 채권자는 사해행위취소에 따른 원상회복으로서 수익자가 제3채무자에게 채권양도가 취소되었다는 취지의 통지를 하도록 청구할 수 있다(대판 2015. 11. 17. 2012다2743).

613) 대판 1998. 5. 15. 97다58316; 대판 2003. 12. 12. 2003다40286; 대판 2007. 7. 26. 2007다29119; 대판 2018. 9. 13. 2017다279647.

뜻하는 것이 아니라 사회생활상 경험법칙이나 거래 관념에 비추어 채권자가 수익자나 전득자로부터 이행의 실현을 기대할 수 없는 경우도 포함한다.[614] 이때 원물반환이 불가능하게 된 데 대하여 수익자 등의 고의·과실은 요하지 않는다.[615]

예컨대, 건축 중인 건물 외에 별다른 재산이 없는 채무자가 수익자에게 책임재산인 위 건물을 양도하기 위해 수익자 앞으로 건축주명의를 변경해주기로 약정하였다면 위 양도 약정이 포함되어 있다고 볼 수 있는 건축주명의변경 약정은 채무자의 재산감소 효과를 가져오는 행위로서 다른 일반채권자의 이익을 해하는 사해행위가 되고, 위 약정에 따라 건축주명의가 수익자 앞으로 변경된 후 수익자가 건물을 완공하여 소유권보존등기가 마쳐졌다면, 더 이상 사해행위에 따른 원상회복으로서 건축주명의변경절차의 이행을 기대할 수 없으므로 가액배상의 방법으로 원상회복을 하여야 한다.[616]

원상회복으로 가액반환을 청구하는 경우에는 언제나 취소채권자의 채권액 범위에서 사해행위 취소권을 행사할 수 있다. 가액반환의 경우 가액배상에 의한 원상회복은 원물의 반환에 갈음하는 것이므로 배상액 산정의 기준시기는 사실심 변론종결시로 하지만,[617] 가액배상의무는 사해행위 취소를 명하는 판결이 확정된 때에 비로소 발생하므로 그 판결이 확정된 다음 날부터 이행지체책임을 지게 되고, 따라서 소송촉진 등에 관한 특례법 제3조 제1항에서 정하는 이율이 적용되는 것이 아니라 민법상 법정이율(제397조 제1항)이 적용된다.[618]

【저당권이 설정된 부동산에 관한 사해행위의 경우】

저당권이 설정되어 있는 부동산에 관해 사해행위(예컨대 매각)가 있는 경우에는, 그 저당권이 있는 상태로 그 사해행위를 취소하고 소유권이전등기의 말소를 구하는 방식으로 원상회복을 하면 된다.

그러나 저당권이 설정되어 있는 부동산이 사해행위로 이전된 경우에 그 사해행위는 부동산의 가액에서 저당권의 피담보채권액을 공제한 잔액의 범위 내에서만 성립한다고 보아야 하므로, 사해행위 후 변제 등에 의하여 저당권설정등기가 말소된 경우 그 부동산의 가액에서 저당권의 피담보채무액을 공제한 잔액의 한도에서 사해행위를 취소하고 그 가액의 배상을 구할 수 있을 뿐이라는 것이 대법원의 확립된 판례이다.[619] 이 경우 특별한

614) 대판 2017. 4. 27. 2016다279206; 대판 2018. 12. 27. 2017다290057.
615) 대판 1998. 5. 15. 97다58316.
616) 대판 2017. 4. 27. 2016다279206.
617) 대판 1998. 2. 13. 97다6711; 대판 2010. 4. 29. 2009다104564; 대판 2010. 2. 25. 2007다28819·28826.
618) 대판 2002. 3. 26. 2001다72968; 대판 2009. 1. 15. 2007다61618.
619) 대판 1996. 10. 29. 96다23207; 대판 1999. 9. 7. 98다41490; 대판 2018. 6. 28. 2018다214319.

사정이 없는 한 변제자가 누구인지에 따라 그 방법을 달리한다고 볼 여지가 없다.

그리고 이는 사해행위의 목적인 부동산에 수 개의 저당권이 설정되어 있다가 사해행위 후 그 중 일부의 저당권만이 말소된 경우에도 사해행위의 취소에 따른 원상회복은 가액배상의 방법에 의할 수밖에 없다. 즉 배상하여야 할 가액은 그 부동산의 가액에서 말소된 저당권과 말소되지 않은 저당권의 피담보채권액을 모두 공제하여 산정하여야 한다.[620] 이러한 법리는 그 부동산이 담보신탁을 목적으로 이전된 경우,[621] 우선변제권이 있는 주택임차권이 설정된 경우,[622] 유치권의 목적인 부동산이 사해행위로 처분된 경우에도 마찬가지이다.[623]

사해행위의 취소에 따른 원상회복으로 가액배상을 명할 수 있는 경우가 있다. 즉 어느 부동산에 관한 법률행위가 사해행위에 해당하는 경우 원칙적으로 그 사해행위를 취소하고 소유권이전등기의 말소 등 부동산 자체의 회복을 명하여야 할 것이나, 사해행위를 취소하여 그 부동산 자체의 회복을 명하게 되면 당초 일반 채권자들의 공동담보로 되어 있지 아니하던 부분까지 회복을 명하는 것이 되어 공평에 반하는 결과가 되는 경우에는 그 부동산의 가액에서 공동담보로 되어 있지 아니하던 부분의 가액을 공제한 잔액의 한도에서 사해행위를 취소하고 그 한도에서 가액의 배상을 명할 수 있다.[624]

사해행위인 매매예약에 기하여 수익자 앞으로 가등기를 마친 후 전득자 앞으로 가등기 이전의 부기등기를 마치고 가등기에 기한 본등기까지 마친 경우, 채권자는 수익자를 상대로 사해행위인 매매예약의 취소를 청구할 수 있고, 수익자는 부기등기로 인한 가등기 말소의무의 불능으로 인하여 채권자들의 공동담보 부족에 관하여 원상회복의무로서 가액배상의무를 부담한다.[625]

(3) 원물반환과 가액반환(배상)의 선택 채무자가 사해행위로서 부동산을 수익자에게 양도한 후 수익자가 선의의 제3자(전득자)에게 저당권이나 지상권을 설정해 주어서 제3자(전득자)가 저당권이나 지상권 등의 권리를 취득한 경우에는 전득자를 상대로 채권자취소 및 저당권(지상권)등기의 말소를 구할 수는 없다. 이 경우 수익자가 목적물을 저당권 등의 제한이 없는 상태로 회복하여 이전하여 줄 수 있다는 등의 특별한 사정이 없는 한, 채권자는 원상회복 방법으로 수익자를 상대로 가액 상당의 배상을 구할 수도 있지만, 그렇다고 하여 채권자가 스스로 위험이나 불이익을 감수하면서 원물반환을 구하는 것까지 허용되지 아니하는 것으로 볼 것은 아니기 때문에, 채무자 앞으로 직접

620) 대판 1996. 10. 29. 96다23207; 대판 1998. 2. 13. 97다6711; 대판 2007. 7. 12. 2005다65197.
621) 대판 2001. 6. 12. 99다20612.
622) 대판 2001. 6. 12. 99다51197·51203.
623) 대판 2013. 4. 11. 2013다1105.
624) 대판 2010. 2. 25. 2007다28819, 28826; 대판 2018. 9. 13. 2018다215756.
625) 대판(전) 2015. 5. 21. 2012다952.

소유권이전등기절차를 이행할 것을 구할 수도 있다.[626)]

위의 경우 원상회복청구권은 사실심 변론종결 당시의 채권자의 선택에 따라 원물반환과 가액배상 중 어느 하나로 확정되며, 채권자가 일단 사해행위 취소 및 원상회복으로서 원물반환 청구를 하여 승소 판결이 확정되었다면, 그 후 어떠한 사유로 원물반환의 목적을 날성할 수 없게 되었다고 하더라도 다시 원상회복청구권을 행사하여 가액배상을 청구할 수는 없다.[627)]

한편 원물반환의 승소판결 후 원물반환이 불능이 된 경우에 채권자에게 대상청구권을 인정한 판례가 있다. 즉 채무자가 제3자에게 근저당권을 설정한 행위가 사해행위로 되어 채권자가 제3자를 상대로 사해행위 취소 및 근저당권설정등기의 말소청구소송을 제기하여 승소판결이 확정되었는데, 후에 그 부동산이 담보권실행을 위한 임의경매절자에 의하여 경락인에게 낙찰됨으로써 확정된 이전 판결에 기한 근저당권설정등기의무가 이행불능이 된 사안에서, 채권자는 대상청구권의 행사로서 제3자에 대해 제3자가 받은 배당금의 반환을 청구할 수 있고, 이러한 청구가 이전 소송 판결의 기판력에 반하는 것은 아니라고 한다.[628)]

Ⅳ. 채권자취소권 행사의 효과

1. 모든 채권자를 위한 책임재산 회복

(1) 채권자취소권 행사의 효과는 모든 채권자를 위하여 그 효력이 있다(제407조). 즉 수익자 또는 전득자로부터 받은 재산이나 이익은 채무자의 일반재산으로 회복되고 모든 채권자를 위하여 공동담보가 된다. 따라서 취소채권자가 자기에게 인도하도록 한 경우에도 그로부터 우선변제를 받는 것은 아니다. 따라서 취소채권자에게 다른 채권자보다 우선변제 받을 수 있도록 하는 것은 채권자취소권의 본질에 반하고, 제407조의 취지에 반하여 허용되지 않는다.[629)] 그기 변제를 받으려면 다시 집행권원에 기하여 상세집행을 하여야 한다. 다만 상계를 할 수 있을 때에는 상계를 함으로써 사실상 우선변제를 받을 수 있다.

채권자취소권의 행사로서 취소와 원상회복은 모든 채권자를 위하여 효력이 있다는 제407조와 채권자취소 및 원상회복은 소송의 당사자 및 채권자 전원에게 효력이 있고,

626) 대판 2006. 12. 7. 2004다54978.
627) 대판 2006. 12. 7. 2004다54978.
628) 대판 2012. 6. 28. 2010다71431.
629) 대판 2005. 8. 25. 2005다14595.

채무자에게는 효력이 미치지 않는 상대적 효력이 상호 모순되는 것이 아닌가 하는 의문이 있을 수 있다. 먼저 제407조의 제도적 취지를 살펴보면, 사해행위취소를 채권의 보전을 위하여 일반 채권자들의 공동담보에 제공되고 있는 채무자의 재산이 그의 처분행위로 감소되는 경우, 채권자의 청구에 의해 이를 취소하고, 일탈된 재산을 채무자의 책임재산으로 환원시키는 제도로서, 취소와 원상회복의 효력이 모든 채권자가 집행할 수 있는 책임재산 보전(회복)에 그 목적이 있음을 선언하고 있으며,[630] 나아가 취소채권자에게 자신이 회복해 온 재산에 대하여 다른 채권자보다 우선하여 그 회복된 재산으로부터 변제받을 수 없음을 규정하는 것으로,[631][632] 채권자취소권의 상대적 효력과 모순되지 않는다.

(2) 모든 채권자 제407조의 '모든 채권자'란 사해행위 당시에 채무자에 대해 채권을 가지고 있는 자와 비록 사해행위 당사에 채권이 발생한 것은 아니지만, 채권발생의 고도한 개연성이 있어서 채권자취소권의 피보전채권으로 될 수 있는 장래에 발생할 채권을 가진 자를 말하며, 사해행위 이후에 채권을 취득한 채권자는 채권의 취득 당시에 사해행위취소에 의하여 회복되는 재산을 채권자의 공동담보로 파악하지 아니한 자로서 채권자에 포함되지 아니한다.[633]

채권자취소송의 상대방으로 된 수익자도 채무자에 대해 채권을 가지고 있었던 경우라면 '모든 채권자'에 포함될 수 있다. 사해행위 취소로 인하여 수익자의 채무자에 대한 채권이 부활하는 경우에도 마찬가지이다.[634] 수익자가 동시에 채무자에 대한 채권자인 경우, 수익자가 부담하는 가액배상의무 중에서 자기 채권에 대한 안분액의 분배를 청구하거나 상계 등을 주장하여 안분액의 반환을 거절하도록 하는 것은 다른 채권자의 이익을 무시하는 결과가 되어 허용하지 않는다.[635]

2. 상대적 효력

(1) 개념 사해행위 취소의 상대적 효력이란 채권자 취소 및 원상회복은 취소소송의 당사자 사이에서만 효력이 미치는 것을 말한다.[636] 바꾸어 말하면, 채권자가 수

630) 대판 2001. 2. 27. 2000다44348.
631) 대판 2005. 8. 25. 2005다14595.
632) 대판 2005. 8. 25. 2005다14595.
633) 대판 2009. 6. 23. 2009다18502.
634) 대판 2003. 6. 27. 2003다15907.
635) 대판 2001. 2. 27. 2000다44348.
636) 대판 1990. 10. 30. 89다카35421; 대판 2001. 5. 29. 99다9011; 대판 2005. 11. 10. 2004다49532; 대판 2014. 6. 12. 2012다47548; 대판 2022. 12. 1. 2022다247521.

익자 또는 전득자를 상대로 하여 사해행위의 취소와 함께 책임재산의 회복을 구하는 사해행위취소의 소를 제기한 경우에 그 취소의 효과는 채권자와 수익자 또는 채권자와 전득자 사이의 상대적인 관계에서만 생기는 것이고 채무자 또는 채무자와 수익자 사이의 법률관계에는 미치지 않는 것이므로, 이 경우 취소의 대상이 되는 사해행위는 채무자와 수익자 사이에서 행하여진 법률행위에 국한되고, 수익자와 전득자 사이의 법률행위는 취소의 대상이 되지 않는다는 것을 말한다.[637]

따라서 채무자는 취소판결에 의하여 아무런 권리도 취득하지 못한다. 그리고 채권자가 변제를 받은 나머지는 수익자나 전득자에게 귀속하게 된다. 다만 채무자는 수익자나 전득자의 손실로 부당이득을 한 것이 되므로, 수익자 등은 그 범위에서 채무자에 대하여 부당이득 반환을 청구할 수 있다.

(2) 상대효 인정 이유 채무자를 채권자취소소송의 피고로 인정하지 않으므로써 그 판결의 효력이 미치지 않게 하는 것, 그 결과 소송의 당사자인 채권자와 수익자(또는 전득자) 두 사람에게만 상대적으로 그 효력이 미치도록 하는 이유로는 첫째, 그 방법으로 채권자가 책임재산을 보전한다는 목적은 충분히 달성할 수 있고, 둘째, 채무자의 채무자와 수익자 사이의 법률관계는 그대로 유효한 것으로 인정함으로써, 사해행위 취소채권자와 수익자 그리고 제3자의 이익을 조정하기 위한 것[638]임과 동시에 제3자가 입을 피해의 정도를 가급적 줄이겠다는 것이다.[639]

(3) 사해행위의 취소로 영향을 받지 않는 제3자의 범위 사해행위의 취소는 취소소송의 당사자 간에 상대적으로 취소의 효력이 있는 것으로 당사자 이외의 제3자는 다른 특별한 사정이 없는 이상 취소로 그 법률관계에 영향을 받지 않는다. 사해행위의 취소에 상대적 효력만을 인정하는 것은 사해행위 취소채권자와 수익자 그리고 제3자의 이익을 조정하기 위한 것으로 그 취소의 효력이 미치지 아니하는 제3자의 범위를 사해행위를 기초로 목적부동산에 관하여 새롭게 법률행위를 한 그 목적부동산의 전득자 등만으로 한정할 것은 아니므로, 수익자와 새로운 법률관계를 맺은 것이 아니라 수익자의 고유채권자로서 이미 가지고 있던 채권 확보를 위하여 수익자가 사해행위로 취득한 근저당권에 배당된 배당금을 가압류한 자에게 사해행위취소 판결의 효력이 미치지 않는다.[640]

---

637) 대판 1988. 2. 23. 87다카1989; 대판 2004. 8. 30. 2004다21923; 대판 2006. 8. 24. 2004다23110.

638) 대판 2009. 6. 1. 2008다7109.

639) 김준호, 채권법(제13판), 법문사, 2022, 252면.

640) 대판 2005. 11. 10. 2004다49532; 대판 2009. 6. 1. 2008다7109.

(4) 상대효에 따른 구체적 효과

가. 부동산 소유권이전의 원인행위가 사해행위로 되어 취소되는 경우　① 사해행위가 취소되더라도 부동산은 여전히 수익자의 소유이고, 다만 채권자에 대한 관계에서 채무자의 책임재산으로 환원되어 강제집행을 당할 수 있는 부담을 지고 있는 데 지나지 않는다. 다시 말하면 채무자와 수익자 사이의 부동산매매계약이 사해행위로 취소되고 그에 따른 원상회복으로 수익자 명의의 소유권이전등기가 말소되어 채무자의 등기명의가 회복된 경우라도, 채무자가 직접 부동산을 취득하여 권리자가 되지 않는다는 의미이다.[641] 따라서 수익자의 등기부취득시효가 인정되려면, 자기 소유 부동산에 대한 취득시효가 인정될 수 있다는 것이 전제되어야 한다. 그러므로 수익자의 등기부취득시효 주장은 인정되지 않는다.[642]

채무자가 사해행위 취소로 등기명의를 회복한 부동산을 제3자에게 처분하더라도 이는 무권리자의 처분에 불과하여 효력이 없으므로, 채무자로부터 제3자에게 마쳐진 소유권이전등기나 이에 기초하여 순차로 마쳐진 소유권이전등기 등은 모두 원인무효의 등기로서 말소되어야 한다. 이 경우 취소채권자나 민법 제407조에 따라 사해행위 취소와 원상회복의 효력을 받는 채권자는 채무자의 책임재산으로 취급되는 부동산에 대한 강제집행을 위하여 원인무효 등기의 명의인을 상대로 등기의 말소를 청구할 수 있다.[643]

② 사해행위의 목적부동산에 수익자에 대한 채권자의 가압류등기가 경료된 후 채무자와 수익자 사이의 부동산 매매계약이 사해행위라는 이유로 취소되어 수익자 명의의 소유권이전등기가 말소되었다 하더라도 사해행위의 취소는 상대적 효력밖에 없어 특단의 사정이 없는 한 가압류의 효력이 당연히 소멸되는 것은 아니므로 채무자로부터 부동산을 진전하여 양도받은 자는 가압류의 부담이 있는 소유권을 취득한다.[644]

나. 채권양도 행위가 사해행위로 되어 취소되는 경우　채권에 대한 압류 후에 피압류채권이 제3자에게 양도되었는데 그 채권양도행위가 사해행위로 인정되어 취소판결이 확정된 경우 취소의 효과는 사해행위 이전에 이미 채권을 압류한 다른 채권자에게 미치지 아니한다.[645]

채무자의 수익자에 대한 채권양도가 사해행위로 취소되고, 그에 따른 원상회복으로서 제3채무자에게 채권양도가 취소되었다는 취지의 통지가 이루어지더라도, 채권자와

---

641) 대판 2017. 3. 9. 2015다217980.

642) 대판 2016. 11. 25. 2013다206313; 수원지법 2021. 4. 1. 2020나66442.

643) 대판 2017. 3. 9. 2015다217980.

644) 대판 1990. 10. 30. 89다카35421.

645) 대판 2015. 5. 14. 2014다12072.

수익자의 관계에서 채권이 채무자의 책임재산으로 취급될 뿐, 채무자가 직접 채권을 취득하여 권리자로 되는 것은 아니므로, 채권자는 채무자를 대위하여 제3채무자에게 채권에 관한 지급을 청구할 수 없다.[646)]

다. 어느 채권자가 수익자를 상대로 사해행위 취소 및 원상회복으로 소유권이전등기의 말소를 명하는 판결을 받았으나 말소등기를 마치지 아니한 상태라면 소송의 당사자가 아닌 다른 채권자는 위 판결에 기하여 채무자를 대위하여 말소등기를 신청할 수 없지만, 그럼에도 불구하고 다른 채권자의 등기신청으로 말소등기가 마쳐졌다면 등기에는 절차상의 흠이 존재한다.

그러나 채권자가 사해행위 취소의 소를 제기하여 승소한 경우, 수익자는 채무자의 다른 채권자에 대하여도 사해행위의 취소로 인한 소유권이전등기의 말소등기의무를 부담하는 점, 등기절차상의 흠을 이유로 말소된 소유권이전등기가 회복되더라도 다른 채권자가 사해행위취소판결에 따라 사해행위가 취소되었다는 사정을 들어 수익자를 상대로 다시 소유권이전등기의 말소를 청구하면 수익자는 말소등기를 해 줄 수밖에 없어서 결국 말소된 소유권이전등기가 회복되기 전의 상태로 돌아가는데 이와 같은 불필요한 절차를 거치게 할 필요가 없는 점 등에 비추어 보면, 사해행위 취소 및 원상회복으로 소유권이전등기의 말소를 명한 판결의 소송당사자가 아닌 다른 채권자가 위 판결에 기하여 채무자를 대위하여 마친 말소등기는 등기절차상의 흠에도 불구하고 실체관계에 부합하는 등기로서 유효하다.[647)]

라. 채무자의 법률행위가 사해행위에 해당하여 취소를 이유로 원상회복이 이루어져 채권자가 채권의 만족을 얻음으로써 채무자의 다른 공동채무자도 채무가 소멸하는 이익을 얻은 경우, 채무자의 공동채무자는 수익자나 전득자에게 직접 부당이득반환의무를 부담하지 않는다.[648)]

3. 효과의 내용

(1) 채무자에 대한 효과 사해행위의 취소의 효과는 상대적이어서, 취소권자인 채권자와 취소의 상대방인 수익자 또는 전득자 사이에서만, 다시 말하면 취소소송의 당사자 사이에서만 사해행위를 무효로 만들뿐이고, 채무자에게는 효력이 미치지 않는다. 채무자가 직접 그 재산에 대해 어떤 권리를 취득하는 것이 아니라는 것은 앞에서 설명

646) 대판 2015. 11. 17. 2012다2743.

647) 대판 2015. 11. 17. 2013다84995.

648) 대판 2017. 9. 26. 2015다38910.

하였다.

(2) 채권자에 대한 효과 소송의 원고가 된 채권자만이 아니라 '모든 채권자'를 위하여 그 효력이 있다(제407조). 사해행위의 목적물은 원칙적으로 채무자에게 반환되어야 한다. 원상회복의 취지에서 또 취소권의 효과는 모든 채권자의 이익을 위하여 효력이 있기 때문이다. 그러므로 소송의 원고가 된 채권자가 채권만족을 얻기 위해서는 채무자에게 반환된 목적물에 대해 다시 강제집행을 하여야 하고, 이때 모든 채권자는 채권자평등의 원칙에 의해 배당에 참가하여 채권의 만족을 얻을 수 있다. 채무자에게 반환된 목적물에 대해 강제집행이 이루어지고 남은 부분이 있을 경우 이는 수익자나 전득자에게 다시 반환되어야 한다. 가령 사해행위의 수익자 소유의 부동산에 대한 경매절차에서 취소채권자가 수익자에 대한 가액배상판결에 기하여 배당을 요구하여 배당을 받은 경우, 그 배당액은 배당요구를 한 취소채권자에게 그대로 귀속되는 것이 아니라 채무자의 책임재산으로 회복되는 것이며, 이에 대하여 채무자에 대한 채권자들은 채권만족에 관한 일반원칙에 따라 채권 내용을 실현할 수 있는 것이다.[649]

사해행위의 목적물이 동산이고 그 현물반환이 가능한 경우에는 취소채권자는 직접 자기에게 그 목적물의 인도를 청구할 수 있고,[650] 같은 취지에서 채권자취소권은 채무자의 사해행위를 채권자와 수익자 또는 전득자 사이에서 상대적으로 취소하고 채무자의 책임재산에서 일탈한 재산을 회복하여 채권자의 강제집행이 가능하도록 하는 것을 본질로 하는 권리이므로, 원상회복을 가액배상으로 하는 경우에 그 이행의 상대방은 채권자이어야 한다.[651] 다만 그 수령한 것은 다시 채무자에게 인도되어야 하지만, 그것이 채권자의 채무자에 대한 채권과 동종의 것이고, 상계적상의 요건을 갖춘 경우에는 상계(제492조)를 함으로써 사실상 우선변제를 받을 수 있다.

(3) 수익자 또는 전득자에 대한 효과 수익자 또는 전득자는 소송의 피고가 되므로 소송 결과에 의해 채무자에게 반환하게 되나, 이는 채권자에 대한 관계에서 강제집행을 위한 것이다. 따라서 여전히 채무자와의 관계에서는 그 권리는 수익자(전득자)에게 속하는 것이므로, 반환되어 강제집행 당하게 된 부분에 관하여, 채무자가 이득을 얻은 한도에서 채무자에 대해 부당이득반환을 구할 수 있다. 다만 이 부당이득반환청구는 사해행위 당시의 채권자에게는 대항할 수 없다(사해행위 당시에 채무자에게 가지고 있었던 채권이 아니므로). 또한 그로 하여금 재산권을 취득하게 한 법률행위가 유상계약이라면, 이와

649) 대판 2005. 8. 25. 2005다14595.

650) 대판 1999. 8. 24. 99다23468·23475.

651) 대판 2008. 4. 24. 2007다84352.

별도로 전득자는 수익자에 대하여, 수익자는 채무자에 대하여 담보책임을 물을 수도 있다.

채무자가 다수의 채권자들 중 1인(수익자)에게 담보를 제공하거나 대물변제를 한 것이 다른 채권자들에 대한 사해행위가 되어 채권자들 중 1인의 사해행위 취소소송 제기에 의하여 그 취소와 원상회복이 확정된 경우에, 사해행위의 상대방인 수익자는 그의 채권이 사해행위 당시에 그대로 존재하고 있었거나 또는 사해행위가 취소되면서 그의 채권이 부활하게 되는 결과 본래의 채권자로서의 지위를 회복하게 되는 것이므로, 다른 채권자들과 함께 민법 제407조에 의하여 그 취소 및 원상회복의 효력을 받게 되는 채권자에 포함된다고 할 것이고, 따라서 취소소송을 제기한 채권자 등이 원상회복된 채무자의 재산에 대한 강제집행을 신청하여 그 절차가 개시되면 수익자인 채권자도 그 집행권원을 갖추어 강제집행절차에서 배당을 요구할 권리가 있다.[652]

한편 수익자가 채무자의 채권자인 경우, 수익자인 채권자로 하여금 안분액의 반환을 거절하도록 하는 것은 자신의 채권에 대하여 변제를 받은 수익자를 보호하고 다른 채권자의 이익을 무시하는 결과가 되어 제도의 취지에 반하게 되므로, 수익자가 채무자의 채권자인 경우 수익자가 가액배상을 할 때에 수익자 자신도 사해행위취소의 효력을 받는 채권자 중의 1인이라는 이유로 취소채권자에 대하여 총채권액 중 자기의 채권에 대한 안분액의 분배를 청구하거나, 수익자가 취소채권자의 원상회복에 대하여 총채권액 중 자기의 채권에 해당하는 안분액의 배당요구권으로써 원상회복청구와의 상계를 주장하여 그 안분액의 지급을 거절할 수는 없다.[653]

채무자의 특정 채권자에 대한 담보권설정행위가 사해행위로 취소 확정된 경우에는 취소채권자 및 그 취소의 효력을 받는 다른 채권자에 대한 관계에서는 무효이므로 그 취소된 담보권자는 별도의 배당요구를 하여 배당요구채권자로서 배당받는 것은 별론으로 하고 '담보권자'로서는 배당받을 수 없다고 할 것이며, 이는 사해행위취소 및 원상회복의 판결이 확정되었으나 그 담보권 등기가 말소되지 않고 있다가 경매로 인한 매각으로 말소된 경우에도 마찬가지이다.[654]

또한 수익자는 채권자의 채권의 소멸시효를 주장할 수 있으며,[655] 수익자가 원상회복으로서 가액배상을 할 경우, 수익자가 채권자취소권을 행사하는 채권자에 대해 가지는 별개의 다른 채권을 집행하기 위하여 그에 대한 집행권원을 가지고 채권자의 수익

652) 대판 2003. 6. 27. 2003다15907.
653) 대판 2001. 2. 27. 2000다44348.
654) 대판 2009. 12. 10. 2009다56627.
655) 대판 2007. 11. 29. 2007다54849.

자에 대한 가액배상채권을 압류하고 전부명령을 받을 수 있다.[656]

V. 채권자취소권의 소멸

1. 채권자취소권의 행사기간

채권자취소권은 사해행위를 안 날로부터 1년, 사해행위로부터 5년이라는 출소기간의 제한이 있다(제406조 제2항). 채권자취소권의 행사기간은 제소기간으로서 성질은 제척기간이다. 법원은 그 기간의 준수여부에 대하여 직권으로 조사하고,[657] 그 기간이 도과한 후에 제기된 사해행위취소의 소는 부적법한 것으로 각하하여야 한다.[658] 그리고 이 두 기간 중 어느 하나가 만료하면 채권자취소권은 소멸한다. 제척기간 도과에 관한 증명책임은 채권자취소소송의 상대방에게 있다.[659]

2. 기산점

(1) 취소원인을 안 날로부터 1년

'취소원인을 안 날'이라 함은 채무자가 채권자를 해함을 알면서 사해행위를 하였다는 사실을 알게 된 날을 의미한다. 이는 단순히 채무자가 재산의 처분행위를 한 사실을 아는 것만으로는 부족하고, 구체적인 사해행위의 존재를 알고 나아가 채무자에게 사해의 의사가 있었다는 사실까지 알 것을 요한다.[660] 그러나 수익자나 전득자의 악의까지 알아야 하는 것은 아니다.[661]

그리고 법인의 대표자가 법인에 대하여 불법행위를 한 경우, 법인 대표자의 불법행위로 인한 법인의 대표자에 대한 손해배상청구권을 피보전권리로 하여 법인이 채권자취소권을 행사하는 경우, 제척기간의 기산점을 판단과 관련하여 판례는, 「법인의 대표자가 법인에 대하여 불법행위를 한 경우에는, 법인과 대표자의 이익은 상반되므로 법인의 대표자가 그로 인한 손해배상청구권을 행사하리라고 기대하기 어려울 뿐만 아니라 일반적으로 대표권도 부인된다고 할 것이어서 법인의 대표자가 손해 및 가해자를

656) 대결 2017. 8. 21. 자 2017마499.
657) 대판 2001. 2. 27. 2000다44348.
658) 대판 2002. 7. 26. 2001다73138; 대판 2012. 4. 12. 2011다110579.
659) 대판 2009. 10. 29. 2009다47852.
660) 대판 2009. 10. 29. 2009다47852.
661) 대판 2000. 9. 29. 2000다3262; 대판 2017. 6. 15. 2015다247707.

아는 것만으로는 부족하다. 따라서 이 경우에는 적어도 법인의 이익을 정당하게 보전할 권한을 가진 다른 대표자, 임원 또는 사원이나 직원 등이 손해배상청구권을 행사할 수 있을 정도로 이를 안 때에 비로소 단기소멸시효가 진행하고, 만약 다른 대표자나 임원 등이 법인의 대표자와 공동불법행위를 한 경우에는 그 다른 대표자나 임원 등을 배제하고 단기소멸시효 기산점을 판단하여야 한다. 그리고 이는 법인의 대표자의 불법행위로 인한 법인의 대표자에 대한 손해배상청구권을 피보전권리로 하여 법인이 채권자취소권을 행사하는 경우의 제척기간의 기산점인 '취소원인을 안 날'을 판단할 때에도 마찬가지이다.」[662]고 한다.

또한 국가가 조세채권을 피보전채권으로 하여 체납자의 법률행위를 대상으로 채권자취소권을 행사하는 경우와 관련하여, 「국가가 취소원인을 알았는지는 특별한 사정이 없는 한 조세채권의 추심 및 보전 등에 관한 업무를 담당하는 세무공무원의 인식을 기준으로 판단하여야 하고, 체납자의 재산 처분에 관한 등기·등록 업무를 담당하는 다른 공무원의 인식을 기준으로 판단하여서는 아니 된다. 따라서 위와 같은 세무공무원이 체납자의 재산 처분행위 사실뿐만 아니라 구체적인 사해행위의 존재와 체납자에게 사해의 의사가 있었다는 사실까지 인식할 때 이로써 국가도 그 시점에 취소원인을 알았다고 볼 수 있다.」[663]고 한다.

채권자가 파산선고를 받은 경우와 관련하여서는, 채권자가 사해행위의 취소원인을 알게 되어 채권자취소소송의 제척기간이 진행되던 도중 채권자가 파산하여 파산관재인이 선임된 경우라도 그 제척기간은 원칙적으로 파산자인 채권자를 기준으로 하여야 하는 것이지 파산관재인이 사해행위의 취소원인을 안 때부터 새로 진행되어야 하는 것은 아니다.[664] 그러나 파산자(채권자)가 사해행위의 취소원인을 알지 못한 상태에서 파산관재인이 선임되었다면, 그 후로는 파산관재인을 기준으로 판단하여야 한다.[665]

채권양수인이 채권자취소권을 행사하는 경우와 관련하여서는, 사해행위가 있은 후 채권자가 취소원인을 알면서 피보전채권을 양도하고 양수인이 그 채권을 보전하기 위하여 채권자취소권을 행사하는 경우에는, 채권의 양도인이 취소원인을 안 날을 기준으로 제척기간 도과 여부를 판단하여야 한다.[666]

662) 대판 2015. 1. 15. 2013다50435.
663) 대판 2017. 6. 15. 2015다247707.
664) 대판 2006. 8. 25. 2004다24144.
665) 대판 2008. 4. 24. 2006다57001.
666) 대판 2018. 4. 10. 2016다272311.

(2) 법률행위 있은 날로부터 5년

법률행위가 있은 날은 사해행위에 해당하는 법률행위가 실제로 이루어진 날을 의미한다.[667] 즉 어느 시점에서 사해행위에 해당하는 법률행위가 있었는지는 당사자 사이의 이해관계에 미치는 중대한 영향을 고려하여 신중하게 판정하여야 하고, 실제로 그러한 사해행위가 이루어진 날을 표준으로 판정하되, 특별한 사정이 없는 한 처분문서에 기초한 것으로 보이는 등기부상 등기원인일자를 중심으로 그러한 사해행위가 실제로 이루어졌는지 여부를 판정해야 한다.[668]

가등기에 기하여 본등기가 마쳐진 경우와 관련하여서는, 채무자 소유의 부동산에 관하여 수익자의 명의로 소유권이전 청구권의 보전을 위한 가등기가 경료되었다가 그 가등기에 기한 소유권이전의 본등기가 경료된 경우에, 가등기의 등기원인인 법률행위와 본등기의 등기원인인 법률행위가 명백히 다른 것이 아닌 한 본등기의 기초가 된 가등기의 등기원인인 법률행위를 가지고 제척기간을 판단하여야 한다.[669]

따라서 가등기 및 본등기의 원인행위에 대한 사해행위취소 등 청구의 제척기간의 기산일은 가등기의 원인행위가 사해행위임을 안 때라고 할 것인바, 가등기의 원인행위가 사해행위임을 채권자가 안 때부터 1년 내에 가등기의 원인행위에 대하여 취소의 소를 제기하였다면 본등기의 원인행위에 대한 취소청구는 그 원인행위에 대한 제척기간이 경과한 후 하더라도 적법하다.[670]

취소청구를 제척기간 내에 한 경우 원상회복 청구를 제척기간 도과 후에 할 수 있는지와 관련하여, 채권자가 민법 제406조 제1항에 따라 사해행위의 취소와 원상회복을 청구하는 경우 사해행위 취소 청구가 민법 제406조 제2항에 정하여진 기간 안에 제기되었다면 원상회복의 청구는 그 기간이 지난 뒤에도 할 수 있다.[671]

채권자가 채무자의 제3자에 대한 금전의 증여행위가 사해행위에 해당한다는 것을 확실히 알지 못한 채 그 금전으로 취득한 제3자 명의의 부동산이 실은 채무자의 소유인데 제3자에게 명의신탁한 것으로 잘못 알고 그 부동산을 대상으로 처분금지가처분 신청을 하여 그 처분금지가처분등기가 경료된 경우, 채권자가 그때부터 채무자가 채권자를 해함을 알면서 사해행위인 금전의 증여행위를 하였다는 사실을 알게 되었다고 볼 수 없다.[672]

---

667) 대판 2002. 7. 26. 2001다73138·73145; 대판 2021. 6. 10. 2020다265808.

668) 대판 2002. 11. 8. 2002다41589; 대판 2021. 6. 10. 2020다265808.

669) 대판 1996. 1. 8. 96다26329; 대판 2001. 7. 27. 2000다73377.

670) 대판 2006. 12. 21. 2004다24960.

671) 대판 2001. 9. 4. 2001다14108.

672) 대판 2009. 4. 9. 2008다81398.

채권자가 전득자에 대한 채권자취소권을 행사하기 위해서는 제406조 제2항에서 정한 기간 안에 별도로 전득자에 대한 관계에서 채무자와 수익자 사이의 사해행위를 취소하는 청구를 하여야 한다.[673]

채권자취소권을 행사할 수 있는 기간이 지났다는 사실의 증명책임은 채권자취소소송의 상대방에게 있다.[674]

제6장 다수당사자의 채권관계

제1관 총설

Ⅰ. 민법의 규정

다수당사자의 채권관계는 하나의 급부에 관하여 채권자 또는 채무자가 여러 명인 법률관계를 말한다. 통상 채권관계는 1개의 급부에 관하여 한 사람의 채권자와 한 사람의 채무자가 존재하는, 적어도 2인의 당사자가 있어야 하지만, 채권자가 수인인 경우, 혹은 채무자가 수인인 경우를 총칭하여 다수당사자의 채권관계라고 한다. 예컨대, 어떤 토지를 수인이 공동으로 매수하는 경우에는, 토지의 소유권이전에 관하여는 그 수인이 공동으로 채권자가 되고, 한편 대금의 지급에 관하여는 공동으로 채무자가 되는 것과 같다.

민법은 「수인의 채권자 및 채무자」라는 제목 하에 제408조 이하에서 다수당사자의 채권관계로 분할채권관계(제408조), 불가분채권관계(제409조 이하), 연대채무(제413조 이하) 및 보증채무(제428조 이하)의 네 종류를 규정하고 있다. 강학상 그 밖에 연대채무에 대응하는 연대채권과 연대채무와 비슷한 부진정연대채무도 인정하고 있다.

1. 다수당사자의 채권관계의 실실적 기능 및 법률관계

(1) 다수당사자의 채권관계는 실질적으로 인적 담보 기능을 한다. 분할채권관계를 제외하면, 다수당사자의 채권관계는 다수채무자의 책임재산을 확보함으로써 채권자의 담보력을 강화하는 담보적 기능을 한다. 이는 보증채무에서 가장 두드러지며, 연대채무, 불가분채무에서도 그 기능을 수행한다.

673) 대판 2015. 1. 29. 2013다19870.

674) 대판 2009. 3. 26. 2007다63102; 대판 2009. 10. 29. 2009다47852.

(2) 다수당사자의 채권관계에서는 ① 대외적 효력으로서 당사자와 그 상대방 사이에 이행청구 또는 변제의 효력 관계, ② 다수 당사자 1인에게 생긴 사유가 다른 당사자에게 미치는 영향 관계 ③ 대내적 효력으로서 다수의 당사자 중 1인이 행한 변제에 관한 내부적 분담 관계 등 3가지로 나뉜다.

Ⅱ. 분할채권관계

1. 의의

(1) 개 념　하나의 가분적 급부에 관하여 채권자 또는 채무자가 수인인 경우, 각 채권자가 급부의 일부에 대해서만 급부를 가지거나(분할채권), 또는 각 채무자가 급부의 일부만을 부담하는(분할채무) 채권관계를 분할채권관계 또는 가분채권관계라고 한다. 바꾸어 말하면, 다수의 자가, 하나의 가분급부를 각자의 지분에 따라 나누어서, 그 분할된 급부부분에 관하여 독립한 채권을 갖거나 또는 채무를 부담하는 관계이다. 예컨대, 갑·을·병이 공유하는 토지를 6,000만 원에 매도한 경우에, 갑·을·병이 각각 2,000만 원의 대금채권(지분이 같을 때)을 취득하는 것이 분할채권이고, 반대로 갑·을·병이 6,000만 원의 대금으로 토지를 공동으로 매수하였다면, 각자가 2,000만 원의대금채무를 부담한다고 할 때 성립하는 것이 분할채무이다.

(2) 분할채권관계의 원칙　채권자나 채무자가 수인인 경우에 특별한 의사표시가 없으면 각 채권자 또는 각 채무자는 균등한 비율로 권리가 있고 의무를 부담하는데(제408조; 예외 제616조·제654조·제760조), 이를 분할채권관계의 원칙이라고 한다. 따라서 불가분채권도 급부가 가분으로 변경되면 분할채권으로 전환된다(제412조).

(3) 독립한 채권 또는 채무　분할채권관계에서 채권 또는 채무는 채권자 또는 채무자의 인원수에 따라 분할되고, 채권자 또는 채무자 각자는 독립한 채권 또는 채무를 가지게 된다. 또한 분할 후에도 개개의 채권 또는 채무는 각각 독립된 채권 또는 채무로서 채권법의 일반원칙에 따라 처리된다.

(4) 분할채권의 경우에는 채무자는 수인의 채권자에게 따로 따로 변제를 하여야 하고, 분할채무의 경우에는 채권자는 수인의 채무자로부터 따로 따로 변제를 받아야 하는 등 채무이행과 채권행사의 불편 및 담보기능의 상실 등이 문제된다. 따라서 분할채권의 원칙에 제한을 가하는 법률규정 또는 해석이 있게 된다. 예컨대 민법 제616조는, 수인이 공동하여 물건을 차용한 때에는 연대하여 그 의무를 부담한다고 규정하고, 같

은 조를 다시 임대차에 준용하고 있다(제654조). 이것은 연대의 추정이며, 분할의 원칙에 대한 중대한 제한이다. 그 밖에 법인의 불법행위에서 사원, 이사, 대표자의 손해배상채무(제35조 제2항), 공동불법행위에서 손해배상채무 부담하는 경우(제760조), 가사에 관하여 부부의 한 쪽이 채무를 부담하는 경우(제832조)에 각각 연대채무가 발생함을 규정하고 있다.

학설과 판례는 분할채권관계의 원칙을 인정하면서도 그 예외를 폭넓게 인정하고 있다. 즉 급부의 내용이 가분적이라고 하더라도 채무자 상호간에 묵시적 연대의 약정이 있는 것으로 추정하여 연대채무로 해석하거나, 불가분채무라고 해석하여 채권의 담보력을 강화하려고 한다.

판례는 수인이 공동으로 향유하는 이익의 대가로서의 의미를 가지는 채무는 비록 그 채무의 내용이 가분적이라고 하더라도 성실상 불가분채무라고 한다. 즉 건물의 공유자가 공동으로 건물을 임대하고 보증금을 수령한 경우, 특별한 사정이 없는 한 그 임대는 각자 공유지분을 임대한 것이 아니고 임대목적물을 다수의 당사자로서 공동으로 임대한 것이고 그 보증금 반환채무는 성질상 불가분채무에 해당된다고 한다.[675]

또한 공유자가 공유물에 대한 관계에서 부당이득을 한 경우 그 이득을 상환하는 의무는 불가분적 채무이므로 시의 공유재산인 토지를 공유건물의 주차장 용도로 허가 없이 점유사용한 공유자 중 1인에 대하여 한 변상금 전액부과처분은 적법하다고 한다.[676]

2. 분할채권관계의 성립

(1) 계약 수인이 계약에 의하여 가분급부를 목적으로 하는 채권을 취득하는 경우이다. 공유물 매각대금채권, 공동매수인의 소유권이전등기청구권, 공동 금전대여에 의한 대여금채권, 공동위임인의 금전인도청구권 등이 그 예이다.

(2) 법률의 규정 수인이 법률의 규정에 의하여 가분급부를 목적으로 하는 채권을 취득하는 유형이다. 공유물에 관한 손해배상청구권, 부당이득반환청구권, 수용보상금청구권 등이 그 예이다.

(3) 상속 가분채권인 채권 또는 채무가 공동상속되는 경우 분할채권관계가 성립된다는 것이 다수설과 판례[677]의 입장이나, 불가분채권이 성립한다는 견해와 준합유가 성립한다는 견해 등도 있다. 판례는 상속인이 2인 이상인 경우에 그 중의 한 사람

675) 대판 1998. 12. 8. 98다43137; 대판 2013. 8. 22. 2012다110064; 대판 2017. 5. 30. 2017다205073.
676) 대판 1992. 9. 22. 92누2202.
677) 대판 1983. 6. 14. 선고 82누175.

이 피상속인의 재산을 실질적으로 단독상속하였다 하더라도 그 상속인에게 승계되는 피상속인의 국세등에 관한 납부의무는 민법의 규정에 의한 자기의 상속분에 따라 안분계산한 금액범위에 한정되는 것이라고 한다.[678]

위와 같은 경우에 분할채권관계가 성립하나 급부가 가분이더라도 예외적으로 당사자의 특약(민법 제408조 참조), 법률의 규정(제35조 제2항, 제760조 등) 또는 거래관행에 의하여 불가분채권관계로 되거나 연대채무로 되는 경우가 있다. 또한 수인의 채권자 또는 채무자들 사이에 조합과 같은 공동관계가 존재하는 경우에도 채권 또는 채무가 분할되지 않는다고 새겨야 한다.

3. 분할채권관계의 효력(내용)

(1) 대외적 효력

가. 분할채권관계에서 각 채권·채무는 독립성을 가지므로, 자기 부분만의 권리행사 또는 의무이행에 그친다. 만약 자기 부분을 넘은 이행이 있었다면, 이를 알고 한 이행은 타인의 채무의 변제에 해당하고, 모르고 한 이행은 부당이득에 해당한다. 다수당사자의 채권관계는 원칙적으로 분할채권관계이므로 부담부분은 특약이 없는 한 균등을 원칙으로 한다(제408조).[679]

판례도 채권자나 채무자가 여러 사람인 경우에 특별한 의사표시가 없으면 각 채권자 또는 각 채무자는 균등한 비율로 권리가 있고 의무를 부담한다고 할 것이므로, 피고를 포함한 4인의 매도인이 원고를 포함한 4인의 매수인에게 임야를 매도하기로 하는 계약을 체결한 경우 매매계약의 무효를 원인으로 부당이득으로서 계약금의 반환을 구하는 채권은 특별한 사정이 없으면 불가분채권채무관계가 될 수 없으므로 매도인 중의 1인에 불과한 피고가 매수인 중의 1인에 불과한 원고에게 위 계약금 전액을 반환할 의무가 있다고 할 수 없다고 한다.[680]

나. 계약해제·해지와 동시이행의 항변권은 전원이 또는 전원에 대해서만 행사할 수 있다(해제·해지의 불가분성, 제547조). 특히 분할채권관계가 쌍무계약으로 발생한 때에는, 분할채무의 전부 또는 분할채권의 전부에 대한 채무와 대내적 관계에 서는 채무와의 사이에 동시이행의 관계가 성립한다.

---

678) 대판 1983. 6. 14. 82누175.
679) 대판 1992. 10. 27. 90다13628.
680) 대판 1993. 8. 14. 91다41316.

(2) 1인에게 생긴 사유의 영향 분할채권관계에서는 각 채권자의 채권과 각 채무자의 채무는 독립된 것이어서, 수인의 채권자 또는 채무자 중 1인에 관하여 생긴 사유는 다른 채권자 또는 채무자에게 영향을 미치지 않는다.

(3) 대내적 효력 특별한 약정이 없는 한 대내관계에서 대내관계에서도 그 비율은 균등하다 해석된다. 따라서 채권자 사이에서 또는 채무자 사이에서 구상관계는 발생하지 않음이 원칙이다. 각자는 자기 부분만에 관하여 독립된 채권·채무를 갖기 때문이다. 예외적으로 채권자들 또는 채무자들 내부에 균등하지 않은 부담부분의 정함이 있을 경우에는 구상관계가 발생한다.

Ⅲ. 불가분채권관계

1. 의의

(1) 개념 그 성질에 의하여 또는 당사자의 의사표시에 의한 하나의 불가분급부를 목적으로 하는 다수당사자의 채권관계를 불가분채권관계라고 한다.

성질상 가분인 대금채권에 대하여 특약에 의하여 불가분으로 하면, 각 채권자는 채무자에 대하여 급부 전부의 이행을 청구할 수 있고, 채무자는 어느 채권자에게 급부 전부를 이행함으로써 모든 채권자에 대한 관계에서 채무를 이행한 것으로 된다. 이처럼 분할채권관계를 불가분채권관계로 만들어 이행의 청구 또는 이행의 편의를 도모할 수 있고, 불가분채무로 하면, 채권이 전 채무자의 자력에 의하여 담보되므로, 채권의 효력이 강화된다는 장점이 있다.

(2) 종류 급부의 불가분성은 성질상 불가분인 경우와 당사자의 의사에 의해 불가분으로 정한 경우로 나뉘고, 채권자가 다수인 불가분채권관계와 채무자가 다수인 불가분채무관계로 나뉜다. 예컨대 수인이 공동으로 토지를 매수한 경우에 그 수인은 주택에 대하여 불가분채권을 가진다. 반대로 수인이 공유하고 있던 토지를 매도한 경우에 그 수인은 그 주택의 인도에 관하여 매수인에게 불가분채무를 부담한다.

2. 불가분채권

(1) 의의

가. 개념 불가분채권이란 채권의 목적인 급부가 그 성질에 의하여 또는 당사자의 약정에 의하여 불가분인 채권을 말한다. 하나의 급부에 관하여 채권자가 수인 있는 경

우에 불가분채권이 성립한다. 수인의 채권자가 불가분채권을 가지는 경우, 각 채권자는 채무자에 대하여 급부 전부의 이행을 청구할 수 있고, 채무자는 어느 채권자에게 급부 전부를 이행함으로써 모든 채권자에 대한 관계에서 채무를 이행한 것으로 된다.

나. 성립　불가분채권은 급부의 성질 또는 당사자의 의사에 의하여 성립할 수 있다.

(2) 효력

가. 대외적 효력　수인의 불가분채권자와 채무자 사이에서 인정되는 불가분채권의 효력을 대외적 효력이라고 한다. 각 불가분채권자는 단독으로 모든 채권자를 위하여 급부 전부의 이행을 청구할 수 있고, 채무자는 모든 불가분채권자를 위하여 각 불가분채권자에게 급부 전부를 이행할 수 있다(제409조 2문).

나. 대내적 효력　수인의 불가분채권자 상호간에 인정되는 불가분채권의 효력을 대내적 효력이라고 한다. 변제를 받은 채권자는 내부관계의 비율에 의해 다른 채권자에게 분급하여야 하고, 특별한 사정이 없으면 내부관계의 비율은 균등한 것으로 추정된다.

(3) 1인의 채권자에게 생긴 사유의 효력　불가분채권자의 한 사람과 채무자와의 사이에서 생긴 사유로서 다른 사람에게도 효력을 미치는 것을 절대적 효력, 다른 사람에게는 효력을 미치지 않는 것을 상대적 효력이라고 한다.

가. 절대적 효력　채권자 1인의 이행청구 또는 채권자 1인에 대한 채무자의 이행(변제) 또는 변제의 제공은 다른 채권자 전원에게 효력을 미친다. 채권자 1인의 청구는 다른 채권자를 위해서도 시효중단, 이행지체 등의 효과를 발생시키며, 채권자 1인에의 변제는 다른 채권자의 채권도 소멸시키며, 변제의 제공은 채권자지체 등을 발생시킨다.

나. 상대적 효력　그 이외의 사항은 당해 채권자에 한하여 효력이 생기고 다른 채권자에 아무런 효력을 미치지 못한다(제410조 제1항). 따라서 불가분채권자의 한 사람과 채무자와의 사이에서 경개 또는 면제가 행하여진 경우에도, 다른 채권자는 채무의 전부의 이행을 청구할 수 있다. 다만 그 한 사람의 채권자가 그의 권리를 잃지 않았더라면 그에게 나누어주었을 이익을 채무자에게 상환하여야 한다(제410조 제2항). 이것은 전부의 변제를 받은 채권자는 다시 이를 부당이득으로서 채무자에게 반환하여야 하겠지만, 민법은 그러한 상환을 되풀이 하는 것을 피하고, 법률관계를 단순화하여 전부의 변제를 받은 채권자가 직접 이를 채무자에게 반환하도록 한 것이다.[681] 제410조 제2항은

681) 곽윤직, 166면.

경개와 면제에 관해서만 규정하고 있으나. 그 밖에 대물변제·상계·혼동, 상계, 시효의 완성에 관해서도 동일하게 해석해야 한다.

채무자에게 상환해야 할 이익이 지분적 이익인지 가액인지가 문제된다. 예컨대, 갑·을이 어떤 물건의 급부를 청구하는 채권을 가지는 경우에, 갑이 면제한 때에는 상환하여야 할 이익이 물건에 대한 1/2 지분인지 아니면 또는 그 가액이냐가 문제이다. 가액이익이라는 것이 통설이다.

3. 불가분채무

(1) 의의　불가분채무란 채권의 목적인 급부가 성질상 또는 당사자 사이의 의사에 의하여 불가분인 채무를 말한다. 하나의 불가분급부에 관하여 채무자가 수인인 경우이다. 예컨대 갑과 을이 병으로부터 토지를 2천만 원에 매수하면서 그 대금채무를 불가분으로 하기로 약정한 경우이다. 수인이 불가분채무를 부담하는 경우, 각 불가분채무자는 독립하여 전부를 급부하여야 할 의무를 각자 부담한다. 그러나 한 불가분채무자의 이행에 의하여 다른 불가분채무자도 채무를 면하게 된다.

불가분채무자가 수인인 경우에는 채권자의 입장에서는 자기의 채권을 각 불가분채무자의 재산으로부터 실현할 수 있기 때문에 채권의 담보력이 강화된다. 또한 연대채무보다 절대적 효력이 인정되는 범위(제416조-제422조)가 좁기 때문에 연대채무보다 채권의 담보력이라는 측면에서 채권자의 지위가 보다 강화된다.

일반적으로 급부 자체가 불가분적인 때에 불가분채무가 발생하는데 그에 한정되는 것은 아니다. 급부 자체는 가분적이라고 하더라도 각 채무자가 불가분적으로 향유하는 이익의 대가로서 채무를 부담하는 경우에는 성질상 불가분채무라고 보아야 한다. 예컨대 수인이 공동으로 자동차를 사는 경우에 그 자동차매수대금 채무에 대해서 수인의 채무가 각 채무자에게 불가분적으로 향유하는 이익의 대가로서 채무를 부담하는 것으로 볼 수 있다.

판례도 공유자가 공유물에 대한 관계에서 부당이득을 한 경우 그 이득을 상환하는 의무는 불가분적 채무이므로 시의 공유재산인 토지를 공유건물의 주차장 용도로 허가 없이 점유사용한 공유자 중 1인에 대하여 한 변상금 진액부과처분은 적법하다고 한다.[682)]

(2) 대외적 효력　연대채무에 관한 규정(제411조에 의한 제413조·제414조)이 준용되므로, 동시 또는 순차로 전부의 이행을 청구할 수 있고(제411조), 채무자 1인이 채권자에게 이행을 하면 모든 채무자가 채무를 면한다. 다만, 불가분채무의 성질상 연대채무에서 제

682) 대판 1992. 9. 22. 92누2202.

414조는 채권자가 채무의 일부의 이행도 청구할 수 있는 것과 달리, 일부의 청구나 일부의 이행을 할 수 없다.

(3) 1인의 채무자에게 생긴 사유의 효력 이에 대해서는 연대채무에 관한 규정이 준용되지 않고 불가분채권에 관한 제410조가 준용된다.

가. 절대적 효력 채무자 1인의 변제(이와 동일시 할 수 있는 대물변제, 공탁 포함)는 다른 채무자에게도 그 효력을 미친다(제410조·제411조). 변제제공의 효과인 채무소멸과 채권자 지체도 다른 채무자에게 효력이 있다(제411조, 제422조). 유의할 것은 상계는 절대적 효력이 인정되지 않는다(제411조·제418조).

나. 상대적 효력 이행(변제) 외의 사유에 대해서는 제410조와 제415조가 준용되므로, 상대적 효력이 인정될 뿐이다. 즉 연대채무에서 절대적 효력이 있는 이행청구· 경개, 면제, 혼동, 상계, 소멸시효의 완성 등이다. 한편 민법 제410조 제2항이 준용되므로, 채권자와 채무자 중의 1인 사이에 경개나 면제가 있었던 때에도 다른 채무자는 채무 전부를 이행해야 하지만, 이 경우 채권자는 면제를 받거나 경개를 한 채무자가 부담하였을 부분을 전부 변제를 한 채무자에게 상환하여야 한다.

이행청구에 대해서는 상대적 효력설과 절대적 효력설로 나뉘는데, 제411조가 연대채무에 관한 제416조를 준용하지 않는다는 이유로 이행청구에 대하여 상대적 효력을 인정하는 견해가 있다.[683] 따라서 이 견해에 의하면 이행의 청구에 기한 이행지체·시효중단 등의 효과는 다른 채무자에 대하여 절대적 효력이 발생하지 않는다. 이에 대해서 제411조가 제410조를 준용하고 있으므로, 이행의 청구도 제410조 1항에 의하여 절대적 효력을 가지는 것으로 해석해야 한다는 절대적 효력설[684]이 있다. 생각건대, 이 문제는 제410조와 제411조의 관계, 불가분채무의 본질 등을 중심으로 접근하여야 한다. 입법자의 의사를 고려하여 법문에 충실하게 해석하는 상대적 효력설에 따르기로 한다.

(4) 대내적 효력 연대채무의 규정(제424조-제427조)이 준용되므로, 다른 채무자들에 대해 부담부분에 관하여 구상권을 가진다. 불가분채무자 사이에서는 다른 특별한 약정이 없으면 부담부분은 균등한 것으로 추정되고(제424조), 어느 불가분채무자가 출재함으로써 공동으로 다른 불가분채무자를 면책시킨 때에는 다른 채무자에게 구상할 수 있는데, 그 구상의 범위는 면책된 날 이후의 법정이자 및 피할 수 없는 비용 기타 손해배상을 포함한다(제425조).

---

683) 곽윤직, 167면; 김증한·김학동, 224면; 김상용, 270면; 이은영, 490면; 송덕수, 294면.
684) 김형배, 443면; 지원림, 1178면.

불가분채무자는 다른 불가분채무자의 정당한 항변사유를 보장하기 위하여 출재 전에 사전통지의무를 부담하고, 나아가 이중변제를 막기 위하여 출재 후에 사후통지 의무를 부담한다(제426조). 구상의무를 부담하는 불가분채무자가 상환할 자력이 없는 때에는 그 불가분채무의 부담부분은 구상권자와 다른 불가분채무자들이 그 부담부분에 비례하여 분담한다(제427조).

4. 불가분채권관계의 분할채권관계로의 전환

불가분급부가 사후적으로 가분급부로 되면 불가분채권관계가 분할채권관계로 전환된다(제412조). 예컨대, 특정물인도를 목적으로 하는 채권·채무가 이행불능으로 되어 손해배상채권·채무로 변경되는 경우, 가분채권·채무로 변경된다. 또는 당사자의 의사에 의하여 불가분급부로 되었는데, 불가분의 면제 또는 반대특약에 의하여 가분급부로 변경될 수도 있다. 불가분급부가 가분급부로 변경되면 가분채권·채무의 법리가 적용된다.

Ⅳ. 연대채무

1. 의의

(1) 개념 연대채무란 수인의 채무자가 각자 하나의 채무 전부를 이행할 의무를 부담하고, 채무자 1인의 이행으로 다른 채무자도 그 의무를 면하게 되는 다수당사자의 채무이다(제413조). 연대채무자들은 각자 채무 전부를 이행할 의무를 부담하므로 채권자는 각 연대채무자의 재산으로부터 채권의 만족을 얻을 수 있다. 즉 책임재산의 범위를 모든 채무자의 일반재산으로 확장시킴으로써 채권의 효력을 강화하는 기능을 한다.

예컨대 금전소비대차에서 갑이 계약당사자로서 채무자인 경우, 채권의 확보를 위하여 을, 병, 정이 연대하여 갑의 채무를 부담하는 경우이다.

(2) 법적 성질

가. 복수의 독립한 채무 채무자의 수만큼 채무가 존재하는지(단순연대) 혹은 채무자가 복수이기는 하지만 채무는 한 개이냐(공동연대)에 관하여 다툼이 있었으나, 민법은 수개의 채무의 성립을 인정하는 단순연대설을 취하고 있다. 이러한 다툼은 채무자 1인에게 생긴 채무의 소멸 기타 사유가 다른 채무자에게 효력을 미치는가에 차이가 있었다. 전자의 견해는 다른 채무자에게 미치지 않는다고 보고 있고, 후자의 견해는 다른 채무자에게도 효력이 미친다는데 있다. 학설이 단순연대설을 따르는 것은 채무의 이행을

보다 잘 담보하기 때문이다. 그러나 민법은 수 개의 채무의 성립을 인정하면서도, 다른 채무자에게 효력을 미치는 사유(절대적 효력 있는 사유)의 범위를 비교적 넓게 인정하고 있다(제416조-제422조).

연대채무는 채무 상호간에 독립성이 있고 주종관계가 없다. 따라서 성립에 있어서 어느 연대채무자 1인에게 존재하는 무효·취소의 사유가 다른 연대채무자에게 영향을 미치지 않고, 모습에 있어서는 각 연대채무자들 사이에 조건기한·이자·담보·보증을 달리 정할 수 있으며, 채무자 1인을 위하여 보증채무를 성립시킬 수 있다(제447조). 또한 채무자 1인에 대한 채권만을 분리하여 양도할 수 있다.

나. 각 채무의 전부급부의무　　각 채무자의 채무는 '전부'를 급부하는 것을 내용으로 한다. 즉 급부가 가분인 경우라도 각 채무자의 채무는 전부를 급부하는 것을 본질로 한다(제413조). 다만, 동조가 강행규정이 아니므로, 당사자 간의 합의에 의해 어느 채무자만이 채무의 일부에 대해서만 연대채무를 부담하는 것은 가능하다 할 것이다.

다. 주관적 공동관계　　연대채무자들 사이에는 주관적 공동관계가 존재한다. 따라서 연대채무자 1인에게 생긴 사유가 다른 연대채무자에게도 영향을 미치고, 또한 채무자 상호간에는 부담부분이 있어서, 자기의 출재로 공동면책의 경우에 구상관계가 발생한다(제424조 내지 제427조).

(3) 기능 및 유사개념　　연대채무는 채권자에 대한 관계에서 담보적 기능을 하며, 불가문채무와는 채무자 1인의 이행으로 다른 채무자도 의무를 면하는 점에서는 공통되나, 공동면책의 이유가 불가분채무에서는 급부의 불가분성 때문이나 연대채무에서는 급부의 불가분성과 무관하다.

2. 연대채무의 성립

(1) 계약　　연대채무는 당사자들의 계약에 의해 성립함이 일반이다. 연대채무를 성립시키는 계약은 하나일 수도 있고, 여러 개의 독립한 계약일 수도 있다. 채권자와 채무자 및 채무자들 상호간에서 모두 연대채무의 성립에 관한 의사의 합치를 요한다. 연대의 추정을 인정할 수 있는지가 문제되는데, 민법은 이에 대해 규정을 두고 있지 않다. 상법은 수인이 1인 또는 전원에게 상행위가 되는 행위로 인하여 채무를 부담한 때에는 연대하여 변제할 책임이 있다고 규정하여(상법 제57조 제1항), 연대약정을 추정하고 있다.

명시적 연대의 특약은 물론 묵시적으로 연대의 특약을 할 수 있다고 보아야 한다. 이는 기본적으로 의사해석의 문제이므로 여러 사정과 상황에 비추어 당사자가 모든 채무자의 자력을 종합적으로 고려하였다고 인정할만한 사정이 있다고 인정되는 경우에는 묵시적 특약의 존재도 추정할 수 있다.[685)]

계약으로 연대채무가 발생한 경우에도, 그 계약은 1개이어야 하는 것은 아니다. 예컨대 을이 갑에 대하여 채무를 부담한 후에, 병이 갑과의 별개의 계약으로 을과 연대채무를 부담하는 것은 상관없다. 그러나 형식상 1개의 계약이어야 할 필요는 없다고 하더라도, 을·병 사이에 연대의 합의나 또는 동의를 필요로 하느냐의 여부는, 별개의 문제이다. 채무자 사이에 연대에 관한 사전 또는 사후의 합의를 필요로 한다고 해석하여야 한다. 그러한 해석을 하지 않는다면 광범한 절대적 효력이나 부담부분의 관계를 설명할 수 없게 된다.[686)]

(2) 법률의 규정 법률의 규정에 의하여도 연대채무가 발생할 수 있는데, 민법에서는 공동사용대차와 공동임대차에서 공동차주의 채무(제616조, 제654조), 상법에서는 다수당사자의 채무에 관하여 연대채무의 원칙(상법 제81조)을 규정하고 있다. 그런데 법률의 규정에 의하여 성립하는 연대채무의 대부분은 부진정연대채무에 해당한다.

3. 연대채무의 효력

(1) 대외적 효력 : 채권자와 채무자 사이의 관계

가. 이행청구 또는 이행 채권자는 어느 한 연대채무자에게 또는 모든 채무자에게 동시나 또는 순차로 전부 또는 일부의 이행을 청구할 수 있다(제414조). 그 결과 채무자 1인을 상대로 이행청구의 소를 제기한 후에 다른 채무자를 상대로 동일한 소를 제기한 경우에도 그것은 중복제소의 금지(민사소송법 제259조)에 해당하지 않는다. 제414조에 따라 채권자가 어느 연대채무자에 대하여 이행을 청구하고, 그 연대채무자가 채무를 이행하면 채권의 목적이 달성되므로 그 범위에서 다른 연대채무자도 채무를 면하게 된다(변제의 절대적 효력). 이는 대물변제나 변제공탁의 경우에도 마찬가지이다.

나. 연대채무도 급부는 하나이므로, 채권자가 급부를 받은 한도에서는 다른 채무자의 채무도 소멸한다. 따라서 이후에는 채권자는 채무의 잔액에 대해서만 청구할 수 있다. 주의할 점은, 채무자 각자가 부담하는 채무액이 다른 경우, 예컨대 갑의 1천만 원의 금전채권에 대해 을은 1천만 원을, 병은 5백만 원의 한도에서 연대채무를 부담하기로 한 경우, 을이 5백만 원을 일부 변제하더라도 병은 면책되는 것이 아니라 잔액 5백만 원의 범위에서는 자기의 채무를 진다는 점이다.

685) 곽윤직, 169면.

686) 곽윤직, 169면.

다. 연대채무자의 파산　　어느 연대채무자가 파산선고를 받은 때에는 채권자는 파산선고 당시 채권 전액으로 파산채권의 배당에 참가할 수 있고(채무자회생법 제428조), 채권자가 배당에 참가한 후 다른 연대채무자로부터 채무를 일부 변제받더라도 배당참가액을 감액할 필요가 없다.

라. 채권자취소권　　연대채무는 모든 채무자의 일반재산을 책임재산으로 하여 채권의 담보기능을 수행하기 때문에 어느 연대채무자가 그의 재산을 감소시켜 무자력이 되는 때에는 다른 채무자의 자력에 관계없이 채권자취소권을 행사할 수 있다.

(2) 연대채무자 1인에게 생긴 사유의 효력

1) 연대채무는 독립한 복수의 채권이다. 각 채무자들이 계약에 의하여 연대채무를 부담하는 경우. 그 계약은 별개의 독립적인 것이므로 그 계약에 무효, 취소가 있다고 하더라도 그 사유가 있는 연대채무자의 채무 이외에는 영향을 미치지 않는다(제415조). 제415조는 연대채무 성립에 있어서 각 연대채무가 독립적인 채무임을 선언하고 있다. 다만 채권자에게 하나의 만족을 주는 점에서, 객관적으로 목적을 공통으로 하고 있다. 따라서, 이 공통의 목적을 이룰 수 있게 하는 사유, 예컨대 변제가 있는 때에는, 그것이 어느 채무자에 의하여 행하여졌느냐를 묻지 않고서, 모든 채무자를 위하여 효력이 생긴다(절대적 효력). 채권을 만족시키는 사유로서는 변제 이외에도 대물변제, 변제공탁 등이 있고 이들은 당연히 절대적 효력을 가진다.

이에 반하여 그 밖의 사유는 다른 채무자에게 영향을 미치지 않는다고 하여야 할 것이다(상대적 효력). 그러나 연대채무에는 채무자 사이에 긴밀한 주관적 관계가 존재하기 때문에, 목적의 도달 이외의 사유에 관하여서도 입법적으로 어느 정도 절대적 효력을 인정하고 있다. 다만 어느 범위까지 절대적 효력을 인정하느냐가 문제인데, 절대적 효력을 넓게 인정하면 겉으로 보기에는 마치 채무가 하나뿐인 것과 같은 모습을 나타낸다. 또한 당사자 사이의 법률관계를 간명하게 처리할 수 있게 한다. 그러나 절대적 효력의 전부가 채무자에게 유리한 것은 아니며, 이행의 청구 및 그 효과는 채권자에게 유리하다. 절대적 효력의 범위를 넓게 인정하게 되면 연대채무에 의한 채권의 담보력이 약해지게 된다. 절대적 효력의 범위를 어느 정도 넓히고 있는 민법의 태도를 감안해 보면, 민법은 채권담보의 목적으로 채권자의 지위를 강하게 하려는 것이기보다는, 오히려 연대채무자 사이의 긴밀한 관계를 중요하게 보는 것이라고 할 수 있다.[687]

687) 곽윤직, 171면.

2) 절대적 효력 사유

채무자 1인에게 생긴 사유가 다른 채무자에게 미치는 영향을 절대적 효력이라고 한다. 절대적 효력이 있다는 것은 채권자의 입장에서는 담보력을 약화시키는 결과가 된다. 따라서 민법이 인정하는 절대적 효력이 너무 넓다는 비판이 있다. 이에 관한 민법의 규정은 부진정연대채무에서는 적용되지 않는다. 이하에서는 개별적으로 살펴본다.

가. 이행의 청구　어느 한 연대채무자에 대한 이행청구는 다른 연대채무자에게도 효력이 있다(제416조). 따라서 이행청구를 이유로 하는 이행지체(제387조 제2항), 소멸시효의 중단(제168조 1호)도 역시 절대적 효력이 생긴다. 즉 모든 다른 연대채무자를 이행지체에 빠트리고, 모든 연대채무자에 대하여 소멸시효 중단의 효과를 발생시킨다.

어느 연대채무자에 대하여 재판 외에서 이행청구를 하면 다른 연대채무자의 채무의 소멸시효도 최고에 의하여 중단된다. 그러나 최고로 인한 시효중단의 효과가 유지되기 위해서는 6개월 내에 재판상의 청구 등 일정한 조치를 취해야 한다(제174조). 그런데 재판상의 청구를 하면 다른 연대채무자에게도 시효중단의 효과가 생기지만, 가압류의 경우에는 가압류가 된 재산의 연대채무자에게는 시효중단의 효과가 생기지만 다른 연대채무자에게는 시효중단의 효과가 생기지 않는다. 가압류는 연대채무에서 상대적 효력을 가지는데 그치기 때문이다.

나. 경개　어느 연대채무자 1인과 채권자의 경개는 모든 연대채무자에게 효력이 있다(제417조). 구채무를 소멸시키고 신채무를 발생시키는 경개계약의 성질과 당사자의 의사를 존중하여 인정한 것이다. 예컨대 금전소비대차에 따른 1천만 원의 금전채무에 대해 갑, 을, 병이 연대채무를 지기로 하였는데, 갑이 채권자와의 계약으로 종전의 채무를 소멸시키고 새로이 다른 채무를 성립시킨 경우, 즉 금전의 반환에 대신하여 토지소유권을 이전해 주기로 한 때에는, 종전의 연대채무관계는 전부 소멸하고 갑과 채권자 사이에 경개계약에 따른 새로운 채무만이 문제된다. 다만 경개계약에 따른 갑의 출재로 인해 을과 병은 자신들의 채무를 면하게 된 것이므로, 갑가 을과 병에 대해 구상권을 행사할 수 있는 것은 별개의 문제이다(제425조). 제417조는 임의규정이므로 경개의 당사자가 특약에 의하여 제417조의 적용을 배제할 수 있다.

다. 상계　연대채무자 1인이 한 상계는 모든 연대채무자에게 효력이 있고(제418조 제1항), 스스로 상계하지 않으면 다른 연대채무자가 해당 연대채무자의 부담부분에 한하여 상계할 수도 있다(제418조 제2항). 제418조 제1항은 상계계약의 경우에도 적용된다. 전자는 실질적인 급부의 실현에 해당하기 때문에 당연하고, 후자는 구상관계의 편의를 위하여 특별히 인정하였다.

제418조 제2항은 상계할 수 있는 반대채권을 가진 연대채무자가 상계하지 않는 경우, 다른 연대채무자는 상계할 수 있는 반대채권을 가진 연대채무자의 부담부분 범위 내에서 그 반대채권으로 상계할 수 있도록 허용하는 규정이다. 이것을 인정하지 않으면, 반대채권을 가지고 있는 연대채무자가 상계의 기회를 잃게 되고, 그 결과 변제한 연대채무자에게 자기 부담부분을 상환하고 이와 별도로 다시 채권자로부터 반대채권의 변제를 받아야 하는 번거로운 절차를 거치기 때문이다. 상계는 출재를 통해 채무를 소멸시키는 행위이므로 상계를 한 연대채무자는 다른 연대채무자에 대하여 구상권을 행사할 수 있다. 제418조 제2항은 강행규정이 아니므로 이를 배제하는 당사자의 특약도 가능하다.

라. 면제

① 연대채무의 면제 채권자의 어느 연대채무자 1인에 대한 채무면제는 그의 '부담부분'에 한해 모든 연대채무자에게 효력이 있다(제419조). 제419조는 구상의 순환을 피하기 위한 것이다. 즉 채무면제에 대해 상대적 효력을 인정한다면, 전부의 이행을 한 채무자가 면제받은 채무자에게 구상할 것이고, 면제받은 채무자는 채권자에게 부당이득반환을 청구하게 돼는 구상의 순환이 있게 되므로, 이를 피하기 위해 면제받은 채무자의 부담부분에 한해 절대적 효력이 있는 것으로 정한 것이다. 제419조는 강행규정이 아니므로 특약에 의해 배제할 수 있다. 따라서 채권자가 연대채무의 면제를 하면서 어느 한 연대채무자에 대해서만 채무면제를 할 수 있다.[688] 이 경우 연대채무의 면제에 의하여 연대채무자들의 내부적 부담부분을 알지 못하는 채권자가 예상하지 못한 불이익을 받을 수 있다. 따라서 연대채무자의 부담부분이 균등하지 않은 특수한 경우에는 채권자가 그 부담부분의 비율을 안 때에만 본조의 적용이 있다고 보아야 한다.

② 연대의 면제 연대의 면제란 채권자가 채무의 연대관계를 해제하는 것으로 연대의 면제를 받은 채무자는 자신의 부담부분에 한하여 개별적 채무를 부담하게 된다. 연대채무의 면제가 비록 부담부분의 범위이기는 하지만 절대적 효력을 가지는 반면, 연대의 면제는 상대적 효력을 가질 뿐이다. 즉 채권자가 모든 채무자에 대하여 연대의 면제를 하면 연대채무는 분할채무로 변경되고, 일부에 대한 연대면제의 경우 면제받은 연대채무자의 채무는 부담부분에 한정된 분할채무로 변경되고 나머지 연대채무자의 채무에는 변경이 없다(상대적 효력).

688) 대판 1992. 9. 25. 91다37553.

③ 연대채무의 일부면제 제419조의 연대채무의 면제는 전부면제를 가리킨다. 하지만 면제에 관한 규정은 임의규정이므로, 상대적 효력만이 있는 면제나 일부면제도 가능하다. 그렇다면 연대채무의 일부면제도 절대적 효력이 있는지 문제된다. 여기에 관하여 학설은 전부면제를 받은 경우에 비례한 비율로 면제된 자의 부담부분에 관하여 다른 채무자에게도 절대적 효력이 있다는 견해[689]와 일부면제가 있더라도 면제받은 채무자가 지급하여야 할 잔액이 그 채무자의 부담부분보다 많을 때에는 그 채무자의 부담부분은 감소하지 않고, 따라서 다른 연대채무자의 채무에도 영향을 주지 않는다는 견해[690]로 나뉘어 있다. 제419조의 입법취지와 공평의 관점에서 앞의 견해가 타당하다.

마. 혼동 1인의 연대채무자와 채권자 사이에 혼동이 있으면, 그 연대채무자의 부담부분의 범위에서 다른 연대채무자도 채무를 면한다(제420조). 혼동이 있은 연대채무의 부담부분을 넘는 부분에 대해서는 혼동이 있었던 연대채무자가 채권자로 된다. 따라서 그는 다른 연대채무자에 대하여 그의 부담부분을 제외한 나머지 채무 전액의 이행을 청구할 수 있다. 즉 혼동이 있은 연대채무자가 나머지 채무에 대한 채권자로 되며, 그에 대하여 다른 채무자들이 연대채무를 부담하게 된다.

바. 소멸시효 완성 연대채무자 1인에게 소멸시효가 완성되면 그 연대채무자의 부담부분에 범위에서 절대적 효력이 있다(제421조).

사. 채권자지체 연대채무자 1인의 변제제공으로 채권자지체가 발생하면 모든 연대채무자에게 효력이 있다(제422조). 변제에 절대적 효력이 있으므로 그 제공에도 같은 효력을 인정한 것이다.

3) 상대적 효력 사유

위에 열거한 사유 이외에는 사유가 발생한 연대채무자 이외의 채무자에게는 효력이 미치지 않는 상대적 효력에 그친다(제423조). 승인에 의한 소멸시효 중단과 같은 이행의 청구를 원인으로 하지 않은 시효중단사유,[691] 채권자의 이행청구에 의하지 아니한 연대채무자 1인의 이행지체, 연대채무자 1인의 과실, 채권자가 채권을 양도하고 어느 연대채무자 1인에게 양도 통지를 한 경우, 어느 연대채무자의 시효이익포기, 연대채무자 1인에 대한 판결, 어느 연대채무자에 대한 기한의 유예, 어느 연대채무자에 대한 연대의 면제 등이 그 예이다. 다만 제423조는 강행규정이 아니므로, 당사자의 특약으로 이를 절대적 효력이 있는 것으로 정할 수 있다.

689) 김상용, 289면; 송덕수, 302면.
690) 김형배, 467면.
691) 대판 2018. 10. 25. 2018다234177.

판례는 연대채무자 1인의 소유 부동산에 대한 경매개시결정에 따른 시효중단의 효력이 다른 연대채무자에게 미치는지 여부에 대하여, 채권자의 신청에 의한 경매개시결정에 따라 연대채무자 1인의 소유 부동산이 압류된 경우, 이로써 위 채무자에 대한 채권의 소멸시효는 중단되지만, 압류에 의한 시효중단의 효력은 다른 연대채무자에게 미치지 아니하므로, 경매개시결정에 의한 시효중단의 효력을 다른 연대채무자에 대하여 주장할 수 없고, 채권자가 연대채무자 1인의 소유 부동산에 대하여 경매신청을 한 경우, 이는 최고로서의 효력을 가지고 있고, 연대채무자에 대한 이행청구는 다른 연대채무자에도 효력이 있으며, 그 다른 연대채무자에 대한 채권의 소멸시효가 중단되지만, 이로 인하여 중단된 시효는 위 경매절차가 종료된 때가 아니라 재판이 확정된 때로부터 새로 진행된다고 한다.[692]

(3) 대내적 효력 : 연대채무자 상호간의 구상관계

1) 부담부분의 균등추정

가. 부담부분의 의미　　부담부분이란 채권자에 대하여 전부 급부의무를 부담하는 다수의 연대채무자들 사이의 내부관계에서 각자의 부담부분에 속하는 부분을 말한다. 구상권은 내부적인 부담부분이 있음을 전제로 하는데, 균등한 것으로 추정된다(제424조). 연대채무에서 '부담부분'이란 연대채무자가 그 내부관계에서 출재를 분담하기로 한 비율을 말한다.[693] 부담부분의 의미에 대해 통설적 견해는 전채무에 대한 분수적 비율을 뜻하는 것으로 보지만, 소수설은 그 분수적 비율을 적용하여 산출된 일정금액을 뜻하는 것으로 본다.

나. 부담부분의 결정　　부담부분은 다수의 채무자들이 상호 특약에 의하여 약정할 수 있다. 또한 다수의 채무자들의 내부적 관계에 의하여 정해질 수도 있다.[694] 그러나 이를 정할 표준이 없는 때에는 부담부분은 균등한 것으로 추정된다. 부담부분이 균등하지 않은 경우, 이를 채권자에게 주장하기 위해서는 부담부분을 채권자가 알았어야 한다.

2) 구상권의 성립요건

가. 출재에 의한 공동면책　　어느 채무자가 모든 채무자를 위하여 채무를 소멸케

---

692) 대판 2001. 8. 21. 2001다22840.

693) 대판 2013. 11. 14. 2013다46023.

694) 대판 2014. 8. 26. 2013다49404. 채무의 부담과 관련하여 각 채무자의 수익비율이 다른 경우에는 그 비율에 따라 부담부분이 결정된다고 한다.

하거나 또는 감소케 하는 것, 즉 공동의 면책이 있어야 한다. 보증채무에서는 일정한 경우에 보증인이 사전구상권을 행사할 수 있으나(제442조), 연대채무에서는 공동면책이 있기 전에는 구상권이 인정되지 않는다. 공동면책은 출재에 의한 것임을 요한다. 출재 없이는 공동면책의 결과가 발생하더라도 구상권은 발생하지 않는다. 따라서 면제나 시효완성은 부담부분의 범위 내에서 절대적 효력이 있음에도 불구하고 구상권을 발생시키지 못한다.

나. 부담부분 초과출재 여부　　출재로 일부 공동면책되게 한 연대채무자는 역시 변제 기타 자기의 출재로 일부 공동면책되게 한 다른 연대채무자를 상대로 하여서도 자신의 공동면책액 중 다른 연대채무자의 분담비율에 해당하는 금액이 다른 연대채무자의 공동면책액 중 자신의 분담비율에 해당하는 금액을 초과한다면 그 범위에서 여전히 구상권을 행사할 수 있다.[695)]

3) 구상권의 범위

각 연대채무자들은 부담부분의 비율에 따라 구상의무를 부담한다(부분구상). 구상범위에는 출재액뿐만 아니라 출재액에 대한 면책된 날부터 구상의무에 응할 때까지의 법정이자 및 피할 수 없는 비용 기타 손해배상이 포함된다. 출재액은 공동면책액을 초과할 수 없다. 구상의 범위는 출재액과 공동면책액 중 적은 금액을 기준으로 한다. 즉 출재액이 소멸한 채권액보다 크더라도(예컨대 800만 원 상당의 물건으로 600만 원의 채무를 대물변제한 경우) 면책액을 넘어 구상할 수 없다. 반면 출재액이 공동면책액보다 적으면 출재액의 한도에서 구상권을 행사할 수 있다. 그 밖에 출재자는 면책된 날 이후의 법정이자 및 피할 수 없는 비용 기타 손해에 대해서도 구상권을 행사할 수 있다(제425조 2항).

4) 구상권의 행사 제한사유로서 통지

가. 사전과 사후의 통지의무　　어느 연대채무자가 채권자에게 변제(기타 출재)를 하고자 할 때에는 사전에 그 사실을 다른 연대채무자에게 통지하여야 하고, 변제를 한 후에는 사후에 그 사실을 다른 연대채무자에게 통지하여야 한다(제426조). 즉 사전과 사후 두 번의 통지를 하여야 한다. 이 통지 자체가 구상권의 성립요건은 아니지만, 이 통지를 하지 않은 경우에는 구상권의 행사에 제한을 받는다.

통지의무를 부과하고 있는 취지는 다른 연대채무자가 채권자에게 주장할 수 있는 대항사유를 보장하고, 이중으로 변제할 위험성을 방지하기 위함이다. 연대채무자 상호간에는 내부적 결합관계가 있기 때문에 이와 같은 통지의무를 인정한다. 이미 출재에

695) 대판 2013. 11. 14. 2013다46023.

의한 면책행위를 하려고 한다는 사실 혹은 이미 출재에 의한 면책행위가 있었다는 사실을 알고 있는 연대채무자에게는 별도로 사전, 사후 통지를 할 필요가 없다. 제426조는 부진정연대채무에는 유추되지 않는다.

나. 사전 통지를 하지 않은 경우 사전통지가 없는 경우, 대항할 사유(예 : 동시이행의 항변·변제기의 미도래·원인행위의 무효 또는 취소 등)가 있었던 다른 연대채무자에 대한 구상권은 제한되고, 대항사유가 상계인 때에는 상계로 소멸할 채권이 면책행위자에게 이전된다. 예컨대 갑과 을이 병에 대하여 100만 원의 연대채무를 부담하고(부담부분 균등) 갑이 병에 대해 별도로 200만 원의 채권을 가지고 있었는데, 을이 사전통지 없이 전액 변제하였다면, 갑의 부담부분인 50만 원 상당의 병에 대한 채권이 을에게 당연히 이전된다.

다. 사후 통지를 하지 않은 경우 어느 연대채무자가 사전통지를 하고서 변제는 하였지만 그 사실을 사후에 다른 연대채무자에게 통지하지 않은 경우, 다른 연대채무자가 사전통지를 하고서 선의로 변제를 한 때에는 자기의 면책행위의 유효를 주장할 수 있다(제426조 제2항). 선의이면 족하고 무과실을 요하지 않는다. 다만 이것은 사후 통지를 하지 않은 채무자에 대해서만 그 유효를 주장할 수 있는 상대적 효력을 가진다는 것이 통설의 견해이다. 유상의 면책행위가 있어야 하므로 다른 연대채무자에게 면제나 소멸시효 완성 등 출재에 의하지 아니한 채무소멸원인이 있다고 하더라도 제426조 제2항이 적용되지 않는다. 구체적 효과로서는 다른 연대채무자는 사후통지를 하지 아니한 제1출연행위자의 구상을 거절하고, 나아가 제1출연행위자에 대하여 오히려 구상권을 행사할 수 있다. 본조 제2항에 따라 제2출연행위자가 자신의 면책행위의 유효를 주장할 수 있는 자는 사후 통지를 하지 아니한 제1출연행위자에 한정된다. 따라서 제1출연행위자가 아닌 연대채무자에 대해서는 제426조 제2항의 효과를 주장할 수 없다.

라. 사후통지의무 위반과 사전통지의무 위반의 경합 사후통지 없는 변제와 사전통지 없는 변제가 있을 경우에는 먼저 이루어지 변제가 유효한 것으로 보아야 한다. 따라서 제426조 제2항에 따라 제2출연행위자가 자신의 면책행위의 유효를 주장하기 위해서는 사전통지를 하여야 한다.

5) 상환무자력자의 부담부분

구상권은 원래 다른 연대채무자의 부담부분에 한하여, 바로 그 연대채무자에 대하여 가지는 것이 원칙이고, 다른 연대채무자의 부담부분 비율에 따른 구상의무에 대해서는 책임을 지지 않는다. 그러나 이러한 결과는 구상의무자인 연대채무자가 상환할 자력이 없는 경우 구상권자인 연대채무자에게만 불이익을 부과하는 것으로 연대채무자 상호간의 내부적 결합관계를 고려할 때 타당하지 않다. 제427조는 이와 같은 불공평을 시정하기 위한 규정이다. 그런데 그 부담부분을 초과하여 구상권을 가지거나, 연대채무자 아닌 자에게 구상권을 가지는 경우가 있는데 이를 모두 구상권의 확장이라고 한다.

가. 구상권의 양적 확장 연대채무자 중 상환능력이 없는 자가 있는 때에는, 그 채무자의 부담부분은 구상권자 및 다른 자력이 있는 채무자가 그 부담부분에 비례하여 분담한다(제427조 제1항). 이는 어느 연대채무자의 고유의 부담부분을 넘어 구상권이 미친다는 뜻에서 이를 구상권의 양적 확장이라고 한다. 예컨대 갑이 90만 원을 변제하고 을·병에 대하여 각각 30만 원씩의 구상하려는데 병이 무자력인 때에는, 병의 부담부분 30만 원은 갑과 을이 각자의 부담부분에 비례하여, 즉 15만 원씩 부담한다. 그러나 구상권자에게 과실이 있는 때(예컨대 갑이 구상시기를 놓쳤기 때문에 병이 무자력으로 된 경우)에는 다른 연대채무자에 대하여 분담을 청구하지 못한다(제427조 제1항 단서).

나. 구상권의 인적 확장 상환능력이 없는 채무자의 부담부분을 분담할 다른 연대채무자가 채권자로부터 연대변제를 받은 때에는, 그 연대채무자의 부담부분이 채권자에게 미친다(제427조 제2항). 이를 구상권의 인적 확장이라고 한다.

6) 구상권자의 대위

연대채무에서 채무자 각자는 전부의 급부의무를 부담하지만, 채무자 간의 내부관계에서는 부담부분 이상의 변제는 타인의 채무의 변제가 된다. 따라서 변제를 한 연대채무자는 변제할 정당한 이익이 있는 자로서 변제로 당연히 채권자를 대위하여(제481조), 구상권의 범위에서 채권자의 권리(채권 및 담보권)를 행사할 수 있다(제482조). 그 결과 변제를 한 채무자는 채무자 간의 내부관계에 기초한 구상권과 채권자의 권리를 대위함에 따른 채권자의 권리의 두 가지를 가지게 된다.

V. 부진정연대채무

1. 의의

부진정연대채무란 수인이 동일한 손해에 대하여 독립된 법률관계에 기하여 공동으로 지는 배상의무를 말한다. 그 채무자 간에 연대채무에서처럼 채무를 공동으로 부담한다고 하는 합의를 통한 주관적 공동관계가 없는 점에서 연대채무와 다르고, 그래서 통설·판례는 민법에서는 명문으로 정하고 있지 않지만 이를 '부진정연대채무'라고 부른다. 제413조 이하에서 규정하고 있는 (진정)연대채무에 해당하지 않는 경우를 말한다.

대외적 효력 즉 채무자 1인에 대하여 또는 모든 채무자에 대하여 동시나 순차로 이행을 청구할 수 있다는 점 및 변제·대물변제·공탁·상계 등 채무자를 만족시키는 채무소멸사유는 절대적 효력을 가지고 공동면책의 효과가 있다는 점에서 연대채무와 유사하다. 그러나 공동채무자들 사이에 주관적 공동관계가 없으므로, 위와 같은 4가지의 채무자를 만족시키는 채무소멸사유 외에는 상대적 효력만이 있다는 점 및 구상권은 발생하지 않거나 구상권과 유사한 법률관계가 발생하더라도 별개의 법률관계에 의한다는 점에서 연대채무와 다르다.

2. 성립

대개 부진정연대채무는 동일한 손해에 대해 수인이 각자 독립된 법률관계에 기초하여 그 전부의 배상의무를 지는 경우에 발생하고,[696] 이것은 '손해배상청구권의 경합'에 해당하게 된다. 민법상 부진정연대채무에 관하여는 통일적인 규정이 없다. 개별적인 규정을 두고 있거나 해석상 부진정연대채무로 보는 경우는 다음과 같다. ① 법인과 대표기관 개인의 연대배상(제35조 제1항), ② 법인의 목적 범위 외의 행위에 의한 대표기관 등의 연대배상책임(제35조 제2항), ③ 이사의 연대배상책임(제65조), ④ 피용자와 사용자의 연대배상책임(제750조·제756조), ⑤ 책임무능력자의 감독의무자와 대리감독자의 연대배상책임(제755조), ⑥ 동물의 점유자와 보관자의 연대배상책임(제759조), ⑦ 공동불법행위자의 연대배상책임(제760조), ⑧보험목적물의 실화의 경우, 실화자의 불법행위책임과 보험자의 보험금채무 ⑨ 임치물 도난의 경우, 절취자의 불법행위책임과 수치인의 손해배상채무 등이다.

3. 부진정연대채무의 효력

(1) 대외적 효력

연대채무의 대외적 효력에 관한 규정(제414조)을 유추적용하여, 채무자 1인에 대하여 또는 모든 채무자에 대하여 동시나 순차로 이행을 청구할 수 있다.

(2) 부진정연대채무자 1인에 관하여 생긴 사유의 효력

가. 절대적 효력이 인정되는 사유　　부진정연대채무에서도 급부는 1개이기 때문에, 급부의 실현을 가져오는 사항은 절대적 효력이 있다. 그러한 것으로 통설은 「변제·대물변제·공탁·상계」의 네 가지를 든다. 변제는 그 변제가 채무를 전부 변제한 것이든

696) 대판 2006. 9. 8. 2004다55230.

그 일부를 변제한 것이든 다른 채무자의 채무를 면하게 만든다. 종래 대법원은 상계의 절대적 효력을 인정하지 않았으나, 현재에는 상계나 상계계약은 채권을 만족시키는 사유임을 이유로 절대적 효력을 인정하고 있다.[697]

나. 상대적 효력이 인정되는 사유 채권을 만족시키는 사유를 제외하면 채무자 1인의 채무나 채무자 1인에게 생긴 사항은 다른 채무자에게 효력이 없다. 연대채무에서 절대적 효력이 있는 것, 즉 이행청구[698]·경개·채무면제[699]·혼동·소멸시효의 완성[700]·채권자지체(제416조-제417조·제419조-제422조)는 부진정연대채무에서는 상대적 효력이 있을 뿐이다. 다만 상계에 대해서는 절대적 효력을 규정한 제418조 제1항은 부진정연대채무에도 적용되지만, 제418조 제2항은 적용되지 않는다는 점이다. 즉 동조항은 연대채무에서 채무자 각자가 부담부분이 있다는 것을 전제로 하는 것인데, 부진정연대채무자 사이에는 고유의 의미에서의 부담부분이 존재하지 않으므로 위 조항은 적용되지 않고, 따라서 어느 부진정연대채무자가 채권자에 대해 채권을 가지고 있음에도 상계하지 않고 있다고 하더라도 다른 부진정연대채무자가 그 채권을 가지고 상계할 수는 없다.[701]

그 밖에 호의동승에 관하여, 자동차의 충돌로 승객이 피해를 입은 교통사고에 있어서 각 가해 차량 운행자들 중 일방이 피해자와 운행지배 및 운행이익을 공유하여 그와의 관계에서 손해배상액이 감액될 사정이 있는 경우, 그 운행자가 자신과 부진정연대관계에 있는 다른 운행자와의 구상관계에서 감액된 금액을 기준으로 부담 부분을 산정할 것을 주장할 수 없다.[702] 동승자가 입은 손해에 대한 배상액을 산정할 때에는 먼저 호의동승으로 인한 감액 비율을 참작하여 공동불법행위자들이 동승자에 대하여 배상하여야 할 수액을 정하여야 한다.[703]

(3) 채무액이 서로 다른 부진정연대채무자 1인의 일부변제 효력

가. 채무액이 서로 다른 경우 부진정연대채무자 사이에서 채무액이 서로 다른 경우가 있다. 예컨대 사용자배상책임에서 피용자의 손해배상채무(제750조)와 사용자의 사용자배상채무(제756조)는 별개의 채무인데, 부진정연대채무관계이다. 그런데 과실상계의 결과 피용자와 사용자가 피해자에게 배상하여야 할 손해액의 범위가 각각 달라질 수

697) 대판(전) 2010. 9. 16. 2008다97218.
698) 대판 1997. 9. 12. 95다42027.
699) 대판 2006. 1. 27. 2005다19378.
700) 대판 1997. 12. 23. 97다42830.
701) 대판 1994. 5. 27. 93다21521.
702) 대판 2000. 12. 26. 2000다38275.
703) 대판 2014. 3. 27. 2012다87263.

있다.[704] 또한 공동불법행위자들의 공동불법행위(제760조)에 의한 피해자에 대한 과실비율이 달라 손해배상액이 각자 다른 경우도 있다.

나. 채무액이 적은 자의 일부변제　　채무액이 적은 부진정연대채무자의 일부변제는 부진정연대부분을 소멸시키고, 이는 다른 부진정연대채무자에게 효력이 인정되므로 다른 부진정연대채무자는 변제액 범위에서 채무를 면하게 된다.

다. 채무액이 많은 자의 일부변제　　금액이 서로 다른 부진정연대채무 중 다액의 채무 일부가 변제 등으로 소멸하는 경우, 먼저 소멸하는 부분은 당사자의 의사와 채무 전액의 지급을 확실히 확보하려는 부진정연대채무 제도의 취지에 비추어 볼 때 다른 채무자와 공동으로 채무를 부담하는 부분이 아니라 단독으로 채무를 부담하는 부분이다.[705] 그리고 남는 부분이 부진정연대부분을 소멸시킨다.[706] 부진정연대부분을 소멸시킨 채무액 범위에 채무액이 적은 부진정연대채무자는 채무를 면하게 된다.

라. 각 채무의 책임원인이 공통된 경우　　각 채무자들의 책임원인이 공통된 경우, 즉 사용자책임에서 사용자의 손해배상액이 피해자의 과실을 참작하여 과실상계를 한 결과 타인에게 직접 손해를 가한 피용자 자신의 손해배상액과 달라졌는데 다액채무자인 피용자가 손해배상액의 일부를 변제한 경우에 먼저 단독으로 채무를 부담하는 부분에 적용되고, 공동불법행위자들의 피해자에 대한 과실비율이 달라 손해배상액이 달라졌는데 다액채무자인 공동불법행위자가 손해배상액의 일부를 변제한 경우에도 위의 법리가 적용된다. 또한 중개보조원을 고용한 개업공인중개사의 공인중개사법 제30조 제1항에 따른 손해배상액이 과실상계를 한 결과 거래당사자에게 직접 손해를 가한 중개보조원 자신의 손해배상액과 달라졌는데 다액채무자인 중개보조원이 손해배상액의 일부를 변제한 경우에도 마찬가지이다.[707]

(4) 대내적 효력(구상권)

가. 내부관계에 기초한 구상의무　　부진정연대채무자들 상호간에는 채무를 공동으로 부담한다는 주관적 공동관계가 없으므로 부담부분도 없기 때문에 구상권이 발생하지 않음이 원칙이다. 다만 법률의 규정 또는 판례이론을 통해 구상권과 유사한 법률관계가 성립하는 경우가 있다. 사용자의 피용자에 대한 구상권처럼 개별적인 규정(제756

704) 대판 1994. 2. 22. 93다53696.

705) 대판 2000. 3. 14. 99다67376; 대판 2010. 2. 25. 2009다87621; 대판 2018. 3. 27. 2015다708222.

706) 대판 2000. 3. 14. 99다67376.

707) 대판(전) 2018. 3. 22. 2012다74236.

조 3항)에 근거를 두거나, 공동불법행위자 사이의 공평한 원칙에 의한 과실비율에 의한 구상권의 경우처럼 개별적인 해석에 근거를 둔다. 판례는 공동불법행위에만 구상관계를 인정하는 추세였으나 최근에는 그 외의 경우에도 일반적으로 구상관계를 인정하려는 태도를 보이고 있다. 즉 각자가 부담하는 채무에 관하여 종국적으로 책임을 부담하여야 할 자를 구분할 수 있는 때에는 구상관계가 인정될 수 있을 것이다. 공동불법행위자들의 내부적인 부담부분은 각 공동불법행위자들이 손해의 발생과 확대에 기여한 정도, 즉 과실비율에 따라 결정된다.[708]

공동불법행위에 있어서는 법률규정에 의하여 진정한 연대채무가 성립하고, 따라서 당연히 구상관계도 생긴다는 견해가 있다.[709] 판례가 부진정연대채무라는 개념을 사용하여 연대채무와 구별하는 것은 채무자 1인에 대하여 생긴 효력에서 절대적 효력을 제한하여 피해자인 채권자를 보호하려는데 있다. 따라서 공동불법행위자 내부자들 사이에서 구상관계를 인정하는 것은 그들 사이의 공평을 기하여 구체적인 타당성을 확보하려는 것이어서 일응 타당하다고 생각한다.

판례는 「원고의 경비용역계약상 채무불이행으로 인한 손해배상채무와 피고들의 절도라는 불법행위로 인한 손해배상채무는 서로 별개의 원인으로 발생한 독립된 채무이나 동일한 경제적 목적을 가진 채무로서 서로 중첩되는 부분에 관하여는 일방의 채무가 변제 등으로 소멸하면 타방의 채무도 소멸하는 이른바 부진정연대의 관계에 있고, 위와 같은 부진정연대채무의 관계에 있는 복수의 책임주체 내부관계에 있어서는 형평의 원칙상 일정한 부담 부분이 있을 수 있으며, 그 부담 부분은 각자의 고의 및 과실의 정도에 따라 정하여지는 것으로서 부진정연대채무자 중 1인이 자기의 부담 부분 이상을 변제하여 공동의 면책을 얻게 하였을 때에는 다른 부진정연대채무자에게 그 부담 부분의 비율에 따라 구상권을 행사할 수 있다.」[710]하여 구상권을 확대하고 있다.

나. 연대채무 규정의 유추적용 　부진정연대채무자 상호간의 구상관계에도 연대채무 규정이 원칙적으로 유추된다. 그에 대한 공동면책일 이후의 법정이자 및 피할 수 없는 비용 기타의 손해배상을 구상할 수 있고(제425조 제2항의 유추),[711] 내부적인 부담부분을 확정할 수 없을 때에는 균등한 것으로 추정된다(제424조의 유추).

다만, 연대채무자 상호간의 출연분담에 관한 주관적인 밀접한 연관관계를 전제로 한 규정은 유추적용되지 않는다. 따라서 부진정연대채무자가 구상권을 취득하기 위해서

708) 대판 1997. 12. 12. 96다50896.

709) 송덕수, 318면.

710) 대판 2006. 1. 27. 2005다19378.

711) 대판 1996. 11. 29. 95다2951.

는 연대채무와 달리 부담부분을 초과하는 출재가 있어야 한다.[712] 그리고 채권만족이라는 목적만을 공통으로 하고 있는 부진정 연대채무에 있어서는 그 변제에 관하여 채무자 상호간에 통지의무 관계를 인정할 수 없고, 변제로 인한 공동면책이 있는 경우에 있어서는 채무자 상호간에 어떤 대내적인 특별관계에서 또는 형평의 관점에서 손해를 분담하는 관계가 있게 되는데 불과하다고 할 것이므로, 부진정연대채무에 해당하는 공동불법행위로 인한 손해배상채무에 있어서도 채무자 상호간에 구상요건으로서의 통지에 관한 민법의 규정(제426조)을 유추 적용할 수는 없다.[713]

다. 구상의무자 상호간의 관계 구상의무를 부담하는 수인의 부진정연대채무자들의 구상의무는 원칙적으로 분할채무로 보아야 한다.[714] 구상권자는 부담부분의 비율에 따라 구상권을 행사할 수 있다.[715]

다만 공동불법행위자 중 1인에 대하여 구상의무를 부담하는 다른 공동불법행위자가 여럿인 경우에는, 그들 상호간에 사용자와 피용자 등과 같은 대체적인 책임관계 또는 이에 유사한 관계가 있어서 다른 공동불법행위자에 대한 관계에서도 일체를 이루어 구상에 응해야 하는 경우,[716] 구상권자에게 손해의 발생에 관한 과실이 없는 경우, 즉 내부적인 부담 부분이 전혀 없는 경우에는[717]에는, 수인의 구상의무 사이의 관계를 부진정연대관계로 보아야 한다.

VI. 연대채권

1. 연대채무에 대응하는 것으로 학설은 연대채권의 개념을 인정한다. 연대채권이란 수인의 채권자 각자가 각각 독립해서 급부를 청구할 수 있고, 채권자 1인의 변제수령으로 다른 채권자의 채권도 소멸하는 채권을 말한다.

2. 통설은 계약자유의 원칙상 당사자의 합의에 의해 연대채권을 성립시킬 수 있는 것으로 본다. 민법은 이것을 명문으로 규정하고 있지 않다. 실제상의 필요가 적을 뿐 아니라, 채권자 1인이 급부 전부를 수령함으로서 다른 채권자가 그 이익을 분배받지 못하게 될 위험이 있는 점에서 그러하다.

712) 대판 1997. 12. 12. 96다50896.
713) 대판 1998. 6. 26. 98다5777.
714) 대판 2002. 9. 27. 2002다15917.
715) 대판 2008. 2. 29. 2007다89494; 대판 2007. 5. 31. 2005다55473.
716) 대판 2008. 2. 29. 2007다89494.
717) 대판 2005. 10. 13. 2003다24147.

제2관 보증채무

Ⅰ. 의의 및 법적 성질

1. 의의

(1) 보증채무란 주채무자가 이행하지 아니할 때 주채무와 동일한 급부를 하여야 할 보증인의 채무를 말한다(제428조 제1항). 보증채무는 주채무의 이행을 담보하는 인적 담보 기능을 한다. 보증채무에는 부종성과 보충성이 있다는 점에서, 다른 다수 당사자의 채권관계와 구별된다.

(2) 민법은 보증채무를 '다수당사자의 채권관계'의 부문에서 규정하고 있으나, 외국의 입법례(불민 2011조 이하; 독민 765조 이하; 서민 492조 이하)는 보증채무가 채권자와 보증인 사이의 보증계약에 의해 성립한다는 점에 착안하여 '계약'의 부문에서 규정하고 있다.

(3) 보증채무에는 여러 종류가 있다. 연대보증은 보증인이 주채무자와 연대하여 부담하는 보증채무로서 통상의 보증과 달리 보충성이 없지만, 부종성은 인정된다. 공동보증은 동일한 주채무에 대하여 2인 이상의 보증인이 보증채무를 부담하는 것을 말한다(제439조). 공동보증인들은 원칙적으로 인원수의 비율에 따른 보증채무를 부담하지만, 주채무가 불가분이거나 보증인들이 연대보증인이거나 보증인들이 연대의 특약을 한 때에는 주채무 전부에 관하여 보증채무를 부담한다. 부보증(副保證)이란 보증채무를 다시 보증하는 것을 말한다. 공동보증이 아니기 때문에 주보증인과 부보증인 사이에는 분별의 이익이 인정되지 않는다. 구상보증이란 주채무자의 보증인에 대한 구상채무를 주채무로 하는 보증을 말한다. 보증기관이 주채무자와 보증위탁계약을 체결하면서 장래 발생할 수도 있는 구상채권을 담보하기 위하여 구상보증을 하는 경우도 있다. 자세한 사항은 뒤에서 설명하기로 한다.

2. 법적 성질

(1) **독립성** 보증채무는 채권자와 보증인 사이의 계약에 의하여 발생하고, 채권자와 채무자 사이의 계약에 의하여 발생한 주채무와 별개의 독립된 채무이다.[718] 다만, 부종성의 제한을 받는 한도 내에서 독립성을 가진다. 이러한 독립성으로 인하여 주채무에 대한 확정판결로 인하여 주채무의 소멸시효 기간이 연장되더라도 보증채무

718) 대판 2004. 12. 24. 2004다20265.

의 소멸시효기간이 연장되지는 않는다.[719)]

보증채무 자체의 이행지체로 인한 지연손해금은 보증한도액과는 별도로 부담하고, 채권자와 보증인은 보증채무 자체의 지연손해금을 별도로 약정할 수 있으며, 보증채무의 연체이율에 관하여 특별한 약정이 없는 경우라면 그 거래행위의 성질에 따라 상법 또는 민법에서 정한 법정이율에 따라 산정되면 주채무에 관한 연체이율이 당연히 적용되는 것은 아니다.[720)]

채권자와 주채무자 사이의 소송에서 주채무의 존부나 범위에 관하여 주채무자가 전부 또는 일부 승소하는 판결이 확정된 경우, 보증인이 주채무자의 승소판결을 원용하여 자신의 보증채무 이행을 거절할 수 없다.[721)]

(2) 내용의 동일성 급부의 내용은 주채무와 동일하다. 따라서 주채무는 대체성이 있음을 요하고, 만약 대체성이 없다면 손해배상채무로 전환되는 것을 정지조건으로 하는 보증채무로 본다.

(3) 부종성 보증채무의 부종성이란 보증채무가 주채무의 존재를 전제로 성립하며 존속하는 것을 말한다. 주채무가 부존재하거나 무효·취소되면 보증채무도 성립하지 못함을 원칙으로 하고 있다(성립상의 부종성), 제428조 제2항과 제428조의3에서 각각 보증은 장래의 채무에 대하여도 할 수 있다고 하거나, 불확정한 다수의 채무에 대하여도 할 수 있다고 규정하고 있는 것은 보증계약이 장래의 채무를 위하여 체결할 수 있음을 규정한 것에 불과하고, 보증채무가 발생하기 위해서는 주채무가 현실적으로 존재하여야 한다.

또한 보증채무는 주채무의 범위 내로 감축되고 주채무의 항변으로 대항할 수 있고(내용상의 부종성), 주채무가 소멸하면 보증채무도 따라서 소멸하고 주채무에 관하여 취소권·해제권·해지권이 있어 소멸의 가능성이 있는 동안에는 이행을 거절할 수 있으며 특히 주채무자의 상계권을 직접 행사하여 주채무를 소멸케 할 수도 있다(존속상의 부종성). 따라서 보증인의 출연행위 당시에는 주채무가 유효하게 존속하고 있었다 하더라도 그 후 주계약이 해제되어 소급적으로 소멸하는 경우에는 보증인은 변제를 수령한 채권자를 상대로 이미 이행한 급부를 부당이득으로 반환청구 할 수 있다.[722)] 주채무가 시효

---

719) 대판 2014. 6. 12. 2011다76105. 따라서 단기소멸시효에 해당하는 주채무의 소멸시효기간이 10년으로 연장된 상태에서 주채무를 보증한 경우, 보증채무에 대하여는 단기소멸시효가 적용되지 않고, 성질에 따라 보증인에 대한 채권이 민사채권인 경우에는 10년, 상사채권인 경우에는 5년의 소멸시효기간이 적용된다.

720) 대판 2000. 4. 11. 99다12123; 대판 2016. 1. 28. 2013다74110.

721) 대판 2015. 7. 23. 2014다228099.

로 소멸한 때에는 보증인도 그 시효소멸을 원용할 수 있으며, 주채무자가 시효의 이익을 포기하더라도 보증인에게는 그 효력이 없다.[723]

또한 주채무에 대한 채권이 이전되면 당사자 사이에 별도의 특약이 없는 한 보증채무도 당연히 이전된다. 이러한 보증채무의 성질을 수반성이라고 한다(이전상의 부종성). 보증채무가 담보적 기능을 한다는 점에서 보증채무의 수반성은 당연한 성질이다. 당사자 사이에 별도의 특약으로 주채무자에 대한 채권만을 이전시키는 것도 가능하고, 이 때에는 채권양수인은 주채권만을 취득하고, 보증채무는 소멸한다. 그러나 보증채권만을 이전시키기로 하는 당사자 사이의 특약은 보증채무의 본질에 반하므로 무효이다. 이는 주채권과 보증인에 대한 채권의 귀속주체를 달리하는 것은, 주채무자의 항변권으로 채권자에게 대항할 수 있는 보증인의 권리가 침해되는 등 보증채무의 부종성에 반하고, 주채권을 가지지 않는 자에게 보증채권만을 인정할 실익도 없기 때문이다.[724]

주채권을 양도한 경우, 채권양도의 대항요건은 주채권에 관하여 갖추어지면 족하다. 즉 주채무자에 대한 채권양도의 통지나 주채무자에 대한 승낙이 있으면 보증인에 대하여 별도의 채권양도 통지나 보증인의 승낙이 없더라도 채권양수인은 보증채권의 취득을 보증인에게 주장할 수 있다.[725] 더 나아가, 권리양도에 계약조항에 따라 요구되는 보증인의 동의를 요하는지 여부에 대하여도, 공사도급계약에서 '이 계약으로부터 발생하는 권리 또는 의무는 제3자에게 양도하거나 승계할 수 없다. 다만, 상대방의 서면승낙과 보증인의 동의를 얻었을 때에는 그러하지 아니하다.'고 규정하고 있다 할지라도, 원칙적으로 의무의 승계에 있어서는 의무이행자가 누구인가 하는 것이 보증에 있어서 중대한 요소이므로 보증인의 동의를 요한다고 봄이 상당할 것이나, 권리의 양도로 인하여 보증인에게 어떠한 책임이 가중되거나 하는 일은 없으므로, 권리의 양도에 보증인의 동의를 요한다고 보기는 어렵다 할 것이어서, 도급인과 수급인이 수급인의 기성금청구채권을 하수급인들에게 양도함에 있어 위 도급계약조항에 의하여 수급인의 보증인의 동의를 요한다고 할 수는 없다고 한다.[726]

주채무가 면책적으로 인수되는 경우에는 보증채무는 소멸한다(제459조). 채무인수인과 보증인 사이에 별도의 신뢰관계가 존재한다고 할 수 없기 때문이다. 그러나 보증인이 면책적 채무인수에 동의한다면, 보증채무는 채무인수인을 위하여 여전히 존속한다.

722) 대판 2004. 12. 24. 2004다20265.

723) 대판 1991. 1. 29. 89다카1114.

724) 대판 2002. 9. 10. 2002다21509.

725) 대판 2002. 9. 10. 2002다21509.

726) 대판 2001. 10. 26. 2000다61435.

(4) 보충성 주채무자가 이행하지 않을 경우에 한하여 보증채무자가 2차적으로 이행의무가 있다. 이를 보증채무의 보충성이라고 한다. 보증채무의 보충성으로 인해 보증인에게 최고·검색의 항변권이 인정된다(제437조). 보증채무의 보충성은 특약에 의하여 배제될 수 있다. 보충성이 배제된 보증채무를 연대보증채무라고 한다.

3. 구별개념

(1) 손해담보계약 손해담보계약이란 당사자 일방이 상대방에 대하여 일정한 사항으로부터 발생할 장래의 손해를 전보할 목적으로 하는 계약을 말한다. 이는 주채무의 존재를 전제로 하지 않으며 담보자는 독립하여 책임을 부담한다는 점에서, 보증채무와 다르다. 즉 그 책임은 주채무자의 불이행, 즉 손해배상에 대한 것이 아니라 계약내용을 실현하는 이행책임이다. 따라서 상대방의 손해가 상대방의 고의나 과실로 인하여 발생하거나 확대된 때에도 과실상계의 법리가 적용되거나 유추되지 않는다. 다만 신의칙에 의하여 담보의무자의 책임이 경감될 수는 있다.[727]

손해담보계약에 있어 담보자의 채무는 주채무의 존속과 관계없이 성립하는 하나의 독립된 계약으로서, 보증채무와는 달리 담보채무는 주채무의 성립·존속·채무내용에 부종적 성질이 없다.[728]

을이 실질적으로 병에게 물품을 공급하기로 하였으나 병이 물품대금을 일시에 지불할 능력이 없으므로 렌탈회사인 갑으로부터 금융이익을 먼저 취하기 위해 갑이 을로부터 위 물품을 매수하는 것으로 하여 그 물품대금을 갑으로부터 모두 지불받고, 병이 이를 다시 甲으로부터 임차하기로 하는 형식을 취한 경우, 丙의 채무불이행 등으로 인해 甲에게 발생하는 위험을 乙이 부담하겠다는 취지의 약정은 당사자의 일방(담보자)이 상대방(수익자)에 대하여 일정한 사항에 관하여 위험을 인수하고, 이로 인하여 발생할지도 모르는 손해를 담보할 것을 목적으로 하는 일종의 손해담보계약이다.[729]

(2) 보증보험계약 보증보험이란 피보험자와 어떠한 법률관계를 가진 보험계약자(주계약상의 채무자)의 채무불이행으로 인하여 피보험자(주계약상의 채권자)가 입게 될 손해의 전보를 보험자가 인수하는 것을 내용으로 하는 손해보험으로서, 형식적으로는 채무자의 채무불이행을 보험사고로 하는 보험계약이나 실질적으로는 보증의 성격을 가지고 보증계약과 같은 효과를 목적으로 하는 것이다.[730]

---

727) 대판 2002. 5. 24. 2000다72572.

728) 서울고법 2002. 4. 10. 2001나16502.

729) 서울고법 2002. 4. 10. 2001나16502.

보증계약은 주채무자와 보증인 사이의 계약이나, 보증보험은 주계약상의 채무자와 보험자 사이의 계약이다. 보증보험계약은 보험금청구권이 피보험자인 주계약상의 채권자에게 발생하는 제3자를 위한 계약이다. 보증보험은 실질적으로 보증의 성격을 가지는 것으로서 그 성질에 반하지 않는 한 민법의 보증에 관한 규정이 적용된다.[731] 따라서 이행보증보험의 보험자는 민법 제434조를 준용하여 보험계약자의 채권에 의한 상계로 피보험자에게 대항할 수 있고, 그 상계로 피보험자의 보험계약자에 대한 채권이 소멸되는 만큼 보험자의 피보험자에 대한 보험금 지급채무도 소멸된다.[732] 주채무자에 대한 시효중단의 효과에 관한 민법 제440조는 보증보험계약에도 준용된다.[733] 주계약상의 보증인과 보증보험자는 채권자에 대한 관계에서 채무자의 채무이행에 관하여 공동보증인의 관계에 있다고 보아야 할 것이므로, 그들 중 어느 일방이 변제 기타 자기의 출재로 채무를 소멸하게 하였다면 그들 사이에 구상에 관한 특별한 약정이 없다 하더라도 민법 제448조에 의하여 상대방에 대하여 구상권을 행사할 수 있다.[734]

Ⅱ. 보증채무의 성립

1. 보증계약

(1) 보증계약과 보증의사 보증채무는 채권자와 보증인 사이의 '보증계약'에 의하여 성립한다. 따라서 법률의 규정에 의하여 발생하는 경우는 없다. 보증계약은 편무·무상계약이고 불요식계약이다. 여기서 보증의사 존재를 판단하는 것은 당사자의 의사해석 및 사실인정의 문제로서,[735] 보증은 이를 부담할 특별한 사정이 있을 경우 이루어지는 것이므로 보증의사의 존재는 이를 엄격하게 제한하여 인정하여야 한다.[736]

인정 판례로는, 주택 신축공사 수급인에게 공사비에 충당하기 위한 금원을 대여하면서 그 담보로 도급인으로부터 차용원리금 상당의 금원을 전세보증금으로 한 전세계약서를 작성·교부받은 경우, 적어도 도급인이 수급인의 위 차용금 채무를 보증하였다고 보아야 한다.[737]

730) 대판 2004. 12. 24. 2004다20265.
731) 대판 2004. 12. 24. 2004다20265.
732) 대판 2002. 10. 25. 2000다16251
733) 대판 2011. 11. 10. 2011다62090.
734) 대판(전) 2008. 6. 19. 2005다37154.
735) 대판 2012. 6. 14. 2010다28383.
736) 대판 1998. 12. 8. 98다39923; 대판 2000. 5. 30. 2000다2566; 대판 2006. 12. 21. 2004다34143.
737) 대판 2000. 2. 8. 99다38620.

부정판례로는, 액면금이 다액인 약속어음의 소지인의 의뢰에 의하여 이에 자신 명의의 배서를 하여 액면금이 소액인 수매의 약속어음으로 등가교환을 하도록 주선하였다는 사실만으로는 이를 주선한 자에게, 교환된 액면금 소액의 약속어음의 지급에 관한 보증의사가 있었다고는 볼 수 없다.[738] 대출절차상의 편의를 위하여 명의만을 대여한 것으로 인정되어 채무자로 볼 수 없는 경우, 그 형식상 주채무자가 실질적인 주채무자를 위하여 보증인이 될 의사가 있었다는 등의 특별한 사정이 없는 한 그 형식상의 주채무자에게 실질적 주채무자에 대한 보증의 의사가 있는 것으로 볼 수는 없다.[739]

보증채무는 주채무의 존재를 전제로 하지만, 주채무의 발생원인인 기본계약이 반드시 보증계약보다 먼저 체결되어야만 하는 것은 아니고 보증계약 체결 당시 보증의 대상이 될 주채무의 발생원인과 그 내용이 어느 정도 확정되어 있다면 장래의 채무에 대해서도 유효하게 보증계약을 체결할 수 있다.[740]

(2) 서면에 의한 보증 보증계약이 성립하기 위해서는 모든 보증에서 보증의사가 보증인의 기명날인 또는 서명이 있는 서면으로 표시되어야 효력이 발생한다(제428조의2 제1항). 이는 강행규정이다. 배우자의 물품대금채무의 담보로서 자신 소유의 부동산에 자신을 채무자로 한 근저당권설정등기를 마쳐 준 사안에서 근저당권설정계약서에 대하여는 보증의사가 표시된 서면이라고 볼 수 없다고 한다.[741] 다만 보증의 의사가 전자적 형태로 되어 있는 경우에는 효력이 없다(제428조의2 제1항 단서).

민법 제428조의2 제1항은 '보증은 그 의사가 보증인의 기명날인 또는 서명이 있는 서면으로 표시되어야 효력이 발생한다'고 정한다. 여기서 보증인의 '서명'은 원칙적으로 보증인이 직접 자신의 이름을 쓰는 것을 의미하므로 타인이 보증인의 이름을 대신 쓰는 것은 이에 해당하지 않지만, 보증인의 '기명날인'은 타인이 이를 대행하는 방법으로 하여도 무방하다.[742] 보증의 의사표시에 보증인의 기명날인 또는 서명이 있는 서면을 요구하는 것은, 한편으로 그 의사가 명확하게 표시되어서 보증의 존부 및 내용에 관하여 보다 분명한 확인수단이 보장되고, 다른 한편으로 보증인으로 하여금 가능한 한 경솔하게 보증에 이르지 아니하고 숙고의 결과로 보증을 하도록 하려는 취지에서 나온 것이다. 따라서 법규정이 '보증의 의사'가 일정한 서면으로 표시되는 것을 정할 뿐이라는 점 등을 고려할 때, 작성된 서면에 반드시 '보증인' 또는 '보증한다'라는 문언

738) 대판 1988. 12. 8. 98다39923.
739) 대판 2005. 5. 12. 2004다68366.
740) 대판 2006. 6. 27. 2005다50041.
741) 대판 2022. 3. 17. 2021다296120.
742) 대판 2019. 3. 14. 2018다282473.

의 기재가 있을 것이 요구되지는 아니한다고 봄이 상당하다.[743]

보증채무를 보증인에게 불리하게 변경하는 경우에도 서면으로 하여야 한다(제428조의2 제2항). 이를 위반한 보증계약은 무효이지만, 보증인이 보증채무를 이행한 때에는 방식의 하자를 이유로 무효를 주장할 수 없다(제428조의2 제3항).

(3) 보증최고액 서면 특징 근보증과 보증인보호법상의 보증계약을 체결할 때에는 보증채무의 최고액을 서면으로 특정하여야 한다(제428조의3 제1항, 보증인보호법 제4조 전단). 이는 보증기간을 갱신할 때에도 같다(보증인보호법 제4조 후단). 확정된 주채무에 관한 채권증서에 보증인이 기명날인 또는 서명하는 방식으로 보증의 의사를 표시한 일반 보증의 경우에 그 서면에 주채무자가 부담하는 원본채무의 금액이 명확하게 기재되어 있다면 다른 특별한 사정이 없는 한 이로써 위 법률 제4조 전단의 요건은 적법하게 충족되었다고 볼 것이고, 그 외에 이자 또는 지연손해금 등과 같은 종된 채무에 관하여 별도로 그 액을 특정할 것이 요구되지는 아니한다.[744]

(4) 채권자의 정보제공의무와 통지의무 채권자는 보증계약을 체결할 때 보증계약의 체결 여부 또는 그 내용에 영향을 미칠 수 있는 주채무자의 채무 관련 신용정보를 보유하고 있거나 알고 있는 경우에는 보증인에게 그 정보를 알려야 한다. 보증계약을 갱신할 때에도 또한 같다(제436조의2 제1항).[745] 또한 채권자가 보증계약 체결 후 주채무자가 원본, 이자, 위약금, 손해배상 또는 그 밖에 주채무에 종속한 채무를 3개월 이상 이행하지 아니하는 경우, 주채무자가 이행기에 이행할 수 없음을 미리 안 경우, 주채무자의 채무 관련 신용정보에 중대한 변화가 생겼음을 알게 된 경우에는 지체없이 그 사실을 보증인에게 알려야 한다(제436조의2 제2항·보증인보호법 제5조 제1항). 채권자가 금융기관인 경우에는 위의 사항을 1개월 이상 이행하지 않은 경우 통지하여야 한다(보증인보호법 제5조 제2항). 채권자는 보증인의 청구가 있으면 주채무의 내용 및 그 이행 여부를 알려야 한다(제436조의2 제3항).

만약 채권자가 정보제공의무나 통지의무를 위반하여 보증인에게 손해를 입힌 경우에는 법원은 그 내용과 정도 등을 고려하여 보증채무를 감경하거나 면제할 수 있다(제

743) 대판 2013. 6. 27. 2013다23372.

744) 대판 2013. 6. 27. 2013다23372.

745) 채권자의 정보제고의무의 규성 신설 전에는 주채무자의 신용상태에 대한 채권자의 신의칙상의 고지의무가 인정되지 않았다. 신설 전의 판례는, 보증제도는 본질적으로 주채무자의 무자력으로 인한 채권자의 위험을 인수하는 것이므로 보증인이 주채무자의 자력에 대하여 조사한 후 보증계약을 체결할 것인지의 여부를 스스로 결정하여야 하는 것이고, 채권자가 보증인에게 채무자의 신용상태를 고지할 신의칙상의 의무는 존재하지 아니한다(대판 2002. 7. 12. 99다68652)고 하였다.

436조의2 제4항).

2. 보증채무의 성립에 관한 요건

보증채무는 보증계약에 의해 발생하기 때문에 그 내용은 당사자의 의사에 의해 결정되겠지만, 그 밖에도 보증채무와 주채무와의 관계에서, 그리고 보증인의 자격과 관련하여 갖추어야 할 요건이 있다. 이는 보증계약의 특별성립요건이라고 할 수 있다.

보증채무는 주채무의 이행을 담보하는 것이므로(제428조 1항), 보증채무가 성립하기 위해서는 먼저 주채무가 유효하게 성립하여 존재하여야 한다(성립상의 부종성). 주채무가 무효·취소 등의 사유로 소멸한 때에는 보증채무도 소멸한다. 따라서 주채무가 취소되면 보증채무도 무효로 된다. 채권담보를 목적으로 하는 계약일지라도 주채무의 존재를 전제로 하지 않는 것은 보증계약이 아니고 손해담보계약에 해당한다.

보증채무는 주채무와 내용이 같아야 하므로 주채무는 대체적 급부를 내용으로 하여야 한다. 그러나 이는 본질적인 것은 아니다. 따라서 객관적으로 대체성이 없음에도 불구하고 당사자가 대체성을 인정한다면 보증채무는 성립할 수 있다. 그리고 부대체적 급부를 목적으로 하는 채무에 관하여 보증한 경우에는, 주채무가 손해배상채무로 변하는 것을 정지조건으로 하여 보증한 것으로 새겨야 한다.

보증은 현재의 채무에 대해서 뿐만 아니라 장래의 채무에 대하여도 할 수 있다(제428조 2항). 주채무가 이미 발생한 경우에만 보증계약을 체결할 수 있는 것은 아니고, 주채무가 장래에 발생할 것인 때에도 이를 담보하기 위해 보증계약을 체결할 수 있으며, 이 경우 보증채무는 장래에 주채무가 성립한 때에 성립하게 되는 점에서 부종성은 그대로 유지된다. 당좌대월계약 등과 같은 계속적 거래관계로부터 생기는 증감변동하는 채무로서, 장래의 결산기를 정하여 불확정 다수의 채무를 담보하는 '근보증(제428조의3)'이 그러하다. 근보증은 거래를 특정하지 않는 포괄근보증이라도 허용되나, 보증하는 채무의 최고액을 특정해야 하며(제428조의3 제1항), 최고액을 서면으로 특정하지 않은 보증계약은 무효로 된다(제428조의3 제2항·보증인보호법 제6조). 조건부 채무도 장래의 채무에 준해 다루어질 수 있는 것으로 해석된다.

주채무가 장래의 채무·조건부 채무인 경우에는 주채무가 효력을 발생할 때 보증채무도 효력이 생기는 것으로 해석하여야 한다.

3. 보증인에 관한 요건

(1) 일반의 경우 보증인의 자격에는 원칙적으로 제한이 없다. 다만 보증채무는

보증계약에 의하여 성립하므로 보증인은 계약 당사자로서 의사능력과 행위능력을 가지고 있어야 한다.

(2) 보증인을 세울 의무가 있는 경우 그러나 계약·법률의 규정·법원의 명령에 의해 주채무자가 보증인을 세울 의무가 있는 경우에는, 보증인은 행위능력과 변제자력 있는 자이어야 하고(제431조 제1항), 변제자력이 없게 되면 채권자는 보증인의 변경을 요구할 수도 있다(동조 제2항). 다만, 채권자가 스스로 보증인을 지명한 경우나 채무자가 담보를 제공하여 보증인을 세울 의무를 면한 경우에는 적용되지 않는다(제431조 3항). 그때는 채권자를 보호할 필요가 없기 때문이다.

위의 보증인 자격은 보증인을 세울 의무의 요건일 뿐이며 보증계약의 성립요건은 아니다. 따라서 보증인이 무자력자일지라도 일단 그와 보증계약을 체결하였으면 그 계약은 유효하다. 다만 그 경우 채무자는 보증인을 세울 의무를 이행하지 않은 것으로 되고, 그 결과 기한의 이익을 잃는다(제388조 2호).

Ⅲ. 보증채무의 보증기간

1. 일반론

보증채무의 보증기간은 계약자유의 원칙상 채권자와 보증인 사이에 약정에 의하여 정해지게 된다. 민법은 보증기간에 관하여 명문의 규정을 두고 있지 않은 관계상 원칙적으로 계약 당사자가 자유로이 정할 수 있다고 보아야 한다. 그러나 보증인의 경우에 주로 주채무자와의 인적 관계에 따라 보증채무를 부담하는 사례가 많고 그에 대한 폐단이 지적되면서 보증인보호법에서는 보증기간을 제한하는 특별규정을 두게 되었다.

2. 보증기간의 제한

보증인보호법상 보증의 경우 '보증기간'은 원칙적으로 당사자의 약정에 의하여 정하여지나, 약정이 없는 때에는 그 기간이 3년으로 된다(같은 법 제7조 제1항). 여기서 '보증기간'은 특별한 사정이 없는 한 보증인이 보증책임을 부담하는 주채무의 발생기간이라고 해석함이 타당하고, 보증채무의 존속기간을 의미한다고 볼 수 없다.[746] 보증기간은 갱신할 수 있으며, 그 경우 보증기간의 약정이 없는 때에는 계약체결시의 보증기간을 그 기간으로 본다(같은 법 제7조 제2항). 그리고 위에서 간주되는 보증기간은 계약을 체결하

746) 대판 2020. 7. 23. 2018다42231.

거나 갱신하는 때에 채권자가 보증인에게 고지하여야 한다(제3항). 한편 보증계약 체결 후 채권자가 보증인의 승낙 없이 채무자에 대하여 변제기를 연장하여 준 경우에는, 채권자나 채무자는 보증인에게 그 사실을 알려야 한다(제4항 1문). 그리고 이 경우 보증인은 즉시 보증채무를 이행할 수 있다(제4항 2문).

Ⅳ. 보증채무의 내용

1. 목적 및 형태상의 부종성

(1) 보증채무의 내용은 보증채무의 부종성에 따라 보증계약에 의하여 정하여진다. 보증인의 부담이 주채무의 목적이나 형태보다 중한 때에는 주채무의 한도로 감축한다(제430조). 보증계약의 내용이 보증의 본질에 반하는 것은 모순이므로, 보증의 본질에 맞게 감축하여 초과된 일부만을 무효로 하고 나머지는 유효로 하려는 취지이다. 제430조는 규정취지상 강행규정으로 보아야 한다.

예컨대 주채무는 무이자 소비대차인데 보증채무는 이자부 소비대차로서 담보하는 것은 '목적상의 부종성'에 반하는 것이고, 주채무의 변제기보다 보증채무의 변제기를 빨리 하거나, 주채무는 조건부인데 보증채무는 무조건으로 하는 것은 '형태상의 부종성'에 반하는 것이 된다. 주채무가 상사채무라면 비록 보증계약이 민사상 계약이라고 하더라도 소멸시효기간은 주채무에 따라 5년이라고 보아야 하고, 주채무의 이행기보다 보증채무의 이행기가 더 빨리 도래할 수는 없다.

채권자와 보증인은 보증채무의 내용, 이행의 시기, 방법 등에 관하여 특약을 할 수 있고, 그 특약에 따른 보증인의 부담이 주채무의 목적이나 형태보다 중하지 않는 한 그러한 특약이 무효라고 할 수도 없으므로(민법 제430조 참조), 주채무가 외화채무인 경우에도 채권자와 보증인 사이에 미리 약정한 환율로 환산한 원화로 보증채무를 이행하기로 약정하는 것도 허용된다.[747)]

(2) 보증인은 보증채무에 관하여 위약금 기타 손해배상액을 예정할 수 있다(제429조 제2항). 이는 보증채무가 주채무와는 별개의 채무이기 때문에 인정되는 것이다. 그렇다면 보증채무에 대하여 보증을 하거나(부보증), 담보물권(물상보증)을 설정하는 것도 가능하다 할 것이다.[748)]

---

747) 대판 2002. 8. 27. 2000다9734.

748) 송덕수, 331면.

(3) 주채무가 사후적으로 변경된 경우에는 보증채무의 부종성에 비추어 구체적으로 살펴보아야 한다. 즉 주채무의 동일성은 유지되지만 주채무의 부담이 확장·가중된 경우에는 종전의 주채무에 따른 보증책임을 부담하게 된다.[749] 예컨대 보증인이 임대인의 임대차보증금반환채무를 보증한 후에 임대인과 임차인 간에 임대차계약과 관계없는 다른 채권으로써 연체차임을 상계하기로 약정하는 것은 보증인에게 불리한 것으로 보증인에 대하여는 그 효력을 주장할 수 없다.[750]

반대로 주채무의 동일성이 유지되고 주채무의 부담이 축소·감경된 경우에는 보증인은 축소·경감된 주채무의 내용에 따라 보증채무를 부담한다.[751] 따라서 채무자의 채무불이행시의 손해배상의 범위에 관하여 채무자와 채권자 사이의 합의로 보증인의 관여 없이 그 손해배상 예정액이 결정되었다고 하더라도, 보증인으로서는 위 합의로 결정된 손해배상 예정액이 채무불이행으로 인하여 채무자가 부담할 손해배상 책임의 범위를 초과하지 아니한 한도 내에서만 보증책임이 있다.[752] 보증계약 합의 후 손해배상책임을 가중시키는 약정을 하는 경우에도 마찬가지이다.[753]

다만, 보증계약 체결 후 채권자가 보증인의 승낙 없이 주채무자에 대하여 변제기를 연장하여 준 경우, 그것이 반드시 보증인의 책임을 가중하는 것이라고는 할 수 없으므로 원칙적으로 보증채무에 대하여도 그 효력이 미친다고 한다.[754] 더 나아가 확정채무의 연대보증인이 자신의 동의 없이 피보증채무 이행기가 연장된 경우에도 보증채무를 부담한다고 한다.[755]

2. 보증채무의 범위

보증채무의 범위는 주채무에 대한 부종성을 토대로 보증계약에 의해 구체적으로 정해지는데, 보증채무의 범위는 주채무의 범위보다 클 수 없으며, 만약 더 크다면 주채무의 한도로 줄어든다(제430조). 보증채무의 범위가 주채무의 범위보다 적은 것은 상관없다. 계약에서 특별히 정하지 않는 경우에는 보증채무는 주채무의 이자, 위약금, 손해배상 기타 주채무에 종속한 채무를 포함한다(제429조 1항).

여기서 보증채무의 범위에 관하여 당사자 사이에 특약이 없는 경우에는 민법의 규정

749) 대판 1974. 11. 12. 74다533.

750) 대판 1999. 3. 26. 98다22918·22925.

751) 대판 1974. 11. 12. 74다533; 대판 2001. 3. 23. 2001다628; 대판 2005. 9. 9. 2003다45359.

752) 대판 1996. 2. 9. 94다38250.

753) 대판 2016. 4. 28. 2015다7411.

754) 대판 1995. 10. 13. 94다4882; 대판 1996. 2. 23. 95다49141.

755) 대판 2002. 6. 14. 2002다14853; 대판 2011. 12. 8. 2011다78958.

이 보충적으로 적용된다. 따라서 보증채무의 범위를 규정한 제429조 제1항의 규정은 보증계약의 당사자 사이에 보증채무의 범위가 주채무의 종속채무에까지 미치는지의 여부에 관한 명시적 또는 묵시적 특약이 없고 이를 결정할 수 있는 특별한 사정도 없는 경우에 적용되는 보충적인 의사해석규정으로서, 명시적 또는 묵시적 특약이나 특별한 사정이 있는 경우에는 적용되지 않는다.756)

제429조 제1항의 손해배상채무는 주채무의 손해배상에 관한 것이며, 보증채무의 이행지체로 인한 것은 아니다. 보증채무의 이행지체로 인한 지연배상은 보증채무와는 별도로 부담하여야 한다.757) 그리고 이와 같이 보증채무 자체의 이행지체로 인한 지연손해금은 보증한도액과는 별도로 부담하고, 이 경우 보증채무의 연체이율에 관하여 특별한 약정이 없는 경우라면 그 거래행위의 성질에 따라 상법 또는 민법에서 정한 법정이율에 따라야 하며, 주채무에 관하여 약정된 연체이율이 당연히 여기에 적용되는 것은 아니지만, 특별한 약정이 있다면 이에 따라야 한다.758)

근저당권의 피담보채무 등의 이행을 인수한 자의 채무를 보증한 자의 보증채무의 범위에 관해서는, 부동산매매계약과 함께 부동산의 매수인이 매매목적물에 관한 근저당권의 피담보채무, 가압류채무, 임대차보증금 반환채무를 인수하는 한편, 그 채무액을 매매대금에서 공제하기로 하는 이행인수계약이 이루어진 경우 그 매매대금채무나 매수인이 인수한 채무를 보증한 자는 매도인이 매수인의 인수채무 불이행으로 말미암아 또는 임의로 인수채무를 대신 변제하여 매수인이 매도인에게 부담하게 되는 손해배상채무 또는 구상채무에 대하여도 보증채무를 부담하게 되며, 나아가 매수인의 인수채무 불이행으로 인한 손해가 계속적으로 발생하거나 매도인이 매수인의 인수채무를 계속적으로 대신 변제하여 나가는 경우도 있을 수 있고, 이러한 경우의 보증은 계속적 보증의 성질도 갖게 된다.759)

선급금 반환에 관한 보증계약의 경우 보증인은 주채무자의 선급금 반환채무의 이행을 보증할 뿐 하자보수보증금까지 담보한다고 볼 수 없으므로, 선급금보증계약상의 보험금을 산정할 때에는 하자보수보증금을 공제하지 아니한 미지급 기성대금을 선급금에서 공제하여야 한다.760)

계약을 보증한 보증인이 계약해제·해지에 따른 원상회복의무(제548조) 및 손해배상의무(제551조)에도 책임을 지는가. 판례는 긍정한다. 즉 특단의 사정이 없는 한 피보증인의

756) 대판 1997. 8. 29. 96다37879.

757) 대판 1998. 2. 27. 97다1433; 대판 2016. 1. 28. 2013다74110.

758) 대판 2000. 4. 11. 99다12123; 대판 2016. 1. 28. 2013다74110.

759) 대판 2002. 5. 10. 2000다18578.

760) 대판 2016. 1. 28. 2013다74110.

채무불이행으로 인하여 그 계약이 해제되었으므로 인한 피보증인의 원상회복의 의무에 대하여도 책임을 진다[761]고 하거나, 선급금 반환의무는 수급인의 채무불이행에 따른 계약해제로 인하여 발생하는 원상회복의무의 일종이고, 보증인은 특별한 사정이 없는 한 채무자가 채무불이행으로 인하여 부담하여야 할 손해배상채무와 원상회복의무에 관하여도 보증책임을 지므로, 민간공사 도급계약에서 수급인의 보증인은 특별한 사정이 없다면 선급금 반환의무에 대하여도 보증책임을 진다고 한다.[762]

학설의 논거는 계약당사자를 위한 보증은 그 계약에서 생기는 특정의 채무만을 보증하는 취지로 하는 것은 오히려 예외이며, 보통은 그 계약당사자가 부담하는 모든 채무를 보증하는 취지라고 해석해야 하는 것이고 해제·해지에서의 원상회복의무와 손해배상의무의 성질론에 관계없이 이들 채무도 보증하는 것으로 해석하는 견해[763]와 해제의 효과에 관하여 청산관계설에 입각하여 본래의 채무와 해제의 효과로서 발생한 채무간에 동일성이 유지되므로 이들 채무도 보증하게 된다는 견해[764]로 나뉜다. 생각건대 이는 결국 보증채무의 부종성과 보증의사의 해석의 문제로서, 민법은 해제의 효과로서 원상회복의무뿐만 아니라 손해배상의무까지 부여하고 있으므로 이 양자를 아우르는 논거로서는 후자의 견해가 논리적 타당성이 있다고 본다.

보증계약의 성립 후 보증인의 동의 없이 주채무의 목적이나 형태가 변경된 경우, 보증채무의 범위에 대해서는, 그 변경으로 인하여 주채무의 실질적 동일성이 상실된 경우에는 당초의 주채무는 경개로 인하여 소멸하였다고 보아야 할 것이므로 보증채무도 당연히 소멸하겠지만, 그 변경으로 인하여 주채무의 실질적 동일성이 상실되지 아니하고 동시에 주채무의 부담 내용이 축소·감경된 것에 불과한 경우에는 보증인은 그와 같이 축소·감경된 주채무의 내용에 따라 보증책임을 진다.[765]

V 보증채무의 효력

1. 대외적 효력

보증채무가 성립하면 주채무와 더불어 하나의 급부에 대해 복수의 채무가 존재하게 된다. 따라서 채권자는 주채무자와 보증인에 대해 채권을 행사할 수 있고, 이에 대해

761) 대판 1972. 5. 9. 71다1474.
762) 대판 2012. 5. 24. 2011다109586.
763) 곽윤직, 192면; 김기선, 244면; 송덕수, 331면.
764) 김상용, 324면; 김형배, 508면; 이은영, 558면.
765) 대판 2001. 3. 23. 2001다628.

보증인은 부종성과 보충성에 기한 항변권을 가진다.

(1) 채권자의 권리로서 이행청구와 통지의무

가. 이행청구　　채권자는 변제기가 도래하면 주채무자와 보증인엑 각각 또는 동시나 순차로 이행청구를 할 수 있다. 이때 만약 채권자가 주채무자에게 청구하지 않고 보증인에게 청구하는 경우에는 보증인은 일정한 항변권 기타의 권리를 행사할 수 있다. 보증인의 불이행이 있으면 그에 따른 손해배상을 청구할 수 있으며, 위약금이나 손해배상액의 예정을 하여 그에 따른 권리를 가질 수도 있다(제429조 2항).

주채무자와 보증인 중 전원 또는 일부가 파산선고를 받은 때에는 채권자는 파산선고시에 가진 채권의 전액에 관하여 각 파산재단에 대하여 파산채권자로서 권리를 행사할 수 있다(채무자회생법 제428조·제429조·제431조). 주채무자와 보증인 중 전원 또는 일부에 관하여 회생절차가 개시된 때에는 채권자는 회생절차 개시 당시 가진 채권의 전액에 관하여 각 회생절차에서 회생채권자로서 그 권리를 행사할 수 있으며(채무자회생법 제126조 제1항·제127조), 주채무자와 보증인 중 전원 또는 일부가 개인회생절차 개시결정을 받은 때에는 채권자는 개인회생절차 개시결정시에 가진 채권의 전액에 관하여 각 개인회생재단에 대하여 개인회생채권자로서 권리를 행사할 수 있다(채무자회생법 제581조 제2항·제428조·제429조·제431조).

나. 채권자의 정보제공의무 및 통지의무　　민법 제436조의2와 보증인보호법 제5조는 채권자에게 정보제공의무와 통지의무를 부과하고 있다. 앞에서 기술하였다.

(2) 보증인의 권리

1) 부종성에 기한 권리

가. 주채무자의 항변권의 행사　　보증인은 주채무자가 가지는 항변으로 채권자에게 대항할 수 있다(제433조 1항). 주채무의 무효·취소·변제기 미도래·동시이행의 항변권, 주채무의 소멸의 항변(변제·대물변제·공탁·상계·경개 등)을 행사하는 것을 말한다. 보증채무의 내용상의 부종성으로 인해, 주채무자가 항변권을 가진다면 보증인도 그 항변권을 원용하게 하는 것이 취지에 부합하다. 시효의 완성[766]으로 인하여 주채무가 소멸한 경우에 보증인의 항변을 인정하는 데에는 다툼이 없고, 주채무가 시효로 소멸한 후에 주채무자가 시효이익을 포기한 경우에도 마찬가지이다.[767]

---

766) 대판 2002. 5. 14. 2000다62476; 대판 2012. 1. 12. 2011다78606; 대판 2012. 7. 12. 2010다51192.
767) 대판 1991. 1. 29. 89다카1114.

문제는 보증인이 시효이익을 포기한 경우이다. 판례는 「주채무에 대한 소멸시효가 완성된 경우에는 시효완성 사실로써 주채무가 당연히 소멸되므로 보증채무의 부종성에 따라 보증채무 역시 당연히 소멸된다. 그리고 주채무에 대한 소멸시효가 완성되어 보증채무가 소멸된 상태에서 보증인이 보증채무를 이행하거나 승인하였다고 하더라도, 주채무자가 아닌 보증인의 행위에 의하여 주채무에 대한 소멸시효 이익의 포기 효과가 발생된다고 할 수 없으며, 주채무의 시효소멸에도 불구하고 보증채무를 이행하겠다는 의사를 표시한 경우 등과 같이 부종성을 부정하여야 할 다른 특별한 사정이 없는 한 보증인은 여전히 주채무의 시효소멸을 이유로 보증채무의 소멸을 주장할 수 있다고 보아야 한다.」고 하여 보증인의 항변권을 인정한다. 생각건대, 이는 의사표시 해석의 문제로서 명시적으로 시효이익을 포기한 경우까지 보증채무의 부종성을 들어 항변권을 인정하는 것은 무리이고, 묵시적으로 포기한 경우가 대개 문제될 것인데 보증인의 보증계약 체결당시의 상황, 주채무자와 보증채무자 사이의 관계 등을 고려하여 판단하여야 할 것이다.

주채무자가 채권자에게 채무이행의 담보로서 약속어음을 발행한 경우, 보증인은 채권자의 청구에 대해 자신에게 어음을 반환하여야 한다는 동시이행의 항변을 할 수 있는지에 관해 반환되지 않은 채 채무가 소멸되는 것은 주채무자에게 위험이 남게 되고, 한편 보증인에게도 구상권의 행사나 대위권의 취득에 필요하므로, 그 항변권을 가진다고 보아야 한다.

주채무자의 항변포기는 보증인에게 효력이 없다(제423조 2항). 보증인을 보호하기 위한 것으로서, 따라서 주채무자가 기한의 이익이나 시효이익을 포기하더라도 보증인은 변제기의 미도래 및 주채무의 시효소멸에 따른 보증채무의 소멸을 주장할 수 있다.

나. 주채무자 상계권의 행사　　보증인은 주채무자의 채권에 의한 상계로 채권자에게 대항할 수 있다(제434조). 이는 보증인이 주채무자의 채권으로 상계할 수 있음을 말한다. 이는 보증인이 채무자의 권리를 처분하는 것이 된다. 상계는 자동채권 보유자의 권리행사이므로 권리자 이외의 제3자가 행사할 수 없음이 원칙인데, 보증인에 의한 상계는 채권자와 채무자에게 피해를 주지 않으면서도 보증인을 보호하고 구상관계를 생략할 수 있으므로 허용되는 것이다. 이처럼 보증인은 주채무자의 채권으로 상계할 수 있으나, 채권자가 상계적상에 있는 자동채권을 상계처리 하지 않았다고 하여 그것을 이유로 보증채무의 이행을 거절할 수는 없으며, 그가 면책될 수도 없다.[768]

이와 관련하여 주채무자의 채권이 시효로 소멸된 경우에 시효완성 된 채권도 완성

768) 대판 1987. 5. 12. 86다카1340.

전에 상계할 수 있었다면 상계할 수 있다는 규정(제495조)에 의해 허용된다고 보아야 할 것이다.

이행보증보험의 보험자가 보험계약자의 채권에 의한 상계로 피보험자에게 대항할 수 있는가. 판례는 이행보증보험은 보험계약자인 채무자의 주계약상 채무불이행으로 인하여 피보험자인 채권자가 입게 되는 손해의 전보를 보험자가 인수하는 것을 내용으로 하는 손해보험으로서 실질적으로는 보증의 성격을 가지고 보증계약과 같은 효과를 목적으로 하는 점에서 보험자와 채무자 사이에는 민법상의 보증에 관한 규정이 준용되므로, 이행보증보험의 보험자는 민법 제434조를 준용하여 보험계약자의 채권에 의한 상계로 피보험자에게 대항할 수 있고, 그 상계로 피보험자의 보험계약자에 대한 채권이 소멸되는 만큼 보험자의 피보험자에 대한 보험금 지급채무도 소멸된다고 한다.[769]

다. 채무의 이행거절 주채무자가 채권자에 대하여 취소권·해제권·해지권 등을 가지고 있는 동안 보증인은 채권자에 대하여 보증채무의 이행을 거절할 수 있다(제435조). 이는 주채무의 존속이 유동적·불확정적인 동안 보증인에게 연기적 항변권을 인정한 것으로 볼 수 있다. 그러나 보증인이 주채무를 발생시키는 법률행위 내지 의사표시의 취소권 등을 직접 행사할 수는 없다. 취소권 등은 법률행위 당사자의 지위에 있는 자만이 행사할 수 있기 때문이다.

2) 보충성에 기한 권리

가. 보충성의 의미 주채무의 이행기가 도래하였으나 주채무자가 이를 이행하지 않으면, 채권자는 보증인에 대하여 보증채무의 이행을 청구할 수 있다(제428조 1항). 그런데 보증채무는 원칙적으로 주된 채무가 이행되지 않는 경우에 그 보충으로 이행되어야 할 채무의 성격(보충성)을 가진다. 따라서 채권자가 보증인에게 보증채무의 이행을 청구하거나 그의 재산에 대한 집행을 하면, 보증인은 채권자에게 우선 주채무자에 대하여 청구하라고 하는 항변(최고의 항변)을 할 수 있을 뿐만 아니라, 주채무자의 재산에 대하여 집행한 후 보증인의 재산에 대하여 집행하라고 하는 항변(검색의 항변권)도 할 수 있다(제437조).

나. 최고·검색의 항변권 최고·검색의 항변권은 이행청구를 받은 보증인이 주채무자에게 변제의 능력이 있고, 집행이 용이한 것을 증명하여 주채무자에게 먼저 청구하라고 항변할 수 있으며, 채권자가 먼저 주채무자에게 최고하고 보증인에게 청구하더라도 다시 주채무자의 변제자력과 집행의 용이함을 증명하고 먼저 주채무자의 재산에 집

769) 대판 2002. 10. 25. 2000다16251.

행하라고 항변할 수 있는 권리를 말한다(제437조).

최고·검색의 항변권의 법적 성질에 대하여는 대체로 최고의 항변권과 검색의 항변권을 각각 독립된 별개의 항변권으로 보지만,[770] 민법 제437조의 제정과정[771]을 근거로 최고·검색의 항변권을 하나의 권리로서 이해하는 소수의 견해[772]도 있다.

제437조는 최고의 항변권과 검색의 항변권의 요건을 모두 동일하게 규정하고 있다. 최고·검색의 항변권을 행사하기 위해서는 보증인은 주채무자에게 변제자력이 있는 사실과 집행이 용이한 사실을 증명하여야 하고, 먼저 주채무자에게 청구하거나 먼저 주채무자의 재산에 집행할 것을 주장해야 한다.

보증인이 최고·검색의 항변권을 적법하게 행사하면 보증인은 보증채무에 대한 이행지체책임을 면한다. 또한 보증인이 최고·검색의 항변권을 가지는 동안에는 채권자는 보증채권을 자동채권으로 하여 상계할 수 없다. 보증인의 최고·검색의 항변에도 불구하고 채권자가 최고나 검색(집행)을 게을리 하여 주채무자로부터 전부나 일부의 변제를 받지 못한 경우에, 보증인은 채권자가 해태하지 않았으면 변제받았을 한도에서 그 의무를 면한다(제438조).

다. 연대보증에서 보충성의 배제 보충성이 보증채무가 일반적으로 가지고 있는 성질이긴 하지만, 그 필수적 속성은 아니다. 연대보증은 보충성은 없지만 보증으로서의 성질은 가진다.

2. 주채무자 또는 보증인에게 생긴 사유의 효력

(1) 주채무자에게 생긴 사유의 효력 보증채무의 부종성에 비추어, 주채무자에게 생긴 사유는 보증인에게도 효력이 있음이 원칙이다(절대적 효력). 따라서 주채무를 소멸시키는 사유가 발생하면 보증채무도 소멸한다. 주채무가 채권양도되면 보증채무도 양수인을 위한 채무의 보증으로 수반된다. 다만, 보증채무를 가중하는 합의는 효력이 미치지 않는다(제430조). 이와 관련하여 다음과 같은 것이 문제된다.

1) 주채무의 소멸 주채무가 소멸하면, 보증채무도 소멸하는 것이 원칙이다. 그러나 주채무자가 사망하고 상속인이 한정승인을 한 경우처럼 「채무」가 아닌 「책임」이 경감되었다면, 보증인은 원래의 보증채무를 부담한다. 그리고 채무자회생법에 의하여 수

770) 곽윤직, 196면.

771) 구민법은 보증인의 최고의 항변권에 대해서는 제452조에서, 검색의 항변권에 대해서는 제453조에서 따로 규정하고 또 그 성립요건도 달리 정하고 있었다.

772) 김상용, 330면; 김형배, 514면; 이은영, 563면.

채무의 일부가 면제되더라도 보증인의 채무에는 영향이 없다(채무자회생법 제250조 제2항). 주채무를 소멸시킨 행위가 무효나 취소 등에 의하여 효력을 상실하면 보증채무도 부활한다.

보증채무자가 주채무를 소멸시키는 행위는 주채무의 존재를 전제로 하므로, 보증인의 출연행위 당시에는 주채무가 유효하게 존속하고 있었다 하더라도 그 후 주계약이 해제되어 소급적으로 소멸하는 경우에는 보증인은 변제를 수령한 채권자를 상대로 이미 이행한 급부를 부당이득으로 반환청구할 수 있다.773)

2) 주채무에 대한 시효중단 (1) 민법 제440조는 주채무자에 대한 시효의 중단은 보증인에 대하여 그 효력이 있다고 규정하고 있다. 동조는 주채무에 시효중단 사유가 있다면 보증채무에는 별도로 시효중단 사유가 없다고 하더라도 시효중단의 효력을 인정한 규정이다. 동조는 보증채무의 보충성에 의한 것이라기보다는 채권자 보호 내지 채권담보의 보호를 위한 특별규정이고,774) 「시효의 중단은 당사자와 승계인에게만 효력이 있다.」는 제169조의 예외규정이다.775) 시효정지에는 예외를 인정하지 않았으므로 주채무에 대한 시효정지는 보증인에게 효력이 없다.

회사정리절차 개시로 인하여 회사정리법에 따라 보증채무의 부종성이 배제되더라도 제440조의 적용이 배제되지는 않는다.776)

(2) 주채무의 중단 연대채무의 경우에는 연대채무자에 대한 이행의 청구로 인한 시효중단만이 다른 연대채무자에 대해서 효력을 가지지만, 제440조는 시효중단 사유를 제한하지 않고 있으므로, 청구뿐만 아니라 압류 또는 가압류, 가처분, 승인(제168조) 등 주채무의 중단사유가 무엇인지 묻지 않고 보증인에 대하여 절대적 효력을 가진다. 여기서 주채무자가 주채무의 소멸시효가 완성된 후 주채무의 존재를 승인하는 행위는 시효중단사유가 아니라 시효이익의 포기로 보아야 하고, 주채무자의 항변포기는 보증인에게 효력이 없으므로 보증채무의 소멸시효가 중단된다고 볼 수 없다.

제176조에 따라 통지가 필요한가. 채권자가 주채무자의 재산에 대하여 압류·가압류 및 가처분을 한 경우에는 제440조에 의하여 당연히 보증채무에 시효중단의 효과가 발생하므로 보증인에게 통지하여야 하는 것은 아니다.777) 또한 주채무에 대한 판결이 확정되어 주채무의 시효기간이 10년으로 확장되더라도, 이는 당해 판결 등의 당사자 사

773) 대판 2004. 12. 24. 2004다20265.
774) 대판 1986. 11. 25. 86다카1569.
775) 대판 2005. 10. 27. 2005다35554·35561.
776) 대판 1998. 11. 10. 98다42141.
777) 대판 2005. 10. 27. 2005다35554·35561.

이에 한하여 발생하는 효력에 관한 것이어서 독립적인 보증계약의 당사자인 보증인의 시효기간은 종전의 주채무의 시효기간에 따른다.[778]

(3) 보증채무의 중단 보증채무의 중단사유는 제169조에 따라 주채무자에게는 효력이 없다고 보아야 한다. 즉 보증채무에 대한 소멸시효가 중단되었다고 하더라도 이로써 주채무에 대한 소멸시효가 중단되는 것은 아니고, 주채무가 소멸시효 완성으로 소멸된 경우에는 보증채무도 그 채무 자체의 시효중단에 불구하고 부종성에 따라 당연히 소멸된다.[779]

(4) 보증인에게 생긴 사유의 효력 보증인에게 생긴 사유는 주채무자에게 효력이 없다(상대적 효력). 따라서 변제·대물변제·공탁 등 채권자에게 만족을 주는 사유를 제외하고 보증인에게 생긴 모든 사유는 주채무자에게 효력을 미치지 않는다. 따라서 보증채무에 대한 소멸시효가 중단되었다고 하더라도 이로써 주채무에 대한 소멸시효가 중단되는 것은 아니고, 주채무가 소멸시효 완성으로 소멸된 경우에는 보증채무도 그 채무 자체의 시효중단에 불구하고 부종성에 따라 당연히 소멸된다.[780]

3. 보증채무의 대내적 효력(구상관계)

(1) 보증인의 구상권

가. 구상권의 근거 보증인과 주채무자의 대내적 효력은 보증인의 구상권을 발생시킨다는 데 있다. 주채무자의 면책행위는 자신의 채무를 소멸시킨 것에 불과하므로 보증인에 대하여 구상권을 취득하지 못하나, 보증인의 면책행위는 주채무자에 대한 관계에서는 타인의 채무를 소멸시킨 것이 되므로 주채무자에 대하여 보증인과 주채무자 사이의 내부관계에 기초하여 구상권을 가진다.

내부관계에서 실질상의 주채무자가 아닌 경우에는 연대보증책임을 이행한 연대보증인에 대하여 당연히 구상의무를 부담하는 것은 아니지만, 실질상의 주채무자, 연대보증인, 형식상의 주채무자 3자 간의 실질적인 법률관계에 비추어 형식상의 주채무자가 실질상의 주채무자를 연대보증한 것으로 인정할 수 있는 경우에는, 그 형식상의 주채무자는 공동보증인 간의 구상권 행사 법리에 따라 연대보증인에 대하여 구상의무를 부담한다.[781] 또한 주채무를 중첩적으로 인수한 보증인이라도 주채무자에 대한 관계에

778) 대판 1986. 11. 25. 86다카1569.

779) 대판 1994. 1. 11. 93다21477; 대판 2002. 5. 14. 2000다62476.

780) 대판 2002. 5. 14. 2000다62476.

781) 대판 1999. 10. 22. 98다22451.

서는 종전의 보증인의 지위를 그대로 유지하므로 채무인수를 하였다 하더라도 구상관계가 달라지는 것은 아니다.[782)]

나. 구상권의 내용　'구상권의 범위'에 관해 민법은 다음 세 경우에 따라 차이를 둔다. 즉 ① 주채무자의 부탁에 의하여 보증인이 된 경우(제441조·제442조), ② 주채무자의 부탁 없이 보증인이 된 경우(제444조 제1항), ③ 주채무자의 의사에 반하여 보증인이 된 경우(제441조 제2항)를 구별한다. 여기서 각각의 구상권은 주채무자의 부탁에 의한 보증의 경우에는 위임사무처리비용상환청구권(제687조·제688조)의 성질을 가지고, 주채무자의 부탁에 의하지 않은 보증인의 경우에는 사무관리비용상환청구권(제739조)의 성질을 가지며, 주채무자의 의사에 반한 보증의 경우에는 부당이득반환청구권의 성질을 가진다. 다만, 민법의 보증인의 구상권의 규정은 위임사무 처리비용 상환청구권의 규정, 사무관리비용 상환청구권 규정 또는 부당이득 반환청구권 규정의 특별규정이므로 위임 등의 규정은 적용되지 않는다.

제3자 명의로 대출이 이루어진 경우에 연대보증인은 누구에게 구상권을 행사할 수 있는가. 판례는, 금융기관으로부터 대출을 받음에 있어 제3자가 자신의 명의를 사용하도록 한 경우에는 그가 채권자인 금융기관에 대하여 주채무자로서의 책임을 지는 여부와 관계없이 내부관계에서는 실질상의 주채무자가 아닌 한 연대보증책임을 이행한 연대보증인에 대하여 당연히 주채무자로서의 구상의무를 부담한다고 할 수는 없고, 그 연대보증인이 제3자가 실질적 주채무자라고 믿고 보증을 하였거나 보증책임을 이행하였고, 그와 같이 믿은 데에 제3자에게 귀책사유가 있어 제3자에게 그 책임을 부담시키는 것이 구체적으로 타당하다고 보이는 경우 등에 한하여 제3자가 연대보증인에 대하여 주채무자로서의 전액 구상의무를 부담한다.

또한 제3자가 공동보증인으로서 구상의무를 부담하는가에 대해서는, 주채무 명의자인 제3자가 실질적 주채무자가 아니라는 사실을 연대보증인이 알고서 보증을 하였거나 보증책임을 이행한 경우라 할지라도, 그 제3자가 실질상의 주채무자를 연대보증한 것으로 인정할 수 있는 경우에는 제3자는 연대보증인에 대하여 공동보증인 간의 구상권 행사 법리에 따른 구상의무는 부담한다 할 것이고, 제3자가 금융기관으로부터 대출을 받음에 있어 자신을 주채무자로 하도록 승낙한 경우의 제3자의 의사는 특별한 사정이 없는 한 대출에 따른 경제적인 효과는 실질상의 주채무자에게 귀속시킬지라도 법률상의 효과는 자신에게 귀속시킬 의사로서, 최소한 연대보증의 책임은 지겠다는 의사였다고 보아야 한다고 한다.[783)]

782) 대판 2003. 11. 14. 2003다37730.

(2) 수탁보증인의 구상권

1) 사후구상권 주채무자의 부탁으로 보증인이 된 자가 과실 없이 변제 기타의 출재로 주채무자를 소멸하게 한 때에는 주채무자에 대하여 구상권이 있다(제441조).

구상의 범위는 보증인의 출재액에 한정되지 않고, 연대채무자의 구상의 범위에 관한 규정이 준용된다(동조 제2항·제425조 제2항). 즉 면책된 날 이후의 법정이자 및 피할 수 없는 비용 기타 손해에 대해서도 구상권을 행사할 수 있다. 다만 장래 도래할 이행기까지의 이자는 포함되지 않는다.[784]

보증인은 변제 기타 출재로 주채무를 소멸시킨 후에 주채무자에게 구상권을 행사할 수 있는 것이 원칙이다(제441조 1항). 즉 사후구상이 원칙이다.

2) 예외로서 사전구상권

가. 의의 사전구상권이란 부탁을 받은 보증인이 채권자에 대하여 출재에 의한 면책행위를 하기 전에 미리 주채무자에 대하여 행사하는 구상권을 말한다(제442조). 보증인의 사후구상이 원칙이나 일정한 경우 사전구상권이 인정된다. 수탁보증인의 사전구상권은 수임인의 비용선급청구권의 성질을 가진다. 사전구상권에 관한 민법 제442조의 규정은 임의규정이므로 다르게 약정할 수 있다.

나. 사전구상권이 인정되는 경우 ① 보증인이 과실 없이 채권자에게 변제할 재판을 받은 때, ② 주채무자가 파산선고를 받은 경우에 채권자가 파산재단에 가입하지 아니한 때, ③ 채무의 이행기가 확정되지 아니하고 그 최장기도 확정할 수 없는 경우에 보증계약 후 5년을 경과한 때, ④ 채무의 이행기가 도래한 때에는 예외적으로 사전구상이 허용된다(제442조). 사전구상을 받은 채무자는, 구상에 응하기 전에 면책 또는 담보제공을 요구할 수도 있고, 또는 자신이 스스로 공탁하거나 담보제공을 하거나 보증인을 면책하게 함으로써 구상의무를 면할 수도 있다(제443조). 또한 보증인의 출재로 인한 면책일 것과 보증인에게 과실이 없을 것을 요한다(제441조 제1항).

②와 ④의 경우, 보증계약체결 후 채권자가 주채무의 이행기를 연기하여 주었다고 하더라도, 주채무자는 기한의 유예를 가지고 보증인에게 대항할 수 없으므로, 보증인은 주채무자에 대하여 사전구상권을 행사할 수 있다.

다. 사전구상의 범위 구상 당시 보증인이 부담할 것이 확정된 채무 전액이다. 따라서 수탁보증인이 민법 제442조에 의하여 주채무자에 대하여 미리 구상권을 행사

783) 대판 2002. 12. 10. 2002다47631.

784) 대판 2002. 6. 11. 2001다25504.

하는 경우에 사전구상으로서 청구할 수 있는 범위는 주채무인 원금과 사전구상에 응할 때까지 이미 발생한 이자와 기한 후의 지연손해금, 피할 수 없는 비용 기타의 손해액이 포함될 뿐이고, 주채무인 원금에 대한 완제일까지의 지연손해금은 사전구상권의 범위에 포함될 수 없으며, 또한 사전구상권은 장래의 변제를 위하여 자금의 제공을 청구하는 것이므로 수탁보증인이 아직 지출하지 아니한 금원에 대하여 지연손해금을 청구할 수도 없다.[785]

보증인이 사전구상권으로서 구상보증인에게 청구할 수 있는 범위는, 보증인이 보증채무를 이행함에 따라 주채무자가 보증인에 대하여 부담하게 될 구상금채무를 근보증하면서, 면책원금 외에 면책일 이후의 법정이자나 피할 수 없는 비용 등까지 담보하기 위하여 근보증한도액을 면책원금에 해당하는 보증인의 보증한도액보다 높은 금액으로 정했다고 하더라도, 보증인이 사전구상권을 행사할 수 있는 금액은 근보증한도액이 아닌 보증인의 보증한도액으로 한정된다.[786]

라. 사전구상권의 행사와 주채무자의 보호 수탁보증인이 사전구상권을 행사하여 사전구상금을 수령하였다면, 이 금원은 주채무자에 대하여 수임인의 지위에 있는 수탁보증인이 위탁사무의 처리를 위하여 선급받은 비용의 성질을 가지는 것이므로 보증인은 이를 선량한 관리자의 주의로서 위탁사무인 주채무자의 면책에 사용하여야 할 의무가 있다.[787] 민법은 수탁보증인의 의무위반을 대비하여 주채무자를 보호할 장치를 마련하고 있다. 즉 제443조는 수탁보증인에게 사전구상권을 인정하는 대신 주채무자에게 담보제공청구권을 인정하거나 일정한 경우에 사전구상의무를 면할 수 있도록 함으로써 주채무자를 보호하고 있다.

주채무자는 수탁보증인에 대하여 면책청구를 하거나 담보제공을 청구할 수 있고, 수탁보증인에게 배상할 금액을 공탁하거나 수탁보증인에게 담보를 제공하거나 수탁보증인을 면책시킴으로써 사전구상의무를 면할 수 있다(제443조). 수탁보증인이 담보제공을 하지 않은 경우에는 주채무자는 사전구상의무의 이행을 거절할 수 있다. 수탁보증인이 주채무자에 대하여 가지는 사전구상권에는 민법 제443조 소정의 면책청구권이 항변권으로 부착되어 있는 만큼 이를 자동채권으로 하는 상계는 허용될 수 없다.[788]

마. 수탁보증인의 사전구상권과 사후구상권의 관계 수탁보증인의 사전구상권과 사후구상권은 그 종국적 목적과 사회적 효용을 같이하는 공통성을 가지고 있으나,

785) 대판 2004. 7. 9. 2003다46758.

786) 대판 2005. 11. 25. 2004다66834·66841.

787) 대판 1989. 9. 29. 88다카10524; 대판 2002. 11. 26. 2001다833.

788) 대판 2001. 11. 13. 2001다55222·55239; 대판 2019. 2. 14. 2017다274703.

사후구상권은 보증인이 채무자에 갈음하여 변제 등 자신의 출연으로 채무를 소멸시켰다고 하는 사실에 의하여 발생하는 것이고 이에 대하여 사전구상권은 그 외의 민법 제442조 제1항 소정의 사유나 약정으로 정한 일정한 사실에 의하여 발생하는 등 그 발생원인을 달리하고 그 법적 성질도 달리하는 별개의 독립된 권리라고 할 것이므로, 그 소멸시효는 각각 별도로 진행되는 것이고, 따라서 사후구상권의 소멸시효는 사전구상권이 발생되었는지 여부와는 관계없이 사후구상권 그 자체가 발생되어 이를 행사할 수 있는 때로부터 진행된다.[789)]

3) 수탁보증인에 대한 주채무자의 면책통지의무

수탁보증인의 이중변제를 방지하기 위하여 주채무자는 수탁보증인에 대하여 면책통지의무를 부담한다(제446조). 주채무자가 수탁보증인에 대하여 사후통지의무를 위반한 경우 수탁보증인이 선의로 유상의 면책행위를 한 때에는 수탁보증인은 자기의 면책행위의 유효를 주장할 수 있고, 그 결과 주채무자에 대하여 구상권을 행사할 수 있다. 보증인은 면책행위를 하기 전에 주채무자에 대하여 사전통지를 하여야 하므로 제446조에 의하여 수탁보증인이 보호되기 위해서는 사전통지를 하였다는 점이 전제되어야 한다. 수탁보증에 있어서 주채무자가 면책행위를 하고도 그 사실을 보증인에게 통지하지 아니하고 있던 중에 보증인도 사전 통지를 하지 아니한 채 이중의 면책행위를 한 경우에는, 보증인은 주채무자에 대하여 민법 제446조에 의하여 자기의 면책행위의 유효를 주장할 수 없다.[790)] 따라서 이 경우에는 이중변제의 기본 원칙으로 돌아가 먼저 이루어진 주채무자의 면책행위가 유효하고 나중에 이루어진 보증인의 면책행위는 무효로 보아야 하므로 보증인은 민법 제466조에 기하여 주채무자에게 구상권을 행사할 수 없다.

(3) 부탁 없는 보증인의 구상권

주채무자의 부탁 없이 보증인이 된 자가 변제 기타 출재로 주채무를 소멸하게 한 때에는, 주채무자는 그 당시에 받은 이익의 한도에서 배상할 의무가 있다(제444조 제1항). 사전구상은 허용되지 않는다. 따라서 면책일 이후의 법정이자 및 피할 수 없는 비용 기타의 손해는 구상범위에 포함되지 않는다.

주채무자의 의사에 반하여 보증인이 된 자의 구상범위는 현존이익의 한도로 제한된다(제442조 제2항). 또한 면책행위 이후 구상청구를 받을 때까지 주채무자가 채권자에 대한 상계원인이 있음을 주장하면 상계로 소멸할 채권이 보증인에게 이전하고(제443조 제3항), 보증인은 주채무자에 대해 별도로 구상권을 행사하지 못하고 채권자에 대한 반대

789) 대판 1992. 9. 25. 91다37553; 대판 2019. 2. 14. 2017다274703.

790) 대판 1997. 10. 10. 95다46265.

채권을 행사할 수 있을 뿐이다.

(4) 구상권의 제한

1) 보증인의 통지의무 해태시 보증인이 보증채무를 부담하더라도 이는 종국적으로 주채무자의 책임으로 되는 채무이고, 보증계약은 주채무자와 무관하게 체결될 수 있으므로 보증인으로서는 주채무자가 가지는 항변사유를 보장하고, 이중변제를 방지하여야 할 필요가 있다. 이에 대한 대비로 제445조는 보증인은 사전과 사후 통지의무를 지우고 있다. 즉 보증인이 주채무자에게 사전통지를 하지 아니하고 변제 기타 자기의 출재로 주채무를 소멸하게 한 경우에, 주채무자가 채권자에게 대항할 수 있는 사유가 있었을 때에는 이 사유로 보증인에게 대항할 수 있고, 그 대항사유가 상계인 때에는 상계로 소멸할 주채무자의 채권은 당연히 보증인에게 이전한다(제445조 1항). 또한 보증인이 변제 기타 자기의 출재로 주채무자를 면책케 한 뒤에 주채무자에게 통지하지 아니한 경우에, 주채무자가 이 사실을 모르고 채권자에게 이중으로 변제 기타 유상의 면책행위를 한 때에는 주채무자는 자기의 면책행위의 유효를 주장할 수 있다(제445조 제2항). 이 경우에 보증인은 주채무자에게 구상권을 행사할 수 없으며, 채권자에 대하여 그의 변제로 인한 부당이득의 반환만을 청구할 수 있을 뿐이다. 이 경우에 채권자가 반환해야 할 부당이득의 범위에 관해서는 제748조 제2항(악의의 수익자의 반환범위)이 적용되어야 할 것이다.

2) 주채무자의 면책통지 해태시 주채무자는 본래 면책행위의 의무가 있는 자이므로 사전의 통지의무는 지지 않고 사후의 통지의무를 부담할 뿐이고, 그것도 수탁보증인에 대하여만 진다(제446조). 이를 위반한 경우, 선의로 면책행위를 한 보증인은 면책행위의 유효를 주장할 수 있다(제446조). 즉 보증인은 주채무자에 대한 구상권의 행사에 제한을 받지 않고 구상권을 취득하며, 주채무자는 채권자에게 부당이득반환을 청구할 수 없다.

(5) 불가분채무·연대채무의 보증인의 구상권 어느 연대채무자나 어느 불가분채무자를 위하여 보증인이 된 자는 다른 연대채무자나 다른 불가분채무자에 대하여 그 부담부분에 한하여 구상권이 있다(제447조). 제447조는 부진정연대채무에도 유추된다.[791] 부진정연대채무자 중 1인을 위하여 보증인이 된 자가 그 채무를 변제한 경우, 다른 부진정연대채무자에 대하여 직접 구상권을 취득하게 되고, 그와 같은 구상권을 확보하기 위하여 채권자를 대위하여 채권자의 다른 부진정연대채무자에 대한 채권 및 그 담보에 관한 권리를 행사할 수 있다.[792]

---

791) 대판 2008. 7. 24. 2007다37530.
792) 대판 2010. 5. 27. 2009다85861.

제3관 특수한 보증

Ⅰ. 연대보증

1. 연대보증의 의의 및 성질

연대보증이란 보증인이 주채무자와 연대하여 채무를 부담하기로 하는 채권자와 보증인의 계약으로서 주채무의 이행을 담보하는 보증채무의 일종이다. 연대보증에서도 보증인은 주채무자의 채무를 보증하는 것이므로 내부적으로 보증인의 채무는 없다. 다만 채권자와 대외적 관계에서 보증인이 주채무자와 연대하여 채무를 부담한다.

단순보증과의 차이는, ① 보충성이 없으므로 최고·검색의 항변권이 인정되지 않는다. 그 결과 채권의 담보력은 한층 강화된다. ② 보증인이 수인일지라도 분별의 이익이 없다는 점에 있다. 그러나 연대보증도 보증채무의 일종이므로 부종성을 가진다. 따라서 주채무가 무효·취소에 의하여 소멸하게 되면 연대보증채무도 성립하지 않게 된다. 연대보증은 보통의 보증보다 보충성이 인정되지 않는 결과 채권의 담보력이 강하기 때문에 실제에서 널리 이용되고 있다.

연대보증과 구별하여야 할 개념으로 보증연대가 있다. 보증연대는 수인의 보증인들 사이에 상호연대로 보증채무를 지는 것(제448조 제2항)을 말하는데, 주채무자와의 관계에서 보충성은 인정되나, 채권자와의 관계에서 분별의 이익은 인정되지 않는다. 보증인들 사이에 연대의 합의를 하고 채권자와의 보증계약에서 주채무자와 연대하기로 각각 합의될 것을 요한다.

2. 연대보증의 성립

연대보증은 일반적으로 보증계약을 체결하면서 연대의 특약을 하는 때에 성립한다. 그러나 보통의 보증이 성립한 뒤에 최고·검색의 항변권(제437조)을 포기하는 때에도 성립하며, 법률의 규정에 의해서도 성립한다. 예컨대 주채무가 주채무자의 상행위로 인하여 생긴 때 또는 보증이 상행위인 때(상사보증)에는 그 보증채무는 언제나 연대보증이 된다(상법 제57조 제2항).

동일채권의 담보를 위하여 연대보증계약과 물상보증계약이 체결되었다 하더라도 연대보증계약과 물상보증계약은 엄연히 별개의 계약으로서 법률상 부종성이 없으므로, 물상보증 계약이 해제되었다 하더라도 특약이 없는 이상, 연대보증계약도 그와 운명을 같이하여 동시에 해제된다고 할 수 없다.[793] 따라서 보증책임의 범위가 담보부동산의

가액범위 내로 제한된다고 할 수 없다.[794)]

3. 연대보증의 효력

(1) 대외적 효력 채권자의 연대보증인에 대한 권리는 연대채무자에 대하여 가지는 권리와 동일하다(제414조 참조). 연대보증에는 보충성이 없으므로 연대보증인은 최고·검색의 항변권을 행사할 수 없다. 한편 채무의 이행은 보통의 보증과 같다. 그러나 주채무자가 채권자에 대하여 지니는 여러 가지 항변 및 항변권을 행사할 수 있다(부종성). 그리고 연대보증인은 수인이 있더라도 분별의 이익(제439조)을 가질 수 없다.

(2) 주채무자 또는 연대보증인에게 생긴 사유의 효력 연대보증도 본질은 보증이므로, 주채무자와 연대보증인에 관하여 생긴 사유의 효력은 보통의 보증과 같다. 즉, 주채무자에게 생긴 모든 사유는 연대보증인에게 그 효력이 미친다. 그러나 채권자와 연대보증인 사이에서 연대보증인에게 생긴 사유는, 변제·대물변제·공탁·상계와 같이 주채무자를 면책시키는 사유 이외에는 주채무자에게 영향을 미치지 않는다. 따라서 연대보증인 1인에 대한 채권포기는 주채무자나 다른 연대보증인에게는 효력이 미치지 아니한다.[795)]

한편 연대보증인이 수인(공동보증인)인 경우에 1인의 연대보증인에게 생긴 사유가 다른 연대보증인에게는 효력이 미치는가. 연대보증인들 사이에 보증연대가 인정된다면 연대채무에 관한 제416조 내지 제423조가 유추적용되어야 한다. 그렇다면 이행청구·경개·상계·면제·혼동·소멸시효·채권자지체에 대해서는 절대적 효력을 인정하고 그 외의 사유에 대해서는 다른 연대채무자에게 효력이 없다고 보게 된다. 만약 연대보증인들 사이에 보증연대가 인정되지 않는 경우에는, 보통의 보증에서와 마찬가지로 연대보증인 1인에 대하여 생긴 사유는 다른 연대보증인에게는 효력이 미치지 않는다.[796)] 판례도 연대보증인들 사이에 연대관계의 특약이 있는 경우가 아니면 채권자가 연대보증인의 1인에 대하여 채무의 전부 또는 일부를 면제하더라도 다른 연대보증인에 대하여는 효력이 미치지 않는다고 한다.[797)]

(3) 연대보증의 대내적 효력 주채무자와 연대보증인 사이의 구상관계는 보통의

793) 대판 1984. 12. 26. 84다카1655.
794) 대판 1990. 1. 25. 88다카26406.
795) 대판 1994. 11. 8. 94다37202.
796) 주해(10), 225면(박병대); 지원림, 1218면; 송덕수, 347면.
797) 대판 1992. 9. 25. 91다37553.

보증의 경우와 같다. 연대보증인이 수인 있는 경우에 연대보증인 상호간의 구상관계에 관하여는 특칙이 있는데(제448조 제2항), 그에 관하여는 이하 '공동보증'에서 설명한다.

주채무자의 채무를 일부보증한 수인의 연대보증인 사이의 구상관계에 관하여는, 주채무자를 위하여 수인이 연대보증을 한 경우, 어느 연대보증인이 채무를 변제하였음을 내세워 다른 연대보증인에게 구상권을 행사함에 있어서는 그 변제로 인하여 다른 연대보증인도 공동으로 면책되었음을 요건으로 하는 것인데, 각 연대보증인이 주채무자의 채무를 일정한 한도에서 보증하기로 하는 이른바 일부보증을 한 경우에는 달리 특별한 사정이 없는 한, 각 보증인은 보증한 한도 이상의 채무에 대하여는 그 책임이 없음은 물론이지만 주채무의 일부가 변제되었다고 하더라도 그 보증한 한도 내의 주채무가 남아 있다면 그 남아 있는 채무에 대하여는 보증책임을 면할 수 없다고 보아야 하므로, 이와 같은 경우에 연대보증인 중 1인이 변제로써 주채무를 감소시켰다고 하더라도 주채무의 남은 금액이 다른 연대보증인의 책임한도를 초과하고 있다면 그 다른 연대보증인으로서는 그 한도금액 전부에 대한 보증책임이 그대로 남아 있어 위의 채무변제로써 면책된 부분이 전혀 없다고 볼 수밖에 없고, 따라서 이러한 경우에는 채무를 변제한 위 연대보증인이 그 채무의 변제를 내세워 보증책임이 그대로 남아 있는 다른 연대보증인에게 구상권을 행사할 수는 없다고 한다.[798]

Ⅱ. 공동보증

1. 의의와 성질

공동보증이란 동일한 주채무에 대하여 수인이 보증채무를 부담하는 보증의 모든 형태를 말한다. 공동보증에는 단순보증·연대보증·보증연대의 3가지 유형이 있고, 유형에 따라 보증인들과 채권자와의 관계에서 분별의 이익이 인정여부가 달라진다. 보증인이 주채무자에 대하여 구상권을 가지는 것은 당연하다.

2. 성립

수인이 하나의 계약으로 동시에 채권자와 보증계약을 체결하는 경우에 성립하나, 수인이 채권자와 별도로 각각 보증계약을 체결할 때에도 발생한다. 이때 다른 보증의 존재를 인식할 필요는 없다. 보증인 1인이 일부보증을 하고 다른 보증인이 전부보증을 한 경우에도 공통되는 부분에 관하여는 공동보증이 성립된다.

798) 대판 2002. 3. 15. 2001다59071.

3. 공동보증인의 채권자에 대한 관계(분별의 이익)

수인의 보증인이 하나의 계약으로 보증인이 된 경우는 물론이고 별개의 계약으로 보증인이 된 경우에도 공동보증인은 주채무를 균등한 비율로 분할한 부분에 관해서만 보증채무를 부담한다(제439조·제408조). 이를 분별의 이익이라고 하며, 이는 보증인의 보호를 위한 것이다. 공동보증인의 부담부분은 균등한 것으로 추정되지만, 채권자와 각 보증인들이 부담부분을 달리 정할 수 있다. 이때에는 채권자와 각 보증인들이 약정한 바에 따라 분별의 이익이 인정된다. 공동보증인들 상호간에 부담부분을 균등하게 정하여지 않았다고 하더라도 이를 채권자에게 대항할 수 없으므로, 분별의 이익의 내용이 균등하지 않도록 하기 위해서는 채권자와 보증인 사이의 특약이 있어야 한다.

그러나 분별의 이익이 있는 경우에는 담보력을 약화시키고 채권자의 의사(공동보증에 의한 담보의 강화)에도 반한다. 따라서 ① 주채무가 불가분인 경우, ② 공동보증인이 각각 주채무자와 연대하여 채무를 부담한 경우(연대보증), ③ 보증인 사이에 연대의 특약을 하고 다시 이를 채권자와 특약한 경우(보증연대)에는 보증인 사이에 분별의 이익이 인정되지 않는다.

공동보증인 중 전부나 일부가 주채무의 일부만을 보증하는 경우, 일부보증인에게 분별의 이익을 인정할 수 있느냐가 문제인데, 일부보증은 보증인이 보증책임을 부담하는 한도를 정하는 것일 뿐이며 분별의 이익을 배제하고자 하는 것은 아니므로 일부보증인에게도 분별의 이익이 인정된다.

4. 공동보증인 사이의 구상관계

(1) 민법규정 제448조는 공동보증인 상호간에도 공동보증인 중 1인이 자신의 부담부분을 넘어 변제한 경우에는 다른 공동보증인에 대해 구상권을 가지는 것을 규정하고 있다. 즉, ① 분별의 이익이 있는 공동보증의 경우에는, 부탁 없는 보증인의 구상권의 규정(제444조)을 준용하고(제448조 1항), ② 분별의 이익이 없는 공동보증의 경우에는, 연대채무자의 구상권의 규정(제425조-제427조)을 준용한다(제448조 2항).

공동보증인 상호간에 생기는 구상권과 주채무자에 대한 구상권의 관계는 부진정연대채무의 관계에 있다. 따라서 변제 기타의 출재로 주채무를 소멸시킨 공동보증인이 주채무자로부터 현실적으로 구상받지 못한 경우에는 다른 공동보증인에 대해 구상권을 행사할 수 있다. 공동보증인의 구상권이 인정되기 위해서는 공동보증관계가 있어야 하고, 어느 공동보증인이 부담부문을 초과하는 출재가 있어야 하고, 그로 인하여 다른 공동보증인의 면책이 있어야 한다.[799]

판례는 공동연대보증인 중 1인이 채무 전액을 대위변제한 후 주채무자로부터 구상금의 일부를 변제받은 경우, 특별한 사정이 없는 한 대위변제를 한 연대보증인의 부담부분에 상응하는 채무자의 구상채무를 먼저 감소시키고 이 부분 구상채무가 소멸되기 전까지는 그 변제가 다른 연대보증인들의 구상채무 범위에는 영향을 미치지 않는다고 한다.[800]

공동보증인인지의 여부는 채권자에 대한 관계를 기초로 하여 판단할 것이 아니라 공동보증인 사이의 내부적 실질관계에 따라 판단하여야 한다. 판례는 채권자에 대한 관계에서는 공동연대보증인이지만 내부관계에서는 실질상의 주채무자인 경우에는 다른 연대보증인에 대하여 구상권을 행사할 수 없다고 한다. 즉, 공동보증은 통상의 보증과 마찬가지로 주채무에 관하여 최종적인 부담을 지지 아니하고 전적으로 주채무의 이행을 담보하는 것이고(제428조), 공동보증인은 자기의 출재로 공동면책이 된 때에는 그 출재한 금액에 불구하고 주채무자에게 구상을 할 수 있는 것이므로(제441조 1항·제444조), 채권자에 대한 관계에서는 공동연대보증인이지만 내부관계에서는 실질상의 주채무자인 경우에 다른 연대보증인이 채권자에 대하여 그 보증채무를 변제한 때에 그 연대보증인은 실질상의 주채무자에 대하여 구상권을 행사할 수 있는 반면에 실질상의 주채무자인 연대보증인이 자기의 부담부분을 넘어서 그 보증채무를 변제한 경우에는 다른 연대보증인에 대하여 민법 제448조 2항, 제425조에 따른 구상권을 행사할 수는 없다.[801]

(2) 공동보증인의 부담부분

가. 개념　　부담부분이란 공동보증인이 분별의 이익을 갖는 경우 및 분별의 이익이 없는 경우에도 공동보증인들 내부관계에서 각자 책임을 분담할 부분을 말한다.

나. 부담부분 비율의 결정　　부담부분의 비율에 관해서는 공동보증인들 사이에 특약이 있으면 그 특약에 따르고, 특약이 없으면 각자 평등(균등)한 비율로 부담을 지게 된다.[802] 수인의 보증인(공동보증인)이 주채무자의 채무를 일정한 한도에서 보증하기로 하는 이른바 일부보증을 한 경우에 보증인 중 1인이 채무의 전액이나 자기의 부담부분 이상을 변제함으로써 다른 보증인의 책임한도가 줄어들게 되어 공동으로 면책이 되었다면 다른 보증인에 대하여 구상을 할 수 있고, 그 부담부분의 비율에 대하여는 그들 사이에 특약이 있으면 당연히 그에 따르되 그 특약이 없는 경우에는 각자 보증한도액

799) 대판 1988. 10. 25. 86다카1729; 대판 2005. 3. 11. 2004다42104.
800) 대판 2010. 9. 30. 2009다46873.
801) 대판 2004. 9. 24. 2004다27440·28504.
802) 대판 2009. 6. 25. 2007다70155.

의 비율로 부담하게 된다.[803)]

부담부분의 산정 시 부담부분은 공동보증이 성립할 당시 주채무액 분담비율을 적용하여 산출된 금액으로 일단 정하여지지만, 그 후 그 후 주채무자의 변제 등으로 주채무가 소멸하면 부종성에 따라 각 연대보증인의 부담부분이 그 소멸액만큼 분담비율에 따라 감소하고 또한 연대보증인의 변제가 있으면 당해 연대보증인의 부담부분이 그 변제액만큼 감소하게 된다.[804)]

다. 부담부분을 초과한 출재로 인한 공동면책 연대보증인 중 한 사람이 자기의 부담부분을 초과한 변제를 함으로써 그 초과 변제액에 대하여 다른 연대보증인을 상대로 구상권을 행사할 수 있는 연대보증인인지 여부는 당해 변제시를 기준으로 판단하되, 구체적으로는 우선 그때까지 발생·증가하였던 주채무의 총액에 분담비율을 적용하여 당해 연대보증인의 부담부분 총액을 산출하고 그 전에 앞서 본 바와 같은 사유 등으로 감소한 그의 부담부분이 있다면 이를 위 부담부분 총액에서 공제하는 방법으로 당해 연대보증인의 부담부분을 확정한 다음 당해 변제액이 위 확정된 부담부분을 초과하는지 여부에 따라 판단하여야 한다.[805)]

공동보증인 중 1인이 일부변제를 하였지만, 잔존채무액이 다른 공동보증인의 보증한 도액을 초과한 경우, 다른 공동보증인이 구상의무를 부담하는가. 주채무의 일부가 변제되었다고 하더라도 그 보증한 한도 내의 주채무가 남아 있다면, 그 남아 있는 채무에 대하여는 보증책임을 면할 수 없다고 보아야 하므로, 이와 같은 경우에 연대보증인 중 1인이 변제로써 주채무를 감소시켰다고 하더라도 주채무의 남은 금액이 다른 연대보증인의 책임한도를 초과하고 있다면 그 다른 연대보증인으로서는 그 한도금액 전부에 대한 보증책임이 그대로 남아 있어 위의 채무변제로써 면책된 부분이 전혀 없다고 볼 수밖에 없고, 따라서 이러한 경우에는 채무를 변제한 위 연대보증인이 그 채무의 변제를 내세워 보증책임이 그대로 남아 있는 다른 연대보증인에게 구상권을 행사할 수는 없다.[806)]

라. 분별의 이익이 있는 공동보증인의 구상에서는 부탁 없이 보증인이 된 자가 주채무자에 대하여 행사하는 구상권의 규정(제444조)을 준용하고, 분별의 이익이 없는 공동보증인의 구상에서는 연대채무의 구상규정(제425조)이 준용된다. 구상의 범위는 출재액뿐만 아니라 출재액에 대한 법정이자 및 피할 수 없는 비용 기타 손해가 포함되고, 사전·사후통지의무(제445조)를 이행하지 아니하면 구상권행사가 제한될 수 있고, 공동보증

803) 대판 2005. 3. 11. 2004다42104.
804) 대판 2009. 6. 25. 2007다70155.
805) 대판 2009. 6. 25. 2007다70155.
806) 대판 2002. 3. 15. 2001다59071.

인 중에서 상환무자력자가 있는 경우에는 상환무자력자의 부담부분을 구상권자와 다른 공동보증인이 분담하여야 한다.

【보증보험계약과 일반보증계약이 병존하는 경우와 공동보증】

【대판 2001. 2. 9. 2000다55089】

이행(지급)보증보험은 보험계약자인 채무자의 주계약상의 채무불이행으로 인하여 피보험자인 채권자가 입게 되는 손해의 전보를 보험자가 인수하는 것을 내용으로 하는 손해보험으로서 실질적으로는 보증의 성격을 가지고 보증계약과 같은 효과를 목적으로 하는 점에서 보험자와 채무자 사이에는 민법의 보증에 관한 규정이 준용된다고 할 것이나, 이와 같은 보증보험계약과 주계약에 부종하는 보증계약은 계약의 당사자, 계약관계를 규율하는 기본적인 법률 규정 등이 상이하여 보증보험계약상의 보험자를 주계약상의 보증인과 동일한 지위에 있는 공동보증인으로 보기는 어렵다 할 것이므로, 보험계약상의 보험자와 주계약상의 보증인 사이에는 공동보증인 사이의 구상권에 관한 민법 제448조가 당연히 준용된다고 볼 수는 없다.

Ⅲ. 계속적 보증

1. 의의

계속적 보증은 계속적 채권관계(당좌대월계약·어음할인계약·계속적 공급계약·고용계약·임대차계약)에 기하여 현재 또는 장래의 불특정(불확정)채무에 대한 보증을 말한다. 근보증이라고도 한다. 신용보증·임차인의 채무의 보증·신원보증이 이에 속한다.

통상의 보증에 비하여 부종성이 완화되어 있다. 비록 주채무가 변제 등으로 일시적으로 소멸하더라도 주계약상 거래기간이 존속하고 있는 동안에는 보증책임이 완전히 소멸하지 않고, 계속적 보증인의 책임이 확정되기 전에 계속적 보증에 의하여 담보되는 개별적 주채권이 양도되더라도 보증채권은 이에 수반하지 않는다. 부종성의 완화 등으로 인하여 보증인의 책임이 예상 외로 확대되어 보증인에게 지나친 부담을 지우는 경우도 있다.

2. 근보증(신용보증)

(1) 의의 근보증은 주로 은행거래(예컨대, 당좌대월계약·어음할인계약·신용카드거래 등), 도매상과 소매상 사이의 계속적 공급계약 등 일정한 계속적 거래관계로부터 발생하는 일체의 채무의 보증을 의미한다. 이를 신용보증이라고도 한다. 제428조의3에서 보증은

불확정한 다수의 채무에 대해서도 할 수 있다고 규정하고 있다. 보증의 대상·기간·한도가 정해져 있지 않은 것을 '포괄근보증'이라고 부르고, 그 중 일부가 정해진 것을 '한정근보증'이라고 한다.

포괄근보증을 인정할 수 있는가. 보증인보호법에서는 포괄근보증을 인정하지 않고, 한정근보증만 인정하고 있다(같은 법 제6조 제1항 2문). 즉 같은 법 제6조 제1항 2문은 특정한 계속적 거래계약이나 그 밖의 일정한 종류의 거래로부터 발생하는 채무 또는 특정한 원인에 기하여 계속적으로 발생하는 채무에 대하여 보증하는 것으로 규정하고 있다. 이를 위반한 계약은 무효로 된다(같은 법 제6조 제2항). 판례는 「보증계약서의 문언상 보증기간이나 보증한도액을 정함이 없이 주채무자가 부담하는 모든 채무를 보증인이 보증하는 것으로 되어 있다 하더라도 그 보증을 하게 된 동기와 목적, 피보증채무의 내용, 거래의 관행 등 제반 사정에 비추어 당사자의 의사가 계약문언과는 달리 일정한 범위의 거래의 보증에 국한시키는 것이었다고 인정할 수 있는 경우에는 그 보증책임의 범위를 제한하여 새겨야 한다.」[807]고 하여 포괄근보증에 대하여 유효라는 견해를 취하고 있으나, 채무의 최고액을 서면으로 특정하도록 하고 있는 보증계약은 무효(제428조의3 제2항 · 보증인보호법 제6조 제1항)라고 선언하고 있으므로 유지되기 어려운 판결이다.

근보증에서는 주채무의 내용이 불확정적인데다가 보증인의 관여 없이 채무가 확대될 가능성이 있으므로 보증인보호의 필요성이 문제된다. 이러한 보증인보호의 배려로서 ① 일정한 경우 보증인의 해지권 행사의 인정, ② 보증책임의 합리적 한도 내에서의 제한, ③ 보증인이 사망한 경우에 이미 발생한 주채무자의 채무에 대해서만 보증채무의 상속성을 인정하고 있다.

(2) 근보증채무의 성립 채권자와 보증인 사이에 근보증계약을 체결함으로써 근보증채무가 성립한다. 계속적 거래관계에 대한 보증인의 근보증행위가 이루어진 시점에 대한 판단은 그 보증의 의사표시 당시를 기준으로 하여야 할 것이고, 주채무가 실질적으로 발생하여 구체적인 보증채무가 발생한 때를 기준으로 할 것은 아니다.[808]

근보증의 경우에 보증하는 채무의 최고액을 서면으로 특정하도록 하고(제428조의3 제1항 2문), 채무의 최고액을 서면으로 특정하지 않은 보증계약은 무효이다(제428조의3 제2항). 따라서 불확정한 다수의 채무에 대하여 보증하는 경우 보증채무의 최고액이 서면으로 특정되어 보증계약이 유효하다고 하기 위해서는, 보증인의 보증의사가 표시된 서면에 보증채무의 최고액이 명시적으로 기재되어 있어야 하고, 보증채무의 최고액이 명시적

807) 대판 1993. 9. 28. 92다8651.
808) 대판 2002. 7. 9. 99다73159.

으로 기재되어 있지 않더라도 서면 자체로 보아 보증채무의 최고액이 얼마인지를 객관적으로 알 수 있는 등 보증채무의 최고액이 명시적으로 기재되어 있는 경우와 동일시할 수 있을 정도의 구체적인 기재가 필요하다.[809)]

(3) 계속적 보증인의 책임범위 확정

가. 피보증채무 발생원인에 의한 확정　　원칙적으로 보증인의 피담보채무의 범위는 보증계약의 해석에 의하여 일정한 거래계약에 의해서 발생하는 채무로 정해질 것이나 일정한 경우에는 당사자의 의사의 의제라든가 여러 사정을 종합적으로 판단하여 책임을 제한해야할 필요성이 있다.[810)] 예컨대 회사의 이사인 지위에서 회사채무를 보증한 경우에 보증의사는 제척기간에 발생한 채무에 한정된다고 보아 보증기간의 정함이 없더라도 퇴직한 이사에게 퇴직 후에 발생한 회사 채무에 미치시 않는 것으로 본다.[811)]

나. 보증기간에 의한 확정　　보증기간을 정한 경우에는 보증인은 보증기간 내에 발생한 주채무에 대하여만 보증책임을 부담한다. 보증기간은 명시적 혹은 묵시적으로 약정될 수 있다. 따라서 회사의 이사 등이 회사의 제3자에 대한 계속적 거래로 인한 채무를 연대보증한 경우 이사 등에게 회사의 거래에 대하여 재직 중에 생긴 채무만을 책임지우기 위해서는, 그가 이사의 지위 때문에 부득이 회사의 계속적 거래로 인하여 생기는 회사의 채무를 연대보증하게 된 것이고, 거래상대방이 거래할 때마다 거래 당시의 회사에 재직하고 있던 이사 등의 연대보증을 새로이 받아오는 등의 특별한 사정이 있었을 때이고, 그러한 사정이 없는 경우의 연대보증에까지 그 책임한도가 재직 중에 생긴 채무로 제한되는 것으로 해석할 수는 없다고 한다.[812)] 또한 대학부속병원의 의사로 재직하는 사정으로 아무 관계도 없는 자의 치료비채무를 보증하게 된 자에 대하여 피보증인의 치료비 전액에 대한 보증책임을 묻는 것은 신의칙상 부당하므로 치료비채무 전액을 보증하기로 한 입원시약서의 문면에도 불구하고 치료비 중 가족들이 병원에 찾아왔을 때까지의 치료비에 한하여 보증책임을 제한하여야 한다.[813)]

보증기간을 정하지 않은 경우에는, 주거래기간이 정해진 때에는 그 기간 내에 발생한 주채무에 관하여 보증인의 책임이 인정된다. 채권자와 주채무자와 사이에서는 주계약상의 거래기간이 연장되었으나 보증인과 사이에서 보증기간의 연장에 대한 묵시적

809) 대판 2019. 3. 14. 2018다282473.
810) 대판 1993. 9. 28. 92다8651.
811) 대판 1997. 2. 14. 95다31645.
812) 대판 2000. 3. 10. 99다61750.
813) 대판 1992. 9. 22. 92다17334.

승낙도 인정되지 않고 보증계약관계가 종료된 때에는, 보증계약 종료시에 보증채무가 확정되므로 보증인은 그 당시의 주계약상의 채무에 대하여는 보증책임을 지나, 그 후의 채무에 대하여는 보증계약 종료 후의 채무이므로 보증책임을 지지 않는다.[814]

일반적으로 계속적 거래의 도중에 매수인을 위하여 보증의 범위와 기간의 정함이 없이 보증인이 된 자는 특별한 사정이 없는 한 계약일 이후에 발생되는 채무뿐 아니라 계약일 현재 이미 발생된 채무도 보증하는 것으로 보는 것이 상당하다.[815]

다. 보증한도액에 의한 확정　　보증한도액을 약정한 경우에는 특별한 약정이 없으면 그 한도액은 주채무에 대한 이자·지연손해금 등 부수채무까지 포함하여 정한 것으로 보아야 한다.[816] 보증채무 자체의 이행지체로 인한 지연손해금은 보증한도액과는 별도로 부담한다.[817]

라. 확정된 계속적 보증인의 책임제한　　계속적 보증계약관계에서도 다른 계속적 채권관계에서와 마찬가지로 신의칙에 기해 보증인에게 해지권이 인정된다. 계속적 보증계약에 있어서 보증인의 부담으로 돌아갈 주채무의 액수가 보증인이 보증 당시에 예상하였거나 예상할 수 있었던 범위를 훨씬 상회하고, 그 같은 주채무 과다 발생의 원인이 채권자가 주채무자의 자산상태가 현저히 악화된 사실을 익히 알거나 중대한 과실로 알지 못한 탓으로 이를 알지 못하는 보증인에게 아무런 통보나 의사타진도 없이 고의로 거래규모를 확대함에 비롯되는 등 신의칙에 반하는 사정이 인정되는 경우에 한하여 보증인의 책임을 합리적인 범위 내로 제한할 수 있다.[818]

(4) 계속적 보증인의 해지권

가. 의의　　계속적 보증계약의 체결 이후 보증계약 체결의 기초가 된 사정이 현저하게 변경되었고 그러한 사정을 예견할 수 없었을 때 신의칙에 따라 보증인에게 해지권이 인정된다.

나. 사정변경과 해지권　　보증인의 해지권에 관하여 학설은 일반적으로 보증계약에 존속기간의 정함이 없는 경우에 인정되는 임의해지권과 사정변경을 원인으로 한 특별해지권으로 나누는데 반하여, 판례는 특별해지권만 인정한다. 즉 보증기간과 보증한도를 명시하지 않은 계속적 보증이라고 하여 상당한 기간이 경과하였다는 사정만으로

814) 대판 1994. 6. 28. 93다49208; 대판 1999. 8. 24. 99다26481.

815) 대판 1995. 9. 15. 94다41485.

816) 대판 1999. 3. 23. 98다64639.

817) 대판 1995. 6. 30. 94다40444; 대판 2004. 4. 11. 99다12123; 대판 2006. 7. 4. 2004다30675.

818) 대판 2005. 10. 27. 2005다35554·35561.

바로 그 해지권이 발생한다고 할 수 없다고 한다.[819)]

보증기간의 정함이 있는지 여부는 해지권이 요건인 사정변경을 판단함에 있어 고려할 요소이기는 하지만, 보증기간의 정함이 있다고 하여 해지권이 부정되는 것은 아니다. 판례가 인정하는 구체적인 예로서는, 기간의 정함이 없는 계속적 보증계약에서 주채무자에 대한 신뢰의 상실은 해지권의 발생원인이 될 수 있고,[820)] 회사의 퇴사로 이사의 지위 상실 등으로 보증인의 신분이나 지위나 현저한 변화가 생긴 경우에도 해지를 할 수 있다.[821)]

다만 회사의 이사가 채무액과 변제기가 특정되어 있는 회사채무에 대하여 보증계약을 체결한 경우에는 이사직 사임이라는 사정변경을 이유로 보증인인 이사가 일방적으로 보증계약을 해지할 수 없고,[822)] 단순한 고용직 이사가 아니라 회사의 대주주로서 이사로 취임한 이래 부사장 등의 식책을 맡아 회사의 경영에 관여해 오던 자가 이사직을 사임함과 동시에 다시 감사로 취임하여 재직하면서 주주의 지위는 계속 보유하고 있었다면, 그가 이사직을 사임하였다고 하여 그것만으로 회사와의 신뢰관계가 깨어져 사회통념상 그가 이사재직시 회사를 위하여 체결한 포괄근보증계약을, 이사의 지위에서 사임하였다는 사유를 내세워 그 보증계약을 일방적으로 해지할 수 없다.[823)]

즉 계속적 보증은 계속적 거래관계에서 발생하는 불확정한 채무를 보증하는 것으로 보증인의 주채무자에 대한 신뢰가 깨어지는 등 정당한 이유가 있는 경우에는 보증인으로 하여금 보증계약을 그대로 유지·존속시키는 것이 신의칙상 부당하므로 특별한 사정이 없는 한 보증인은 보증계약을 해지할 수 있다. 이때 보증계약을 해지할 정당한 이유가 있는지는 보증을 하게 된 경위, 주채무자와 보증인의 관계, 보증계약의 내용과 기간, 채무증가의 구체적 경과와 채무의 규모, 주채무자의 신뢰상실 여부와 정도, 보증인의 지위 변화, 채권자와 보증인의 이익상황, 주채무자의 자력에 관한 채권자나 보증인의 인시 등 여러 사정을 종합적으로 고려하여 판단하여야 한다.[824)]

다. 해지의 효과 　해지를 하게 되면 계속적 보증계약은 장래를 향하여 그 효력이 소멸한다. 해지 이전에 발생한 주채무에 관하여는 계속적 보증인의 보증책임이 여전히 인정된다.

819) 대판 2001. 11. 27. 99다8353.
820) 대판 2002. 2. 26. 2000다48265; 대판 2018. 3. 27. 2015다12130.
821) 대판 1995. 4. 25. 94다35237.
822) 대판 1999. 12. 28. 99다25938.
823) 대판 1995. 4. 25. 94다37073; 대판 2007. 5. 31. 2005다61195.
824) 대판 2018. 3. 27. 2015다12130.

【신용보증에서 구상금채권에 대하여 보증한 보증인의 보증책임】

【대판 2003. 11. 14. 2003다21872】

신용보증기금이 행한 개별적 신용보증이 원래의 한도거래 신용보증에서 정한 기간과 한도금액 범위 내에서 이루어졌고 그 보증기한 종료시에 부담하는 채무가 확정된 경우에는 그 개별적 신용보증이 계속적 보증의 일부분인지 여부에 관계없이 신용보증기금의 구상금채권에 대하여 보증한 보증인으로서는 위 확정된 주채무에 대하여 신용보증약정에 따른 의무를 이행한 신용보증기금의 구상금채권에 대하여 보증책임을 부담한다고 할 것이고, 이러한 법리는 계속적 채권관계에서 채권자와 주채무자 사이에서는 주계약상의 거래기간이 연장되었으나 보증인과 사이에서는 보증기간이 연장되지 아니하여 보증계약관계가 종료됨으로써 그 보증계약 종료시에 확정되는 보증채무가 있는 경우와 마찬가지이다.

(5) 계속적 보증인 지위의 상속 여부

계속적 보증인이 사망한 경우, 계속적 보증인의 지위 혹은 보증채무가 상속하는가. 보증기간과 보증한도액이 정해지지 않은 보증인이 사망한 경우 상속인의 승계를 부정하고 사망 시까지 발생한 채무에 한하여 보증의 효력이 미치는 것으로 본다.[825]

다만 보증한도액이 정해진 계속적 보증계약의 경우에는, 보증인이 사망하였다 하더라도 보증계약이 당연히 종료되는 것은 아니고 특별한 사정이 없는 한 상속인들이 보증인의 지위를 승계한다고 보아야 한다.[826] 이 경우 계속적 보증인의 지위를 상속한 상속인들은 사정변경을 이유로 보증계약을 해지할 수 있다.

Ⅳ. 신원보증

1. 의의

신원보증은 주로 고용계약에 수반하여 피용자가 사용자에 대하여 배상할 손해배상에 관하여 제3자가 사용자와 체결하는 보증계약이다. 신원보증법에서는, 신원보증계약이란 피용자가 업무를 수행하는 과정에서 그에게 책임 있는 사유로 사용자에게 손해를 입힌 경우에 그 손해를 배상할 채무를 부담할 것을 약정하는 계약을 말한다고 정의한다(제2조). 신원보증계약은 고용계약에 종속되어 행해지는 등 성립, 존속, 소멸에서 부종성을 가진다. 신원보증은 근보증 및 계속적 보증의 일종이다.

825) 대판 2001. 6. 12. 2000다47187.

826) 대판 2001. 6. 12. 2000다47187.

2. 유형

신원보증계약의 유형에는 세 유형이 있다.

(1) 장래의 채무의 보증(신용보증)계약 피용자가 장래 고용계약상의 채무불이행 또는 불법행위로 인하여 사용자에게 손해배상책임을 부담하게 될 경우에 그 배상의무의 이행을 담보하는 일종의 장래 채무의 보증 내지 신용보증에 해당하는 유형이다.

(2) 손해담보계약 피용자의 귀책사유와는 관계없이 그 피용자를 고용함으로써 발생한 일체의 손해를 담보하는 일종의 손해담보계약이 있다.

(3) 신원인수계약 피용자 본인이 고용상의 의무위반을 하지 않을 것과 질병 기타 사유에 의하여 노무에 종사할 수 없게 됨으로써 사용자에게 일체의 불이익을 끼치지 않을 것 등 피용자의 신상에 관한 모든 사항을 담보하는 유형이 있다.

손해담보계약과 신원인수계약 두 유형을 신원인수라고도 한다.[827] 그렇다면 어느 유형이 신원보증계약의 기본적 모습일까? 세 번째 유형이라는 견해[828]도 있으나 이는 지나치게 보증인에게 불리하기 때문에 첫 번째 유형을 기본적인 유형이라고 보아야 할 것이다.[829] 이에 대해서는 보증인의 책임과 보증기간을 엄격하게 제한하기 위하여 「신원보증법」이 제정되었다.

3. 신원보증법의 내용

(1) 보증기간 기간을 정하지 아니한 신원보증계약의 신원보증기간은 2년을 초과하지 못하고, 2년보다 긴 기간을 정한 때에는 2년으로 단축되며, 갱신할 때에도 2년을 초과하지 못한다(신원보증법 제3조).

(2) 통지의무 사용자는 신원보증인의 책임을 야기할 염려가 있거나 근로상황의 변경으로 신원보증인의 책임이 가중하거나 감독이 곤란하게 될 때에는 신원보증인에게 그 사실을 지체 없이 통지할 의무가 있고, 고의나 중과실 통지의무를 위반한 경우에는 책임을 면한다(동법 제4조).

(3) 계약해지권 신원보증인의 책임 가중 염려가 있는 사정의 변경에 관한 통지를 받거나 스스로 그 사실을 알게 된 경우, 신원보증인이 배상책임을 이행한 경우, 신원보증계약의 기초사정에 중대한 변경이 있는 경우에는 신원보증계약을 해지할 수 있다(신

827) 곽윤직, 205면; 김형배, 597면.
828) 이은영, 589면.
829) 송덕수, 355면.

원보증법 제5조).

(4) 책임의 조정 신원보증인은 피용자의 경과실로 인한 손해에 배상책임이 없고 고의 또는 중과실로 인한 경우에 한하여 책임을 지고, 2인 이상의 공동신원보증의 경우에는 분별의 이익이 있으며, 배상책임은 제반사정을 참작하여 정해진다(동법 제6조).

(5) 상속금지 신원보증인의 지위는 신원보증인의 사망으로 종료되고 상속되지 못한다(동법 제7조).

(6) 강행규정성 신원보증인에게 불리한 특약은 무효이다(동법 제8조).

V. 손해담보계약

1. 의의

손해당보계약은 당사자의 일방이 상대방(담보권리자)에 대하여 일정한 사항으로부터 생길 수 있는 위험을 인수하고 손해를 전보할 것을 목적으로 하는 계약이다. 손해담보계약으로 담보자는 수익자인 채권자에게 목적한 일이 성취된 것과 같은 혹은 손해가 발생하지 않은 것과 같은 상태에 놓이게 해 줄 의무를 부담하게 된다.

손해담보계약은 채권자가 채무자의 행위로 입게 될 손해를 담보하는 점에서 보증과 유사하다. 그러나 주채무의 존재를 전제로 하지 않고, 따라서 부종성과 보충성(최고·검색의 항변권)이 없다. 신원인수나 보험계약이 이에 속한다.

2. 법적 성질

손해담보계약에 있어 담보자의 채무는 주채무의 존속과 관계없이 성립하는 하나의 독립된 계약으로서, 보증채무와는 달리 담보채무는 주채무와 동질성이 없고 주채무의 성립·존속·채무내용에 부종적 성질이 없다.[830)]

손해담보계약은 편무·무상계약이나 쌍무·유상계약 양자 모두 가능하다. 보험계약 등과 같이 보험료를 지급하거나 손해담보에서 보증료에 유사한 담보료가 지급되는 경우에는 쌍무·유상계약으로 보아야 한다.

손해담보계약상 담보의무자의 책임은 손해배상책임이 아니라 이행의 책임이고, 따라서 담보계약상 담보권리자의 담보의무자에 대한 청구권의 성질은 손해배상청구권이 아니라 이행청구권이다.[831)]

---

830) 대판 1974. 4. 9. 72다2008; 서울고법 2002. 4. 10. 2001나16502.

3. 성립 및 내용

손해담보계약은 담보의무자와 담보권리자 사이의 계약에 의하여 성립한다. 계약의 성립에 의하여 담보자는 수익자인 채권자에게 목적한 일이 성취된 것과 같은 혹은 손해가 발생하지 않은 것과 같은 상태에 놓이게 해 줄 의무를 부담하게 된다. 담보되는 손해 내지 손실의 액은 반드시 처음부터 확성되어 있을 필요는 없으며, 장차 손해를 확정할 수 있으면 불확정손해를 담보할 수도 있다. 기간이 특정되지 않아도 무방하다. 그러나 담보의 범위나 기간이 불확정한 경우에는 불확정한 계속적 보증, 특히 신원보증에서와 같은 고려가 필요하게 된다.[832]

담보계약상 담보권리자의 담보의무자에 대한 청구권의 성질은 손해배상청구권이 아니라 이행청구권이므로, 민법 제396조의 과실상계 규정이 준용될 수 없음은 물론 과실상계의 법리를 유추적용하여 그 담보책임을 감경할 수도 없는 것이 원칙이지만, 담보권리자의 고의 또는 과실로 손해가 야기되는 등의 구체적인 사정에 비추어 담보권리자의 권리 행사가 신의칙 또는 형평의 원칙에 반하는 경우에는 그 권리 행사의 전부 또는 일부가 제한될 수는 있다.[833]

제7장 채권양도와 채무인수

제1관 총설

채권 또는 채무의 동일성을 유지하면서 이전하거나 이전받는 것을 채권의 양도 또는 채무인수라고 한다.

연혁적으로 보면 로마법에서는 채권을 채권자와 채무자 간의 법적 사슬관계로 보았기 때문에, 재권의 양도를 통한 채권자의 변경이나 채무의 인수를 통한 채무자의 변경은 새로운 채권관계를 형성하는 것으로 보아 종전의 채권관계가 소멸하는 것으로 보았다. 따라서 채권의 동일성을 유지하면서 채권양도와 채무인수가 이루어지는 것을 허용하지 않았고, 이것을 경개에 의해 종전채무가 소멸하고 새로운 채무가 발생하는 것으로 보았다. 민법은 채권양도(제449조 이하)와 채무인수(제453조 이하) 모두를 인정하고 있다.

831) 대판 2002. 5. 24. 2000다72572.
832) 곽윤직, 210면.
833) 대판 2002. 5. 24. 2000다72572.

제2관 채권양도

Ⅰ. 채권양도 일반

1. 의의

채권양도란 재산권인 채권의 동일성을 유지하면서 채권을 이전시키는 채권자(양도인)과 양수인 사이의 계약을 말한다. 채권의 귀속주체가 법률행위에 의하여 변경되는 것이다.[834] 채권의 이전이 계약에 의하여 이루어지는 것을 말하며 법률의 규정이나 재판에 의하여 채권이 이전되는 것은 채권의 양도가 아니다.

채권양도는 채권자의 변경 내지 채권의 상대적 소멸을 야기하지만, 채권을 하나의 재산권으로 보아 처분의 대상으로 보는 것이다. 또한 채권을 개별적으로 이전한다는 점에서 포괄적 이전인 상속(제1005조)·회사합병(상법 제235조)·계약인수와 다르고, 동일성을 유지한다는 점에서 경개(제501조)와 다르며, 계약에 의한 이전이라는 점에서 단독행위·법률의 규정·강제집행(전부명령에 의한 이전, 민사집행법 제229조·제231조)에 의한 이전과 다르다.

채권양도가 동일성을 유지하면서 이전하기 때문에,[835] 그 채권에 관한 각종의 항변(예컨대, 동시이행항변권)도 그대로 존속한다(제451조 제2항). 채권에 종속하는 권리(이자채권·위약금채권·보증채권)도 원칙적으로 양수인에게 이전된다. 이들은 종된 권리로서 주된 권리가 이전하면 그에 수반하여 이전되는 권리이므로 종된 권리에 대하여 별도의 양도행위를 할 필요가 없다.

채권양도와 경개의 구별에 대하여 판례는, 기존의 채권이 제3자에게 이전된 경우 이를 채권의 양도로 볼 것인가 또는 경개로 볼 것인가는 일차적으로 당사자의 의사에 의하여 결정되고, 만약 당사자의 의사가 명백하지 아니할 때에는 특별한 사정이 없는 한 동일성을 상실함으로써 채권자가 담보를 잃고 채무자가 항변권을 잃게 되는 것과 같이 스스로 불이익을 초래하는 의사를 표시하였다고는 볼 수 없으므로 일반적으로 채권의 양도로 볼 것이라고 한다.[836]

2. 법적 성질

(1) 계약 채권양도는 채권의 이전을 내용으로 하는 양도인인 채권자와 양수인 사

834) 대판 2011. 3. 24. 2010다100711.
835) 대판 2002. 4. 26. 2001다59033.
836) 대판 1996. 7. 9. 96다16612.

이의 법률행위, 그 중에서도 계약에 해당한다. 채무자의 동의는 필요 없고, 당사자 간에 채권에 대한 양도금지특약이 없는 한 채무자의 의사에 반한 채권자와 양수인 사이의 계약에 의한 채권양도도 가능하다. 채권양도에는 일정한 방식을 필요로 하지 않는다.

(2) 처분행위 채권양도는 권리변동을 직접 초래하므로 이행의무를 부담시키는 의무부담행위가 아니라 처분행위이다. 바꾸어 말하면 채권자와 양수인 사이에 채권양도가 있으면 채권은 채권자로부터 양수인에게 직접 이전되는 것이어서, 채권자가 더 이상 양수인에게 채권을 이전할 의무를 부담하지 않는다는 것이다. 당사자의 계약에 의한 처분행위이므로 법률적 처분행위이다. 처분행위인 점에서 물권행위와 유사하나, 대상이 물권이 아니라 채권이라는 점에서 준물권행위이다.

채권은 증여나 매매 또는 채권담보 등의 목적으로 양도할 수 있고, 이 경우 그 원인행위(증여·매매 등)에 기해 채권을 이전할 의무가 생기지만, 그 원인행위 자체는 채권양도가 아니다. 즉 채권매매계약은 채권매도인에게 채권을 이전할 의무부담행위이다. 채권양도는 처분행위이므로, 양도인이 처분권한이 있음을 필요로 한다. 따라서 처분권한이 없는 채권자 아닌 자가 한 채권양도는 무효이다.

판례는 임차보증금반환채권과 관련하여, 「갑과 을이 임대차보증금 중 각 일부를 부담하기로 하되 갑이 을로부터 지급받아야 할 채권이 많았기 때문에 그 임대차기간 종료시 임대차보증금 전액을 갑이 반환받기로 하고, 이에 따라 갑과 을, 임대인 병 3자 합의에 의하여 임대차계약서를 작성하면서 그 임대차보증금 전액을 갑이 반환받는다는 의미에서 임차인 명의를 갑 단독으로 한 경우, 그 임대차계약서상의 임차인 명의에 불구하고 갑과 을이 공동임차인으로서 병과 임대차계약을 체결한 것이고, 다만 을이 병에게 지급한 임대차보증금의 반환채권을 갑의 을에 대한 채권의 지급을 담보할 목적으로 갑에게 양도하고 병이 이를 승낙한 것으로 봄이 상당하다.」고 한다.[837]

(3) 독자성과 무인성의 문제 채권양도가 처분행위이기는 하나 채권양도를 할 의무를 부담시키는 원인행위를 기초로 하여 이루어진다. 예컨대, 채권을 금전을 받고 매각하는 채권의 매매, 변제의 수단으로서 채권의 양도하는 것, 채권추심이나 증여의 목적으로 채권을 양도하는 것 등이 그 예이다. 여기에는 각각 매매·변제·양도담보·위임·증여에 관한 규정과 그 법리가 적용된다. 그리고 이러한 원인행위에 기해 그 이행으로서 채권의 양도가 이루어지는 점에서, 이론적으로 양자는 구별된다.

채권양도는 원인행위와 동시에 함께 이루어질 수도 있지만 별개로 이루어질 수도 있음을 인정하여 독자성을 인정하는 것이 판례[838] 및 다수설이다.[839] 판례는 원인행

837) 대판 1999. 8. 20. 99다18039.

위를 준물권행위인 '채권양도계약'과 구분하여 양도의무계약이라고 표현하고, 채권양도계약과 양도의무계약은 실제의 거래에서는 한꺼번에 일체로 행하여지는 경우가 적지 않으나, 그 법적 파악에 있어서는 역시 구별되어야 하는 별개의 독립한 행위라고 한다.

또한 원인행위의 하자나 채권양도에 미치는 영향에 관하여는, 지명채권의 양도에는 유인성을, 증권적 채권의 양도에는 무인성을 인정하는 것이 다수설의 견해이다.[840] 즉 유인성을 인정하게 되면 원인관계가 무효, 취소된 경우에 채권양도도 효력을 잃게 된다.

지명채권과 증권적 채권을 분리하여 보는 견해에서는, 지명채권의 경우는 원칙적으로 원인행위인 채권행위와 함께 행해진 것으로 보고, 그 원인행위가 부존재·무효·취소·해제 등으로 효력을 잃게 되면, 그에 따라 채권양도도 무효로 된다고 한다. 판례는 유인성을 취하고 있다. 즉「종전의 채권자가 채권의 추심 기타 행사를 위임하여 채권을 양도하였으나 양도의 '원인'이 되는 그 위임이 해지 등으로 효력이 소멸한 경우에 이로써 채권은 양도인에게 복귀하게 되고, 나아가 양수인은 그 양도의무계약의 해지로 인하여 양도인에 대하여 부담하는 원상회복의무(이는 계약의 효력불발생에서의 원상회복의무 일반과 마찬가지로 부당이득반환의무의 성질을 가진다)의 한 내용으로 채무자에게 이를 통지할 의무를 부담한다.」고 한다.[841]

그러나 증권적 채권에 대하여는 채권양도의 독자성과 무인성을 인정하는데 일치하고 있다. 그리하여 증권적 채권의 양도는 증서의 배서·교부 또는 증서의 교부가 있는 때에 있는 것으로 해석되며, 채권행위가 무효·취소·해제 등으로 실효되어도 채권양도는 영향을 받지 않게 된다.

3. 채권양도의 유형

채권양도는 현실적으로 여러 가지 필요성에 의해 행하여진다. ① 채권의 변제기 이전에 채권을 매도함으로서 자금을 조기에 회수할 목적으로 행해지거나, ② 타인에 대한 채권회수의 방법으로 그 타인의 채권을 대물로서 변제받는 방법, ③ 채권담보의 목적으로 채권을 양도하는 경우와 ④ 채권의 추심을 목적으로 채권을 양도하는 경우가 있다.

판례는 건축공사가 수급인의 부도로 중단된 후 도급인, 수급인 및 하수급인 3자 사이에 하수급인이 시공한 부분의 공사대금 채권에 대하여 도급인이 이를 하수급인에게

838) 대판 2011. 3. 24. 2010다100711.

839) 곽윤직, 213면; 김준호, 270면.

840) 곽윤직, 213면.

841) 대판 2011. 3. 24. 2010다100711.

직접 지급하기로 하고 이에 대하여 수급인이 아무런 이의를 제기하지 않기로 합의한 경우, 그 실질은 수급인이 도급인에 대한 공사대금 채권을 하수급인에게 양도하고 그 채무자인 도급인이 이를 승낙한 것이라고 봄이 상당하다[842]고 하여 공사대금 채권의 양도라고 한다.

Ⅱ. 지명채권의 양도

1. 의의

(1) 지명채권의 개념 지명채권은 채권자가 특정인으로 지명되어 있는 채권을 말한다. 통상 채권이라고 하면 지명채권을 말하며, 증권적 채권이 아닌 채권은 모두 지명채권이다. 지명채권의 경우에는 증권적 채권과 달리 채권의 성립·존속·행사·양도에 증서(증권)의 작성·교부 등이 필요하지 않다. 증서가 작성되었더라도 그것은 채권의 증거방법에 불과하다.

(2) 지명채권의 양도성

1) 양도의 원칙 지명채권은 양도할 수 있음이 원칙이다(제449조 제1항 본문). 재산권의 속성으로서 양도성이 인정되며, 지명채권도 재산권의 일종이다. 그러나 지명채권의 양도성은 물권이나 증권적 채권에 비해 완전하지 못하고, 다음과 같은 제한이 있다.

2) 양도성의 제한

가. 채권의 성질상의 제한 채권의 성질상, ① 채권자가 변경됨으로써 급부의 내용이 동일성을 잃게 되는 경우, 채권자와 채무자 사이의 신임관계를 기초로 인정되는 채권 등의 경우에는 성질상 그 양도가 금지되거나 제한된다. 예컨대, 임차권은 임대인과의 신임관계를 기초로 인정되는 채권으로 임대인의 동의 없이 양도할 수 없다(제629조). 다만 임차보증금채권은 임대인의 동의 여부와 관계없이 양도할 수 있다. 매매를 원인으로 하는 소유권이전등기청구권도 그 이행과정에 신뢰관계가 따르므로 권리의 성질상 양도가 제한되고 그 양도에 채무자의 승낙이나 동의를 요한다.[843] 중간생략등기에서 3자 간의 합의를 요구하는 판례의 태도도 이와 마찬가지의 입장이다.[844]

물권인 전세권에서 전세금반환채권도 양도할 수 없다. 즉 전세권을 존속시키면서 전

842) 대판 2000. 6. 23. 98다34812.

843) 대판 2001. 10. 9. 2000다51216; 대판 2018. 7. 12. 2015다36167; 대판 2021. 6. 3. 2018다280316.

844) 대판 1994. 5. 24. 93다47737; 대판 1995. 8. 22. 95다15575.

세금반환채권만을 전세권과 분리하여 양도하는 것은, 전세금의 성질이 전세권의 성립 요건이기 때문에 허용될 수 없다. 다만 전세권 존속 중에는 장래에 그 전세권이 소멸하는 경우에 전세금 반환채권이 발생하는 것을 조건으로 그 장래의 조건부 채권을 양도할 수 있을 뿐이다.[845)]

② 채권자가 변경됨으로써 채무자의 이해에 중대한 변경이 생기는 경우, 예컨대, 특정인의 초상을 그리게 하는 채권, 부작위채권, 사용차주의 채권(제610조 제2항), 사용자의 채권(제657조 제1항), 위임인의 채권(제680조) 등이다. ③ 부종채권의 경우, 예컨대, 보증채권은 주채권과 분리하여 별도로 양도할 수 없다. 보증채권은 주채권에 종된 권리이기 때문이다. ④ 특정의 채권자와의 사이에 결제되어야 하는 채권, 예컨대 상호계산에 개입된 채권(상법 제72조), 당좌대월계약상의 채권 등이다.

한편 근로기준법상 임금은 직접 근로자에게 지급하도록 규정되어 있으나(같은 법 제63조 제1항·제109조), 이는 양도금지 규정은 아니므로 임금채권은 양도할 수 있다고 하여야 한다.[846)]

나. 당사자의 양도금지특약에 의한 제한

채권은 당사자가 양도금지의의사표시를 하여도 양도가 제한된다(제449조 제2항 본문). 양도금지뿐만 아니라 채무자의 사전 동의를 요하는 제한을 가하는 것도 포함된다. 계약의 경우에는 당사자의 합의로, 단독행위의 경우에는 표의자의 의사표시만으로 양도의 제한을 가할 수 있다. 양도금지특약에 위반한 채권양도의 효력은 원칙적으로 무효이고,[847)] 채권양수인은 채권을 취득할 수 없다. 다만, 그러한 경우에도 채무자가 채권양도를 승낙한 경우에는 채권양도의 효력이 생긴다.[848)]

임대차계약에서 임차보증금반환채권에 대한 양도금지특약의 효력과 관련하여 판례는, 「당사자 사이에 계약의 해석을 둘러싸고 별다른 이견이 없고 임대차계약서에 기재되어 있는 문언의 내용상으로 임대보증금반환채권에 관한 양도금지 특약규정의 효력을 임대차계약의 종료시나 임대목적물의 명도시까지로 제한하고 있지 아니한 경우, 처분문서의 의사해석 법리에 비추어 그 객관적 문언과 다른 내용의 해석을 할 수는 없는 것이고, 더욱이 임대차계약 체결 당시 임차인은 임대보증금반환채권에 관한 양도금지 특약을 감수하고 이에 동의한 것이므로 양도금지특약이 임대차계약이 종료되고 임대목적물이 명도된 때까지만 유효한 것으로 제한해석을 하지 않는다고 하여 임차인에게

845) 대판 2002. 8. 23. 2001다69122.
846) 대판(전) 1988. 12. 13. 87다카2803.
847) 대판(전) 2019. 12. 19. 2016다24284.
848) 대판 2009. 10. 29. 2009다47685.

가혹한 것이라고 볼 수 없고, 임대인으로서는 임대차계약이 종료되고 임대목적물이 명도된 이후라도 보증금반환채권만이 양도되어 버림으로써 최초 법률관계의 당사자가 아닌 제3자와의 법률분쟁에 휩싸이거나 복잡한 권리관계가 형성되는 것을 미리 방지하기 위하여 양도금지의 특약을 할 수 있는 것이므로, 임대인에게 양도금지 특약의 실익이 없는 것은 아니라고」 한다.[849)]

다만 제한의 효과는 '선의의 제3자'에게는 대항하지 못한다(제449조 제2항 단서). 따라서 양도금지특약에 위반하여 채권을 양도한 경우에도 양수인인 선의의 제3자라면 채권을 취득할 수 있다. 또한 '제3자'를 채권자로부터 직접 양수한 자만을 가리키는 것으로 제한 해석할 이유는 없으므로, 악의의 양수인으로부터 다시 선의로 양수한 전득자도 여기서의 제3자에 해당한다고 보아야 한다.[850)] 또한 동조항은 채권의 양도성을 제한하려는 당사자의 의사보다는 거래의 안전을 도모히여 신의의 양수인을 보호하고자 하는 입법취지라는 점을 반영하여, 이러한 선의의 양수인으로부터 다시 채권을 양수한 전득자는 그 선의·악의를 불문하고 채권을 유효하게 취득한다고 보아야 한다.[851)]

제449조 제2항 단서는 선의만 요구하고 있으므로 선의뿐만 아니라 무과실까지 요구되는지 문제된다. 이와 관련하여 ① '선의'의 해석과 관련하여, 통상 표현적인 것에 대한 신뢰를 보호해서 거래안전을 꾀하려는 제도라는 측면에서, 선의의 보호에는 무과실을 전제로 한다는 일반원칙상 무과실을 요한다는 견해[852)]와 무과실을 필요로 하지 않는다는 견해,[853)] 법문언대로 무과실을 요하지 않고 중과실만 고의에 준하여 처리된다는 일반원칙상 중과실만은 악의와 같이 보아야 한다는 다수견해[854)]로 나뉘는데, 판례는 악의와 중과시를 동일하게 보는 입장이다.[855)] ② '제3자'의 의미에 대해서는, 양수인에 한하지 않고 양수인으로부터의 전득자도 포함하며, ③ '대항'의 의미로는, 법률행위에 의한 취득을 의미함에 그치고, 압류까지 금지하는 것은 아니라는 것이 통설·판례의 입장이다. 따라서 양도금지특약이 있는 채권이라도 압류 및 전부명령에 따라 이전될 수 있고, 양도금지특약이 있는 사실에 관하여 압류채권자가 선의인지의 여부는 전부명령에 효력이 없다.[856)]

849) 대판 2003. 1. 24. 2000다5336·5343.
850) 대판 2015. 4. 9. 2012나118020.
851) 대판 2015. 4. 9. 2012다118020, 대판(전) 2019. 12. 19. 2016다24284.
852) 곽윤직, 219면.
853) 이은영, 613면.
854) 김상용, 372면; 김형배, 578면.
855) 대판 1996. 6. 28. 96다18281; 대판 2000. 4. 25. 99다67482; 대판 2003. 1. 14. 2000다53336.
856) 대판 2002. 8. 27. 2001다71699.

판례는, 일반적으로 채권에 대한 가압류가 있더라도 이는 가압류채무자가 제3채무자로부터 현실로 급부를 추심하는 것만을 금지하는 것이므로 가압류채무자는 제3채무자를 상대로 그 이행을 구하는 소송을 제기할 수 있고, 법원은 가압류가 되어 있음을 이유로 이를 배척할 수 없는 것이며, 채권양도는 구 채권자인 양도인과 신 채권자인 양수인 사이에 채권을 그 동일성을 유지하면서 전자로부터 후자에게로 이전시킬 것을 목적으로 하는 계약을 말한다 할 것이고, 채권양도에 의하여 채권은 그 동일성을 잃지 않고 양도인으로부터 양수인에게 이전된다 할 것이며, 가압류된 채권도 이를 양도하는데 아무런 제한이 없으나, 다만 가압류된 채권을 양수받은 양수인은 그러한 가압류에 의하여 권리가 제한된 상태의 채권을 양수받는다고 한다.[857)]

제3자의 악의 내지 중대한 과실은 채권양도금지특약으로 양수인에게 대항하려는 자가 이를 주장하고 증명하여야 한다.[858)]

다. 법률규정에 의한 제한　　민법상 부양청구권(제979조), 특별법상 근로기준법상의 재해보상청구권(근로기준법 제86조), 국가배상청구권(국가배상법 제4조), 각종의 연금청구권(공무원연금법 제32조·사립학교교직원연금법 제40조·국민연금법 제58조·군인연금법 제7조·기초연금법 제21조·장애인연금법 제19조), ⑤ 재해보상청구권(근로기준법 제86조) 등이 반드시 피해자 본인이 수령하게 할 목적으로 양도가 금지된다.

법률에 의하여 양도가 금지되는 것은 압류도 할 수 없다. 그러나 압류가 금지되는 채권은 반드시 양도가 금지된다고는 할 수 없다.[859)]

라. 양도성과 관련하여 논란이 있는 채권

① 임금채권　　임금직불의 원칙상(근로기준법 제42조 제1항), 임금을 통화로 직접 근로자에게 지급하여야 하므로 임금채권의 양도성에 논란이 있으나, 판례는 양수인이 청구할 수는 없지만 양도성 자체는 인정한다. 즉 근로자가 그 임금채권을 양도한 경우라 할지라도 그 임금의 지급에 관하여는 같은 원칙이 적용되어 사용자는 직접 근로자에게 임금을 지급하지 아니하면 안 되는 것이고 그 결과 비록 양수인이라고 할지라도 스스로 사용자에 대하여 임금의 지급을 청구할 수는 없다.[860)]

② 전세금 반환채권　　전세권의 담보물권적 성격으로 인해 전세권과 분리한 전세금 반환청구권의 양도성에 대하여 논란이 있으나 전세권설정자의 권리를 해하지 않는 조

857) 대판 2000. 4. 1. 99다23888.
858) 대판 2003. 1. 24. 2000다5336.
859) 대판 1990. 2. 13. 88다카8132; 대판 2015. 5. 14. 2014다12072.
860) 대판(전) 1998. 12. 13. 87다카2803.

건부·장래의 권리의 양도인 한, 양도성이 인정된다는 것이 판례의 태도이다.[861)]

③ 장래의 채권 장래의 채권은 특정가능성으로 인해 논란이 있으나, 양도 당시 내용·액수·채무자를 특정할 수 있는 한, 양도성이 인정된다는 것이 학설과 판례의 입장이다.[862)]

④ 위자료채권 위자료청구권은 일신전속적 법익의 침해로 인한 것이라는 점으로 인해 논란이 있으나, 대체로 양도성을 인정한다.[863)] 즉 이는 행사상 일신전속권이고 귀속상 일신전속권은 아니라 할 것인바, 그 청구권자가 위자료의 지급을 구하는 소송을 제기함으로써 청구권을 행사할 의사가 외부적 객관적으로 명백하게 된 이상 양도나 상속 등 승계가 가능하다고 한다.[864)]

2. 양도의 요건

(1) 채권양도계약 채권양도계약의 당사자는 채권자와 양수인이나. 양도인과 양수인이 채권을 이전시키기로 합의하여야 한다. 채무자는 계약의 당사자가 아니다. 따라서 채무자의 의사관여 없이 양도합의는 유효하게 성립할 수 있다. 불요식이며, 요식행위로 채권이 발생한 경우에도 양도에는 방식을 요하지 않는다. 채무자에 대한 통지나 채무자의 승낙이 필요하기는 하나(제450조 제1항), 이는 채권을 양도하기 위한 요건이 아니라 채권양도를 주장하기 위한 대항요건에 불과하다.

(2) 채권에 관한 요건 채권이 존재함을 요한다. 즉 양도인에게 처분권한이 있음을 요하며, 무권한자의 처분에 대한 선의취득은 인정되지 않는다. 양도인이 처분권한을 가지고 있지 아니한 경우에는 채권양도도 무효로 되고,[865)] 이는 양수인이 선의, 무과실이라고 하더라도 그 채권이 지명채권이라면 양수인은 채권을 취득할 수 없다. 또한 양도성을 가진 채권이어야 한다.

(3) 채권의 특정가능성 양도되는 채권은 특정되어 있거나 적어도 특정가능한 것이어야 한다. 특정할 수만 있다면 장래 채권이나 포괄적 채권도 양도할 수 있다. 법률관계의 확실성을 확보하기 위해서이다. 판례는 원칙적으로 장래의 채권의 양도를 부정하지만, 채권양도 당시 특정할 수 있거나 가까운 장래에 발생할 가능성을 상당한

861) 대판 1969. 12. 23. 69다1745.
862) 대판 1996. 7. 30. 95다7932; 대판 1997. 7. 25. 95다21624.
863) 대판 1976. 4. 13. 75다396.
864) 대판 1993. 5. 27. 92므143.
865) 대판 2016. 7. 14. 2015다46119.

정도로 기대할 수 있는 경우에는 그 양도성을 긍정한다,[866] 이혼이 성립하기 전에 이혼소송과 병합하여 재산분할의 청구를 한 경우 재산분할청구권을 미리 양도하는 것은 허용되지 않는다.[867]

3. 지명채권양도의 대항요건

(1) 의의 및 성질

1) 의의　　지명채권양도의 대항요건이란 양수인이 채무자에 대하여는 자신이 채권자임을 주장할 수 있고, 제3자에 대하여는 자신의 권리가 우월함을 주장할 수 있는 요건을 말한다. 제450조가 이를 인정하는 것은 공시방법이 없는 채권양도로 인하여 채권양도 후에 양도인에 대하여 취득한 항변사유를 양수인에게 주장하지 못하는 등, 채무자와 제3자가 예기치 못한 손해를 입지 않게 하려는 것이다. 이에 대하여 민법은 대항요건주의를 취하고 있는데, 이는 채권양도계약에 의한 양도의 효력을 당사자 사이에 국한시키는 것이다.

2) 법적 성질　　민법은 양도인의 채무자에 대한 양도의 통지 또는 채무자의 승낙을 규정하고(제450조 제1항), 제3자에 대한 추가적인 요건으로서 확정일자 있는 증서에 의한 통지나 승낙을 규정하였는데(제450조 제2항), 전자가 기본적·중심적 요건인 반면 후자가 가중적·부수적 요건이고, 채무자에 대한 대항요건은 임의규정으로서 당사자의 특약으로 배제할 수 있는 반면,[868] 제3자에 대한 대항요건은 강행규정으로서 당사자의 특약으로 배제할 수 없다.

(2) 채무자에 대한 대항요건 : 채무자에 대한 통지 또는 채무자의 승낙

1) 의의 및 성질　　양수인이 채무자에 대하여 채권자임을 주장할 수 있는 요건이고, 이에 따른 채무자로서는 이중변제의 위험을 면할 수 있게 된다. 양도인의 채무자에 대한 통지 또는 채무자의 승낙 2가지 중 하나를 말한다(제450조 제1항). 통지나 채무자의 승낙의 법적 성질은 모두 관념의 통지이다. 통지·승낙의 사실은 양수인이 입증하여야 한다.[869] 양도인의 통지는 채권양도사실을 채무자에게 알리는 것으로서 관념의 통지이다.[870]

---

866) 대판 1996. 7. 30. 95다7932; 대판 1997. 7. 25. 95다21624.
867) 대판 2017. 9. 21. 2015다61286.
868) 대판 1987. 3. 24. 86다카908; 대판 2009. 9. 24. 2009다33723.
869) 대판 1990. 11. 27. 90다카27662.
870) 대판 2000. 4. 11. 2000다2627.

통지는 양도인이 하여야 하고 양수인이 양도인의 대리인으로서 통지를 하면서 대리관계의 현명을 하지 아니한 때에는 통지로서 효력이 없으나, 여러 사정에 비추어 양수인이 대리인으로서 통지한 것임을 상대방이 알았거나 알 수 있었을 때에는 효력이 있다.[871)]

2) 양도인의 통지

가. 통지권자 통지는 양도인이 채무자에 대하여 하여야 하고, 양수인이 한 통지는 효력이 없다. 양수인은 통지할 자격이 없고, 양도통지가 권리행사가 아니라는 점 및 양도인만이 양도통지를 하게 한 법규정의 취지에 비추어 무효하고 보는 것이다. 다만 양도인이 직접 하지 아니하고 양수인을 사자나 대리인으로 하여 통지하는 것도 허용된다.[872)] 연대채무에서는 전원에 대하여 하여야 하나 보증채무에서는 주채무자에 대하여 행함으로써 충분하다.

관련된 문제로서 지명채권의 양도통지 후 채권양도계약이 해제 또는 합의해제된 경우에 채권양도인이 해제 등을 이유로 다시 원래의 채무자에 대하여 양도채권으로 대항하려면 채권양도인이 채권양수인의 동의를 받아 양도통지를 철회하거나 채권양수인이 채무자에게 위와 같은 해제 등 사실을 통지하여야 한다.[873)]

나. 통지방법과 시기 통지의 방법에는 제한이 없다. 서면으로 할 수도 있고, 구두·전화·이메일로도 할 수도 있다. 다만 이해관계인들의 지위를 불안하게 하므로, 조건이나 기한을 붙일 수 없다. 통지의 시기는 양도행위와 동시에 또는 사후에 행할 것을 요한다. 사전통지는 무효이다. 사전통지는 채무자로 하여금 양도의 시기를 확정할 수 없는 불안한 상태에 있게 하는 결과가 되기 때문이다.[874)]

다. 철회가능성 양도통지의 철회는 양수인과 채무자에게 중대한 이해관계가 있으므로 양수인의 동의를 요한다(제452조 제2항). 이 경우 양수인의 동의는 채권양도의 합의해제로 볼 수 있다. 판례는 민법 제452조 제2항에 채권양도의 통지는 양수인의 동의가 없으면 철회하지 못한다고 규정되어 있으므로 채권양도인과 양수인과의 채권양도 계약이 채권양수인의 위약으로 해제되었고 채권양도인이 채무자에게 양도철회통지를 하였다고 하더라도 채무자는 이것을 채권양수인에게 대항할 수는 없다고 하여 채무자가 양수인의 양수금 청구를 거절할 수 없다고 한다.[875)]

---

871) 대판 2004. 2. 13. 2003다43490.
872) 대판 1997. 6. 27. 95다40997·40984; 대판 2020. 4. 29. 2017다238509.
873) 대판 2012. 11. 29. 2011다17954.
874) 대판 2000. 4. 11. 2000다2627.
875) 대판 1978. 6. 13. 78다468.

3) 채무자의 승낙

가. 의의　　채무자의 승낙이란 채무자가 채권양도 사실을 인식하고 있음을 표명하는 것으로 관념의 통지에 해당한다.[876] 채무자가 양도인 또는 양수인 어느 쪽에도 할 수 있다. 여기서의 승낙은 채권양도의 사실을 알고 있음을 알리는 관념의 통지이다. 그리고 통지에서와 달리 이의를 유보할 수 있을 뿐 아니라 조건을 붙여서 할 수도 있다(대판 1989. 7. 11. 88다카20866).

나. 승낙의 방법　　승낙은 채무자가 양도인 또는 양수인에게 한다. 채무자는 채권양도를 승낙하면서 조건을 붙여서 할 수 있고, 승낙할 지위를 미리 포기할 수도 있다.[877] 통지·승낙의 사실은 양수인이 입증하여야 한다.[878]

4) 통지나 승낙이 없는 동안의 효력

채권양도가 있은 후 아직 통지나 승낙이 없는 때에는, 양수인은 채권양도를 채무자에게 주장하여 채권의 청구를 하지 못한다. 채무자가 악의인 경우에도 같다. 따라서 채무자는 양수인에게 채무의 이행을 거절할 수 있고, 양수인은 채무자에 대하여 담보권실행·파산신청 등의 행위를 하지 못한다.[879]

5) 통지 또는 승낙의 효과

가. 공통의 효력　　유효한 채권통지 또는 승낙이 있으면 채무자는 양수인에게 변제하여야 하고, 그에게 변제하면 나중에 확정일자 있는 증서에 의한 통지 또는 승낙을 갖춘 다른 양수인이 나타나더라도 영향을 받지 않는다. 통지가 채무자에게 도달되면 통지의 효력이 발생한다(제111조). 통지가 도달되었다고 하려면 채무자가 사회통념상 그 통지의 내용을 알 수 있는 객관적 상태에 있다고 인정되어야 한다. 통지의 도달은 보다 탄력적인 개념으로서 송달장소나 수송달자 등의 면에서 위에서 본 송달에서와 같은 엄격함은 요구되지 아니하며, 이에 송달장소 등에 관한 민사소송법의 규정을 유추적용할 것이 아니다.[880]

대항요건을 갖추기 전에도 채권양도는 효력이 있으므로, 채무자는 유효한 변제를 할

876) 대판 1989. 7. 11. 88다카20866.

877) 대판 1987. 3. 24. 86다카908.

878) 대판 1990. 11. 27. 90다카27662.

879) 대판 2005. 10. 10. 2005다41818은 비록 대항요건을 갖추지 못하여 채무자에게 대항하지 못한다고 하더라도 채권의 양수인이 채무자를 상대로 재판상의 청구를 하였다면 이는 소멸시효 중단사유인 재판상의 청구에 해당한다고 보아야 한다고 한다.

880) 대판 2010. 4. 15. 2010다57; 대판 2014. 4. 10. 2013다76192.

수 있고, 양도의 효력을 부정할 수도 있으나, 대항요건을 갖춤으로써 양수인의 채권자 자격을 부정할 수 없게 된다. 따라서 채무자는 변제의무가 있고, 그에 따라 변제하면 후에 확정일자 있는 증서에 의한 대항력을 갖춘 취득자가 나타나더라도 이중변제의 위험은 없다. 그러나 변제하지 않은 사이에 대항력을 갖춘 취득자가 나타나면, 양수인에 대한 변제의무가 없고, 오히려 변제하게 될 경우 이중변제의 위험에 처하게 된다.

나. 통지의 경우

① 양도인에 대한 사유 양도통지만을 한 경우, 채무자는 통지를 받은 때까지 양도인에 대하여 생긴 사유로서 양수인에게 대항할 수 있다(제451조 2항). 통지 이후에 양도인에 대하여 생기나 사유로는 양수인에게 대항할 수 없다. 임대인이 임대차보증금반환청구채권의 양도통지를 받은 후에는 임대인과 임차인 사이에 임대차계약의 갱신이나 계약기간 연장에 관하여 명시적 또는 묵시적 합의가 있더라도 그 합의의 효과는 보증금반환채권의 양수인에 대하여는 미칠 수 없다. 통지 당시 양도인에 대하여 반대채권을 가지고 상계적상에 있었으나 상계하지 않은 경우, 통지 후에 상계할 수 있다.[881]

채권양도의 통지는 그 양도인이 채권이 양도되었다는 사실을 채무자에 알리는 것에 그치는 행위이므로, 그것만으로 제척기간에 필요한 권리의 재판 외 행사에 해당한다고 할 수 없다.[882]

② 양수인에 대한 사유 양도통지가 있은 경우, 양도하지 않았거나 양도가 무효이더라도 선의인 채무자는 양수인에 대하여 생긴 사유로 양도인에게 대항할 수 있다(제452조 1항). 채무자는 선의임을 요한다. 금반언의 원칙을 적용한 것이다.

다. 승낙의 경우

① 이의를 보류한 승낙의 경우 이의를 보류하고 승낙한 경우, 양도인의 양도통지와 같다. 즉 채무자는 보류한 이의사유에 관해서는 채권양수인에게 대항할 수 있다.

② 이의를 보류하지 않은 승낙(단순승낙)의 경우 양도인에게 대항할 수 있는 사유로서 양수인에게 대항하지 못한다(제451조 제1항 본문). 이 규정은 채무자의 승낙이라는 사실에 공신력을 주어 양수인을 보호하고 거래의 안전을 꾀하기 위한 규정이다.[883] 제451조 제1항이 승낙에 공신력을 부여하는 취지이므로 양수인은 이의를 보류하지 아니한 승낙을 신뢰한 자이어야 한다. 양수인은 선의임을 요하며, 악의 또는 중과실의 경우

881) 대판 1989. 4. 25. 88다카4253·4260.

882) 대판 2012. 4. 12. 2010다65399.

883) 대판 1997. 5. 30. 96다22648.

는 제외한다고 해석된다. 판례도 동일한 입장이다. 즉 양수인이 채무자의 항변사유에 대하여 악의나 중대한 과실이 있는 경우에는 채무자는 양도인에게 주장할 수 있는 항변사유로 양수인에게 대항할 수 있다.[884] 따라서 채권의 양도나 질권의 설정에 대하여 이의를 보류하지 아니하고 승낙을 하였더라도 양수인 또는 질권자가 악의 또는 중과실의 경우에 해당하는 한 채무자의 승낙 당시까지 양도인 또는 질권설정자에 대하여 생긴 사유로써도 양수인 또는 질권자에게 대항할 수 있다.[885]

다만 이중양도의 경우에는 이에 따르지 않고 대항요건에 의해 귀속이 정해진다. 그러므로 채무자가 채무소멸을 위하여 양도인에게 급여한 것이 있으면 회수할 수 있고, 양도인에 대하여 부담한 채무가 있으면 그 성립되지 아니함을 주장할 수 있다(제451조 제1항 단서).

승낙 당시 이미 상계를 할 수 있는 원인이 있었던 경우에는 아직 상계적상에 있지 아니하였다 하더라도 그 후에 상계적상이 생기면 채무자는 양수인에 대하여 상계로 대항할 수 있다.[886]

채무자가 양도인에게 대항할 수 있는 사유로서 양수인에게 대항할 수 없는 사유란 채권의 성립, 존속, 행사를 저지하거나 배척하는 사유를 말한다.[887] 채권이 이미 타인에게 양도되었다는 등의 채권의 귀속에 관한 항변사유는 상실되지 않는다.[888] 양수인이 당연히 알고 있다고 볼 수 있는 항변사유는 상실되지 않는다. 보험금청구권의 양도에 대한 채무자의 승낙은 별도로 면책사유가 있으면 보험금을 지급하지 않겠다는 취지를 명시하지 않아도 당연히 그것을 전제로 하고 있다고 보아야 하고, 더구나 보험사고 발생 전의 보험금청구권 양도를 승인함에 있어서 보험자가 위 항변사유가 상당한 정도로 발생할 가능성이 있음을 인식하였다는 등의 사정이 없는 한 존재하지도 아니하는 면책사유 항변을 유보하고 이의하여야 한다고 할 수는 없으므로, 보험자는 비록 위 보험금청구권 양도 승인시에 면책사유에 대한 이의를 유보하지 않았다 하더라도 보험계약상의 면책사유를 주장할 수 있다.[889]

임대차보증금 반환 채권을 양도함에 있어서 임대인이 아무런 이의를 보류하지 아니한 채 채권양도를 승낙하였어도 임차 목적물을 개축하는 등 하여 임차인이 부담할 원상복구비용 상당의 손해배상액은 반환할 임대차보증금에서 당연히 공제할 수 있다. 그

884) 대판 1999. 8. 20. 99다18039.
885) 대판 2002. 3. 29. 2000다13887.
886) 대판 1999. 8. 20. 99다18039.
887) 대판 1994. 4. 29. 93다35551.
888) 대판 1994. 4. 29. 93다35551.
889) 대판 2001. 6. 15. 99다72453.

러나 임대인과 임차인 사이에서 장래 임대목적물 반환 시 원상복구비용의 보증금 명목으로 지급하기로 약정한 금액은, 임대차관계에서 당연히 발생하는 임차인의 채무가 아니라 임대인과 임차인 사이의 약정에 기하여 비로소 발생하는 채무에 불과하므로, 반환할 임대차보증금에서 당연히 공제할 수 있는 것이 아니어서, 임대차보증금 반환 채권을 양도 전에 원상복구비용의 보증금 청구 채권이 존재한다는 이의를 보류하지 아니한 채 채권양도를 승낙한 경우에는 민법 제451조 제1항이 적용되어 그 원상복구비용의 보증금 청구채권으로 채권양수인에게 대항할 수 없다.[890] 차임채권이 양도된 경우 임차인이 임대차계약이 종료되어 목적물을 반환할 때까지 연체한 차임상당액을 보증금에서 공제할 것을 주장할 수 있다.[891]

(3) 제3자에 대한 대항요건

1) 의의

제3자에 대한 대항요건이란 양수인이 제3자에 대하여는 자신의 권리가 우월함을 주장할 수 있는 요건인데, 확정일자 있는 증서에 의한 통지 또는 승낙을 말한다(제450조 제2항). 확정일자를 요구한 것은 채권자와 채무자의 통모를 방지하여 제3자를 보호하기 위한 것이다.[892] 채무자에의 통지나 채무자의 승낙을 제3자에 대한 대항요건을 정한 것은 제3자가 채무자에게 문의하여 채권양도사실을 확인할 것이므로 채무자가 채권양도사실을 아는 것은 대외적인 공시의 성격이 있다고 보았기 때문이다.

2) 확정일자 있는 증서에 의한 통지 또는 승낙

가. 확정일자 통지 또는 승낙을 확정일자 있는 증서에 의함을 요한다. 통지·승낙 후에 통지서·승낙서에 확정일자를 받으면 그때 비로소 대항력을 얻는다.

확정일자란 증서에 대하여 그 작성한 일자에 관한 완전한 증거가 될 수 있는 것으로서 법률상 인정되는 일자, 즉 당사자가 나중에 변경하는 것이 불가능한 확정된 일자를 말한다.[893] 확정일자가 되는 것에 대하여는 민법 부칙 제3조가 정하고 있다. 즉 공증인 또는 법원서기가 사문서에 날인한 일자, 공정증서의 작성일자, 공무서에서 사문서에 기재한 일자 등을 말한다.

판례는 공증인가 합동법률사무소의 확정일자 인증을 받은 경우, 한국토지공사가 작

890) 대판 2002. 12. 10. 2002다52657.

891) 대판 2015. 3. 26. 2013다77225; 대판 2018. 1. 24. 2016다38207.

892) 이중양도의 경우에 양도인(채권자)과 채무자가 짜고 채권양도 일자를 소급함으로써 제3자(제1의 양수인)의 권리를 해하는 것을 방지하기 위한 것이다.

893) 대판 2000. 4. 11. 2000다2627; 대판 2010. 5. 13. 2010다8310.

성한 권리의무 승계계약서에 기입한 확정일자는 확정일자로 보며, 확정판결은 확정일자 있는 증서에 해당한다고 한다(대판 1999. 3. 26. 97다306220). 그리고 분양대금 반환채권의 채무자인 한국토지공사의 지사장이 작성한 채권양도 승낙서의 승낙일자란에 연월의 기재만 있고 구체적인 날짜는 공란인 사안에서, 위 승낙서는 '확정일자 있는 증서'에 해당한다고 한다.[894] 다만 배달증명우편은 확정일자 있는 증서로 볼 수 없다고 한다.[895]

통지나 승낙을 확정일자 있는 증서로 하라는 것은 통지행위나 승낙행위 자체를 확정일자 있는 증서로 하여야 한다는 의미이며,[896] 통지나 승낙이 있었음을 확정일자 있는 증서로 증명하라는 것이 아니다. 그런데 반드시 통지·승낙을 처음부터 확정일자 있는 증서로 하여야 할 필요는 없으며, 통지·승낙을 확정일자 없는 증서로 한 후에, 그 증서에 확정일자를 받아도 그 뒤에는 대항력을 가지게 된다.[897] 원본이 아닌 사본에 확정일자를 갖추었더라도 대항력을 인정하고 있다.[898]

나. 제3자　　여기의 '제3자'는 그 채권에 관하여 양수인의 지위와 양립할 수 없는 법률상의 지위를 취득한 자만을 말한다.[899] 예컨대, 채권의 이중양수인, 그 채권 위의 질권자, 채권을 압류 또는 가압류한 양도인의 채권자, 양도인이 파산한 경우의 파산채권자 등이다. 그에 반하여 양도행위의 무효 기타의 사유에 의한 무권리자, 채권양도에 의하여 간접적으로 영향을 받을 수 있는 채무자의 채권자 등은 제3자에 해당하지 않으며, 그러한 자에 대하여는 대항요건을 갖추지 않아도 대항할 수 있다. 또한 선순위의 근저당권부채권을 양수한 채권자보다 후순위의 근저당권자는 채권양도의 대항요건을 갖추지 아니한 경우 대항할 수 없는 제3자에 포함되지 않는다.[900]

다. 대항한다는 것의 의미　　채권양도를 가지고 제3자에게 대항한다는 것은 동일한 채권에 관하여 양립할 수 없는 법률상의 지위를 취득한 자 사이에서 우열을 정하는 것이다. 그리하여 제3자가 이중양수인이라면 이 대항요건에 의하여 양수인과 이중양수인 가운데 누가 채권을 배타적으로 취득하게 되는지가 결정된다. 이하에서 기술한다.

3) 확정일자 있는 증서에 의한 통지·승낙의 효력

확정일자 있는 증서에 의한 통지·승낙이 있는 경우 제3자와의 관계에서 자신의 우위

894) 대판 2011. 7. 14. 2009다49469.
895) 대판 2002. 4. 9. 2001다80815.
896) 대판 2011. 7. 14. 2009다49469.
897) 대판 1988. 4. 12. 87다카2429; 대판 2010. 5. 13. 2010다8310.
898) 대판 2006. 9. 14. 2005다45537.
899) 대판 1965. 12. 28. 65다1228; 대판 1983. 2. 22. 81다134·135·136.
900) 대판 2005. 6. 23. 2004다29279.

를 주장할 수 있게 된다. 채무자로서도 대항요건을 갖춘 양수인에게 변제할 수밖에 없는 구속을 받는다. 그러나 적법한 변제로 채권이 소멸한 경우에는 대항요건만으로 채권자임을 주장할 수는 없다.

이중양도의 여러 경우를 살펴보면 다음과 같다.

(1) 일방의 채권양수인만이 확정일자 있는 증시 대항요건 갖춘 경우 확정일자 있는 증서에 의하지 아니한 통지나 승낙이 있는 채권양도의 양수인은 확정일자 있는 증서에 의한 통지나 승낙이 있는 채권양도의 양수인에게 대항할 수 없다. 확정일자 있는 증서에 의한 대항요건을 갖춘 채권양수인만이 채권자로 된다. 채무자도 그 채권양수인만을 채권자로 하여 변제하여야 한다.[901] 확정일자 있는 증서에 의한 대항요건을 갖추기 전에 채무자가 이미 다른 채권양수인에게 변제하였다면 그 변제는 유효이고, 확정일자 있는 증서에 의한 대항요건을 갖춘 양수인에게 다시 변제하여야 하는 것은 아니다.

(2) 각 채권양수인이 모두 단순통지인 경우 제1양수인과 제2양수인 모두 단순통지만의 대항요건을 갖춘 경우에는 도달의 선후에 의한다.

(3) 제1양도와 제2양도 모두 확정일자 있는 증서에 의한 통지인 경우 이 경우에 우열의 순위를 어느 것으로 하느냐가 문제이다. 판례는 확정일자를 기준으로 하지 않고 확정일자 있는 양도통지가 채무자에게 도달한 일시 또는 확정일자 있는 승낙의 일시의 선후에 의하여 결정하여야 한다고 한다.[902] 이에 대해서 확정일자의 선후에 의한다는 견해가 있다. 통지가 기본적·중심적 요건이고 확정일자는 추가적·부수적 요건이라고 본다면 전자의 견해가 타당하다 할 것이다. 이때 동시 도달하였다면 다른 특별한 사정이 없는 한 동시도달을 추정한다.[903] 모두 완전한 대항력을 취득하고 우열이 없다. 각 채권양수인들은 적어도 채무자에 대해서는 대항요건을 갖춘 자들이므로 채무자에 대해서는 양수받은 채권전액을 청구할 수 있다. 채무자로서도 누구에게라도 완전히 유효한 변제를 할 수 있고, 그에 따라 다른 채권양수인에 대한 채무도 면하게 되나, 동시도달의 추정이 번복될 위험이 있으므로 변제공탁을 통해서 그 책임을 면할 수도 있다. 어느 채권양수인이 채무자로부터 변제를 받은 경우 각 채권양수인의 채권액의 합계액이 양도채권액을 초과하는 때에는 그들 상호간의 법률상 지위가 대등하므로 공평의 원칙상 각 채권액에 안분하여 이를 내부적으로 다시 정산할 의무가 있다.

동일한 채권에 관하여 가압류명령의 송달과 확정일자 있는 양도통지가 동시에 제3

901) 대판 1972. 1. 31. 71다2697; 대판 2013. 6. 28. 2011다83110.

902) 대판(전) 1994. 4. 26. 93다24223.

903) 대판(전) 1994. 4. 26. 93다24223.

채무자에게 도달함으로써 채무자가 가압류의 대상인 채권을 양도하고 채권양수인이 채권양도의 대항요건을 갖추었다면 다른 채권자는 더 이상 그 가압류에 따른 집행절차에 참가할 수는 없다.[904)]

4. 지명채권 양도의 효과

(1) 채권의 이전 기본적인 효과로서, 채권이 동일성을 유지하면서 양수인에게 이전된다. 담보목적의 채권양도나 추심목적의 채권양도에서도 채권은 이전된다.

(2) 종된 권리의 이전 담보물권이나 보증채무도 원칙적으로 수반하여 이전된다. 다만 담보물권의 경우에는 물권변동의 요건으로서 등기나 인도 등의 공시방법을 갖추어야 한다. 그러나 특약에 의해 종된 권리의 수반을 배제하는 것은 가능하다.

(3) 항변권의 이전 채권양도에 의해 채무자를 불리하게 할 수 없으므로, 채무자의 양도인에 대한 항변권은 양수인에게 수반하여 존속한다. 즉 채무자가 양도인(종래의 채권자)에 대하여 가지고 있던 모든 항변권이나 이의권도 그대로 양수인에 대하여 존속하게 된다.

【채권의 일부양도와 채무자의 상계】

【대판 2002. 2. 8. 2000다50596】

채권의 일부 양도가 이루어지면 특별한 사정이 없는 한 각 분할된 부분에 대하여 독립한 분할채권이 성립하므로 그 채권에 대하여 양도인에 대한 반대채권으로 상계하고자 하는 채무자로서는 양도인을 비롯한 각 분할채권자 중 어느 누구도 상계의 상대방으로 지정하여 상계할 수 있고, 그러한 채무자의 상계 의사표시를 수령한 분할채권자는 제3자에 대한 대항요건을 갖춘 양수인이라 하더라도 양도인 또는 다른 양수인에 귀속된 부분에 대하여 먼저 상계되어야 한다거나 각 분할채권액의 채권 총액에 대한 비율에 따라 상계되어야 한다는 이의를 할 수 없다.[905)]

Ⅲ. 증권적 채권의 양도

1. 서설

(1) 증권적 채권의 의의 및 종류

증권적 채권은 채권이 증권에 화체되어 채권의 성립·존속·양도·행사의 전부 또는

904) 대판 2004. 9. 3. 2003다22561.
905) 대판 2015. 5. 28. 2013다84063.

일부가 증권에 의하여야 하는 채권을 말한다.

기명채권, 지시채권, 무기명채권, 소지인출급식채권 등 4 종류가 있다. 민법은 유동성이 적은 기명채권을 제외하고 나머지 3종류와 면책증서에 관하여 규정을 두고 있다.

(2) 증권적 채권의 양도성

증권적 채권은 양도성을 본질로 한다. 따라서 양도의 안전과 유통성을 확보하기 위하여 채권양도방법이 마련되어 있다.

2. 지시채권의 양도

(1) 의의

지시채권은 특정인 또는 그가 지시하는 자에게 변제하여야 하는 증권적 채권을 말한다. 어음·수표·화물상환증·창고증권·선하증권 등이 이에 속한다. 이들은 상법·어음법·수표법의 적용을 받고 민법의 적용을 거의 받지 않으므로, 민법의 지시채권에 관한 규정은 실제로 거의 기능을 발휘하지 못한다.

(2) 양도방법

지시채권의 양도는 배서와 교부에 의한다(제508조). 증권의 배서·교부는 지시채권 양도의 대항요건이 아니고 성립요건 내지 효력발생요건이다. 배서의 방식으로는 피배서인의 명칭을 기재하는 기명식 배서(제510조 제1항), 피배서인의 명칭을 기재하지 않는 약식배서(제510조 2항), 소지인에게 지급해야 할 뜻을 기재한 지명소지인출급식 배서(제512조) 및 채무자를 피배서인으로 하는 환배서(제509조 1항) 등이 있다. 배서의 효력으로는 권리이전적 효력(제508조), 자격수여적 효력(제513조)이 인정된다.

(3) 기타

채권양도에 관한 규정 외에도 선의취득(제514조)·인적 항변의 절단(제515조)·선의지급(제518조) 등의 규정을 두어 유통성을 강화하고 있다. 또한 변제장소는 채무자의 영업소 또는 현주소로 하였고(제516조), 기한이 도래한 후에도 지급제시를 한 후부터 지체책임이 발생하고(제517조), 상환증권성(제519조), 영수문구 작성방법(제520조)과 점유를 상실한 경우의 제권판결(제521조·제522조) 등의 특칙을 두었다.

3. 무기명채권·지명소지인 출급식채권의 양도

무기명채권은 채권자의 이름이 기재되지 않고 증권의 소지인에게 변제하여야 하는 증권적 채권을 말한다. 무기명사채·상품권·승차권·극장입장권 등이 이에 속한다.

지명소지인출급식채권은 채권자를 지명하되 소지인에 대하여도 변제할 수 있는 뜻이 기재된 증권적 채권을 말한다.

무기명채권은 증서의 교부에 의하여 양도되고(제523조), 지시채권에 관한 규정 중 배서에 관한 부분을 제외한 나머지가 준용되며(제524조, 제514조~제522조), 지명소지인출급식채권은 무기명채권과 같은 효력을 가진다(제525조).

【양도성예금증서의 선의취득】

【대판 2000. 5. 16. 99다71573】

양도성예금증서를 취득함에 있어서 통상적인 거래기준으로 판단하여 볼 때 양도인이나 그 양도성예금증서 자체에 의하여 양도인의 실질적 무권리성을 의심하게 할 만한 사정이 있는데도 불구하고 이에 대하여 상당하다고 인정될 만한 조사를 하지 아니하고 만연히 양수한 경우에는 중대한 과실이 있다고 할 것이지만, 양도성예금증서는 단순한 교부만으로 양도가 가능하므로 양수인이 할인의 방법으로 이를 취득함에 있어서 그 양도성예금증서가 잘못된 것이라는 의심이 가거나 양도인의 실질적인 무권리성을 의심하게 될 만한 특별한 사정이 없는 이상 위 양도성예금증서의 발행인이나 전 소지인에게 반드시 확인한 다음 취득하여야 할 주의의무가 있다고는 할 수 없다.

4. 면책증서

면책증서는 증서(증권)의 소지인에게 변제하면 비록 소지인이 정당한 권리자가 아니더라도 채무자가 선의로 변제하였다면 면책되는 효력이 있는 증서를 말한다. 채권이 화체되어 있지는 않으므로 단순한 자격증서이며 증권적 채권은 아니다. 보통의 지명채권이다. 철도수화물상환증·휴대품예치품·음식점의 신발표 등이 이에 속한다. 지시채권에 관한 변제장소(제516조)·이행지체(제517조)·영수증문구기재(제520조) 등에 관한 규정을 준용한다(제526조).

증서가 없더라도 권리자임을 증명하여 권리행사를 할 수 있다. 증서에 의해 채권을 양도하는 것도 아니고, 지명채권 양도방법에 의해야 한다.

제3관 채무의 인수

Ⅰ. 총설

1. 의의

채무의 인수란 채무의 동일성을 유지하면서 채무가 종전의 채무자로부터 제3자(인수인)에게 이전하는 것을 목적으로 하는 계약을 말한다. 이러한 채무인수가 있으면 종래의 채무자는 채무를 면하게 되고, 인수인이 새로이 채무자가 된다. 이는 뒤에서설명하게 될 병존적(중첩적) 채무인수와 구별하여 면책적 채무인수라고도 한다.

채무인수는 본래의 의미에서는 면책적 채무인수만을 말하고, 채무자의 변경 내지 채무의 상대적 소멸을 초래한다. 채무인수의 경우에는 채무의 동일성을 유지하면서 인수인에게 이전되는 점에서 구채무가 소멸되는 채무자변경에 의한 경개와 다르다.

또한 특정의 채무만을 개별적으로 이전한다는 점에서 포괄적인 이전인 상속(제1005조)·회사합병(상법 제235조)·계약인수와 다르고, 계약에 의한 이전이라는 점에서 법률의 규정에 의한 이전인 상속과 다르다.

채무는 의무부담행위로서 채무자가 누가 되느냐가 채권자의 입장에서는 중요하므로, 채권양도와 달리 채무인수는 인정하기가 쉽지 않다. 그렇지만 계약에 의한 채무의 이전도 인정해야 할 필요성이 있기 때문에 민법은 채권자의 관여 하에 채무인수의 길을 열어놓았다.

2. 법적 성질

(1) 계약 인수인이 반드시 당사자가 되는 계약이고, 낙성·불요식의 계약이다. 채무이 인수계약에서 상대방은 채무자와 채권자 모두이거나 채무자 또는 채권자 한 쪽일 수도 있어 3가지 모두의 형태가 가능하다. 즉 채권자·채무자·인수인의 3면계약에 의하는 경우, 채권자·인수인이 당사자인 경우, 채무자·인수인이 당사자인 경우이다.

채무인수의 법적 성질이 계약이기 때문에 채무인수계약이 성립하였는지의 여부는 당사자의 의사해석을 통해 정해지고, 종전의 채무자를 면책시키려는 의사가 있었는지의 여부도 고려되어야 한다. 판례는 채무인수의 효력이 생기기 위하여 채권자의 승낙을 요하는 것은 면책적 채무인수의 경우에 한하고, 채무인수가 면책적인가 중첩적인가 하는 것은 채무인수계약에 나타난 당사자 의사의 해석에 관한 문제라고 한다.[906]

906) 대판 1998. 11. 24. 98다33765.

(2) 처분행위 채무인수는 권리변동을 직접 초래하므로 처분행위에 속한다. 다만 채권자·채무자·인수인의 3면계약에 의하는 경우, 채권자·인수인이 당사자인 경우에는 계약으로 인해 채무의 이전이 생기므로 처분행위인 점에서 물권행위와 유사하나, 대상이 물권이 아니라 채무라는 점에서 준물권행위이다. 그러나 채무자·인수인이 당사자인 경우에는 양자 간의 계약만으로 채권의 이전이 생기지 않으므로 처음에는 채권행위로서의 성질만을 가지고 있다가 채권자의 승낙이 있으면 처분행위로 된다고 할 것이다.[907)]

(3) 채무인수의 독자성·무인성 채무인수는 채무의 이전 자체를 목적으로 하는 계약으로서, 채무인수를 하게 된 원인인 법률관계와는 구별되는 독자성을 가진다. 또한 채무인수의 원인행위는 항상 채무자와 인수인 사이에서 발생하고, 채무인수의 계약은 채무인수를 하게 된 원인된 법률행위와는 별개의 법률행위이기 때문에, 채무인수는 원인된 법률관계로부터 영향을 받지 않는 무인성을 가진다.

예컨대 갑 소유 토지를 을이 매수하면서 을이 그 대금의 지급에 갈음하여 갑이 병에 대해 지는 채무를 인수하기로 병과 채무인수계약을 맺은 경우, 그 후 위 매매계약이 무효·취소되더라도, 그것은 갑·을 사이에서만 문제가 되는 것이고 을·병 사이의 채무인수계약에는 아무런 영향을 주지 못하게 된다. 결과적으로 병은 을에게 채무의 이행을 청구할 수 있다. 을이 매매계약에 따라 갑에게 부담하는 채무와 갑이 다른 법률관계에 기해 병에게 지는 채무는 아무런 관련이 없기 때문에, 을이 갑의 병에 대한 채무를 인수한 경우에도 달라지지 않는다.

3. 유사개념

(1) 병존적(중첩적) 채무인수

1) 의의 및 기능 병존적 채무인수란 기존 채무관계를 유지하면서 종전의 채무자가 채무를 면하지 않고, 채무인수인이 종래의 채무와 동일한 채무를 병존적으로 부담하는 계약을 말한다. 기존의 채무에 채무자를 새로 추가하는 것이다. 이런 의미에서 담보적 기능을 한다. 채무인수의 효력이 생기기 위하여 채권자의 승낙을 요하는 것은 면책적 채무인수의 경우에 한하고, 채무인수가 면책적인가 중첩적인가 하는 것은 채무인수계약에 나타난 당사자 의사의 해석에 관한 문제이다. 면책적 채무인수인지 병존적 채무인수인지 계약의 해석에 의해서도 구별하기 어려운 경우에는, 당사자의 의사를 고려하여 기존 채무관계를 소멸하게 하는 면책적 채무인수로 보지 않고 병존적 채무인수로 보아야 할 것이다.

907) 곽윤직, 234면.

판례는 금전소비대차계약으로 인한 채무(기존채무)에 관하여 제3자가 채무자를 위하여 어음이나 수표를 발행하는 것은 특별한 사정이 없는 한 동일한 채무를 중첩적으로 인수한 것으로 보아야 한다고 한다.908) 따라서 제3자가 대여금 채무를 지급하기 위하여 발행한 당좌수표를 채권자가 교부받았다거나 그 당좌수표를 채권자에게 발행한 이후 제3자가 매월 이자를 채권자에게 지급하여 왔다는 사정 등만으로는 제3자가 대여금 채무를 면책적으로 인수하였다거나 채권자가 채무자와 제3자 사이의 면책적 채무인수의 약정을 묵시적으로 승낙한 것으로 볼 수는 없다고 한다.

2) 법적 성질　병존적 채무인수는 채무인수인이 종래와 동일한 채무를 부담하도록 하는 계약이므로 처분행위의 성질을 가지지 않고 의무부담행위로서 채권행위의 성질을 가진다.

3) 요건

가. 인수계약의 당사자　채권자·채무자·인수인의 3면계약, 채권자·인수인, 채무자·인수인의 계약으로 할 수 있다. 병존적 채무인수는 종래의 채무자가 채무를 면하는 것이 아니고 담보의 기능을 가져 보증과 유사하므로 보증채무에 준하여 채무자의 의사에 반하여도 가능하다.909)

채무자·인수인 계약으로 하는 경우, 이는 성질상 제3자를 위한 계약이므로 제3자에 해당하는 채권자의 수익의 의사표시는 그 계약의 성립요건이나 효력요건이 아니라 채권자가 인수인에 대하여 채권을 취득하기 위한 요건이다.910) 채권자는 인수인에 대하여 채무이행을 청구하거나 기타 채권자로서의 권리를 행사하는 방법으로 수익의 의사표시를 함으로써 인수인에 대하여 직접 청구할 권리를 갖게 된다.911) 채무자와 인수인의 합의에 의한 중첩적 채무인수에서 인수인이 채권자에게 중첩적 채무인수라는 취지를 알리지 아니한 채 채무인수에 대한 승낙 여부만을 최고하여 채권자가 인수인으로부터 최고받은 채무인수가 채무자에 대한 채권을 상실하게 하는 면책적 채무인 것으로 잘못 알고 면책적 채무인수를 승낙하지 아니한다는 취지의 의사표시를 한 경우에는, 이는 중첩적 채무인수에 대하여 수익 거절의 의사표시를 한 것이라고 볼 수 없으므로, 채권자는 그 후 중첩적 채무인수 계약이 유효하게 존속하고 있는 한 수익의 의사표시를 하여 인수인에 대한 채권을 취득할 수 있다.912)

908) 대판 1998. 3. 13. 97다52493.
909) 대판 1988. 11. 22. 87다카1836.
910) 대판 1989. 4. 25. 87다카2443; 대판 2013. 9. 13. 2011다56033.
911) 대판 1995. 5. 9. 94다47469.
912) 대판 2013. 9. 13. 2011다56033.

나. 채무에 관한 요건　병존적 채무인수의 대상이 될 수 있는 채무는 인수인에 의해서도 이행될 수 있는, 즉 대체성이 있는 채무이어야 한다. 따라서 전속적·부대체적 급부를 목적으로 하는 채무는 제3자가 인수를 할 수 없다.

4) 효과

가. 기존채무 존속·동일채무 추가　기존채무는 존속하고 담보와 보증도 존속하면서, 기존채무와 동일한 채무가 추가된다. 종래에 부착된 담보는 그것이 제3자가 제공한 것이라고 하여도 여전히 존속한다.

나. 인수인과 채권자와의 관계　인수인은 채무자의 항변사유로 대항할 수 있다.

다. 인수인과 채무자와의 관계　종래의 채무자는 그의 채무를 면하지 않으며, 인수인은 채무자와 더불어 동일한 내용의 채무를 부담한다. 양자의 관계에 대해서 연대채무관계가 원칙이고, 구체적 사정(채무자와 인수인 사이에 부탁관계, 즉 주관적 공동관계가 없는 경우) 내지 당사자의 특별한 의사표시에 따른 예외적인 경우에만 부진정연대채무만 인정된다는 견해[913]와 당사자가 연대채무로 하려는 의사표시가 없는 한 부진정연대채무로 보는 견해,[914] 보증채무라는 견해[915]로 나뉜다.

판례는 원칙적으로 양자는 연대채무관계이지만, 인수인이 부탁을 받지 않은 경우에는 부진정연대채무로 본다. 즉 「중첩적 채무인수에서 인수인이 채무자의 부탁 없이 채권자와의 계약으로 채무를 인수하는 것은 매우 드문 일이므로 채무자와 인수인은 원칙적으로 주관적 공동관계가 있는 연대채무관계에 있고, 인수인이 채무자의 부탁을 받지 아니하여 주관적 공동관계가 없는 경우에는 부진정연대관계에 있는 것으로 보아야 한다」[916]고 한다. 생각건대, 이들 사이의 관계는 일률적으로 말하기보다는 당사자 사이의 인수계약내용을 파악하여 결정하여야 할 것이다.

(2) 이행인수

가. 의의　이행인수는 인수인이 채무이행을 할 의무를 채무자에 대한 관계에서 부담하는 채무자와 인수인 사이의 계약을 말한다. 채권자와 인수인 사이에 권리의무가 없다는 점에 특색이 있다. 이행인수에 의하여 채무자는 인수인에 대하여 채무를 이행하여 자기를 면책시킬 것을 청구할 수 있다.

---

913) 김형배, 633면; 이은영, 641면.

914) 김증한·김학동, 328면.

915) 김기선, 296면.

916) 대판 2014. 8. 20. 2012다97420·97437.

이행인수와 채무인수의 관계에 대해서는, 이행인수는 채무자와 인수인 사이에 체결되는 면책적 채무인수나 중첩적 채무인수의 내부적 관계를 구성한다. 채무자와 인수인 사이의 약정이 이행인수에서 나아가 면책적 채무인수로 해석되기 위해서는 채권자의 승낙이 있어야 한다.[917] 즉 부동산 매수인이 근저당채무 등 그 부동산에 결부된 부담을 인수하고 그 채무액을 매매대금에서 공제하기로 약정한 경우, 이행인수인지 병존적 채무인수(제3자를 위한 계약)인지의 판별 기준에 대하여 판례는 계약 당사자에게 제3자 또는 채권자가 계약 당사자 일방 또는 채무인수인에 대하여 직접 채권을 취득케 할 의사가 있는지 여부에 달려 있고, 인수의 대상으로 된 채무의 책임을 구성하는 권리관계도 함께 양도한 경우이거나 채무인수인이 그 채무부담에 상응하는 대가를 얻을 때에는 특별한 사정이 없는 한 원칙적으로 이행인수가 아닌 병존적 채무인수로 보아야 한다고 한다.[918]

【채무자와 인수인 사이의 계약이 병존적 채무인수인지 이행인수인지의 판단기준】

【대판 1997. 10. 24. 97다28698】

[1] 채무자와 인수인의 계약으로 체결되는 병존적 채무인수는 채권자로 하여금 인수인에 대하여 새로운 권리를 취득하게 하는 것으로 제3자를 위한 계약의 하나로 볼 수 있고, 이와 비교하여 이행인수는 채무자와 인수인 사이의 계약으로 인수인이 변제 등에 의하여 채무를 소멸케 하여 채무자의 책임을 면하게 할 것을 약정하는 것으로 인수인이 채무자에 대한 관계에서 채무자를 면책케 하는 채무를 부담하게 될 뿐 채권자로 하여금 직접 인수인에 대한 채권을 취득케 하는 것이 아니므로 결국 제3자를 위한 계약과 이행인수의 판별 기준은 계약 당사자에게 제3자 또는 채권자가 계약 당사자 일방 또는 인수인에 대하여 직접 채권을 취득케 할 의사가 있는지 여부에 달려 있다 할 것이고, 구체적으로는 계약 체결의 동기, 경위 및 목적, 계약에 있어서의 당사자의 지위, 당사자 사이 및 당사자와 제3자 사이의 이해관계, 거래 관행 등을 종합적으로 고려하여 그 의사를 해석하여야 한다.

[2] 부동산을 매매하면서 매도인과 매수인 사이에 중도금 및 잔금은 매도인이 채권자에게 직접 지급하기로 약정한 경우, 그 약정은 매도인의 채권자로 하여금 매수인에 대하여 그 중도금 및 잔금에 대한 직접청구권을 행사할 권리를 취득케 하는 제3자를 위한 계약에 해당하고 동시에 매수인이 매도인의 그 제3자에 대한 채무를 인수하는 병존적 채무인수에도 해당한다.

917) 대판 2008. 3. 13. 2007다54627.

918) 대판 2013. 2. 15. 2012다96526.

나. 성립　　이행인수는 채무자와 인수인 사이의 계약으로 성립한다. 이행인수의 대상이 되는 채무는 성질상 제3자에 의한 이행이 가능한 채무이어야 하고, 제3자의 이행을 금지하는 특약이 없어야 한다. 이행인수의 성립에는 별도의 채권자의 승낙이나 채권자의 의사관여가 필요하지 않다.

다. 효과　　이행인수에 의하여 인수인은 채무자에 대하여 채무자를 면책시켜야 할 의무를 부담한다. 이행인수가 면책적 채무인수나 중첩적 채무인수의 성질을 가지지 않을 때에는 채권자는 인수인에 대하여 이행을 청구할 수 없다. 채권자는 채무자의 인수인에 대한 이행인수약정에 따른 권리를 채권자대위권을 통하여 대위행사할 수 있다.[919)]

매수인이 매매목적물에 관한 근저당권의 피담보채무를 인수하는 것으로 매매대금의 지급에 갈음하기로 약정한 경우, 위 인수채무의 불이행을 이유로 매도인이 계약해제권을 행사하기 위해서는, 매수인이 매매대금에서 그 채무액을 공제한 나머지를 지급함으로써 잔금지급의무를 다하였다고 할 것이고, 다만, 매수인은 인수채무의 이행시기 등에 관하여 다른 약정이 없는 한, 그 인수채무가 가지는 본래의 내용에 따라 이행하면 족하고 그 이행을 지체함으로써 매매대금의 일부를 지급하지 않은 것과 동일하다고 평가할 수 있는 특별한 사유가 있을 때에 한하여 계약해제권이 발생한다. 즉 그로 인하여 매매목적물인 부동산이나 공동담보로 제공된 다른 부동산에 설정된 담보권의 실행으로 임의경매절차가 개시되었다거나 개시될 염려가 있고, 또한 매도인 측이 이를 막기 위하여 부득이 피담보채무를 변제할 필요성이 있는 경우가 아니라면, 그를 이유로 매매계약을 해제할 수는 없다.[920)]

부동산의 매수인이 매매목적물에 관한 채무를 인수하는 한편, 그 채무액을 매매대금에서 공제하기로 약정한 경우, 그 채무인수의 성질은 이행인수이고, 부동산매매계약과 함께 이행인수계약이 이루어진 경우 매수인이 인수한 채무는 매매대금 지급채무에 갈음한 것으로서 매도인이 매수인의 인수채무불이행으로 말미암아 또는 임의로 인수채무를 대신 변제하였다면 그로 인한 손해배상채무 또는 구상채무는 인수채무의 변형으로서 매매대금 지급채무에 갈음한 것의 변형으로 보아야 한다.[921)]

(3) 계약인수　　계약인수는 권리와 의무를 포괄하여 계약상의 지위를 이전하는 계약을 말한다. 계약당사자와 인수인 3자의 의사의 합치를 요하는데, 3자계약이 원칙이지만, 2자계약에 대해 남은 일방이 사전 동의 또는 사후 승낙 하는 방법으로도 가능하

919) 대판 2009. 6. 11. 2008다75072.
920) 대판 1998. 10. 27. 98다25184.
921) 대판 2002. 5. 10. 2000다18578.

다.[922] 계약당사자 일방은 계약관계에서 탈퇴하고 인수인이 그대로 승계한다.

(4) 계약가입 계약가입이란 계약당사자가 탈퇴하지 않으면서 인수인이 계약당사자로 추가되는 것을 말한다. 민법에는 명문의 규정을 두고 있지 않지만 계약자유의 원칙상 유효하다.[923]

Ⅱ. 면책적 채무인수의 요건

1. 인수계약

(1) 인수인과 채권자·채무자의 3면계약 민법상 이러한 형태에 대하여 명문의 규정을 두고 있지 않지만 계약자유의 원칙상 가능하다.

(2) 인수인과 채권자의 계약 채무인수의 기본적인 모습은 채권자와 인수인이 당사자로 되는 경우이다. 채무자의 관여 없이 인수인과 채권자의 계약만으로 채무인수는 유효함이 원칙이다(제453조 1항 본문). 채무자에게 이익이 되기 때문이다. 다만, 예외적으로 ① 이해관계 없는 자는 채무자의 의사에 반할 수 없고(제453조 2항), ② 연대채무자 1인의 채무를 인수하는 경우에는 다른 연대채무자 전원의 동의를 요하는 것으로 보아야 한다. 여기서 채무자의 의사에 반하는지의 여부는 인수당시를 기준으로 결정하여야 한다. 채무자의 의사에 반한다는 사실의 증명은 이를 주장하는 자에게 있다.[924]

(3) 인수인과 채무자의 계약 채무인수는 채무자와 인수인 사이의 계약으로도 할 수 있다. 그러나 채무자의 변경은 채권자의 이해와 관련되므로, 인수인과 채무자의 채무인수는 채권자의 승낙에 의하여 효력이 생긴다(제454조 1항).[925] 승낙의 상대방은 채무자 또는 인수인이다(제454조 2항). 그리고 채권자의 승낙이 없는 경우에는 채무자와 인수인 사이에서 면책적 채무인수약정을 하더라도 이행인수 등으로서의 효력밖에 갖지 못하며 채무자는 채무를 면하지 못한다.[926] 채권자의 승낙에 의하여 채무인수의 효력이 생기는 경우 채권자가 승낙을 거절하면 그 이후에는 채권자가 다시 승낙하여도 채무인수로서의 효력이 생기지 않는다.[927]

922) 대판 1992. 3. 13. 91다32534.
923) 대판 1982. 10. 26. 82다카508.
924) 대판 1966. 2. 22. 65다2512.
925) 대판 1988. 11. 24. 98다33765; 대판 2013. 9. 13. 2011다56033.
926) 대판 2012. 5. 24. 2009다88303.
927) 대판 1998. 11. 24. 98다33765.

승낙은 명시적으로뿐만 아니라 묵시적으로도 할 수 있으며,[928] 채권자가 채무인수인에게 지급을 청구한 것은 묵시적인 승낙에 해당한다.[929] 부동산의 매수인이 매매목적물에 관한 임대차보증금 반환채무 등을 인수하는 한편 그 채무액을 매매대금에서 공제하기로 약정한 경우, 그 인수는 특별한 사정이 없는 이상 매도인을 면책시키는 면책적 채무인수가 아니라 이행인수로 보아야 하고, 면책적 채무인수로 보기 위해서는 이에 대한 채권자 즉 임차인의 승낙이 있어야 한다.[930]

한편 인수인이나 채무자는 채권자에게 상당한 기간을 정하여 승낙 여부의 확답을 최고할 수 있고(제455조 제1항), 채권자가 그 기간 내에 확답을 발하지 아니한 때에는 거절한 것으로 본다(제455조 제2항). 채권자의 승낙이 있을 때가지 당사자는 철회하거나 변경할 수 있다(제456조). 채권자의 승낙은 다른 의사표시가 없으면 소급효가 인정되어 채무인수 당시에 효력이 생기나(제457조 전문), 제3자의 권리를 해하지 못한다(제457조 후문).

2. 채무에 관한 요건

(1) 채무의 존재·특정성　채무가 유효하게 성립하여 존속함을 요한다. 조건부·기한부 채무도 이미 성립된 채무로서 특정할 수 있는 한 인수의 대상이 되고, 장래의 채무도 인수의 대상이 된다.

(2) 채무의 인수성

1) 원칙

인수의 가능성을 가진 채무임을 요한다. 모든 채무는 원칙적으로 인수 가능성을 가진다(제454조 제1항).

2) 인수의 제한

가. 채무의 성질에 의한 제한　채무의 성질이 인수를 허용하지 아니한 때에는 제3자가 채무를 인수할 수 없다(제453조 제1항 단서). 채무자의변경으로 급부의 동일성이 달라지는 부대체적 작위채무(예컨대 유명음악가의 연주채무나 유명화가의 그림 그릴 채무 등), 채권자의 이해에 중대한 변경이 생기는 채무(예컨대 피용자의 근로채무와 수임인의 사무처리의무, 임치인의 보관의무 등) 등이 이에 속한다. 그러나 이들의 경우에는 채권자의 이익을 위하여 제한되는 것이므로, 채권자가 동의를 한 때에는 허용된다.

---

928) 대판 1989. 11. 14. 88다카29962; 대판 2008. 9. 11. 2008다39663; 대판 2015. 5. 29. 2012다84370.
929) 대판 1989. 11. 14. 88다카29962.
930) 대판 2015. 5. 29. 2012다84370.

나. 당사자의 의사표시에 의한 제한 명문의 규정은 없지만 당사자의 특약에 의하여 인수가 제한된 채무가 있을 수 있다. 그러나 선의의 제3자에게 대항할 수 없다. 3면계약이나 채권자의 승낙에 의한 채무인수의 경우에는 인수금지 특약은 철회된 것으로 볼 수 있으므로, 이해관계 있는 인수인과 채권자의 계약에 의한 인수에 한하여 문제된다.

Ⅲ. 면책적 채무인수의 효과

1. 채무의 이전

채무는 그 동일성을 유지하면서 인수인에게 이전되어, 인수인이 종전의 채무자에 갈음하여 채무를 부담하고 종전의 채무자는 채무를 면한다. 그러나 인수인은 채무를 승인하는 것이 되므로 종전의 채무의 소멸시효는 중단되고 새로이 진행된다.

판례는 인수채무가 원래 5년의 상사시효의 적용을 받던 채무라면 그 후 면책적 채무인수에 따라 그 채무자의 지위가 인수인으로 교체되었다고 하더라도 그 소멸시효의 기간은 여전히 5년의 상사시효의 적용을 받는다 할 것이고, 이는 채무인수행위가 상행위나 보조적 상행위에 해당하지 아니한다고 하여 달리 볼 것이 아니다고 하고, 면책적 채무인수가 있은 경우, 인수채무의 소멸시효기간은 채무인수와 동시에 이루어진 소멸시효 중단사유, 즉 채무승인에 따라 채무인수일로부터 새로이 진행된다고 한다.[931]

채무가 이전되는 시기는 계약유형에 따라 다르다. 채권자·채무자·인수인의 3면계약이나 채권자·인수인 사이의 계약은 채무인수가 준물권행위(처분행위)로서 효력을 발생하는 때이다. 즉 채무인수계약을 체결하는 때에 이전한다. 다만, 채무인수가 채무자와 인수인 사이의 계약에 의하여 이루어지는 경우에는 이때에는 의무부담행위만이 있으므로, 채권자의 승낙이 있을 때 비로소 준물권행위로서 효력이 발생하므로, 그 승낙이 있는 때에 채무가 이전한다. 그런데 채권자의 이 승낙은 다른 의사표시가 없으면 채무인수계약 시에 소급하여 그 효력이 생긴다(제457조 본문). 그러나 이 승낙의 소급효는 제3자의 권리를 해하지 못한다(제457조 단서).

2. 종된 채무와 담보의 존속 여부

전 채무자의 채무에 대한 보증이나 제3자가 제공한 담보는 소멸됨을 원칙으로 하고, 보증인이나 담보제공자가 동의한 때에 한하여 존속한다(제459조). 채무자 자력의 변경은 보증인이나 담보제공자에게 중대한 이해관계가 있기 때문이다. 채무자가 제공한 담보

---

931) 대판 1999. 7. 9. 99다1236.

는 채무자가 채무인수의 당사자가 된 경우나 특별히 동의한 경우에 한하여 위 규정을 유추적용하여 존속한 것으로 해석해야 할 것이다. 담보물권이 존속하는 경우 물권변동을 의해서는 등기나 인도를 요한다.

유치권·법정질권·법정저당권과 같은 법정담보권은 특정의 채권을 보전하기 위하여 법률상 당연히 성립하는 권리이기 때문에, 채무인수와 관계없이 그대로 존속한다는 것이 통설이다.

【채무인수와 담보】

【대판 1996. 10. 11. 96다27476】

[1] 면책적 채무인수라 함은 채무의 동일성을 유지하면서 이를 종래의 채무자로부터 제3자인 인수인에게 이전하는 것을 목적으로 하는 계약을 말하는바, 채무인수로 인하여 인수인은 종래의 채무자와 지위를 교체하여 새로이 당사자로서 채무관계에 들어서서 종래의 채무자와 동일한 채무를 부담하고 동시에 종래의 채무자는 채무관계에서 탈퇴하여 면책되는 것일 뿐 종래의 채무가 소멸하는 것이 아니므로, 채무인수로 종래의 채무가 소멸하였으니 저당권의 부종성으로 인하여 당연히 소멸한 채무를 담보하는 저당권도 소멸한다는 법리는 성립하지 않는다.

[2] 민법 제459조 단서는 보증인이나 제3자가 채무인수에 동의한 경우에는 전 채무자의 채무에 대한 보증이나 제3자가 제공한 담보는 채무인수로 인하여 소멸하지 아니하는 것으로 규정하고 있는바, 위 조항에 규정된 채무인수에 대한 동의는 인수인을 위하여 새로운 담보를 설정하도록 하는 의사표시를 의미하는 것이 아니라 기존의 담보를 인수인을 위하여 계속시키는데 대한 의사표시를 의미하는 것이므로, 물상보증인이 채무인수에 동의함으로써 소멸하지 아니하는 담보는 당연히 기존의 담보와 동일한 내용을 갖는 것이다.

3. 항변권의 이전

인수인은 채무자가 채권자에 대하여 가지는 항변사유(예: 채무의 불성립·무효·취소·동시이행의 항변 등)로 채권자에게 대항할 수 있다(제458조). 그러나 계약 당사자가 가지는 계약취소권·해제권은 이전되지 않고, 종전 채무자가 가지는 반대채권으로 상계하지 못한다.

제8장 채권의 소멸

제1관 총설

Ⅰ. 채권소멸의 의의

채권의 소멸이란 채권이 종국적으로 존재하지 않게 되는 것을 말한다. 채권이란 채권자가 채무자에 대하여 급부를 청구할 수 있는 권리이므로, 채무자의 급부를 통해 채권의 내용이 실현되면 채권은 목적을 달성하여 소멸하고, 이것이 바로 채무의 소멸사유로서 변제이다. 대물변제·공탁·상계도 이에 준한다. 채권의 목적 달성과는 다른 그 밖의 사유에 의해서도 채권이 소멸하는 경우가 있는데, 경개·면제·혼동이 그것이다.

Ⅱ. 채권의 소멸사유

1. 채권법상의 소멸사유 채권편 총칙에는 채권의 소멸사유로 변제·대물변제·공탁·상계·경개·면제·혼동의 7가지를 규정하고 있다.

변제·대물변제·공탁·상계 4가지는 채권의 만족을 이유로 한 것이고, 뒤의 경개·면제·혼동 3가지는 만족이 없음에도 소멸사유로 하고 있다. 법적 성질을 기준으로 분류하면, 변제는 사실행위이고, 대물변제·상계·경개·면제는 법률행위(상계는 채무자의 단독행위, 면제는 채권자의 단독행위, 대물변제와 경개는 계약)이며, 혼동은 사건이다. 공탁의 법적 성질에 관하여는 견해가 나뉜다.

2. 기타 소멸사유 채권은 위와 같은 7가지 채권법상의 소멸사유 이외에도 소멸시효의 완성, 해제조건이 성취, 종기의 노래, 목적달성의 불능(채무자이 귀책사유 없는 불능)에 이해 소멸되고, 채권관계의 취소·해제에 의해 소멸되기도 한다.

제2관 변제

Ⅰ. 의의 및 법적 성질

1. 의의 변제란 채무의 내용인 급부가 채무자의 이행에 의하여 실현되어 채무가

소멸하는 것을 말한다. 급부실현이라는 행위의 관점에서 이행이라고 하고, 이로 인한 채무소멸의 관점에서 변제라고 한다.

2. 변제의 법적 성질 변제의 법적 성질에 관하여는 준법률행위라는 견해(통설)와 사실행위라는 견해[932]로 나뉜다. 통설은 변제를 법률행위가 아니고 준법률행위로 이해한다. 즉 변제로 인하여 채권이 소멸하는 것은 변제의사의 효과로서가 아니라, 급부가 실현되었기 때문이라는 것이다. 이에 대하여 사실행위설은 채무자의 이행행위와 변제를 구별해야 한다는 점 및 실현된 급부가 채무의 내용과 객관적으로 합치되었다는 사실에 의해 채무가 소멸된다는 점에 비추어 사실행위로 보아야 한다고 주장한다. 사실행위로 보게 되면 변제의사·수령의사·행위능력을 요하지 않는다.

변제와 변제를 위한 채무자의 행위인 변제행위를 구별해야 한다. 따라서 변제 자체는 법률행위가 아니므로 원칙적으로 대리가 불가능하지만, 변제행위가 법률행위라면 대리가 가능하며, 변제행위가 사실행위라면 보조자에 의한 대행이 가능할 뿐이다. 또한 변제 자체를 행위의 제한능력을 이유로 취소할 수 없지만, 변제행위가 법률행위인 경우에는 제한능력이나 의사의 흠결을 이유로 취소할 수 있다.

Ⅱ. 변제의 요건

1. 변제(이행)의 제공

(1) 의의 변제의 제공은 급부의 실현에 필요한 준비를 하고 채권자의 협력을 구하는 것을 말한다. 급부의 실현에는 채권자의 협력을 요하지 않는 것과 채권자의 협력을 요하는 것이 있는데, 변제와 구별하여 변제제공이 의미를 가지는 것은 후자의 경우이다.

(2) 변제제공의 방법

가. 현실의 제공 현실의 제공이란 이행행위를 완료하여 채권자의 협력만 있으면 곧바로 급부가 실현되는 상태를 만들고 채권자의 협력을 구하는 것을 말한다. 변제제공은 현실제공이 원칙이다(제460조 본문). 현실제공이 있다고 하기 위해서는 채무자의 변제제공행위가 채권자에 의하여 인식될 수 있어야 한다. 채권자가 실제로 알고 있어야 하는 것은 아니다.

나. 구두의 제공 구두제공이란 채무자가 변제준비를 완료하고 채권자에게 이를 통지하여 그 수령을 최고하는 변제제공을 말한다. 언어상의 제공이라고도 한다. 제460

932) 김형배, 718면.

조 단서에 예외적으로 구두의 제공으로 족하는 두 가지의 경우를 규정하고 있다. 즉, ① 채권자가 미리 변제받기를 거절한 경우, ② 채무의 이행에 채권자의 선행적 협력이 필요한 경우가 바로 그것이다.

다. 구두의 제공도 필요치 않은 경우 신의칙에 의거하여 구두제공이 필요 없는 경우가 있다. 예컨대 채권자의 수령거절의사가 단호하게 표시된 경우, 즉 번복가능성이 없을 정도로 명백하게 거절의사가 표시된 경우, 회귀적 채무에서 채권자지체가 발생한 이후의 채무, 채권자의 협력행위의 내용과 일시·장소가 확정되어 있는 경우(예컨대 몇 월 몇 일 채권자가 물건을 찾아가기로 되어 있는 경우) 등이다. 이러한 경우에도 채권자지체로 반대급부의 위험이 이전되기 위해서는 채무자의 현실제공 혹은 구두제공이 있어야 한다.[933]

(3) 변제제공의 효과

가. 채무의 존속 채권자의 협력을 얻어 급부가 실현되지 않는 한. 변제의 제공이 있었던 것만으로 채권이 소멸되지 않는다. 채무자가 채무를 면하려면 변제공탁을 해야 한다.

나. 채무불이행책임의 면제 변제의 제공이 있으면, 변제제공이 있었던 때로부터 채무자는 채무불이행으로부터 발생하는 일체의 책임을 면한다(제461조). 채무자는 채무를 면하지는 않지만 이행지체의 책임은 면하게 된다. 변제의 제공으로 채권자지체가 발생한 경우, 비록 채무자의 주의의무가 경감되기는 하지만(제401조), 채무자의 고의나 중대한 과실로 인한 손해에 대해서는 채무자의 채무불이행책임이 인정되기 때문이다.

다. 채권자지체의 성립 변제제공의 적극적 효과로서 협력하지 않는 채권자에게 채권자지체의 책임을 발생시킨다(제400조). 채권자가 수령을 거절하거나 수령할 수 없는 경우에 채권자지체가 발생한다.

라. 동시이행항변권의 상실 쌍무계약에서 일방이 그의 채무에 관하여 변제의 제공을 한 경우, 상대방은 동시이행의 항변권을 잃는다. 따라서 상대방은 그가 부담하는 채무에 관하여 변제제공이 없는 한 이행지체에 빠진다. 다만 상대방의 이행지체가 계속되기 위해서는 일방의 변제제공이 문제되는데, 판례는 과거에 이행의 제공이 있었다는 사실만으로 상대방이 가지는 동시이행의 항변권이 소멸하는 것은 아니므로 이행의 제공이 중지된 이후에는 상대방의 의무가 이행지체 되었음을 전제로 하는 손해배상청구는 할 수 없다고 한다.[934]

---

933) 대판 2004. 3. 12. 2001다79013.

Ⅲ. 변제의 방법

1. 변제자

(1) 채무자 채무자가 본래의 변제자이다. 이행보조자를 통한 변제는 채무자 자신의 변제와 같이 취급된다. 채무자 자신이 직접 급부를 하여야 하는지 여부는 채무의 성질이나 당사자의 의사표시 또는 법률의 규정(제657조 제2항, 제682조 제1항, 제701조, 제707조)에 의하여 결정된다. 그러나 채무자 자신이 직접 급부를 하여야 하는 채무인 경우에도, 채권자는 제3자의 급부를 수령할 수 있다. 이의 여부는 채권자의 자유이다.

(2) 제3자

가. 제3자 변제허용의 원칙 원칙적으로 제3자의 변제는 허용된다(제469조 제1항 본문). 변제에서 중요한 것은 변제 결과의 발생이기 때문이다. 제3자는 '타인의 채무를 이행하려는 의사를 가지고 자기의 이름으로' 급부를 실현시킨다는 점에서 이행보조자를 통한 변제와 구별된다. 법적 성질은, 채무자의 부탁이 있는 경우에는 위임이고, 채무자의 부탁이 없는 경우에는 사무관리이다.

나. 제3자 변제의 제한 다음의 경우에는 제3자의 변제가 제한된다. 즉, ① 채무의 성질상, 제3자의 변제가 급부의 동일성을 해할 경우(예컨대 연주채무나 화가의 그림채무)에는 절대적으로 제3자의 변제가 제한되고, 고용계약에서의 근로자의 채무(제657조 제2항)나 위임계약에서의 수임인의 채무(제682조 제1항)와 같이 채권자의 동의가 없는 한 제3자의 변제가 제한되는 경우도 있다. ② 당사자의 특약에 의하여 제한될 수 있다.③ 이해관계 없는 제3자는 채무자의 의사에 반하여 변제하지 못한다(제469조 제1항 단서).

【채무자의 의사에 반하여 변제할 수 있는 이해관계인】

【대판 1993. 10. 12. 93다9903·9910】

건물을 신축한 자가 건물을 매도함과 동시에 소유권이전등기 전까지 그 건물을 매수인에게 임대하기로 하였는데 그 건물의 건축공사수급인이 공사금 일부를 지급받지 못하였다는 이유로 건물의 매수인 겸 임차인의 입주를 저지하자 건물의 매수인 겸 임차인이 매도인에게 지급할 매매대금의 일부를 건축공사수급인에게 공사금채무 변제조로 지급한 경우, 건물의 매수인 겸 임차인은 그 권리실현에 장애가 되는 위 수급인의 건물에 대한 유치권 등의 권리를 소멸시키기 위하여 매도인의 공사금채무를 대신 변제할 법률상 이해관계 있는 제3자이자 변제할 정당한 이익이 있는 자라고 볼 것이므로 위 변제는 공사금채무의 범위 내에서는 매도인의 의사에 반하여도 효력이 있다.

---

934) 대판 1995. 3. 14. 94다26646.

다. 제3자 변제의 효과　채권자는 수령을 거절할 수 없고, 만약 거절한다면 채권자지체가 성립한다. 채권자가 수령하였다면 제3자의 변제에 의하여 채권자는 만족을 얻었으므로 채권은 소멸한다. 그리고 제3자가 변제를 한 경우에 변제로 인한 대위가 일어나기도 한다.

라. 적용범위　변제에 그치지 않고, 대물변제·공탁에도 적용된다. 상계에도 적용되는지에 관하여는, 쌍방이 서로 대립하는 채권을 가지는 상계적상(제492조)에 있지 않다는 이유로 부정하는 견해와 변제를 허용하는 취지를 살려 상계도 허용하자는 견해로 나뉜다.

2. 변제수령자

(1) 채권자　채권자가 본래의 변제수령권자가 된다. 채권자의 대리인·관리인·채권자대위권자의 변제수령권은 채권자의 변제수령권에 기한 것이다. 그러나 채권자일지라도, ① 채권이 압류를 당한 경우, ② 채권에 질권이 설정된 경우, ③ 파산선고를 받은 경우에는 변제수령권이 없다.

(2) 제3자

1) 원칙　제3자에 대한 변제는 원칙적으로 무효이다. 다음의 경우에는 예외적으로 변제로서 유효로 취급하고 있다.

2) 예외　예외적으로 제3자에 대한 급부에 의해 채무가 소멸되는 경우가 있다.

가. 채권의 준점유자　채권의 준점유자에 대한 변제는 변제자가 선의이며 과실 없이 하는 때에 한하여 효력이 있다(제470조). 채권의 준점유자란 변제자의 입장에서 볼 때 거래관념상 채권을 행사할만한 권한을 가진 자로 믿을만한 외관을 갖춘 자를 말하므로 준점유자가 스스로 채권자라고 하여 채권을 행사하는 경우뿐만 아니라 채권자의 대리인이라고 하면서 채권을 행사하는 때에도 이에 해당한다.[935] 예금증서 기타 채권증서와 인장을 소지하는 자가 그 대표적인 경우이고, 그 밖에 무효인 또는 취소된 채권양도의 양수인,[936] 표현상속인, 가압류로 인하여 채권의 추심 기타 처분행위에 제한을 받다가 가압류를 취소하는 가집행선고부 판결을 선고받아 다시 채권을 제한 없이 행사할 수 있을 듯한 외관을 가지게 된 채권자[937] 등이 이에 속한다.

---

935) 대판 2004. 4. 23. 2004다5389.
936) 반대견해 김증한·김학동, 352면.
937) 대판 2003. 7. 22. 2003다24598.

외관창출에 대하여 채권자의 귀책사유를 요하는가에 관하여, 통설과 판례는 외관의 존재만으로 족하고 채권자의 귀책사유를 요하지 않는다는 입장이나, 외관의 조성에 채권자의 귀책사유를 요한다는 견해도 있다.[938]

변제자에게 선의·무과실을 요한다. 여기서의 '선의'는 준점유자에게 변제수령의 권한이 없음을 알지 못하는 것으로 부족하고, 보다 적극적으로 수령권한이 있다고 믿었음을 의미한다.[939] 선의·무과실의 판단은 변제시를 기준으로 하고, 변제의 유효를 주장하는 자가 선의·무과실에 대한 증명책임을 진다.

【표현상속인에 대한 변제의 효력】

【대판 1995. 1. 24. 93다32200】

혼인 외의 자의 생부가 사망한 경우, 혼인 외의 출생자는 그가 인지청구의 소를 제기하였다고 하더라도 그 인지판결이 확정되기 전에는 상속인으로서의 권리를 행사할 수 없고, 그러한 인지판결이 확정되기 전의 정당한 상속인이 채무자에 대하여 소를 제기하고, 나아가 승소판결까지 받았다면, 채무자로서는 그 상속인이 장래 혼인 외의 자에 대한 인지판결이 확정됨으로 인하여 소급하여 상속인으로서의 지위를 상실하게 될 수 있음을 들어 그 권리행사를 거부할 수 없으므로, 그러한 표현상속인에 대한 채무자의 변제는, 특별한 사정이 없는 한, 채무자가 표현상속인이 정당한 권리자라고 믿은 데에 과실이 있다 할 수 없으므로, 채권의 준점유자에 대한 변제로서 적법하다.

【무과실의 인정기준】

【대판 2001. 6. 12. 2000다70989】

금융기관은 예금청구자에게 예금수령의 권한이 있는지 없는지를 판별하는 방편의 하나로 예금청구서에 압날한 인영과 금융기관에 신고하여 예금통장에 찍힌 인감을 대조 확인하는 것이 통상의 예인바, 이때에는 인감대조에 숙련된 직원으로 하여금 그 직무수행상 필요로 하는 충분한 주의를 다하여 인감을 대조하도록 하여야 할 것이고, 그러한 주의의무를 다하지 못하여 예금수령의 권한이 없는 자에게 예금을 지급하였다면 금융기관으로서는 그 예금 지급으로서 채권의 준점유자에 대한 변제로서의 면책을 주장할 수 없다.

나. 영수증 소지자(제470조)　　영수증은 채권자의 자의에 기하여 작성된 진정한 것임을 요한다. 위조된 영수증 소지자는 채권의 준점유자의 요건에 따라 판단되어야 한다. 변제자는 선의·무과실임을 요한다.

---

938) 김증한·김학동, 350면.

939) 대판 1997. 3. 11. 96다44747.

다. 증권적 채권의 증서소지인(제518조·제524조) 증권적 채권에서 증서소지인에 대한 변제는 변제자의 악의 또는 중과실이 없는 한 변제로서 유효하다.

라. 기타 그 외에도 권한 없는 자에 대한 변제라도 채권자가 이익을 받은 한도에서 변제로서 유효하다(제472조). 또 채권양도가 있은 후에는 채권자에게 권한이 없지만 채무자에 대한 대항요건이 갖추어지기 전에 채무자의 선의·악의를 불문하고 채권양도인에게 한 변제의 유효를 주장할 수 있다(제450조 제1항).

3. 변제의 대상

(1) 변제의 내용 변제는 채무의 내용에 좇은 것이어야 한다. 따라서 완전한 급부가 아닌 일부의 급부나 불완전한 급부를 제공하는 것은 변제의 내용에 맞지 않고, 변제제공으로서 효력이 없으며, 채권자가 수령을 거절해도 채권자지체가 성립하지 않는다. 민법은 변제의 대상을 특정물인도채무와 불특정물인도채무로 나누어 추가적인 규정을 두있다.

(2) 특정물인도채무 특정물인도채무에서 채무자는 이행기의 현상대로 인도할 의무가 있다(제462조). 채무자는 현실의 인도시까지 선관의무를 부담하나(제374조), 목적물이 훼손되었다면 훼손된 상태로 인도의무가 있고, 멸실되었다면 인도의무를 면한다. 멸실 여부는 사회통념에 의하여 결정한다. 목적물의 훼손과 멸실이 있더라도 선관의무를 다한 경우에는 손해배상채무는 발생하지 않는다.

(3) 불특정물 인도채무

가. 변제로서 타인의 물건의 인도 채무의 변제로 타인의 물건을 인도한 채무자는 유효한 변제를 다시 하지 않으면 그 물건의 반환을 청구할 수 없다(제463조). 제463조는 채권의 목적물이 종류물인 경우, 채무자가 인도하여야 할 물건은 채무자가 소유하고 있는 물건이어야 함을 규정하고 있다. 타인의 물건을 변제로 인도하더라도 채무자는 다시 유효한 변제를 하여야 한다고 규정하고 있으므로 채권의 목적물이 특정되어 있는 경우에는 적용되지 않는다. 채무자가 타인의 물건을 인도한 때에는 채권소멸이라는 변제의 효과가 발생하지 않는다. 타인의 물건을 인도받은 채권자는 그 물건을 보유할 법률상 원인이 없으므로 이를 반환하여야 하나, 채권자는 제463조에 따라 채무자로부터 다시 유효한 변제를 받을 때까지 그 물건의 반환을 거절할 수 있다.

제463조는 채권자와 채무자 사이의 관계를 규율하는 규정일 뿐, 인도된 물건의 소유자와 채권자 사이의 관계를 규율하는 규정이라고 할 수 없으므로, 인도된 물건의 소유

자가 채권자에 대하여 반환을 청구하는 때에는 채권자는 제463조를 들어 그 물건의 반환을 거절할 수 없다.[940)]

나. 양도능력 없는 소유자의 물건인도　　양도능력 없는 소유자가 채무의 변제로 물건을 인도한 경우에, 그 변제가 취소되더라도 유효한 변제를 다시 하지 않으면 그 물건의 반환을 청구할 수 없다(제464조). 즉 채권자는 유효한 변제를 받을 때까지 그 물건의 반환을 거절할 수 있다. 본조가 적용되는 경우는 채무자가 자기 소유의 종류물을 인도한 때여야 한다. 채권의 목적물이 특정물인 때에는 다시 유효한 변제를 하는 것이 불가능하기 때문에 제464조가 적용될 여지가 없다. 또한 변제행위만이 취소된 경우에 제464조가 적용된다. 만약 채권의 발생원인인 법률행위가 취소되었다면 채권이 발생하지 않은 것으로 취급되어 다시 유효한 변제를 할 필요가 없기 때문이다.

다. 채권자의 선의 소비, 양도와 구상권　　위의 변제로서 타인의 물건을 인도받았거나 양도능력이 없는 자로부터 인도받은 후 변제가 취소된 때에도 채권자가 변제로 받은 물건을 선의로 소비하거나 타인에게 양도하였다면 그 변제를 유효한 것으로 보아 채권자를 보호할 필요가 있다. 위의 경우 변제가 유효한 것은 아니고 따라서 채권이 소멸된 것은 아니다. 그러나 채권자가 선의로 물건을 소비하거나 타인에게 양도한 경우에는 변제로 유효하게 되며, 따라서 채권은 소멸된다(제465조 제1항).

타인의 물건을 인도한 경우, 그 물건(변제물)의 소유자는 채권자에게 소유물반환청구권·부당이득반환청구권·손해배상청구권을 행사할 수 있다. 배상청구를 받은 채권자는 채무자에게 구상권을 행사할 수 있다(제465조 제2항).

위의 모두는 불특정물인도채무에 한하고, 특정물채무에는 적용되지 않는다.

4. 변제의 장소　　변제장소(급부장소)는 변제행위의 장소를 말한다. 변제장소는 ① 우선적으로 당사자의 의사표시에 의하고, ② 채무의 성질에 의하며, ③특칙에 따라 정해지는데, 특정물인도채무의 경우에는 채권성립 당시 물건이 있던 장소(제467조 1항 후단), 특정물인도채무 이외의 채무의 경우에는 채권자의 현주소(제467조 2항 본문), 영업에 관한 채무는 현영업소(제467조 제2항 단서)가 변제장소이다. ④ 매매에서 목적물의 인도와 대금지급을 동시이행으로 한 경우에는 목적물 인도장소가 대금채무의 변제장소이다(제586조).

5. 변제의 시기　　변제는 변제기에 함이 원칙이다. 변제기는 당사자의 약정·채무의 성질·법률의 규정에 의해 정해진다. 다만 채무자는 기한의 이익을 포기하고 변제기 전에도 변제 할 수 있으나, ① 특약이 있으면 기한의 이익을 포기할 수 없고, ② 채권자에게

940) 대판 1993. 6. 8. 93다14998·15007.

손해가 생기면 배상하여야 한다(제468조, 제153조 제2항). 기한의 이익이 채무자에게 있는 경우에 채무자는 이것을 포기할 수 있기 때문에 기한 전이라도 유효한 제공을 할 수 있다.[941]

6. 변제비용과 변제증거

(1) 변제비용 변제비용은 다른 의사표시가 없으면 채무자가 부담한다(제473조 본문). 그러나 채권자의 주소 이전 기타의 행위로 인하여 변제비용이 증가된 때에는 그 증가액은 채권자의 부담으로 한다(제473조 단서).

(2) 변제증거 채무자는 영수증청구권을 가진다(제474조). 영수증청구권과 채무이행은 동시이행관계에 있다. 채권증서가 있는 경우, 채무 전부를 변제 기타의 사유로 소멸케 한 때에는 그 반환청구권을 가진다(제475조). 그러나 채무이행과 동시이행관계는 부정됨이 원칙이다. 증권적 채권의 경우에 한하여 동시이행관계가 인정된다(제519조·제524조).

Ⅳ. 변제의 충당

1. 총설

(1) 의의

가. 개념 변제에 의하여 채무는 소멸되는데 변제충당이란, 채무자가 동일한 채권자에 대하여 같은 종류의 목적을 가지는 수개의 채무를 부담하는 경우, 변제의 제공이 채무 모두를 소멸시키지 못한 때에 채무를 소멸시키는 채무와 범위를 정하는 것을 말한다. 이것은 여러 개의 같은 종류의 채무의 발생근거, 이자약정의 유무, 소멸시효, 분생가능성 등과 관련하여 어느 채무의 변제에 충당하느냐 하는 것이 채권자와 채무자에게 이해관계가 달라지기 때문에 변제충당의 순서는 매우 중요하다. 변제제공이 수 개의 채무 중 가장 적은 것에도 미달하면 이는 일부변제의 문제이지 변제충당의 문제는 아니다.

나. 적용범위 변제충당의 법리는 변제 이외의 채무소멸원인에도 적용된다. 예컨대, 공탁, 상계 등에 의한 채무소멸에도 채무 모두를 소멸시키지 못할 경우에는 변제충당의 법리가 적용된다.[942] 특히 상계의 경우에 변제충당의 법리를 적용하는 것을 두고 상계충당이라고 하는데, 민법은 변제충당의 규정을 준용하는 규정을 두고 있다(제499조).

941) 대판 1949. 2. 12. 4281민상217.
942) 대판 2006. 10. 12. 2004재다818.

1개의 채무의 변제를 위하여 채무자가 수 개의 급부를 하여야 하는데, 채무자가 제공한 급부가 그 채무 전부를 소멸시키기에 부족한 경우에 지정충당과 법정충당에 관한 규정이 준용된다(제478조).

동일 당사자가 동일 목적물에 관하여 동일 거래관계로 인하여 발생되는 채무를 담보하기 위하여 순위가 다른 여러 개의 근저당권을 설정한 경우에는 그 각 근저당권은 모두 그 설정계약에서 정한 거래관계로 인하여 발생된 여러 개의 채무 전액을 각 그 한도범위 안에서 담보하는 것이므로, 그 담보물의 경매대금이 채무 전액을 만족시키지 못할 때에는 변제충당의 방법으로 그 대금수령으로 인하여 소멸할 채무를 정해야 하고, 위 경매대금을 당연히 선순위 근저당권설정시에 발생된 채무에 우선적으로 변제충당하여야 하는 것은 아니다.[943]

(2) 변제충당의 순서 민법에 명문의 규정은 없지만 당사자의 합의에 의한 충당이 가장 우선하고, 그 다음에 지정에 의한 충당과 법정충당이 순차적으로 적용된다. 변제충당에 관한 제476조 내지 제479조의 규정은 임의규정이다.[944] 합의충당은 사회질서에 반하지 않은 한도에서 유효하며, 변제충당에 관한 약관조항이 있더라도 이와 다른 개별약정이 있으면 그에 의한다(약관규제법 제4조, 개별약정 우선의 원칙). 합의에 의한 충당에서는 변제충당의 순서에 관한 규정이 임의규정인 관계로 거기에 구애받지 않는다.

(3) 증명책임 최후적인 충당방법인 안분비례에 의한 법정변제충당(제477조 4호)보다 유리한 충당을 주장하는 자가 주장사실을 증명할 책임이 있다.[945] 즉 변제충당의 계약이 존재한다는 사실 또는 지정권자의 지정이 있었다는 사실 또는 특정채무의 잔액충당 요건에 해당하는 사실 등을 말한다.

2. 변제충당의 순서와 방법

(1) 합의에 의한 변제충당

가. 민법에 명문의 규정은 없지만 당사자의 합의에 의한 충당이 가장 우선한다. 따라서 어떠한 채무의 소멸에 충당할 것인가에 관한 당사자 사이에 합의가 있다면 그 합의에 따라 소멸할 채무가 결정된다. 당사자는 민법의 임의규정인 변제규정과 달리 약정에 의하여 위 각 규정을 배제하고 제공된 급부를 어느 채무에 어떤 방법으로 충당할

943) 대판 1991. 7. 23. 90다18678.

944) 대판 1987. 3. 24. 84다카1324; 대판 2015. 11. 26. 2014다71712.

945) 대판 1994. 2. 22. 93다49338.

것인가를 결정할 수 있고, 그 일환으로 상대방에 대한 의사표시 없이도 일정한 경우에 당연히 충당되는 것으로 정한 약정도 유효하다.[946)]

따라서 채권자와 채무자 사이에 사전에 변제충당에 관한 약정이 있으며, 그 약정 내용이, 변제가 채권자에 대한 모든 채무를 소멸시키기에 부족한 경우 채권자가 적당하다고 인정하는 순서와 방법에 의하여 충당하기로 한 것이라면, 채권자가 위 약정에 터잡아 스스로 적당하다고 인정하는 순서와 방법에 좇아 변제충당을 한 이상 채무자에 대한 의사표시와 관계없이 그 충당의 효력이 있고, 위와 같이 미리 변제충당에 관한 별도의 약정이 있는 경우에는 채무자가 변제를 하면서 위 약정과 달리 특정 채무의 변제에 우선적으로 충당한다고 지정하더라도 그에 대하여 채권자가 명시적 또는 묵시적으로 동의하지 않는 한 그 지정은 효력이 없어 채무자가 지정한 채무가 변제되어 소멸하는 것은 아니다.[947)]

나. 또한 변제자(채무자)와 변제수령자(채권자)는 변제로 소멸한 채무에 관한 보증인 등 이해관계 있는 제3사의 이익을 해하지 않는 이상 이미 급부를 마친 뒤에도 기존의 충당방법을 배제하고 제공된 급부를 어느 채무에 어떤 방법으로 다시 충당할 것인가를 약정할 수 있다.

변제충당에 관한 합의는 개별약정에 의할 수도 있고, 약관에 의할 수도 있다. 변제충당에 관한 약관조항은 만약 불공정한 것으로 인정된다면 약관규제법에 따라 무효가 될 수 있다.

다. 다만 경매절차에서의 충당방법에 대해서는 합의에 따른 변제충당은 인정되지 않는다. 담보권 실행을 위한 경매에서 배당된 배당금이 담보권자가 가지는 수개의 피담보채권 전부를 소멸시키기에 부족한 경우에는 민법 제476조에 의한 지정변제충당은 허용될 수 없고, 채권자와 채무자 사이에 변제충당에 관한 합의가 있었다고 하여 그 합의에 따른 변제충당도 허용될 수 없으며, 획일적으로 가장 공평 타당한 충당방법인 민법 제477조 및 제479조의 규정에 의한 법정변제충당의 방법에 따라 충당하여야 한다.[948)]

(2) 비용·이자·원본의 순서에 의한 변제충당

가. 제479조의 취지 제479조는 채무자가 1개 또는 수 개의 채무의 비용 및 이자를 지급할 경우에 변제자가 그 전부를 소멸하지 못한 급여를 한 때에는 비용, 이

946) 대판 1987. 3. 24. 84다카1324.

947) 대판 1987. 3. 24. 84다카1324.

948) 대판 2000. 12. 8. 2000다51339.

자, 원본의 순서로 변제에 충당하여야 한다고 규정하고 있다. 성질상 비용은 이자보다, 이자는 원본보다 먼저 변제되어야 하기 때문이다. 따라서 이를 위반하는 지정변제충당은 효력이 없다.[949]

나. 충당순서　　본조는 채무자가 한 개나 수 개의 채무에 대하여 원본 외에 비용과 이자를 지급하는 경우에 적용된다. 이는 비용과 이자는 성질상 원본보다 먼저 지급되어야 한다는 점, 또 이에 관해서는 제476조의 지정변제충당이 준용되지 않는다는 점에서, 당사자 사이에 특별한 합의충당이 없는 한, 비용채무와 이자채무가 존재할 경우에는 비용, 이자, 원본의 순서로 충당하여야 한다(제479조 제1항).

여기서의 비용은 당사자 사이의 약정이나 법률의 규정 등에 의하여 채무자가 당해 채권에 관하여 부담하여야 하는 비용을 의미한다. 따라서 채무자가 부담하여야 하는 변제비용(제473조 본문)이나, 채권자의 권리실행비용 중에서 소송비용액확정결정이나 집행비용액확정결정에 의하여 채무자가 부담하는 것으로 확정된 소송비용 또는 집행비용 등은 위와 같은 비용에 포함된다.[950] 그리고 원본보다 먼저 충당되는 이자에는 지연이자(지연손해금)도 포함된다고 보아야 한다.[951]

채무자가 한 개의 채무를 부담하면서 비용과 이자를 지급해야 할 경우에는 위 순서대로 충당하여야 한다. 채무자가 수 개의 채무를 부담하면서 그 각각에 대하여 비용과 이자가 있는 경우뿐만 아니라, 어느 채무에는 비용이, 또 어느 채무에는 이자가 있는 때에도, 민법 제479조 제1항의 규정상 먼저 모든 비용을, 그 다음에 모든 이자를, 그리고 잔액이 있을 때에는 원본에 충당하여야 한다.[952]

비용채무 상호간 또는 이자채무 상호간, 원본 상호간에는 제477조의 법정변제충당의 순서(제477조)에 의한다(제479조 2항).

(3) 지정에 의한 충당

가. 의의　　지정에 의한 충당이란 일정한 지정권자가 일방적인 의사표시의 방법으로 지정권을 행사하여 하는 변제충당을 말한다. 변제충당의 방법에 관한 계약이 없을 경우 법정변제충당에 우선하는 충당 방법이다. 채무자가 동일한 채권자에 대하여 같은 종류를 목적으로 한 수개의 채무를 부담한 경우에 변제의 제공이 그 채무 전부를 소멸하게 하지 못할 것을 요한다.

949) 대판 1981. 5. 26. 80다3009; 대판 2005. 8. 19. 2003다22042; 대판 2006. 10. 12. 2004재다818.
950) 대판 2006. 10. 12. 2004재다818; 대판 2008. 12. 24. 2008다61172.
951) 대판 2013. 3. 14. 2012다85281.
952) 민법주해 XI, 183면(이인재).

나. 지정권자 및 지정의 방법 지정권자는 1차적으로 변제자(채무자)이고(제467조 제1항), 2차적으로 변제수령자(채권자)이다(제467조 제2항 본문). 그러나 변제자가 변제수령자의 지정에 대하여 즉시 이의를 제기한 경우에 채권자에 의한 지정은 효력이 없다(같은 항 단서). 이 경우에는 법정충당(제477조)에 의한다.

지정의 방법은 지정권자가 상대방에 대히여 명시직·묵시적 의사표시로 한다. 시기는 변제당시이다. 지정권자에 의하여 지정이 이루어지면 지정권자가 정한 바에 따라 채무가 소멸한다.

【제479조의 의미 및 합의에 의한 적용배제】

【대판 2002. 5. 10. 2002다12871·12888】

비용, 이자, 원본에 대한 변제충당에 있어서는 민법 제479조에 그 충당 순서가 법정되어 있고 지정 변제충당에 관한 같은 법 제476조는 준용되지 않으므로 당사자 사이에 특별한 합의가 없는 한 비용, 이자, 원본의 순서로 충당하여야 할 것이고, 채무자는 물론 채권자라고 할지라도 위 법정 순서와 다르게 일방적으로 충당의 순서를 지정할 수는 없다고 할 것이지만, 당사자의 일방적인 지정에 대하여 상대방이 지체없이 이의를 제기하지 아니함으로써 묵시적인 합의가 되었다고 보여지는 경우에는 그 법정충당의 순서와는 달리 충당의 순서를 인정할 수 있는 것이다.

(4) 법정충당(법률의 규정에 의한 충당)

가. 최후적 충당방법 법정충당은 법률의 규정에 의하여 순서가 정해지는 변제충당을 말한다. 가장 최후적인 충당방법이다. 즉 변제충당에 관한 요건이나 지정권자에 의한 지정충당이 없을 것을 요한다(제477조 본문). 다음의 4가지 기준과 순서에 의한다. 즉 이행기 도래여부, 이행이익의 대소, 이행기의 선후, 채무액에 따른 안분의 순서로 소멸할 채무를 결정한다.

나. 법정충당의 순서

① 이행기 도래여부에 따른다. 변제충당 당시 수 개의 채무 중에서 이행기가 도래한 채무가 이행기가 도래하지 않은 채무에 우선한다(제477조 1호). 변제의 유예가 있는 채무에 대해서는 유예기까지 변제기가 도래하지 않은 것과 같게 보아야 한다.[953)]

② 변제이익에 의하여 변제이익이 많은 채무가 변제이익이 적은 채무에 우선한다(제477조 2호). 변제로 인하여 변제자 이외의 제3자에게도 이익이 발생하는 경우가 있다. 이

953) 대판 1999. 8. 24. 99다22281·22298.

러한 경우에도 비교의 대상이 되는 변제이익은 변제자의 이익에 한정된다. 변제이익은 채무자의 책임정도, 집행가능성 등을 고려하여 판단한다. 판례는 보증채무(연대보증채무 포함)가 변제자 자신의 채무에 비하여, 연대채무는 단순채무에 비하여 변제이익이 적다고 한다.[954] 변제이익의 많고 적음은 변제자를 기준으로 판단하고 변제자가 수인인 경우에는 각별로 판단한다.[955]

구체적으로 살펴보면, 변제자가 주채무자인 경우 보증인이 있는 채무와 보증인이 없는 채무의 변제이익은 동일하다.[956] 마찬가지로 채무자의 변제에 따른 법정변제충당에서 물상보증인이 제공한 물적 담보가 있는 채무와 그러한 담보가 없는 채무 사이에 변제이익의 차이가 없다.[957] 주채무자가 변제자인 경우 제3자의 어음채무에 의하여 담보되는 채무와 다른 채무 사이에는 변제이익의 점에서 차이가 없다.[958] 그러나 변제자가 발행 또는 배서한 어음에 의하여 담보되는 채무가 다른 채무보다 변제이익이 많다고 보아야 한다.[959] 변제자의 채무가 다른 채무자와 공동으로 부담하는 부분과 공동으로 부담하지 않는 부분이 생긴 경우에 어느 채무자가 채무 일부를 변제한 때에는 그 변제자가 부담하는 채무 중 공동으로 부담하지 않는 부분의 채무 변제에 우선 충당되고 그 다음 공동 부담 부분의 채무 변제에 충당된다.[960]

③ 장래 이행기의 선후에 따라 장차 이행기가 먼저 도래할 채무가 뒤에 도래할 채무에 우선한다(제477조 3호).

④ 마지막으로 위의 기준에 따라 소멸할 채무를 결정할 수 없는 경우에는 채무액에 안분비례하여 충당한다(제477조 4호).

【변제이익의 판단】

【대판 1999. 8. 24. 99다22281·22298】

[1] 법정변제충당을 위한 변제이익은 변제자를 기준으로 판단하여야 할 것이고, 채권자가 공동광업권 근저당권에 기한 경락대금을 그 근저당권이 담보하는 수개의 채무 중 일부변제조로 배당받아 간 경우, 그 배당금은 공동광업권자들이 합유지분 비율에 따라

954) 대판 1999. 7. 9. 98다55543; 대판 2002. 7. 12. 99다68652.
955) 대판 1999. 8. 24. 99다22281.
956) 대판 1999. 8. 24. 99다26481.
957) 대판 2014. 4. 30. 2013다8250.
958) 대판 1999. 8. 24. 99다22281.
959) 대판 1999. 8. 24. 99다22281.
960) 대판 2013. 3. 14. 2012다85281.

출재하여 변제한 것으로 보아야 할 것이므로, 위 배당금의 법정변제충당을 위한 변제이익은 위 수개의 채무에 대하여 공동광업권자별로 따로 판단한 후, 정해진 법정변제충당의 순위에 따라 위 배당금 중 공동광업권자 각자의 합유지분 비율에 따른 금원을 각 변제충당하여야 한다.

[2] 주채무자 이외의 자가 변제자인 경우에는, 변제자가 발행 또는 배서한 어음에 의하여 담보되는 채무가 다른 채무보다 변제이익이 많다고 보아야 한다.

[3] 주채무자가 변제자인 경우에는, 담보로 제3자가 발행 또는 배서한 약속어음이 교부된 채무와 다른 채무 사이에 변제이익의 점에서 차이가 없다고 보아야 할 것이나, 담보로 주채무자 자신이 발행 또는 배서한 어음이 교부된 채무는 다른 채무보다 변제이익이 많은 것으로 보아야 한다.

[4] 법정변제충당의 순위를 정함에 있어서 변제의 유예가 있는 채무에 대하여는 유예기까지 변제기가 도래하지 않은 것과 같게 보아야 한다.

V. 변제자대위(변제로 인한 대위·대위변제)

1. 의의

변제자대위란 제3자(연대채무자·보증인 외에 일반 제3자도 포함)가 변제 기타 출재로 채무자를 면책하게 하여 구상권을 취득한 경우, 그 구상권의 확보를 위하여 종래 채권자의 채무자에 대한 채권 및 담보에 대한 권리가 변제자에게 법률상 당연히 이전하는 것을 말한다. 대위변제라고도 한다(제480조·제481조).[961]

【구상에서 채무의 존재에 대한 증명책임】

【대판 1995. 8. 22, 94다32054】
제3자가 자신의 출연으로 인하여 채무자의 채무가 소멸하였음을 주장하면서 채무자를 상대로 구상권을 행사하거나 부당이득의 반환을 구하는 경우, 제3자로서는 채무자의 채무가 존재한 사실에 대한 입증책임을 부담하고, 그 채무가 외국에 대한 조세납부 의무라 하여 이와 달리 볼 것은 아니다.

2. 법적 성질 변제에 의한 대위의 경우에 채권자의 권리가 변제자에게 이전되는지의 여부에 대하여 학설은 권리이전설과 대위행사설로 나뉘어져 있는데 전자가 주류

961) 이 용어에 대해서는 제3자 채무자 대신 변제될 오해의 소지가 있어 부적절하다는 지적이 있다. 송덕수, 440면.

적 견해이다.

가. 권리이전설 변제로 인한 대위는 변제받은 채권자의 채권 및 이에 부속된 권리가 법률상 당연히 변제한 제3자에게 이전되는 것으로서 법률의 규정에 의한 채권 등의 이전으로 보아야 하고, 계약에 의한 채권의 이전(채권양도)은 아니라고 한다.

나. 대위행사설 변제자에게 채권이 이전하지 않은 채 변제자 명의로 채권자의 권리를 대위행사하는 것이라고 한다.[962] 이 견해는 주된 이유로 민법이 독일과 같이 권리이전의 입법주의를 취하지 않고 프랑스의 입법례인 대위제도를 취하였다는 점을 들고 있다.

판례는 채권이전설의 입장이다. 즉 「변제할 정당한 이익이 있는 자가 채무자를 위하여 채권의 일부를 대위변제할 경우에 대위변제자는 변제한 가액의 범위 내에서 종래 채권자가 가지고 있던 채권 및 담보에 관한 권리를 취득하게 되고 따라서 채권자가 부동산에 대하여 저당권을 가지고 있는 경우에는 채권자는 대위변제자에게 일부 대위변제에 따른 저당권의 일부 이전의 부기등기를 해 주어야 할 의무가 있다.」[963]고 한다.

생각건대 변제로 인한 대위에 따른 채권 및 담보에 관한 권리이전은 법률상 당연한 이전이므로 공시방법이 있어야 권리이전의 효과가 발생하는 것이 아니며, 변제자의 대위로 인하여 채권자는 자신의 채권에 대하여 만족을 얻고 그 채권은 소멸하였다고 보아야 한다. 권리이전설에 찬성한다.

대위변제한 제3자는 채무자에 대한 자신의 '구상권' 외에 채권자가 채무자에 대하여 가지고 있던 '채권 기타 권리'도 취득한 자가 취득하는 구상권과 제480조 제1항에 따른 변제자대위권은 별개의 권리이다.[964] 채무자를 위하여 채무를 변제한 경우, 구상권과 대위변제에 의한 권리의 청구권의 경합이 생긴다. 따라서 변제한 제3자는 그 중 어느 한 권리의 행사에 의하여 목적을 달성하면 다른 권리는 소멸하게 된다.

【물상보증인의 고유의 구상권과 변제자대위권의 관계】

【대판 1997. 5. 30. 97다1556】

[1] 물상보증인이 담보부동산을 제3취득자에게 매도하고 제3취득자가 담보부동산에 설정된 근저당권의 피담보채무의 이행을 인수한 경우, 그 이행인수는 매매당사자 사이의 내부적인 계약에 불과하여 이로써 물상보증인의 책임이 소멸하지 않는 것이 물상보증인이 채무자에 대한 구상권을 취득한다.

962) 이은영, 712면.

963) 대판 1988. 9. 27. 88다카1797; 대판 1996. 12. 6. 96다35774.

964) 대판 1997. 5. 30. 97다1556; 대판 2009. 2. 26. 2005다32418; 대판 2022. 3. 17. 2021다276539.

[2] 물상보증인이 채무자의 채무를 변제한 경우, 그는 민법 제370조에 의하여 준용되는 같은 법 제341조에 의하여 채무자에 대하여 구상권을 가짐과 동시에 민법 제481조에 의하여 당연히 채권자를 대위하고, 위 구상권과 변제자 대위권은 원본, 변제기, 이자, 지연손해금의 유무 등에 있어서 내용이 다른 별개의 권리로서, 물상보증인은 고유의 구상권을 행사하든 대위하여 채권자의 권리를 행사하든 자유이며, 다만 채권자를 대위하는 경우에는 같은 법 제482조 제1항에 의하여 고유의 구상권의 범위에서 채권 및 그 담보에 관한 권리를 행사할 수 있는 것이어서, 변제자 대위권은 고유의 구상권의 효력을 확보하는 역할을 한다.

[3] 물상보증인이 채권자에 대하여 채권자의 청구가 있을 때 그 권리 또는 순위를 무상으로 양도하고 채무자와 채권자의 거래 계속중에 행사하지 않기로 한 권리는 물상보증인의 채무자에 대한 구상권이 아니라 계약서상의 문자 그대로 대위에 의하여 채권자로부터 취득한 채권자의 채무자에 대한 원채권상의 권리임이 문언상 명백하여, 물상보증인의 구상권에 터 잡아 구상금채권을 양수한 제3취득자의 청구에는 위 대위권 불행사의 특약 조항의 적용이 없다.

따라서 변제자대위에 의한 권리이전은 법률상 당연한 권리이전이므로, 계약에 의하여 채권이 이전되는 채권양도와는 구별된다. 따라서 별도의 공시방법이 있어야 권리가 이전되는 것은 아니다. 보증인이 저당물의 제3취득자에게 변제자대위권을 행사하기 위해서는 미리 대위의 부기등기가 있어야 하지만, 이는 대항요건에 불과하며 변제자대위로 인한 권리이전의 요건은 아니다. 다만, 임의대위의 경우에는 채권양도와 마찬가지로 채무자와 제3자를 보호하여야 할 필요성이 있으므로 채권양도의 대항요건에 관한 규정을 준용하고 있다(제480조 제2항).

변제자대위로 인하여 변제자는 채무자에 대하여 구상권을 취득하게 되므로 구상권의 확보수단이 되기도 한다.[965] 변제자대위권의 행사에 대하여 채무자는 대위변제자와의 내부관계에 기한 항변으로 대항할 수 있다.

3. 요건

법정대위와 임의대위의 공통된 요건과 각 개별적 요건으로 나누어 기술한다. 먼저 공통된 요건으로서는 변제 기타 출재로 인한 채권의 만족과 구상권의 존재 두 가지이다.

(1) 변제 기타 출재로 인한 채권의 만족 변제자의 출재(出財)로 채권의 만족을 주는 면책행위가 있을 것을 요한다. 변제·대물변제·공탁·상계는 물론 기타 출재로 채무자의

965) 대판 1997. 5. 30. 97다1556.

채무를 변하게 한 것도 포함된다(제486조). 연대채무자 또는 연대보증인의 채권양수, 물상보증인 또는 저당부동산의 제3취득자(제364조)가 저당권 실행으로 소유권을 잃은 경우에도 출재에 의한 채권의 만족이 이루어졌으므로 변제자대위권이 인정된다. 그러나 채무면제를 받거나 시효로 소멸한 경우에는 출재에 의한 채권의 만족 사유가 아니므로 제외된다.

(2) 구상권의 존재 변제자인 제3자가 채무자에 대하여 구상권을 가질 것을 요한다. 대위취득한 채권은 구상권을 확보하기 위한 수단으로서의 의미를 가지므로, 다른 사정에 의하여 채무자에 대하여 구상권이 없는 경우에는 채권자를 대위하여 채권자의 채권 및 담보에 관한 권리를 행사할 수 없다.[966] 제3자가 자신의 출연으로 인하여 채무자의 채무가 소멸하였음을 주장하면서 채무자를 상대로 구상권을 행사하는 경우, 제3자로서는 채무자의 채무가 존재한 사실에 대한 증명책임을 부담한다.[967]

연대채무자가 수인이 있는 경우에 이들 모두를 위한 연대보증인은 보증채무의 이행으로 한 출연액 전부에 대하여 어느 연대채무자에게나 구상권을 가지는 것이므로, 이와 반대로 연대채무자들 중 어느 1인이 자신의 내부부담부분을 넘어 채무를 변제함으로써 채권자의 그 다른 연대채무자에 대한 원채권을 행사하는 경우에도 그 자신의 연대보증인도 겸한 다른 연대채무자의 연대보증인에 대하여는 대위할 수 없다.[968]

(3) 변제할 정당한 이익 또는 채권자의 승낙 변제자에게 변제할 정당한 이익이 있거나(제481조), 또는 채권자의 승낙이 있을 것(제480조)을 요한다. 전자가 법정대위의 요건이고 후자가 임의대위의 요건이다.

가. 법정대위의 경우(변제할 정당한 이익) 변제할 정당한 이익이란, 변제를 하지 않으면 채권자로부터 집행을 당하거나 채무자에 대한 권리를 잃을 지위에 있기 때문에 변제함으로써 당연히 대위의 보호를 받아야 할 '법률상의 이익'을 말한다.[969] 임의대위와 달리 채권자의 승낙이 필요 없다. 예컨대 불가분채무자·연대채무자·보증인·물상보증인·담보물의 제3취득자·후순위권리자 등이다.

변제할 정당한 이익이 있는 자의 변제는 법률의 규정에 의하여 당연히 채권이 이전하는 것이고, 권리변동에 공시방법을 요하지 않는다. 채무자나 제3자에 대한 대항요건을 요하지도 않는다.

966) 대판 2014. 4. 30. 2013다80429·80436; 대판 2015. 11. 27. 2013다41097.
967) 대판 1995. 8. 22. 94다32054.
968) 대판 1992. 5. 12. 91다3062.
969) 대판 1990. 4. 10. 89다카24834; 대판 2014. 7. 24. 2013다42434; 대판 2021. 9. 30. 2017다278742.

변제할 정당한 이익이 있는지 문제되는 경우가 있다. 유치권의 대항을 받고 있는 건물의 매수인 겸 임차인은 건물의 공사금채무의 변제에 대하여 채무를 변제할 이해관계 있는 제3자이자 변제할 정당한 이익이 있는 자에 해당한다.[970] 매매의 목적인 부동산이 양도담보로 제공된 경우, 부동산매수인은 피담보채무를 변제할 정당한 이해관계 있는 제3자에 해당한다.[971] 채무담보 목적의 가등기가 경료되어 있는 부동산을 시효취득하였으나 그 등기를 경료하지 못하고 있던 자가 청산절차를 거치지 아니하고 위 가등기에 기하여 본등기를 경료한 채권자에게 위 채무를 변제할 수 있는 이해관계 있는 제3자에 해당한다.[972] 이행인수인이 채무자와의 이행인수약정에 따라 채권자에게 채무를 이행하기로 약정하였음에도 불구하고 이를 이행하지 아니하는 경우에는 채무자에 대하여 채무불이행의 책임을 지게 되어 특별한 법적 불이익을 입게 될 지위에 있다고 할 것이므로, 이행인수인은 그 변제를 할 정당한 이익이 있다.[973]

그러나 채무자와 연립주택건설 사업을 같이 하고 있어 채무자가 수사기관에서 조사를 받음으로 인하여 연립주택건설사업에 지장을 받을 우려가 있는 사실상의 이해관계를 가지는 자는 포함된다고 할 수 없다.[974]

나. 임의대위의 경우(채권자의 승낙) 변제할 정당한 이익이 없는 자는 채권자의 승낙을 얻어서 채권자를 대위하게 된다(제480조 1항). 채권자의 승낙을 요하는 이유는 제3자에 의한 투기적 변제를 방지하고자 함이다. 또한 이해관계 없는 제3자가 채무자의 의사에 반하여 변제할 수 없게 한 것(제469조 제2항)과 균형을 맞춘 것이다.

동조의 승낙은 채권자의 권리가 법률상 당연히 이전되는 데 대하여 허락하는 것으로서 의사표시이다. 이 점에서 채권양도에서의 승낙이 관념의 통지인 것과 구별된다. 여기에서 채권자의 승낙은 반드시 명시적일 필요가 없고, 변제의 동기 내지 이유와 그 과정, 변제받음에 있어 채권자가 보인 태도, 변제 후의 사정 등 여러 사정을 두루 참작하여 그 승낙이 있은 것으로 추단될 수 있으면 된다.[975] 그러나 권리의 이전은 그 의사표시에 의하여 발생하는 것은 아니고 법률의 규정에 의하여 일어난다는 점에서 일종의 법정조건일 뿐이다. 채권자는 정당한 이유 없이 승낙을 거절할 수는 없고, 변제의 수령에는 묵시적으로 승낙한 것으로 추정된다. 승낙의 시기는 변제와 동시에 이루어져야

970) 대판 1993. 10. 12. 93다9903·9910.
971) 대판 1971. 10. 22. 71다1777.
972) 대판 1991. 7. 12. 90다17774·90다17781.
973) 대결 2012. 7. 16. 자 2009마461.
974) 대판 1990. 4. 10. 89다카24834; 대판 2014. 7. 24. 2013다42434.
975) 대결 2011. 4. 15. 자 2010마1447.

한다(제480조 제1항).

채권자의 승낙에 의하여 대위가 이루어진다는 점에서 임의대위라고 한다. 그러나 지명채권의 양도의 경우와 유사하므로 지명채권양도의 대항요건에 관한 규정(제450조-제452조)을 준용하도록 하고 있다(제480조 2항). 이는 채권자의 승낙이 있었는지 여부에 대한 이해관계인인 채무자나 제3자를 보호하기 위함이다. 따라서 채권자가 그 변제 내지 대위 사실을 채무자에게 통지하거나 채무자가 승낙하지 않으면 채무자 기타 제3자에게 대항하지 못하고, 그 채무자의 승낙은 법률행위의 일반원칙에 따라 대리인이 대리할 수 있다. 또한 그 통지나 승낙은 확정일자 있는 증서에 의하지 아니하면 채무자 이외의 제3자에게 대항하지 못하는 것이지만, 그 제3자는 대위변제의 목적인 채권 그 자체에 관하여 대위변제자와 양립할 수 없는 법률상 지위에 있는 자만을 가리킨다.[976] 따라서 위의 요건을 갖춘 제3자에 대해서는 채권의 이전을 주장하지 못한다.

또한 법률의 규정에 의한 이전이기 때문에 채권에 부수된 물권의 이전에 권리변동의 공시방법을 요건으로 하지는 않는다.

4. 변제자대위의 효과

(1) 대위자와 채무자 사이의 효과

가. 대위자의 권리　　채권자를 대위한 자는 그의 구상권의 범위 내에서 종래의 채권자가 가지고 있던 '채권 및 그 담보에 관한 권리'를 행사할 수 있다(제482조 1항). 대위채권자에게 이전되는 채권 및 담보에 관한 권리로서는, 이행청구권, 채무불이행으로 인한 손해배상청구권, 채권자대위권, 채권자취소권 등 그 채권에 대하여 채권자가 가지고 있던 권리 및 그 채권을 담보하는 보증채무, 연대채무 등의 인적담보와 질권·저당권 등의 물적담보[977]뿐만 아니라 채권자와 채무자 사이에 채무의 이행을 확보하기 위한 특약이 있는 경우에 그 특약에 기하여 채권자가 가지게 되는 권리도 포함된다.[978] 또한 채권자가 판결 등의 집행권원을 가지고 있는 경우, 대위변제한 보증인 등 변제할 정당한 이익이 있는 자가 승계집행문을 받아 강제집행을 할 수 있다.[979] 변제자대위의 대상이 되는 저당권은 말소의 대상이 아니라, 대위변제자에게 저당권이전의 부기등기가 경

976) 대판 1996. 2. 23. 94다21160; 대결 2011. 4. 15. 자 2010마1447.

977) 변제자대위를 통해 근저당권부 채권에 관한 질권을 취득하는 경우 그 질권이 담보하는 피담보채권은 대위변제 받은 채권자가 채무자에 대해 갖고 있던 원채권이다(대판 2022. 1. 12. 2020다296840).

978) 대판 2000. 1. 21. 97다1013.

979) 대판 2007. 4. 27. 2005다64033.

료되어야 하므로 저당물의 소유자는 피담보채무가 소멸하였다는 사정만으로 말소등기를 청구할 수 없다.[980]

그런데 대위자가 가지는 구상권과 변제자대위권은 그 원본·변제기·이자·지연손해금 등에서 그 내용이 다른 별개의 권리이므로,[981] 대위변제자와 채무자 사이에 구상금에 관한 지연손해금 약정이 있더라도 이 약정은 구상금을 청구하는 경우에 적용될 뿐, 변제자대위권을 행사하는 경우에는 적용될 수 없다.[982]

이러한 권리 등은 구상권의 범위 내에서 대위자에게 이전한다. 앞에 설명하였듯이 대위자의 구상권과 대위로 취득한 권리는 청구권경합의 상태가 되어 병존한다.

【변제자대위의 대상이 되는 저당권과 저당물 소유자의 말소등기청구 여부】

【대판 2012. 7. 26. 2010다78078】

공동저당의 목적인 채무자 소유의 부동산과 물상보증인 소유의 부동산에 각각 채권자를 달리하는 후순위 저당권이 설정되어 있는 경우, 물상보증인 소유의 부동산에 대하여 먼저 경매가 이루어져 그 경매대금의 교부에 의하여 1번 저당권자가 변제를 받은 때에는 물상보증인은 채무자에 대하여 구상권을 취득함과 동시에 민법 제481조, 제482조의 규정에 의한 변제자대위에 의하여 채무자 소유의 부동산에 대한 1번 저당권을 취득하고, 이러한 경우 물상보증인 소유의 부동산에 대한 후순위 저당권자는 물상보증인에게 이전한 1번 저당권으로부터 우선하여 변제를 받을 수 있다. 따라서 자기 소유의 부동산이 먼저 경매되어 1번 저당권자에게 대위변제를 한 물상보증인은 1번 저당권을 대위취득하고, 그 물상보증인 소유의 부동산의 후순위 저당권자는 1번 저당권에 대하여 물상대위를 할 수 있으므로, 물상보증인이 대위취득한 선순위 저당권설정등기에 대하여는 말소등기가 경료될 것이 아니라 물상보증인 앞으로 대위에 의한 저당권이전의 부기등기가 경료되어야 하므로, 아직 경매되지 아니한 공동저당물의 소유자로서는 1번 저당권자에 대한 피담보채무가 소멸하였다는 사정만으로 말소등기를 청구할 수 없다.[983]

【변제자대위권이 없는 제3자의 연대보증인에 대한 부당이득반환청구】

【대판 1996. 9. 20. 96다22655】

주채무가 제3자의 변제에 의하여 소멸한 경우에는 주채무의 소멸로 인하여 보증채무도 소멸하므로(연대보증의 경우도 보증인은 채무자와 연대하여 채무를 이행할 책임이 있어 보증채무의 보충성

980) 대판 2012. 7. 26. 2010다78078.

981) 대판 1997. 5. 30. 97다1556; 대판 2009. 2. 26. 2005다32418.

982) 대판 2009. 2. 26. 2005다32418.

983) 대판 1994. 5. 10. 93다25417; 대판 2001. 6. 1. 2001다21854; 대판 2011. 8. 18. 2011다30666·30673.

이 인정되지 아니하지만, 보증이라고 하는 성질에는 다름이 없으므로 주채무가 제3자의 변제에 의하여 소멸하는 경우에는 연대보증채무도 소멸된다.), 민법 제480조 내지 제481조 소정의 변제자대위가 성립하지 아니하는 한 제3자는 보증인에 대하여 부당이득반환청구 등의 어떠한 청구도 할 수 없게 되며, 또한 부당이득이라 함은 타인의 재산 또는 노무로 인하여 이익을 얻고 이로 인하여 타인에게 손해를 가한 경우에 성립하는 것인바, 제3자의 출재로 주채무가 소멸되면 제3자로서는 주채무자에 대하여 자신의 출재에 대한 구상권을 행사할 수 있어 그에게 손해가 있다고 보기도 어려우므로 제3자의 연대보증인에 대한 부당이득반환청구는 받아들일 수 없다.

나. 계약당사자의 지위로서 해제권·해지권 등　채권자와 채무자 사이에 계약관계 등의 채권관계가 대위변제자에게 이전되는 것은 아니다. 계약관계를 소멸시키는 계약당사자가 갖는 취소권이나 해제권·해지권은 대위변제자에게 이전하지 않는다. 민법은 이러한 법리를 일부대위의 효과에서 규정하고 있으나(제483조 제2항), 취소권·해제권·해지권은 계약당사자가 가지는 고유한 권리이므로, 일부대위이든 전부대위이든 그 권리는 이전하지 않는다고 하여야 한다.

다. 일부대위의 경우　변제자대위는 채권의 일부가 변제된 경우에도 인정된다. 그 때에는 대위자는 변제한 가액에 비례하여 채권자와 함께 그의 권리를 행사한다(제483조 제1항). 일부대위변제자는 단독으로 변제자대위권을 행사할 수 없고, 채권자와 함께 행사할 수 있다. 일부대위변제자가 채권자와 함께 변제자대위권을 행사하는 경우 대위자와 채권자 사이의 우열문제가 발생한다. 판례와 다수설은, 채권자는 일부대위변제자에 대하여 나머지 채무를 우선하여 변제받을 수 있다고 한다. 이른바 일부대위에 관한 법리이다.[984] 다만 일부 대위변제자와 채권자 사이에 변제의 순위에 관하여 따로 약정을 한 경우에는 그 약정에 따라 변제의 순위가 정해진다.[985] 저당권의 피담보채무에 관한 일부 대위변제가 있는 경우 채권자는 대위변제자에게 일부대위변제에 따른 저당권의 일부 이전의 부기등기를 해 주어야 할 의무가 있다.[986]

담보권행사 여부에 관하여는, 채권이 전부 변제될 때까지 담보물에 대하여 효력을 갖게 되는 담보물권의 불가분성의 원칙에 비추어, 채권자가 담보권을 행사할 때에 한하여 이에 편승하여(채권자와 함께) 그 권리를 행사할 수 있고, 채권자가 변제를 받고 있을 때에 한하여 배당을 받을 수 있어 채권자가 대위자에 우선한다는 의미가 된다.

그러나 일부대위에 관한 법리가 보증인의 구상권 행사의 경우에 그대로 적용되지는 않는다. 일부대위변제자가 채무자에 대한 구상권을 행사하는 경우에는 잔존채권을 행

984) 대판 1998. 9. 8. 97다53663; 대판 2010. 4. 8. 2009다80460; 대판 2019. 4. 23. 2016다247315.
985) 대판 2010. 4. 8. 2009다80460; 대판 2019. 4. 23. 2016다247315.
986) 대판 1988. 9. 27. 88다카1797; 대판 1996. 12. 6. 96다35774.

사하는 채권자가 구상권을 행사하는 일부대위변제자보다 항상 우선하여 변제받는 것은 아니다.[987]

수인이 시기를 달리하여 채권의 일부씩을 변제한 경우, 그들은 그 변제한 가액에 비례하여 변제로 인한 대위권을 행사할 수 있다.[988]

제3자의 일부변제가 있은 후에 채권자가 채무불이행을 이유로 계약을 해제 또는 해지한 경우에는, 채권자가 받은 변제는 비채변제가 된다(제742조). 그런데 민법은 이 경우에 악의의 부당이득에 준하여 특별한 반환의무를 인정하고 있다. 즉 채권자는 대위자에게 그가 변제한 가액과 이자를 상환할 의무가 있다(제483조 2항). 채권이 전부변제된 경우에는 부당이득의 문제는 생기지 않는다. 채권의 일부에 대한 변제가 있는 때에는 채권자는 채권증서에 대위를 기입하고 담보물의 보관에 관하여는 대위자의 감독을 받아야 하며(제484조 2항), 담보물이 부동산이면 부기등기에 협력할 의무가 있고, 임의대위인 경우에는 확정일자 있는 증서로서 채무자에게 대위통지를 할 의무도 있다.

【대위의 범위】

【대판 1999. 10. 22. 98다22451】

연대보증인이 자신의 출재로 채무자를 대신하여 주채무를 변제하면 채권자가 주채무자 및 다른 연대보증인에 갖고 있던 채권(원채권) 및 담보권이 연대보증인에게 법률상 당연히 이전되지만, 변제자대위는 주채무를 변제함으로써 주채무자 및 다른 연대보증인에 대하여 갖게 된 구상권의 효력을 확보하기 위한 제도인 관계상, 대위에 의한 원채권 및 담보권의 행사 범위는 구상권의 범위로 한정된다.

【근저당거래관계가 계속 중 일부대위변제 된 경우 법률관계】

【대판 2002. 7. 26. 2001다53929】

변제할 정당한 이익이 있는 자가 채무자를 위하여 채권의 일부를 대위변제할 경우에 대위변제자는 변제한 가액의 범위 내에서 종래 채권자가 가지고 있던 채권 및 담보에 관한 권리를 법률상 당연히 취득하게 되는 것이므로, 채권자가 부동산에 대하여 근저당권을 가지고 있는 경우에는, 채권자는 대위변제자에게 일부 대위변제에 따른 저당권의 일부 이전의 부기등기를 경료해 주어야 할 의무가 있으나, 이 경우에도 채권자는 일부 변제자에 대하여 우선변제권을 가지고 있고, 근저당권이라고 함은 계속적인 거래관계로부터 발생하고 소멸하는 불특정다수의 장래채권을 결산기에 계산하여 잔존하는 채무를 일정한 한도액의 범위 내에서 담보하는 저당권이어서, 거래가 종료하기까지 채권은 계속적으로

987) 대판 1995. 3. 3. 94다33514.

988) 대판 2006. 2. 10. 2004다2762; 대판 2001. 1. 19. 2000다37319; 대판 2014. 5. 16. 2013다202755.

증감변동하는 것이므로, 근저당 거래관계가 계속 중인 경우 즉, 근저당권의 피담보채권이 확정되기 전에 그 채권의 일부를 양도하거나 대위변제한 경우 근저당권이 양수인이나 대위변제자에게 이전할 여지는 없다 할 것이나, 그 근저당권에 의하여 담보되는 피담보채권이 확정되게 되면, 그 피담보채권액이 그 근저당권의 채권최고액을 초과하지 않는 한 그 근저당권 내지 그 실행으로 인한 경락대금에 대한 권리 중 그 피담보채권액을 담보하고 남는 부분은 저당권의 일부이전의 부기등기의 경료 여부와 관계없이 대위변제자에게 법률상 당연히 이전된다.

【수인의 일부대위자 상호간의 관계】

【대판 2001. 1. 19. 2000다37319】

[1] 대여금 채권의 잔액을 대위변제한 자가 채권자로부터 근저당권의 일부를 양도받아 채권자를 대위하게 된 경우, 채권자의 채무자에 대한 담보권 외에 일부 대위변제자에 대한 우선변제특약에 따른 권리까지 당연히 대위하거나 이전받는다고 볼 수는 없다.

[2] 채권의 일부에 대하여 대위변제가 있는 때에는 대위자는 민법 제483조 제1항에 의하여 그 변제한 가액에 비례하여 채권자의 권리를 행사할 수 있으므로, 수인이 시기를 달리하여 채권의 일부씩을 대위변제하고 근저당권 일부이전의 부기등기를 각 경료한 경우 그들은 각 일부대위자로서 그 변제한 가액에 비례하여 근저당권을 준공유하고 있다고 보아야 하고, 그 근저당권을 실행하여 배당함에 있어서는 다른 특별한 사정이 없는 한 각 변제채권액에 비례하여 안분배당하여야 한다.

라. 채무자의 권리　　채무자는 채권자에 대하여 가지는 모든 항변권으로 대위자에게 대항할 수 있다.

(2) 대위자와 채권자 사이의 효과

가. 채권자의 채권증서 및 담보물 교부의무　　채권 전부를 변제받은 채권자는 대위자에게 그 채권증서와 점유하고 있는 담보물을 교부할 의무가 있다(제484조 제1항). 그리고 채권의 일부에 대한 제3자의 변제가 있는 경우 채권자는 채권증서에 그 대위를 기입하고 자기가 점유한 담보물의 보존에 관하여 대위자의 감독을 받아야 한다(제484조 제2항).

나. 채권자의 담보보존의무　　법정대위를 할 자가 있는 경우에 채권자의 고의나 과실로 담보가 상실되거나 감소된 때에는 대위할 자는 그 상실 또는 감소로 인하여 상환을 받을 수 없는 한도에서 그 책임을 면한다(제485조). 즉 채권자는 법정대위자를 위하여 담보를 보존할 의무를 부담한다. 제485조는 임의규정이므로 법정대위자는 채권자와의 특약으로 위 규정에 의한 면책이익을 포기하거나 면책의 사유와 범위를 제한 내지 축

소할 수 있다.[989] 본조를 적용할 때 채무자의 상환자력이 있는지 여부는 묻지 않는다.

여기서 담보라 함은 주된 채무를 담보하기 위한 인적 담보 또는 물적 담보 모두를 말하며, 담보의 상실 또는 감소의 전형적인 예로는, 채권자가 인적 담보인 보증인의 채무를 면제해 주거나 물적 담보인 담보물권을 포기하거나 순위를 불리하게 변경하거나 담보물을 훼손하거나 반환하는 행위 등을 들 수 있다.[990]

취득한 담보의 보존을 태만히 한 경우, 예컨대 채권자가 저당권설정등기나 가등기의 절차를 밟는 것을 태만히 하던 중 설정자가 그 부동산을 처분한 경우 등으로 상실·감소행위에 해당한다. 이는 부작위에 의한 담보상실행위에 해당한다.

구체적인 예로서는, 양도담보의 목적물을 채무자에게 반환한 뒤 채무자가 이를 매도한 경우,[991] 근저당권의 등기가 말소 된 경우,[992] 채권자가 일부대위변제자에게 그가 대위변제한 비율을 넘어 근저당권 전부를 이전하여 준 경우[993]에는 담보의 상실 또는 감소를 인정할 수 있다. 그러나 채권자인 은행이 담보물 중 부동산의 감정을 시가보다 높이 평가한 것,[994] 양도담보로 제공된 부동산에 대하여 양도담보권자의 채권자가 가압류나 가처분의 기입등기를 경료한 것[995]은 담보의 상실·감소행위로 인정되지 아니한다.

만약 채권자가 담보보존의무를 성실히 이행하지 않은 경우 대위자가 그에게 법적 책임을 물을 수 있는가. 채권자가 자신의 채권이나 담보권을 행사할지 여부는 채권자가 자유롭게 선택할 수 있는 영역에 속하는 것이므로 채권자가 제3자에 대하여 자신의 채권이나 담보권을 성실하게 행사하여야 할 의무를 부담하는 특단의 사정이 없는 한 채권자가 자신의 채권이나 담보권을 행사하지 않거나 포기하였다고 하여 위법한 불법행위라고 할 수 없고, 대위변제자가 제485조 소정의 면책을 주장할 수 있음은 별론으로 하더라도, 대위변제의 정당한 이익을 갖는 자가 있다는 사정만으로 채권자가 자신의 채권이나 담보권을 성실히 행사하여야 할 의무를 부담한다고는 볼 수 없다.[996] 물론 채권자가 제3자에 대하여 자신의 담보권을 성실하게 보존·행사하여야 할 의무를 부담하는 특별한 사정이 인정되는 경우에는 채권자의 담보권의 포기 행위가 불법행위에 해당할 수 있다.[997] 이처럼 담보보존의무 위반이 있다고 하여 손해배상책임을 지는 것은

989) 대판 1987. 4. 14. 86다카520.
990) 대판 2000. 12. 12. 99다13669.
991) 대판 1962. 3. 8. 4294민상637.
992) 대판 1994. 9. 23. 94다5359.
993) 대판 1996. 12. 6. 96다35774.
994) 대판 1974. 7. 23. 74다257.
995) 대판 1997. 10. 28. 97다28858.
996) 대판 2001. 12. 24. 2001다42677.
997) 대판 2022. 12. 29. 2017다261882.

아니므로, 담보보존의무는 그로 인하여 일정한 불이익이 채권자에게 소극적으로 귀속하는 데 지나지 않으므로 이는 일종의 '책무'로 볼 수 있다.[998)]

【채무자의 담보보존의무 위반과 불법행위책임】

【대판 2022. 12. 29. 2017다261882】

물상보증인인 원고의 지분에 관하여 담보권이 실행될 가능성이 단순히 예상되는 수준을 넘어 실제로 현실화됨으로써 원고는 배당절차를 통하여 변제가 이루어졌을 때에 준하는 변제자대위에 관한 정당한 기대를 가지게 되었고, 채권자인 피고 2는 원고에 대하여 자신의 담보권을 성실하게 보존·행사하여야 할 의무를 부담한다고 보아야 한다. 그럼에도 불구하고 채권자가 곧 변제자대위의 대상이 될 채무자에 대한 근저당권설정등기를 말소하여 줌으로써 저당권을 포기한 행위는 변제자대위에 의하여 취득한 권리의 침해에 준하는 물상보증인의 변제자대위에 대한 정당한 기대를 침해하는 행위로서 (위법한 것으로 평가할 수 있으며) 민법 제750조에 정한 불법행위에 해당한다.

다. 제485조의 적용요건 법정대위자가 존재하여야 하고, 채권자의 고의나 과실에 의하여 담보가 상실되거나 감소하여야 한다. 채권자의 고의나 과실은 법정대위자의 존부에 관한 것이 아니라 담보의 상실 또는 감소에 관한 것이다.

채권자의 고의나 과실로 담보가 상실 또는 감소한 경우, 법정대위자의 면책 여부와 면책 범위를 판단하는 기준 시점에 대하여 통설은 담보를 실행할 수 있는 때라고 보나, 판례는 담보 상실 또는 감소된 시점으로 보아 대위의 전제가 되는 보증 등의 시점 이전에 이미 소멸한 채권자의 담보에 대해서는 제485조가 적용되지 않는다고 한다.[999)] 채권자가 일부 대위변제자에게 그가 대위변제한 비율을 넘어 근저당권 전부를 이전하여 준 경우, 결국 채권자는 근저당권의 피담보채무 중 일부를 대위변제한 다른 보증인이 법정대위권을 행사할 수 있는 채권의 담보를 고의로 상실되게 한 것이므로, 다른 보증인은 그의 보증채무를 이행함으로써 채권자에 대한 법정대위권자로서 근저당권을 실행하여 배당받을 수 있었던 금액의 한도에서 보증의 책임을 면한다.[1000)]

채권자가 아닌 연대보증인에게도 제485조를 적용할 수 있는가.

라. 제485조의 적용효과 대위할 자는 담보의 상실 또는 감소로 인하여 상환을 받을 수 없는 한도에서 그 책임을 면한다. 채무자 소유 부동산과 물상보증인 소유 부동

998) 김상용, 461면; 김형배, 713면; 정성택, 민법 제485조의 채권자의 담보보존의무, 비교사법 제15권 제3호, 2008, 224면.

999) 대판 2001. 12. 24. 2001다42677; 대판 2008. 12. 11. 2007다66590; 대판 2014. 10. 15. 2013다91788.

1000) 대판 1996. 12. 6. 96다35774.

산에 공동근저당권을 설정한 채권자가 공동담보 중 채무자 소유 부동산에 대한 담보 일부를 포기하거나 순위를 불리하게 변경하여 담보를 상실하게 하거나 감소하게 한 경우, 물상보증인은 그로 인하여 상환받을 수 없는 한도에서 책임을 면한다. 그리고 이 경우 공동근저당권자는 나머지 공동담보 목적물인 물상보증인 소유 부동산에 관한 경매절차에서, 물상보증인이 위와 같이 담보 상실 내지 감소로 인한 면책을 주장할 수 있는 한도에서는, 물상보증인 소유 부동산의 후순위 근저당권자에 우선하여 배당받을 수 없다.[1001]

(3) 법정대위자 상호간의 관계

가. 보증인과 전세물·저당물의 제3취득자와의 관계 보증인은 채권자의 전세권이나 저당권을 취득하여 이를 제3취득자에게 행사할 수 있다. 보증인은 '미리' 전세권이나 저당권의 등기에 그 대위를 부기하지 아니하면 전세물이나 저당물에 권리를 취득한 제3자에 대하여 채권자를 대위하지 못한다(제482조 2항). 이는 보증인의 변제 후에 취득한 경우에 관한 규정이다. '미리'가 어느 시기를 의미하느냐에 관해서는 변제 후 제3취득자의 취득 전이라고 해석하되, 보증인의 변제 전에 취득한 경우에는 부기등기 없이 보증인은 제3취득자에 대하여 대위할 수 있다고 할 것이다. 그러나 제3취득자는 보증인에 대하여 대위하지 못한다(제482조 제2항 2호). 채무자가 제공한 담보물은 원래 보증인의 대위권행사의 대상이었으므로, 제3취득자에 대하여 보증인의 우위를 인정하고 있는 것이다. 다만, 보증인의 변제로 담보가 소멸된 것으로 알고 취득한 제3취득자의 불측의 손해를 방지하기 위하여, 보증인의 변제 후 제3취득자의 이전등기 전에 '미리' 부기등기를 하도록 하였을 뿐이다.

그러나 보증인과 달리 제3취득자가 변제하더라도 제3취득자는 보증인에 대하여 채권자를 대위하지 못한다(제482조 제2항 2호). 제3취득자는 담보의 부담을 각오한 자이기 때문이다.[1002]

나. 보증인과 물상보증인으로부터의 제3취득자와의 관계 물상보증인과 제3취득자 사이의 변제자대위에 관하여는 명확한 규정이 없기 때문에 보증인에 대하여 변제자대위권을 행사하지 못하는 제3취득자는 채무자로부터 저당물을 취득한 제3취득자에 한정되는지 아니면 물상보증인으로부터 저당물을 취득한 제3취득자도 포함되는지 문제된다. 물상보증인으로부터의 제3취득자가 보증인에 대하여 변제자대위권을 행사할 수 없는 제3취득자인지에 관하여 직접 판단한 판결은 없지만, 물상보증인에 대해서

1001) 대판 2018. 7. 11. 2017다292756.
1002) 대판 2013. 2. 15. 2012다48855.

는 보증인과 같은 지위를 인정하고 있다.[1003)]

채무를 변제하거나 담보권의 실행으로 소유권을 잃은 때에는 보증채무를 이행한 보증인과 마찬가지로 채무자로부터 담보부동산을 취득한 제3자에 대하여 구상권의 범위 내에서 출재한 전액에 관하여 채권자를 대위할 수 있는 반면, 채무자로부터 담보부동산을 취득한 제3자는 채무를 변제하거나 담보권의 실행으로 소유권을 잃더라도 물상보증인에 대하여 채권자를 대위할 수 없다고 한다.[1004)]

다. 보증인과 물상보증인 사이의 관계 보증인과 물상보증인은 그 지위가 유사하기 때문에 보증인과 물상보증인 간에는 그 인원수에 비례하여 채권자를 대위하고, 물상보증인이 수인인 때에는 보증인의 부담부분을 제외하고 그 잔액에 대하여 각 재산의 가액에 비례하여 대위한다(제482조 제2항 5호 단서 1문). 변제자대위가 인정되기 위해서는 각자의 부담부분을 넘는 대위변제 등을 하여야 한다.[1005)] 그런데 이 경우에 그 재산이 부동산인 때에는 제1호의 규정을 준용한다(제482조 제2항 5호 단서 2문). 이 규정의 해석과 관련하여 판례와 소수설[1006)]은 물상보증인이 변제한 후 다른 물상보증인으로부터 저당물을 취득한 제3자에 대하여 채권자를 대위하여 저당권을 행사하기 위해서는 제3취득자로의 이전등기 전에 미리 대위의 부기등기가 있어야 한다고 한다.[1007)] 따라서 채무를 대위변제한 물상보증인이 다른 물상보증인 소유의 부동산에 설정된 근저당권설정등기에 관하여 대위의 부기등기를 하지 아니하고 있는 동안에 제3취득자가 위 부동산을 취득한 경우 대위변제한 물상보증인이 제3취득자에 대하여 채권자를 대위할 수 없다고 한다.

이에 비하여 다수설은 보증인은 대위의 부기등기를 하여야만, 변제 후에 물상보증인으로부터 담보부동산을 취득한 제3자에 대하여 채권자를 대위할 수 있다는 의미로 새기고 있다.[1008)] 생각건대, 그 조항은 단서에만 관련되는 것으로 보아야 한다. 이 규정의 취지는 자기의 재산을 타인의 채무의 담보로 제공한 물상보증인이 수인일 때 그 중 일부의 물상보증인이 채무의 변제로 다른 물상보증인에 대하여 채권자를 대위하게 될 경우에 미리 대위의 부기등기를 하여 두지 않으면 채무를 변제한 뒤에 그 저당물을 취득한 제3자에 대하여 채권자를 대위하 수 없도록 하려는 것이라고 보아야 한다.

1003) 대판(전) 2014. 12. 18. 2011다50233.

1004) 대판(전) 2014. 12. 18. 2011다50233.

1005) 대판 2010. 6. 10. 2007다61113·61120.

1006) 김상용, 459면; 양창수, 민법연구(2), 172면 이하는 판례의 결과를 지지하면서도 그 근거는 판례와 다르게 제482조 제2항 5호 단서가 아니고, 같은 항 1호가 제341조, 제370조를 거쳐 물상보증인에게도 적용되거나 그 1호가 물상보증인에게 유추 적용되는 것이라고 한다.

1007) 대판 1990. 11. 9. 90다카10305.

1008) 곽윤직, 267면; 김대정, 384면; 김형배, 712면; 이은영, 720면.

여러 보증인과 물상보증인 사이에서 민법 제482조 제2항 제5호에 의하여 대위관계에서의 부담부분을 정하는 경우, 당초 성립한 주채무가 주채무자의 변제나 채무 면제 등으로 감소하거나 이자·지연손해금이 증가하는 때에는 그 당시 현존하고 있는 보증인이나 물상보증인의 부담 부분도 원칙적으로 그에 상응하여 감소하거나 증가하게 되므로, 보증인이나 물상보증인이 대위변제 등을 할 당시에 이미 주채무자의 변제나 채무 면제 등으로 주채무가 감소하거나 이자·지연손해금이 증가한 사정이 있다면, 이를 반드시 참작하여 그 대위변제 등 당시를 기준으로 하여 당해 보증인이나 물상보증인의 대위변제액 등이 그의 부담 부분을 초과하는 것인지 여부를 판단하여야 한다.[1009] 보증인과 물상보증인의 지위를 겸하는 자는 대위비율을 정함에 있어 1인으로 보아야 한다.[1010]

보증인이 수인인 경우, 그들 상호간에도 채권자를 대위할 수 있다. 대위의 범위는 보증인들 상호간의 특약이 있으면 그 특약에 따르고, 특약이 없는 경우에는 인원수의 비율에 따라 결정된다.

보증인과 물상보증인이 수인인 경우, 보증인과 물상보증인 사이는 평등한 것으로 보아 인원수에 비례하여 구상권을 가지되, 물상보증인들 사이에는 다시 담보물 가액의 비율로 나누어 대위의 범위가 정해진다. 물상보증인의 담보물에 관한 제3취득자에 대하여는 보증인이 변제 후 이전등기 전에 '미리' 부기등기를 하여야 한다. 물상보증인의 담보물의 제3취득자가 변제한 경우에는 보증인에 대하여 물상보증인이 변제한 경우와 같다고 해석된다.

예컨대 3,000만 원의 채무에 대하여 갑과 을이 보증인으로 되고 병이 담보제공의 목적으로 그 소유의 6000만 원의 상당의 부동산에 저당권을 설정한 경우에, 각자의 부담부분(대위할당부분)은 1,000만 원씩이다. 만약 갑이 3,000만 원을 변제하였다면, 갑은 을에 대하여 1,000만 원의 한도에서, 물상보증인 병에 대하여 1,000만 원 한도에서 채권자를 대위한다. 즉 갑은 을에게 1,000만 원을 청구하고, 병의 부동산에 대하여 1,000만 원의 한도에서 채권자가 가지고 있던 저당권을 행사할 수 있다. 만약 물상보증인 병이 변제하였다면, 병은 갑과 을에 대하여 1,000만 원씩 청구할 수 있다.

만약 1,200만 원의 채권에 대하여 갑과 을이 보증인이 되고, 병이 시가 1,000만 원 상당의 부동산을, 정이 500만 원 상당의 부동산을 저당물로 각 제공한 경우에, 보증인 갑과 을의 부담부분 600만 원을 제외한 잔액 600만 원이 물상보증인 병과 정의 부담부분이 되고, 이 600만 원은 다시 병과 정의 저당부동산의 가액에 비례하여 나누어 부담하게 된다. 즉 600만 원 중 병이 400만 원을 정이 200만 원을 각 부담하게 된다.

1009) 대판 2010. 6. 10. 2007다61113·61120.

1010) 대판 2010. 6. 10. 2007다61113·61120.

가령 갑이 전부 변제하였다면, 갑은 을에 대하여 300만 원, 병에 대하여 400만 원, 정에 대하여 200만 원의 범위 내에서 채권자를 대위한다.

라. 제3취득자 상호간　제3취득자 중의 1인은 각 부동산의 가액에 비례하여 다른 제3취득자에 대하여 채권자를 대위한다(제482조 2항 3호).

마. 물상보증인 상호간　물상보증인 상호간의 대위는 제3취득자 상호간의 대위와 같다(제482조 2항 4호).

바. 보증인(또는 연대채무자)들 상호간　특정의 보증채무나 특정의 연대채무에 담보가 설정되어 있다면 대위의 실익이 있으므로, 구상권의 범위 내에서 대위가 이루어진다고 본다.

사. 보증인과 후순위저당권자 사이의 관계　제482조 제2항 2호의 제3취득자에 후순위저당권자가 포함되는가. 판례는 후순위 근저당권자는 통상 자신의 이익을 위하여 선순위 근저당권의 담보가치를 초과하는 담보가치만을 파악하여 담보권을 취득한 자에 불과하므로 변제자대위와 관련해서 후순위 근저당권자를 보증인보다 더 보호할 이유도 없다는 점을 들어 제3취득자에 포함되지 않는다고 한다.[1011]

제3관 대물변제

Ⅰ. 의의 및 성질

1. 의의

대물변제란 채무자가 채권자의 승낙을 얻어 본래의 채무이행에 갈음하여 다른 급여를 현실적으로 하여 채권을 소멸시키는 채무자와 채권자 사이의 계약을 말하며 채무를 소멸시킨다(제466조). 본래의 급부에 갈음하는 급부를 하기로 약정하는 것만으로는 대물변제가 아니고 대물변제의 예약에 불과하다. 예컨대 채무자 乙이 채권자 甲의 승낙을 얻어 원래의 급부인 100만 원의 지급 대신에 컴퓨터 한 대의 소유권을 넘겨주기로 하고 컴퓨터를 인도해 주는 것이나, 도급인이 수급인의 보수채권을 지급하는 대신에 집합건물의 1호의 구분소유권을 넘겨주는 것이 대물변제이다. 대물변제는 변제·공탁·상계와 함께 채권을 만족시키는 채권소멸사유이다.

1011) 대판 2013. 2. 15. 2012다48855.

2. 법적 성질

1. 계약·유상계약·요물계약 채무자와 채권자와의 합의에 의하여 이루어지므로 계약이고,[1012] 급부가 실현되어 채무가 소멸하는 요물계약이고 다른 급부에 의하여 원래의 채무를 소멸시킨다는 점에서 유상계약이다(통설·판례).[1013] 이에 대하여 대물변제는 의무를 부담시키는 것이 아니므로 계약이 아니고, 채권자의 승낙은 청약에 대한 승낙의 의미를 가지는 것이 아니라 양해 내지 동의에 불과하며, 본질적으로 채권이 만족을 얻었다는 급부실현의 결과에 의해 채권이 소멸하는 것이지 채권자의 승낙의 효과가 아니라는 견해가 있다.[1014] 이 견해는 또한 요물계약성과 유상계약성도 부정한다.

2. 변제와의 구별 변제가 준법률행위라면 대물변제는 계약이라는 점에서 양자가 구별되고, 변제는 원래의 급부에 의하여 채권이 만족되어 소멸되는 반면, 대물변제는 채무자가 원래의 급부에 갈음하여 다른 급부를 현실적으로 함으로서 채권이 소멸된다는 점에서도 양자가 차이가 난다.

3. 경개와의 구별 대물변제와 경개는 양자가 계약이라는 점에서는 공통되나, 대물변제가 원래의 급부 대신 다른 급부를 실제로 함으로서 채무를 소멸시키는 반면, 경개는 채무자가 원래의 급부 대신 다른 급부를 할 새로운 채무를 부담함으로써 원래의 채무를 소멸시키는 점에서 구별된다.

Ⅱ. 요건

1. 채권의 존재 대물변제는 채권소멸사유이므로, 본래의 채무가 존재함을 요한다. 채권의 발생원인이 무효이거나 취소되어 채권이 처음부터 존재하지 않는 것으로 되면 대물변제는 효력이 발생하지 않는다.[1015]

2. 합의의 존재 대물변제도 계약의 일종으로서 본래의 급부를 실현하는 것이 아니므로, 채권자와 채무자 사이에 다른 급부에 대한 합의(채권자의 승낙)가 존재함을 필요로 한다. 여기서 채권자의 승낙은 채무자의 대물변제 청약에 대한 승낙을 말한다.

1012) 대판 1987. 10. 26. 86다카1755.

1013) 대판 1995. 9. 15. 95다13371.

1014) 지원림, 1016면.

1015) 대판 1991. 11. 12. 91다9503.

3. 급부가 본래의 급부와 다를 것

(1) 본래의 급부와 다른 급부임을 요한다. 그러나 본래의 급부와 종류가 반드시 달라야 하는 것은 아니고, 또한 물건의 양도 즉 물권의 이전에 한하는 것도 아니며 채권양도도 대물변제로 될 수 있다.

(2) 본래의 급부와 다른 급부가 동가치의 것이어야 하는 것은 아니다.

4. 다른 급부가 「변제에 갈음하여」 행하여졌을 것 = 급부의 실현

(1) 다른 급부가 「변제에 갈음하여」 행하여진 경우에만 대물변제가 성립하며, 「변제를 위하여」 행하여진 경우에는 대물변제로 되지 않는다. 전자의 경우에는 원래의 급부와 다른 급부의 수령은 채권을 소멸시키지만, 후자의 경우에는 다른 급부를 수령하였더라도 채권이 곧바로 소멸하지 않는다. 요컨대, 후자의 경우 채권자는 변제를 위하여 그에게 급부된 것을 현금화하여 만족을 얻어야 하고, 이러한 만족을 얻었을 때 비로소 채권이 소멸한다. 이것이 급부의 실현이다.

채무자가 채권자에게 채무변제와 관련하여 다른 채권을 양도하는 것은 특단의 사정이 없는 한 채무변제를 위한 담보 또는 변제의 방법으로 양도되는 것으로 추정할 것이지 채무변제에 갈음한 것으로 볼 것은 아니어서, 채권양도만 있으면 바로 원래의 채권이 소멸한다고 볼 수는 없다.[1016)]

(2) 당사자들이 「변제에 갈음하는」 급부(대물변제)를 원하였는지 아니면 「변제를 위한」 급부를 원하였는지는 법률행위의 해석에 의하여 밝혀진다.[1017)] 예컨대, 금전채권의 채권자가 채무자로부터 인도받은 물건을 약정에 따라 매각하여 이로부터 그의 채권의 만족을 얻도록 되어 있는 경우, 변제를 위하여 급부된 것으로 새기는 것이다.

Ⅲ. 효과

1. 변제와 같은 효력

(1) 대물변제는 변제와 같은 효력이 있다(제466조). 따라서 채권은 소멸하고, 그에 부수되는 권리(담보권)도 소멸한다. 대물급부의 가치가 본래의 급부보다 부족하거나 크더라도 그 과부족이 청산되어야 하는 것은 아니며, 채권은 그대로 소멸한다.

1016) 대판 1995. 9. 15. 95다13371.
1017) 대판 1995. 9. 15. 95다13371.

(2) 대물변제는 변제와 동일한 효력을 가지므로, 그 성질이 허용하는 한, 변제에 관한 규정은 대물변제에도 적용된다. 따라서 변제가 제3자에 의해서 할 수 있는 것처럼(제469조), 제3자도 채권자와의 합의 하에 대물변제를 할 수 있다. 또 변제기 전의 대물변제(제468조)도 가능하다.

2. 담보책임의 문제

내물로서 제공된 급부에 하자가 있는 경우, 채무자가 채권자에 대하여 담보책임을 지는지가 문제된다. 통설은 대물변제를 유상계약으로 보아 매도인의 담보책임에 관한 규정이 준용되는 것으로 해석하여 채무자는 매도인과 같은 담보책임을 부담한다고 한다. 이에 대해서 대물변제는 본래의 채권관계의 테두리 내에서 행해지는 변제에 관한 합의에 지나지 않으며, 대물변제에 의하여 급부를 청구할 법률상의 원인이 새로 발생하는 것이 아니라 하여 대물변제는 본래의 급부와 동일성을 가지는 것이므로, 대물변제의 유상·무상은 본래의 급부의 그것에 따라 결정하여야 한다는 견해가 있다.[1018)]

Ⅳ. 대물변제의 예약

1. 의의

대물변제의 예약이란 채권자와 채무자가 본래의 급부에 갈음하여 대물변제를 할 것을 '이행기 전에 미리' 약정하는 것을 말한다. 특히 금전소비대차의 당사자 간에는 대물변제가 예약의 형태로 행하여지는 경우가 많다. 대물변제의 예약 중 원래의 채무가 소비대차에 기한 경우를 대물반환의 예약이라고 하는데, 제607조와 제608조가 이를 규율한다.

그런데 대물변제도 변제기 전에 하는 것이 허용되고 또 계약인 점에서, 양자의 구별이 명확하지는 않다. 이 양자의 구별에 대하여 당사자가 의도한 목적에 따라 '변제의 목적'을 가지고 한 때에는 대물변제로 보고 '담보적 목적'을 가지고 한 때에는 대물변제의 예약으로 보는 것도 하나의 구별 기준이다.

2. 기능

본래 대물변제의 예약은 '변제의 목적'을 가지고 채무결제의 예비적 수단으로 활용되

1018) 김형배, 814면.

는 것이나 실제 거래에서는 대물에 의한 변제와는 관계없이 '채무에 대한 담보적 목적'을 가진 채권에 대한 변칙적 담보제도로서 이용되고 있다. 예컨대 갑이 을에 대하여 금전을 차용하면서 장차 변제기에 변제하지 못할 경우 부동산의 소유권을 이전하겠다는 약정을 함으로써 을의 차용금반환청구권을 담보하는 형식으로 활용된다. 이처럼 당사자 간의 의사는 장차 금전채권에 대하여 다른 급부를 할 수 있는 것으로 미리 정하자는 것이 아니라, 채무자가 채무를 이행하지 않으면 다른 급부를 이전받겠다는 것, 즉 이를 통해 금전채권을 담보하려는 데 있다.

단, 이러한 대물변제의 예약에는 제607조와 제608조, 그리고 「가등기담보 등에 관한 법률」이 적용된다는 점에 유의하여야 한다.

3. 법적 성질

목적물의 소유권이전의 효과를 발생시키는 대물변제(계약)의 성립과 관련하여 대물변제의 예약이 일방예약의 성질을 갖는 것인지, 편무예약인지에 대하여 견해가 대립하고 있다.

(1) 통설은 당사자 사이에 예약의 성질이 명백하게 약정되지 않은 경우에 대물변제예약은 채권자(소비대주)에게 예약완결권이 인정되는 일방예약이라고 추정하고자 한다.[1019]

(2) 소수설은 대물변제에서는 기존 채무를 소멸시키기 위한 당사자의 합의 이외에도 현실적인 대물급부의 실행이 있어야 한다는 점에서 대물변제의 예약은 예약권자(채권자)의 일방적 의사표시에 의해 대물변제의 효과가 발생되는 일방예약이라 할 수 없고, 오히려 편무예약이라고 한다.[1020] 채권자가 대물변제예약을 기초로 대물변제를 원하는 의사표시(청약)를 하면 채무자는 대물변제를 해야 할 채무를 부담하며, 이에 대한 이행으로서 채무자가 승낙의 의사표시와 함께 대물급부를 현실적으로 이행하면 대물변제의 효과가 발생하며 기존의 채무가 소멸하기 때문이라고 한다. 이를 합의에 의한 채무변경계약이라는 견해도 존재한다.[1021]

(3) 판례는, 이른바 대물변제의 예약과 별도로, 채무자가 원래의 채무이행에 갈음하여 그와 다른 급여를 장래 채권자에게 하기로 하는 약정을 인정하고, 그로부터 바로 대물의 급부청구권이 발생한다고 한다. 이러한 약정은 당사자 사이의 합의만으로 성립하고, 대물급부의 목적이 부동산인 경우에 등기는 이미 성립하고 있는 약정의 효력발

1019) 곽윤직, 이은영, 732면.

1020) 김형배, 818면.

1021) 양창수, 민법연구(2), 268면; 지원림, 대물변제약정의 효력, 민사판례연구 제21집, 1999, 197면.

생요건에 불과하며, 등기청구권은 그 약정의 채권적 효력으로 채권자에게 인정된다고 한다. 이러한 약정을 '대물변제계약 또는 대물변제를 위한 계약,[1022] 대물변제약정[1023] 이라고 한다.

4. 종류

(1) 진정한 대물변제의 예약 대물변제예약의 일방 또는 쌍방이 특정물의 급부로서 대물변제할 수 있는 권능을 보유하고 있는 경우가 진정한 대물변제의 예약인데 이에도 두 유형이 있다. 즉 예약권자의 일방적 의사표시(예약완결권의 행사)가 있으면 상대방의 승낙을 받을 필요가 없이 본계약을 성립시키는 유형의 예약(승낙필요예약)과 예약권자가 본계약의 청약을 하면 상대방이 승낙하여야 할 의무를 부담하는 유형의 예약(승낙불필요예약)이다.

민법상 대물변제의 예약은 위 두 유형 중 어디에 해당하는지에 대해서는, 대물변제의 예약에 대하여 승낙불필요예약으로 보는 견해[1024]와 승낙필요예약으로 보는 견해[1025]로 나뉜다. 민법이 물권변동에 관하여 형식주의를 취하는 이상 부동산 소유권의 이전에 등기가 필요하고 당사자의 의사표시만으로 소유권의 이전이 일어나지 않으므로(제186조 참조), 부동산소유권이전등기가 없는 한, 예약완결권의 행사만으로 목적물의 소유권이 이전될 수 없다는 논거에서 후설에 찬성한다. 다만 제소전 화해조서를 이용하여 예약완결권의 행사와 동시에 소유권이전등기를 경료하는 경우도 있는데, 이러한 경우에는 예외적으로 전자의 대물변제의 예약을 인정할 수 있지만 이에 대해서는 가등기담보등에 관한 법률이 적용되어야 한다.

(2) 정지조건부 대물변제계약 구민법시대의 학설과 판례는 정지조건부 대물변제예약을 인정하였다. 이행기에 변제가 없으면(즉 불이행을 정지조건으로 하여), 목적물의 소유권이 당연히 채권자에게 이전되는 것으로 하는 약정이다. 그러나 물권변동에 관하여 형식주의와 동산에 관하여 유질계약 금지(제339조)를 채택하고 있는 민법 하에서 부동산, 동산에 대해서 정지조건부 대물변제계약이 행해질 수 없다.

5. 효과

대물변제의 예약에는 담보의 법리가 적용된다. 우선 채권자는 채무자에 대해 본래의

1022) 대판 1987. 10. 26. 86다카1755.
1023) 대판 1991. 11. 12. 91다9503.
1024) 김증한·김학동, 380면.
1025) 지원림, 1025면.

급부를 청구하거나 또는 대물변제예약에 기초하여 다른 급부를 청구할 수 있다. 한편 채권자가 다른 급부로부터 담보를 실행하여 피담보채권을 회수한 나머지를 채무자에게 정산하기까지는 채무자는 본래의 채무를 변제함으로써 담보를 소멸시킬 수 있다.

소비대차의 대물반환의 예약과 함께 소유권이전등기나 가등기를 경료하여 담보물권을 설정하는 경우에는 가등기담보법의 적용을 받게 된다.

제4관 공탁

Ⅰ. 의의

(1) 공탁이란 채권자가 변제를 받지 아니하거나 받을 수 없는 경우에 변제자가 채권자를 위하여 변제의 목적물을 공탁소에 임치함으로써 채무를 면하는 제도이다(제487조 전문). 공탁도 채권소멸 원인 중의 하나이다. 채권자가 채권의 이행 및 소멸에 대하여 협력하지 않은 경우 채무자가 채무라는 구속에서 완전하게 벗어나기 위한 제도적 취지가 있다.

공탁은 여러 목적으로 행하여진다. 즉 입질채권의 변제기가 질권자의 채권의 변제기보다 먼저 도래한 경우에 질권자는 제3채무자에 대하여 그 변제금액의 공탁을 청구할 수 있고(제353조 제2항), 매매목적물의 보관과 관련하여 이용되기도 하며(상법 제70조), 강제집행의 목적물을 공탁하여 그 목적물의 관리와 교부를 공탁절차에 따르게 할 목적으로 행하여지기도 한다(집행공탁)(민사집행법 제248조).

(2) 민법 제487조 이하에서 정하는 공탁은 채권의 소멸원인으로서의 '변제공탁'을 의미한다. 변제공탁제도의 실익은 채무자가 채권자의 협력 없이 채무를 면하는 데 있다.

(3) 민법은 변제공탁의 요건과 방법 및 그 효과 등을 정하고 있는데, 그에 관한 절차를 규율하는 법률로서 「공탁법」이 있다.

Ⅱ. 법적 성질

공탁의 법적 성질에 관하여는 사법관계설과 공법관계설이 대립하고 있다. 전자는 제3자를 위한 임치계약설[1026]이고, 후자는 공법상의 임치관계설[1027]이다. 또 다른 견해로

1026) 김기선, 340면.
1027) 김형배, 743면; 지원림, 986면.

공탁은 양자의 두 면이 있는데 공법적인 면을 규율하는 것이 공탁법이고, 사법적인 면을 규율하는 것이 민법의 규정이라고 보는 견해[1028]가 있다.

공탁을 하게 되면 3면관계가 발생한다. 즉, 공탁에 의하여 공탁소는 공탁자에 대하여 보관의무를 지고, 채권자는 공탁물출급청구권을 가지며, 채무자는 채무를 면하게 된다. 이 점에서 공탁에는 공법과 사법상의 법률관계가 모두 포함되고, 따라서 제3설이 타당하다 하겠다. 따라서 민법이 규율하는 사법적인 면에서 공탁의 성질은 사법관계설과 같이 제3자를 위한 임치계약이기도 하지만, 공탁은 공법적인 면도 있으므로 공법상의 임치계약도 겸하는 계약이라고 볼 수 있다. 한편 판례는 공법관계설을 취하고 있다.[1029]

Ⅲ. 공탁의 요건

1. 공탁원인의 존재

(1) 채권자의 수령거절·수령불능 채권자가 변제를 받지 아니하거나 받을 수 없을 것을 요한다(제487조 제1문). 채권자의 태도로 보아 채무자가 설사 채무의 이행제공을 하였더라도 그 수령을 거절하였을 것이 명백한 경우에는 채무자는 이행의 제공을 하지 않고 바로 변제공탁할 수 있다.[1030] 변제공탁 원인이 되는 수령불능이란 채무자로 하여금 종국적으로 채무를 면하게 하는 효과를 가져오는 변제수령이 불가능한 때를 말한다. 채권이 가압류된 경우와 같이 채무자에게 이중변제의 위험부담이 남는 경우에는 변제공탁이 가능하다.[1031]

(2) 변제자가 과실 없이 채권자를 알 수 없는 경우 변제자가 과실 없이 채권자를 알 수 없을 때이다(제487조 제2문). 변제자가 과실 없이 채권자를 알 수 없는 경우란 객관적으로 채권자 또는 변제수령권자가 존재하고 있으나 채무자가 선량한 관리자의 주의를 다하여도 채권자가 누구인지 알 수 없는 경우를 말한다.[1032] 예컨대, 채권자가 사망하고 과실 없이 상속인을 알 수 없는 경우,[1033] 채권가압류명령과 채권양도통지가 동시에 제3채무자에게 송달되거나 송달의 선후가 불명한 경우,[1034] 양도금지특약이 붙은

1028) 곽윤직, 신정판, 515면; 송덕수, 468면.
1029) 대결 1972. 5. 15. 72마401; 대판 1993. 7. 13. 91다39429.
1030) 대판 1994. 8. 26. 93다42276.
1031) 대판 1994. 12. 13. 93다951.
1032) 대판 2015. 2. 12. 2013다75830.
1033) 대판 2014. 4. 24. 2012다40592.
1034) 대판(전) 1994. 4. 26. 93다24223.

채권이 양도된 경우,[1035] 제487조 후단의 채권자 불확지(채권자를 알 수 없음)를 원인으로 한 변제공탁이 가능하다.

(3) 공탁약정에 기한 공탁청구 불허용 공탁은 반드시 법령에 근거하여야 하고 당사자가 임의로 할 수 없는 것이므로, 금전채권의 채무자가 공탁의 방법에 의한 채무의 지급을 약속하더라도 채권자가 채무자에게 이러한 약정에 기하여 공탁할 것을 청구하는 것은 허용되지 않는다. 그리고 이러한 법리는 채무자에게 민사집행법 제248조에서 정한 집행공탁의 요건이 갖추어져 있는 경우라도 다르지 않다.[1036]

2. 공탁의 당사자

(1) 공탁자 공탁을 하는 자는 변제자이다. 따라서 채무자는 물론 제3자도 공탁을 할 수 있다.

(2) 공탁소 공탁을 받는 자는 채무이행지의 공탁소이다(제488조 제1항). 공탁사무는 지방법원장 또는 지방법원지원장의 감독하에 그가 지정하는 법원서기관 또는 법원사무관이 공탁사무를 집행한다(공탁법 제2조). 공탁소에 관해 법률에 특별한 규정이 없으면 법원은 변제자의 청구에 의하여 공탁소를 지정하고 공탁물보관자를 선임하여야 한다(제488조 제2항).

3. 공탁의 대상

(1) 변제목적물 공탁의 대상은 변제의 '목적물'이다(제487조). 따라서 물건에 한해 공탁할 수 있으며, 동산이든 부동산이든 묻지 않는다는 것이 다수설이다. 이에 대하여 부동산은 보관의 불편성과 소유권이전의 불완전성(등기의 미경료) 때문에 공탁에 부적합한 물건으로 보는 견해도 있다. 판례도 같은 입장에 선 것으로 보인다. 따라서 부동산에 관한 소유권이전채무자는 변제공탁에 의하여 채무부담에서 벗어날 수 없다.[1037] 변제공탁의 목적인 채무는 현존하는 확정채무여야 하고 장래의 채무나 불확정채무는 원칙적으로 변제공탁의 목적이 되지 못한다.[1038]

(2) 일부변제공탁 채무 전액이 아닌 일부에 대한 공탁은 그 부분에 관하여도 효력이 생기지 않고 무효이다.[1039] 다만, 채권자가 공탁금을 채권의 일부에 충당한다는 유

1035) 대판 2000. 12. 22. 2000다55904.
1036) 대판 2014. 11. 13. 2012다52526.
1037) 대판 2001. 2. 9. 2000다60708.
1038) 대판 2014. 11. 13. 2012다52526.

보의 표시를 하고 이를 수령한 때에는 공탁금은 채권의 일부의 변제에 충당되고 그 경우 유보의 의사표시는 반드시 명시적으로 하여야 하는 것은 아니다.[1040)]

【부동산의 공탁의 대상으로서 적합성 여부】

【대판 2001. 2. 9. 2000다60708】

부동산등기법은 등기는 등기권리자와 등기의무자가 공동으로 신청하여야 함을 원칙으로 하면서도(제28조), 제29조에서 '판결에 의한 등기는 승소한 등기권리자 또는 등기의무자만으로' 신청할 수 있도록 규정하고 있는바, 위 법조에서 승소한 등기권리자 외에 등기의무자도 단독으로 등기를 신청할 수 있게 한 것은, 통상의 채권채무 관계에서는 채권자가 수령을 지체하는 경우 채무자는 공탁 등에 의한 방법으로 채무부담에서 벗어날 수 있으나 등기에 관한 채권채무 관계에 있어서는 이러한 방법을 사용할 수 없으므로, 등기의무자가 자기 명의로 있어서는 안 될 등기가 자기 명의로 있음으로 인하여 사회생활상 또는 법상 불이익을 입을 우려가 있는 경우에는 소의 방법으로 등기권리자를 상대로 등기를 인수받아 갈 것을 구하고 그 판결을 받아 등기를 강제로 실현할 수 있도록 한 것이다.

(3) 자조매각금 공탁 변제의 목적물이 공탁에 적당하지 아니하거나 멸실 또는 훼손될 염려가 있거나 공탁에 과다한 비용을 요하는 경우에는 변제자는 법원의 허가를 얻어 그 물건을 경매하거나 시가로 방매하여 대금을 공탁할 수 있다(제490조). 공탁에 적당하지 않은 물건으로는 폭발물, 채소, 어류, 가축 등을 들 수 있다.

4. 공탁의 내용

변제자는 본래의 채무의 내용대로 공탁을 하여야 한다. 일부공탁의 경우에도 채권자의 승낙이 없는 한 원칙적으로 무효이다. 원채무자가 채권자에 대하여 동시이행의 항변권을 가지는 때에는 채권자의 반대급부의 제공을 공탁물수령의 조건으로 할 수 있으나(제491조 참조), 그 채권에 붙일 수 없는 조건을 붙여서 한 공탁은 채권자가 승낙하지 않는 한 공탁 자체가 무효가 된다.[1041)]

5. 공탁의 절차

공탁을 하려는 사람은 공탁관에게 공탁서 2통(정본과 부본)을 제출하여야 하고(공탁규칙

1039) 대판 1977. 9. 13. 76다1866.

1040) 대판 2009. 10. 29. 2008다51359; 대판 2014. 8. 20. 2014다30650.

1041) 대판 1970. 9. 22. 70다1061; 대판 2002. 12. 6. 2001다2846.

제20조), 아울러 피공탁자에게 송부할 공탁통지서를 첨부하여야 한다(공탁규칙 제23조). 공탁관이 공탁을 수리할 것으로 인정한 때에는 공탁금납입서와 함께 공탁서의 정본은 공탁자에게 교부하고, 공탁물을 납입기일까지 지정된 공탁물보관자에게 납입케 한다(공탁규칙 제27조). 공탁자는 그에 따라 납입하고, 공탁물보관자는 이 사실을 공탁관에게 통지한다. 이 통지를 받은 공탁관은 공탁통지서를 피공탁자에게 발송한다(공탁규칙 제29조). 민법 제488조 제3항은 공탁자는 지체 없이 채권자에게 공탁통지를 하여야 한다고 규정하고 있으나, 공탁자가 직접 채권자에게 통지하는 것은 아니다.

Ⅳ. 공탁의 효과

1. 채권의 소멸

(1) 변제공탁이 적법한 경우에는 채권자가 공탁물 출급청구를 하였는지의 여부와는 관계없이 그 공탁을 한 때 채무는 소멸한다(제487조).[1042] 공탁관의 수탁처분과 공탁물보관자의 공탁물수령으로 공탁의 효력이 발생하며, 채권자에 대한 공탁통지나 채권자의 수익의 의사표시가 있은 때에 공탁의 효력이 생기는 것은 아니다. 공탁은 채권자의 변제수령에 갈음해서 행하여지는 것이기 때문에, 채권자의 수익의 의사표시를 요건으로 하지 않는다.[1043] 한편 공탁에 의해 채무가 소멸하므로, 그 채무를 담보하는 질권·저당권·보증채무 등도 소멸하며, 이자채무도 소멸한다. 변제공탁이 적법한 경우에는 채권자가 공탁물 출급청구를 하였는지 여부와는 관계없이 공탁을 한 때에 변제의 효력이 발생하고, 그 후 공탁물 출급청구권에 대하여 가압류 집행이 되더라도 변제의 효력에 영향이 미치지 않는다.[1044]

(2) 이처럼 공탁의 효과로 채무가 소멸하지만, 이 효과는 확정적인 것이 아니다. 제489조는 일정한 사유가 있기 전까지는 공탁자가 공탁물을 회수할 수 있고, 이 경우 공탁하지 아니한 것으로 본다고 규정한다. 따라서 공탁자의 회수권이 존재하는 동안은 공탁의 효과는 불확정적이다. 따라서 이 규정의 해석을 둘러싸고 해제조건설과 정지조건설로 견해가 대립하고 있다. 즉, 전자는 공탁에 의하여 채무가 일단 소멸하지만, 공탁자가 공탁물을 회수하면 채무가 부활된다는 견해[1045]이고, 후자는 공탁의 회수권이

1042) 대판 2002. 12. 6. 2001다2846.

1043) 대결 1972. 5. 15. 72마401.

1044) 대판 2002. 12. 6. 2001다2846; 대판 2011. 12. 13. 2011다11580.

1045) 송덕수, 476면; 지원림, 1035면.

존재하는 한 공탁과 동시에 채무가 소멸된다는 것은 논리적으로 불가능한 것이므로, 회수권이 소멸된 후에 비로소 공탁을 한 때로 소급하여 채무소멸의 효과가 생기는 것으로 구성하는 견해[1046]이다. 판례는 해제조건설이다.[1047]

해제조건설에 찬성한다. 공탁으로 채무가 소멸된 것으로 하면서 공탁의 회수를 인정하는 것이 논리적으로 문제가 있으나, 그 공탁의 회수를 예외적인 것으로 보면 된다. 정지조건설은 회수권이 소멸한 후에 공탁을 한 때로 소급하여 채무가 소멸한다고 하는데, 그 소급효를 인정하는 근거가 부족하고, 또 제489조 제2항을 설명할 수 없게 된다. 오히려 같은 조항은 민법이 공탁으로 채무가 소멸하는 것을 원칙으로 삼고 있음을 표현한 것으로 볼 수 있다.[1048]

2. 채권자의 공탁물출급(인도)청구권

(1) 공탁물출급청구권의 행사 공탁에 의하여 채권자는 공탁소에 대하여 공탁물출급(인도)청구권을 취득하게 되며, 이 청구권을 행사하여 공탁물을 수령 할 수 있다. 이 경우 수익의 의사표시는 필요하지 않다. 다만 실체법상의 채권자라고 하더라도 피공탁자로 지정되어 있지 않으면 공탁물출급청구권을 행사할 수 없음을 유의하여야 한다.[1049]

채무자가 채권자에 대하여 동시이행의 항변권을 가지고 있는 경우에, 채권자가 먼저 그의 의무를 이행하지 않으면 공탁물을 수령 할 수 없다(제491조, 공탁법 제9조). 그런데 변제공탁에 있어서 채권자에게 반대급부 기타 조건의 이행의무가 없음에도 불구하고 채무자가 이를 조건으로 공탁한 때에는, 채권자가 이를 수락하지 않는 한, 그 변제공탁은 무효이다.[1050]

(2) 공탁물을 이의 없이 수령한 경우 공탁의 요건에 해당하지 않음에도 공탁한 것을 채권자가 이의 없이 수령하거나, 채무의 내용에 따른 공탁이 아닌데도 채권자가 이의 없이 수령한 경우, 그 공탁은 유효한 것으로 되어 채무는 소멸한다.[1051]

3. 공탁물의 소유권이전

(1) 금전 기타 소비물인 경우 공탁물이 금전 기타 소비물인 경우에는 공탁에 의하

1046) 김형배, 832면; 김용한, 591면; 김주수, 502면.
1047) 대판 1981. 2. 10. 80다77.
1048) 김대정, 424면; 김준호, 101면.
1049) 대판 2006. 8. 25. 2005다67476.
1050) 대판 2002. 12. 6. 2001다2846.
1051) 대판 1989. 11. 28. 88다카34148; 대판 1983. 6. 28. 83다카88·89; 대판 1992. 5. 12. 91다44698.

여 소비임치가 성립하므로(제702조), 공탁소가 우선 공탁물의 소유권을 취득하고, 채권자가 공탁소로부터 동종·동질·동량의 물건을 수령한 때에 그 소유권을 취득한다.

(2) 특정물인 경우 공탁물이 특정물인 경우에, 동산인 공탁물의 소유권은 채권자가 공탁소로부터 그 동산을 인도받았을 때 채무자로부터 채권자에게 직접 이전한다. 만약 부동산의 공탁물성을 인정한다면 등기를 함으로써 소유권이 이전한다고 보게 된다.

V. 공탁물의 회수

1. 민법상의 회수

(1) 공탁물 회수권 민법 제489조는 공탁물 회수권에 대하여 규정하고 있다. 즉 채권자가 공탁을 승인하거나 공탁소에 대하여 공탁물을 받기를 통고하거나 공탁유효의 판결이 확정되기까지는 변제자는 공탁물을 회수할 수 있다. 공탁은 본래 채무자를 보호하기 위한 제도이므로, 공탁자가 공탁물을 회수하여 공탁하지 않은 것으로 할 수 있도록 하는 취지이다. 공탁물의 회수권과 회수청구권은 혼용해서 사용되고 있는데, 전자는 공탁자의 공탁소에 대한 임치계약의 해지의 성질을 갖는 것으로서 일종의 형성권에 속한다. 이 회수권의 행사로 공탁소에 대한 공탁물회수 청구권이 발생하는 것으로 볼 수 있다.[1052] 다만 실무에서는 따로 회수권의 행사에 관한 절차는 없으며, 따라서 공탁물 회수청구에 회수권의 행사가 포함된 것으로 볼 수 있다.

공탁물 회수권은 재산적 가치가 있으므로 양도할 수 있고, 강제집행의 객체가 된다. 공탁물의 회수에는 공탁자에 의하여 이루어진 경우뿐만 아니라, 제3자는 물론 피공탁자가 공탁자에게 대하여 가지는 별도 채권의 채무명의(집행권원)로써 공탁자의 공탁물 회수청구권을 압류 및 전부 받아 그 집행으로 공탁물을 회수한 경우도 이에 포함된다.[1053] 나아가 부적법한 변제공탁으로 변제의 효력이 발생하지 않았다고 하더라도, 피공탁자는 이를 수락하여 공탁물 출급청구를 하는 대신 공탁자에 대한 다른 채권에 기하여 공탁자의 공탁물 회수청구권에 대하여 압류 및 추심명령을 받아 그 집행으로 공탁물을 회수할 수 있다.[1054] 그리고 위의 경우 채권소멸의 효력은 소급하여 없어진다.[1055] 공탁물 회수청구권은 제162조 제1항에 따라 10년의 소멸시효에 걸린다. 따라서

1052) 김준호, 102면.

1053) 대판 1981. 2. 10. 80다77.

1054) 대결 2020. 5. 22. 자 2018마5697.

1055) 대판 2014. 5. 29. 2013다212295; 대결 2020. 5. 22. 자 2018마5697.

공탁물 회수청구를 할 수 있는 때로부터 10년이 지나면 공탁물을 회수할 수 없고 공탁물은 국고에 귀속된다.

(2) 회수권 행사의 효과 공탁자가 공탁물을 회수한 경우에는 공탁하지 않은 것으로 본다(제489조 제1항 2문). 따라서 공탁의 효과가 소급적으로 소멸하여, 채무는 처음부터 소멸하지 않은 것으로 된다. '공탁물을 회수한 때'란, 공탁소에 회수의 의사표시를 한 때를 말한다.

(3) 회수권이 인정되지 않는 경우 회수를 함으로써 채권자나 제3자에게 불이익을 주는 경우에는 공탁물을 회수할 수 없다. 즉, 채권자가 공탁을 승인하거나, 공탁물을 받겠다고 공탁소에 통고한 때와 공탁이 유효하다는 판결이 확정된 때(제489조 제1항), 질권이나 저당권이 공탁으로 소멸된 때(제489조 제2항)이다. 채권자의 공탁의 승인은 채무자나 공탁소에 하더라도 무방하다. 다만 채무자에 대한 공탁의 승인만으로는 공탁소가 이를 알 수 없으므로, 채무자의 공탁물 회수청구에 응해 반환하더라도 채권자에게 대항할 수 있다고 할 것이다.[1056] 여기서의 판결은 공탁의 유효를 확인하는 것에 한하지 않는다. 예컨대 채권자로부터 이행청구의 소가 제기되었을 때 채무자가 공탁을 하였다는 항변을 하고, 이에 기초하여 그 소를 기각한 경우도 포함한다.

공탁으로 채무는 소멸하고 이 경우 그 채무를 담보한 질권이나 저당권도 소멸하게 된다. 그런데 공탁물의 회수를 인정하게 되면 채무는 소멸하지 않게 되고 그에 따라 질권·저당권도 소멸하지 않게 되고, 이러한 공탁으로 채무의 소멸을 신뢰하고 공탁 이후에 질권이나 저당권을 설정한 제3자는 후순위 담보권자가 되어 불측의 손해를 입게 된다. 그래서 제3자를 보호하기 위하여 질권이나 저당권이 공탁으로 소멸한 때에는 회수권 자체를 부정한 것이다.

문제는 물적 담보에 관한 위의 규정을 인적 담보에도 유추적용할 수 있느냐이다. 즉 어느 채무자의 공탁으로 공동채무(불가분채무·연대채무) 또는 보증채무가 소멸한 경우에 그 채무자는 물적 담보와 같이 공탁물의 회수권이 부정되는가이다. 공동채무자 또는 보증인은 기본적으로 채무자이기 때문에 보호의 대상이 되는 '제3자'의 범주에 포함할 수 없다고 보아야 한다. 질권과 저당권 이외의 담보권인 '가등기담보권'이나 '양도담보권'에도 그 적용이 되는지가 문제이다. 판례는, 같은 조항이 공탁으로 인하여 질권 또는 저당권이 소멸한 경우를 제외하고, 채권자가 공탁을 승인하거나 공탁소에 대하여 공탁물을 받기를 통고하거나 공탁 유효의 판결이 확정되기까지, 변제자는 공탁물을 회수할 수 있고 이 경우에는 공탁하지 아니한 것으로 본다고 규정하고 있을 뿐, 가등기 및 본

1056) 민법주해XI, 334면(이동명).

등기에 의하여 담보된 채무의 변제공탁으로 인하여 가등기담보권이나 양도담보권이 소멸하는 경우에도 변제자가 공탁물을 회수할 수 없다는 취지를 포함하는 것은 아니므로, 변제자의 채권자는 공탁금회수청구권을 압류 전부 받아 변제공탁금을 회수할 수 있다고 한다.[1057] 그러나 이에 대해서는 같은 담보물권이라는 점을 이유로 제489조 제2항의 유추적용을 인정하는 견해가 있다.[1058] 제489조의 입법취지를 고려한다면 가등기담보권과 양도담보권의 경우에도 유추적용되어야 하고 용익물권과 담보물권적 성격을 지니고 있는 전세권의 경우에도 마찬가지로 해석해야 할 것이다.[1059]

회수권을 포기한 경우에도 민법에는 규정이 없으나, 공탁자는 그 후에는 회수할 수 없다고 할 것이다.

2. 공탁법상의 회수 공탁법은 민법 제489조에 의해 공탁물을 회수할 수 있는 경우 외에 다음 두 가지, 즉 ① 착오로 공탁을 한 때, ② 공탁원인이 소멸한 때, 공탁물을 회수할 수 있는 것으로 규정한다(같은 법 제8조 제2항). 공탁물이 금전인 경우, 그 원금 또는 이자의 수령, 회수에 대한 권리는 그 권리를 행사할 수 있는 때부터 10년간 행사하지 않으면 시효로 인해 소멸한다(같은 법 제9조 제3항).

제5관 상계

Ⅰ. 상계의 의의

1. 의의

상계란 채권자와 채무자가 서로 동종의 채권·채무를 가지는 경우에 그 채권과 채무를 대등액에서 소멸시키는 일방적 의사표시를 말한다. 민법 제492조 이하의 요건에 따라 일방적 의사표시에 의하여 하는 상계를 '법정상계'라고 한다. 상계를 위해 내놓은 채권을 '자동채권'이라 하고, 상대방의 채권을 '수동채권'이라고 한다. 민법 제492조 1항은 상계의 요건으로서, 「쌍방이 서로 같은 종류를 목적으로 한 채무를 부담한 경우에 그 쌍방의 채무의 이행기가 도래한 때에는 각 채무자는 대등액에 관하여 상계할 수 있다」고 규정하고 있다. 예컨대 갑이 을에 대하여 1천만 원의 금전채권을 가지는데 한편 을도 갑에 대하여 5백만 원의 금전채권을 가지고 있는 경우, 을(또는 갑)의 갑(또는 을)에

1057) 대판 1982. 7. 27. 81다495.
1058) 김상용, 515면; 김증한·김학동, 391면.
1059) 김준호, 103면.

대한 상계의 의사표시에 의하여 갑의 1천만 원 중 대등액 5백만 원을 소멸시키는 것이다. 여기서 을이 상계를 하는 경우 갑에 대해 가지는 채권을 '자동채권'이라 하고, 갑에 대해 부담하는 채무를 '수동채권'이라고 한다.

상계는 상계권자의 일방적 의사표시에 의하여 각 채권이 소멸하는 효과가 발생하므로(제493조) 단독행위이고, 상계권은 형성권이다.

2. 기능

(1) 간이한 결제기능 상계는 서로 대립하는 채권·채무를 간이한 방법으로 결제함으로써 각 당사자가 따로 청구하고 이행하는 번거로운 절차를 회피할 수 있다.

(2) 공평유지기능 당사자 간에는 동등액의 범위에서는 상대방의 자산상태나 신용과는 무관하게 서로 동등한 가치로써 결제되는 것으로 기대하고 신뢰한다. 파산법 제89조에서 갑이 파산한 경우 을이 파산절차에 의하지 않고 상계할 수 있는 것으로 규정한 것은 당사자의 신뢰와 공평을 유지하기 위함이다.

(3) 담보적 기능 을이 상계를 하는 경우, 그것은 실질적으로 갑에 대해 가지는 5백만 원의 반대채권의 변제를 받는 것과 같게 된다. 특별히 상대방의 자산상태가 악화된 경우에 다른 채권자에 우선해서 자신의 채권의 회수를 확보하게 해 줌으로써 강력한 담보적 기능을 하게 된다.

3. 상계의 담보적 기능과 상계권의 남용

상계권자의 지위가 법률상 보호를 받는 것은 원래 상계제도가 서로 대립하는 채권, 채무를 간이한 방법에 의하여 결제함으로써 양자의 채권채무관계를 원활하고 공평하게 처리함을 목적으로 하고 있고, 상계권을 행사하려고 하는 자에 대하여는 수동채권의 존재가 사실상 자동채권에 대한 담보로서의 기능을 하는 것인데, 상계권을 행사함에 이른 구체적·개별적 사정에 비추어 상계제도의 목적이나 기능을 일탈하고 법적으로 보호받을 가치가 없는 경우 상계권의 행사는 신의칙에 반하거나 상계권의 권리남용으로 허용되지 않는다.[1060] 상계권의 남용에는 위와 같은 근거에 비추어 볼 때 일반적인 권리 남용의 경우에 요구되는 주관적 요건을 필요로 하지 않는다.[1061]

상계권의 남용은 주로 압류채권자 등 제3자와의 관계에서 문제된다.

1060) 대판 2003. 4. 11. 2002다59481.
1061) 대판 2003. 4. 11. 2002다59481.

Ⅱ. 구별개념

1. 상계계약

계약자유의 원칙상 당사자 사이에 계약에 의해서도 상계의 목적을 달성할 수 있다. 당사자 간에 상계의 효과발생을 목적으로 하는 계약이 '상계계약'이다. 상계가 일방적 의사표시인 단독행위인데 반하여 상계계약은 당사자 간의 합의에 의하여 성립한다. 상인 사이에 일정기간의 거래에 의해 발생하는 채권·채무의 총액에 대해서 청산을 목적으로 하는 '상호계산'(상법 제72조)이 상계계약의 대표적인 예이다. 상계계약에는 조건·기한을 붙일 수 있으므로, 장래 일정한 사유가 발생한 경우에 당사자 사이에 서로 대립하는 채권에 관하여 상계한다는 것을 내용으로 하는 합의, 즉 상계예약 역시 유효하다. 상계계약은 상계권을 전제로 하지 않으므로 상계에 관한 민법규정은 적용되지 않는다.

2. 상계예약

장래 일정한 사유가 발생한 때에는 상계요건이나 방법과 무관하게, 당사자 일방이 예약완결권을 행사하는 것에 의하여 상계의 효과가 발생하는 것으로 약정하는 것을 상계예약이라고 한다. 상계예약은 상계의 담보적 기능을 극대화하는 수단으로 작용한다.

그 유형으로는 ① 장래 일정한 사유가 발생하는 때에 당사자 일방이 예약완결권을 행사하는 것에 의하여 상계의 효과가 발생하는 것으로 하는 합의(전형적 상계예약), ② 장래 일정한 사유가 발생하는 때에 의사표시가 없어도 당연히 상계의 효력이 발생하는 것으로 하는 합의(정지조건부 상계계약), ③ 채무자의 지급불능이나 신용악화 등 장래 일정한 사유가 발생하는 때에 채무자는 기한의 이익을 상실하여 자동채권의 변제기가 도래하며 수동채권에 관하여는 기한의 이익을 포기하고(민법 제153조) 상계할 수 있다는 합의(기한이익 상실 약정)가 있다.

3. 공제·선급금 충당

(1) 공제 공제의 대표적인 예는 임대차보증금에서 임차인의 채무를 공제하는 것으로 이는 상계가 아니다. 부동산임대차에서 임차인이 임대인에게 지급하는 임대차보증금은 임대차관계가 종료되어 목적물을 반환하는 때까지 그 임대차관계에서 발생하는 임차인의 모든 채무를 담보하는 것이다. 청산해야 할 당시에 별도의 의사표시 없이 임차인의 채무가 당연히 공제된다는 점에서 상계와 다르다.

공제는 보증금반환채권과 차임채권처럼 서로 밀접한 견련관계가 있는 두 채권이 현존하는 경우 채권 자체를 처음부터 감액한다. 따라서 제3자가 임대차보증금 반환채권에 대하여 압류명령이나 추심·전부명령을 받은 경우, 또는 임차인이 제3자에게 임대차보증금반환채권을 양도하고 임대인에게 양도통지를 한 경우에도, 연체차임 등을 임대차보증금에서 당연히 먼저 공제할 수 있고, 공제가 이루어지고 남은 잔액에 한하여 압류 등이 유효히게 된다.[1062)]

(2) 선급금충당 선급금의 충당이란 일방이 계약상 채무를 먼저 이행하고 계약이 중도에 해지된 경우 반환하여야 할 금원에서 그때까지의 채무를 공제하는 것을 말한다. 충당의 대표적인 예는 도급계약에서 선급금 반환에서 나타난다. 공사도급계약에 따라 주고받는 선급금은 전체 공사와 관련하여 지급되는 공사대금의 일부이다. 도급인이 선급금을 지급한 후 도급계약이 해제되거나 해지된 경우에는 별도의 상계 의사표시 없이 그때까지 기성고에 해당하는 공사대금 중 미지급액은 당연히 선급금으로 '충당'되고 공사대금이 남아 있으면 도급인은 그 금액에 한하여 지급의무가 있다. 또한 보험약관대출금 지급 후 보험자가 해약환급금이나 보험금에서 약관대출금을 공제하는 것도 있다.[1063)]

Ⅲ. 상계의 요건

상계의 요건으로는 두 당사자의 채권이 상계적상에 있어야 하고, 또 그것이 상계할 당시에 유지되고 있어야 한다(제492조).

1. 상계적상

(1) 동종의 채권이 대립하고 있을 것(제492조 1항 본문)

1) 채권의 대립 상계하기 위해서는 상계권을 행사하는 자가 가지는 채권, 즉 자동채권은 상계자가 상계의 상대방에 대하여 가지는 채권이어야 한다. 조합에 대하여 채무를 부담하는 자가 조합원에 대한 채권으로 상계를 주장할 수는 없고(제715조), 조합원 역시 조합채권으로 상계를 주장할 수는 없다.

상계자가 부담하는 채무, 즉 수동채권도 상계자가 상계의 상대방에 대하여 부담하는 채무여야 한다. 다시 말하면, 자동채권과 수동채권이 존재하고, 각 당사자는 상대방에

1062) 대판 1998. 10. 20. 98다31905; 대판 2004. 12. 23. 2004다56553; 대판 2012. 9. 27. 2012다49490.
1063) 대판(전) 2007. 9. 28. 2005다15598.

대한 채권자이자 동시에 채무자이어야 한다. 그런데 상계의 대상이 되는 이러한 채권은 상대방과 사이에서 직접 발생한 채권에 한정되지 않으며, 제3자로부터 양수 등을 원인으로 하여 취득한 채권도 포함한다.[1064)]

통설은 제3자는 채무자를 위하여 변제는 할 수 있으나, 자기가 채권자에 대해 가지는 채권을 가지고 채무자에 대하여 채권자가 가지는 채권을 수동채권으로 하여 채무자를 위해서 상계하지 못한다고 한다.[1065)]

자동채권은 원칙적으로 상계자 자신이 피상계자에 대하여 가지는 채권이어야 하지만, 이 원칙에 대하여 채무자 아닌 타인의 채권으로서 상계할 수 있는 예외가 있다. 즉, ① 상계할 채권이 있는 연대채무자가 상계하지 아니한 때에는 그 채무자의 부담부분에 한하여 다른 연대채무자가 상계할 수 있고(제418조 2항), ② 보증인은 주채무자가 채권자에 대하여 가지는 채권을 상계할 수 있다(제434조). 예컨대 을·병·정이 갑에 대하여 3,000만 원의 연대채무를 부담하고 있고, 을·병·정의 부담부분이 같다고 한다면 을이 갑에 대하여 3,000만 원의 채권을 가지고 있으면서 상계하지 않으면, 병(또는 정)은 을의 부담부분인 1,000만 원에 관하여 갑에 대한 그의 채무와 을의 채권으로 갑과 상계할 수 있게 된다.

판례가 타인에 대한 채권을 자동채권으로 하는 상계를 허용하는 경우로서는, 채권이 양도된 경우 채무자는 채권양도 통지 전에 취득한 양도인에 대한 채권으로 양수인에 대하여 상계할 수 있다(제451조 제2항). 양도통지나 승낙 당시 이미 상계할 수 있는 권원이 있었던 경우에는 아직 상계적상에 있지 않더라도 그 후에 상계적상에 이르면 채무자는 양수인에 대하여 상계로 대항할 수 있다.[1066)]

채무자의 채권양도인에 대한 자동채권이 발생하는 기초가 되는 원인이 양도 전에 이미 성립하여 존재하고 자동채권이 수동채권인 양도채권과 동시이행의 관계에 있는 경우, 채권양도의 대항요건이 갖추어진 후에 자동채권이 발생하였다고 하더라도 채무자가 동시이행의 항변권을 주장할 수 있고, 그 채권에 의한 상계로 양수인에게 대항할 수 있다.[1067)]

구상의무를 부담하는 연대채무자는 사전통지를 하지 않은 구상권자인 연대채무자에 대하여 채권자에 대하여 가지는 채권으로 상계할 수 있으며(제426조 제1항), 구상의무를 부담하는 주채무자는 사전통지를 하지 않은 구상권자인 보증인에 대하여 채권자에 대

1064) 대판 2003. 4. 11. 2002다59481.

1065) 곽윤직, 286면; 김증한·김학동, 394면. 그러나 김형배, 763면은 제3자의 상계를 일반적으로 인정하며, 김상용 494면은 이를 제한적으로 인정한다.

1066) 대판 2019. 6. 27. 2017다222962.

1067) 대판 2015. 4. 9. 2014다80945.

하여 가지는 채권으로 상계할 수 있다(제445조 제1항).

그리고 동산 양도담보권자가 물상대위권 행사로 양도담보 설정자의 화재보험금 청구권에 대하여 압류 및 추심명령을 얻어 추심권을 행사하는 경우,[1068] 특별한 사정이 없는 한 제3채무자인 보험회사는 양도담보 설정 후 취득한 양도담보 설정자에 대한 별개의 채권을 가지고 상계로써 양도담보권자에게 대항할 수 없다. 그리고 이는 보험금청구권과 본질이 동일한 공제금청구권에 대하여 물상대위권을 행사하는 경우에도 마찬가지이다.[1069]

2) 쌍방 채권의 동종 목적(제492조 1항 본문) 상계로 소멸되어야 할 채권은 같은 종류의 내용을 가진 채권이어야 한다. 채권의 목적이 같은 종류이면 족하고, 나아가 채권의 발생원인, 채권의 액수, 이행기, 이행지체 등이 동일할 필요는 없다. 또한 채권이 신분관계를 원인으로 발생하였는지 또는 공법관계를 원인으로 발생하였는지는 문제되지 않는다.[1070] 그러나 특정물채권이나 행위급부를 내용으로 하는 채권은 성질상 상계의 대상이 되지 않는다.

(2) 자동채권에 관한 요건

1) 유효한 존속과 집행가능 상계의 자동채권은 유효하게 존속하고 이행판결을 받아 집행하는데 장애가 없는 채권이어야 한다. 상계 후 자동채권의 발생의 원인이 취소되거나 해제된 경우 자동채권은 소급적으로 발생하지 아니한 것으로 취급되므로 상계는 효력을 상실하여 상대방의 수동채권도 상계로 소멸하지 않은 것으로 취급된다.

2) 자동채권의 발생원인 등 자동채권의 발생원인 등은 문제되지 않는다. 확정된 벌금채권도 이를 금지하는 특별한 법률상 근거가 없는 이상 상계의 자동채권이 될 수 있다.[1071] 이행기가 도래한 확정된 양육비채권은 완전한 재산권으로서 친족법상의 신분으로부터 독립하여 처분이 가능하므로 권리자의 의사에 따라 포기, 양도 또는 상계의 자동채권으로 하는 것도 가능하다.[1072] 2인 조합에서 1인이 탈퇴한 경우 조합재산

1068) 담보물권자로서 동산 양도담보권자는 양도담보목적물이 소실되어 양도담보 설정자가 보험회사에 대하여 화재보험계약에 따른 보험금청구권을 취득한 경우 담보물가치의 변형물인 그 화재보험금청구권에 대하여 다른 약정 담보물권(제342조·제372조)과 같이 양도담보권에 기한 물상대위권을 행사할 수 있다(대판 2009. 11. 26. 2006다37106).

1069) 대판 2014. 9. 25. 2012다58609.

1070) 대판 2006. 7. 4. 2006므751(이행기가 도래한 확정된 양육비채권이 상계의 자동채권이 될 수 있다). 대판 2004. 4. 27. 2003다37891(확정된 벌금채권이 상계의 자동채권이 될 수 있다).

1071) 대판 2004. 4. 27. 2003다37891.

1072) 대판 2006. 7. 4. 2006므751.

인 조합의 탈퇴자에 대한 채권을 자동채권으로 하여 지분 상당의 조합재산 반환채무와 대등액에서 상계할 수 있다.[1073] 또한 별도로 제기된 소송에서 판결에 의하여 확정된 채권을 자동채권으로 하여 상계항변 할 수 있다.[1074]

3) 쌍방의 채권이 변제기에 있을 것 제492조 제1항 본문에서 쌍방의 채무가 이행기가 도래할 것을 규정하고 있다. 그런데 자동채권은 상대방의 기한의 이익을 고려하여 반드시 이행기에 있어야 한다. 그러나 수동채권은 채무자가 기한의 이익을 포기할 수 있으므로(제153조 제2항), 수동채권의 채무자인 상계자가 이행기 도래 전이라도 이를 포기하고 상계할 수 있다.[1075] 본 조항의 '채무의 이행기가 도래한 때'는 채권자가 채무자에게 이행의 청구를 할 수 있는 시기가 도래하였음을 의미하고, 채무자가 이행지체에 빠지는 시기를 말하는 것이 아니다.[1076]

이행기의 정함이 없는 채권의 경우에는 채권이 발생한 때에 상계가 가능하고, 이행기의 정함이 있는 채권의 경우에는 그 기한이 도래한 때 또는 채무자의 기한이익이 상실한 때에 상계할 수 있다. 자동채권이 정지조건부 채권인 경우에는 정지조건이 성취되어야 상계할 수 있다.

4) 항변사유의 부존재 상계의 상대방에게 자동채권의 이행을 저지할 수 있는 항변사유가 있는 때에는 그 항변사유가 제거될 때까지 상계할 수 없다. 상계자 일방의 의사표시에 의하여 상대방의 항변기회가 상실될 수 있기 때문이다.[1077] 항변사유는 법률의 규정에 의해 발생한 사유인지 또는 당사자 사이의 약정에 따라 발생한 사유인지 묻지 않는다.

판례에 나타난 예를 보면, 수탁보증인이 주채무자에 대하여 가지는 민법 제442조의 사전구상권에는 민법 제443조 소정의 이른바 면책청구권이 항변권으로 부착되어 있는 만큼 이를 자동채권으로 하는 상계는 허용될 수 없다.[1078] 도급인이 수급인과의 사이에 수급인이 그가 고용한 근로자들에 대한 노임지급을 지체한 경우 도급인이 수급인에 대한 기성공사대금에서 노임 상당액을 공제하여 근로자들에게 직접 지불할 수 있다고 약정한 경우, 수급인의 도급인에 대한 위 기성공사대금채권은 도급인이 위와 같이 일정한 경우 그 지급을 거절할 수 있는 항변권이 부착되어 있는 채권이라고 할 수 있을

1073) 대판 2006. 3. 9. 2004다49693.
1074) 대판 2000. 10. 6. 2000다39049.
1075) 대판 1979. 6. 12. 79다662.
1076) 대판 1981. 12. 22. 81다카10; 대판 2021. 5. 7. 2018다25946.
1077) 대판 2001. 11. 13. 2001다55222·55239; 대판 2019. 2. 14. 2017다274703.
1078) 대판 2001. 11. 13. 2001다55222·55239.

것이고, 따라서 위 채권을 자동채권으로 한 상계는 허용될 수 없다.[1079]

기존채권의 지급을 위하여 또는 그 지급을 확보하기 위하여 어음을 발행한 경우, 어음을 소지하지 아니한 기존채권자가 기존채권을 자동채권으로 하여 상계를 주장하는 것은 허용되지 않는다.[1080]

다만 상계를 허용하더라도 상대방의 이익을 침해하지 않는 때에는 자동채권에 항변사유가 있더라도 상계가 가능하다. 예컨대, 주채무자가 사전에 담보제공청구권의 항변권을 포기한 경우에는 제443조(주채무자의 면책청구)가 임의규정인 관계로 보증인은 사전구상권을 자동채권으로 하여 주채무자에 대한 채무와 상계할 수 있다.[1081] 또한 상계의 대상이 될 수 있는 자동채권과 수동채권이 동시이행관계에 있고 서로 현실적으로 이행하여야 할 필요가 없는 경우라면 상계가 허용된다.[1082] 예컨대 동시이행관계에 있는 매도인의 담보책임에 기한 손해배상채무와 매수인의 대금채무(제583조), 수급인의 담보책임에 기한 손해배상채무와 도급인의 보수지급의무(제667조 제3항), 매매계약이 해제된 경우에 매도인의 대금반환채무와 매수인의 매매목적물 사용이익의 반환채무는 각각 상계할 수 있다.

5) 자동채권의 소멸시효가 완성된 경우 자동채권의 소멸시효가 완성된 경우에는 상계의 상대방은 소멸시효를 원용할 수 있는 항변사유가 존재하므로, 상계는 허용되지 않는다. 다만, 자동채권이 시효에 의해 소멸하더라도 시효완성 전에 상계할 수 있었던 것이면 그 채권자는 상계할 수 있다(제495조). 매도인이나 수급인의 담보책임을 기초로 한 손해배상채권의 제척기간이 지났으나 제척기간이 지나기 전 상대방의 채권과 상계할 수 있었던 경우에는 제495조를 유추하여 위 손해배상책임을 자동채권으로 상계할 수 있다.[1083]

(3) 수동채권에 관한 요건

1) 수동채권의 존속 수동채권은 유효하게 존속하고 있어야 하며, 당사자의 약정이나 법률의 규정에 의하여 현실적으로 급부되어야 하는 채권이 아니어야 한다.

'상대방이 제3자에 대하여 가지는 채권'을 수동채권으로 하여 상계할 수 있는지 여부가 문제되는데 판례는 수동채권으로 될 수 있는 채권은 상대방이 상계자에 대하여

1079) 대판 2002. 8. 23. 2002다25242.
1080) 대판 2001. 5. 8. 2000다58880.
1081) 대판 2004. 5. 28. 2001다81245; 대판 2019. 2. 14. 2017다274703.
1082) 대판 2006. 7. 28. 2004다54633.
1083) 대판 2019. 3. 14. 2018다255648.

가지는 채권이어야 하고, 상대방이 제3자에 대하여 가지는 채권과는 상계할 수 없다고 한다. 만약 상대방이 제3자에 대하여 가지는 채권을 수동채권으로 하여 상계할 수 있다고 한다면, 이는 상계의 당사자가 아닌 상대방과 제3자 사이의 채권채무관계에서 상대방이 제3자에게서 채무의 본지에 따른 현실급부를 받을 이익을 침해하게 될 뿐 아니라, 상대방의 채권자들 사이에서 상계자만 독점적인 만족을 얻게 되는 불합리한 결과를 초래하게 되기 때문이다.[1084)]

2) 상계금지특약의 부존재　상계를 금지하는 당사자 사이의 특약은 유효하다. 수동채권과 자동채권에 대한 상계금지특약 모두 유효하다. 자동채권에 대한 상계금지특약이 있음에도 자동채권의 채권자가 상계를 주장하는 경우에는 그 특약상의 이익을 포기하는 것으로 해석하여야 하므로, 상계금지특약이 채권자뿐만 아니라 채무자의 이익을 위한 것이라는 특별한 사정이 없는 한 상계가 가능하다고 보아야 한다.

상계금지특약이 있더라도 그러한 채권이 양도되거나 채무가 인수된 경우, 그와 같은 특약사유에 대하여 선의인 채권양수인이나 채무인수인은 상계를 주장할 수 있다. 선의여부에 관한 판단시점은 채권양도 또는 채무인수가 이루어진 시점을 기준으로 판단한다.

3) 상계의 수동채권이 될 수 있는지 문제되는 경우

① 수동채권이 판결에 의하여 확정된 채권　수동채권이 판결에 의하여 확정된 채권이고, 채무자가 집행권원인 확정판결의 변론종결 당시에 상계적상에 있는 채권을 가지고 있었으나 상계의 의사표시는 변론종결 이후에 한 경우에 상계의 효력이 있고 적법한 청구이의 사유가 된다.[1085)]

② 동업 이외의 특정목적을 위한 공동명의 예금채권　공동명의 예금채권자들이 동업 이외의 특정 목적을 달성하기까지 단독으로 예금을 인출할 수 없도록 방지·감시하고자 하는 목적으로 공동명의로 예금을 개설한 경우, 예금채권과 관리처분권의 귀속관계 및 은행이 공동명의 예금채권자 중 1인에 대한 별개의 대출금채권을 자동채권으로 하여 그의 지분에 상응하는 예금반환채권과 상계할 수 있다.[1086)]

③ 소송비용상환청구권　소송비용상환청구권은 소송에서 패소하였다는 사실을 요건으로 소송상 발생하는 실체적 권리이기는 하나 그 성질은 사법상의 청구권이며 상계의 수동채권으로 될 수 있다.[1087)]

1084) 대판 2011. 4. 28. 2010다101394.
1085) 대판 2005. 11. 10. 2005다41443.
1086) 대판 2005. 9. 9. 2003다28.
1087) 대판 1994. 5. 13. 94다9856.

④ 임금채권 사용자가 근로자에 대하여 가지는 채권을 가지고 일방적으로 근로자의 임금채권을 상계하는 것은 금지되지만, 사용자가 근로자의 동의를 얻어 근로자의 임금채권에 대하여 상계하는 경우에 그 동의가 근로자의 자유로운 의사에 터 잡아 이루어진 것이라고 인정할 만한 합리적인 이유가 객관적으로 존재하는 때에는 근로기준법 제42조 제1항 본문의 「임금은 통화로 직접 근로자에게 그 전액을 지급하여야 한다」 규정에 위반하지 아니하지만, 다만 임금 전액지급의 원칙의 취지에 비추어 볼 때 그 동의가 근로자의 자유로운 의사에 기한 것이라는 판단은 엄격하고 신중하게 이루어져야 한다.[1088)]

(4) 채권의 성질상 상계가 허용되는 것일 것 부작위채무나 '하는 채무'의 경우에는 현실적으로 이행을 하여야 채권의 목적을 달성할 수 있으므로 채권의 성질상 상계가 허용될 수 없다(제492조 1항 단서).

(5) 상계가 금지된 채권이 아닐 것 상계의 금지에는 당사자의 의사표시에 의한 금지(제492조 2항)와 법률에 의한 금지(제496조~제498조)가 있는데 이러한 금지된 채권이 아닐 것을 요한다. 이하에서 설명하기로 한다.

2. 상계적상의 현존

(1) 원칙

상계적상은 상계권자가 상계할 당시에 현존하여야 한다. 상계적상에 있었더라도 상계를 하지 않는 동안에 일방의 채권이 변제 등으로 소멸한 때에는 상계할 수 없다.

(2) 예외

1) 자동채권이 시효에 의해 소멸하더라도 시효완성 전에 상계할 수 있었던 것이면 그 채권자는 상계할 수 있다(제495조). 예컨내 갑과 을이 서로 대립하는 채권을 가지고, 두 채권이 2022. 4. 1. 상계적상이 되었음에도, 둘 다 상계의 의사표시를 하지 않고 있다가, 2022. 5. 1. 을의 갑에 대한 채권이 소멸되어도, 을이 그 후 2022. 6. 1. 상계의 의사표시를 하면, 이에 의하여 두 채권은 2022. 4. 1. 상계적상 시에 소급하여 소멸한다. 당사자 쌍방의 채권이 상계적상에 있었던 경우에 당사자들은 그 채권·채무관계가 이미 정산되어 소멸하였다고 생각하는 것이 일반적이라는 점을 고려하여 당사자들의 신뢰를 보호하기 위한 취지이다.[1089)]

1088) 대판 2001. 10. 23. 2001다25184.

2) 채권자와 「연대보증인」 사이의 각 채권이 상계적상에 있었는데, 후에 채무자에 대한 채권이 시효로 소멸한 경우, 채권자는 연대보증인에 대한 채권을 가지고 연대보증인의 자신에 대한 채권과 상계할 수 있는가? 통설은 제495조를 유추적용하여 이를 긍정한다. 그러나 이에 대해서는, 보증채무의 부종성의 성질상 주채무의 시효소멸로 보증채무도 소멸하였기 때문에, 주채무가 소멸한 후에 연대보증인에 대하여 소급하여 상계를 인정하는 것은 보증계약의 부종성에 반하고, 제495조를 지나치게 확대적용한다는 견해[1090]로 나뉜다. 생각건대, 보증채무의 부종성의 측면과 제495조의 지나친 확대적용은 보증인 보호보다는 지나치게 채권자보호에 치우친다는 점을 고려할 때 후자의 견해가 타당하다고 본다.

3) 제척기간이 지난 채권을 자동채권으로 하여 상계할 수 있는지에 관해 제495조를 유추 적용하여 이를 긍정하는 것이 판례[1091]와 학설[1092]의 태도이다.

Ⅳ. 상계의 금지

상계의 금지에는 당사자의 의사표시에 의한 금지와 법률에 의한 금지가 있다.

1. 당사자의 의사표시에 의한 금지

당사자는 상계를 반대하는 의사표시를 함으로써 이를 금지할 수 있다(제492조 2항 본문). 그러나 상계금지의 의사표시는 선의의 제3자(예컨대, 상계금지가 합의된 채권의 양수인)에게 대항하지 못한다(제492조 2항 단서).

2. 법률에 의한 금지

(1) 고의의 불법행위로 의한 수동채권 손해배상채무가 '고의'의 불법행위로 인한 것인 때에는 그 채무자(가해자)는 상계로 채권자(피해자)에게 대항하지 못한다(제496조). 즉 고의의 불법행위를 한 자는 피해자의 손해배상채권을 수동채권으로 하여 상계하지 못

1089) 대판 2016. 11. 25. 2016다211309. 동조에 대하여 상계권의 법적 성질을 형성권으로 보면서 소멸시효가 완성될 때까지 상계의 의사표시를 게을리 한 채무자를 소멸시효의 근간을 허물면서까지 보호할 필요가 있는가에 대한 반론이 있다. 김동훈, 상계의 소급효에 대한 비판적 고찰, 채권법연구Ⅱ: 민법개정과 민법이론, 동방문화사, 2014, 132면 이하 참조.

1090) 김형배, 765면.

1091) 대판 2019. 3. 14. 2018다255648.

1092) 곽윤직, 288면; 김상용, 523면; 김증한·김학동, 396면.

한다.[1093] 이 규정은 고의에 의한 불법행위의 발생을 방지하고자 함과 동시에 고의의 불법행위의 피해자에게 현실의 변제를 받게 하려는데 있다.[1094] 따라서 기망에 의한 불법행위로 인한 손해배상채무는 고의의 불법행위로 인한 것이므로 이를 수동채권으로 하여서는 상계할 수 없다.[1095]

이때 '고의'에 대한 입증책임은 채권자(피해자)가 부담한다. 고의에 의한 불법행위로 인한 자동채권에 의한 상계는 피해자가 행하는 상계이므로 금지할 이유가 없다.

동시에 행해진 싸움에서 서로 상해를 가한 경우와 같이 동일한 사안에서 발생한 고의의 불법행위로 인한 손해배상채권인 경우에도 제496조가 적용되어 상계가 허용되지 않는다.[1096]

중과실의 불법행위의 경우에는 어떠한가. 중과실의 불법행위로 인한 손해배상채권에는 제496조가 적용되어야 할 필요성이 없으므로 중과실의 불법행위 가해자의 상계는 금지되지 않는다.[1097] 고의의 불법행위로 인한 손해배상채권의 양도가 사해행위에 해당하는 경우, 그 손해배상채권의 채무자(가해자)가 채권양도인에 대한 별도의 채권자 지위에서 채권양수인에게 채권자취소권을 행사하여 채권양도의 취소를 구함과 아울러 원상회복 방법으로 직접 자신 앞으로 가액배상의 지급을 구할 수 있다.[1098]

부당이득의 원인이 고의의 불법행위에 기인함으로써 불법행위로 인한 손해배상채권과 부당이득반환채권이 경합하는 경우 피해자가 부당이득반환채권만을 청구하는 경우에도 채무자의 상계는 허용되지 않는다.[1099]

피용자나 대표기관의 고의로 인한 사용자나 법인의 손해배상채무에 대해서도 사용자나 법인은 자신의 고의의 불법행위가 아니라는 이유로 제496조의 적용을 면할 수 없다.[1100]

(2) 압류금지의 수동채권 압류금지채권을 수동채권으로 하는 상계는 허용되지 않는다(제497조). 대표적인 것이 민사집행법 제246조 제4호에서 규정하는 「급료·연금·봉급·상여금·퇴직연금, 그 밖에 이와 비슷한 성질을 가진 급여채권의 2분의 1에 해당하는 금액」이다. 압류금지채권은 강제집행을 금지하여 채권자와 그의 가족의 최소한의

1093) 대판 1990. 12. 21. 90다7586.
1094) 대판 1984. 2. 14. 83다카659; 대판 1994. 8. 12. 93다52808; 대판 2002. 1. 25. 2001다52506; 대판 2017. 2. 15. 2014다19776.
1095) 대판 1990. 12. 21. 90다7586.
1096) 대판 1994. 2. 25. 94다38444.
1097) 대판 1994. 8. 12. 93다52808.
1098) 대판 2011. 6. 10. 2011다8980·8997.
1099) 대판 2002. 1. 25. 2001다52506.
1100) 대판 2006. 10. 26. 2004다63019.

생계를 보장하려는 것이므로, 자력집행의 기능을 하는 상계에 의해 사실상 집행당하는 결과가 생기지 않게 하려는 취지이다. 다만 압류금지채권의 채권자가 스스로 상계를 주장하는 것은 제497조의 취지에 반하지 않으므로 허용된다.

압류금지채권이 양도 또는 대위되어 양수인 또는 대위권자가 채무자에 대하여 이행을 청구하는 경우, 채무자가 양도인 또는 피대위자에 대한 채권으로 상계를 대항할 수 있는지가 문제된다. 판례는, 압류금지채권이 양도되거나 대위의 요건이 구비된 이후에 있어서도 여전히 이를 수동채권으로 한 상계로써 채권양수인 또는 대위채권자에게 대항할 수 없다고 한다.[1101)]

앞에서 보았듯이 근로자의 임금채권 등의 1/2은 압류금지채권이며, 나머지 1/2도 근로기준법상 사용자의 임금직접지급원칙(근로기준법 제42조 제1항 본문)으로 인하여 임금채권 전액에 관하여 사용자의 상계는 허용되지 않는다. 다만 계산의 착오 등으로 임금이 초과 지급되었을 때 그 행사의 시기가 초과 지급된 시기와 임금의 정산, 조정의 실질을 잃지 않을 만큼 합리적으로 밀접되어 있고 금액과 방법이 미리 예고되는 등 근로자의 경제생활의 안정을 해할 염려가 없는 경우나, 근로자가 퇴직한 후에 그 재직 중 지급되지 아니한 임금이나 퇴직금을 청구하는 경우에는 초과 지급된 임금의 반환청구권을 자동채권으로 하여 상계하는 것은 무방하다. 따라서 근로자가 일정 기간 동안의 미지급 법정수당을 청구하는 경우에 사용자가 같은 기간 동안 법정수당의 초과 지급 부분이 있음을 이유로 상계나 그 충당을 주장하는 것도 허용된다.[1102)]

사용자는 초과 지급한 임금의 반환청구권을 자동채권으로 하여 근로자의 임금채권이나 퇴직금채권과 상계할 수 있고, 이러한 법리는 사용자가 근로자에게 이미 퇴직금 명목의 금원을 지급하였으나 그것이 퇴직금 지급으로서의 효력이 없어 사용자가 같은 금원 상당의 부당이득반환채권을 갖게 된 경우에 이를 자동채권으로 하여 근로자의 퇴직금채권과 상계하는 때에도 적용된다.[1103)]

사용자가 근로자의 급료나 퇴직금 등 임금채권을 수동채권으로 하여 사용자의 근로자에 대한 다른 채권으로 상계할 수 없지만, 사용자가 근로자에 대한 집행권원의 집행을 위하여 근로자의 자신에 대한 임금채권 중 2분의 1 상당액에 관하여 압류 및 전부명령을 받는 것까지 금지하는 것은 아니다.[1104)]

(3) 지급금지의 수동채권 지급금지의 명령을 받은 제3채무자는 '그 후에' 채무자에

1101) 대판 2009. 12. 10. 2007다30171.

1102) 대판 1995. 6. 29. 94다18553; 대판(전) 1995. 12. 21. 94다26721.

1103) 대판(전) 2010. 5. 20. 2007다90760.

1104) 대결 1994. 3. 16. 자 93마1822·1823.

대하여 취득한 반대채권을 자동채권으로 하여 지급금지된 채권(압류된 채권)과 상계하더라도 그 명령을 신청한 채권자(제3채무자의 채권자의 채권자)에게 대항하지 못한다(제498조). 예컨대 A의 채권자 갑이 그의 A에 대한 채권을 보전하기 위하여 채무자 A의 제3채무자 을에 대한 채권을 가압류 한 경우, 을은 그 채무를 지급하여서는 아니 된다(민사집행법 제296조 제3항). 마찬가지로 채권자 갑이 자신의 채권을 청구채권으로 한 집행권원에 기하여 을에 대한 채권을 압류한 경우에도 을은 A에 대한 그 채무의 지급이 금지된다(민사집행법 제227조 제1항). 여기서 지급금지 명령을 받았다는 것은 압류나 가압류를 받은 경우를 말하는 것이다. 동규정은 지급금지 명령을 확보한 채권자를 보호하기 위한 것이다.

그러므로 압류나 가압류(지급금지명령)가 있기 전에 제3채무자가 채무자에 대해 채권을 가지고 있은 때에는 상계할 수 있다(상계의 공평 유지기능). 그리고 그 채권이 가압류 이후에 발생한 것이더라도 그 기초가 된 원인이 가압류 이전에 이미 성립하여 존재하고 있는 경우에는, 본조 소정의 '가압류 이후에 취득한 채권'에 해당하지 않아 상계할 수 있다.[1105]

문제는 지급금지 전에 취득한 채권이 압류나 가압류 당시에 상계적상이 있어야 하느냐이다. 판례는 제3채무자가 채권압류 및 전부명령을 송달받기 전에 채무자에 대해 상계적상에 있던 반대채권이 있었다면 그 명령이 송달된 이후에도 상계로써 전부채권자에게 대항할 수 있다고 한다.[1106] 이후 압류명령이 송달되기 이전에 자동채권의 이행기가 도래한 이상 수동채권의 이행기가 도래하지 않았더라도 수동채권에 관한 기한의 이익을 포기하고 상계할 수 있다고 하였다.[1107] 그 뒤 대법원은 요건을 완화하여, 제3채무자가 가압류 채무자에 대한 반대채권으로써 상계할 수 있는 요건에 대하여, 가압류의 효력 발생 당시에 양 채권이 상계적상에 있거나, 반대채권이 압류 당시 변제기에 이르지 않는 경우에는 피압류채권인 수동채권의 변제기와 동시에 또는 보다 먼저 변제기에 도달하는 경우에는 상계로서 가압류채권자에게 대항할 수 있다고 하였다.[1108]

즉 채권압류명령을 받은 제3채무자가 압류채무자에게 반대채권을 가지고 있는 경우, 상계로써 압류채권자에게 대항하기 위한 요건에 대하여 「민법 제498조는 "지급을 금지하는 명령을 받은 제3채무자는 그 후에 취득한 채권에 의한 상계로 그 명령을 신청한 채권자에게 대항하지 못한다"라고 규정하고 있다. 위 규정의 취지, 상계제도의 목적 및

1105) 대판 2001. 3. 27. 2000다43819.

1106) 대판(전) 1973. 11. 13. 73다518.

1107) 대판 1979. 6. 12. 79다662; 대판 1980. 9. 9. 80다939.

1108) 대판 1982. 6. 22. 82다카200; 대판 1987. 7. 7. 86다카2762; 대판 1988. 2. 23. 87다카472; 대판 2003. 6. 27. 2003다7623; 대판(전) 2012. 2. 16. 2011다45521.

기능, 채무자의 채권이 압류된 경우 관련 당사자들의 이익상황 등에 비추어 보면, 채권압류명령 또는 채권가압류명령(이하 채권압류명령의 경우만을 두고 논의하기로 한다)을 받은 제3채무자가 압류채무자에 대한 반대채권을 가지고 있는 경우에 상계로써 압류채권자에게 대항하기 위해서는, 압류의 효력 발생 당시에 대립하는 양 채권이 상계적상에 있거나, 그 당시 반대채권(자동채권)의 변제기가 도래하지 아니한 경우에는 그것이 피압류채권(수동채권)의 변제기와 동시에 또는 그보다 먼저 도래하여야 한다.」는 입장이다.

판례의 논거는 반대채권으로써 상계할 수 있는 제3채무자와 지급을 금지하는 명령을 신청한 채권자 중 누구를 보호할 것인가와 관련하여, 지급을 금지하는 명령을 신청한 채권자의 지위는 원래부터 불확실하고 불안정한 것임에 비하여, 제3채무자는 담보권자와 유사한 지위를 가지는 것이므로 제3채무자의 상계권의 행사가 보장되어야 한다. 따라서 지급을 금지하는 명령을 받을 당시에 반대채권과 피압류채권 모두의 이행기가 도래한 때에는 제3채무자가 당연히 반대채권으로써 상계할 수 있고, 반대채권과 피압류채권 모두 또는 그 중 어느 하나의 이행기가 아직 도래하지 아니하여 상계적상에 놓이지 아니하였더라도 그 이후 제3채무자가 피압류채권을 채무자에게 지급하지 아니하고 있는 동안에 반대채권과 피압류채권 모두의 이행기가 도래한 때에도 제3채무자는 반대채권으로써 상계할 수 있고, 이로써 지급을 금지하는 명령을 신청한 채권자에게 대항할 수 있다는 것이다.[1109] 다수설도 대법원의 견해를 지지하고 있다.[1110]

한편 판례는 이와 별도로, 제3채무자의 압류채무자에 대한 자동채권이 수동채권인 피압류채권과 동시이행관계에 있는 경우에는, 압류명령(또는 가압류)이 제3채무자에게 송달되어 압류(또는 가압류)의 효력이 생긴 후에 자동채권이 발생하였다고 하더라도 제3채무자는 동시이행의 항변권을 주장할 수 있고, 따라서 그 채권에 의한 상계로 압류채권자에게 대항할 수 있다고 한다.[1111] 따라서 이 경우에 자동채권이 발생한 기초가 되는 원인은 수동채권이 압류되기 전에 이미 성립하여 존재하고 있었던 것이므로, 그 자동채권은 민법 제498조 소정의 「지급을 금지하는 명령을 받은 제3채무자가 그 후에 취득한 채권」에 해당하지 않는다고 한다.[1112]

(4) 질권이 설정된 채권　질권이 설정된 자동채권에 의하여 상계하는 것은 질권의 지급금지 효력에 의하여 질권자를 보호하려는 취지에 역행하므로 허용될 수 없다(제352

1109) 대판(전) 2012. 2. 16. 2011다45521; 대판 2015. 1. 29. 2012다108764.

1110) 김상용, 501면; 김형배, 772면; 이은영, 756면.

1111) 대판 1993. 9. 28. 92다55794; 대판 2001. 3. 27. 2000다43819; 대판 2005. 11. 10. 2004다37676; 대판 2010. 3. 25. 2007다35152; 대판 2012. 2. 16. 2011다45521.

1112) 대판 1993. 9. 28. 92다55794.

조). 따라서 그 채권의 채무자(제3채무자)는 입질채권을 수동채권으로 하여 질권설정의 통지(제349조 제1항) 후에 채권자(질권설정자)에 대하여 취득한 채권과 상계하더라도 질권자에게 대항하지 못한다.

(5) 특별법상 상계가 금지되는 채권 그 밖에 특별법에서 상계를 금지하는 경우도 있다(상법 제421조·제596조, 근로기준법 제21조, 신탁법 제25조 등).

V. 상계의 방법

1. 상계의 의사표시

상계는 상대방에 대한 의사표시로 한다(제493조 1항 전문). 당사자의 의사표시가 없는 한 상계적상이 현존한다는 것만을 이유로 상계가 이루어지지 않으며 상계의 의사표시가 있어야 채무가 소멸한다.[1113] 상계의 의사표시에서는 상계할 채권을 채권의 동일성이 인식될 수 있는 정도로 표시하면 족하고, 발생일자 · 상계원인 · 액수를 명시할 필요는 없다. 그리고 상계의 의사표시는 재판 외에서 뿐만 아니라 재판상으로도 할 수 있다.

상계의 의사표시는 일방적으로 철회할 수는 없는 것이지만, 상계의 의사표시 후에 상계자와 상대방이 상계가 없었던 것으로 하기로 한 약정은 제3자에게 손해를 미치지 않는 한 계약자유의 원칙상 유효하다.[1114]

어음 · 수표채권과 같은 증권적 채권을 자동채권으로 하는 상계에서는 어음 · 수표의 제시증권성에 비추어, 일방적인 의사표시만으로는 부족하고 어음 · 수표의 제시까지 요한다.[1115]

2. 조건·기한부상계의 금지

상계와 같은 일방적 의사표시에는 조건을 붙일 수 없다(제498조 제1항 2문). 상계자의 일방적 의사에 의해 상대방의 지위를 불안정하게 할 수 있기 때문이다. 그리고 상계의 의사표시에 기한을 붙이는 것은 상계가 소급효를 가지기 때문에 무의미하다.

1113) 대판 2000. 9. 8. 99다6524.

1114) 대판 1995. 6. 16. 95다11146.

1115) 대판 1976. 4. 27. 75다739;
김상용, 504면; 이은영, 759면.

3. 소송상 상계항변 및 재항변

(1) 소송상 방어방법으로 상계항변을 할 수 있는데, 소송상 상계항변을 하였으나 소송절차 진행 중 조정이 성립됨으로써 수동채권의 존재에 관한 법원의 실질적인 판단이 이루어지지 않은 경우에는 소송상 상계항변의 사법상 효과도 발생하지 않는다.[1116]

(2) 소송에서의 상계항변은 일반적으로 소송상의 공격방어방법으로 피고의 금전지급의무가 인정되는 경우 자동채권으로 상계를 한다는 예비적 항변의 성격을 갖는다. 따라서 상계항변이 먼저 이루어지고 그 후 대여금채권의 소멸을 주장하는 소멸시효항변이 있었던 경우에, 상계항변 당시 채무자인 피고에게 수동채권인 대여금채권의 시효이익을 포기하려는 효과의사가 있었다고 단정할 수 없다.[1117]

(3) 원고의 소송상 상계의 재항변은 일반적으로 이를 허용할 이익이 없다. 따라서 피고의 소송상 상계항변에 대하여 원고가 소송상 상계의 재항변을 하는 것은 다른 특별한 사정이 없는 한 허용되지 않는다.[1118]

VI. 상계의 효과

1. 채권대등액의 소멸

형성권인 상계권의 행사에 의하여 쌍방의 채권인 자동채권과 수동채권이 대등액에서 소멸되는 효과가 발생한다(제493조 제2항). 따라서 양 채권의 액수가 동일하지 않은 때에는 일부의 상계가 있게 되고, 다액의 채권은 그 차액이 남게 된다.

2. 효력의 소급

(1) 상계의 의사표시가 있으면 상계적상이 발생한 시점에 소급하여 대등액에 관하여 채무소멸의 효력이 발생한다(제493조 2항). 즉 상계에는 소급효가 있다. 상계적상 발생 시에 채무가 소멸된 것으로 여기는 당사자의 의사를 존중하고, 상계적상 후에 발생하는 사유로 문제가 발생하지 않도록 하기 위함이다. 여기서 '각 채무가 상계할 수 있는 때'란 양 채권이 모두 변제기가 도래한 경우와 수동채권의 변제기가 도래하지 않았더라도 기한의 이익을 포기할 수 있는 경우를 포함한다.[1119]

1116) 대판 2013. 3. 28. 2011다21556.
1117) 대판 2013. 2. 28. 2011다21556.
1118) 대판 2014. 6. 12. 2013다95964.

따라서 상계의 효력이 발생한 후, 즉 상계적상 이후에는 이자가 발생하지 않으며, 이행지체도 소멸한다.

(2) 상계의 소급효는 양 채권 및 이에 관한 이자나 지연손해금 등을 정산하는 기준 시기를 소급하는 것일 뿐이고, 상계의 의사표시 전에 이미 발생한 사실까지 뒤집는 것은 아니다.[1120] 가령 갑이 을에게 반대채권을 가지고 있는데도 채무를 변제한 경우에는 그 변제는 유효하며 더 이상 상계할 수 없게 된다. 채무불이행을 이유로 계약을 해제한 경우에도 같다. 양 채권이 상계적상에 있었더라도 그 후 변제, 대물변제, 경개, 계약의 해제·해지 등이 있었다면 더 이상 상계적상이 유지되지 않는 것이고 상계의 요건을 충족하지 않게 되기 때문이다.

3. 이행지를 달리하는 채권의 상계와 손해배상

상계는 쌍방의 채무이행지가 다른 경우에도 할 수 있다(제494조 본문). 그러나 상계를 달리하는 당사자는 상대방에게 상계로 인하여 생긴 손해를 배상하여야 한다(제494조 단서). 여기서 손해는 상대방이 원래의 이행지에서 변제를 받을 수 없게 됨으로써 발생한 불이익을 말하고, 가격차이·환시세의 차이에 의한 불이익이 이에 해당한다.

4. 상계충당

동일한 채무자에 대하여 수 개의 수동채권을 부담하는 경우 상계에 의해 모든 수동채무를 소멸시키기에 부족한 경우 변제충당에 관한 규정(제476조~제479조)에 따라 상계충당된다(제499조), 한편 수동채권이 여러 개이고 자동채권이 그 전부를 소멸하기에 부족한 때에는, 변제충당 된다(제499조), 따라서 가령 원본 외에 지연손해금(이는 이자와 동일시할 수 있다)이 있으면 지연손해금·원본의 순서로 자동채권과 대등액에서 소멸한다.[1121]

그런데 변제충당에 관한 민법 제476조 내지 제479조의 규정은 임의규정이므로 변제자인 채무자와 변제수령자인 채권자는 약정에 의하여 이를 배제하고 제공된 급부를 어느 채무에 어떤 방법으로 충당할 것인가를 결정할 수 있고, 이는 민법 제499조에 의하여 위 규정이 준용되는 상계의 경우에도 마찬가지이다.[1122] 또한 변제충당지정은 상대방에 대한 의사표시로써 하여야 하는 것이기는 하나, 채권자와 채무자 사이에 미리

1119) 대판 2011. 7. 28. 2010다70018.
1120) 대판 2015. 10. 29. 2015다32585.
1121) 대판 1992. 5. 12. 90다8855; 대판 2005. 7. 8. 2005다8125; 대판 2013. 2. 28. 2012다94155.
1122) 대판 2015. 6. 11. 2012다10386.

변제충당에 관한 약정이 있고, 약정내용이 변제가 채권자에 대한 모든 채무를 소멸시키기에 부족한 때에는 채권자가 적당하다고 인정하는 순서와 방법에 의하여 충당하기로 한 것이라면, 변제수령권자인 채권자가 약정에 터 잡아 스스로 적당하다고 인정하는 순서와 방법에 좇아 변제충당을 한 이상 변제자에 대한 의사표시와 관계없이 충당의 효력이 있다. 그리고 이러한 법리는 민법 제499조에 의하여 변제충당에 관한 규정이 준용되는 상계의 경우에도 마찬가지로 적용된다.[1123]

제6관 경개·면제·혼동

Ⅰ. 경개

1. 의의 · 성질

(1) 개념　경개란 채무의 중요부분을 변경하여 기존채무를 소멸시키고 기존채무와 동일성이 없는 새로운 채무를 발생시키는 계약을 말한다(제500조). 구채무를 소멸시키는 대가로 신채무를 부담하게 되므로 유상계약이다. 경개에 의하여 구채무가 소멸하므로 경개는 처분행위의 일종이다. 이를 통해 구채무가 소멸하는 점에서 채권의 소멸원인이 되고, 그것은 신채무를 성립시키고 구채무를 소멸시키려는 당사자의 의사에 기초한 것이다. 신채무의 성립과 구채무의 소멸은 긴밀한 의존관계에 있으므로 구채무가 원인의 불법 등으로 무효로서 성립하지 않은 때에는 신채무도 성립할 수 없기 때문에 경개는 무효이고, 반대로 신채무가 성립하지 않은 때에는 구채무는 소멸하지 않는 것으로 된다.

구채무와 신채무 사이에 동일성이 인정되지 않는다는 점에서 준소비대차와 구별된다. 즉 준소비대차는 당사자 쌍방이 소비대차에 의하지 아니하고 금전 기타의 대체물을 지급할 의무가 있는 경우에 당사자가 그 목적물을 소비대차의 목적으로 할 것을 약정한 때에 성립하는 것으로서, 기존채무를 소멸케 하고 신채무를 성립시키는 계약인 점에 있어서는 경개와 동일하지만, 경개는 기존채무와 신채무 사이에 동일성이 없는 반면, 준소비대차는 원칙적으로 동일성이 인정된다는 점에 차이가 있고, 기존채권, 채무의 당사자가 그 목적물을 소비대차의 목적으로 할 것을 약정한 경우 그 약정을 경개로 볼 것인가 또는 준소비대차로 볼 것인가는 일차적으로 당사자의 의사에 의하여 결정되고, 만약 당사자의 의사가 명백하지 않을 때에는 특별한 사정이 없는 한 동일성을 상실함으로써 채권자가 담보를 잃고 채무자가 항변권을 잃게 되는 것과 같이 스스로

1123) 대판 2015. 6. 11. 2012다10386.

불이익을 초래하는 의사를 표시하였다고는 볼 수 없으므로 일반석으로 순소비대차로 보아야 하지만, 신채무의 성질이 소비대차가 아니거나 기존채무와 동일성이 없는 경우에는 준소비대차로 볼 수 없다.[1124]

(2) 경개의 종류 경개에는 ① 채무의 중요부분을 변경하는 경개, ② 채무자변경으로 인한 경개, ③ 채권자변경으로 인한 경개 등 3가지 종류가 있다. 그런데 내용의 변경은 내용변경의 합의로써, 채무자의 변경은 채무의 인수로써, 채권자의 변경은 채권의 양도의 방식을 통해서도 할 수 있고, 또 이것이 거래계에서 일반적으로 활용되고 있다. 특히 이들 제도는 종전의 채권·채무의 동일성이 유지되므로, 채권자는 담보를 잃을 염려가 없고 채무자는 항변권을 잃을 염려가 없는 점에서 당사자의 이익 내지 의사에 합치된다고 할 수 있다.[1125]

판례는 기존 채권이 제3자에게 이전된 경우, 그 법적 성질이 채권양도인지 경개인지 판단 기준과 관련하여, 일차적으로 당사자의 의사에 의하여 결정되고, 만약 당사자의 의사가 명백하지 아니할 때에는 특별한 사정이 없는 한 동일성을 상실함으로써 채권자가 담보를 잃고 채무자가 항변권을 잃게 되는 것과 같이 스스로 불이익을 초래하는 의사를 표시하였다고는 볼 수 없으므로 일반적으로 채권의 양도로 본다.[1126]

나아가, 채권자에 대하여 금전채무를 부담하는 채무자가 채권자에게 그 금전채무와 관련하여 다른 급부를 하기로 약정한 경우, 그 약정을 언제나 기존 금전채무를 소멸시키고 다른 채무를 성립시키는 약정이라고 단정할 수는 없다고 한다. 즉 기존 금전채무를 존속시키면서 당사자의 일방 또는 쌍방에게 기존 급부와 다른 급부를 하거나 요구할 수 있는 권능을 부여하는 등 그 약정이 기존 금전채무의 존속을 전제로 하는 약정일 가능성도 배제하기 어렵다는 이유에서이다.[1127]

2. 경개의 요건

(1) 구채무의 존재

경개는 구채무가 유효하게 존재함을 요하며, 구채무가 존재하지 않으면 신채무는 성립되지 못하고 경개의 효과는 발생하지 않는다(제500조). 따라서 구채무가 강행법규 위반으로 무효인 때에는 신채무는 성립하지 않는다. 한편 구채무의 발생원인이 되는 법

1124) 대판 2003. 9. 26. 2002다31803·31810.
1125) 김준호, 채권법, 122면.
1126) 대판 1996. 7. 9. 96다16612.
1127) 대판 2018. 11. 15. 2018다28273.

률행위에 취소원인이 있는 때에도, 당사자가 이의를 달지 않고 경개를 한 때에는 추인한 것으로 간주되어(제145조 3호), 그 경개는 유효한 것으로 확정된다.

(2) 신채무의 성립 구채무의 소멸에 대신하여 신채무가 유효하게 성립됨을 요하며, 신채무가 성립되지 않거나 원인의 불법으로 무효이거나 취소되면 구채무는 소멸되지 못하고 경개의 효과를 발생하지 못한다(제504조).

구채무가 소멸하지 않는 경우로는, ① 신채무가 원인의 불법으로 성립하지 않는 때, ② 신채무가 그 외의 사유(예: 급부불능)로 성립하지 않는데 당사자가 이를 알지 못하는 때, ③ 신채무가 취소된 때를 규정하고 있는데(제504조), 이는 주의적 규정이다. 이 중 특히 의미를 가지는 것은 ②의 경우이다. 즉 반대해석상, 당사자인 채권자가 신채무의 불능을 알면서도 경개를 맺은 때에는 구 채무가 부활하지 않고 그대로 소멸된다는 점이다. 이때에는 채권자가 구채무를 면제할 의사가 있는 것으로 볼 수 있기 때문이다.[1128]

(3) 채무구성요소의 변경 경개가 성립하려면 '채무의 중요한 부분'의 변경을 요한다(제500조). 채무의 중요한 부분이 채권자의 교체라면 채권양도와 유사하게 되므로 채권양도의 대항요건을 갖추어야 한다(제502조 · 제503조, 제450조 1항). 채무자의 교체라면 채무인수와 유사하게 되므로 채무자의 의사에 반하지 못한다(제501조 단서). 그러나 채권의 동일성이 유지되지 못한다는 점에서 경개는 채무인수나 채권양도와 다르다. 채권의 목적을 변경하는 경개도 가능하다.

(4) 의사의 합치(합의) 경개는 계약이므로 채권자와 채무자의 의사의 합치를 요한다. 단, 채권자의 변경은 구채권자와 채무자 및 신채권자의 3면계약이고, 채권자의 변경이 생기는 점에서 채권양도와 유사하다. 그래서 민법 제502조는 확정일자 있는 증서로 하지 않으면 제3자에게 대항할 수 없는 것으로 규정하고 있다. 채무자의 변경은 채권자와 신채무자의 계약이다.

3. 경개의 효과

(1) 주된 효과 경개에 의해서 구채무는 소멸하고 신채무가 성립한다. 신채무는 구채무와는 별개의 것이므로 구채무에 있던 항변권은 신채무에 수반되지 않는다. 그런데 민법은 채권자변경에 관한 경개에 관해 민법 제451조를 준용하고 있으므로, 채무자는 이의를 유보하고 경개계약을 체결함으로써 구채무에 대한 항변사유로서 신채권자에게 대항할 수 있다.

1128) 김형배, 782면.

(2) 종된 효과 구채무에 부종하는 보증·담보·위약금특약은 모두 원칙적으로 소멸한다. 그러나 경개의 당사자는 특약으로 구채무의 담보를 '그 채무의 한도'에서 선채무의 담보로 할 수 있다(제505조 본문), 이 경우에도 제3자가 제공한 담보는 제3자가 승낙하지 않는 한 효력을 잃는다(제505조 단서). 구채무에 부착된 항변권도 구채무에 종된 권리이므로 소멸된다.

판례는 민법 제505조(신채무에의 담보이전)는 「경개의 당사자는 구 채무의 담보를 그 목적의 한도에서 신 채무의 담보로 할 수 있다. 그러나 제3자가 제공한 담보는 그 승낙을 얻어야 한다.」고 규정하고 있는바, 이 규정은 경개에 의하여 구 채무가 소멸하기 때문에 이에 따르는 인적·물적 담보 또한, 부종성의 원리에 따라 당연히 함께 소멸하고, 당사자가 신 채무에 관하여 저당권 등을 설정하기로 합의하여도 구 채무에 관하여 존재하던 저당권 등은 어차피 소멸하여 그 순위의 보전이 불가능하나, 이러한 결과가 많은 경우 당사자의 의도에 반하는 것인 점을 고려하여 당사자의 편의를 위하여 부종성에 대한 예외를 인정한 것으로서, 경개계약의 경우 구 채무에 관한 저당권 등이 신 채무에 이선되기 위해서는 당사자 사이에 그러한 뜻의 특약이 이루어져야 하지만, 반드시 명시적인 것을 필요로 하지는 않고, 묵시적인 합의로도 가능하다고 한다.[1129]

(3) 경개계약의 해제 경개계약에 의하여 성립한 신채무의 불이행이 있는 경우에 경개계약을 해제할 수 있는가. 이에 대하여 판례는 경개계약은 신채권을 성립시키고 구채권을 소멸시키는 처분행위로서 신채권이 성립되면 그 효과는 완결되고 경개계약 자체의 이행의 문제는 발생할 여지가 없으므로 경개에 의하여 성립된 신채무의 불이행을 이유로 경개계약을 해제할 수는 없다고 한다.[1130] 그러나 계약자유의 원칙상 경개계약의 성립 후에 그 계약을 명시적이든 묵시적이든 합의해제하여 구채권을 부활시키는 것은 적어도 당사자 사이에서는 가능하다고 한다.[1131]

이에 대하여 학설은 부정설[1132]과 긍정설[1133]로 나뉘어 있다. 부정설은 경개계약은 신채무가 유효하게 성립하면 그 효과는 완결하고 신채무의 불이행은 경개계약의 불이행으로 볼 것은 아니므로 경개계약을 해제할 수는 없다고 한다. 그에 비하여 긍정설은 경개는 구채권의 처분행위와 신채무의 의무부담행위의 양 측면을 가지며, 후자는 해제할 수 있다고 한다.

1129) 대판 2002. 10. 11. 2001다7445.

1130) 대판 1980. 11. 11. 80다2050; 대판 2003. 2. 11. 2002다62333.

1131) 대판 2010. 7. 29. 2010다699.

1132) 곽윤직, 293면; 김상용, 510면; 김증한·김학동, 404면; 김형배, 785면.

1133) 이은영, 769면.

생각건대 경개의 의의와 성질에서 보듯이 구채무의 소멸과 신채무가 성립하고 구채무와 신채무 사이에는 동일성이 인정되지 않을 뿐만 아니라 경개는 처분행위이다. 더 이상 이행이라는 문제는 남기지 않는다는 의미이다. 따라서 긍정설처럼 경개를 처분행위와 의무부담행위라는 두 행위로 분리하여 그 하나만을 해제할 수는 없다. 경개계약이 무효이거나 취소될 수는 있고, 경개계약 성립 후에 당사자 사이에서 합의해제하는 것은 허용되어야 하며 또한 여러 당사자 중 일부가 합의해제를 하는 것도 마찬가지이다.[1134] 부정설에 따른다.

다수 당사자 사이에서 경개계약이 체결된 경우 일부 당사자만이 경개계약을 합의해제하더라도 이를 무효라고 볼 수는 없고, 다만 그 효과가 경개계약을 해제하기로 합의한 당사자들에게만 미치는 것에 불과하다. 그런데 일부 당사자만이 경개계약을 합의해제하게 되면 그들 사이에서는 구채무가 부활하고 나머지 당사자들 사이에서는 경개계약에 따른 신채무가 여전히 효력을 가지게 됨으로써 당사자들 사이의 법률관계가 간명하게 규율되지 않는 경우가 발생할 수 있고, 경개계약을 합의해제하는 당사자들로서도 이러한 문제를 해결하는 것이 중요한 관심사가 될 터이므로 이에 관한 아무런 약정이나 논의 없이 그들 사이에서만 경개계약을 해제하기로 합의하는 것은 경험칙에 비추어 이례에 속하는 일이다.[1135]

Ⅱ. 면제

1. 의의 · 성질

(1) 면제란 채무자에 대한 채권자의 일방적인 의사표시에 의하여 무상으로 채무를 소멸시키는 것을 말한다(제506조). 법적 성질은 채권자의 상대방 있는 단독행위이며 무상행위이다. 그것은 결국 채권의 포기에 지나지 않는다.

(2) 면제는 준물권행위이고, 채권의 처분행위이다. 따라서 채무자에게 일정한 이행이라는 문제를 남기는 의무부담행위인 화해계약 또는 증여계약과 다르다. 면제는 단독행위이지만 조건을 붙이더라도 상대방에게 불이익이 되지 않으므로 조건을 붙일 수 있다.

2. 요건

(1) 면제자인 채권자의 처분권한 면제는 채권자의 처분행위이므로 채권자에게 처

1134) 송덕수, 504면.
1135) 대판 2010. 7. 29. 2010다699.

분권한이 있음을 요한다. 따라서 채권의 추심위임을 받은 자가 행한 면제는 무효이나 추심의 목적으로 채권을 신탁양도 받은 자가 면제하는 것은 유효하다. 채권이 압류되었거나 질권의 목적으로 되어 있는 경우에는 처분권한이 제한되므로, 면제로써 압류채권자 또는 질권자에게 대항하지 못한다.

(2) 면제의 의사표시 면제는 상대방 있는 단독행위로서 채권자가 채무자에 대한 의사표시로 한다(제506조 본문). 특별한 방식은 필요로 하지 않는다. 즉 채권의 포기(또는 채무의 면제)는 반드시 명시적인 의사표시만에 의하여야 하는 것이 아니고 채권자의 어떠한 행위 내지 의사표시의 해석에 의하여 그것이 채권의 포기라고 볼 수 있는 경우에도 이를 인정하여야 하나 이와 같이 인정하기 위해서는 당해 권리관계의 내용에 따라 이에 대한 채권자의 행위 내지 의사표시의 해석을 엄격히 하여 그 적용여부를 결정하여야 하는 것이며, 상대방에 대한 반대채권이 있음에도 불구하고 자신의 채무이행을 약정하였다는 사실만으로는 반대채권을 포기한 것으로 볼 수는 없으므로 건물매도인이 매수인의 매매계약불이행으로 인한 손해배상채권에 충당할 수 있는 계약금을 매수인에게 반환하기로 약정한 사실만으로는 그 손해배상채권을 포기하였다고 단정할 수 없다.[1136]

면제는 채무의 존재를 전제로 하는 것이므로 장래의 채무에 대한 면제는 허용되지 않는다.

3. 면제의 효과

(1) 채권의 소멸 면제에 의하여 당해 채권과 그에 종속하는 권리(담보물권·보증채무 등)는 소멸한다(제506조 본문). 일부 면제도 유효하며, 이때에는 그 한도에서 채권은 소멸한다. 또한 연대채무자 중 1인에 대한 채무의 일부 면제에 상대적 효력만 있다고 볼 특별한 사정이 없는 한 일부 면제의 경우에도 면제된 부담부분에 한하여 면제의 절대적 효력이 인정된다고 보아야 한다.[1137]

(2) 제3자 보호 채권자는 원칙적으로 자유로이 면제를 할 수 있으나 그 채권에 관하여 정당한 이익을 가지는 제3자에게는 면제로써 대항할 수 없다(제506조 단서). 예컨대 토지임차인이 임차지상의 건물 위에 저당권을 설정한 후에 그 토지임차권을 포기하더라도 이로써 저당권자에게는 대항하지 못한다. 또한 채권이 가압류되거나 질권이 설정된 경우에 면제로써 가압류채권자나 질권자에게 대항할 수 없다. 다만 채권이 질권

1136) 대판 1987. 3. 24. 86다카1907·1908.
1137) 대판 2019. 8. 14. 2019다216435.

의 목적으로 되어 있는 때에는 채권자의 처분권한이 제한되어 처분행위로서 면제는 질권자에 대해 무효가 되므로(제352조), 굳이 제506조 단서를 적용할 필요가 없게 된다.

Ⅲ. 혼동

1. 의의

혼동이란 채권과 채무가 동일한 주체에게 귀속함으로 인하여 채권이 소멸되는 것을 말한다.[1138] 혼동의 법적 성질은 사건이다. 별다른 의사표시 없이 권리가 소멸된다는 의미이다. 가령 금전대차계약상의 채무자가 채권자를 상속하거나(또는 그 반대의 경우) 합병하는 경우, 채무자가 자기에 대한 채권을 양수하는 경우에 혼동이 일어난다. 이때에는 채권(채무)은 소멸한다.

혼동을 채권의 소멸사유로 규정하는 취지는, 채권과 채무가 동일한 주체에 귀속한 때에 채권과 채무의 존속을 인정하여서는 안 될 적극적인 이유가 있어서가 아니고 그러한 경우에 채권과 채무의 존속을 인정하는 것이 별다른 의미를 가지지 않기 때문에 채권·채무의 소멸을 인정함으로써 그 후의 권리의무 관계를 간소화하려는 데 그 목적이 있다.[1139]

이 점에서 「채권의 혼동」은 「물권의 혼동」(제191조)과 그 취지를 같이한다. 다만 전자는 서로 대립하는 채권과 채무가 동일한 주체에게 귀속하는 것인데 반해, 후자는 동일한 물건에 대한 소유권 또는 제한물권(제191조 제1항)과 이를 목적으로 하는 다른 제한물권(제191조 제2항)이 동일인에게 귀속하는 것인 점에서 서로 다르다.

2. 혼동의 효과

(1) 원칙 혼동에 의하여 채권은 자동적으로 소멸함이 원칙이다(제507조 본문). 별다른 의사표시가 없더라도 요건을 충족하면 채권은 소멸한다. 그에 종속하는 권리(담보·보증 등)와 그에 대응하는 채무도 소멸한다. 예컨대 건물의 임차인이 경락에 의하여 건물의 소유권을 취득함으로써 임대인의 지위를 승계하는 때에는 임대차에 따른 채권과 채무는 소멸하게 되므로 그 임대차는 종료된다.[1140] 마찬가지로 대항력을 갖춘 임차인이 당해 주택을 양수한 때에도 임대인의 보증금반환채무는 소멸하고 양수인인 임차인이

1138) 물권편에는 혼동으로 인한 물권의 소멸에 관한 규정을 두고 있다(제191조).
1139) 대판 1995. 5. 12. 93다48373.
1140) 대판 1998. 9. 25. 97다28650.

임대인의 자신에 대한 보증금반환채무를 인수하게 되어, 결국 임차인의 보증금반환채권은 혼동으로 인하여 소멸하게 된다.[1141)]

(2) 예외 다만, 채권과 채무가 동일한 주체에 귀속하게 되더라도 그 채권의 존속을 인정하여야 할 특별한 이유가 있는 때에는 그 채권은 혼동에 의하여 소멸되지 아니하고 그대로 존속한다.[1142)] 즉 ① 채권이 제3자의 권리의 목적이 된 경우, 즉 채권을 존속시킬 법률상의 이익이 있는 경우(제507조 단서), 예컨대 채권의 압류 후에 혼동이 생긴 경우이다. ② 지시채권·무기명채권 등과 같은 증권적 채권의 경우(제509조 1항, 제524조)에는 소멸되지 않는다. 그 자체가 독립한 유가물로서 거래되는 증권의 유통성 때문에 채무자에게도 배서하여 양도할 수 있는 것이고 이때에도 혼동으로 인하여 채권은 소멸하지 않는다. ③ 상속인이 한정승인을 한 때에는 피상속인에 대한 상속인의 재산상 권리와 의무는 소멸하지 않는다(제1031조).

또한 판례는 채권과 채무가 동일인에게 귀속되는 경우라도 그 채권의 존재가 채권자 겸 채무자로 된 사람의 제3자에 대한 권리행사의 전제가 되는 관계로 채권의 존속을 인정하여야 할 정당한 이익이 있을 때에는 그 채권은 혼동에 의하여 소멸하는 것이 아니라고 한다.

따라서 피해자의 보험회사에 대한 직접청구권이 있는 경우, 교통사고로 운행자와 동승한 그의 친족이 사망하여 자동차손해배상보장법 제3조에 의한 손해배상채권과 채무가 상속으로 동일인에게 귀속되는 때 피해자의 운행자에 대한 손해배상청구권이 혼동으로 소멸되지 아니하는지 여부와 관련하여, 교통사고를 일으킨 차량의 운행자가 자동차 손해배상 책임보험에 가입하였다면, 가해자가 피해자의 상속인이 되는 등의 특별한 경우를 제외하고는 생존한 교통사고 피해자나 사망자의 상속인에게 책임보험에 의한 보험의 혜택을 부여하여 이들을 보호할 사회적 필요성이 있는 점은 다른 교통사고와 다를 바 없고, 다른 한편 원래 자동차 손해배상 책임보험의 보험자는 상속에 의한 채권. 채무의 혼동 그 자체와는 무관한 제3자일 뿐 아니라 이미 자신이 보상의무에 대한 대가인 보험료까지 받고 있는 처지여서 교통사고의 가해자와 피해자 사이에 상속에 의한 혼동이 생긴나는 우연한 사정에 의하여 자기의 보상책임을 면할만한 합리적인 이유가 없으므로, 자동차 책임보험의 약관에 의하여 피해자가 보험회사에 대하여 직접 보험금의 지급청구를 할 수 있는 이른바 직접청구권이 수반되는 경우에는 그 직접청구권이 전제가 되는 자동차손해배상보장법 제3조에 의한 피해자의 운행자에 대한 손해배

1141) 대판 1996. 11. 22. 96다38216.
1142) 대판 1995. 5. 12. 93다48373.

상청구권은 상속에 의한 혼동에 의하여 소멸되지 아니한다고 보아야 한다.[1143]

이러한 법리는 자동차손해배상보장법 제3조에 의한 손해배상의무자가 피해자를 상속한 경우에도 동일하지만, 다만 위와 같은 법리에는 일정한 제한을 두고 있다. 가해자가 피해자의 상속인이 되는 경우에는 손해배상청구권과 손해배상의무가 혼동으로 소멸하고 그 결과 피해자의 보험자에 대한 직접청구권도 소멸한다.[1144] 이런 경우까지 혼동에 의한 채권소멸의 예외를 인정하여 제3자에 대한 권리의 행사를 인정할 필요가 없다고 본 것이다.[1145]

1143) 대판 1995. 5. 12. 93다48373.

1144) 대판 2005. 1. 14. 2003다38573·38580.

1145) 민유숙, 보험 회사에 대한 책임보험 직접청구권과 상속에 의한 혼동 여부, 대법원판례해설 제44호, 773면 이하.

찾 아 보 기

조 문

판 례

사항

ㅅ

ㅇ

ㅈ

ㅊ

송오식(宋五植)

약력

전남대학교 법과대학 및 동 대학원 졸업(법학박사)
미국 워싱턴대학(St.Louis) 로스쿨 방문교수
광주고등법원 민사·가사조정위원
대한상사중재원 중재위원
교육부 법학교육위원회 위원
광주고등법원 시민사법위원장
한국재산법학회 회장
사법시험, 행정고시, 입법고시 시험위원
전남대학교 법학연구소장
현) 전남대학교 법학전문대학원 교수

저서

민법총칙(전남대학교출판문화원, 2022)
소비자계약법(전남대학교출판문화원, 2021)
신물권법(동방문화사, 2017)
계약법(동방문화사, 2017)
사이버스페이스법(전남대학교출판부, 2016)
단체법(전남대학교출판부, 2015)
소비자법(전남대학교출판부, 2013)
물권법(제2판)(전남대학교출판부, 2013)
불법행위법(법률정보센터, 2012)
계약법(제2판)(전남대학교출판부, 2011)
민법총칙(공저, 형설출판사, 2009)
여성과 법(공저, 형설출판사, 2005)
가상공간법(전남대학교출판부, 2005)

채권법총론

인 쇄 2023년 2월 15일
발 행 2023년 2월 28일

저 자 송오식
발행인 정성택
발행처 전남대학교출판문화원

등 록 1981년 5월 21일 제53호
주 소 61186 광주광역시 북구 용봉로 77
전 화 062-530-0571~2
마케팅 062-530-0573
팩 스 062-530-0579
홈페이지 http://www.cnup.co.kr

가 격 33,000 원

ISBN 978-89-6849-947-0 (93360)